【传世经典 文白对照】

通鉴纪事本末

一

〔宋〕袁 枢 撰

杨寄林 主编

中华书局

图书在版编目（CIP）数据

通鉴纪事本末/（宋）袁枢撰；杨寄林主编. —北京：中华书局，
2024.5
（传世经典　文白对照）
ISBN 978-7-101-16617-0

Ⅰ.通… Ⅱ.①袁…②杨… Ⅲ.《通鉴纪事本末》
Ⅳ.K204.4

中国国家版本馆 CIP 数据核字（2024）第 090306 号

书　　名	通鉴纪事本末（全十一册）
撰　　者	〔宋〕袁　枢
主　　编	杨寄林
丛 书 名	传世经典　文白对照
责任编辑	刘树林　舒　琴　张　敏　肖帅帅　周梓翔　张舣方
责任印制	管　斌
出版发行	中华书局
	（北京市丰台区太平桥西里 38 号　100073）
	http://www.zhbc.com.cn
	E-mail：zhbc@zhbc.com.cn
印　　刷	北京新华印刷有限公司
版　　次	2024 年 5 月第 1 版
	2024 年 5 月第 1 次印刷
规　　格	开本/880×1230 毫米　1/32
	印张 277⅞　插页 22　字数 6800 千字
印　　数	1-6000 册
国际书号	ISBN 978-7-101-16617-0
定　　价	718.00 元

出版说明

　　《通鉴纪事本末》四十二卷，南宋史学家袁枢著。本书采录了自战国周威烈王二十三年（前403）至五代后周显德六年（959）共一千三百六十二年历史中的重大事件，每个事件自拟标题，并详述其始末，记述了重大史事二百三十九件，加上附录的六十六件，共记录史事三百零五件。

　　《通鉴纪事本末》是我国第一部"纪事本末体"史学著作，它将《资治通鉴》记载的一千多年纷繁复杂的史迹事件化、简明化、条理化，很大程度上消除了编年体的《资治通鉴》因篇幅过大、叙事碎片化造成的阅读障碍，也避免了纪传体史书同一事件散见于多处给阅读带来的麻烦。书成以后，逐渐成为后世读者了解历史事件、宏观把握历史脉络的重要典籍，备受推崇。

　　古代学者围绕《资治通鉴》不断创新体裁，著述颇丰。除《通鉴纪事本末》外，与袁枢同时代的大儒朱熹，也曾采录《资治通鉴》文字，编成《资治通鉴纲目》，该书"纲以提要，目以备详"，开创了"纲目体"这一新的史书体例。在清代，吴乘权等人以"通鉴之纲"作为书名，编成《纲鉴易知录》，叙述了上起三皇五帝、下至明朝灭亡的历史，成为众多学子学习古代史的入门书。

　　中华书局"传世经典　文白对照"系列始终坚持打造适合普通读者阅读的经典名著普及本。在上述"《通鉴》家族"的典籍中，文白对照本的《资治通鉴》《资治通鉴纲目》《纲鉴易知录》近年来都已陆续出版，并广受读者好评，而有着"纪事本末体"体例开创之功的《通鉴纪事本末》，在书局的这个文白对照本系列中，此前一直尚未与读者见面。

　　市面上现有的文白对照本《通鉴纪事本末》，都是早在二三十年前出版的旧书，现在已经几乎不再销售，读者更是知之甚

少。因此,尽快出版一部全新的、高质量的文白对照本《通鉴纪事本末》来满足广大读者的需求,就显得十分必要。

本次出版的"传世经典 文白对照"《通鉴纪事本末》,是在杨寄林主编、1994年花山文艺出版社出版的《文白对照·通鉴纪事本末》的基础上精心修订而成的。为了进一步提升书稿质量,我们主要做了以下工作:对照《四部丛刊》影印宋刻大字本《通鉴纪事本末》精校原文,以求原文更加准确;进一步修订与完善译文,使白话翻译更为准确流畅;参考古代历表,核对译文中所有干支日对应的农历日,以求更加精准地呈现每一个历史时刻(农历日以括注形式附在干支日后,当月无此干支日则不括注)。

我们致力于为读者提供一个文字更为准确、阅读更加方便的《通鉴纪事本末》普及读本。当然,限于学识水平,我们的工作中难免存在处理不当乃至错讹之处,在此敬请各位读者不吝赐教,以便我们进一步修订完善。

中华书局编辑部
2024年4月

编委会

主　编　杨寄林

副主编（按姓氏笔画排序）

王　佐　杨倩描　范　荧　董文武

编　委（按姓氏笔画排序）

王　佐　文明元　杨倩描　杨　皑

杨寄林　陈　江　范　荧　周怀宇

周国林　庞天佑　殷伟仁　黄国信

董文武　曾宪礼　魏文峰

译　者（按姓氏笔画排序）

王　佐　王　勇　文明元　宁志新

刘筱红　安也致　李绍平　杨洪权

杨倩描　杨　皑　杨寄林　张翼之

陈　江　范　荧　周怀宇　周国林

庞天佑　晓　励　徐立群　徐奇堂

殷伟仁　唐国军　黄国信　董文武

曾宪礼　魏文峰

前　言

吾辈研读《通鉴纪事本末》，拟赠之以六项桂冠，即：

纪事本末体史书的开山名著

《资治通鉴》的辑要点睛杰作

十六代三〇五桩主题事件的恢宏记录

择要掌握历史知识的必备之书

多方汲取政治智慧的理想典籍

各界人士参政议政的史鉴宝库

上列六项桂冠，验证于本书，非独当之无愧，抑且犹有未慊。

一、别创新体之功

回首成果丰硕绚烂的华夏史坛，纪传体《史记》同编年体《资治通鉴》曾二水分流，双峰对峙。逮至《通鉴纪事本末》问世，又创造出纪事本末体史书编修的新格局和新景观。这使南宋袁枢的名字同史学大师司马迁、司马光紧密地联系在一起。

袁枢，字机仲，建州建安（今福建建瓯）人。生于宋高宗绍兴元年（1131），卒于宋宁宗开禧元年（1205）。三十二岁试礼部，词赋第一。历官温州判官、太学录、严州教授、太府丞兼国史院编修、大理少卿、工部侍郎兼国子祭酒、右文殿修撰、知江陵府。多次对军国要政特别是恢复中原提出对策，曾以汉唐史事面谏宋孝宗。居官地方，亦有惠政。分修国史列传时，摒却私请，直

书不讳,致有"无愧古良史"之誉。

身为良史,袁枢一向喜读《通鉴》。《通鉴》体大思精,洵为编年体通史巨著,因其卷帙浩繁,头绪万端,颇难真正通读和读通。即如理学大师朱熹,亦生《通鉴》"难看"之叹。袁枢同样苦其浩博,便自出新意,对《通鉴》进行简化和改编,遂在宋孝宗淳熙二年(1175)严州教授任内、四十四岁时,撰成《通鉴纪事本末》。

《通鉴纪事本末》一俟飘旌史林,标志着纪事本末体这种史书编纂新体裁得以正式确立。此体以事件为中心载述历史,既凭借分题列目,从宏观上凸现特定时期的主体风貌,又倚仗专篇详叙,从微观上展示每一事件的全部过程。如此相表里,构成了述史之别格,习史之捷径。

具体分析的话,编年体与纪传体的优劣得失显而易见:编年体以时间为中心,年经而事纬,能够清晰地显示出诸多事件的发展线索及其相互联系,展现出社会历史演变和嬗递的整体进程,但一事而隔越数卷,首尾难稽,造成了支离破碎的天然弊端。纪传体以人物为中心,辅以表、志,于时间、地域、事类亦可顾及,从而能综合反映出社会历史的动态与全貌,但一事而复见数篇,宾主莫辨,带来了彼此重复、相互脱节的内在缺陷。如何兼具二体之长,克服二体之短,恰恰自袁枢正式创立纪事本末体,始得实现。亦即从勾划历史概貌到描述具体史实,文既省于纪传,事又豁于编年,人亦随事大显,使编年、纪传贯通为一,体圆而用神。

事具本末,古已有之。《尚书》中《金縢》和《顾命》,分别记述周公请代武王身死、成王临终托政宰臣的由来与结果,实开专篇记事之端绪。推而广之,南朝萧思话于宋文帝元嘉十年(433),特上《平定汉中始末》,诏付史馆,则具记一事本末之雏型。扩而充之,北魏元晖、崔鸿等撰《科录》,记伏羲至南朝宋末的百家要事,相类者编为一科;隋代王劭修成《隋书》,又以类相从,定其篇目,则为诸事本末之先导。以上三书,都已摸索到纪事本末体的基本类型与具体样式,惜今已佚失。

迨至南宋袁枢，因而革之，既追迹《科录》，更依凭《通鉴》，前所未有地创制出《本末》这等庞大的纪事本末体通史，遂臻成熟境地而自张一军。嗣后踵继效仿者不乏其人，发扬光大者多有人在，开创新规者屈指可数，但都沿着两大方向在奋笔搏击，镂版斩获，以致补前之作同续后之作不断涌现，递相面世。

补前之作指专载战国之前大事要事的纪事本末体通史著述，这些著述的出现，填补了这段历史较长时间少有人问津的空白。明神宗万历三十六年（1608），沈朝阳撰成《通鉴纪事本末前编》，共计十二卷二百一十九篇，附载史论。起自《盘古之始》，迄于《周复分东西》，阶段性、立体式记述了传说时代至战国初期的重要史事和演进轨迹。

承《前编》余绪，马骕约在清顺治十六年（1659）著成《绎史》。凡一百六十卷，卷自为题。在"太古、三代、春秋、战国"的框架内，从卷一《开辟原始》叙起，至卷一五〇《秦亡》收笔，共一百五十篇，附列自家议论文字。大规模、多维度、详尽化记述了秦以前的重要史事和期间变局与大势。最后十篇则属《外录》，专记各项典章制度。

与纪事本末体通史竞秀争妍，纪事本末体断代史则创建出"变经义为史裁"（《四库提要》语）的新景观。早在淳熙十二年（1185），亦即《通鉴纪事本末》行世后第十年，章冲推出了《春秋左氏传事类始末》。书凡五卷三百五十七宗事目，细致地再现了《左传》所包纳的春秋断代史，成为传统的解经之作向新型纪事本末体史部要籍蜕变的首部开创性作品。

及至明清之际，傅逊于万历十三年（1585）撰就《春秋左传属事》二十卷九十三篇。马骕在其《绎史》问世前十年即顺治六年（1649）左右，编成了《左传事纬》十二卷一百零八篇。高士奇又遥承章冲之书加以改进，在康熙二十九年（1690）之前写成了《左传纪事本末》五十三卷五十三事。它们或以时序为纲，或以国别为纲，借助时间节点或列国支点，各有侧重、条理井然地系统记述春秋阶段大小史事和嬗变演进过程，辅之以自家论断，

互不雷同而各具千秋,有伦有脊而晔若明镜。

不言自明,上列五家六书沿着纪事本末体通史和断代史各不偏废、叠加并行的路径在通力行进。而这,恰恰同继起踵兴的续后之作在编纂方向、撰述体式与格局上同符合契,归于一致,竟成完整系列而后止。

续后之作首先是,北宋史、两宋史先后付梓,联为一体。其以南宋后期杨仲良《皇宋通鉴长编纪事本末》一百五十卷三百四十五篇、明末陈邦瞻《宋史纪事本末》一百零九卷一百零九篇为载体而得以定立。前者已使北宋九朝史犁然大备,后者又锐意推衍成愈加彰明较著的两宋全史,以致二者交参互涵而彼此衬托,各有详略而贯通为一。

其次是,三大少数民族政权史共立互持,蔚成规模。其以清道光年间张鉴《西夏纪事本末》三十六卷、清末李有棠《辽史纪事本末》四十卷、《金史纪事本末》五十二卷为标志,提纲挈领,彰幽发潜,别开生面,自成单元,尤显意义非凡,作用独特。

再次是,元、明、清三朝史蝉联而出。明末陈邦瞻《元史纪事本末》二十七卷、明中叶高岱《皇明鸿猷录》十六卷、清初谷应泰《明史纪事本末》八十卷、杨陆荣《三藩纪事本末》四卷(本书记南明弘光、隆武、永历三政权,当以明王朝余绪视之)、近人黄鸿寿《清史纪事本末》八十卷,撮要撮凡,使涯略梗概俱出;擘肌分理,令要义奥旨毕现。

上列各书一脉相通,完成了宋、辽、夏、金、元、明、清七史的集结,交会错综又续接纵贯,仍旧给人以较强烈的时代变迁感和历史沧桑感。

还要看到,在续后之书断代史的勃兴潮流中,纪事本末体通史犹存绝响,尚副人望。迟至光绪三十二年(1906),李铭汉、李于锴父子刊行《续通鉴纪事本末》一百一十卷,特以宋元两朝通史的面貌上接《通鉴纪事本末》战国至五代的通史序列,其益处不可小觑,亦备一格。

此外,三部纪事本末体专史亦在清初和近代前期异军突起。

时值康熙二十九年(1690),张星曜《历代通鉴纪事本末补后编》五十卷完成。道光二十六年(1846),魏源刊行《圣武记》第二次修订本。同治四年(1865),夏燮出版《中西纪事》增订本二十四卷。它们应时之需,依次从辟佛、排老、益儒言论为主的汉至清初宗教思想界跨入清代军事界,再转入近代外交界,细化并拓展了纪事本末体史书的覆盖范围、辐射层面与专指度,裹挟出时局观念和忧患意识,后出转精又后来居上。

诚如梁启超在其《中国历史研究法·过去之中国史学界》中断定:"夫欲求史迹之原因结果以为鉴往知来之用,非以事为主不可。故纪事本末体,于吾侪之理想的新史最为相近,抑亦旧史界进化之极轨也。"然而所有这一切,莫不开启于南宋袁枢《通鉴纪事本末》,厥功甚伟,耀古而烁今。

二、裨益《通鉴》之效

建有创体首出之功的《通鉴纪事本末》,共计四十二卷,篇幅约当《通鉴》的四分之三。它以《通鉴》为蓝本,依其编选断限,揭事为题,排比汇纂,首以《三家分晋》开篇,终以《世宗征淮南》压卷,共拟正目二百三十九个,附题六十六个,合计三百零五个。这三百零五个正目和附题主次相从,绳贯丝牵,便从整体上使战国至五代的纷繁史迹事件化、简明化、逻辑化了。与之相呼应,每一专篇又把《通鉴》中对该事件的断续相离的分卷记载汇聚起来,按年时月日的顺序重行串接,集中表现其前因后果、来龙去脉、陡变转捩之机、立体推进之势,同时显扬置身事件当中的各种人物的活动与作用,从而使事件本身明晰化、齐整化、条理化了。如《秦并六国》,即辑录《通鉴》卷二至卷七共一百四十一年间的一百七十二条史文综括而成,步步相生,环环相扣,完整地展现出秦国自孝公至秦王嬴政逐步富国强兵、翦灭六国的跌宕起伏的全过程。

循此继进的是,组织编排经纬分明。面对实属《通鉴》之精髓的三百零五桩军国大事或要事,袁枢基本按照朝代先后编排,

纵贯而下，以成完帙。但在阶段性的历史跨度内，也顾及事件的性质及其相互之间的某种内在联系。或同类之事并举互峙，或相关之事环列套接，或同类、相关之事交织缀附。仅以卷三十一而论，《安史之乱》置于《李林甫专政》《奸臣聚敛》《杨氏之宠》三目之后，就客观地显示出这场大动乱是唐玄宗后期统治日趋腐朽的必然结果。为了尽可能沟通事件的彼此联系，袁枢还有意运用《史记》所创设的互见法。如《宦官亡汉》，各在当条之下，即有"事见《窦氏专恣》""五事并见《嬖幸废立》""三事并见《梁氏之变》""张凤等上书事见《诸羌叛服》""事见《黄巾之乱》""事见《曹操篡汉》"等八处提示。似此处置，也就越发收到各事件内钩外连、相参互涵的整合式效应了。而全部事目的胪列，径自呈现出纵贯式同横亘式恰切结合的特点，使一千三百六十二年的历史演变轨迹和主体画面皎然可寻。

尤见功力、颇难企及的是，史料缀辑周详严密。袁枢对所择取编列的每一事件，都基本移植《通鉴》原文，在特定的时序单位内，展开记述。其间在史料钩稽、参证、归并、排比等环节上，极具辨析力、识别力、归纳力和兼综统括力，使之各得其所，恰如其分，同时饶有特创之思，也不乏删略撮录之举。仅从《两税之弊》来看，首述唐高祖武德七年（624）夏四月，"初定均田租庸调法"；继述唐肃宗宝应元年（762）借追征逋欠之名，行"白著"之实；接述代宗时尽贮天下金帛于大盈内库，变公赋为私藏；转述德宗建中元年（780）正月，始用杨炎议，制定两税法，以及施行十四年间的调整情况；终述贞元十年（794）夏五月，陆贽奏请"均节财赋"的六条建议。并借助互见法和追叙法，点明玄宗时的状况。全篇起讫凡一百七十年，摘录《通鉴》卷一九〇、卷二二二、卷二二六、卷二三二至二三四共六节文字，予以铨次。不仅揭示了两税法产生的历史前提、实施经过，而且暴露了这一重大税制改革的弊端，也在特定视角上勾勒了唐代赋税制度嬗变的基本轮廓。

袁枢在史书剪裁和编制上独出心裁，另辟蹊径，旨在浓缩

《通鉴》中所关涉的治乱兴衰的核心内容,凸现并深化《通鉴》以史资治垂鉴的鲜明主题,特为外弛内张的南宋皇朝提供治国兴邦的正反面历史经验与教训。这被杨万里喻为诊病疗疾:"其于治乱存亡,盖病之源医之方也。"也就是说,通过对重大史事的总体标列和具体陈述,显现出前代王朝政治等领域的主要病种、病症与病源,对症下药,优选开列出令其迅速痊愈的疗救药方。

围绕并紧扣这一编述宗旨,《通鉴纪事本末》全书在历史纵剖面上,远涉战国,近及唐五代;除反映统一时期的规模与气象外,更凸现分裂阶段的局势与状况;除展示治世的图景外,更宣明乱世的面貌;除呈现各王朝兴起阶段的情状和态势外,更显露其衰败阶段的情形及趋向;即便是升平盛世,也标示涌生其间的变乱祸衅。随之大书特书的是:一姓皇室的更帜易主,割据政权的迭生迭灭,宫廷政变的陡生突发,内乱外叛的此起彼伏,天下混战的周而复始,局部兵争的愈演愈烈,中央集权与地方割据的殊死较量,中原地带同周边方国的反复和战,太平景象下的隐患危机,农民起义的绵延高涨……

由纵剖面转向横断面,《通鉴纪事本末》专详政治与军事。其叙政治,焦点则凝聚在统治集团的内部矛盾与负面行径。随之纷至沓来的是:太子的贬黜更换,女主的临朝称制,宠妃悍后的预政乱政,宗室的谋逆作乱,外戚的骄恣擅权,勋贵的专政篡位,阉宦的执柄废立,佞幸的用事危国,藩镇的自重连兵,庸主暴君的奢靡荒淫和狂暴酷虐等等。而有关雄主明君、良辅贤臣的赫赫治绩与懿言嘉行,倒在其次,偶尔露峥嵘罢了。一直捱到第二十九卷首篇,才是好不容易方得一见的《贞观君臣论治》,即属明证。而个中三昧,如若直接采用杨万里的话来说,便是:"由周秦以来,曰诸侯,曰大盗,曰女主,曰外戚,曰宦官,曰权臣,曰夷狄,曰藩镇,国之病亦不一矣,而其源不一哉!"这些负面人物集团在国家活动中往往倒行逆施却举足轻重,危害严重且贻害无穷,而其祸害形成的源头又各不相同,怎能不从源头上把它们梳理明白,去除殆尽呢?而这,正属于本部史籍欲向读者和世人传

达的话外之音。

从政治投向军事，以下几类战争的场景则如波翻浪卷，交错在笔底展开：一为夺取政权、统一全国的战争，《高帝灭楚》《南北交兵》《隋灭陈》之类是；二为侵扰反侵扰的战争，《武帝伐匈奴》《太宗平突厥》之类是；三为平叛战争，《七国之叛》《宪宗平蜀》和《宪宗平淮蔡》之类是；四为农民战争和被镇压行动，《卢循之乱》《裘甫寇浙东》之类是，等等。而对秦末、汉末、隋末、唐末大规模农民起义和新王朝建立的铺叙，尤为笔酣墨饱。

政治得失与军事胜负，汇成了《通鉴纪事本末》的主旋律。与此相合拍，关涉国计民生的经济领域的紧要之务，也未曾完全付诸阙如。《河决之患》《奸臣聚敛》《两税之弊》，便是这方面的专篇。

事在人为，人赖事显。《通鉴纪事本末》径以人物冠题之首的事目多达一半以上，其中挺立着确有建树的英君明王的雄姿，闪跳着后妃公主的身影，流动着名公巨卿的风采，飘荡着武夫战将的本色，播布着封疆大吏的阅历，展现着职低权重者的行事，腾涌着农民起义领袖的壮举，奔动着少数民族首领的形迹，披露着政治侏儒的路数与误区，透泄着大奸巨蠹的心态与举措……从而再现出历史舞台上所不断涌现的各类人物的群体风貌和个体形象。由此不单单标示出其作为、业绩、性格、意绪，更寻绎阐释出其成败得失的诸多因素。

为使观览者加深对事件和人物的理性认知，《通鉴纪事本末》还以论系事，直接取用《通鉴》中的"臣光曰"和其他评语来代己立言。"臣光曰"凡六十条，其他评语包括二十三家四十二条，分别出自贾谊、司马迁、扬雄、班彪、班固、荀悦、陈寿、干宝、习凿齿、孙盛、沈约、萧子显、裴子野、崔鸿、颜之推、李延寿、权德舆、李德裕、欧阳修等人之手。这些发表见解者或为政论家，或为思想家，或为史学家，或为宰相，或为名流。他们同忠清粹德之儒司马光前后辉映，或对事件究是非，言利害，辨得失；或对人物别善恶，察忠奸，分智愚；或对一代兴亡做剖判。其中不乏洞

见肝膈之论，甚或包含带有普遍意义的真理颗粒和人类政治智慧的闪光晶体。而袁枢特意把这些评语置于该事件、该人物之下，确臻点睛之妙。

总起来看，《通鉴纪事本末》脱胎于《通鉴》，又迥异于《通鉴》，非但架设起与《通鉴》对接贯通的桥梁，而且打造出和《通鉴》连镳并轸的新式经典。它取精用宏，另创新体，择面、理线、选点并举，纵探、横窥、深究齐下，既融内忧、外患、统治者自身状况为一体，又冶史事、史迹、史论于一炉，较比《通鉴》链条更明晰，脉络更清楚，内容更集中，重点更突出，寓意更深刻，洵为《通鉴》之门户，导读之专书，更成帝王鉴史资治、世人习史求知兼而得之的新型史籍。难怪宋孝宗"读而嘉叹"说："治道尽在是矣。"至于时贤名流杨万里、朱熹、吕祖谦等，也都不约而同地为之作序、写跋、书后，指其要而举其精，究其奥而明其用。史评殿军章学诚谓其"化臭腐为神奇"，而清修《四库全书总目》非独倡明这一史著"实前古之所未见也"，还大声疾呼："读《通鉴》者，不可无袁枢之书！"

袁枢之《通鉴纪事本末》和《资治通鉴》彼此依凭，共起作用，相互映照，同奏功效。如果说《通鉴》作为编年体通史巨著而永垂"立言不朽"之巅，那么，袁枢《本末》作为纪事本末体通史大作就含英咀华，相对于《通鉴》遂一身而二任焉，即：亦因亦革的支流，别开户牖的新派。

面对《通鉴》和《本末》两大史学巨著，一代伟人毛泽东远驾昔人之上，非独给予高度重视，而且做出深切评判，更赋之以典范的古为今用新处断。在其高屋建瓴、孤诣独到的读书生涯中，曾将《资治通鉴》通读十七遍，且谓"每读一遍都获益匪浅"。既标专用符号，又作批点文字，更在具体深入研究的基础上，特从总体上予以判定："《资治通鉴》这部书写得好，尽管立场观点是封建统治阶级的，但叙事有法，历代兴衰治乱本末皆具，我们可以批判地读这部书，借以熟悉历史事件，从中吸取经验教训。"着力强调《通鉴》"是一部难得的好书"，"是一部值得再读的好

书"。

适与《通鉴》相伯仲,毛泽东对《通鉴纪事本末》亦研精覃思。不仅细读了该书,同时在两千八百多筒子页留下了大量的批语与圈点,堪称毛泽东在其精读细研过的中华古籍中撰有批语和做出圈点最多的一部书。如第四十卷之《后唐灭梁》篇,记述后唐庄宗李存勖及其两个谋士康延孝、郭崇韬的君臣间谋断决策方式。毛泽东对此即格外关注,批道:"康延孝之谋,李存勖之断,郭崇韬之助,此三人者,可谓识时务之俊杰。""已成摧枯之势,犹献退兵之谋,世局往往有如此者。此时审机独断,往往成功。"这番剖析透视,发他人之所未发,凸现了奇谋异策的非同凡响,彰显了大智大谋的难能可贵,揭示了果断决策可收功效的卓著殊绝,赞赏了身处乱世而能建功立业的英雄豪杰,的确别具只眼,鞭辟入里,给人以无限遐思和深刻启示。

三、今译《本末》之要

《通鉴纪事本末》大纛标举,迄今仍可继续发挥执史明理、启智沃心的功能,持久收到"历史教科书、政治启示录"的效应。于是如何突显其主体内容,彰明其深切意旨,揭橥其核心价值,拓展其传布空间,便提上日程。而欲臻此境,首要之务在于:必须去除横亘其间的古今语言隔阂,扫清费解难明的虚实文词障碍,锻造出古史文言文与现代白话文高度协调统一的专书专著形态,为各个读者群在与之关系密切的特定领域、特定层面、特定细节上尽情涉猎、全力钻研、上下求索、纵横驰骋而大开便捷之门。

有鉴于斯,我们十八所高等院校的一批学术同仁,在多年从事中国历史文选教学、进行古籍整理研究、展开文献学暨史学史探索研求的基础上,进一步发挥专业团队优势,恪守"信、达、雅"最高准则,勠力同心,各尽所长,集思广益,精益求精,编译了这部"传世经典 文白对照"《通鉴纪事本末》。

在编译过程中,自以选取工作底本为第一要务。袁枢于宋

孝宗淳熙二年（1175）撰成《通鉴纪事本末》后，即在严州郡学刻印此书，到次年完工，世称"严州本"；因其字小，又称"小字本"。时至宋理宗宝祐五年（1257），宋宗室赵与篯以严州本字小且讹，又改用大字，精加雠校，重刻于湖州，世称"湖州本"或"大字本"。以上两种宋本迄今皆存。商务印书馆于民国八年（1919）至十一年（1922）印行《四部丛刊》，特将宋刻"大字本"《通鉴纪事本末》收入史部当中，予以影印，谓其"宋椠宋印，神明焕然，非元明递修本可比"（《四部丛刊书录》语）。鉴于《四部丛刊》影印宋刻大字本比较接近原书面貌且易寻觅，本书即选之作为底本。同时参取、甄采、融汇了前修时贤颇有价值的重要校勘成果，慎重据以酌定处置。

面对原书中类似细枝末节的纷繁琐屑事项，则因事制宜，分别予以凡例式处理。例如，凡遇原文之年号纪年处，便在译文中按权威年表括注相应公元年份（如果原文年份后面有明确的月份且临近农历的年底，则有可能是标注公元纪年的下一年）；凡遇原文之干支纪日处，便在译文中括注与之相切合的当月农历所在具体日期，借以突出时间概念。诸如此类，所在多有。

在版式设计上，本书采用"左页文言、右页白话"的形式，两页起讫文字严丝合缝，完美对照，并且借助宋体、楷体两种字体区分原文和译文，一体两翼，蝉联而下，为读者提供了方便阅读的对读范本。

需要说明的是，尽管本书每位译者无不全力以赴，必欲探骊而得珠；整部今译初稿复经主编暨副主编协力校订加工，力求锦上添花，但终因学海之深、我辈功力尚浅，虽然试图在"信、达、雅"的统一上勉为其难，冀臻理想高度，仍不免未达一间，容或存在疏忽欠妥之处。

他山之石，足可攻玉。中华书局的编辑审订团队，以专业严谨的工作作风，对原著原文再度详加校勘，又对译文的艰涩处以及歧异处和错综处加以再润色，再究诘，再酌定，倾情为读者奉献了一部统筹较精细、效果甚超常的《通鉴纪事本末》普及读本，

委实令人不胜感佩。

　　坚持层楼更上、后出愈精是我们对本书孜孜以求的终极悬鹄之所在,为此则端赖广大读者包括诸多方家的摘瑕赐教。谨此翘首以待,深表敬意,特致谢忱。

杨寄林

2024年1月15日

总　目

目录

第一册

通鉴纪事本末

通鉴纪事本末叙

　　初,予与子袁子同为太学官。子袁子录也,予博士也,志同志,行同行,言同言也。后一年,子袁子分教严陵。后一年,予出守临漳,相见于严陵,相劳苦,相乐,且相梆以学。子袁子因出书一编,盖《通鉴》之本末也。予读之,大抵搴事之成以后于其萌,提事之微以先于其明,其情匿而泄,其故悉而约,其作窕而槬,其究遐而迩,其于治乱存亡,盖病之源、医之方也。予每读《通鉴》之书,见事之肇于斯,则惜其事之不竟于斯。盖事以年隔,年以事析,遭其初莫绎其终,揽其终莫志其初,如山之峨,如海之茫,盖编年系日,其体然也。今读子袁子此书,如生乎其时,亲见乎其事,使人喜,使人悲,使人鼓舞未既而继之以叹且泣也。嗟乎! 由周秦以来,曰诸侯,曰大盗,曰女主,曰外戚,曰宦官,曰权臣,曰夷狄,曰藩镇,国之病亦不一矣,而其源不一哉。盖安史之乱,则林甫之为也;藩镇之乱,则令孜之为

当初，我和子袁子一起担任太学的官员。子袁子是负责执行学规的太学录，我是讲授经典的博士，我们志向相同，行为举止相同，言论相同。过后一年，子袁子被分派出去充任严州州学教授。又过后一年，我也出京去做地方官，辖领临漳，我们在严州相见，相互慰劳勤苦，相互喜乐，并相互勉励切磋学问。子袁子于是出示所撰书籍一编，原来是《通鉴》的事件本末啊。我拜读它，大致上是把事件的结局标揭于事件萌发之后，把事件的苗头突现在事件明朗化之前。这样，事件的情状由隐伏而发露，事件的原由详尽又简要，事件的发展细密又宏阔，事件的终结悠远又近捷。对于治乱存亡，它恐怕是病症的根源、医治的药方啊。我每次阅读《通鉴》这部书，看到事件在这里发端，就惋惜这桩事件不在这里终结。造成这种遗憾，大概是由于事件因年代顺序而隔断，年代顺序因事件而离析，读到事件的开头却不能找到它的结尾，抓住事件的结尾却不能记住它的开头，这就像山峦一样巍峨，像大海一样渺茫。之所以如此，或许是由编列年代、缀联月日来记事这种史书体裁所造成的呀。如今我拜读子袁子这部书，就像生在书中那个时代，亲眼看见那些事件，使人喜悦，使人悲哀，使人手舞足蹈还未停息，就接着感叹，并泣下沾襟了。哎呀呀！从周秦以来，祸患数得上的，叫诸侯，叫大盗，叫女主，叫外戚，叫宦官，叫权臣，叫夷狄，叫藩镇，国家的病症也不止一种了，而病源也不止一端。那安史之乱，正是奸相李林甫造成的；藩镇之乱，正是宦官田令孜造成

也,其源不一哉。得其病之之源,则得其医之之方矣,此书是也。有国者不可以无此书,前有奸而不察,后有邪而不悟。学者不可以无此书,进有行而无征,退有蓄而无宗。此书也,其入《通鉴》之户欤?虽然,觌人之病,戚人之病,理人之病,得人之病,至于身之病不懵焉,不讳焉,不医之距焉,不医而缪其医焉,古亦稀矣。彼暗而此昭,宜也切于人,纾于身,可哀也夫!

淳熙元年三月戊子庐陵杨万里叙

的，这祸乱的根源是不一样的。摸到那些病症的病源，就找到那些医治的药方了，而子袁子这部书，正是医治的药方啊！握有国家政权的人，不可以没有这部书，不然的话，就会前有奸佞而不明察，后有邪恶而不醒悟。求学的人，不可以没有这部书，不然的话，居官为政欲求建树却没有恰切的历史验证，辞职退隐欲养德操却没有理应尊奉的宗旨。这部书啊，恐怕是步入《通鉴》的门户吧？尽管如此，见到他人的病症，忧虑他人的病症，治疗他人的病症，深明他人的病症，至于自身的病症能不糊涂，不忌讳，不拒绝医治，去就医治病而不被误诊误治，这种人，自古也少见。那边暗昧而此处昭明，怪不得对他人急切，却对自身疏缓呢。这种情况，就太可悲了呀！

　　　淳熙元年(1174)三月戊子(初一)庐陵杨万里叙

卷第一

三家分晋

周威烈王二十三年，初命晋大夫魏斯、赵籍、韩虔为诸侯。

臣光曰：臣闻天子之职莫大于礼，礼莫大于分，分莫大于名。何谓礼？纪纲是也。何谓分？君、臣是也。何谓名？公、侯、卿、大夫是也。

夫以四海之广，兆民之众，受制于一人。虽有绝伦之力，高世之智，莫敢不奔走而服役者，岂非以礼为之纲纪哉！是故天子统三公，三公率诸侯，诸侯制卿大夫，卿大夫治士庶人。贵以临贱，贱以承贵。上之使下，犹心腹之运手足，根本之制支叶；下之事上，犹手足之卫心腹，支叶之庇本根，然后能上下相保而国家治安。故曰天子之职莫大于礼也。

文王序《易》，以《乾》《坤》为首。孔子系之曰："天尊地卑，乾坤定矣。卑高以陈，贵贱位矣。"言君臣之

三家分晋

周威烈王二十三年(前403),周天子初次分封晋国的大夫魏斯、赵籍、韩虔为诸侯。

北宋史臣司马光说:我听说天子的职责没有比维护礼制更重要的,维护礼制没有比恪守等级身份更重要的,恪守等级身份没有比明确爵名官号更重要的。什么叫作礼制?礼制就是法纪纲常。什么叫作等级身份?等级身份就是君主与臣下的贵贱差等。什么叫作爵名官号?爵名官号就是公、侯、卿、大夫的特定称谓。

以四海之广,亿万人民之多,全受帝王一人的控制。有些人虽有无与伦比的勇力,超越常人的智慧,却无不为帝王奔走服役,难道这不是以礼制作为法纪纲常的缘故吗?因此,天子统率三公,三公统率诸侯,诸侯控制卿大夫,卿大夫辖治庶人。高贵者统治卑贱者,卑贱者服从高贵者。地位高的人驱使地位低的人,犹如心腹指挥手脚,树根支配枝叶;地位低的人侍奉地位高的人,犹如手脚保卫心腹,枝叶庇护树根,这样,才能让上、下互相维护,而国家也得到治理和安定。因而说,天子的职责没有比维护礼制更重要的。

周文王推演《周易》,把《乾》《坤》列于首位。孔子解释说:"天位高贵,地位卑下,这样乾、坤的排列顺序确定了。地低天高的次序排定后,贵贱位置也确立了。"这是说君臣的

位犹天地之不可易也。《春秋》抑诸侯,尊周室,王人虽微,序于诸侯之上,以是见圣人于君臣之际未尝不惓惓也。非有桀、纣之暴,汤、武之仁,人归之,天命之,君臣之分当守节伏死而已矣。是故以微子而代纣则成汤配天矣,以季札而君吴则太伯血食矣,然二子宁亡国而不为者,诚以礼之大节不可乱也。故曰礼莫大于分也。

夫礼,辨贵贱,序亲疏,裁群物,制庶事,非名不著,非器不形。名以命之,器以别之,然后上下粲然有伦,此礼之大经也。名器既亡,则礼安得独存哉!昔仲叔于奚有功于卫,辞邑而请繁缨。孔子以为不如多与之邑。惟器与名,不可以假人,君之所司也,政亡则国家从之。卫君待孔子而为政,孔子欲先正名,以为名不正则民无所措手足。夫繁缨,小物也,而孔子惜之;正名,细务也,而孔子先之:诚以名器既乱则上下无以相有故也。夫事未有不生于微而成于著,圣人之虑远,故能谨其微而治之;众人之识近,故必待其著而后救之。治其微则用力寡而功多,救其著则竭力而不

位置如同天地的位置一样不可改变。《春秋》贬抑诸侯，尊崇周王室，周王室虽然衰微，但次序仍排在诸侯之上，由此可见，圣人孔子对君臣之间的关系是勤谨恳切地关心着的。君王只要没有夏桀、商纣那样暴虐，即使不具备商汤、周武王那样的仁义，但人民都归顺君王，而上天也把天命授予了他们，就君臣的名分来看，臣子就应恪守节义、为君王伏身而死才罢休了。因此，让微子启取代商纣为王，商汤就能一直同上天一起享受祭祀，让季札当吴国国君，太伯就能一直在宗庙中接受祭祀，享用牺牲，然而他们二人宁愿亡国也不愿做君主，实在是认为礼制的重要原则不可淆乱。因而说：维护礼制没有比恪守等级身份更重要的。

　　礼制，是用来辨别贵贱高低，排列亲疏次序，节制天下万物，管理世间众事的，没有名分不能显著地表现出来，没有礼器不能形象地体现出来。用名分来说明，用礼器来区别，这样，就能使上下贵贱的等级差别显著明白，井然有序，而这正是礼制的最高准则。名分、礼器既然已经丧失，礼制怎么能够单独存在呢？昔日，仲叔于奚对卫国有功，他辞去卫国国君赏赐的城邑，请求准许他使用天子、诸侯装饰马匹所用的繁缨。孔子认为不如多给他一些城邑。只有礼器和名分，不能够轻易给人，因为这是君主所掌管的东西，政治原则丧失了，国家就会随着灭亡。卫国国君依靠孔子治国理政，孔子想先纠正名分上的讹误，认为名不正民众就不知道该依据什么来约束自己的举动。繁缨是一种很小的物品，但孔子十分珍惜；正名是一项细微的事务，但孔子把它放在了首位：这实在是因为孔子认为名分、礼器淆乱后，上、下就不能互相维护。任何事情无不萌生于细微之中，然后发展成显著重大的结果。圣人孔子深思远虑，因而能够谨慎地对待事物的萌芽状态，加以整治；大众目光短浅，必须等到问题十分明显了才进行补救。事情细微时就整治，用力小而收效大，等到事态严重时才补救，即使竭尽全力也不

能及也。《易》曰"履霜坚冰至",《书》曰"一日二日万几",谓此类也。故曰分莫大于名也。

乌呼！幽、厉失德，周道日衰，纲纪散坏，下陵上替，诸侯专征，大夫擅政，礼之大体什丧七八矣，然文、武之祀犹绵绵相属者，盖以周之子孙尚能守其名分故也。何以言之？昔晋文公有大功于王室，请隧于襄王，襄王不许，曰："王章也。未有代德而有二王，亦叔父之所恶也。不然，叔父有地而隧，又何请焉！"文公于是乎惧而不敢违。是故以周之地则不大于曹、滕，以周之民则不众于邾、莒，然历数百年，宗主天下，虽以晋、楚、齐、秦之强不敢加者，何哉？徒以名分尚存故也。至于季氏之于鲁，田常之于齐，白公之于楚，智伯之于晋，其势皆足以逐君而自为，然而卒不敢者，岂其力不足而心不忍哉？乃畏奸名犯分而天下共诛之也。今晋大夫暴蔑其君，剖分晋国，天子既不能讨，又宠秩之，使列于诸侯，是区区之名分复不能守而并弃之也。先王之礼于斯尽矣！

或者以为当是之时，周室微弱，三晋强盛，虽欲勿许，其可得乎！是大不然。夫三晋虽强，苟不顾天下之诛而犯义侵礼，则不请于天子而自立矣。不请于天子

能达到目的了。《周易》上说"踏在霜上就知严寒冰冻将要到来",《尚书》也说"一日二日间就要处理上万件事情",都是讲的这类情况。因而说,恪守等级身份没有比明确爵名官号更重要的。

哎呀呀!幽王、厉王丧失德行,周王室的政令制度日益衰落,纲常法纪散失败坏,臣下侵凌君王,君王日趋衰弱,诸侯擅自征伐,大夫独揽政权,礼制的主要原则已丧失十分之七八,但对周文王、周武王的祭祀仍能连绵不断,这是因为周王室的子孙还能恪守名分的缘故。凭什么这样说?往昔,晋文公为周王室建立了大功,他请求周襄王准许他死后采用天子所用的隧葬礼制,襄王不准许,说:"这属于周王室的典章制度。还不具备取代周王室的德行就与周王共为两个天子,这也是叔父您所憎恶的。不然,叔父您有自己的国土,只管使用隧葬,何必请求我批准呢!"于是,晋文公心生畏惧,不敢违背礼制。因此,周王室的辖地不比曹国、滕国大,周王室统治的人口不比邾国、莒国多,但历经数百年,仍是天下的宗主,就连晋国、楚国、齐国、秦国那样的强国,也不敢凌驾其上,原因何在?只不过是名分尚存的缘故。至于就季氏对于鲁国,田常对于齐国,白公对于楚国,智伯对于晋国来看,他们的势力都足以逐黜国君而自立,但终于不敢这样做,难道是他们的力量不足和于心不忍吗?其实是害怕触犯名分,遭到天下之人的共同诛讨。现在晋国的大夫凌辱蔑视他们的国君,瓜分了晋国,天子既不能兴兵讨伐,又予以恩宠,擢升他们的名位,使他们并列于诸侯,这纯属仅存的那点儿名分也不能守护,而一并丢弃掉。先王的礼制自此荡然无存了!

可能会有这种看法,认为处在这种时候,周王室微弱,晋国魏、赵、韩三家强盛,虽想不准许,能办得到吗?这种看法大错特错了。晋国三家虽强盛,倘若不顾忌天下的诛讨而侵犯礼义,便可不向天子请求而自立。但不向天子请求

而自立，则为悖逆之臣，天下苟有桓、文之君，必奉礼义而征之。今请于天子而天子许之，是受天子之命而为诸侯也，谁得而讨之！故三晋之列于诸侯，非三晋之坏礼，乃天子自坏之也。

乌呼！君臣之礼既坏矣，则天下以智力相雄长，遂使圣贤之后为诸侯者，社稷无不泯绝，生民之类糜灭几尽，岂不哀哉！

初，智宣子将以瑶为后，智果曰："不如宵也。瑶之贤于人者五，其不逮者一也。美须长大则贤，射御足力则贤，伎艺毕给则贤，巧文辩慧则贤，强毅果敢则贤；如是而甚不仁。夫以其五贤陵人而以不仁行之，其谁能待之！若果立瑶也，智宗必灭。"弗听。智果别族于太史，为辅氏。

赵简子之子，长曰伯鲁，幼曰无恤。将置后，不知所立，乃书训戒之辞于二简，以授二子曰："谨识之！"三年而问之，伯鲁不能举其辞；求其简，已失之矣。问无恤，诵其辞甚习；求其简，出诸袖中而奏之。于是简子以无恤为贤，立以为后。

简子使尹铎为晋阳，请曰："以为茧丝乎？抑为保障乎？"简子曰："保障哉！"尹铎损其户数。简子谓无恤曰："晋国有难，而无以尹铎为少，无以晋阳为远，必以为归！"

而自立，就成为叛逆犯上之臣，天下如有齐桓公、晋文公这样的国君，必定会奉礼义而征讨他们。现在向天子请求，而天子又许可了他们，这是接受天子的命令而成为诸侯，谁又有理由征讨他们？所以，晋国三家并列于诸侯，并非三家破坏礼制，而是天子自己破坏了礼制。

哎呀呀！君臣的礼义名分既已败坏，天下就会以谋诈和武力称雄争霸，于是使得圣贤后裔当了诸侯的人，国家社稷无不灭绝，黎民百姓遭受残害，伤亡殆尽，这难道还不令人哀痛吗？

当初，智宣子想让智瑶做继承人，智果说："智瑶不如智宵。智瑶有优于他人的五大长处，同时也有一大缺点。他美须美发、身材高大，则出众；力挽强弓、善驭车马，则出众；才艺超群、兼精诸技，则出众；工于文辞、聪慧善辩，则出众；刚强坚毅、勇敢果断，则出众；但具有这么多优点却很不讲仁义。如果他凭借其五大长处欺凌他人，以不仁不义来行事，有谁能一直宽容他呢？倘若真的立智瑶为继承人，智氏宗族必定会灭亡。"智宣子没有接受他的意见。智果便请求掌管姓氏的太史让他别立一族，改为辅氏。

赵简子的儿子，长子叫赵伯鲁，幼子叫赵无恤。赵简子想确定继承人，但不知该立哪个，于是将训戒文辞书写在两根竹简上，授予两个儿子，说："用心记诵这些文辞！"三年后查问，赵伯鲁说不出那些文辞；向他要竹简，也已遗失。查问赵无恤，他背诵得十分流利；向他要竹简，他立即从衣袖中取出奏上。因此，赵简子觉得赵无恤贤良，立他为继承人。

赵简子派尹铎治理晋阳，尹铎请示说："你要我像抽茧丝般地收罗财富呢？还是要让晋阳成为赵氏的保障？"赵简子说："当然是要它成为保障！"尹铎到任后，减少了晋阳的纳税户数，减轻了当地人民的负担。赵简子对赵无恤说："一旦晋国发生变故，你不要嫌尹铎地位低，不要认为晋阳路远，一定要投奔晋阳作为归宿！"

及智宣子卒,智襄子为政,与韩康子、魏桓子宴于蓝台。智伯戏康子而侮段规。智国闻之,谏曰:"主不备,难必至矣!"智伯曰:"难将由我。我不为难,谁敢兴之!"对曰:"不然。《夏书》有之曰:'一人三失,怨岂在明,不见是图。'夫君子能勤小物,故无大患。今主一宴而耻人之君相,又弗备,曰'不敢兴难',无乃不可乎! 蚋、蚁、蜂、虿,皆能害人,况君相乎!"弗听。

智伯请地于韩康子,康子欲弗与。段规曰:"智伯好利而愎,不与,将伐我,不如与之。彼狃于得地,必请于他人;他人不与,必向之以兵,然则我得免于患而待事之变矣。"康子曰:"善。"使使者致万家之邑于智伯。智伯悦。又求地于魏桓子,桓子欲弗与。任章曰:"何故弗与?"桓子曰:"无故索地,故弗与。"任章曰:"无故索地,诸大夫必惧。吾与之地,智伯必骄。彼骄而轻敌,此惧而相亲;以相亲之兵待轻敌之人,智氏之命必不长矣。《周书》曰:'将欲败之,必姑辅之。将欲取之,必姑与之。'主不如与之,以骄智伯,然后可以择交而图智氏矣,奈何独以吾为智氏质乎!"桓子曰:"善。"复与之万家之邑一。

智伯又求蔡、皋狼之地于赵襄子,襄子弗与。智伯怒,帅韩、魏之甲以攻赵氏。襄子将出,曰:"吾何走乎?"从者

待至智宣子死了以后，智襄子执掌了晋国的政权，他与韩康子、魏桓子在蓝台设宴欢饮。智伯戏弄了韩康子，并且侮辱了段规。智国听说此事之后，进谏说："主上您如果不做防备，灾难必定会到来！"智伯说："只有我才能作难。我不发难，谁敢发难！"智国对答说："不一定这样。《夏书》上有这样的话：'一个人屡犯过失后，别人的怨恨并不全都显露在明处，因而在事端还未显现时就应该谋划防备。'君子能够勤谨地对待细微的事物，所以才不会酿成大灾祸。现在主上您一次宴饮就羞辱了他人主君及其家相，又不加以防备，口称'别人不敢发难'，恐怕不行吧！蚋、蚁、蜂、虿之类，都能伤害人，何况主君、家相呢？"智伯拒不听从。

智伯向韩康子索求领地，韩康子想不给他。段规进谏说："智伯好利而且刚愎，如果不给，他会攻伐我们，不如给他。他因为得到土地而骄汰得意，必定会向别人索讨；别人如果不给，他一定会诉诸武力，这样，我们既可以避免灾祸，又可以坐观事变。"韩康子说："好主意。"于是便派使者向智伯送上一座拥有上万民户的城邑。智伯很高兴。他又向魏桓子索求领地，魏桓子想不给。任章问魏桓子说："为什么不给他呢？"魏桓子说："无缘无故索讨土地，所以不给。"任章说："无缘无故索讨土地，必定会引起诸家大夫的恐慌。我们给他土地，智伯一定会更加骄横。他骄横了就会轻敌，而诸家大夫则会因恐慌而互相亲近；用亲近团结的军队来对付轻敌的人，智氏的性命一定不会长久了。《周书》上说：'想要击败他，必须暂且辅助他。想要取得，必须暂且给予。'主上您不如给他土地，以促使智伯骄横，然后便可选择某些家族交往联系，共同谋划，对付智氏，何必单独让我们成为智氏的打击对象呢！"魏桓子说："好主意。"于是也送给智伯一座拥有万户民户的城邑。

智伯又向赵襄子索取蔡、皋狼的土地，赵襄子不给他。智伯于是大怒，便率领自己的及韩、魏二家的军队一齐进攻赵氏。赵襄子准备出逃时，向身边人询问："我们该往何处逃奔呢？"侍从

曰："长子近，且城厚完。"襄子曰："民罢力以完之，又毙死
以守之，其谁与我？"从者曰："邯郸之仓库实。"襄子曰："浚
民之膏泽以实之，又因而杀之，其谁与我？ 其晋阳乎，先主
之所属也，尹铎之所宽也，民必和矣。"乃走晋阳。

三家以国人围而灌之，城不浸者三版；沉灶产蛙，民
无叛意。智伯行水，魏桓子御，韩康子骖乘。智伯曰："吾
乃今知水可以亡人国也。"桓子肘康子，康子履桓子之跗，
以汾水可以灌安邑，绛水可以灌平阳也。絺疵谓智伯曰：
"韩、魏必反矣。"智伯曰："子何以知之？"絺疵曰："以人事
知之。夫从韩、魏之兵而攻赵，赵亡，难必及韩、魏矣。今
约胜赵而三分其地，城不没者三版，人马相食，城降有日，
而二子无喜志，有忧色，是非反何？"明日，智伯以絺疵
之言告二子，二子曰："此夫谗臣欲为赵氏游说，使主疑于
二家而懈于攻赵氏也。不然，夫二家岂不利朝夕分赵氏之
田，而欲为危难不可成之事乎？"二子出，絺疵入曰："主何
以臣之言告二子也？"智伯曰："子何以知之？"对曰："臣见
其视臣端而趋疾，知臣得其情故也。"智伯不悛。絺疵请使
于齐。

赵襄子使张孟谈潜出见二子，曰："臣闻唇亡则齿寒。

回答："长子最近，而且城墙厚实完整。"赵襄子说："那里的人民修好城墙后，已经筋疲力尽，现在又要他们拼死守城，有谁能与我们同心协力呢？"侍从又建议："邯郸的仓库充实，可以固守。"赵襄子说："搜刮民脂民膏来充实仓库，又让人民为我们战死，有谁能与我们生死与共呢？前往晋阳怎么样？这是先主嘱咐我去的地方，也是尹铎宽厚待民、减轻了纳税负担的地方，那里的人民一定会顺附合作，与我们同生死、共患难。"于是逃奔晋阳。

智、韩、魏三家指挥军队围住晋阳，并引水淹灌晋阳城，波涛汹涌，城墙仅剩六尺未被水淹没；城中炉灶沉没，青蛙遍地，而人民无背叛之心。智伯乘车巡视水势，魏桓子为他驾车，韩康子居右护卫。智伯说："我现在才知道，水可以灭亡他人之国。"魏桓子用手肘碰了碰韩康子，韩康子用脚踢了踢魏桓子的脚趾，二人会意，照此说来，用汾水可以淹灌魏都安邑，用绛水可以淹灌韩都平阳。絺疵对智伯说："韩、魏两家一定会反叛。"智伯说："你怎么知道？"絺疵说："依据人事常理而知道的。联合韩、魏两家军队进攻赵氏，赵氏灭亡了，他们知道灾难一定会降临韩、魏两家。现在我们与韩、魏约定，战胜赵氏后，三家共分赵氏领地，从形势看，城墙未被淹没的仅剩六尺，城中困乏，人马相食，举城投降已指日可待，但魏桓子、韩康子二人并不高兴，反而面带忧色，这种情况如果不是表明他们想反叛，那么表明什么？"第二天，智伯把絺疵的话告诉了韩、赵二人，二人说："这是进谗言的臣下想为赵氏游说，使得主上您怀疑我们两家，而松懈对赵氏的进攻。不然的话，试想我们两家难道会不顾近日内就可分得赵氏田地的利益，却去干那种危险而不可能成功的事情吗？"二人出去后，絺疵进来说："主上您为什么把臣下的话告诉他们二人？"智伯说："你怎么会知道我已把你的话告诉了他们？"絺疵回答："我看见他们直直地盯了我一眼就快步走开了，这说明他们知道我已看穿了他们的心事。"智伯仍不醒悟悔改。絺疵便请求出使齐国，以躲避灾祸。

赵襄子派张孟谈偷偷出城会见二人，说："我听说唇亡则齿寒。

今智伯帅韩、魏以攻赵,赵亡则韩、魏为之次矣。"二子曰:
"我心知其然也;恐事未遂而谋泄,则祸立至矣。"张孟谈
曰:"谋出二主之口,入臣之耳,何伤也?"二子乃阴与张孟
谈约,为之期日而遣之。襄子夜使人杀守堤之吏,而决水灌
智伯军。智伯军救水而乱,韩、魏翼而击之,襄子将卒犯其
前,大败智伯之众,遂杀智伯,尽灭智氏之族。唯辅果在。

     臣光曰:智伯之亡也,才胜德也。夫才与德异,而
世俗莫之能辨,通谓之贤,此其所以失人也。夫聪察
强毅之谓才,正直中和之谓德。才者,德之资也;德
者,才之帅也。云梦之竹,天下之劲也;然而不矫揉,
不羽括,则不能以入坚。棠谿之金,天下之利也;然而
不镕范,不砥砺,则不能以击强。是故才德全尽谓之
"圣人",才德兼亡谓之"愚人";德胜才谓之"君子",才
胜德谓之"小人"。凡取人之术,苟不得圣人、君子而
与之,与其得小人,不若得愚人。何则?君子挟才以
为善,小人挟才以为恶。挟才以为善者,善无不至矣;
挟才以为恶者,恶亦无不至矣。愚者虽欲为不善,智
不能周,力不能胜,譬之乳狗搏人,人得而制之。小人
智足以遂其奸,勇足以决其暴,是虎而翼者也,其为害
岂不多哉!夫德者人之所严,而才者人之所爱;爱者
易亲,严者易疏,是以察者多蔽于才而遗于德。自古
昔以来,国之乱臣,家之败子,才有馀而德不足,以至

现在智伯率领韩、魏两家进攻赵氏，但赵氏灭亡后，接下来就是韩、魏了。"二人说："我们心里也知道这一点；只是怕事情还未成功就泄漏了计谋，这样，大祸就即刻临头了。"张孟谈说："计谋出于二位主上之口，入于臣下一人之耳，何必担忧！"二人便与张孟谈密谋结约，确定了起事日期后又将张孟谈送返晋阳。赵襄子在夜里派人杀了防守堤坝的吏卒，并决水倒灌智伯的军队。智伯的军队因救水而大乱，韩、魏两家从两翼夹击，赵襄子率军正面攻击，大败智伯的军队，于是杀了智伯，并将智氏家族的人斩尽杀绝。只有别立为一族的辅果幸存。

北宋史臣司马光说：智伯之亡是才能胜过德行的缘故。才与德是不同的，但世俗之人不能分辨，通称为贤，这是他们所以会看错人的原因。聪慧明察，刚强坚毅，称为才；正直平和，不偏不倚，称为德。才能是德行的资助，德行是才能的主宰。云梦的竹子是天下最刚劲的，但是不矫正它的弯曲，不配上羽毛箭镞，就不能射穿坚硬的盔甲。棠谿的铜是天下最精利的，但是不熔铸于模型，不在粗细磨石上磨锋利，就不能用来打击强敌。因此，才德兼备的称为"圣人"，才德俱无的称为"愚人"；德行超过才能的称为"君子"，才能超过德行的称为"小人"。就选用人才的方法来说，如果选不到可以信用的圣人、君子，与其选得小人，还不如选得愚人。为什么？君子凭借他的才能行善，小人利用他的才能作恶。凭借才能为善的人，能将事情做到尽善尽美；利用才能作恶的人，会将坏事做尽做绝。愚昧的人即使想作恶，但智慧欠缺，力量不够，就像吃奶的狗扑人，人很容易把它制服。小人的智慧却足以让他奸恶得逞，勇力也足以让他实施暴虐，这就如虎添翼，他对别人的危害怎么会不大？有德行的人受人敬重，有才能的人为人喜爱；喜爱的容易亲近，敬重的容易疏远。因此，选用人才的人多被他人的才能遮住了眼睛而遗忘了德行。自古以来，国之乱臣，家之败子，都是才有馀而德行不足，以致

于颠覆者多矣,岂特智伯哉!故为国为家者苟能审于才德之分而知所先后,又何失人之足患哉!

三家分智氏之田。赵襄子漆智伯之头,以为饮器。智伯之臣豫让欲为之报仇,乃诈为刑人,挟匕首,入襄子宫中涂厕。襄子如厕心动,索之,获豫让。左右欲杀之,襄子曰:"智伯死无后,而此人欲为报仇,真义士也!吾谨避之耳。"乃舍之。豫让又漆身为癞,吞炭为哑。行乞于市,其妻不识也。行见其友,其友识之,为之泣曰:"以子之才,臣事赵孟,必得近幸。子乃为所欲为,顾不易邪?何乃自苦如此?求以报仇,不亦难乎!"豫让曰:"不可。既已委质为臣,而又求杀之,是二心也。凡吾所为者,极难耳。然所以为此者,将以愧天下后世之为人臣怀二心者也。"襄子出,豫让伏于桥下。襄子至桥,马惊,索之,得豫让,遂杀之。

襄子为伯鲁之不立也,有子五人,不肯置后。封伯鲁之子于代,曰代成君,早卒,立其子浣为赵氏后。襄子卒,弟桓子逐浣而自立,一年卒。赵氏之人曰:"桓子立非襄主意。"乃共杀其子,复迎浣而立之,是为献子。献子生籍,是为烈侯。魏斯者,桓子之孙也,是为文侯。韩康子生武子,武子生虔,是为景侯。

韩借师于魏以伐赵,文侯曰:"寡人与赵,兄弟也,不

落得倾败覆灭下场的，多的是，难道仅仅是智伯一个吗？所以，治国理家的人如果能审慎地分别才能与德行，并懂得选择的先后次序，又何必担心失去人才呢！

魏、赵、韩三家瓜分了智氏的领地。赵襄子在智伯的头骨上涂漆，作为饮酒器皿。智伯的家臣豫让想为智伯报仇，他伪装成受过刑罚的人，身怀匕首，混入赵襄子宫中，涂刷厕所。赵襄子上厕所时，怦然心跳，搜索厕所，逮住了豫让。侍卫们想杀他，赵襄子说："智伯死了，没有后代，而此人想为他报仇，真是一位义士！我小心避开他就是了。"于是释放了他。豫让又以漆涂身，弄得遍体癞疮，并吞食火炭，使嗓音变得嘶哑。他在街市上行乞，他的妻子也认不出他。走在路上，他遇见一位朋友，朋友认出了他，并为他难过哭泣，说："以你的才能，如果侍奉赵孟，一定会成为近臣，得到宠幸。然后想干什么就可以干什么，岂不容易？为什么把自己苦成这个样子？而以现在这种方式来报仇，不是很难吗！"豫让说："不能按你说的去做。如果我已委身投靠赵家，成为赵家的家臣，再谋杀主人，这就是不忠。我所做的事，确实很难。但所以要这样做，是想以此使天下后世那些既为他人臣下又心怀不忠的人感到羞愧。"赵襄子外出时，豫让埋伏在桥下。赵襄子到达桥边时，马突然受惊，搜索桥下，抓住了豫让，于是把他杀了。

赵襄子考虑到伯鲁未当上继承人，所以自己虽有五个儿子，却一直不肯确定哪个儿子当继承人。赵襄子把代封给伯鲁的儿子，称代成君，但他死得很早。赵襄子又把代成君的儿子赵浣立为赵氏家族的继承人。赵襄子死后，他的弟弟赵桓子逐黜赵浣自立，但一年后也死了。赵氏家族的人说："赵桓子当国君并不合赵襄子的心意。"于是一同杀了赵桓子的儿子，重新迎回赵浣，立他为国君，这就是赵献子。赵献子生赵籍，这就是赵烈侯。魏斯是魏桓子的孙子，他就是魏文侯。韩康子生韩武子，韩武子生韩虔，他就是韩景侯。

韩国向魏国借兵攻赵国，魏文侯说："寡人与赵是兄弟，不

敢闻命。"赵借师于魏以伐韩，文侯应之亦然。二国皆怒而去。已而知文侯以讲于己也，皆朝于魏。魏由是始大于三晋，诸侯莫能与之争。

敢答应你们的要求。"赵国向魏国借兵攻伐韩国,魏文侯也用同样的话来回答。韩、赵二国的人都恼怒离去。后来他们知道魏文侯实际上是用这些话来使他们和解,于是都前来魏国朝觐。自此魏国开始成为三国中最强大的国家,各诸侯国都不能与它相争。

秦并六国

周显王七年，秦献公薨，子孝公立。孝公生二十一年矣。是时河、山以东强国六，淮、泗之间小国十馀，楚、魏与秦接界。魏筑长城，自郑滨洛以北有上郡；楚自汉中，南有巴、黔中。皆以夷翟遇秦，摈斥之，不得与中国之会盟。于是孝公发愤，布德修政，欲以强秦。

八年，孝公令国中曰："昔我穆公，自岐、雍之间修德行武，东平晋乱，以河为界，西霸戎翟，广地千里，天子致伯，诸侯毕贺，为后世开业，甚光美。会往者厉、躁、简公、出子之不宁，国家内忧，未遑外事。三晋攻夺我先君河西地，丑莫大焉。献公即位，镇抚边境，徙治栎阳，且欲东伐，复穆之故地，修穆公之政令。寡人思念先君之意，常痛于心。宾客群臣有能出奇计强秦者，吾且尊官，与之分土。"于是卫公孙鞅闻是令下，乃西入秦。

秦并六国

周显王七年(前362),秦献公去世,他的儿子秦孝公即位。这年秦孝公二十一岁。当时,黄河、崤山以东有六个强国,淮河、泗水之间有十馀个小国,楚国、魏国与秦国接壤。魏国修筑长城,起自郑邑,沿洛水向北直至上郡;楚国北起汉中,南有巴和黔中。这些国家都将秦国作为未开化的夷族来对待,排斥秦国,不让秦国参与中原诸国的会盟。因此,秦孝公立志发奋,致力道德教化,整顿国内政治,想通过这些措施使秦国强盛起来。

八年(前361),秦孝公向全国发令,说:"昔日,我们的国君穆公从治理岐山、雍邑之间开始,广行德政,加强武备,向东平定晋国内乱,以黄河为国界;向西征服了许多戎翟部落,扩展了千里的领土;周天子任命穆公为方伯,各国诸侯也都向穆公表示祝贺,为后世开创了光辉美好的宏伟基业。但后来经历了厉公、躁公、简公、出子等国君的不安定时期,国家内部的忧患不断,没有时间顾及对外事务。魏、赵、韩三国进攻并夺取了我们的祖先所开拓的河西之地,秦国的耻辱没有比这更大的了。献公即位后,平定安抚边境,把国都迁到了栎阳,并且准备向东征伐,以收复穆公当年开拓的国土,完善和施行穆公时的政令。我每想起先君的心愿,心中就常感到悲痛。宾客群臣中,有谁能献出奇计良策使秦国强盛,我不但会为他加官进爵,而且还赏赐他封地。"这时,卫国的公孙鞅听说了这道命令,便西行来到秦国。

　　公孙鞅者，卫之庶孙也，好刑名之学。事魏相公叔痤，痤知其贤，未及进。会病，魏惠王往问之曰："公叔病有如不可讳，将奈社稷何？"公叔曰："痤之中庶子卫鞅，年虽少，有奇才，愿君举国而听之！"王嘿然。公叔曰："君即不听用鞅，必杀之，无令出境！"王许诺而去。公叔召鞅谢曰："吾先君而后臣，故先为君谋，后以告子。子必速行矣！"鞅曰："君不能用子之言任臣，又安能用子之言杀臣乎！"卒不去。王出，谓左右曰："公叔病甚，悲乎。欲令寡人以国听卫鞅也，既又劝寡人杀之，岂不悖哉？"卫鞅既至秦，因嬖臣景监以求见孝公，说以富国强兵之术，公大悦，与议国事。

　　十年，卫鞅欲变法，秦人不悦。卫鞅言于秦孝公曰："夫民不可与虑始，而可与乐成。论至德者不和于俗，成大功者不谋于众。是以圣人苟可以强国，不法其故。"甘龙曰："不然。缘法而治者，吏习而民安之。"卫鞅曰："常人安于故俗，学者溺于所闻，以此两者，居官守法可也，非所与论于法之外也。智者作法，愚者制焉；贤者更礼，不肖者拘焉。"公曰："善。"以卫鞅为左庶长。卒定变法之令。令民为什伍而相收司、连坐，告奸者与斩敌首同赏，不告奸者与

公孙鞅原是卫国国君庶出的后裔,喜好法家学派的刑名之学。公孙鞅侍奉魏国国相公叔痤,公叔痤知道他贤能,但还没来得及举荐。赶上公叔痤患重病,魏惠王前往公叔痤家中探病,问他道:"公叔的病如果真的无法挽救了,您打算怎样安排国家大事呢?"公叔痤说:"我门下的中庶子卫鞅,年纪虽轻,但有非凡的才能,希望君主把国家政务全部委托给他处理!"魏惠王默然不语。公叔痤说:"君主如果不能信用卫鞅,一定要把他杀掉,不可让他出境!"魏惠王答应这样做后离去了。公叔痤把卫鞅召来,道歉说:"我将君主置于首位,将臣下放在后面,所以先为君主谋划,然后才告诉你。你必须赶快逃走!"卫鞅说:"君主不能听从您的意见而重用我,又怎么会听从您的意见而杀我呢?"最终没有离去。魏惠王出了公叔痤家后,对侍从说:"公叔痤病得很厉害,真使人悲伤。他建议我把国政委托给卫鞅,过了一会儿又劝我把卫鞅杀了,这不是很矛盾吗?"卫鞅到达秦国以后,通过秦国宠臣景监求见秦孝公,他向秦孝公陈述了富国强兵的策略。秦孝公听后十分高兴,于是与卫鞅一同商议国家大事。

十年(前359),卫鞅想变法,秦国民众却不欢迎。卫鞅对秦孝公说:"对民众来说,不能与他们一起谋划事情的开端,只能与他们共享事情成功后的欢乐。论说最高道德的人不求世俗之人的附和,建立大功业的人不与一般民众商议。因此,圣人认为只要可以使国家强盛,不必遵守旧有的制度。"甘龙说:"不对。根据传统法规治理国家,官吏熟悉,民众安定。"卫鞅说:"普通人安于习俗惯制,做学问的人局限于自己的所见所闻,就这两种人来说,让他们做官守法是可以的,但对法规以外的事情,就不能与他们一同讨论了。有智慧的人制定法规,平庸的人受法规的制约;贤能的人变更礼制,无能的人拘泥于礼制。"秦孝公说:"讲得好。"于是任命卫鞅为左庶长。最终制定了变法之令。规定:民众五家为一"伍",十家为一"什",什、伍中的各家要互相监督,一家犯法,别家必须检举,否则都要牵连受罚;告发奸罪的人与战场上斩敌立功的人受同等奖赏,不告发奸罪的人与

降敌同罚。有军功者，各以率受上爵；为私斗者，各以轻重被刑大小。僇力本业，耕织致粟帛多者，复其身；事末利及怠而贫者，举以为收孥。宗室非有军功论，不得属籍。明尊卑爵秩等级，各以差次名田宅、臣妾、衣服。有功者显荣，无功者虽富无所芬华。

令既具未布，恐民之不信，乃立三丈之木于国都市南门，募民有能徙置北门者予十金。民怪之，莫敢徙。复曰："能徙者予五十金！"有一人徙之，辄予五十金。乃下令。

令行期年，秦民之国都言新令之不便者以千数。于是太子犯法。卫鞅曰："法之不行，自上犯之。"太子，君嗣也，不可施刑，刑其傅公子虔，黥其师公孙贾。明日，秦人皆趋令。行之十年，秦国道不拾遗，山无盗贼，民勇于公战，怯于私斗，乡邑大治。秦民初言令不便者，有来言令便者，卫鞅曰："此皆乱法之民也！"尽迁之于边。其后民莫敢议令。

臣光曰：夫信者，人君之大宝也。国保于民，民保于信；非信无以使民，非民无以守国。是故古之王者

战场上降敌的人被处同样的刑罚。立有军功的人，各按规定赏赐上品爵位；为了私利而斗殴的人，各据情节轻重处以相应的刑罚。努力从事农业生产、辛勤耕织向国家多交粮食、布帛的人，可免除本人的徭役；不务正业因怠惰而陷于贫困的人，要将他们全家籍没为国家奴隶。宗室贵族如果没有建立军功，就不能列入宗室属籍。明确划分尊卑高下的爵秩等级，并按照等级的差别规定相应享有的田宅限额、臣妾人数、服饰规格。建有军功的人享有尊贵荣耀，无军功的人即使富有，也不能显示荣耀。

变法令制定完备了，但尚未公布。卫鞅怕秦国民众不相信法令真会实行，于是派人在国都栎阳市集南门竖立起一根三丈高的木杆，广求民众搬扛，如果有人能把木杆扛到北门安置，将给予十金赏赐。人们对此事感到很奇怪，所以都不敢去搬扛移动。卫鞅再次下令："有能搬走木杆的人，赏予五十金！"有一个人把木杆扛至北门，卫鞅立即给了他五十金。卫鞅这才下达了变法令。

变法令实行了一年，秦国各地民众前往国都诉说新法令给他们带来不便的有千馀人。正在这时，秦孝公的太子犯了法。卫鞅说："法令之所以不能推行，是因为国家上层的权贵之人带头触犯法令。"由于太子是国君的继承人，不可对他处以刑罚，卫鞅就让太子的老师代为受刑，太子傅公子虔被处劓刑，太子师公孙贾被处黥刑。第二天，秦国人都赶快遵照新法令行事了。变法令实行了十年，秦国出现了道不拾遗、山无盗贼的状况，人民都勇于为国而战，不敢为私利而争斗，于是城乡大治。在当初声称新法令不便于民的秦国民众中，有一些人跑来说新法令确实便民，卫鞅说："这些人都是扰乱法纪的刁民。"于是把这些人全部迁到了荒远的边陲地区。自此以后，秦国国民不敢再议论新法令了。

北宋史臣司马光评论说：守信是君王的大法宝。国家凭借人民而存在，人民通过守信而相安；不守信就无法驱使人民，没有人民不能守卫国家。所以古代的君王

不欺四海,霸者不欺四邻,善为国者不欺其民,善为家者不欺其亲。不善者反之,欺其邻国,欺其百姓,甚者欺其兄弟,欺其父子。上不信下,下不信上,上下离心,以至于败。所利不能药其所伤,所获不能补其所亡,岂不哀哉!昔齐桓公不背曹沫之盟,晋文公不贪伐原之利,魏文侯不弃虞人之期,秦孝公不废徙木之赏。此四君者道非粹白,而商君尤称刻薄,又处战攻之世,天下趋于诈力,犹且不敢忘信以畜其民,况为四海治平之政者哉! 韩懿侯薨,子昭侯立。

十一年,秦败韩师于西山。

十四年,秦孝公、魏惠王会于杜平。

十五年,秦败魏师于元里,斩首七千级,取少梁。

十七年,秦大良造卫鞅伐魏。

十八年,秦卫鞅围魏固阳,降之。

十九年,秦商鞅筑冀阙宫庭于咸阳,徙都之。令民父子、兄弟同室内息者为禁。并诸小乡聚,集为一县,县置令、丞,凡三十一县。废井田,开阡陌。平斗、桶、权、衡、丈、尺。 赵成侯薨,太子肃侯立。

二十一年,秦商鞅更为赋税法,行之。

二十六年,王致伯于秦,诸侯皆贺秦。秦孝公使公子少官帅师会诸侯于逢泽以朝王。

不欺骗天下四海,霸主不欺骗四周邻国,善于治国的人不欺骗他的国民,善于理家的人不欺骗他的亲属。不善治国理家的人则反之,欺骗他的邻国,欺骗他的百姓,甚至欺骗他的兄弟,欺骗他的父亲和儿子。在上的人不信任在下的人,在下的人不相信在上的人,上下离心,最终招致失败。所得到的利益不能治疗他所受的创伤,所获取的好处不能弥补他所遭受的损失,岂不悲哀吗?从前,齐桓公不背弃与曹沫的盟约,晋文公不贪图攻取原地的利益,魏文侯不违背与掌管山泽的虞人所约定的打猎日期,秦孝公不收回给予移走木杆者的赏赐。这四位国君做事的方法并不都是清白崇高的,而商鞅更有刻薄的名声,同时又处在一个各国攻战不息的时期,天下的人都崇尚谋诈、武力,但就是这样,尚且不敢忘却以信用来收服人心,何况那些治理天下一统安定的国家的人呢!韩懿侯去世,他的儿子韩昭侯即位。

十一年(前358),秦国军队在西山打败了韩国军队。

十四年(前355),秦孝公与魏惠王在杜平会见。

十五年(前354),秦国军队在元里打败了魏国军队,斩敌首级七千,占领了少梁。

十七年(前352),秦国大良造卫鞅率军攻伐魏国。

十八年(前351),秦国卫鞅率军包围魏国的固阳,使此城归降。

十九年(前350),秦国商鞅在咸阳修筑冀阙宫庭,随后秦国国都迁到了咸阳。商鞅下令禁止秦国民众父子、兄弟同处一个大家庭中生活。合并诸小乡,聚集成为一个县,每个县设有县令、县丞,全国共三十一个县。废弃井田制,打破原来的土地疆界。并制定统一了斗、桶、权、衡、丈、尺的规格。赵成侯去世,太子赵肃侯即位。

二十一年(前348),秦国商鞅重新制定了赋税法,并加以推行。

二十六年(前343),周天子封秦孝公为方伯,各国诸侯都向秦国表示祝贺。秦孝公派公子少官率军在逢泽与各国诸侯会合,以朝觐周天子。

二十九年，卫鞅言于秦孝公曰："秦之与魏，譬若人之有腹心之疾，非魏并秦，秦即并魏。何者？魏居岭厄之西，都安邑，与秦界河，而独擅山东之利，利则西侵秦，病则东收地。今以君之贤圣，国赖以盛；而魏往年大破于齐，诸侯畔之，可因此时伐魏。魏不支秦，必东徙，然后秦据河、山之固，东乡以制诸侯，此帝王之业也。"公从之，使卫鞅将兵伐魏。魏使公子卬将而御之。军既相距，卫鞅遗公子卬书曰："吾始与公子欢，今俱为两国将，不忍相攻，可与公子面相见，盟，乐饮而罢兵，以安秦、魏之民。"公子卬以为然，乃相与会。盟已，饮，而卫鞅伏甲士，袭虏公子卬，因攻魏师，大破之。魏惠王恐，使使献河西之地于秦以和。因去安邑，徙都大梁。乃叹曰："吾恨不用公叔之言！"秦封卫鞅商於十五邑。号曰商君。楚宣王薨，子威王商立。

三十一年，秦孝公薨，子惠文王立。公子虔之徒告商君欲反，发吏捕之。商君亡之魏，魏人不受，复纳之秦。商君乃与其徒之商於，发兵北击郑。秦人攻商君，杀之，车裂以徇，尽灭其家。

三十四年，秦伐韩，拔宜阳。

三十六年。初，洛阳人苏秦说秦王以兼天下之术，秦王不用其言。苏秦乃去，说燕文公曰："燕之所以不犯寇被甲兵者，以赵之为蔽其南也。且秦之攻燕也，战于千里之

二十九年(前340)，卫鞅对秦孝公说："秦国与魏国的关系，就好像人有心腹之患，不是魏国并吞秦国，就是秦国并吞魏国。原因何在？魏占据着崤山要隘以西的地盘，建都于安邑，与秦国以黄河为界，独占崤山以东大片沃土上的利益，有利时可向西侵犯秦国，不利时可向东扩张地盘。当今由于君主您圣明贤能，秦国依靠您而得以强盛；而魏国去年被齐国打得大败，各国诸侯纷纷背叛它，我们可趁此大好时机攻伐魏国。魏国抵挡不住秦国的进攻，必定向东迁徙，这样，秦国就可凭借黄河、崤山的险要地势，向东控制各诸侯国，这是在创建帝王大业。"秦孝公听从了卫鞅的建议，派卫鞅率军攻伐魏国。魏国派公子卬率军抵御。两军对峙，卫鞅派人给公子卬送去一封信，信中说："当初我与公子是关系融洽的好朋友，现在同时成为两国的将领，我不忍心与你相互攻战，希望能与公子会面相谈，订立盟约，举杯痛饮而结束战争，以此安定秦、魏两国人民。"公子卬信以为真，就前去同卫鞅相会。订立盟约后，饮酒言欢，这时卫鞅事先安排好的伏兵突然袭击并俘虏了公子卬，秦国乘势进攻魏军，把魏军打得大败。魏惠王非常恐慌，派使者向秦国献上河西之地，以此求和。魏国因此离开安邑，把国都迁到大梁。魏惠王感叹："我悔恨当时没有听从公叔痤的话！"秦孝公把商於的十五个城邑封给卫鞅。卫鞅号称为商君。楚宣王去世，他的儿子楚威王芈商即位。

三十一年(前338)，秦孝公去世，他的儿子秦惠文王即位。公子虔的党羽诬告商鞅想反叛，惠文王派人逮捕商鞅。商鞅逃亡到魏国，魏国人不接纳他，又将他遣返秦国。商鞅只得与他的部属来到商於，发兵北上攻击郑。秦国军队攻击商鞅，把他杀了，车裂示众，并杀尽了他的全家。

三十四年(前335)，秦国攻伐韩国，占领了宜阳。

三十六年(前333)。当初，洛阳人苏秦向秦惠文王陈述了兼并天下的策略，惠文王没有采纳。于是苏秦离开秦国，前往燕国，向燕文公建议："燕国所以一直未被入侵卷入战争，是因为赵国是它南面的屏障。而且秦国如果进攻燕国，就得远涉千里之

外；赵之攻燕也，战于百里之内。夫不忧百里之患而重千里之外，计无过于此者。愿大王与赵从亲，天下为一，则燕国必无患矣。"

文公从之，资苏秦车马，以说赵肃侯曰："当今之时，山东之建国莫强于赵，秦之所害亦莫如赵。然而秦不敢举兵伐赵者，畏韩、魏之议其后也。秦之攻韩、魏也，无有名山大川之限，稍蚕食之，傅国都而止。韩、魏不能支秦，必入臣于秦；秦无韩、魏之规，则祸中于赵矣。臣以天下之图案之，诸侯之地五倍于秦，料度诸侯之卒十倍于秦。六国为一，并力西乡而攻秦，秦必破矣。夫衡人者皆欲割诸侯之地以与秦，秦成则其身富荣，国被秦患而不与其忧。是故衡人日夜务以秦权恐愒诸侯，以求割地。故愿大王熟计之也！窃为大王计，莫如一韩、魏、齐、楚、燕、赵为从亲以畔秦，令天下之将相会于洹水之上，通质结盟，约曰：'秦攻一国，五国各出锐师，或挠秦，或救之。有不如约者，五国共伐之！'诸侯从亲以摈秦，秦甲必不敢出于函谷以害山东矣。"肃侯大说，厚待苏秦，尊宠赐赍之，以约于诸侯。

会秦使犀首伐魏，大败其师四万馀人，禽将龙贾，取雕阴，且欲东兵。苏秦恐秦兵至赵而败从约，念莫可使用于秦者，乃激怒张仪，入之于秦。

外去作战;赵国如果要进攻燕国,只需在百里之内作战。不担心近在百里之内的灾难,而重视远在千里之外的危险,燕国在策略上的失误没有比这更重大的了。希望大王您能与赵国结盟亲善,天下合一,这样,燕国就一定不会有什么危险了。"

　　燕文公听从了苏秦的建议,资助苏秦车马,请他前往赵国游说赵肃侯。苏秦对赵肃侯说:"现在,崤山以东的国家没有比赵国更强大的,秦国所忌恨的也以赵国为最。然而秦国不敢举兵攻伐赵国,其原因就是害怕韩国、魏国在它的背后算计它。倘若秦国进攻韩国、魏国,没有高山大河的阻挡,只要稍稍蚕食它们,就可直抵两国的都城。韩国、魏国不能抵挡秦国,必定臣服于秦国;秦国如果不再为韩国、魏国所牵制,那么灾祸就会直接降临到赵国头上。我从天下地图上察看,各国诸侯的领土是秦国的五倍,估计各国的军队是秦国的十倍。如果六国能连成一体,合力向西进攻秦国,秦国必定会被打败。主张连横策略的说客,都想割让诸侯国的土地来交好秦国,秦国得逞后,他们就能身享荣华富贵,而各国遭受秦国的伤害,他们却一点都不会分担忧虑。所以主张连横的人总是时时刻刻以秦国的强大来恐吓各国诸侯,以求能割让土地。因此希望大王您仔细考虑这个问题!我私下为大王计谋,不如将韩、魏、齐、楚、燕、赵六国联成一体,合纵抗秦,安排各国将相在洹水之滨会面,交换人质,结成同盟,盟约称:'秦国进攻任何一国,其馀五国必须各出精兵,或骚扰秦国,或救援被攻之国。如有不遵守盟约的国家,五国共同讨伐它!'各国诸侯要能合纵抗秦,秦国军队必定不敢出函谷关侵害山东各国。"赵肃侯非常高兴,厚待苏秦,尊宠赏赐,让他游说约合各国诸侯。

　　就在这时,秦国派犀首率军攻伐魏国,大败魏国军队四万馀人,生擒魏将龙贾,攻占了雕阴,并且准备向东进兵。苏秦怕秦军攻入赵国,使六国合纵盟约遭到破坏,考虑到没有可派往秦国的合适人选,苏秦于是激怒张仪,使他前往秦国。

张仪者，魏人，与苏秦俱事鬼谷先生，学纵横之术，苏秦自以为不及也。仪游诸侯无所遇，困于楚，苏秦故召而辱之。仪怒，念诸侯独秦能苦赵，遂入秦。苏秦阴遣其舍人赍金币资仪，仪得见秦王。秦王说之，以为客卿。舍人辞去，曰："苏君忧秦伐赵败从约，以为非君莫能得秦柄，故激怒君，使臣阴奉给君资，尽苏君之计谋也。"张仪曰："嗟乎，此在吾术中而不悟，吾不及苏君明矣。为吾谢苏君，苏君之时，仪何敢言！"

于是苏秦说韩宣惠王曰："韩地方九百馀里，带甲数十万，天下之强弓、劲弩、利剑皆从韩出。韩卒超足而射，百发不暇止。以韩卒之勇，被坚甲，蹠劲弩，带利剑，一人当百，不足言也。大王事秦，秦必求宜阳、成皋。今兹效之，明年又复求割地。与则无地以给之，不与则弃前功，受后祸。且大王之地有尽而秦之求无已，以有尽之地逆无已之求，此所谓市怨结祸者也，不战而地已削矣。鄙谚曰：'宁为鸡口，无为牛后。'夫以大王之贤，挟强韩之兵，而有牛后之名，臣窃为大王羞之！"韩王从其言。

苏秦说魏王曰："大王之地方千里，地名虽小，然而田舍庐庑之数，曾无所刍牧。人民之众，车马之多，日夜行不绝，辒辒殷殷，若有三军之众。臣窃量大王之国不下楚。

张仪是魏国人,他曾与苏秦一同拜鬼谷先生为师,学习纵横捭阖的权术谋略,苏秦自认为不如张仪。张仪游说各国诸侯,但没有受到赏识和重用,于是困顿于楚国,苏秦就把他召来赵国,而又故意侮辱了他。张仪于是恼羞成怒,他考虑到诸侯国中只有秦国有能力打击赵国,于是向西进入秦国。苏秦暗中派遣他的舍人带着金币资助张仪,使张仪得以见到了秦惠文王。惠文王十分赏识张仪,便任命他为客卿。于是苏秦的舍人便向张仪告辞,离去时对他说:"苏秦君担心秦国攻打赵国会破坏六国的合纵盟约,他认为只有你才能掌握秦国的权柄,所以故意激怒你,并且派我暗中资助你,这一切都是苏秦君的计谋。"张仪说:"啊呀,这是坠入了他的计策之中,可我却没有觉察到,我不如苏秦君是明摆着的。请你替我感谢苏秦君,有苏秦君在,我怎么敢随便说话!"

于是,苏秦前往韩国游说韩宣惠王,对他说:"韩国的土地有方圆九百多里,军队有数十万,天下的强弓、劲弩、利剑都是由韩国制造的。韩国军士奋力踏弩而射,就可以连发百箭不停止。以韩国兵士的勇武,身披坚甲,脚踏强弩,手执利剑,以一人抵挡一百人,不在话下。如果大王您臣服于秦国,秦国必定向您索求宜阳、成皋。今年得逞了,明年又会再要求割让其他土地。给吧,没有土地可给它了,不给吧,以往的退让便前功尽弃,而且还要遭受随后的灾祸。再说,大王您的国土是有限的,而秦国的要求却无尽,以有限的国土去迎合无尽的要求,这就是所谓的招来怨恨,结仇为祸,不经交战而土地已被蚕食。俗谚说:'宁为鸡口,无为牛后。'以大王您这样的贤明,又拥有强大的韩国军队,却背着当牛后的劣名,我私下真为大王您感到羞愧!"韩宣惠王听从了他的话。

苏秦游说魏惠王,说:"大王您的国土方圆千里,外表看来虽小些,但是耕地房屋密集,以致没有地方可以刈草放牧。人口稠密,车马众多,日夜来往,不绝于路,呼呼隆隆,声音嘈杂,好像三军的大队人马在行走。我私下忖量大王的国力不下于楚国。

今窃闻大王之卒，武士二十万，苍头二十万，奋击二十万，厮徒十万，车六百乘，骑五千匹，乃听于群臣之说，而欲臣事秦，愿大王熟察之！故敝邑赵王使臣效愚计，奉明约，在大王之诏诏之。”魏王听之。

苏秦说齐王曰："齐四塞之国，地方二千馀里，带甲数十万，粟如丘山。三军之良，五家之兵，进如锋矢，战如雷霆，解如风雨，即有军役，未尝倍泰山、绝清河、涉渤海也。临淄之中七万户，臣窃度之，不下户三男子，不待发于远县，而临淄之卒固已二十一万矣。临淄甚富而实，其民无不斗鸡、走狗、六博、蹹鞠。临淄之涂，车毂击，人肩摩，连衽成帷，挥汗成雨。夫韩、魏之所以重畏秦者，为与秦接境壤也。兵出而相当，不十日而战，胜存亡之机决矣。韩、魏战而胜秦，则兵半折，四境不守；战而不胜，则国已危亡随其后。是故韩、魏之所以重与秦战而轻为之臣也。今秦之攻齐则不然，倍韩、魏之地，过卫阳晋之道，经乎亢父之险，车不得方轨，骑不得比行，百人守险，千人不敢过也。秦虽欲深入则狼顾，恐韩、魏之议其后也，是故恫疑、虚喝、骄矜而不敢进，则秦之不能害齐亦明矣。夫不深料秦之无奈齐何，而欲西面而事之，是群臣之计过也。今无臣事秦之名而有强国之实，臣是故愿大王少留意计之！"齐王许之。

如今风闻大王的军队，有装备精良的武士二十万，裹青巾的苍头军二十万，冲锋陷阵的奋击二十万，运送粮草的厮徒十万，战车六百辆，战马五千匹，您却听从群臣的意见，准备臣服于秦国，希望大王您仔细考虑一下！所以我们的赵王派我向您献上不成熟的建议，奉上六国结盟的盟约，一切全听您的吩咐。"魏惠王采纳了苏秦的策略。

苏秦又游说齐威王，说："齐国是个四面都有要塞可凭借的国家，国土方圆二千馀里，军队数十万，存粮堆积如山丘。精良的三军武装，强大的五都军队，前进如刀锋、利箭迅猛，作战如雷霆万钧，撤退如风雨顿消，有了他们，即使有战争，也不用到泰山、清河、渤海一带去征兵。国都临淄城中有居民七万户，我私下估计，每户不少于三个男子，不须到边远的县邑征发，仅临淄一地就可发兵二十一万。临淄十分富足殷实，城中居民无不以斗鸡、赛狗、博戏、蹴鞠为娱乐。临淄的道路，车轴相撞，人肩摩擦，连起衣襟可成帷帐，挥下汗珠就如下雨。韩国、魏国所以特别畏惧秦国，是因为与秦国接壤的缘故。双方一出兵就会正面交锋，不出十日就会爆发战争，而胜负存亡也立见分晓。倘若韩国、魏国战胜了秦国，兵力也会损失一半，四周边境难以防守；倘若韩国、魏国未能取胜，随后而来的就是亡国的危险。因此，韩国、魏国非常慎重地对待与秦国交战，但会较轻易地向秦国求和称臣。如果秦国想要进攻齐国就不同了，秦军背对韩、魏的土地，而且要通过卫国的阳晋要隘，经过亢父的险道，车不能并驾，马不能并行，以一百人扼守险要之地，就是一千人也不能通过。秦国虽想深入齐国腹地，但有后顾之忧，害怕韩国、魏国从背后袭击。因此，秦国只是虚张声势、威胁恐吓、骄溢矜夸而不敢真的进兵，很明显，秦国是不能伤害齐国的。不深入考虑一下秦国对齐国的无可奈何，而想向秦国屈服称臣，这是群臣计谋的错误。现在实行合纵，齐国就没有向秦国称臣的名声，而有强国的实利，因此我希望大王稍稍留意考虑一下这件事情！"齐威王采纳了苏秦的主张。

乃西南说楚威王曰："楚，天下之强国也，地方六千馀里，带甲百万，车千乘，骑万匹，粟支十年，此霸王之资也。秦之所害莫如楚，楚强则秦弱，秦强则楚弱，其势不两立。故为大王计，莫如从亲以孤秦。臣请令山东之国奉四时之献，以承大王之明诏；委社稷，奉宗庙，练士厉兵，在大王之所用之。故从亲则诸侯割地以事楚，衡合则楚割地以事秦，此两策者相去远矣，大王何居焉？"楚王亦许之。

于是苏秦为从约长，并相六国，北报赵，车骑辎重拟于王者。韩高门成。昭侯薨，子宣惠王立。　齐威王薨，子宣王辟彊立。燕文公薨，子易王立。

三十七年，秦惠王使犀首欺齐、魏，与共伐赵，以败从约。赵肃侯让苏秦，苏秦恐，请使燕，必报齐。苏秦去赵而从约皆解。赵人决河水以灌齐、魏之师，齐、魏之师乃去。

魏以阴晋为和于秦，实华阴。

三十九年，秦伐魏，围焦、曲沃。魏入少梁、河西地于秦。

四十年，秦伐魏，渡河，取汾阴、皮氏，拔焦。楚威王薨，子怀王槐立。

四十一年，秦公子华、张仪帅师围魏蒲阳，取之。张仪言于秦王，请以蒲阳复与魏，而使公子繇质于魏。仪因说魏王曰："秦之遇魏甚厚，魏不可以无礼于秦。"魏因尽入上郡十五县以谢焉。仪归而相秦。

苏秦又前往西南游说楚威王，说："楚国是天下的强国，国土方圆六千余里，军队一百万，战车千辆，战马万匹，存粮足够十年之用，这是称王称霸的资本。秦国最顾忌的就是楚国，楚国强大则秦国衰弱，秦国强大则楚国衰弱，势不两立。所以为大王考虑，不如加入六国合纵联盟，以孤立秦国。请求大王让我使山东各国向楚国奉献四季的贡礼，听从大王的诏令；将各国的社稷、宗庙委托给大王，训练军队，磨砺兵器，供大王调遣。所以，合纵则各国诸侯向大王割让土地以侍奉楚国，连横则楚国割让土地以侍奉秦国，这两种策略大相径庭，大王您选择哪一种呢？"楚威王也采纳了苏秦的主张。

这样，苏秦便成为合纵联盟的盟约长，身兼六国国相。苏秦北还赵国报告结果，随行的车骑、辎重，规格就像国王一般。韩国高门修成。韩昭侯去世，他的儿子韩宣惠王即位。 齐威王去世，他的儿子齐宣王田辟疆即位。 燕文公去世，他的儿子燕易王即位。

三十七年(前332)，秦惠文王派犀首欺诈齐国、魏国，与齐、魏二国共同攻伐赵国，以此破坏合纵联盟的盟约。赵肃侯责备苏秦，苏秦惊恐，请求出使燕国，决心向齐国报复。苏秦离开赵国后，合纵联盟便瓦解了。赵国人决黄河水来淹灌齐、魏两国军队，齐、魏两国军队这才撤退离去。

魏国割让阴晋，以此向秦国求和，阴晋其实就是华阴。

三十九年(前330)，秦国攻伐魏国，包围焦、曲沃。魏国割让少梁、河西之地给秦国。

四十年(前329)，秦国攻伐魏国，渡过黄河，占领了汾阴、皮氏，攻克了焦。楚威王去世，他的儿子楚怀王芈槐即位。

四十一年(前328)，秦国公子华、张仪率军围攻并占领了魏国的蒲阳。张仪向秦惠文王进言，请求把蒲阳还给魏国，并派公子繇到魏国当人质。张仪利用这两件事游说魏惠王，说："秦国对待魏国非常优厚，魏国不可以不对秦国以礼相报。"魏国因此将上郡的十五个县，全部割让给秦国，以此表示感谢。张仪回到秦国后便当上了国相。

四十二年，秦归焦、曲沃于魏。<small>四十三年，赵肃侯薨，子武灵王立。</small>

四十四年，夏四月戊午，秦初称王。

四十五年，秦张仪帅师伐魏，取陕。

四十六年，秦张仪及齐、楚之相会啮桑。

四十七年，秦张仪自啮桑还而免相，相魏。欲令魏先事秦而诸侯效之，魏王不听。秦王伐魏，取曲沃、平周，复阴厚张仪益甚。

四十八年，王崩，子慎靓王定立。<small>燕易王薨，子哙立。</small>

周慎靓王二年，秦伐韩，取鄢。<small>魏惠王薨，子襄王立。</small>

三年，楚、赵、魏、韩、燕同伐秦，攻函谷关。秦人出兵逆之，五国之师皆败走。

四年，秦败韩师于脩鱼，斩首八万级，虏其将鲠、申差于浊泽。诸侯振恐。

齐大夫与苏秦争宠，使人刺秦，杀之。

张仪说魏襄王曰："梁地方不至千里，卒不过三十万，地四平，无名山大川之限，卒戍楚、韩、齐、赵之境，守亭、障者不下十万，梁之地势固战场也。夫诸侯之约从，盟洹水之上，结为兄弟以相坚也。今亲兄弟同父母，尚有争钱财相杀伤，而欲恃反覆苏秦之馀谋，其不可成亦明矣。大王不事秦，秦下兵攻河外，据卷、衍、酸枣，劫卫，取阳晋，则赵不南，赵不南则梁不北，梁不北则从道绝，从道绝则大王之

四十二年(前327),秦国把焦、曲沃归还魏国。四十三年(前326),赵肃侯去世,他的儿子赵武灵王即位。

四十四年(前325),夏季四月戊午,秦国国君开始称王。

四十五年(前324),秦国张仪率军进攻魏国,占领了陕。

四十六年(前323),秦国张仪与齐国、楚国的国相在啮桑会面。

四十七年(前322),秦国张仪从啮桑回到秦国,被免去国相之职,又到魏国任国相。张仪想使魏国先臣服于秦国,好让各诸侯国仿效魏国,魏惠王没有采纳他的主张。秦惠文王攻伐魏国,占领了曲沃、平周,并暗中更加厚待张仪。

四十八年(前321),周天子去世,他的儿子周慎靓王姬定继承了王位。燕易王去世,他的儿子姬哙即位。

周慎靓王二年(前319),秦国攻伐韩国,占领了鄢陵。魏惠王去世,他的儿子魏襄王即位。

三年(前318),楚国、赵国、魏国、韩国、燕国共同攻伐秦国,进攻函谷关。秦国出兵迎战,五国军队都失败撤退。

四年(前317),秦国军队在脩鱼打败了韩国军队,斩首八万级,在浊泽俘虏了韩将鲠、申差。各国诸侯震惊惶恐。

齐国大夫与苏秦争宠,派人行刺苏秦,把他杀了。

张仪向魏襄王建议说:"魏国领土方圆不足千里,军队不超过三十万,地势四周平坦,没有高山大河的阻挡,军队分别卫戍与楚、韩、齐、赵接壤的边境,防守这些边境要塞亭障的士兵已不少于十万,从魏国的地理形势看,原本就是一个容易引发战争的战场。各诸侯国相约合纵,在洹水之滨结盟,结成兄弟之邦,来互相帮助,固守国土。但当今同一父母的亲兄弟,尚且有为争夺钱财而互相残杀、伤害的,而想依靠反复无常的苏秦所使用过的策略,不可能成功是明摆着的。大王您如果不向秦国称臣,秦国就会出兵南下进攻河外,占据卷、衍、酸枣,袭击卫国攻占阳晋,这样,赵国不能南下,赵国不能南下则魏国不能北上,魏国不能北上则合纵抗秦的通道就断绝了,合纵的通道断绝后,大王的

国欲毋危不可得也。故愿大王审定计议,且赐骸骨。"魏王乃倍从约,而因仪以请成于秦。张仪归,复相秦。

五年,巴、蜀相攻击,俱告急于秦。秦惠王欲伐蜀,以为道险狭难至,而韩又来侵,犹豫未能决。司马错请伐蜀,张仪曰:"不如伐韩。"王曰:"请闻其说。"仪曰:"亲魏,善楚,下兵三川,攻新城、宜阳,以临二周之郊,据九鼎,按图籍,挟天子以令于天下,天下莫敢不听,此王业也。臣闻争名者于朝,争利者于市。今三川、周室,天下之朝市也,而王不争焉,顾争于戎翟,去王业远矣。"司马错曰:"不然。臣闻之,欲富国者务广其地,欲强兵者务富其民,欲王者务博其德:三资者备而王随之矣。今王地小民贫,故臣愿先从事于易。夫蜀,西僻之国而戎翟之长也,有桀、纣之乱;以秦攻之,譬如使豺狼逐群羊。得其地足以广国,取其财足以富民,缮兵不伤众而彼已服焉。拔一国而天下不以为暴,利尽西海而天下不以为贪,是我一举而名实附也,而又有禁暴止乱之名。今攻韩,劫天子,恶名也,而未必利也;又有不义之名,而攻天下所不欲,危矣。臣请论其故:周,天下之宗室也;齐,韩之与国也。周自知失九鼎,韩自知亡三川,将二国并力合谋,以因乎齐、赵而求解乎楚、魏,以鼎与楚,以地与魏,王弗能止也。此臣之所谓危也。不如

国家想不面临危亡是不可能的。所以希望大王谨慎考虑,决定计策,而我也向您乞求辞职了。"于是魏襄王背弃了合纵盟约,通过张仪向秦国求和。张仪回到秦国,重新当上国相。

　　五年(前316),巴国与蜀国互相攻击,并同时向秦国告急求援。秦惠文王想攻打蜀国,但又觉得道路狭隘艰险,大军难以到达那里,而且韩国又来进犯,因此犹豫不决。司马错请求攻伐蜀国,张仪说:"不如攻伐韩国。"秦惠文王说:"请说说你的理由。"张仪说:"亲近善待魏国、楚国,专攻韩国,兵向三川,进攻新城、宜阳,进逼东、西二周王畿之郊,夺取象征王权的九鼎,掌握天下地图和户籍,然后挟周天子来号令天下,各国哪个敢不听从,这是统一天下的大事业。我听说争名于朝,争利于市。当今的三川和周王室是天下的朝与市,而大王不去争夺,却想着去与戎翟之国相争,这距离统一天下的大业太远了。"司马错说:"不是这样。我听说,想使国家富裕,务必拓广国土;想使军队强大,务必使国民富足;想当天下之王,务必广行德政:这三个条件具备了,统一天下的王业就会随之而成了。现在,秦国土地狭小,人民贫困,所以我希望大王先从容易的事做起。蜀国是西面的僻远之国,但同时又是戎翟之国的首领,而且国中又有像夏桀、商纣一般的昏君乱国;秦国进攻它,就如同让豺狼逐赶群羊。占领蜀国地盘足以拓广我们的国土,夺取蜀国的财富足以使我们的国民富有,整军出征不损失很多人,蜀国就已屈服了。征服一个小国,天下不认为这是残暴,攫取西方戎翟之利,天下不认为这是贪婪,这样,我们采取一次军事行动就可以名利双收,同时又有禁止暴乱的好名声。如果进攻韩国,劫持周天子,有恶名而未必有利;又背着不义的名声,进攻天下之人都不愿进攻的地方,真是危险。我请求论述其中的缘故:周王室是天下的宗室,齐国是韩国的相邻相亲之国。如果周王国自知将丧失九鼎,韩国自知将丢失三川,二国就会合力共谋,依靠齐国、赵国的援助,并向楚国、魏国求得和解,将九鼎给楚国,割让土地给魏国,大王您不能阻止这些事情。这就是我所说的危险。因此攻伐韩国,不如

伐蜀完。"王从错计,起兵伐蜀,十月取之。贬蜀王,更号为侯,而使陈庄相蜀。蜀既属秦,秦以益强,富厚,轻诸侯。燕王哙以国让其相子之。

六年,王崩,子赧王延立。

周赧王元年,魏人叛秦,秦人伐魏,取曲沃而归其人。又败韩于岸门,韩太子仓入质于秦以和。齐伐燕,取子之醢之,遂杀王哙。 齐宣王薨,子湣王地立。

二年,秦右更疾伐赵,拔蔺,虏其将庄豹。

秦王欲伐齐,患齐、楚之从亲,乃使张仪至楚,说楚王曰:"大王诚能听臣,闭关绝约于齐,臣请献商於之地六百里,使秦女得为大王箕帚之妾,秦、楚嫁女娶妇,长为兄弟之国。"楚王说而许之。群臣皆贺,陈轸独吊。王怒曰:"寡人不兴师而得六百里地,何吊也?"对曰:"不然。以臣观之,商於之地不可得而齐、秦合,齐、秦合则患必至矣。"王曰:"有说乎?"对曰:"夫秦之所以重楚者,以其有齐也。今闭关绝约于齐则楚孤,秦奚贪夫孤国而与之商於之地六百里!张仪至秦,必负王。是王北绝齐交,西生患于秦也,两国之兵必俱至。为王计者,不若阴合而阳绝于齐,使人随张仪,苟与吾地,绝齐未晚也。"王曰:"愿陈子闭口,毋复言,以待寡人得地!"乃以相印授张仪,厚赐之。遂闭关绝

攻伐蜀国有完美的结局。”秦惠文王采纳了司马错的计策，起兵攻伐蜀国，于十月征服了蜀国。贬抑蜀王，改称为侯，派陈庄任蜀国相。蜀国归附秦国后，秦国更加强盛、富足，于是更轻视各国诸侯。燕王姬哙把国君之位让给国相子之。

六年（前315），周天子去世，他的儿子周赧王姬延继承王位。

周赧王元年（前314），割给秦国的魏国地区中的人民反叛秦国，秦军攻伐魏国，占领了曲沃，但把当地人驱返魏国地区。秦军又在岸门打败了韩国军队，韩国太子仓西行入秦当人质，以此向秦国求和。齐国进攻燕国，抓住子之，将他剁成肉酱，又杀了燕王姬哙。齐宣王去世，他的儿子齐湣王田地即位。

二年（前313），秦右更疾攻赵，攻克蔺，俘虏了守将庄豹。

秦惠文王想攻伐齐国，但顾忌齐国、楚国的合纵，于是派张仪到楚国，游说楚怀王，说：“大王如果真能听从我的劝告，关闭边关，与齐国断绝盟约关系，我就请求向大王献上商於的六百里土地，并选秦国美女做大王的婢妾，秦、楚二国互相娶妇嫁女，长期成为兄弟之国。”楚怀王十分高兴地接受了张仪的劝说。群臣都向楚怀王表示祝贺，只有陈轸向楚怀王表示哀悼。楚怀王恼怒地说：“寡人我不兴师动众就得到六百里土地，有什么可哀悼的？”陈轸回答：“情况并非如此。依我看来，商於之地不可能得到，而齐国和秦国却会联合起来，齐、秦两国联合起来，则灾难必然到来。”楚怀王说：“有什么说法吗？”陈轸说：“秦国之所以重视楚国，是因为我们有齐国这个盟友的缘故。如果与齐国断交毁约，楚国就会孤立，秦国怎么会贪图着我们这个孤国而又给我们商於的六百里土地呢？张仪到达秦国后，一定会背弃对大王的许诺。这样，大王北面已与齐国绝交，西面又在秦国生出祸患，秦、齐两国的军队一定会同时来攻打我们。为大王谋划，不如同齐国暗中联合，明里绝交，并派人跟随张仪到秦国，如果真的给我们商於之地，我们再与齐国断交也不迟。”楚怀王说：“希望你闭口别再说了，你等着我从秦国得到土地吧！”于是把相印授予张仪，并赏赐他丰厚的钱物。然后下令关闭边关，与齐国断绝了

约于齐,使一将军随张仪至秦。

张仪佯堕车,不朝三月。楚王闻之,曰:"仪以寡人绝齐未甚邪?"乃使勇士宋遗借宋之符,北骂齐王。齐王大怒,折节而事秦,齐、秦之交合。张仪乃朝,见楚使者曰:"子何不受地?从某至某,广袤六里。"使者怒,还报楚王。楚王大怒,欲发兵而攻秦。陈轸曰:"轸可发口言乎?攻之不如因赂以一名都,与之并兵而攻齐,是我亡地于秦,取偿于齐也。今王已绝于齐而责欺于秦,是吾合秦、齐之交而来天下之兵也,国必大伤矣!"楚王不听,使屈匄帅师伐秦。秦亦发兵使庶长章击之。

三年春,秦师及楚战于丹阳,楚师大败;斩甲士八万,虏屈匄及列侯、执珪七十馀人,遂取汉中郡。楚王悉发国内兵以复袭秦,战于蓝田,楚师大败。韩、魏闻楚之困,南袭楚,至邓。楚人闻之,乃引兵归,割两城以请平于秦。燕人共立太子平,是为昭王。 韩宣惠王薨,子襄王仓立。

四年,秦惠王使人告楚怀王,请以武关之外易黔中地。楚王曰:"不愿易地,愿得张仪而献黔中地。"张仪闻之,请行。王曰:"楚将甘心于子,奈何行?"张仪曰:"秦强楚弱,大王在,楚不宜敢取臣。且臣善其嬖臣靳尚,靳尚得事幸姬郑袖,袖之言,王无不听者。"遂往。楚王囚,将杀之。靳

盟友关系，派一名将军随张仪到秦国。

张仪假装从车上摔下，三个月不上朝。楚怀王听说此事后，说："难道张仪认为我与齐国断绝得还不够彻底？"于是派勇士宋遗，借了宋国的符节，北上齐国，辱骂齐宣王。齐宣王大怒，就屈节侍奉秦国，齐国与秦国结交。张仪这才上朝，他见了楚国使者说："你为什么不接受土地？从某处到某处，方圆六里。"使者发怒，归国回报楚怀王。楚怀王听后大怒，想发兵进攻秦国。陈轸说："现在我可以开口说话了吗？进攻秦国不如送给秦国一座大城作为贿赂，与秦国合兵一同进攻齐国，这样，我们虽然失地于秦国，但可从齐国那里得到补偿。现在大王已与齐国绝交，又责备秦国的欺骗行径，这是我们促成了秦、齐两国的结交联合，并引来了各国的进攻，楚国必定会遭受很大的伤害！"楚怀王不听从陈轸的劝告，派屈匄率军进攻秦国。秦国也发兵，由庶长魏章指挥迎战。

三年（前312）春季，秦国的军队与楚国的军队在丹阳大战，楚军大败；楚国有八万兵士被杀，屈匄及列侯、执珪等七十馀人被俘，秦军随即攻占了汉中郡。楚怀王征发国内全部兵力再次进攻秦国，大战于蓝田，楚军又被打得大败。韩国、魏国得知楚国的困窘，趁机南下进攻楚国，军队直抵邓。楚军得知这一消息后，便引兵回救，楚怀王不得已，只得割让两座城市向秦国求和。

燕国人共同拥立太子姬平为国君，这就是燕昭王。　韩宣惠王去世，他的儿子韩襄王仓即位。

四年（前311），秦惠文王派人告诉楚怀王，请求以秦国武关以外的国土换取楚国的黔中地区。楚怀王说："我不愿交换土地，只愿得到张仪，若能如愿，就献上黔中地区。"张仪听闻后，便请求前往楚国。秦惠文王说："楚国正想杀了你，你怎么能前去呢？"张仪说："秦国强盛，楚国衰弱，有大王在，楚国不敢对我怎么样。而且我与楚怀王的宠臣靳尚友善，而靳尚又得以侍奉楚怀王的宠姬郑袖，深得她的信任，郑袖的话，楚怀王没有不听从的。"于是前往楚国。楚怀王囚禁了张仪，准备把他杀了。靳

尚谓郑袖曰:"秦王甚爱张仪,将以上庸六县及美女赎之。王重地尊秦,秦女必贵而夫人斥矣。"于是郑袖日夜泣于楚王曰:"臣各为其主耳。今杀张仪,秦必大怒。妾请子母俱迁江南,毋为秦所鱼肉也!"王乃赦张仪而厚礼之。

　　张仪因说楚王曰:"夫为从者无以异于驱群羊而攻猛虎,不格明矣。今王不事秦,秦劫韩驱梁而攻楚,则楚危矣。秦西有巴、蜀,治船积粟,浮岷江而下,一日行三百馀里,不至十日而距扞关。扞关惊则从境以东尽城守矣,黔中、巫郡非王之有。秦举甲出武关,则北地绝。秦兵之攻楚也,危难在三月之内,而楚待诸侯之救在半岁之外。夫待弱国之救,忘强秦之祸,此臣所为大王患也。大王诚能听臣,请令秦、楚长为兄弟之国,无相攻伐。"楚王已得张仪而重出黔中地,乃许之。

　　张仪遂之韩,说韩王曰:"韩地险恶山居,五谷所生,非菽而麦,国无二岁之食,见卒不过二十万;秦被甲百馀万。山东之士被甲蒙胄而会战,秦人捐甲徒裼以趋敌,左挈人头,右挟生虏。夫战孟贲、乌获之士以攻不服之弱国,无异垂千钧之重于鸟卵之上,必无幸矣。大王不事秦,秦下甲据宜阳,塞成皋,则王之国分矣,鸿台之宫,桑林之苑,非王之有也。为大王计,莫如事秦以攻楚,以转祸而悦秦,计无便于此者!"韩王许之。

尚对郑袖说:"秦惠文王非常宠爱张仪,打算用上庸的六个县及美女来赎回他。大王看重土地,敬畏秦国,秦国美女来楚国后必定受到大王喜爱,而夫人您就会失宠了。"于是,郑袖日夜向楚怀王哭诉说:"臣下都是各为其主的。现在杀了张仪,秦国一定大怒。我请求让我们母子一同迁往江南,以免日后遭受秦国人的伤害!"楚怀王就赦免了张仪,并且优厚地礼待他。

张仪乘机游说楚怀王:"组织合纵,与驱赶群羊攻击猛虎无异,羊不能与虎斗是明摆着的。如果大王不侍奉秦国,秦国胁迫韩国驱使魏国来进攻楚国,楚国就危险了。秦国西面有巴、蜀,建造船只,积聚粮食,大军沿岷江顺流而下,一日可行三百多里,不出十日就能抵达扦关。扦关吃紧则扦关以东的城邑全都要竭力防守了,而黔中、巫郡也恐怕不为大王所有了。若秦国再挥军出武关,则楚国北部地区就会丧失。秦攻楚,危难在三个月内就会降临楚国,而楚国等待诸侯国的援救,则需半年以上。等待弱国的救援,忘却强秦所带来的灾祸,我为此而替大王担忧。如果大王真能听从我的劝告,我请求大王让我使秦国和楚国长期地成为兄弟之国,不再互相攻伐。"楚怀王既已得到张仪,而又舍不得割让黔中地区,便采纳了张仪的意见。

于是张仪前往韩国,游说韩襄王,说:"韩国地势险恶,多为山岭,所产粮食,不是豆类就是麦子,国中没有可食用两年的储粮,现有的军队不超过二十万;秦国的军队则有百馀万。山东各国的士兵是披着铁甲、戴上头盔而会战,而秦国的士兵却是丢掉盔甲,光着膀子,打着赤脚冲锋陷阵,左手提着人头,右手生擒俘虏。以能与勇士孟贲、乌获作战的勇猛士兵来进攻不肯臣服的弱国,就像在鸟卵上垂着千钧的重量一样,一旦压下,必定没有幸免的鸟卵。大王不侍奉秦国,秦国就会出兵,占据宜阳,阻塞成皋,大王的国土就会被分割,鸿台宫殿、桑林之苑,便不再为大王所有了。为大王谋划,不如侍奉秦国而进攻楚国,以此转移灾祸,取悦秦国,没有比这更好更便于实行的计策了!"韩襄王接受了张仪的建议。

　　张仪归报,秦王封以六邑,号武信君。复使东说齐王曰:"从人说大王者必曰:'齐蔽于三晋,地广民众,兵强士勇,虽有百秦,将无奈齐何。'大王贤其说而不计其实。今秦、楚嫁女娶妇,为昆弟之国;韩献宜阳;梁效河外;赵王入朝,割河间以事秦。大王不事秦,秦驱韩、梁攻齐之南地,悉赵兵,渡清河,指博关,临淄、即墨非王之有也! 国一日见攻,虽欲事秦,不可得也!"齐王许张仪。

　　张仪去,西说赵王曰:"大王收率天下以摈秦,秦兵不敢出函谷关十五年。大王之威行于山东,敝邑恐惧,缮甲厉兵,力田积粟,愁居慑处,不敢动摇,唯大王有意督过之也。今以大王之力,举巴、蜀,并汉中,包两周,守白马之津。秦虽僻远,然而心忿含怒之日久矣。今秦有敝甲凋兵军于渑池,愿渡河,逾漳,据番吾,会邯郸之下,愿以甲子合战,正殷纣之事。谨使使臣先闻左右。今楚与秦为昆弟之国,而韩、梁称东藩之臣,齐献鱼盐之地,此断赵之右肩也。夫断右肩而与人斗,失其党而孤居,求欲毋危,得乎?今秦发三将军,其一军塞午道,告齐使渡清河,军于邯郸之东;一军军成皋,驱韩、梁军于河外;一军军于渑池。约四国为一以攻赵,赵服,必四分其地。臣窃为大王计,莫如

张仪返回秦国报告出使成果，秦惠文王把六个城邑封给他，封号为武信君。张仪又出使东方的齐国，游说齐宣王，说："主张合纵而游说大王的人一定会这样说：'齐国有魏、赵、韩三国做屏障，土地广阔，人口众多，军队强大，士兵勇猛，即使有一百个秦国，对齐国也无可奈何。'大王会赞赏这种说法而不去考虑事实真相。现在秦国与楚国，嫁女娶妇互为兄弟之国；韩国把宜阳献给秦国；魏国把河外之地献给秦国；赵王亲赴秦国朝觐，并割让了河间地区以侍奉秦国。大王如果不侍奉秦国，秦国就会驱使韩国、魏国进攻齐国南部，并使赵国出动全部军队，渡过清河，直指博关，到那时，临淄、即墨就会不属大王所有了！齐国一旦遭到攻伐，即使想侍奉秦国，也是不可能的了。"齐宣王听从了张仪的主意。

张仪离开齐国，西行游说赵武灵王，说："大王您联合并统帅各国共同抗秦，使秦军十五年不敢轻易出函谷关东进。大王的威名远扬于山东各国，我们秦国也为此感到畏惧，因此修造盔甲，磨砺兵器，努力耕作，积聚粮食，提心吊胆地防守国土，丝毫不敢松懈，生怕犯下过失，遭到大王的责罚。现在，仰仗大王的威力，我们已征服了巴、蜀，兼并了汉中，包围了东、西两周王国，据守着白马渡口。秦国虽地处僻远的西面，但内心含怒怀恨已很久了。当今秦国的弱将残兵已驻扎在渑池，希望渡过黄河，越过漳水，占据番吾，与大王会兵于邯郸城下，并希望能在甲子日交战，以重现周武王伐商纣的故事。特派我先告知大王左右之人。如今楚国与秦国是兄弟之国，而韩国、魏国向秦国自称东方属国之臣，齐国向秦国献上盛产鱼盐的土地，这如同断去了赵国的右臂。断去右臂而与他人搏斗，失去友党而处于孤立的境地，想求得没有危险，怎么可能呢！如果秦国派出三员大将率领三路大军进发：一路军队截断午道，并告知齐国，要齐军渡过清河，驻扎在邯郸东面；一路军队驻扎在成皋，并驱使韩、魏两国军队驻扎在河外；一路军队驻扎在渑池。约定四国军队一同进攻赵国，征服赵国后，必定四分赵国土地。我私下为大王考虑，不如

与秦王面相约而口相结,常为兄弟之国也。"赵王许之。

张仪乃北之燕,说燕王曰:"今赵王已入朝,效河间以事秦。大王不事秦,秦下甲云中、九原,驱赵而攻燕,则易水、长城非大王之有也!且今时齐、赵之于秦,犹郡县也,不敢妄举师以攻伐。今王事秦,长无齐、赵之患矣。"燕王请献常山之尾五城以和。

张仪归报,未至咸阳,秦惠王薨,子武王立。武王自为太子时,不说张仪,及即位,群臣多毁短之。诸侯闻仪与秦王有隙,皆畔衡,复合从。

五年,张仪说秦武王曰:"为王计者,东方有变,然后王可以多割得地也。臣闻齐王甚憎臣,臣之所在,必伐之。臣愿乞其不肖之身以之梁,齐必伐梁,齐、梁交兵而不能相去,王以其间伐韩,入三川,挟天子,案图籍,此王业也!"王许之。齐王果伐梁,梁王恐。张仪曰:"王勿患也!请令齐罢兵。"乃使其舍人之楚,借使谓齐王曰:"甚矣王之托仪于秦也!"齐王曰:"何故?"楚使者曰:"张仪之去秦也固与秦王谋矣,欲齐、梁相攻而令秦取三川也。今王果伐梁,是王内罢国而外伐与国,以信仪于秦王也。"齐王乃解兵还。张仪相魏一岁,卒。

仪与苏秦皆以纵横之术游诸侯,致位富贵,天下争慕

与秦王会面相约，宣誓结盟，成为长久的兄弟之国。"赵武灵王听从了张仪的话。

张仪又北上燕国，游说燕昭王，说："如今赵王已去朝见秦王，并献上河间之地以表示对秦国的臣服。大王您不侍奉秦国，秦国就会出兵云中、九原，胁迫赵国进攻燕国，这样，易水、长城就不为大王所有了！而且当今之时，齐国、赵国对秦国来说，就像秦国的郡县，它们不敢擅自兴兵攻伐他国。如果大王向秦国称臣，就可长时期地不再因齐国、赵国而忧虑了。"于是，燕昭王请求把恒山脚下的五个城邑献给秦国，以此求和。

张仪归秦回报，还未到达咸阳，秦惠文王去世，他的儿子秦武王即位。秦武王从当太子时起，就不喜欢张仪，等到他当上国君，群臣多在他面前诋毁张仪。各国诸侯听说张仪与秦武王有嫌隙，都背叛了与秦国的连横，重新组织六国合纵。

五年（前310），张仪对秦武王说："我为大王计谋，东方各国有变故，大王才可以多得到割让的土地。我听说齐宣王非常憎恨我，凡是我所在的地方，齐国必定会前去攻伐。我请求大王允许我这没出息的人前往魏国，齐国必定会攻打魏国，齐、魏两国交战而不能解脱，大王就可以乘机出兵攻打韩国，进入三川，挟持周天子，掌握天下的地图户籍，这是统一天下的帝王大业呀！"秦武王答应了张仪的要求。张仪到达魏国后，齐宣王果真进攻魏国，魏襄王惊恐。张仪说："大王不必担忧！请让我使齐国罢兵。"于是张仪派他的舍人前往楚国，借楚国使者之口对齐宣王说："大王使张仪得以安居于秦国，不是太过分了吗？"齐宣王说："这话是什么意思？"楚国使者说："张仪离开秦国，原本是与秦王合谋好的，他们想使齐国、魏国互相攻伐，而让秦国乘机占领三川。如今大王果然攻伐魏国，这样，大王既使国内疲乏，又对外进攻了自己的盟国，而结果是使秦王更加信任张仪。"于是齐宣王撤兵返回。张仪任魏国相一年，去世。

张仪与苏秦都是以合纵、连横的政治权术游说于各诸侯之间，以此获得高官显爵、荣华富贵，因此，天下之士争相美慕

效之。又有魏人公孙衍者,号曰犀首,亦以谈说显名。其馀苏代、苏厉、周最、楼缓之徒,纷纷遍于天下,务以辩诈相高,不可胜纪;而仪、秦、衍最著。

秦王、魏王会于临晋。

六年,秦初置丞相,以樗里疾为右丞相。

七年,秦、魏会于应。

秦王使甘茂约魏以伐韩,而令向寿辅行。甘茂至魏,令向寿还,谓王曰:"魏听臣矣,然愿王勿伐!"王迎甘茂于息壤而问其故,对曰:"宜阳大县,其实郡也。今王倍数险,行千里,攻之难。鲁人有与曾参同姓名者杀人,人告其母,其母织自若也。及三人告之,其母投杼下机,逾墙而走。臣之贤不若曾参,王之信臣又不如其母,疑臣者非特三人,臣恐大王之投杼也。魏文侯令乐羊将而攻中山,三年而拔之。反而论功,文侯示之谤书一箧。乐羊再拜稽首曰:'此非臣之功,君之力也!'今臣,羁旅之臣也,樗里子、公孙奭挟韩而议之,王必听之,是王欺魏王而臣受公仲侈之怨也。"王曰:"寡人弗听也,请与子盟!"乃盟于息壤。秋,甘茂、庶长封帅师伐宜阳。

八年,甘茂攻宜阳,五月而不拔。樗里子、公孙奭果争之。秦王召甘茂,欲罢兵。甘茂曰:"息壤在彼。"王曰:"有之。"因大悉起兵以佐甘茂,斩首六万,遂拔宜阳。韩公仲侈入谢于秦以请平。

效仿他们。又有魏人公孙衍，号为犀首，也以善于游说而闻名。其馀的苏代、苏厉、周最、楼缓等，纷纭涌现，遍于天下，专以论辩和欺诈互比高低，其人其事不可胜记；其中张仪、苏秦、公孙衍最为著名。

秦武王与魏襄王在临晋会面。

六年（前309），秦国开始设立丞相一职，任樗里疾为右丞相。

七年（前308），秦王与魏王在应会面。

秦武王派甘茂约魏国共同进攻韩国，并派向寿做甘茂的副手。甘茂到达魏国后，派向寿回国，对秦武王说："魏国已接受了我的提议，但希望大王不要进攻韩国。"秦武王到息壤迎接回国的甘茂，并询问他不要伐韩的原因，甘茂回答："韩国的宜阳县很大，虽名为县，其实是一个郡。如今大王要经过多重险隘，远行千里，去进攻韩国，真是极其困难的。鲁国有一个与曾参同姓名的人杀了人，别人告诉曾参的母亲，说曾参杀了人，他的母亲不相信，安心自若地纺织。等到有三个人来告诉，他的母亲也信以为真，不再纺织，扔下织布梭，跳墙逃走。我的贤能不如曾参，大王对我的信任也比不上曾参的母亲对曾参的信任，而怀疑我的也不仅三个人，我怕大王也会扔掉织布梭。魏文侯任乐羊为将军，派他率军进攻中山国，历时三年，才攻破了中山国。回国论功，魏文侯向乐羊出示了一箧别人诬陷、诽谤他的书札。乐羊再拜叩头，说：'这次并非我的功劳，而是君王的功劳！'如今，我是寄居在秦国的客人，如果樗里疾、公孙奭利用进攻韩国的事来诽谤我，大王一定会相信，命令我撤军，这样，大王就失信于魏王了，而我则会受到韩国相公仲侈的怨恨。"秦武王说："寡人我不会听信他人的诽谤，让我与你盟誓保证！"于是，秦武王与甘茂在息壤盟誓。秋天，甘茂、庶长封率军进攻韩国的宜阳。

八年（前307），甘茂率军进攻宜阳，五个月仍未攻克。果然，樗里疾、公孙奭为此提出了异议。秦武王召回甘茂，打算撤军。甘茂说："息壤的盟誓还在那里。"秦武王幡然省悟，说："是有这回事。"于是征调大军增援甘茂，秦军斩杀韩军六万，攻克了宜阳。韩国公仲侈到秦国请罪求和。

秦武王好以力戏，力士任鄙、乌获、孟说皆至大官。八月，王与孟说举鼎，绝脉而薨。族孟说。武王无子，异母弟稷为质于燕，国人逆而立之，是为昭襄王。

九年，秦昭王使向寿平宜阳，而使樗里子、甘茂伐魏。甘茂言于王，以武遂复归之韩。向寿、公孙奭争之，不能得，由此怨谗甘茂。茂惧，辍伐魏蒲阪，亡去。樗里子与魏讲而罢兵。甘茂奔齐。

赵王使楼缓之秦。

楚王与齐、韩合从。

十年，秦宣太后异父弟曰穰侯魏冉，同父弟曰华阳君芈戎；王之同母弟曰高陵君、泾阳君。魏冉最贤，自惠王、武王时，任职用事。武王薨，诸弟争立，唯魏冉力能立昭王。昭王即位，以冉为将军，卫咸阳。是岁，庶长壮及大臣、诸公子谋作乱，魏冉诛之；及惠文后皆不得良死，悼武王后出归于魏，王兄弟不善者，魏冉皆灭之。王少，宣太后自治事，任魏冉为政，威震秦国。

十一年，秦王、楚王盟于黄棘，秦复与楚上庸。

十二年，秦取魏蒲阪、晋阳、封陵，又取韩武遂。

齐、韩、魏以楚负其从亲，合兵伐楚。楚王使太子横为质于秦而请救。秦客卿通将兵救楚，三国引兵去。

秦武王喜欢以与人角力来娱乐,角力士任鄙、乌获、孟说都当上了大官。八月,秦武王与孟说比赛举鼎,拼命力举,血管破裂而去世。秦国诛杀了孟说及其整个家族。秦武王没有儿子,他的同父异母弟弟嬴稷在燕国当人质,秦国人迎回嬴稷,立他为国君,这就是秦昭襄王。

九年(前306),秦昭襄王派向寿安抚、整治宜阳,并派樗里疾、甘茂进攻魏国。甘茂向秦昭襄王建议,把武遂归还给韩国。向寿、公孙奭反对,但秦昭襄王没有接受他们二人的意见,由于此事,向寿和公孙奭二人怨恨并毁谤甘茂。甘茂十分惶恐,便中止了对魏国蒲阪的进攻,逃走了。樗里疾与魏国讲和退兵。甘茂投奔了齐国。

赵武灵王派楼缓前往秦国。

楚怀王与齐国、韩国合纵抗秦。

十年(前305),秦国宣太后异父弟为穰侯魏冉,同父弟弟为华阳君芈戎;秦昭襄王的两个同母弟弟为高陵君、泾阳君。四人之中,魏冉最贤能。自秦惠文王、秦武王时,就担任要职,握有大权。秦武王去世,几个弟弟争夺国君之位,只有魏冉能依靠自己的能力拥立秦昭襄王。昭襄王即位后,任魏冉为将军,守卫咸阳。这一年,庶长壮与一些大臣、公子谋划叛乱,魏冉把他们杀了,甚至惠文后也被处死,悼武王后被逐出秦国,回原籍魏国居位,昭襄王的兄弟中凡品行不善、有篡位之心的,都被魏冉杀了。秦昭襄王很年轻,宣太后亲自掌管国事,任用魏冉执政,魏冉的威名震动秦国。

十一年(前304),秦昭襄王与楚怀王在黄棘结盟,秦国把上庸归还楚国。

十二年(前303),秦国攻占了魏国的蒲阪、晋阳、封陵,又攻占了韩国的武遂。

齐、韩、魏三国因楚国背叛了合纵联盟,组成联军进攻楚国。楚怀王派太子横到秦国当人质,请求救援。秦国派名字叫通的客卿率军援救楚国,齐、韩、魏三国领兵退走。

十三年，秦王、魏王、韩太子婴会于临晋，韩太子至咸阳而归，秦复与魏蒲阪。

秦大夫有私与楚太子斗者，太子杀之，亡归。

十四年，秦人取韩穰。

秦庶长奂会韩、魏、齐兵伐楚，败其师于重丘，杀其将唐昧，遂取重丘。

十五年，秦泾阳君为质于齐。

秦华阳君伐楚，大破楚师，斩首三万，杀其将景缺，取楚襄城。楚王恐，使太子为质于齐以请平。

秦樗里疾卒，以赵人楼缓为丞相。

十六年五月，赵武灵王传国于少子何，自号"主父"。主父欲使子治国，身胡服，将士大夫西北略胡地。将自云中、九原南袭咸阳，于是诈自为使者，入秦，欲以观秦地形及秦王之为人。秦王不知，已而怪其状甚伟，非人臣之度，使人逐之；主父行已脱关矣，审问之，乃主父也。秦人大惊。

齐王、魏王会于韩。

秦人伐楚，取八城。秦王遗楚王书曰："始寡人与王约为弟兄，盟于黄棘，太子入质，至欢也。太子陵杀寡人之重臣，不谢而亡去。寡人诚不胜怒，使兵侵君王之边。今闻君王乃令太子质于齐以求平。寡人与楚接境，婚姻相亲，而今秦、楚不欢，则无以令诸侯。寡人愿与君王会武关，面相约，结盟而去，寡人之愿也！"

十三年(前302),秦昭襄王、魏襄王与韩国的太子婴在临晋会面,韩国太子婴到达咸阳后回国,秦国把蒲阪归还魏国。

秦国大夫中有人私下与楚国太子横斗殴,太子横把他杀了,逃回楚国。

十四年(前301),秦军攻占了韩国的穰。

秦国庶长奂联合韩、魏、齐三国军队进攻楚国,在重丘打败了楚国军队,杀了楚军将领唐眜,于是攻占了重丘。

十五年(前300),秦国泾阳君到齐国当人质。

秦国华阳君率军进攻楚国,大败楚军,斩杀楚军三万人,杀了楚将景缺,攻占了楚国的襄城。楚怀王十分惊恐,派太子到齐国当人质,以此求和。

秦国樗里疾去世,秦王任命赵国人楼缓当丞相。

十六年(前299)五月,赵武灵王将国君之位传给小儿子赵何,自号"主父"。主父想让儿子治理国事,自己身穿胡服,亲率士大夫往西北地区攻打胡人占据的土地。他打算自云中、九原南袭咸阳,于是假扮成赵国使者,进入秦国,想借此观察秦国的地理形势和秦昭襄王的为人。秦昭襄王不知道眼前这名使者就是赵武灵王,随后又对使者的相貌魁伟和气宇轩昂感到很惊奇,觉得他的不凡气度绝非一般臣僚所有,于是派人追赶;但主父一行人此时已出了边关,详细盘问后才知道他就是主父。秦国人非常吃惊。

齐湣王与魏襄王在韩国会面。

秦军攻伐楚国,攻占了八座城市。秦昭襄王派人给楚怀王送去一封信,说:"当初寡人我与大王相约两国结成兄弟之邦,在黄棘结盟,太子横来秦国当人质,两国关系十分融洽。太子横冒犯并杀死了我的大臣,不请罪而逃走。我实在无法不愤怒,因而派军队侵入君王的边境。现在听说君王派太子到齐国当人质,以此求和。寡人之国与楚国接壤,互通婚姻,十分亲近,如果秦、楚两国不和,就不能号令其他诸侯国。寡人我希望能与君王在武关会面,当面约定,结盟后再分手,这是我真心的愿望!"

楚王患之，欲往恐见欺，欲不往恐秦益怒。昭雎曰：
"毋行而发兵自守耳！秦，虎狼也，有并诸侯之心，不可信
也！"怀王之子子兰劝王行，王乃入秦。秦王令一将军诈为
王，伏兵武关，楚王至则闭关劫之，与西至咸阳，朝章台，如
藩臣礼，要以割巫、黔中郡。楚王欲盟，秦王欲先得地。楚
王怒曰："秦诈我，而又强要我以地！"因不复许。秦人留之。

楚大臣患之，乃相与谋曰："吾王在秦不得还，要以割
地，而太子为质于齐；齐、秦合谋，则楚无国矣。"欲立王子
之在国者。昭雎曰："王与太子俱困于诸侯，而今又倍王命
而立其庶子，不宜！"乃诈赴于齐。齐湣王召群臣谋之，或
曰："不若留太子以求楚之淮北。"齐相曰："不可！郢中立
王，是吾抱空质而行不义于天下也。"其人曰："不然。郢中
立王，因与其新王市曰：'予我下东国，吾为王杀太子。不
然，将与三国共立之。'"齐王卒用其相计而归楚太子。楚
人立之。

秦王闻孟尝君之贤，使泾阳君为质于齐以请。孟尝君
来入秦，秦王以为丞相。

十七年，或谓秦王曰："孟尝君相秦，必先齐而后秦，秦
其危哉！"秦王乃以楼缓为相，囚孟尝君，欲杀之。孟尝君

楚怀王十分忧虑，想前去，又怕受欺骗；想不去，又怕刺激秦国更加恼怒。昭雎说：“不要前去，征调军队加强防守就行了！秦国如虎狼一样，一直怀有兼并诸侯之心，他们的话不可听信！”楚怀王的儿子子兰则劝楚怀王前去，于是楚怀王前往秦国。秦昭襄王派一名将军假扮成秦王，在武关布置了伏兵，楚怀王一到就关闭了关门，把他劫持了，双方人员一同西行来到咸阳，让楚怀王在章台宫朝见秦昭襄王，行藩国臣属之礼，秦王强迫楚王割让巫郡和黔中郡。楚怀王要求与秦国先结盟，秦昭襄王要先割让土地。楚怀王愤怒地说：“秦国欺诈我，又强迫我割让土地！”因此不再答应割地。秦国人就把他扣留在咸阳。

　　楚国大臣对此很担忧，于是互相谋划说：“我们的大王被扣在秦国不能回国，秦国强迫他割地，而太子又在齐国当人质；如果齐国与秦国合谋，楚国就完了。”他们想在国内的王子中选一位继承国君之位。昭雎说：“大王与太子都被困在别的诸侯国中，如今又要违背大王的命令，立他的庶子为国君，这是不恰当的！”于是派使者到齐国，假称楚怀王去世。齐湣王召集群臣商量此事，有人说：“不如扣留楚国太子，以此索求楚国的淮北。”齐国相说：“不能这样！如果楚国另立一个新王，我们扣留的便是一个无用的人质，而且还在天下之人面前背上一个做事不仁不义的恶名。”先前那人说：“并非如此。楚国如另立新王，我们可乘机与他们的新王做交易，说：‘给我们下东国，我们就为大王杀了太子横。不然的话，我们就联合三个国家共同拥立太子横当楚王。’”齐湣王最终还是采用了国相的计策，送楚国太子横回国。楚国人就立他为国君。

　　秦昭襄王听说孟尝君贤能，就把泾阳君派到齐国去当人质，把孟尝君请来了秦国。孟尝君来到秦国后，秦昭襄王任命他为丞相。

　　十七年（前298），有人对秦昭襄王说：“孟尝君当秦相，一定先考虑齐国的利益，而将秦国放在后面，秦国很危险了啊！”秦昭襄王便任楼缓为丞相，囚禁了孟尝君，准备把他杀了。孟尝君

使人求解于秦王幸姬,姬曰:"愿得君狐白裘。"孟尝君有狐白裘,已献之秦王,无以应姬求。客有善为狗盗者,入秦藏中,盗狐白裘以献姬。姬乃为之言于王而遣之。王后悔,使追之。孟尝君至关,关法,鸡鸣而出客,时尚蚤,追者将至。客有善为鸡鸣者,野鸡闻之皆鸣,孟尝君乃得脱归。

　　楚人告于秦曰:"赖社稷神灵,国有王矣!"秦王怒,发兵出武关击楚,斩首五万,取十六城。

　　十八年,楚怀王亡归,秦人觉之,遮楚道。怀王从间道走赵,赵主父在代,赵人不敢受。怀王将走魏,秦人追及之,以归。

　　十九年,楚怀王发病,薨于秦。秦人归其丧,楚人皆怜之,如悲亲戚。诸侯由是不直秦。

　　齐、韩、魏、赵、宋同击秦,至盐氏而还。秦与韩武遂、与魏封陵以和。魏襄王薨,子昭王立。　　韩襄王薨,子釐王咎立。

　　二十年,秦尉错伐魏襄城。
　　秦楼缓免相,魏冉代之。
　　二十一年,秦败魏师于解。
　　二十二年,韩公孙喜、魏人伐秦。穰侯荐左更白起于秦王以代向寿将兵,败魏师、韩师于伊阙,斩首二十四万级,虏公孙喜,拔五城。秦王以白起为国尉。

派人向秦昭襄王的宠姬请求帮助他脱身,这位宠姬说:"希望能得到孟尝君的白狐皮裘。"孟尝君有一件白狐皮裘,但已献给秦昭襄王,无法满足宠姬的要求。孟尝君的门客中有一个善于偷盗的人,他潜入秦王的贮藏室,偷出白狐皮裘,献给宠姬。于是宠姬在秦王面前为孟尝君求情,使秦王释放了孟尝君,遣送他回齐国。但秦昭襄王随即就后悔了,立即派人追捕孟尝君。孟尝君逃到边境关卡。按照关卡的规定,每天鸡叫时放旅客出关,当时天还早,关门未开,而追捕者快要赶到了。门客中有一个善学鸡叫的人急忙模仿雄鸡报晓之声高声啼叫,四野的鸡听见叫声也都啼叫起来,就这样,孟尝君得以出关逃脱,回到齐国。

楚国人告知秦国说:"靠社稷神灵保佑,楚国已有王了!"秦昭襄王恼怒,征调军队出武关进攻楚国,斩杀楚军五万人,攻占了十六个城邑。

十八年(前297),楚怀王逃跑,向楚国逃去,秦国人发觉,封锁了通往楚国的道路。楚怀王只得从小路逃奔赵国,赵国主父正在代郡,赵国人不敢收留楚怀王。楚怀王打算逃奔魏国,秦国追兵赶到,捉住楚怀王,把他押回秦国。

十九年(前296),楚怀王发病,在秦国去世。秦国人送回他的棺木,楚国人都十分怜悯楚怀王,就像自己的亲戚去世一样悲痛。各国诸侯也因此认为秦国做得不对。

齐国、韩国、魏国、赵国、宋国共同进攻秦国,大军进至盐氏就撤退了。秦国把武遂归还韩国,把封陵归还魏国,以谋求和解。魏襄王去世,他的儿子昭王即位。 韩襄王去世,他的儿子釐王咎即位。

二十年(前295),秦国国尉司马错攻伐魏国襄城。

秦国楼缓被罢免丞相一职,由魏冉取代他。

二十一年(前294),秦军在解打败了魏军。

二十二年(前293),韩国公孙喜率军和魏军进攻秦国。穰侯魏冉向秦昭襄王推荐左更白起,以代替向寿领兵,在伊阙打败了魏军和韩军,斩杀了二十四万人,俘虏了公孙喜,攻克了五座城市。秦昭襄王任用白起为国尉。

秦王遗楚王书曰："楚倍秦，秦且率诸侯伐楚，愿王之饬士卒，得一乐战！"楚王患之，乃复与秦和亲。

二十三年，楚襄王迎妇于秦。

> 臣光曰：甚哉秦之无道也，杀其父而劫其子；楚之不竞也，忍其父而婚其仇！乌呼，楚之君诚得其道，臣诚得其人，秦虽强，乌得陵之哉！善乎荀卿论之曰："夫道，善用之则百里之地可以独立，不善用之则楚六千里而为仇人役。"故人主不务得道而广有其势，是其所以危也。

秦魏冉谢病免，以客卿烛寿为丞相。

二十四年，秦伐韩，拔宛。

秦烛寿免，魏冉复为丞相，封于穰与陶，谓之穰侯。

二十五年，魏入河东地四百里、韩入武遂地二百里于秦。

二十六年，秦大良造白起、客卿错伐魏，至轵，取城大小六十一。

二十七年冬十月，秦王称西帝，遣使立齐王为东帝，欲约与共伐赵。苏代自燕来，齐王曰："秦使魏冉致帝，子以为何如？"对曰："愿王受之而勿称也。秦称之，天下安之，王乃称之，无后也。秦称之，天下恶之，王因勿称，以收天下，此大资也。且伐赵孰与伐桀宋利？今王不如释帝以收

秦昭襄王给楚顷襄王送去一封信,说:"楚国背叛了秦国,秦国将率领各诸侯国联军共同讨伐楚国,希望大王整顿军队,让我们痛快打一仗!"楚顷襄王很害怕,便再次与秦国和解通婚。

二十三年(前292),楚顷襄王从秦国迎娶新娘。

北宋史臣司马光说:秦国的不讲道义实在是太过分了,杀了人家的父亲,又劫持人家的儿子;楚国也太不争气了,忍耐着杀父之仇,还与仇敌婚娶结亲。呜呼,如果楚国国君真能掌握正确的治国之道,臣僚真是适当的人选,秦国即使强大,又怎么能够欺凌楚国呢? 荀子的评论很精彩,他说:"就治国之道而言,善于运用,则仅有百里土地的小国也可以独立自强;不善于运用,则像楚国那样的拥有六千里国土的大国也会为仇人所役使。"所以,做君主的不致力于掌握正确的治国之道,而只是一味地制造声势,这就是国家会面临危亡的原因。

秦国魏冉因病辞去丞相一职,秦王任客卿烛寿为丞相。

二十四年(前291),秦国攻伐韩国,攻克了宛。

秦国烛寿被免去丞相之职,魏冉重新任丞相,秦王将穰和陶封给魏冉,称为穰侯。

二十五年(前290),魏国将河东四百里土地割让给秦国,韩国将武遂二百里土地割让给秦国。

二十六年(前289),秦国大良造白起、客卿司马错率军进攻魏国,大军抵达轵,占领大小六十一个城邑。

二十七年(前288)冬季十月,秦昭襄王自称西帝,并派遣使者前往齐国,劝齐湣王称东帝,打算约齐国一同进攻赵国。苏代从燕国来到齐国,齐湣王问他:"秦国使者魏冉来劝我称帝,你认为怎么样?"苏代回答:"希望大王接受秦国的建议,但暂时不要真的称帝。秦国称帝后,天下各国平静接受了,大王再称帝也不迟。如果秦国称帝后,天下纷纷反对,大王就不称,乘机以此收罗天下人的心,这是您的重要资本。再说进攻赵国与进攻如夏桀一般暴虐的宋国,哪个有利? 现在大王不如放弃东帝的称号以获得

天下之望，发兵以伐桀宋，宋举则楚、赵、梁、卫皆惧矣。是我以名尊秦而令天下憎之，所谓以卑为尊也。"齐王从之，称帝二日而复归之。十二月，吕礼自齐入秦。秦王亦去帝，复称王。

秦攻赵，拔杜阳。

二十八年，秦攻魏，拔新垣、曲阳。

二十九年，秦司马错击魏河内，魏献安邑以和，秦出其人归之魏。

秦败韩师于夏山。

三十年，秦王会楚王于宛，会赵王于中阳。

秦蒙武击齐，拔九城。

燕昭王与乐毅谋伐齐。乐毅曰："齐，霸国之馀业也，地大人众，未易独攻也。王必欲伐之，莫如约赵及楚、魏。"于是使乐毅约赵，别使使者连楚、魏，且令赵啗秦以伐齐之利。诸侯害齐王之骄暴，皆争合谋与燕伐齐。

三十一年，燕王悉起兵，以乐毅为上将军。秦尉斯离师师与三晋之师会之。赵王以相国印授乐毅，乐毅并将秦、魏、韩、赵之兵以伐齐。齐湣王悉国中之众以拒之，战于济西，齐师大败。齐湣王出走，楚淖齿执之，弑王于鼓里。

秦王、魏王、韩王会于京师。

三十二年，秦、赵会于穰。秦拔魏安城，兵至大梁而还。

天下之人对您的好感，征调军队讨伐宋国，征服宋国后，楚国、赵国、魏国、卫国都会惧怕我们。这样，我们名义上尊敬秦国，实际上使天下各国憎恨秦国，这就是所谓的以卑微来获得尊崇。"齐湣王听从了苏代的建议，称东帝两天后就放弃了这一称号。十二月，吕礼从齐国到达秦国。秦昭襄王也放弃了西帝的称号，重新称王。

秦国进攻赵国，攻克了杜阳。

二十八年(前287)，秦国进攻魏国，攻克了新垣、曲阳。

二十九年(前286)，秦国司马错进攻魏国的河内，魏国向秦国割让安邑以求和，秦国将安邑的魏国人驱逐出城，遣返魏国辖地。

秦军在夏山打败韩国军队。

三十年(前285)，秦昭襄王与楚顷襄王在宛会面，与赵惠文王在中阳会面。

秦国蒙武率军进攻齐国，攻克了九座城市。

燕昭王与乐毅谋划攻伐齐国。乐毅说："齐国延续了春秋霸国的基业，国土广大，人口众多，我们燕国单独进攻，不容易成功。大王一定要进攻齐国的话，不如约赵国及楚国、魏国组成联军。"于是燕昭王派乐毅去约合赵国，又另派使者去联络楚国、魏国，并且通过赵国向秦国承诺分给它征伐齐国后所得到的利益。各国诸侯痛恨齐湣王的骄横暴虐，都争相合谋，与燕国一同进攻齐国。

三十一年(前284)，燕昭王集结全国兵力，任乐毅为上将军。秦国尉斯离率军与赵、魏、韩三国军队会合。赵惠文王将相国的印信授给乐毅，乐毅统率燕、秦、魏、韩、赵五国联军，共同讨伐齐国。齐湣王也征调全国兵力来抵抗，双方会战于济西，齐军大败。齐湣王出走，楚国淖齿把他捉住，并在鼓里把他杀了。

秦昭襄王、魏昭王、韩釐王在周王国都城会面。

三十二年(前283)，秦昭襄王与赵惠文王在穰会面。秦军攻克魏国安城，大军抵达大梁后撤退。

赵王得楚和氏璧，秦昭王欲之，请易以十五城。赵王欲勿与，畏秦强；欲与之，恐见欺。以问蔺相如，对曰："秦以城求璧而王不许，曲在我矣。我与之璧而秦不与我城，则曲在秦。均之二策，宁许以负秦。臣愿奉璧而往，使秦城不入，臣请完璧而归之！"赵王遣之。相如至秦，秦王无意偿赵城。相如乃以诈绐秦王，复取璧，遣从者怀之，间行归赵，而以身待命于秦。秦王以为贤而弗诛，礼而归之。赵王以相如为上大夫。齐王子法章亡在莒，齐亡臣相与求之，立以为齐王。

三十三年，秦伐赵，拔两城。

三十四年，秦伐赵，拔石城。

秦穰侯复为丞相。

楚欲与齐、韩共伐秦，因欲图周。王使东周武公谓楚令尹昭子曰："周不可图也。"昭子曰："乃图周，则无之；虽然，何不可图？"武公曰："西周之地，绝长补短，不过百里。名为天下共主，裂其地不足以肥国，得其众不足以劲兵。虽然，攻之者名为弑君。然而犹有欲攻之者，见祭器在焉故也。夫虎肉臊而兵利身，人犹攻之；若使泽中之麋蒙虎之皮，人之攻之也必万倍矣。裂楚之地，足以肥国，诎楚之名，足以尊王。今子欲诛残天下之共主，居三代之传器，器南，则兵至矣！"于是楚计辍不行。

赵惠文王得到楚国的和氏璧，秦昭襄王想占有此璧，要求以十五个城邑与赵国交换。赵惠文王想不给，但畏惧秦国的强横；想给，又怕被欺骗。他征求蔺相如对此事的意见，蔺相如回答："秦国用城邑交换和氏璧而大王不给，这是我们理屈。我们给秦国玉璧而秦国不给我们城邑，则是秦国理屈。权衡两种情况，宁可答应秦国，让秦国承担背信弃义的后果。我愿意奉璧前往秦国，如果秦国不把城邑给我们，我一定将和氏璧完好无损地带回赵国。"赵惠文王就派遣蔺相如前往。蔺相如到达秦国，发现秦昭襄王无意将答应的城邑给赵国。蔺相如就使用诈术欺骗秦昭襄王，取回了玉璧，并派随从把玉璧藏在身上，从小路返回赵国，自己却留下，听凭秦国处置。秦昭襄王认为他贤能，没有杀他，还以礼相待，送他回国。赵惠文王任蔺相如为上大夫。齐湣王的儿子田法章逃亡在莒城，齐国逃亡在外的臣僚到处找他，将他立为齐王。

三十三年（前282），秦国进攻赵国，攻克两座城市。

三十四年（前281），秦国进攻赵国，攻克石城。

秦国穰侯再次当丞相。

楚国想与齐国、韩国共同攻伐秦国，并想乘势占领周王国。周赧王派东周武公对楚国令尹昭子说："周王国是不可谋取的。"昭子说："我们并无谋取周王国的意图；不过即使这样，也请你说说，为什么不可谋取？"东周武公说："西周王国的土地，截其长补其短，合起来计算，方圆不超过一百里。名义上是天下共主，但割去它的土地不足以拓广自己的国土，拥有它的民众不足以增强自己的兵力。即使这样，进攻它的人却要背上弑君的恶名。然而仍有想进攻它的人，原因就是看见祭祀所用的礼器在那里。虎肉腥臊，而且有可伤人的锋利爪牙，但人们为了得到它的皮，还是会猎取它；如果让草泽中的麋鹿蒙上虎皮，攻击它的人必定比攻击老虎的多一万倍。割去楚国的土地就足以扩展国土，贬抑楚国的形象就足以获得尊王的声望。如果你想诛灭残害天下共主，霸占三代传下的礼器，那么随着礼器南下，讨伐的大军就会紧跟着到来！"于是楚国放弃了吞并周王国的打算。

三十五年,秦白起败赵军,斩首二万,取代光狼城。又使司马错发陇西兵,因蜀攻楚黔中,拔之。楚献汉北及上庸地。

三十六年,秦白起伐楚,取鄢、邓、西陵。

秦王使使者告赵王,愿为好会于河外渑池。赵王欲毋行,廉颇、蔺相如计曰:"王不行,示赵弱且怯也。"赵王遂行,相如从。廉颇送至境,与王诀曰:"王行,度道里会遇之礼毕,还不过三十日;三十日不还,则请立太子以绝秦望。"王许之。会于渑池,王与赵王饮。酒酣,秦王请赵王鼓瑟,赵王鼓之。蔺相如复请秦王击缶,秦王不肯。相如曰:"五步之内,臣请得以颈血溅大王矣!"左右欲刃相如,相如张目叱之,左右皆靡。王不怿,为一击缶。罢酒,秦终不能有加于赵;赵人亦盛为之备,秦不敢动。赵王归国,以蔺相如为上卿。燕昭王薨,太子惠王立。

三十七年,秦大良造白起伐楚,拔郢,烧夷陵。楚襄王兵散,遂不复战,东北徙都于陈。秦以郢置南郡,封白起为武安君。

三十八年,秦武安君定巫、黔中,初置黔中郡。魏昭王薨,子安釐王立。

三十九年,秦武安君伐魏,拔两城。

四十年,秦相国穰侯伐魏。韩暴鸢救魏,穰侯大破之,斩首四万。暴鸢走开封。魏纳八城以和。穰侯复伐魏,走

三十五年(前280)，秦国白起打败赵国军队，斩杀二万人，占领代郡光狼城。秦王又派司马错征发陇西的军队，通过蜀国进攻楚国黔中，攻占了这一地区。楚国向秦国献上汉水以北的地区及上庸地区。

三十六年(前279)，秦国白起进攻楚国，占领了鄢、邓、西陵。

秦昭襄王派使者告知赵惠文王，希望双方在河外渑池会面，结盟和好。赵惠文王想不去赴会，廉颇、蔺相如考虑了此事后说："大王不赴会，就表示赵国软弱胆怯。"于是赵惠文王决定赴会，蔺相如陪同前往。廉颇送他们到边境，与赵惠文王诀别，说："大王前去，估计路途往返和会谈所需的时间，不超过三十天就可回国；如果三十天还不回来，请求大王准许我们立太子为国君，以断绝秦国要挟赵国的念头。"赵惠文王同意了。双方在渑池相会，秦昭襄王与赵惠文王共同饮酒。正喝得畅快时，秦王请赵王弹瑟，赵王弹了一曲。蔺相如随即也请秦王击缶，秦王不肯。蔺相如说："不击的话，五步之内，我可以使颈中之血溅到大王身上！"秦王的侍从想杀蔺相如，蔺相如怒目呵叱，侍从皆不敢上前。秦王很不高兴，只得击了一下缶。直至酒宴结束，秦王始终未能凌驾于赵王之上；而且赵国在军事上也严加防备，因而秦国不敢轻举妄动。赵王回国后，任蔺相如为上卿。燕昭王去世，太子燕惠王即位。

三十七年(前278)，秦国大良造白起进攻楚国，攻克了郢都，焚烧了夷陵。楚顷襄王因军队已被打散，便不再作战，将国都迁往东北境的陈。秦国在郢都设置南郡，封白起为武安君。

三十八年(前277)，秦国武安君白起平定了原楚国的巫、黔中，始设置黔中郡。魏昭王去世，他的儿子魏安釐王即位。

三十九年(前276)，秦国武安君白起进攻魏国，攻克了两座城邑。

四十年(前275)，秦国相国穰侯魏冉进攻魏国。韩国暴鸢率军援救魏国，穰侯魏冉大败韩军，斩杀韩军四万人。暴鸢逃奔开封。魏国割让八座城池以求和。穰侯魏冉再次进攻魏国，击走了

芒卯,入北宅。遂围大梁,魏人割温以和。

四十一年,魏复与齐合从。秦穰侯伐魏,拔四城,斩首四万。

四十二年,赵人、魏人伐韩华阳。韩人告急于秦,秦王弗救。韩相国谓陈筮曰:"事急矣,愿公虽病,为一宿之行!"陈筮如秦,见穰侯。穰侯曰:"事急乎?故使公来。"陈筮曰:"未急也。"穰侯怒曰:"何也?"陈筮曰:"彼韩急则将变而他从,以未急,故复来耳。"穰侯曰:"请发兵矣。"乃与武安君及客卿胡阳救韩,八日而至,败魏军于华阳之下,走芒卯,虏三将,斩首十三万。武安君又与赵将贾偃战,沉其卒二万人于河。魏段干子请割南阳予秦以和。苏代谓魏王曰:"欲玺者,段干子也,欲地者,秦也。今王使欲地者制玺,欲玺者制地,魏地尽矣!夫以地事秦,犹抱薪救火,薪不尽,火不灭。"王曰:"是则然也,虽然,事始已行,不可更矣。"对曰:"夫博之所以贵枭者,便则食,不便则止。今何王之用智不如用枭也?"魏王不听,卒以南阳为和,实修武。

韩、魏既服于秦,秦王将使武安君与韩、魏伐楚,未行,而楚使者黄歇至,闻之,畏秦乘胜一举而灭楚也,乃上书曰:"臣闻物至则反,冬、夏是也;致至则危,累棋是也。今

魏国相芒卯,进入北宅。于是包围了魏都大梁,魏国人割让温,以此求和。

四十一年(前274),魏国再次与齐国合纵抗秦。秦国穰侯魏冉进攻魏国,攻占了四座城池,斩杀了四万人。

四十二年(前273),赵、魏两国军队联合攻伐韩国华阳。韩国向秦国告急求救,秦昭襄王不肯援救。韩国相国对陈筮说:"事情紧急了,你虽患病,但仍希望你能行只需途宿一个晚上的路,到秦国走一趟。"陈筮前往秦国,晋见穰侯魏冉。穰侯说:"事情紧急了吗? 所以派你来。"陈筮说:"事情并不紧急。"穰侯恼怒了,说:"这话怎讲?"陈筮说:"如果韩国真的紧急了就会转而投向别的国家,因为还不紧急,所以再次来此求救。"穰侯说:"让我们发兵吧。"于是与武安君白起、客卿胡阳率军救援韩国,八天,秦国援军到达,在华阳城下打败了魏军,魏国相芒卯逃奔,秦军俘虏了三员魏将,斩杀魏军十三万。武安君白起又与赵国将领贾偃交战,将赵军俘虏二万人沉入黄河淹死。魏国段干子请求魏王割让南阳给秦国,以此求和。苏代对魏王说:"想得到秦国相印的人是段干子,想得到土地的是秦国。现在大王让想得到土地的秦国来控制相印,让想得到相印的人来控制魏国土地,魏国的土地就会割完! 用土地来侍奉秦国,就好像抱着木柴救火,木柴不烧完,大火不会熄灭。"魏王说:"你讲的是不错。但即使这样,事情已开始实行,不可变更了。"苏代说:"玩博戏的人所以重视'枭',是因为形势有利时可'吃',形势不利时可停止。现在为什么大王运用智慧还不如博戏时用'枭'那样灵活呢?"魏王没有听从他的话,最终还是割让南阳来与秦国讲和,南阳实际上就是脩武。

韩国、魏国臣服于秦国后,秦昭襄王打算派武安君白起与韩国、魏国共同进攻楚国,计划还未实行,楚国使者黄歇来到秦国。黄歇得知上述计划,害怕秦国乘胜一举灭亡楚国,就向秦王上书说:"我听说物极必反,冬季与夏季的转换就是这样;使事物达到极致就有危险了,例如将棋子叠得极高就会倒塌。如今

大国之地，遍天下有其二垂，此从生民以来，万乘之地未尝有也。先王三世不忘接地于齐，以绝从亲之要。今王使盛桥守事于韩，盛桥以其地入秦，是王不用甲，不信威，而得百里之地，王可谓能矣！王又举甲而攻魏，杜大梁之门，举河内，拔燕、酸枣、虚、桃，入邢，魏之兵云翔而不敢救，王之功亦多矣！王休甲息众，二年而后复之，又并蒲、衍、首、垣以临仁、平丘，黄、济阳婴城而魏氏服。王又割濮磨之北，注齐、秦之要，绝楚、赵之脊，天下五合六聚而不敢救，王之威亦单矣！王若能保功守威，绌攻取之心而肥仁义之地，使无后患，三王不足四，五伯不足六也！王若负人徒之众，仗兵革之强，乘毁魏之威，而欲以力臣天下之主，臣恐其有后患也。《诗》曰：'靡不有初，鲜克有终。'《易》曰：'狐涉水，濡其尾。'此言始之易，终之难也。昔吴之信越也，从而伐齐，既胜齐人于艾陵，还为越王禽三江之浦。智氏之信韩、魏也，从而伐赵，攻晋阳城，胜有日矣，韩、魏叛之，杀智伯瑶于凿台之下。今王妒楚之不毁而忘毁楚之强韩、魏也，臣为王虑而不取也。夫楚国，援也；邻国，敌也。今王信韩、魏之善王，此正吴之信越也，臣恐韩、魏卑辞除患而实欲欺大国也。何则？王无重世之德于韩、魏而有累世之怨焉。夫韩、魏父子兄弟接踵而死于秦者将十世矣，故韩、魏之不亡，秦社稷之忧也。今王资之与攻楚，不亦过乎？

秦国作为一个大国,国土已在天下版图上达到了西、北两个极点,这种状况自有人类以来,拥有万辆战车的大国从不曾有过的。楚国先王三世不忘与齐国接壤,以威胁韩国、魏国,切断山东合纵诸国的腰腹地带。现在大王派盛桥到韩国驻守主事,盛桥促使韩国将土地割让给秦国,这样,大王不必出兵,不伸扬国威,就得到百里的土地,大王可称是才能卓绝呀!随后大王又出兵进攻魏国,断绝大梁的门户,占领河内,攻克燕、酸枣、虚、桃,进入邢,魏军四散溃逃而不敢救援,大王的武功也堪称众多而显赫了!大王休兵息民两年后,再度起兵,又攻占了蒲、衍、首、垣,进逼仁、平丘、黄、济阳据城守御,魏国屈服。大王又割得魏国濮磨以北的地区,打通了齐国、秦国腰部通道,并切断了楚、赵两国联络的脊部,各国三番五次合纵联合,仍不敢救助,大王的声威也天下无双了!大王如果能保持已有的功业声威,克制一下攻取他国的念头,推行仁义,使秦国没有后患,则可跻身于三王、五霸之列!大王如果自恃军队众多,倚仗装备精良,乘摧毁魏国军队的威力,想用武力使各国君主臣服,我恐怕秦国可能会有后患。《诗经》说:'无不有始,罕能有终。'《周易》说:'狐狸过河,沾湿尾巴。'这是说凡事起始容易,圆满告终困难。从前,吴王信任越国,共同征伐齐国,在艾陵战胜齐军后,却在回国时被越王在三江边上活捉了。智伯信任韩、魏两家,共同进攻赵氏,围攻晋阳城,胜利指日可待了,而韩、魏两家背叛,把智伯瑶杀死在凿台之下。如今大王妒忌楚国未被摧毁,却忘了摧毁楚国后的强大的韩国、魏国,我为大王考虑,不可这样做。楚国是秦国的后援,而韩、魏等邻国是秦国的敌人。现在大王相信韩国、魏国对您的友善,而这正如当初吴国对越国的信任,我怕韩国、魏国低声下气的,表面上似乎是为了免除眼前的灾难,而实际上是想欺骗大王这个大国。为什么这样说?原因是,大王对韩国、魏国并无数代的恩德,却有多世的怨恨。韩国、魏国的父子兄弟接连死在秦国人手中已将近十代,所以,韩国、魏国不灭亡,始终是秦国江山社稷的忧患。如今大王资助他们,一同进攻楚国,不太过分了吗?

且攻楚将恶出兵？王将借路于仇雠之韩、魏乎？兵出之日而王忧其不反也。王若不借路于仇雠之韩、魏，必攻随水右壤，此皆广川、大水、山林、溪谷，不食之地。是王有毁楚之名而无得地之实也。且王攻楚之日，四国必悉起兵以应王，秦、楚之兵构而不离，魏氏将出而攻留、方与、铚、湖陵、砀、萧、相，故宋必尽；齐人南面攻楚，泗上必举。此皆平原四达膏腴之地，如此，则天下之国莫强于齐、魏矣。臣为王虑，莫若善楚。秦、楚合而为一以临韩，韩必敛手而朝，王施以东山之险，带以曲河之利，韩必为关内之侯。若是而王以十万戍郑，梁氏寒心，许、鄢陵婴城而上蔡、召陵不往来也，如此而魏亦关内侯矣。王壹善楚而关内两万乘之主注地于齐，齐右壤可拱手而取也。王之地一经两海，要约天下，是燕、赵无齐、楚，齐、楚无燕、赵也。然后危动燕、赵，直摇齐、楚，此四国者不待痛而服矣。"王从之，止武安君而谢韩、魏，使黄歇归，约亲于楚。韩釐王薨，子桓惠王立。

四十三年，楚以左徒黄歇侍太子完为质于秦。

秦置南阳郡。秦、魏、楚共伐燕。燕惠王薨，子武成王立。

四十五年，秦伐赵，围阏与。赵王召廉颇、乐乘而问之曰："可救否？"皆曰："道远险狭，难救。"问赵奢，赵奢对曰："道远险狭，譬犹两鼠斗于穴中，将勇者胜。"王乃令赵奢

并且，进攻楚国，大王打算如何出兵？大王打算向作为仇敌的韩国、魏国借路吗？那么大军出发之日大王就要担心他们不能回来。大王如果不向仇敌之国韩、魏借路，必定要进攻随水右岸的地区，这一地区都是大川大河，山林溪谷，属不毛之地。这样，大王虽有摧毁楚国的名声，但无得到土地的实惠。而且大王进攻楚国之日，韩、魏、齐、赵四国必会做出反应出兵。当秦、楚两国军队鏖战不息，无法脱身时，魏国将会出兵进攻留、方与、轻、湖陵、砀、萧、相等地，原宋国的领土必定被魏国占尽；齐国军队向南进攻楚国，泗上必定被齐国攻占。这些都是平原地区四通八达、肥美膏腴的土地，如果这样，则天下各国没有比齐国、魏国更强的了。我为大王考虑，不如与楚国友善。秦、楚两国合而为一，进逼韩国，韩国必定缩手不敢行动，入朝称臣，大王再凭借东部山脉的险阻，依靠河曲一带的便利，韩国必定成为秦国的关内侯。如果这样，大王以十万军队戍于韩国都城郑，魏国忧虑，许、鄢陵据城自守，上蔡、召陵不再跟魏国往来，这样一来，魏国也会成为秦国的关内侯了。大王一旦善待楚国，驱使关内两个拥有万辆战车的国家去攻占齐国的土地，齐国西部的土地就可拱手获取了。大王的国土，东起东海，西至西海，约束天下各国，这样可使燕国、赵国得不到齐国、楚国的援助，齐国、楚国得不到燕国、赵国的援助。然后威胁燕国、赵国，摇撼齐国、楚国，这四国不用征伐就会臣服。"秦昭襄王听从了黄歇的话，命武安君白起停止进发，谢绝了韩国、魏国，让黄歇回国，同楚国结盟亲善。韩釐王去世，他的儿子韩桓惠王即位。

四十三年（前272），楚以左徒黄歇奉太子完去秦当人质。

秦国设置南阳郡。秦国、魏国、楚国共同攻伐燕国。燕惠王去世，他的儿子燕武成王即位。

四十五年（前270），秦国进攻赵国，包围了阏与。赵惠文王召廉颇、乐乘询问："可去援救不？"二人皆说："路途险远狭隘，难以援救。"赵王问赵奢，赵奢回答："路途险远狭隘，就好像两只老鼠在狭洞中相斗，勇猛的一方将会获胜。"赵惠文王便命令赵奢

将兵救之。去邯郸三十里而止,令军中曰:"有以军事谏者死!"秦师军武安西,鼓噪勒兵,武安屋瓦尽振。赵军中候有一人言急救武安,赵奢立斩之。坚壁二十八日不行,复益增垒。秦间入赵军,赵奢善食而遣之。间以报秦将,秦将大喜曰:"夫去国三十里而军不行,乃增垒,阏与非赵地也!"赵奢既已遣间,卷甲而趋,一日一夜而至,去阏与五十里而军,军垒成。秦师闻之,悉甲而往。赵军士许历请以军事谏,赵奢进之。许历曰:"秦人不意赵至此,其来气盛,将军必厚集其陈以待之,不然,必败。"赵奢曰:"请受教!"许历请刑,赵奢曰:"胥,后令邯郸。"许历复请谏,曰:"先据北山上者胜,后至者败。"赵奢许诺,即发万人趋之。秦师后至,争山不得上。赵奢纵兵击秦师,秦师大败,解阏与而还。赵王封奢为马服君。

穰侯言客卿灶于秦王,使伐齐,取刚、寿以广其陶邑。

初,魏人范雎从中大夫须贾使于齐,齐襄王闻其辩口,私赐之金及牛、酒。须贾以为雎以国阴事告齐也,归而告其相魏齐。魏齐怒,笞击范雎,折胁,折齿。雎佯死,卷以箦,置厕中,使客醉者更溺之,以惩后,令无妄言者。范雎谓守者曰:"能出我,我必有厚谢。"守者乃请弃箦中死人。

率军援救阏与。在离赵国国都邯郸三十里的地方,赵奢安营扎寨,并对军中下令说:"有就军事行动向我进谏者,一律处死!"秦军驻扎在武安城西,鼓噪叫战,武安城中的屋瓦都被震动了。赵军中候中有一个人建议赵奢急救武安,赵奢立即将他斩首。赵奢坚守营垒,停留二十八天不行一步,而且还增筑防御工事。秦军派间谍潜入赵军营垒,赵奢以丰盛的食品款待后,送他回去。间谍将上述情况回报秦军将领,秦将非常高兴地说:"离开国都三十里就驻扎下来,不再前进,而还增设营垒,阏与不再是赵国的了!"赵奢送走秦军间谍以后,下令全军卸去甲衣,轻装急行军,一天一夜即到达前线,在距离阏与五十里处驻扎下来,筑好营垒。秦军得知这一消息,集中全部兵力前来。赵军军士许历请求就军事问题进谏,赵奢让他进来。许历说:"秦军没想到我军会赶到这里,他们前来时气势很盛,将军您一定要组成密集的阵形来对付他们,不然的话,一定会失败。"赵奢说:"我愿意接受你的指教!"许历请求依照军令受刑,赵奢说:"待以后再说,你是在邯郸令以后才向我进谏的。"许历再次请求进谏,说:"能首先占据北山者胜,后到者败。"赵奢接受了他的建议,立即发兵一万,急速占领北山。秦军后到,与赵军争夺北山而无法攻上去。赵奢挥军攻击秦军,秦军大败,于是解除了阏与之围而返回。赵惠文王封赵奢为马服君。

穰侯向秦昭襄王推荐一位名叫灶的客卿,并派他进攻齐国,夺取刚、寿,从而扩展自己的封地陶邑。

当初,魏国人范雎随从中大夫须贾出使齐国,齐襄王听说范雎敏捷善辩,很有口才,就私下赏赐给他金钱及牛、酒。须贾认为范雎把魏国的秘密告诉了齐国,回国后就把此事告知了国相魏齐。魏齐大怒,用竹杖责打范雎,打断了他的肋骨,折断了牙齿。范雎假装死去,魏齐命人用竹席卷裹范雎,放置在厕所中,让喝醉酒的客人朝范雎身上轮流撒尿,以此惩戒后人,使人们不敢再乱说话。范雎对看守的人说:"你如果能救我出去,我一定重重地谢你。"看守就向魏齐请求准许他扔掉竹席卷中的死人。

魏齐醉,曰:"可矣。"范雎得出。魏齐悔,复召求之。魏人郑安平遂操范雎亡匿,更名姓曰张禄。

秦谒者王稽使于魏,范雎夜见王稽。稽潜载与俱归,荐之于王,王见之于离宫。雎佯为不知永巷而入其中,王来而宦者怒逐之,曰:"王至!"范雎谬曰:"秦安得王,秦独有太后、穰侯耳!"王微闻其言,乃屏左右,跽而请曰:"先生何以幸教寡人?"对曰:"唯唯。"如是者三。王曰:"先生卒不幸教寡人邪?"范雎曰:"非敢然也!臣,羁旅之臣也,交疏于王,而所愿陈者皆匡君之事,处人骨肉之间,愿效愚忠而未知王之心也,此所以王三问而不敢对者也。臣知今日言之于前,明日伏诛于后,然臣不敢避也。且死者,人之所必不免也,苟可以少有补于秦而死,此臣之所大愿也。独恐臣死之后,天下杜口裹足,莫肯向秦耳。"王跽曰:"先生,是何言也!今者寡人得见先生,是天以寡人溷先生而存先王之宗庙也。事无大小,上及太后,下至大臣,愿先生悉以教寡人,无疑寡人也!"范雎拜,王亦拜。范雎曰:"以秦国之大,士卒之勇,以治诸侯,譬若走韩卢而搏蹇兔也。而闭关十五年,不敢窥兵于山东者,是穰侯为秦谋不忠,而大王之计亦有所失也。"王跽曰:"寡人愿闻失计。"然左右多窃听者,范雎未敢言内,先言外事,以观王之俯仰。因进曰:"夫穰侯越韩、魏而攻齐刚、寿,非计也。齐湣王南攻楚,破军杀将,再辟地千里,而齐尺寸之地无得焉者,岂不欲得

魏齐已喝醉了,就说:"可以。"范雎得以逃出。魏齐随即就后悔了,他又派人寻找捕捉范雎。魏国人郑安平带着范雎躲藏起来,范雎将姓名改为张禄。

秦国谒者王稽出使魏国,范雎乘夜求见王稽。王稽将他偷偷藏在车中,与他一同回到秦国,将他推荐给秦昭襄王,秦昭襄王在离宫接见了他。范雎假装不识通向宫内的长巷,沿着长巷直入宫中,秦昭襄王来了,宦官生气地驱逐他,说:"大王到了!"范雎故意乱说道:"秦国哪有王,秦国只有太后、穰侯罢了!"秦昭襄王隐约听见了范雎的话,就屏退侍从,直身而跪着请求说:"先生有什么可指教寡人的?"范雎回答:"嗯嗯。"如此问答了三次。秦昭襄王说:"先生最终还是不肯指教我吗?"范雎说:"我实在不敢这样做!我是流落在外的人,与大王交情疏远,而我想陈述的都是匡正救助大王的大事,涉及您的骨肉亲属,我虽愿效以愚忠,但不知您的心意,这就是大王三次问我,我都不敢回答的原因。我知道今日向您进言,明日就会被处死,但我并不想逃避一死。而且死是任何人也不可避免的,如果可以稍微有补于秦国而死,这就是我的最大愿望了。我只是害怕我死后,天下之士闭口止步,再也不肯向往秦国。"秦昭襄王上身挺直长跪着说:"先生这是什么话?今天我得以见到先生,这是上天让寡人来麻烦先生,从而保存先王的宗庙。事情无论大小,上自太后,下至大臣,希望先生都能指教我,不要怀疑我的诚恳!"范雎行礼,秦王也行礼。范雎说:"以秦国土地之广大,兵士之勇猛,来对付各诸侯国,犹如驱赶良犬韩卢去捕捉跛脚的兔子一般。但秦国闭关自守十五年,不敢出兵山东,其原因是穰侯魏冉没有忠心地为秦国谋划,而大王的策略也有所失误。"秦昭襄王挺身跪着说:"我希望能听你说说策略上的失误。"但左右多有窃听的人,范雎不敢陈述秦国内政,便先谈论对外的策略,以此观察秦王的态度。于是他进言说:"穰侯越过韩国、魏国,进攻齐国的刚、寿,不是上策。齐湣王南攻楚国,打败了楚军,杀死了楚将,开拓疆土千里,但齐国最终连一尺一寸的土地也没得到,难道是齐国不想得到

地哉？形势不能有也。诸侯见齐之罢敝，起兵而伐齐，大破之，齐几于亡，以其伐楚而肥韩、魏也。今王不如远交而近攻，得寸则王之寸也，得尺则王之尺也。今夫韩、魏，中国之处而天下之枢也。王若欲霸，必亲中国以为天下枢，以威楚、赵，楚强则附赵，赵强则附楚，楚、赵皆附，齐必惧矣。齐附则韩、魏因可虏也。”王曰：“善。”乃以范雎为客卿，与谋兵事。

四十六年，秦中更胡伤攻赵阏与，不拔。

四十七年，秦王用范雎之谋，使五大夫绾伐魏，拔怀。

四十八年，秦悼太子质于魏而卒。

四十九年，秦拔魏邢丘。范雎日益亲用事，因承间说王曰：“臣居山东时，闻齐之有孟尝君，不闻有王；闻秦有太后、穰侯，不闻有王。夫擅国之谓王，能利害之谓王，制杀生之谓王。今太后擅行不顾，穰侯出使不报，华阳、泾阳等击断无讳，高陵进退不请。四贵备而国不危者，未之有也。为此四贵者下，乃所谓无王也。穰侯使者操王之重，决制于诸侯，剖符于天下，征敌伐国，莫敢不听。战胜攻取则利归于陶，战败则结怨于百姓而祸归于社稷。臣又闻之，木实繁者披其枝，披其枝者伤其心；大其都者危其国，尊其臣者卑其主。淖齿管齐，射王股，擢王筋，悬之于庙梁，

土地吗？是当时的形势不允许。各诸侯国发现齐国疲乏衰弱，组成联军共同进攻齐国，大败齐军，使齐国几乎灭亡，齐国进攻楚国的结果是喂肥了韩国、魏国。如今大王不如采取结交远国、进攻近国的策略，夺取土地，得一寸就是大王的一寸，得一尺就是大王的一尺。现在，韩国、魏国地处中原地区，是天下的枢纽。大王如果想称霸天下，必须亲近中原的国家，以掌握天下枢纽，然后以此来威慑楚国、赵国，楚国强，就让赵国依附我们，赵国强，就让楚国依附我们，楚国、赵国都依附我们以后，齐国一定会害怕。齐国也依附我们了，韩国、魏国就可被我们乘势拿下了。"秦昭襄王说："讲得好。"于是任范雎为客卿，与他一同谋划军事策略。

四十六年（前269），秦国中更胡伤进攻赵国阏与，未能攻克。

四十七年（前268），秦昭襄王采用范雎的策略，派五大夫绾进攻魏国，攻克了怀。

四十八年（前267），秦国悼太子到魏国当人质，死在那里。

四十九年（前266），秦军攻克魏国邢丘。范雎日益受到秦昭襄王的信任，逐渐掌握了实权，于是他在一个适当的机会向秦王进言说："我在山东的时候，听说齐国有孟尝君，没听说有齐王；听说秦国有太后、穰侯，没听说有秦王。独揽国政的称为王，决定利害的称为王，掌握生杀大权的称为王。如今太后独断独行，随心所欲，穰侯出使他国而不向大王回报，华阳君、泾阳君断罪判罚毫无顾忌，高陵君任免官员不向大王请示。有这样四个权贵而国家没有危险，是不可能的。因为秦国在这四个权贵的笼罩之下，所以说无王。穰侯的使者握着大王的权势，决断并制约各国诸侯，剖分兵符于天下，征调兵马，征伐仇敌，进攻他国，没有人敢不听从。战胜了敌军，攻占了土地，所得利益全归穰侯封地陶邑；战败了，百姓会怨声载道，所引起的灾祸也由国家承担。我又听说，树上的果实太多了就会压断树枝，压断树枝就会伤害树心；扩大封邑的人会危及国家，尊崇臣僚会使君主卑微。淖齿掌管齐国，箭射齐湣王的大腿，抽了他的筋，把他吊在宗庙的梁上，

宿昔而死。李兑管赵，囚主父于沙丘，百日而饿死。今臣
观四贵之用事，此亦淖齿、李兑之类也。且夫三代之所以
亡国者，君专授政于臣，纵酒弋猎；其所授者妒贤疾能，御
下蔽上以成其私，不为主计，而主不觉悟，故失其国。今
自有秩以上至诸大吏，下及王左右，无非相国之人者。见
王独立于朝，臣窃为王恐。万世之后有秦国者，非王子孙
也！"王以为然，于是废太后，逐穰侯、高陵、华阳、泾阳君于
关外，以范雎为丞相，封为应侯。

　　魏王使须贾聘于秦，应侯敝衣间步而往见之。须贾惊
曰："范叔固无恙乎！"留坐饮食，取一绨袍赠之。遂为须贾
御而至相府，曰："我为君先入通于相君。"须贾怪其久不
出，问于门下，门下曰："无范叔，乡者吾相张君也。"须贾知
见欺，乃膝行入谢罪。应侯坐，责让之，且曰："尔所以得不
死者，以绨袍恋恋，尚有故人之意耳。"乃大供具，请诸侯宾
客，坐须贾于堂下，置莝、豆其前而马食之，使归告魏王曰：
"速斩魏齐头来！不然，且屠大梁！"须贾还，以告魏齐。魏
齐奔赵，匿于平原君家。赵惠文王薨，子孝成王丹立。

　　五十年，秦宣太后薨。九月，穰侯出之陶。

　　臣光曰：穰侯援立昭王，除其灾害；荐白起为将，
南取鄢、郢，东属地于齐，使天下诸侯稽首而事秦，秦

湣王过了一个晚上就死去了。李兑掌管赵国，把主父囚禁在沙丘一百天，最后活活饿死了。如今我观察四个权贵的专权，也属淖齿、李兑之类。夏、商、周三代所以亡国，是因为君王将大权交给了臣僚，自己只顾纵酒射猎的缘故；被君王授予大权的人，妒忌贤能，欺上压下，以谋取私利，从不为君主考虑，而当君主的又不醒悟，所以丧失了他们的国家。现在，自有俸禄的小官以上直至朝中大员，下及大王左右的侍从，几乎都是相国魏冉的人。见大王孤立地处于朝廷之中，我私下为大王担忧。只怕万世之后，主宰秦国的人并非大王的子孙！"秦昭襄王认为范雎所说的很有道理，于是废黜了太后，将穰侯、高陵君、华阳君、泾阳君驱逐到关外，任范雎为丞相，封为应侯。

魏安釐王派须贾到秦国出使，应侯范雎穿着破衣，私下步行前去见须贾。须贾惊讶地说："范叔原来安然无恙啊！"他留范雎坐下，一同饮酒吃饭，并拿出一件绨袍送给范雎。于是范雎为须贾驾车来到丞相府，说："我为君先入府向丞相通报。"须贾在门外等了很久，对范雎一直不出来感到很奇怪，就向守门人询问，守门人说："没有什么范叔，刚才那个人是我们的张丞相。"须贾知道被捉弄了，只得双膝下跪，爬进相府，向范雎请罪。范雎坐在堂上，把他谴责了一番，并说："你所以能够不死，是因为你送了我一件绨袍，表明你对老朋友还有一点恋恋不舍的情谊。"于是大摆宴席，邀请各国来宾，但让须贾坐在堂下，在他面前放了一盘饲马的碎草拌豆，令他像马一样地吞食。然后，让须贾回去告诉魏安釐王，说："快斩下魏齐的头送来！不然的话，将攻破大梁，屠杀全城。"须贾回国后，把事情告诉了魏齐。魏齐逃奔赵国，躲藏在平原君家中。赵惠文王去世，他的儿子赵孝成王丹即位。

五十年（前265），秦国宣太后去世。九月，穰侯魏冉离开国都，前往封地陶邑。

北宋史臣司马光说：穰侯帮助秦昭襄王当上国君，为他除去了祸患；推荐白起为将，向南攻占了鄢、郢，向东拓广了疆土，与齐国相接壤，使各国诸侯跪拜而侍奉秦国，秦国

益强大者，穰侯之功也。虽其专恣骄贪足以贾祸，亦未至尽如范雎之言。若雎者，亦非能为秦忠谋，直欲得穰侯之处，故扼其吭而夺之耳。遂使秦王绝母子之义，失舅甥之恩。要之，雎真倾危之士哉！

秦王以子安国君为太子。

秦伐赵，取三城。赵王新立，太后用事，求救于齐。齐人曰："必以长安君为质。"太后不可。齐师不出，大臣强谏，太后明谓左右曰："复言长安君为质者，老妇必唾其面！"左师触龙愿见太后，太后盛气而胥之入。左师公徐趋而坐，自谢曰："老臣病足，不得见久矣，窃自恕；而恐太后体之有所苦也，故愿望见太后。"太后曰："老妇恃辇而行。"曰："食得毋衰乎？"曰："恃粥耳。"太后不和之色稍解。左师公曰："老臣贱息舒祺，最少，不肖，而臣衰，窃怜爱之，愿得补黑衣之缺以卫王宫，昧死以闻！"太后曰："诺。年几何矣？"对曰："十五岁矣。虽少，愿及未填沟壑而托之。"太后曰："丈夫亦爱少子乎？"对曰："甚于妇人。"太后笑曰："妇人异甚。"对曰："老臣窃以为媪之爱燕后贤于长安君。"太后曰："君过矣！不若长安君之甚。"左师公曰："父母爱其子则为之计深远。媪之送燕后也，持其踵而泣，念其远也，亦哀之矣。已行，非不思也，祭祀则祝之曰：'必勿使反！'岂非为之计长久，为子孙相继为王也哉？"太后曰："然。"

的更加强大，实在是穰侯的功劳。虽穰侯专横独断，骄纵贪心，足以使他招致灾祸，但他的行为并未到范雎所说的那种地步。像范雎这样的人，也不可能忠心地为秦国谋划，他只是想取得穰侯的地位，所以扼住对方的喉咙来抢夺。于是使秦昭襄王断绝了母子之间的情义，丢弃了舅甥之间的恩情。总而言之，范雎真是个邪诈危险的人物！

秦昭襄王立儿子安国君为太子。

秦军进攻赵国，攻占了三座城市。赵孝成王刚即位，太后执掌赵国大权，她派人向齐国求救。齐国人说："要让我国出兵，必须让长安君来齐国当人质。"太后不答应。齐国不肯出兵，朝中大臣一个个竭力进谏，向太后陈述利害，太后直言不讳地对身边人说："有谁再提起长安君当人质这件事，老妇我一定把唾沫吐在他脸上！"左师触龙希望见见太后，太后怒气冲冲地等待他进来。左师触龙碎步慢跑过去坐下，并向太后请罪说："老臣的脚有病，很久未能与太后见面了，常私下自我原谅；但担忧太后身体有什么不舒服，所以希望见见太后。"太后说："老妇我也是坐辇车行动的。"左师触龙又问："太后胃口没有减退吧？"太后回答："只是吃点粥而已。"太后的怒气稍有缓解。触龙说："我的儿子舒祺，年纪最小，没出息，而我已年老体衰，心里很疼爱他，希望太后能补一个宫廷侍卫的缺给他，让他保卫王宫，为此，我冒死向您请求！"太后说："可以。他几岁了？"触龙说："十五岁了。虽然年纪较小，但我希望能在我未死之前把他托付给您。"太后说："男人也爱小儿子吗？"左师触龙："比女人更爱。"太后笑着说："女人爱小儿子比男人强烈得多。"触龙说："我私下认为，太后爱女儿燕后远远超过爱长安君。"太后说："你错了！我爱女儿远远比不上爱长安君。"触龙说："父母爱他们的子女，就应该为他们考虑得深远些。您送燕后出嫁时，抱着她的脚哭泣，觉得她嫁得太远了，所以心中哀伤。燕后走后，您不是不想念她，但祭祀时总是祝祷说：'一定不要让她回来！'难道不是为了她的长远利益考虑，希望她的子孙相继当燕王吗？"太后说："是这样的。"

左师公曰："今三世以前,至于赵王之子孙为侯者,其继有在者乎?"曰："无有。"曰："此其近者祸及身,远者及其子孙。岂人主之子侯则不善哉?位尊而无功,奉厚而无劳,而挟重器多也。今媪尊长安君之位,而封之以膏腴之地,多与之重器,而不及今令有功于国,一旦山陵崩,长安君何以自托于赵哉?"太后曰："诺,恣君之所使之!"于是为长安君约车百乘,质于齐。齐师乃出,秦师退。齐襄王薨,子建立。

五十一年,秦武安君伐韩,拔九城,斩首五万。

五十二年,秦武安君伐韩,取南阳;攻太行道,绝之。

楚顷襄王疾病。黄歇言于应侯曰："今楚王疾恐不起,秦不如归其太子。太子得立,其事秦必重,而德相国无穷,是亲与国而得储万乘也。不归,则咸阳布衣耳。楚更立君,必不事秦,是失与国而绝万乘之和,非计也。"应侯以告王,王曰："令太子之傅先往问疾,反而后图之。"黄歇与太子谋曰："秦之留太子,欲以求利也。今太子力未能有以利秦也,而阳文君子二人在中。王若卒大命,太子不在,阳文君子必立为后,太子不得奉宗庙矣。不如亡秦,与使者俱出,臣请止,以死当之。"太子因变服为楚使者御而出

触龙说："从现在往前推算三代,赵国国君的子孙凡封为侯的,他们的后继者还有在位的吗?"太后说:"没有了。"触龙说:"这些人中,近者灾祸及于自身,远者灾祸及于他们的子孙。难道是君主的儿子封侯的都不善良吗? 主要是因为他们地位尊贵而对国家无功,待遇丰厚而对国家无劳,同时又拥有许多国家的宝器。现在太后抬高长安君的地位,封给他肥沃的土地,又给他许多国家的宝器,但如果不趁现在让他为国家建立一些功绩,一旦太后百年之后,长安君凭什么在赵国立足呢?"太后说:"我答应了,任凭你指派他吧!"于是,为长安君准备了百辆的侍从车队,前往齐国当人质。齐国随即出兵救赵,秦军撤退。齐襄王去世,他的儿子田建即位。

五十一年(前264),秦国武安君白起率军进攻韩国,攻克了九座城池,斩杀了五万人。

五十二年(前263),秦国武安君白起进攻韩国,占领南阳;攻击太行道,断绝了山道交通。

楚顷襄王患重病。黄歇对秦国应侯范雎说:"如今楚王的病恐怕不会好转了,秦国不如送楚国太子回国。如果太子能够即位,他事奉秦国一定更加亲厚,而对丞相您的恩德也会感激不尽,这样是亲近了盟国,而得以储存一支拥有万辆战车的军队。如果不让太子回楚国,他在咸阳只是一个普通平民。如果楚国改立了一位新国君,必然不会侍奉秦国,这样,就失去了一个盟国,断绝了同一个拥有万辆战车的大国的友谊,这实在不是上策。"应侯把黄歇的话告诉了秦昭襄王,秦王说:"先派楚太子的师傅前往楚国探问楚王的病情,等他回来后再谋划此事。"黄歇与太子密商,说:"秦国留住太子,是想以此谋取利益。现在,以太子的力量,还不能做出有利于秦国的事情,楚国王族阳文君的两个儿子正在国内。如果大王去世,太子不在楚国,阳文君的儿子一定会被立为国君,太子您就不能作为楚王来奉祀宗庙了。不如逃离秦国,与使者混在一起,一同出关卡,我请求留下来,以死来承担一切。"于是,太子改换服饰,假扮成楚国使者的车夫,出

关;而黄歇守舍,常为太子谢病。度太子已远,乃自言于王曰:"楚太子已归,出远矣。歇愿赐死!"王怒,欲听之。应侯曰:"歇为人臣,出身以徇其主,太子立,必用歇。不如无罪而归之,以亲楚。"王从之。黄歇至楚三月,秋,楚顷襄王薨,考烈王即位;以黄歇为相,封以淮北地,号曰春申君。

五十三年,楚人纳州于秦以平。

武安君伐韩,拔野王。上党路绝,上党守冯亭与其民谋曰:"郑道已绝,秦兵日进,韩不能应,不如以上党归赵。赵受我,秦必攻之;赵被秦兵,必亲韩;韩、赵为一,则可以当秦矣。"乃遣使者告于赵曰:"韩不能守上党,入之秦,其吏民皆安为赵,不乐为秦。有城市邑十七,愿再拜献之大王!"赵王以告平阳君豹,对曰:"圣人甚祸无故之利。"王曰:"人乐吾德,何谓无故?"对曰:"秦蚕食韩地,中绝,不令相通,固自以为坐而受上党也。韩氏所以不入于秦者,欲嫁其祸于赵也。秦服其劳而赵受其利,虽强大不能得之于弱小,弱小固能得之于强大乎!岂得谓之非无故哉?不如勿受。"王以告平原君,平原君请受之。王乃使平原君往受地,以万户都三封其太守为华阳君,以千户都三封其县令

了秦国关卡;而黄歇守在太子的居舍中,常以太子患病为名,谢绝会客。他估计太子已远离秦国了,就亲自对秦昭襄王说:"楚太子已经回国,而且离秦国很远了。我希望大王赐我一死!"秦王大怒,真想将黄歇处死。应侯范雎说:"黄歇作为他人的臣僚,献身保护他的主人,如果楚太子回国继位,一定会重用黄歇。不如不治他的罪,让他回楚国,以此来亲近楚国。"秦王听从了范雎的话。黄歇回到楚国三个月,秋天,楚顷襄王去世,孝烈王即位;任黄歇为相,将淮北地区封给黄歇,号为春申君。

五十三年(前262),楚国人割让州地给秦国,以此与秦国讲和。

秦国武安君白起攻伐韩国,攻克了野王。这使得韩国国都新郑与上党的交通断绝,上党郡守冯亭与当地民众商议,说:"通往新郑的交通已经断绝,秦军日益逼近,韩国军队无法援救我们,不如以上党归附赵国。赵国如果接受我们,秦国一定会进攻赵国;赵国遭到秦国的攻击,必定会亲近韩国;韩国、赵国联合为一就可以抵挡秦国了。"于是派遣使者前往赵国,告诉赵孝成王说:"韩国没有能力守住上党,上党必然会被秦国攻占,但上党的官民都宁愿归附赵国,不乐意受秦国统治。上党郡所辖城市邑十七个,我们愿意再拜献给大王!"赵王将此事告诉平阳君赵豹,赵豹说:"圣明的人非常害怕无缘无故的利益会带来灾祸。"赵王说:"上党的官民佩服我的德行,怎么说是无缘无故?"赵豹说:"秦国蚕食韩国土地,在韩国腰部切断了交通,使南北不能相通,原本自以为可以坐待上党的到手。韩国之所以不把上党交给秦国,是想嫁祸于赵国。秦国付出辛劳,而赵国坐收其利,即使是强大的国家也不能从弱小的国家中轻易得到这样的便宜,难道弱小的国家反而能从强大的国家手中得到这种便宜吗?这怎么能说不是无缘无故的呢?依我看,不如不接受上党。"赵王又将此事告诉了平原君赵胜,平原君建议接受上党。赵王就派平原君前往上党接受土地,并把三座万户的城池封给上党郡守冯亭,号为华阳君,又以三个千户的城池封给上党所属的县令,

为侯，吏民皆益爵三级。冯亭垂涕不见使者，曰："吾不忍卖主地而食之也！"

五十五年，秦左庶长王龁攻上党，拔之。上党民走赵。赵廉颇军于长平，以按据上党民。王龁因伐赵。赵军数战不胜，亡一裨将、四尉。赵王与楼昌、虞卿谋，楼昌请发重使为媾。虞卿曰："今制媾者在秦；秦必欲破王之军矣，虽往请媾，秦将不听。不如发使以重宝附楚、魏，楚、魏受之，则秦疑天下之合从，媾乃可成也。"王不听，使郑朱媾于秦，秦受之。王谓虞卿曰："秦内郑朱矣。"对曰："王必不得媾而军破矣。何则？天下之贺战胜者皆在秦矣。夫郑朱，贵人也，秦王、应侯必显重之以示天下。天下见王之媾于秦，必不救王；秦知天下之不救王，则媾不可得成矣。"既而秦果显郑朱而不与赵媾。

秦数败赵兵，廉颇坚壁不出。赵王以颇失亡多而更怯不战，怒，数让之。应侯又使人行千金于赵为反间，曰："秦之所畏，独畏马服君之子赵括为将耳！廉颇易与，且降矣！"赵王遂以赵括代颇将。蔺相如曰："王以名使括，若胶柱鼓瑟耳。括徒能读其父书传，不知合变也。"王不听。初，赵括自少时学兵法，以天下莫能当。尝与其父奢言兵事，奢不能难，然不谓善。括母问其故，奢曰："兵，死地也，

让他们成为侯，其他官民也都晋爵三级。冯亭垂泪不与平原君相见，说："我不忍心出卖君主的土地来得到自己的食邑！"

五十五年（前260），秦国左庶长王龁进攻上党，把它攻克了。上党的百姓逃奔赵国。赵国的廉颇率军驻扎在长平，以保护和安顿上党民众。王龁因此进攻赵军。赵军多次作战，未能取胜，一名裨将、四名尉官阵亡。赵孝成王与楼昌、虞卿商议，楼昌建议派高级使者前往秦国讲和。虞卿说："现在，决定是否和解的是秦国；秦国一定想大败大王的军队，即使前往秦国求和，秦国也不会答应。不如派使者携带贵重的珍宝送给楚国、魏国依附他们，楚国、魏国如果接受了，秦国就会疑心各国已合纵抗秦，这样，与秦国的和谈就可以成功了。"赵王没有接受虞卿的建议，他派郑朱前往秦国讲和，秦国接受了。赵王对虞卿说："秦国已经接纳了郑朱。"虞卿说："大王的讲和一定不会成功，而赵军则会被打败。为什么？各国祝贺胜利的使者都将出现在秦国而不是赵国了。郑朱是位显贵人士，秦王、应侯一定会给予他显要而尊重的礼遇，以此向各国显示秦、赵两国正在讲和。各国见大王与秦国讲和，必定不再援救大王；秦国得知各国不再援救大王，讲和就不可能成功。"后来秦国果然只是热情接待郑朱，并不与赵国讲和。

秦军多次打败赵军，廉颇坚守阵地不出战。赵王认为廉颇是因为数次失利、多有伤亡而更加胆怯，不敢应战，所以十分生气，多次责备廉颇。应侯范雎又派人携千金前往赵国行反间计，传言说："秦国所害怕的，只是害怕马服君赵奢的儿子赵括当将领而已！廉颇容易对付，他将要投降了！"于是，赵王以赵括替代廉颇当赵军统帅。蔺相如说："大王依据名气来任用赵括，如同用胶粘住调弦柱而弹瑟。赵括只会读他父亲的兵书，根本不懂得实战中的各种变化。"赵王没有接受他的意见。当初，赵括自少年时代起就学习兵法，自以为天下无人能与他匹敌。他曾与他的父亲赵奢谈论军事问题，赵奢不能难倒他，但并不称赞赵括高明。赵括的母亲询问原因，赵奢说："军事，是你死我活的领域，

而括易言之。使赵不将括则已,若必将之,破赵军者必括也。"及括将行,其母上书,言括不可使。王曰:"何以?"对曰:"始妾事其父,时为将,身所奉饭而进食者以十数,所友者以百数,王及宗室所赏赐者,尽以与军吏士大夫。受命之日,不问家事。今括一旦为将,东乡而朝,军吏无敢仰视之者;王所赐金帛,归藏于家,而日视便利田宅可买者买之。王以为如其父,父子异心,愿王勿遣!"王曰:"母置之,吾已决矣!"母因曰:"即如有不称,妾请无随坐!"赵王许之。

秦王闻括已为赵将,乃阴使武安君为上将军而王龁为裨将,令军中:"有敢泄武安君将者斩!"赵括至军,悉更约束,易置军吏,出兵击秦师。武安君佯败而走,张二奇兵以劫之。赵括乘胜追造秦壁,壁坚拒不得入。奇兵二万五千人绝赵军之后,又五千骑绝赵壁间。赵军分而为二,粮道绝。武安君出轻兵击之,赵战不利,因筑壁坚守以待救至。秦王闻赵食道绝,自如河内发民年十五以上悉诣长平,遮绝赵救兵及粮食。齐人、楚人救赵。赵人乏食,请粟于齐,齐王弗许。周子曰:"夫赵之于齐、楚,扞蔽也,犹齿之有唇也,唇亡则齿寒。今日亡赵,明日患及齐、楚矣。救赵

而赵括却轻松随便地谈论它。假使赵国不任用赵括为统帅便罢了，倘若一定要任用他为统帅，那么使赵军一败涂地的必定是赵括。"等到赵括担任统帅将要出发时，他的母亲向赵王上书，说赵括不可重用。赵王问她："为什么？"赵括的母亲回答说："我刚嫁给他的父亲时，他的父亲已当上了大将，由他亲自进奉食物而用餐的人数以十计，结交的朋友数以百计，大王及王族所赏赐的东西，他全部分送给军吏士大夫。从接受大王命令之日起，就一心一意为国，不再过问家庭私事了。现在赵括刚被任用为大将，就面向东方而坐，接受拜见，属下军吏都不敢抬头看他；大王所赐的金钱丝帛，他都拿回藏于家中，每天察看有什么便宜的田地宅院可买的就去买下。大王以为赵括像他的父亲，其实他们父子两人的心胸完全不同，希望大王不要派遣他当统帅！"赵王说："你不要再说了，我已决定了！"赵括的母亲接着说："如果他有什么不称职，我请求大王不要把我和家人因此而连坐治罪。"赵王答应了她。

　　秦昭襄王得知赵括已被任为赵军统帅，就暗中任命武安君白起为上将军，让王龁当裨将，并向军中下令："有谁敢泄露武安君当统帅的消息，一律处斩！"赵括到达军中，将廉颇的坚守命令全部撤销，更换了各级军吏，出兵攻击秦军。武安君佯装败退，布置了两支奇兵以劫击赵军。赵括乘胜追击，直抵秦军营垒，因秦军坚守而无法攻入。这时，秦军两支奇兵共二万五千人出击，切断了赵军的后路，另外又有五千骑兵切断了赵军与其营垒之间的联系。赵军被分割为二，运送粮草的道路也被切断。武安君派出装备轻良的部队攻击赵军，赵军迎战失利，只能修筑营垒坚守，以等待救兵到来。秦昭襄王得知赵军运粮通道断绝，就亲自到河内，征发当地十五岁以上的民众，全部奔赴长平，阻绝赵国的救兵和粮草支援。齐国、楚国出兵救援赵国。赵军缺粮，请求齐国支援粮食，齐王拒绝。周子说："赵国对于齐国、楚国来说，是挡住秦国的屏障，犹如牙齿前面有嘴唇，唇亡则齿寒。今天灭亡了赵国，明天灾祸就会降临到齐国、楚国头上。援救赵

之务,宜若奉漏瓮沃焦釜然。且救赵,高义也;却秦师,显名也。义救亡国,威却强秦。不务为此而爱粟,为国计者过矣!"齐王弗听。九月,赵军食绝四十六日,皆内阴相杀食。急来攻秦垒,欲出为四队,四五复之,不能出。赵括自出锐卒搏战,秦人射杀之。赵师大败,卒四十万人皆降。武安君曰:"秦已拔上党,上党民不乐为秦而归赵。赵卒反覆,非尽杀之,恐为乱。"乃挟诈而尽坑杀之,遗其小者二百四十人归赵,前后斩首虏四十五万人,赵人大震。

五十六年十月,武安君发军为三:王龁攻赵武安、皮牢,拔之。司马梗北定太原,尽有上党地。韩、魏恐,使苏代厚币说应侯曰:"武安君即围邯郸乎?"曰:"然。"苏代曰:"赵亡则秦王王矣;武安君为三公,君能为之下乎?虽无欲为之下,固不得已矣。秦尝攻韩,围邢丘,困上党,上党之民皆反为赵,天下不乐为秦民之日久矣。今亡赵,北地入燕,东地入齐,南地入韩、魏,则君之所得民无几何人矣。不如因而割之,无以为武安君功也。"应侯言于秦王曰:"秦兵劳,请许韩、赵之割地以和,且休士卒。"王听之,割韩垣雍、赵六城以和。正月,皆罢兵。武安君由是与应侯有隙。

国这件事,应该像捧着漏瓮去浇烧焦的铁锅一样飞快才行。而且援救赵国,是一种出于高尚道义的行为;击退秦军,又可天下扬名。出于道义援救濒于灭亡的国家,调动威武之师击退强大的秦国。不致力于这些事情,而吝惜粮食,这是谋划国家策略者的过错!”齐王没有听从他的话。九月,赵军断粮已四十六日,军中士兵都暗中互相残杀,以吃人肉充饥。情急之中,赵括决定率军攻击秦军营垒突围。他将全军分作四队,依次突围,但冲击了四五次,仍冲不出去。赵括亲自率领精锐部队奋力突围,与秦军搏战,秦军把他射杀了。赵军大败,四十万军卒全部投降。武安君说:“秦军已占领上党,上党民众不愿归秦而归附了赵国。赵军士兵反复无常,不把他们杀尽,恐怕日后会作乱。”于是使用欺诈手段,把投降的赵军士兵全部坑杀,仅留下二百四十个年纪较小的士兵,放他们回赵国。在这场战争中,秦军前后总共斩杀、俘虏赵军四十五万人,赵国人大为震惊。

五十六年(前259)十月,武安君白起将秦军分成三路:王龁率领一路军队进攻赵国的武安、皮牢,攻克了这两个地方。司马梗率领一路北上平定了太原,将上党地区全部占领。韩国、魏国惊慌失措,派苏代前往秦国,向应侯范雎赠送大量财物,并进言说:“武安君即将围攻邯郸了吗?”范雎说:“是的。”苏代说:“赵国灭亡后,秦王就成为天下之王了;武安君当三公,你能当他的下属吗?虽然不愿成为他的下属,但这原本就是身不由己的事呀。秦国曾进攻韩国,围攻邢丘,围困上党,上党的百姓都归附赵国,天下之人不愿当秦国之民由来已久。现在如果灭掉赵国,赵国北部之民归燕国,东部之民归附齐国,南部之民归附韩国、魏国,这样,你所得到的民众就没有几个人了。不如乘机让各国割让土地,不要让一切都成为武安君的功劳。”应侯便向秦王进言说:“秦军辛劳,请大王准许韩国、赵国割地求和,暂且让士卒休息一阵子。”秦王接受了他的建议,从韩国割得垣雍,从赵国割得六个城邑,与两国讲和。正月,各国都撤回了军队。武安君因此与应侯有了嫌隙。

赵王将使赵郝约事于秦,割六县。虞卿谓赵王曰:"秦之攻王也,倦而归乎?王以其力尚能进,爱王而弗攻乎?"王曰:"秦不遗馀力矣,必以倦而归也。"虞卿曰:"秦以其力攻其所不能取,倦而归;王又以其力之所不能取以送之,是助秦自攻也。来年秦攻王,王无救矣。"赵王计未定,楼缓至赵,赵王与之计之。楼缓曰:"虞卿得其一,不得其二。秦、赵构难而天下皆说,何也?曰:'吾且因强而乘弱矣。'今赵不如亟割地为和以疑天下,慰秦之心。不然,天下将因秦之怒,乘赵之敝,瓜分之。赵且亡,何秦之图乎!"虞卿闻之,复见曰:"危哉楼子之计,是愈疑天下,而何慰秦之心哉!独不言其示天下弱乎?且臣言勿与者,非固勿与而已也;秦索六城于王,而王以六城赂齐。齐,秦之深仇也,其听王不待辞之毕也。则是王失之于齐而取偿于秦,而示天下有能为也。王以此发声,兵未窥于境,臣见秦之重赂至赵而反媾于王也。从秦为媾,韩、魏闻之,必尽重王,是王一举而结三国之亲而与秦易道也。"赵王曰:"善。"使虞卿东见齐王,与之谋秦。虞卿未返,秦使者已在赵矣。楼缓闻之,亡去。赵王封虞卿以一城。

秦之始伐赵也,魏王问于诸大夫,皆以为秦伐赵,于魏便。孔斌曰:"何谓也?"曰:"胜赵,则吾因而服焉;不胜赵,

赵孝成王打算派赵郝出使秦国，商定缔结和约、割让六个县的事情。虞卿对赵王说："大王认为，秦国进攻大王，是因为疲劳而撤退的呢？还是尚有馀力，只因爱大王而不再进攻呢？"赵王说："秦国已不遗馀力了，一定是因为疲劳而撤退的。"虞卿说："秦国全力进攻而不能夺取，终因疲劳而撤退；大王却将秦国武力不能夺取的东西送给秦国，这是帮助秦国来进攻自己。明年秦国再进攻大王，大王就没救了。"赵王考虑此事，未能决定。楼缓来到赵国，赵王与他商量。楼缓说："虞卿只知其一，不知其二。秦、赵两国交战而各国都很高兴，为什么？他们这样说：'我们将乘着强国的威势，凌驾于弱国之上。'现在赵国不如赶快割地求和，以此疑惑各国，安慰秦国的心。否则，各国将会利用秦国的愤怒，乘赵国衰弱之机，瓜分赵国。赵国将要灭亡了，还怎么来谋划对付秦国呢？"虞卿得知楼缓的建议，再次见赵王，说："楼缓的建议很危险，这样做必定使各国更加怀疑赵国，不肯援助赵国，而且割地又怎么能安慰秦国的心？他为什么唯独不说这样做是向各国显示了赵国的软弱呢？而且我说不要割地，并不是坚决不割地就算完；秦国向大王索讨六个城邑，而大王可将六个城邑送给齐国。齐国与秦国之间有着深仇大恨，齐国不等大王把话说完就会听从大王的意见。这样，大王虽在齐国那里失去，但可从秦国那里得到补偿，而且还向各国显示，赵国是有能力有作为的。如果大王向各国宣布此事，边境上还未出现军队，我就可看见秦国送来的厚礼到达赵国，他们会反求大王讲和。我们接受秦国的要求讲和，韩国、魏国知道这一消息，一定都会尊重大王。这样，大王一举结下了同齐、韩、魏三国的亲善关系，并且与秦国对调了处境。"赵王说："好。"于是派虞卿东行齐国见齐王，与他一同谋划对付秦国。虞卿还未回国，秦国使者已来到赵国。楼缓得知这一消息后，逃走了。赵王封给虞卿一个城邑。

秦国开始进攻赵国之时，魏王向各位大夫征询意见，大家都认为秦国进攻赵国对魏国有利。孔斌问："为什么这样说？"大夫们说："秦国战胜赵国，我们就顺势向秦国臣服；不能战胜赵国，

则可承敝而击之。"子顺曰:"不然。秦自孝公以来,战未尝屈,今又属其良将,何敝之承!"大夫曰:"纵其胜赵,于我何损?邻之羞,国之福也。"子顺曰:"秦,贪暴之国也,胜赵,必复他求,吾恐于时魏受其师也。先人有言:燕雀处屋,子母相哺,呴呴焉相乐也,自以为安矣。灶突炎上,栋宇将焚,燕雀颜不变,不知祸之将及己也。今子不悟赵破患将及己,可以人而同于燕雀乎!"子顺者,孔子六世孙也。子顺相魏凡九月,陈大计辄不用,退而以病致仕。人谓子顺曰:"王不用子,子其行乎?"答曰:"行将何之?山东之国将并于秦;秦为不义,义所不入。"遂寝于家。新垣固请子顺曰:"贤者所在,必兴化致治。今子相魏,未闻异政而即自退,意者志不得乎,何去之速也?"子顺曰:"以无异政,所以自退也。且死病无良医。今秦有吞食天下之心,以义事之,固不获安;救亡不暇,何化之兴!昔伊挚在夏,吕望在商,而二国不治,岂伊、吕之不欲哉?势不可也。当今山东之国敝而不振,三晋割地以求安,二周折而入秦,燕、齐、楚已屈服矣。以此观之,不出二十年,天下其尽为秦乎!"

我们就可乘其疲惫予以攻击。"子顺说："这种看法是错的。秦国自从秦孝公即位以来，大小征战从未失败过，如今又任用他们的良将做统帅，有什么疲惫可乘！"大夫们又说："纵然秦国战胜了赵国，对我们又有什么损失？邻国的耻辱，正是我们魏国的福分。"子顺说："秦国是一个贪暴的国家，战胜赵国以后，一定会再图谋别的国家，我怕到那时魏国就会受到秦国军队的进攻了。前人有这样的话：燕雀在屋檐下筑巢，雏燕、母燕互相哺喂，叽叽喳喳，十分快乐，自以为非常平安。炉灶烟囱火苗蹿上，房屋就要被焚毁了，但燕雀还神色自若，毫不惊慌，它们不知道灾祸将要降临自己的头上。现在你们竟然没有想到赵国失败后，灾祸将会降临到自己的头上了，难道我们人可以同燕雀一样吗？"子顺就是孔斌，是孔子的第六世孙。子顺任魏国相国前后总共九个月，他向魏王陈述治国方略，总是不被采纳，于是退而称病辞职。有人对子顺说："大王不重用你，你为什么不到别处去呢？"子顺回答："去别处的话，将前往哪里呢？山东各国快要被秦国吞并了；秦国是个不仁不义的国家，讲仁义的人不会到秦国去。"于是闲居家中。新垣固请教子顺说："贤能的人不管在哪里，必定要使那里兴起教化，并以此使当地得到很好的治理。现在你任魏国相国，没有听说你有什么特别的政绩就自己引退了，我猜想，可能是你觉得不得志吧，不然，为什么你这么快就辞职了呢？"子顺说："因为没有特别的政绩，所以自己引退了。对于病得快要死的人来说，是没有良医可以救治的。现在，秦国有吞并天下的野心，如果用仁义去侍奉它，肯定得不到安全；时刻忙于挽救危亡，没有一点空闲，如何来兴起教化！从前，伊挚生活在夏代，吕望生活在商代，但夏、商两个王朝都没能得到治理，难道是伊挚、吕望不想治理吗？实在是大势所趋，个人不可挽回。当今山东各国凋敝不振，赵、韩、魏三国以割让土地来求得平安，二周王国也折服于秦国的威势，将要并入秦国，至于燕国、齐国、楚国，业已屈服。由此看来，不超过二十年，天下可能全部被秦国吞并了！"

秦王欲为应侯必报其仇，闻魏齐在平原君所，乃为好言诱平原君至秦而执之，遣使谓赵王曰："不得齐首，吾不出王弟于关！"魏齐穷，抵虞卿，虞卿弃相印，与魏齐偕亡。至魏，欲因信陵君以走楚。信陵君意难见之，魏齐怒，自杀。赵王卒取其首以与秦，秦乃归平原君。九月，五大夫王陵将兵复伐赵。武安君病，不任行。

五十七年正月，王陵攻邯郸，少利，益发卒佐陵；陵亡五校。武安君病愈，王欲使代之。武安君曰："邯郸实未易攻也，且诸侯之救日至。彼诸侯怨秦之日久矣，秦虽胜于长平，士卒死者过半，国内空，远绝河山而争人国都；赵应其内，诸侯攻其外，破秦军必矣。"王自命不行，乃使应侯请之。武安君终辞疾，不肯行；乃以王龁代王陵。

赵王使平原君求救于楚，平原君约其门下食客文武备具者二十人与之俱，得十九人，馀无可取者。毛遂自荐于平原君。平原君曰："夫贤士之处世也，譬若锥之处囊中，其末立见。今先生处胜之门下三年于此矣，左右未有所称诵，胜未有所闻，是先生无所有也。先生不能，先生留！"毛遂曰："臣乃今日请处囊中耳！使遂蚤得处囊中，乃颖脱而出，非特其末见而已。"平原君乃与之俱，十九人相与目笑之。平原君至楚，与楚王言合从之利害，日出而言之，日中

秦昭襄王想替应侯范雎报他必报的仇，得知魏齐躲在赵国平原君的家中，就花言巧语地诱骗平原君前来秦国，囚禁了他。秦王派使者对赵孝成王说："得不到魏齐的脑袋，我不放平原君出关。"魏齐没有办法，只得逃出平原君的家，投靠虞卿，虞卿放弃了相国的职位，与魏齐一同逃走。他们逃到魏国，想通过信陵君魏无忌逃奔楚国。信陵君觉得与他们见面很为难，魏齐非常恼怒，自杀了。赵王最终得到魏齐的头，把它交给了秦国，秦国这才把平原君送回来。九月，五大夫王陵率军再次进攻赵国。当时武安君白起正在患病，不胜任远行。

　　五十七年（前258）正月，王陵进攻邯郸，失利，秦国征调更多的兵力增援王陵；王陵军中有五校人马阵亡。武安君白起的病痊愈了，秦王想派他替代王陵。武安君说："邯郸确实不容易攻克，而且各国的救兵一天天来到。那些国家很久以来就对秦国十分怨恨，秦国虽在长平取得了胜利，但士兵死亡已超过半数，国内空虚，跋山涉水去争夺他人的国都；如果赵国在里面应战，各国救兵在外面攻击，一定会打败秦军。"秦王自己命令武安君出任统帅没有成功，就派应侯范雎去请他。武安君始终称病坚辞，不肯前往前线指挥；秦王于是派王龁去代替王陵。

　　赵孝成王派平原君赵胜到楚国去求救，平原君想选择他门下食客中文武具备者二十一人，与他一同前往楚国，但挑选下来，只得到十九个人，其余的人都没有什么可取之处。这时，有一个名叫毛遂的人向平原君自我推荐。平原君说："贤能之士处在世上，犹如锥子处于囊袋中，锥子的尖端会立刻显现出来。如今先生在我们门下已经三年了，而我左右的人没谁称赞过你，我也从未听说过你，这说明先生没有什么才能。既然先生没有什么才能，先生还是留下吧！"毛遂说："我今日正是请求把我装入囊袋中呀！倘使我毛遂能早些处在囊袋中，我早就脱颖而出了，不会仅仅显露出尖端而已。"于是平原君同意与他一同前往，另外十九个人则互相使眼色，嘲笑毛遂。平原君到达楚国，与楚考烈王会谈，陈述合纵抗秦的利害关系，从日出时开始交谈，至中午

不决。毛遂按剑历阶而上，谓平原君曰："从之利害，两言而决耳！今日出而言，日中不决，何也？"楚王怒叱曰："胡不下！吾乃与而君言，汝何为者也？"毛遂按剑而前曰："王之所以叱遂者，以楚国之众也。今十步之内，王不得恃楚国之众也！王之命悬于遂手。吾君在前，叱者何也？且遂闻汤以七十里之地王天下，文王以百里之壤而臣诸侯，岂其士卒众多哉？诚能据其势而奋其威也。今楚地方五千里，持戟百万，此霸王之资也。以楚之强，天下弗能当。白起，小竖子耳，率数万之众，兴师以与楚战，一战而举鄢、郢，再战而烧夷陵，三战而辱王之先人。此百世之怨而赵之所羞，而王弗知恶焉。合从者为楚，非为赵也。吾君在前，叱者何也？"楚王曰："唯唯，诚若先生之言，谨奉社稷以从。"毛遂曰："从定乎？"楚王曰："定矣。"毛遂谓楚王之左右曰："取鸡、狗、马之血来。"毛遂奉铜盘而跪进之楚王曰："王当歃血以定从；次者吾君，次者遂。"遂定从于殿上。毛遂左手持盘血而右手招十九人曰："公相与歃此血于堂下！公等录录，所谓'因人成事'者也。"平原君已定从而归，至于赵，曰："胜不敢复相天下士矣！"遂以毛遂为上客。

于是楚王使春申君将兵救赵，魏王亦使将军晋鄙将兵十万救赵。秦王使谓魏王曰："吾攻赵，旦暮且下，诸侯敢救之者，吾已拔赵，必移兵先击之！"魏王恐，遣人止晋鄙，

仍未做出决定。毛遂手按利剑,顺着台阶走上前,对平原君说:"合纵抗秦的利害关系,两句话就可以说明白。今天日出时就谈,至中午还未决定,这是为什么?"楚王大怒,呵叱说:"还不赶快下去!我与你的主人谈话,你来干什么?"毛遂按剑上前说:"大王所以呵叱我,是因为倚仗着楚国人多。现在我们两个处在十步之内,大王无法依靠楚国人多了!大王的性命悬在我的手里。我的主人就在面前,您凭什么呵叱我!而且我听说商汤凭借方圆仅七十里的土地就成为天下的王,周文王依靠方圆百里的土地就使天下诸侯臣服,难道他们倚仗的是兵将众多吗?他们其实是顺应了大势,发挥了威力。如今,楚国领土方圆五千里,军队一百万,这是称王称霸的资本。以楚国的强大,天下谁也不能抵挡。白起只是个毛头小子罢了,他率领数万秦军,兴师与楚军交战,一战就攻取了鄢、郢,再战就烧了夷陵,三战就侮辱了大王的祖先。这是楚国百世的怨仇,连我们赵国都感到羞耻,而大王还不觉得耻辱。合纵抗秦是为了楚国,并不是为了赵国。我的主人就在面前,您凭什么呵叱我!"楚王说:"好,好,确实如先生所说,我们愿意奉上整个楚国,与赵国组成合纵联盟,共同抗秦。"毛遂说:"合纵抗秦的策略决定了吗?"楚王说:"决定了。"毛遂对楚王的侍从说:"把鸡、狗、马的血取来。"毛遂手捧盛着血的铜盘,跪着进呈给楚王,说:"大王应当以歃血来决定合纵;其次是我的主人,再次是我,也相继歃血。"于是,楚国与赵国就在楚王的宫殿上歃血以定合纵之盟。毛遂左手持着盛血铜盘,右手招呼随平原君来的十九个人说:"你们也在堂下互相歃血吧!你们碌碌无为,只是所谓的'因人成事'的人。"平原君与楚国订立合纵之盟后回国,到达赵国时说:"我赵胜再也不敢判别、选择天下之士了。"于是尊毛遂为上客。

于是楚考烈王就派春申君黄歇率军救援赵国,魏安釐王也派将军晋鄙率军十万救援赵国。秦昭襄王派使者去对魏王说:"我进攻赵国,很快就可攻下,各国诸侯有胆敢救赵的,我攻克赵国后一定移兵首先进攻它!"魏王惊恐,派人阻止晋鄙进军,

留兵壁邺，名为救赵，实挟两端。又使将军新垣衍间入邯郸，因平原君说赵王，欲共尊秦为帝，以却其兵。齐人鲁仲连在邯郸，闻之，往见新垣衍曰："彼秦者，弃礼义而上首功之国也。彼即肆然而为帝于天下，则连有蹈东海而死耳，不愿为之民也！且梁未睹秦称帝之害故耳，吾将使秦王烹醢梁王。"新垣衍怏然不悦曰："先生恶能使秦王烹醢梁王？"鲁仲连曰："固也，吾将言之。昔者九侯、鄂侯、文王，纣之三公也。九侯有子而好，献之于纣，纣以为恶，醢九侯。鄂侯争之强，辩之疾，故脯鄂侯。文王闻之，喟然而叹，故拘之牖里之库百日，欲令之死。今秦，万乘之国也，梁，亦万乘之国也；俱据万乘之国，各有称王之名，奈何睹其一战而胜，欲从而帝之，卒就脯醢之地乎！且秦无已而帝，则将行其天子之礼以号令于天下，则且变易诸侯之大臣。彼将夺其所不肖而与其所贤，夺其所憎而与其所爱，彼又将使其子女谗妾为诸侯妃姬，处梁之宫，梁王安得晏然而已乎？而将军又何以得故宠乎？"新垣衍起，再拜曰："吾乃今知先生天下之士也！吾请出，不敢复言帝秦矣！"

初，魏公子无忌仁而下士，致食客三千人。魏有隐士曰侯嬴，年七十，家贫，为大梁夷门监者。公子置酒大会宾

让魏军停留在邺，筑垒驻扎，名义上是救赵，实际上是首鼠两端观望动静。魏王又派将军新垣衍从小路潜入邯郸，通过平原君向赵王建议，想共同尊秦王为帝，以此使秦国退兵。齐国人鲁仲连这时恰好在邯郸，他听说此事后，前去见新垣衍，说："秦国是一个丢弃礼仪、崇尚斩首之功的国家。它如果狂妄恣肆称帝于天下的话，我鲁仲连只得跳东海而死了，不愿当它的臣民！魏国提出尊秦为帝的建议，是因为魏国没看到秦国称帝的害处的缘故。如果秦国真的称帝了，我将让秦王把魏王入锅烹煮，剁成肉酱。"新垣衍怏怏不乐地说："先生怎么能使秦王把魏王烹煮，剁成肉酱呢？"鲁仲连说："肯定能够，我将把理由说给你听。从前，九侯、鄂侯、周文王是商纣王的三公。九侯有一个女儿，容貌美丽，九侯将她献给纣王为妃，但纣王认为她貌丑，于是把九侯剁成了肉酱。鄂侯竭力规劝，激烈地为九侯申辩，纣王却因此把鄂侯做成了肉干。周文王知道此事后，喟然长叹了一声，而纣王又因此把他囚禁在牖里的仓库中一百天，想置他于死地。现在，秦国是个拥有万辆战车的大国，而魏国也是个拥有万辆战车的大国；都是万辆战车的大国，又各有称王的威名，为什么看见秦国打了一场胜仗，就想顺从秦国，尊它为帝，最终落得一个被做成肉干、剁成肉酱的下场呢！而且秦国不会称了帝就善罢甘休了，秦国将会以天子的权威和礼仪制度来行事，向天下发布号令，并更换各国的大臣。他们将会罢黜他们认为没出息的人，换上他们认为的贤人，罢黜他们所憎恶的人，换上他们所喜爱的人，他们还将派他们的美女谗妾做各国诸侯的妃姬，居住在魏国的宫殿中，魏王怎么能够安安稳稳，高枕无忧呢？而将军你又怎么能保住在君主面前的旧旧恩宠呢？"新垣衍站起身，拜了又拜，说："我今天才知道先生真是天下之士！我请求告辞回国，不敢再提起奉秦为帝的事了！"

当初，魏公子无忌，讲仁义，礼贤下士，因此，投入他门下当食客的多达三千人。魏国有一个隐士名叫侯嬴，年纪七十，家中贫寒，是魏国国都大梁城夷门的守门人。魏无忌备酒宴大会宾

客,坐定,公子从车骑虚左自迎侯生。侯生摄敝衣冠,直上载公子上坐,不让;公子执辔愈恭。侯生又谓公子曰:"臣有客在市屠中,愿枉车骑过之。"公子引车入市,侯生下见其客朱亥,睥睨,故久立,与其客语,微察公子,公子色愈和;乃谢客就车,至公子家。公子引侯生坐上坐,遍赞宾客,宾客皆惊。及秦围赵,赵平原君之夫人,公子无忌之姊也。平原君使者冠盖相属于魏,让公子曰:"胜所以自附于婚姻者,以公子之高义,能急人之困也。今邯郸旦暮降秦而魏救不至,纵公子轻胜弃之,独不怜公子姊邪!"公子患之,数请魏王救晋鄙令救赵,及宾客辩士游说万端,王终不听。公子乃属宾客约车骑百馀乘,欲赴斗以死于赵。过夷门,见侯生。侯生曰:"公子勉之矣,老臣不能从!"公子去,行数里,心不快,复还见侯生。侯生笑曰:"臣固知公子之还也。今公子无他端而欲赴秦军,譬如以肉投馁虎,何功之有!"公子再拜问计。侯嬴屏人曰:"吾闻晋鄙兵符在王卧内,而如姬最幸,力能窃之。尝闻公子为如姬报其父仇,如姬欲为公子死,无所辞。公子诚一开口,则得虎符,夺晋鄙之兵,北救赵,西却秦,此五伯之功也。"公子如其言,果得兵符。

客，等大家坐定后，他带着随从，驾着马车，空出左位，亲自前往迎接侯嬴。侯嬴整了整破衣破冠，径直上车，坐在魏无忌上首的左位，毫不谦让；魏无忌手执缰绳，更加恭敬。侯嬴又对魏无忌说："我有一个朋友在市场上当屠夫，希望您的车马能绕道经过他那里。"魏无忌驾车进入市场，侯嬴下车去见他的朋友朱亥，他故意站了很长时间，一边与朋友聊天，一边斜眼瞅魏无忌，悄悄地观察魏无忌的神情，只见魏无忌的面色更加平和；于是侯嬴向朋友告辞，上车，来到魏无忌家。魏无忌引导侯嬴坐于上座，并向在座的宾客一一介绍，宾客都非常惊讶。等到秦军围攻赵国邯郸时，由于赵国平原君的夫人就是魏国公子魏无忌的姐姐，平原君派往魏国请求救援的使者接连不断，以致使者车辆的冠盖也联接起来了，平原君通过使者责备魏无忌说："我赵胜所以与公子家结为姻亲，是因为仰慕公子的高义，能急人所急，救人危难。现在，邯郸危在旦夕，近日内就要降服于秦国，而魏国救兵不来，纵然公子你轻视我赵胜，抛弃我赵胜，但你不可怜你的姐姐吗？"魏无忌心中忧虑，多次请求魏王下令晋鄙救赵，并通过宾客、辩士用各种方式、各种理由游说魏王，魏王最终还是不听从。魏无忌无奈，只得聚集宾客，准备了一百余辆战车，想赴前线与秦军搏斗，为赵国战死。经过夷门时，魏无忌看见了侯嬴。侯嬴说："公子您多加努力吧，老臣我不能跟从您前去了！"魏无忌离去了，走了几里路，心里觉得很不愉快，就返回来再去见侯嬴。侯嬴笑着说："我原本就知道公子您会回来的。如今公子您没有其他方法，而想前去同秦军相拼，这犹如用肉来打饿虎，会有什么效果？"魏无忌拜了又拜，询问计策。侯嬴遣开身旁的人，说："我听说晋鄙兵符的另一半放在大王的卧室内，如姬最受大王宠爱，她有能力把兵符偷出来。曾听说公子您为如姬报了杀父之仇，如姬为了报答公子，即使死也在所不辞。只要公子您开口请她帮忙，那个虎状兵符就可到手了，然后夺过晋鄙的军队，北上救赵，西退秦军，这是像春秋五霸一样的功业呀！"魏无忌按照侯嬴的话去做，果然得到了兵符。

公子行，侯生曰："将在外，君令有所不受。有如晋鄙合符而不授兵，复请之，则事危矣。臣客朱亥，其人力士，可与俱。晋鄙若听，大善；不听，可使击之！"于是公子请朱亥与俱。至邺，晋鄙合符，疑之，举手视公子曰："吾拥十万之众屯于境上，国之重任，今单车来代之，何如哉？"朱亥袖四十斤铁椎，椎杀晋鄙，公子遂勒兵下令军中曰："父子俱在军中者，父归；兄弟俱在军中者，兄归；独子无兄弟者，归养。"得选兵八万人，将之而进。

王龁久围邯郸不拔，诸侯来救，战数不利。武安君闻之曰："王不听吾计，今何如矣？"王闻之，怒，强起武安君。武安君称病笃，不肯起。<small>燕武成王薨，子孝王立。</small>

五十八年十月，免武安君为士伍，迁之阴密。十二月，益发卒军汾城旁。武安君病，未行。诸侯攻王龁，龁数却，使者日至，王乃使人遣武安君，不得留咸阳中。武安君出咸阳西门十里，至杜邮。王与应侯群臣谋曰："白起之迁，意尚怏怏，有馀言。"王乃使使者赐之剑，武安君遂自杀。秦人怜之，乡邑皆祭祀焉。

魏公子无忌大破秦师于邯郸下，王龁解邯郸围走。郑安平为赵所困，将二万人降赵，应侯由是得罪。

魏无忌临出发时，侯嬴说："将在外，君命有所不受。如果晋鄙见兵符相合却仍不肯交出兵权，再向大王请示，事情就全完了。我的朋友朱亥，是个大力士，您可与他一同前去。晋鄙如果交出兵权，这就最好了；如果他不肯交，可以让朱亥击杀他！"于是魏无忌请朱亥与他一同前去。到达邺，晋鄙将兵符验合后，心中仍存疑虑，他举手看着魏无忌说："我率领十万大军屯驻在边境上，这是魏国交给我的重任，现在您驾着单车来接替统帅一任，究竟为了什么？"朱亥立即取出藏在衣袖中的四十斤重的铁锤，锤杀了晋鄙。于是魏无忌部署军队，并对军中下令说："父亲与儿子同在军中者，父亲回家；哥哥与弟弟同在军中者，哥哥回家；无兄弟的独生子，回家奉养父母。"随后选出精兵八万人，魏无忌率领着向邯郸进军。

王龁长时间地围攻邯郸仍未能攻破，各诸侯国前来援救，秦军多次作战失利。武安君白起得知这一消息后说："大王不接受我的意见，现在怎么样了？"秦昭襄王知道后，恼羞成怒，强迫武安君出任秦军统帅。武安君称病重，不肯出任。燕武成王去世，他的儿子燕孝王即位。

五十八年（前257）十月，秦昭襄王下令免去武安君的爵位和官职，将他贬为士兵，放逐到了阴密。十二月，秦国再次征发兵员以增援前线，行军至汾城旁驻扎。此时武安君患病，未能前往。各国救赵之兵进攻王龁，王龁屡次退却，他派往国内告急求援的使者络绎不绝，秦王就派人强迫武安君出发，不准他留在咸阳城中。武安君出了咸阳城西门走了十里，来到杜邮。秦王与应侯范雎及群臣商议，说："白起对他的被贬谪，心怀不满，多有怨言。"于是，秦昭襄王派使者赐给白起一把剑，武安君白起知道秦昭襄王的用意，便举剑自杀了。秦国人十分同情白起，乡村城邑都祭祀他。

魏国公子魏无忌在邯郸城下大败秦军，王龁解除对邯郸的包围，率军撤退。秦将郑安平被赵军围困，率领二万人投降赵国，应侯范雎由此受牵连获罪。

五十九年,秦将军摎伐韩,取阳城、负黍,斩首四万。伐赵,取二十馀县,斩首虏九万。赧王恐,倍秦,与诸侯约从,将天下锐师出伊阙攻秦,令无得通阳城。秦王使将军摎攻西周,赧王入秦,顿首受罪,尽献其邑三十六,口三万。秦受其献,归赧王于周。是岁,赧王崩。

秦昭襄王五十二年,河东守王稽坐与诸侯通,弃市。应侯日以不怿。王临朝而叹,应侯请其故。王曰:"今武安君死,而郑安平、王稽等皆畔,内无良将而外多敌国,吾是以忧!"应侯惧,不知所出。

燕客蔡泽闻之,西入秦,先使人宣言于应侯曰:"蔡泽,天下雄辩之士;彼见王,必困君而夺君之位。"应侯怒,使人召之。蔡泽见应侯,礼又倨。应侯不快,因让之曰:"子宣言欲代我相,请闻其说。"蔡泽曰:"吁,君何见之晚也!夫四时之序,成功者去。君独不见夫秦之商君、楚之吴起、越之大夫种,何足愿与?"应侯谬曰:"何为不可!此三子者,义之至也,忠之尽也。君子有杀身以成名,死无所恨。"蔡泽曰:"夫人立功,岂不期于成全邪!身名俱全者,上也;名可法而身死者,次也;名僇辱而身全者,下也。夫商君、吴起、大夫种,其为人臣尽忠致功,则可愿矣。闳夭、周公,岂不亦忠且圣乎?三子之可愿,孰与闳夭、周公哉?"应侯曰:

五十九年（前256），秦国将军摎率军进攻韩国，占领了阳城、负黍，斩杀韩军四万人。又进攻赵国，占领二十多个县，斩杀、俘虏赵军共九万人。周赧王惊恐，背叛秦国，与各诸侯国组成合纵联盟，亲自率领各国精锐部队，出伊阙，进攻秦国，想使秦军不能进入阳城。秦昭襄王派将军摎进攻西周王国，周赧王来到秦国，磕头请罪，将他的三十六个城邑，三万人口，全部献给秦国。秦国接受了周赧王所献的城邑和人口后，放他回去。这一年，周赧王去世。

秦昭襄王五十二年（前255），秦国的河东郡郡守王稽因为私通各国诸侯的罪名，被斩首于街市上。应侯范雎一天天的郁郁不乐。秦昭襄王坐朝时唉声叹气，应侯询问他叹气的原因。秦昭襄王说："如今武安君已经死了，而郑安平、王稽等人又都背叛我，秦国内无良将而外多敌国，我因此忧虑！"应侯惶恐，不知该如何应对。

燕国人蔡泽听说此事后，西行进入秦国。他先让人在应侯面前宣扬，说："蔡泽，是天下雄辩之士；他见到秦王，一定会让你陷于困境，夺取你的相位。"应侯大怒，派人把蔡泽召来。蔡泽与应侯相见，行礼时态度傲慢。应侯不高兴，责备蔡泽说："你扬言要代替我为丞相，让我听听你的说法。"蔡泽说："咦，您看问题怎么这样迟钝！春、夏、秋、冬四季的按序转换，是前一季节完成了它的任务后就离去了。您难道没有看见秦国的商鞅、楚国的吴起、越国的大夫文种的下场吗？他们有什么值得您羡慕的呢？"应侯故意强辩说："为什么不可以！这三个人，行义到了极点，效忠到了尽头。君子有为了成全名节而不惜舍身付死的，即使死也没有什么可怨恨的。"蔡泽说："人们建功立业，难道不希望有个完满无缺的结果吗？身与名都能完满无缺的，属上等；名节可供效法，而身已死的，属次等；名声蒙受耻辱，而身能保全的，属下等。商鞅、吴起、文种，他们作为人臣，竭尽忠诚，建立功绩，当然值得羡慕。闳夭、周公，难道不也是既忠诚又圣明吗！商鞅、吴起、文种三个人，与闳夭、周公相比，谁更值得羡慕？"应侯说：

"善。"蔡泽曰："然则君之主惇厚旧故，不倍功臣，孰与孝公、楚王、越王？"曰："未知何如。"蔡泽曰："君之功能孰与三子？"曰："不若。"蔡泽曰："然则君身不退，患恐甚于三子矣。语曰：'日中则移，月满则亏。'进退赢缩，与时变化，圣人之道也。今君之怨已仇而德已报，意欲至矣而无变计，窃为君危之！"应侯遂延以为上客，因荐于王。王召见与语，大悦，拜为客卿。应侯因谢病免。王新悦蔡泽计画，遂以为相国。泽为相数月，免。

周民东亡。秦人取其宝器，迁西周公于𢠾狐之聚。燕孝王薨，子喜立。

五十三年，摎伐魏，取吴城。韩王入朝。魏举国听令。

五十六年秋，王薨，孝文王立，以子楚为太子。

孝文王元年冬十月己亥，王即位，三日薨。子楚立，是为庄襄王。

庄襄王元年，吕不韦为相国。

东周君与诸侯谋伐秦，王使相国帅师讨灭之，迁东周君于阳人聚。周既不祀。周比亡，凡有七邑：河南、洛阳、谷城、平阴、偃师、巩、缑氏。

以河南洛阳十万户封相国不韦为文信侯。

"说得好。"蔡泽说："那么，您的君主在诚实宽厚、笃念旧情、不背弃功臣等方面，与秦孝公、楚悼公、越王勾践相比，又怎么样呢？"应侯说："不知他们谁好些，谁差些。"蔡泽说："您的功劳和才能与商鞅、吴起、文种三个人比，怎么样？"应侯说："不如他们。"蔡泽说："那么，如果您不引退，您所遭受的灾难恐怕会比他们三人更大。常言说：'日至正中，就要偏移；月至满圆，就要亏缺。'前进、后退、伸展、收缩，应该随着时势而变化，这是圣人的准则。如今，您的怨仇已经报复了，恩德已经报答了，愿望都实现了，但还没有考虑怎样根据时势另做打算，我私下觉得您这样是很危险的！"于是应侯延请蔡泽为上客，并将他推荐给秦王。秦王召见蔡泽，同他交谈，非常高兴，任他为客卿。应侯乘机称病，请求免去丞相之职。秦王开始赞赏蔡泽的计策，就任蔡泽为丞相。蔡泽任丞相几个月，便免去了职务。

原属周王国的人民向东逃亡。秦国人夺取了周王国的珍宝礼器，运回秦国，又将西周文公放逐到惮狐之聚。燕孝王去世，他的儿子姬喜即位。

五十三年（前254），秦国将军摎进攻魏国，攻占了吴城。韩桓惠王到秦国朝觐秦昭襄王。魏国臣服于秦国，全国都听从秦国的号令。

五十六年（前251）秋季，秦昭襄王去世，秦孝文王继位，确立子楚为太子。

秦孝文王元年（前250）冬季十月己亥（初四），秦孝文王登上王位，但过了三天就去世了。子楚继承了王位，这就是秦庄襄王。

秦庄襄王元年（前249），秦王任吕不韦为相国。

东周君与各国诸侯谋划进攻秦国，秦庄襄王派相国吕不韦率军讨伐并灭掉了东周王国，并将东周君放逐到阳人聚。到此时为止，周王室的宗庙祭祀完全断绝。到周国灭亡时，它所统辖的土地一共只有河南、洛阳、谷城、平阴、偃师、巩、缑氏七个邑。

秦庄襄王以河南洛阳十万民户封相国吕不韦，为文信侯。

蒙骜伐韩，取成皋、荥阳，初置三川郡。

二年，蒙骜伐赵，定太原。取榆次、狼孟等三十七城。

三年，王龁攻上党诸城，悉拔之，初置太原郡。

蒙骜帅师伐魏，取高都、汲。魏师数败，魏王患之，乃使人请信陵君于赵。信陵君畏得罪，不肯还，诫门下曰："有敢为魏使通者死！"宾客莫敢谏。毛公、薛公见信陵君曰："公子所以重于诸侯者，徒以有魏也。今魏急而公子不恤，一旦秦人克大梁，夷先王之宗庙，公子当何面目立天下乎！"语未卒，信陵君色变，趣驾还魏。魏王持信陵君而泣，以为上将军。信陵君使人求援于诸侯，诸侯闻信陵君复为魏将，皆遣兵救魏。信陵君率五国之师败蒙骜于河外，蒙骜遁走。信陵君追至函谷关，抑之而还。

安陵人缩高之子仕于秦，秦使之守管。信陵君攻之不下，使人谓安陵君曰："君其遣缩高，吾将仕之以五大夫，使为执节尉。"安陵君曰："安陵，小国也，不能必使其民。使者自往请之。"使吏导使者至缩高之所。使者致信陵君之命。缩高曰："君之幸高也，将使高攻管也。夫父攻子守，人之笑也。见臣而下，是倍主也。父教子倍，亦非君之所喜。敢再拜辞！"使者以报信陵君。信陵君大怒，遣使之安陵君所曰："安陵之地，亦犹魏也。今吾攻管而不下，则秦兵及我，社稷必危矣。愿君生束缩高而致之！若君弗致，

秦国蒙骜伐韩,攻取成皋、荥阳,秦国开始设置三川郡。

二年(前248),秦国蒙骜伐赵,平定了太原。占领榆次、狼孟等三十七个城邑。

三年(前247),秦国王龁率军进攻上党郡所属的各个城邑,全部攻克,秦国开始设置太原郡。

秦国蒙骜率军进攻魏国,占领了高都、汲。魏军多次战败,魏安釐王十分忧虑,就派人到赵国请信陵君魏无忌回国。信陵君害怕回国后被治罪,不肯回去,他对门客下了诫令,说:"有谁敢为魏国使者通报,一律处死!"宾客们都不敢进谏规劝。这时,毛公、薛公去见信陵君,说:"公子您所以被各国诸侯看重,只是因为魏国还存在。现在魏国危急,而公子您不为它担忧,不去救助它,一旦秦军攻克大梁,毁掉魏国先王的宗庙,公子您还有什么脸面活在世上!"他们的话还未说完,信陵君脸色骤变,急速驾车回魏国。魏安釐王握着信陵君的手痛哭,任命他为上将军。信陵君派人向各国诸侯请求援救,诸侯得知信陵君又成为魏国将军,都派遣军队救援魏国。信陵君率领五国联军在河外打败了蒙骜,蒙骜逃走。信陵君追到函谷关,压制住秦军后,率军撤回。

魏国安陵人缩高的儿子在秦国任职,秦国派他防守管。魏国信陵君进攻管,不能攻克,便派人对安陵君说:"请你将缩高送到我这里来,我打算晋升他为五大夫,任他为执节尉。"安陵君说:"安陵是个小封国,没有能力使人民绝对听从使唤。请使者自己前去请缩高吧。"他派吏员领使者来到缩高的住所。使者向缩高转达了信陵君的任命。缩高说:"主君宠幸我缩高,是想让我攻打管。父亲进攻,儿子防守,会遭人耻笑。如果我的儿子看见我而投降,这就是他背叛主人。做父亲的教导儿子背叛主人,也不是主君所喜欢的。冒昧地行再拜之礼,原谅我辞去这一任命。"使者将缩高的话回报信陵君。信陵君大怒,派使者到安陵君的住所,说:"安陵这块封地,也就像魏国国土一样。现在我攻打管,不能攻破,秦军反攻我们,魏国必定会面临危机。希望你把活着的缩高,捆绑着送到我这里来!如果你不把缩高送来,

无忌将发十万之师以造安陵之城下。"安陵君曰:"吾先君成侯受诏襄王以守此城也,手受太府之宪。宪之上篇曰:'子弑父,臣弑君,有常不赦。国虽大赦,降城亡子不得与焉。'今缩高辞大位以全父子之义,而君曰'必生致之',是使我负襄王之诏而废太府之宪也。虽死,终不敢行!"缩高闻之曰:"信陵君为人,悍猛而自用,此辞反必为国祸。吾已全己,无违人臣之义矣,岂可使吾君有魏患乎!"乃之使者之舍,刎颈而死。

五月丙午,王薨。太子政立,生十三年矣,国事皆委于文信侯,号称仲父。

始皇帝元年,韩欲疲秦人,使无东伐,乃使水工郑国为间于秦,凿泾水自仲山为渠,并北山,东注洛。中作而觉,秦人欲杀之。郑国曰:"臣为韩延数年之命,然渠成,亦秦万世之利也。"乃使卒为之。注填阏之水溉舄卤之地四万馀顷,收皆亩一钟,关中由是益富饶。二年,赵孝成王薨,子悼襄王立。

三年,蒙骜伐韩,取十二城。
四年春,蒙骜伐魏,取畼、有诡。三月,军罢。

秦质子归自赵,赵太子出归国。魏安釐王薨,子景湣王立。

我魏无忌就要征发十万大军直抵安陵城下。"安陵君说:"我们前代之君成侯接受魏襄王的诏命,镇守此城,并亲手接受魏国太府所藏的法规。法规的上篇说:'儿子谋杀父亲,臣僚谋杀君主,按照常法不得赦免。即使国家实行大赦,开城门投降的人和临阵逃亡的人,不得列入赦免范围。'如今缩高推辞高官职位,以保全父子之间的节义,而您说'必须活的送来',这让我背弃了襄王的诏命,败坏了太府的法规。就是死,也不敢照您的话去做!"缩高得知这一消息,说:"信陵君的性格勇猛刚强而固执自信,安陵君这番话让使者带回去,必定会使安陵遭受灾难。我已保全了我的名节,没有违背作为臣僚应守的道义,怎么可以让我们的主君承受这场因魏军攻打而造成的祸患呢!"于是前往使者的住所,刎颈自杀。

五月丙午(二十六日),秦庄襄王去世。太子嬴政即位,这一年他十三岁,国政事务全委托给文信侯吕不韦处理,尊称吕不韦为仲父。

秦始皇帝元年(前246),韩国想让秦国民众疲惫,财力耗竭,使秦国不能向东攻伐,就派水利工程师郑国到秦国当间谍。郑国怂恿秦国修筑水利工程,引出泾水,从仲山开始,开凿水渠,沿着北山,向东流入洛河。工程进行到一半,郑国的计谋被秦国发现,秦国人想杀掉郑国。郑国说:"我为韩国延长了几年的寿命,但是水渠修成后,也可使秦国得到千年万世的利益。"于是秦王就让他把水渠修完。水渠引来了淤浊的河水,灌溉了四万多顷盐碱地,使每亩地都能收获六斛四斗粮食,关中地区自此以后更加富饶了。二年(前245),赵孝成王去世,他的儿子赵悼襄王即位。

三年(前244),秦国蒙骜进攻韩国,占领了十二个城邑。

四年(前243)春季,秦国蒙骜进攻魏国,占领了畅、有诡。三月,秦军撤退。

秦国派往赵国当人质的王子,从赵国回国;赵国派往秦国当人质的太子也离开秦国,返回赵国。魏安釐王去世,他的儿子魏景湣王即位。

五年,蒙骜伐魏,取酸枣、燕、虚、长平、雍丘、山阳等二十城;初置东郡。

六年,楚、赵、魏、韩、卫合从以伐秦,楚王为从长,春申君用事,取寿陵。至函谷,秦师出,五国之师皆败走。楚王以咎春申君,春申君以此益疏。观津人朱英谓春申君曰:"人皆以楚为强,君用之而弱。其于英不然。先君时,秦善楚,二十年而不攻楚,何也?秦逾黾厄之塞而攻楚,不便;假道于两周,背韩、魏而攻楚,不可。今则不然。魏旦暮亡,不能爱许、鄢陵,魏割以与秦,秦兵去陈百六十里。臣之所观者,见秦、楚之日斗也。"楚于是去陈,徙寿春,命曰郢。春申君就封于吴,行相事。

秦拔魏朝歌及卫濮阳。卫元君率其支属徙居野王,阻其山以保魏之河内。

七年,伐魏,取汲。

蒙骜卒。八年,韩桓惠王薨,子安立。

九年,伐魏,取垣、蒲。杨端和伐魏,取衍氏。

十年,文信侯免相,出就国。

宗室大臣议曰:"诸侯人来仕者,皆为其主游间耳,请一切逐之。"于是大索,逐客。客卿楚人李斯亦在逐中,行,且上书曰:"昔穆公求士,西取由余于戎,东得百里奚于宛,

五年(前242),秦国蒙骜进攻魏国,占领了酸枣、燕、虚、长平、雍丘、山阳等二十城;秦国开始设置东郡。

六年(前241),楚国、赵国、魏国、韩国、卫国组成合纵联盟,一同进攻秦国,楚考烈王为合纵长,春申君黄歇掌权,攻占了寿陵。合纵联军到达函谷关,秦军出关迎战,五国军队全都溃败退走。楚考烈王把这次失败的责任归咎于春申君,由于此事,楚考烈王与春申君的关系更加疏远。观津人朱英对春申君说:“人们都认为楚国原先很强大,您掌权时衰弱了。但依我看,事情并不是这样的。楚国先王时,秦国与楚国亲善,二十年没有进攻楚国,为什么呢?因为秦国要越过黾厄之塞这个险要的地方来进攻楚国,很不方便;向东、西两周王国借道,背对着韩国、魏国来进攻楚国,也不行。现在就不是这样了。魏国很快就要灭亡,不能再爱惜许、鄢陵,魏国把土地割让给秦国后,秦军距离陈只有一百六十里。我将会看到,秦、楚两国天天发生战斗。”于是,楚国将国都由陈迁到寿春,改寿春之名为郢。春申君被封于吴,行使国相职事。

秦军攻克魏国朝歌和卫国濮阳。卫元君率领他的宗族迁居于野王,凭借山地形势据守,保卫魏国的河内地区。

七年(前240),秦军攻伐魏国,占领了汲。

秦将蒙骜去世。八年(前239),韩桓惠王去世,他的儿子韩安即位。

九年(前238),秦军进攻魏国,占领了垣、蒲。秦国杨端和率军进攻魏国,占领了衍氏。

十年(前237),文信侯吕不韦被免去相国之位,他离开咸阳前往自己的封地。

秦国的王族、大臣商议说:“从各诸侯国来秦国做官的人,都是来为他们的国君游说,并离间秦国君臣关系的,请把这些外来人士一律驱逐出境。”于是秦王下令在国内进行大搜索,驱逐外来人士。秦国客卿楚国人李斯也在被逐之列,他离开了咸阳,不过在临行时,他向秦王呈上一份书札,说:“从前,穆公寻求人才,往西从戎族部落那里得到了由余,往东在宛得到了百里奚,

迎蹇叔于宋,求丕豹、公孙支于晋,并国二十,遂霸西戎。孝公用商鞅之法,诸侯亲服,至今治强。惠王用张仪之计,散六国之从,使之事秦。昭王得范雎,强公室,杜私门。此四君者,皆以客之功。由此观之,客何负于秦哉!夫色、乐、珠、玉不产于秦而王服御者众;取人则不然,不问可否,不论曲直,非秦者去,为客者逐。是所重者在乎色、乐、珠、玉,而所轻者在乎人民也。臣闻太山不辞土壤,故能成其大;河海不择细流,故能就其深;王者不却众庶,故能明其德;此五帝、三王之所以无敌也。今乃弃黔首以资敌国,却宾客以业诸侯,所谓藉寇兵而赍盗粮者也。"王乃召李斯,复其官,除逐客之令。李斯至骊邑而还。王卒用李斯之谋,阴遣辩士赍金玉游说诸侯。诸侯名士可下以财者厚遗结之,不肯者利剑刺之。离其君臣之计,然后使良将随其后,数年之中,卒兼天下。

十一年,赵人伐燕,取狸阳。兵未罢,将军王翦、桓齮、杨端和伐赵,攻邺,取九城。王翦攻阏与、橑阳,桓齮取邺、安阳。赵悼襄王薨,子幽缪王迁立。

十二年,发四郡兵助魏伐楚。

从宋国迎来了蹇叔，从晋国求得了丕豹、公孙支，于是吞并了二十个国家，称霸于西戎。孝公采用商鞅的新法，使各国诸侯归附臣服，直到今日，秦国还是安定而强盛。惠文王采用张仪的计策，拆散了六国的合纵联盟，使各国侍奉秦国。昭襄王得到了范雎，加强了朝廷的权威，抑制了私家的势力。这四位国君，都凭借了外来人士的功劳。由此看来，外来人士有什么地方对不起秦国呢？美色、音乐、珍珠、宝玉，都不出产于秦国，但大王佩戴、享用得很多；选用人才却不是这样，不问这些人才能用不能用，也不论是非曲直，只要不是秦国人，一律赶走，只要是外来人士，一律驱逐。这种做法，说明大王所看重的是美色、音乐、珍珠、宝玉，所看轻的是人民。我听说泰山不舍弃微细的泥土，所以能形成它的高大；河海不加选择地容纳所有细小的流水，所以能汇成它们那样的深度；当君王的人不拒绝民众，所以能够彰明他的德行；这就是五帝、三王所以能天下无敌的原因。如今大王却遗弃百姓，以此资助敌国；排斥外来宾客，让他们去成就各国诸侯的功业，这正是所谓把兵器借给敌寇，把粮食送给强盗。"于是秦王召回李斯，恢复他的官职，废除了驱逐外来宾客的命令。李斯到达骊邑，受召返回。秦王最后还是采用了李斯的计谋，秘密派遣善辩人士，携带金银珠玉，前往各国游说。对于各国掌握权柄、享有名望的人士，凡是可用财富贿赂的，就赠送厚礼勾结他们，凡不肯被收买的，就派刺客以利剑行刺他们。并且，挑拨各国君主与臣僚的关系，使他们互相猜忌，不能同心同德地谋划国家大计，随后再派良将率军进攻，几年之内，终于兼并了六国，统一了天下。

十一年（前236），赵国军队进攻燕国，占领了狸阳。赵国与燕国之间的战争还没有结束，秦国将军王翦、桓齮、杨端和就率领军队征伐赵国，攻击邺地，占领了赵国的九个城邑。王翦进攻阏与、橑阳，桓齮攻占了邺、安阳。赵悼襄王去世，他的儿子赵幽缪王赵迁即位。

十二年（前235），秦国征发四郡的兵员，帮助魏国进攻楚国。

　　十三年，桓齮伐赵，败赵将扈辄于平阳，斩首十万，杀扈辄。赵王以李牧为大将军，复战于宜安、肥下，秦师败绩，桓齮奔还。

　　十四年，桓齮伐赵，取宜安、平阳、武城。

　　韩王纳地效玺，请为藩臣，使韩非来聘。非因上书说王曰："今秦地方数千里，师名百万，号令赏罚，天下不如。臣昧死愿望见大王，言所以破天下从之计。大王诚听臣说，一举而天下之从不破，赵不举，韩不亡，荆、魏不臣，齐、燕不亲，霸王之名不成，四邻诸侯不朝，大王斩臣以徇国，以戒为王谋不忠者也。"王悦之，未任用。李斯嫉之，曰："韩非，韩之诸公子也，今欲并诸侯，非终为韩不为秦，此人情也。今王不用，久留而归之，此自遗患也，不如以法诛之。"王以为然，下吏治非。李斯使人遗非药，令早自杀。韩非欲自陈，不得见。王后悔，使赦之，非已死矣。

　　臣光曰：臣闻君子亲其亲以及人之亲，爱其国以及人之国，是以功大名美而享有百福也。今非为秦画谋，而首欲覆其宗国以售其言，罪固不容死矣！

　　十五年，王大兴师伐赵，一军抵邺，一军抵太原，取狼孟、番吾，遇李牧而还。

十三年（前234），秦国桓齮进攻赵国，在平阳打败了赵将扈
辄，斩杀赵军十万人，杀了扈辄。赵幽缪王任命李牧为大将军，
又与秦军交战于宜安、肥下，秦军被打败，桓齮逃回秦国。

十四年（前233），秦国桓齮攻伐赵国，占领了宜安、平阳、
武城。

韩王向秦国割让土地，献上国君的印信，请求成为秦国的
藩国臣僚，并派韩非出使秦国。韩非利用这个机会，呈上书札向
秦王建议，说："如今秦国领土方圆数千里，军队号称一百万，号
令之严格，赏罚之分明，都是各国所不如的。我冒死希望见到大
王，陈述我的计策，大王可用这一计策打破各国的合纵联盟。如
果大王真能听从我的计策，一次举动而各国合纵不破，赵国不被
攻克，韩国不被灭亡，楚国、魏国不臣服，齐国、燕国不归附，霸
王之业不能建立，四邻的诸侯不来朝觐，那么就请大王将我斩
首，并把我的头在全国示众，以此警戒那些不忠心为大王谋划的
人。"秦王很欣赏他，但没有任用他。李斯妒忌韩非的才能，就对
秦王说："韩非是韩国的王子，现在大王想兼并各国，韩非最终是
要为韩国着想的，而不可能为秦国着想，这是人之常情。如今大
王不用他，长时间地留住他，最后又放他回去，这是自己留下后
患，不如依法杀了他。"秦王觉得李斯说得对，就逮捕了韩非，把
他交给有关官吏治罪。李斯派人给韩非送去毒药，要他早点自
杀。韩非想面见秦王，自我表白，但无法见到。不久，秦王后悔
了，派人前去赦免韩非，但韩非已经死了。

北宋史臣司马光说：我听说，君子亲善他的亲人，并扩展
到亲善别人的亲人；热爱他的国家，并扩展到热爱别人的国
家。因此，君子的功业伟大，声名完美，并且享有千百种的福
分。现在，韩非为秦国出谋划策，而首先就企图覆灭他的祖
国，以此来兜售他的计策，他的罪恶原本就是死有余辜的！

十五年（前232），秦王发动大军进攻赵国，一支军队抵达邺，
一支军队抵达太原，秦攻占了狼孟、番吾，因与赵将李牧统领的赵
军相遇，秦军撤回。

初，燕太子丹尝质于赵，与王善。王即位，丹为质于秦，王不礼焉。丹怒，亡归。

十六年，韩献南阳地。九月，发卒受地于韩。

魏人献地。
十七年，内史胜灭韩，虏韩王安，以其地置颍川郡。

十八年，王翦将上地兵下井陉，端和将河内兵共伐赵。赵李牧、司马尚御之。秦人多与赵王嬖臣郭开金，使毁牧及尚，言其欲反。赵王使赵葱及齐将颜聚代之。李牧不受命，赵人捕而杀之。废司马尚。

十九年，王翦击赵军，大破之，杀赵葱，颜聚亡，遂克邯郸，虏赵王迁。王如邯郸，故与母家有仇怨者皆杀之。还，从太原、上郡归。

王翦屯中山以临燕。赵公子嘉帅其宗数百人奔代，自立为代王。赵之亡，大夫稍稍归之，与燕合兵，军上谷。

燕太子丹怨王，欲报之，以问其傅鞠武。鞠武请西约三晋，南连齐、楚，北媾匈奴以图秦。太子曰："太傅之计，旷日弥久，令人心惛然，恐不能须也。"顷之，将军樊於期得罪，亡之燕；太子受而舍之。鞠武谏曰："夫以秦王之暴而积怒于燕，足为寒心，又况闻樊将军之所在乎！是谓'委肉当饿虎之蹊'也。愿太子疾遣樊将军入匈奴！"太子曰："樊

当初，燕国太子丹曾在赵国当人质，他与秦王很友善。秦王即位后，太子丹到秦国当人质，秦王没有以礼相待。太子丹十分气愤，逃回了燕国。

十六年（前231），韩国将南阳地区献给秦国。九月，秦国调兵，前往韩国接受土地。

魏国人割让土地给秦国。

十七年（前230），秦国内史胜率军灭亡了韩国，俘虏了韩王安，秦国在原韩国的领土上设置颍川郡。

十八年（前229），秦国王翦率领上地的军队攻下井陉，杨端和率领河内的军队，两支秦军一同进攻赵国。赵国李牧、司马尚率军抵御秦军。秦国人用大量的金钱向赵幽缪王的宠臣郭开行贿，要他毁谤李牧和司马尚，说他们二人想反叛。赵王派赵葱和齐国将军颜聚取代李牧和司马尚为赵军统帅。李牧不肯接受命令，赵国人就逮捕并杀掉了李牧。司马尚也被罢黜。

十九年（前228），秦国王翦攻击赵军，大败赵军，杀了赵葱，颜聚逃走。于是，秦军攻克了邯郸，俘虏赵幽缪王赵迁。秦王来到邯郸，把以前与他的母家有仇怨的人全部杀了。秦王返回，经过太原、上郡，回到秦国。

秦国王翦屯兵中山，进逼燕国。赵国公子嘉率领他宗族的数百个人逃奔代，自立为代王。赵国逃亡在外的大夫们，逐渐投奔到他那里，他与燕国组成联军，驻扎在上谷。

燕国太子丹怨恨秦王，想报复他，就向自己的师傅鞠武征询对此事的意见。鞠武建议他西面交结韩、魏、赵三国，南面联合齐国、楚国，北面与匈奴和好，以此来对付秦国。太子丹说："太傅您的计策，执行起来花费的时间太长久了，使人心中烦闷，我恐怕不能等待了。"不久，秦国将军樊於期在国内犯了罪，逃亡到燕国；太子丹收留了他，让他住下来。鞠武进谏说："秦王十分凶暴，又对燕国有积怨，这已足以让人忧虑了，又何况得知樊将军逃奔到我们这里了呢！这叫作'把肉扔在饿虎出入的小道上'。希望太子赶快把樊将军送到匈奴那里去！"太子丹说："樊

将军穷困于天下，归身于丹，是固丹命卒之时也，愿更虑之！"鞫武曰："夫行危以求安，造祸以为福，计浅而怨深，连结一人之后交，不顾国家之大害，所谓'资怨而助祸'矣。"太子不听。

·

太子闻卫人荆轲之贤，卑辞厚礼而请见之。谓轲曰："今秦已虏韩王，又举兵南伐楚，北临赵。赵不能支秦，则祸必至于燕。燕小弱，数困于兵，何足以当秦！诸侯服秦，莫敢合从。丹之私计愚，以为诚得天下之勇士使于秦，劫秦王，使悉反诸侯侵地，若曹沫之与齐桓公，则大善矣；即不可，因而刺杀之。彼大将擅兵于外而内有乱，则君臣相疑，以其间，诸侯得合从，其破秦必矣。唯荆卿留意焉！"荆轲许之。于是舍荆卿于上舍，太子日造门下，所以奉养荆轲，无所不至。及王翦灭赵，太子闻之惧，欲遣荆轲行。荆轲曰："今行而无信，则秦未可亲也。诚得樊将军首与燕督亢之地图，奉献秦王，秦王必说见臣，臣乃有以报。"太子曰："樊将军穷困来归丹，丹不忍也！"荆轲乃私见樊於期曰："秦之遇将军，可谓深矣，父母宗族皆为戮没！今闻购将军首，金千斤，邑万家，将奈何？"於期太息流涕曰："计将安出？"荆卿曰："愿得将军之首以献秦王，秦王必喜而见

将军在走投无路的情况下，前来投奔我，这应当是我宁愿舍弃性命也要保全他的时候，希望您再考虑一下别的办法。"鞠武说："您从事危险的事情，却想从中求得安全；制造灾祸，却想使它成为福分；计谋短浅而积怨太深；为了结交一个新的朋友，却不顾国家会遭受大灾难，这就是人们所说的'积蓄怨恨而助长灾祸'呀！"太子丹没有听从他的劝告。

太子丹听说卫国人荆轲很是贤能，就带着丰厚的礼品，以谦卑的言辞请求会见他。太子丹对荆轲说："如今秦国已经俘虏了韩王，又兴兵向南进攻楚国，向北进逼赵国。如果赵国不能抵御秦军，那么灾祸就必定会降临到我们燕国头上。燕国又小又弱，多次困厄于战争，怎么有能力抵挡秦军的进攻呢！各国诸侯臣服于秦国，都不敢合纵抗秦。我个人不高明地考虑，认为如果能找到一个天下的勇士，派他到秦国去，胁迫秦王，让秦王把侵占各诸侯国的土地全部归还各国，就像曹沫胁迫齐桓公一样，那就最好了；如果不能做到这一点，就乘机把秦王刺杀。秦国的大将在外面统领军队，而国内出现了动乱，就会使他们的君主与臣僚互相猜疑。乘着这个机会，各国就可以组成合纵联盟，这样一定能够打败秦国。请荆卿您留意这件事。"荆轲答应了。于是太子丹让荆轲住在上等房舍，并每天前往荆轲的住所问候。凡是用来供养荆轲的东西，没有一件不置备齐全的。等到秦国王翦灭亡了赵国，太子丹得知这一消息后，十分害怕，想派遣荆轲前往秦国。荆轲说："现在前去，没有可以使秦王相信我的东西，我就无法接近秦王。如果能得到樊将军的头和燕国督亢地区的地图，奉献给秦王，秦王一定会很高兴地接见我，这样我才能够有东西来回报您。"太子丹说："樊将军在走投无路的情况下来投奔我，我不忍心这样做！"荆轲就私下去会见樊於期，说："秦国对待将军您，可以说是十分狠毒了，您的父母和宗族成员全被他们杀死了！如今又听说要用金千斤和万户的邑地来购买您的头，您打算怎么办呢？"樊於期一边叹息一边流泪说："有什么好办法？"荆轲说："希望能得到将军的头献给秦王，秦王一定会非常高兴地接见

臣,臣左手把其袖,右手揕其胸,则将军之仇报而燕见陵之愧除矣!"樊於期曰:"此臣之日夜切齿腐心也!"遂自刎。太子闻之,奔往伏哭,然已无奈何,遂以函盛其首。太子豫求天下之利匕首,使工以药淬之,以试人,血濡缕,人无不立死者。乃装为遣荆轲,以燕勇士秦舞阳为之副,使入秦。楚幽王薨,国人立其弟郝。三月,郝庶兄负刍杀之自立。　魏景湣王薨,子假立。

二十年,荆轲至咸阳,因王宠臣蒙嘉卑辞以求见。王大喜,朝服,设九宾而见之。荆轲奉图以进于王,图穷而匕首见,因把王袖而揕之;未至身,王惊起,袖绝。荆轲逐王,王环柱而走。群臣皆愕,卒起不意,尽失其度。而秦法,群臣侍殿上者不得操尺寸之兵,左右以手共搏之,且曰:"王负剑! 负剑!"王遂拔以击荆轲,断其左股。荆轲废,乃引匕首擿王,中铜柱。自知事不就,骂曰:"事所以不成者,以欲生劫之,必得约契以报太子也!"遂体解荆轲以徇。王于是大怒,益发兵诣赵,就王翦以伐燕,与燕师、代师战于易水之西,大破之。

二十一年冬十月,王翦拔蓟,燕王及太子率其精兵东保辽东,李信急追之。代王嘉遗燕王书,令杀太子丹以献。

我。我左手抓住他的衣袖，右手握匕首刺他的胸膛，这样一来，将军的仇就可报了，而燕国被欺凌的耻辱也可去除了！"樊於期说："这正是我日日夜夜咬牙切齿、痛心疾首的恨事！"于是自刎而死。太子丹得知这个消息，急速前往樊於期的住所，伏在尸体上大哭，但已无可奈何了，便将他的头装在匣子中。太子丹事先已求到天下最锋利的匕首，并让工匠用毒药淬过，曾用人来试验，只要刺出一丝血，没有不立即死亡的。于是，太子丹为派遣荆轲出发准备行装，并派燕国勇士秦舞阳作为荆轲的副手，让他们一同西行进入秦国。楚幽王去世，楚国人立他的弟弟芈郝为国君。三月，芈郝的庶兄负刍杀了芈郝，自立为国君。 魏景湣王去世，他的儿子魏假即位。

　　二十年(前227)，荆轲来到咸阳，通过秦王的宠臣蒙嘉，用谦卑的言辞求见秦王。秦王非常高兴，穿上上朝的礼服，安排了九宾大礼，接见荆轲。荆轲手捧地图，进呈给秦王，秦王把地图展开，展到末尾露出了藏在图卷里的匕首。荆轲乘此机会，抓住秦王的衣袖，用匕首直刺秦王。匕首还未刺到秦王身上，秦王惊跳起，挣断了衣袖。荆轲紧追秦王，秦王绕着殿上的柱子奔逃。大臣们都惊得愣住了，因事情发生得太突然，出人意料，大家都失去了常态。依据秦国法律，在宫殿上侍奉秦王的文武大臣不能携带哪怕是一尺一寸的兵器，所以秦王左右的人只能用手一同去打荆轲，并且说："大王，快把剑推到背上去拔！"秦王把剑推到背上，于是得以拔出剑来，他挥剑击向荆轲，砍断了荆轲的左腿。荆轲残废了，便举起手中的匕首投向秦王，匕首刺中了铜柱。荆轲自己知道事情不能成功了，就骂道："事情所以不成功，是因为我想让你活着来胁迫你，并一定要得到你归还土地的保证文书去回报太子！"于是秦王将荆轲肢解示众。秦王因为此事而大怒，再次增派兵力前往赵国，归入王翦军中，合兵进攻燕国。秦军与燕国的军队和代的军队在易水西岸交战，大败燕军和代军。

　　二十一年(前226)冬季十月，王翦攻克了燕国都城蓟，燕王和太子丹率领燕国的精兵向东退守辽东，秦将李信急追。代王赵嘉给燕王送去一封信，要燕王杀掉太子丹，把人头献给秦国。

丹匿衍水中，燕王使使斩丹，欲以献王，王复进兵攻之。

王贲伐楚，取十馀城。王问于将军李信曰："吾欲取荆，于将军度用几何人而足？"李信曰："不过用二十万。"王以问王翦，王翦曰："非六十万人不可。"王曰："王将军老矣，何怯也！"遂使李信、蒙恬将二十万人伐楚。王翦因谢病归频阳。

二十二年，王贲伐魏，引河沟以灌大梁。三月，城坏。魏王假降，杀之，遂灭魏。

王使人谓安陵君曰："寡人欲以五百里地易安陵。"安陵君曰："大王加惠，以大易小，甚幸。虽然，臣受地于魏之先王，愿终守之，弗敢易！"王义而许之。

李信攻平舆，蒙恬攻寝，大破楚军。信又攻鄢、郢，破之，于是引兵而西，与蒙恬会城父。楚人因随之，三日三夜不顿舍，大败李信，入两壁，杀七都尉。李信奔还。王闻之，大怒，自至频阳谢王翦曰："寡人不用将军谋，李信果辱秦军。将军虽病，独忍弃寡人乎！"王翦谢病不能将。王曰："已矣，勿复言！"王翦曰："必不得已用臣，非六十万人不可！"王曰："为听将军计耳。"于是王翦将六十万人伐楚，王送至霸上。

二十三年，王翦取陈以南至平舆。楚人闻王翦益军而来，乃悉国中兵以御之；王翦坚壁不与战。楚人数挑战，

太子丹躲藏在衍水中，燕王派使者杀了太子丹，想把他的头献给秦王，但秦王仍下令进军攻伐燕、代。

秦国王贲率军进攻楚国，占领了十多个城邑。秦王向将军李信询问，说："我想攻取楚国，依将军你估计，要用多少军队才够？"李信说："不超过二十万人。"秦王以这件事情来询问王翦，王翦说："非得要六十万人不可。"秦王说："王将军年纪大了，怎么这样胆怯！"于是秦王派李信、蒙恬率二十万人进攻楚国。王翦便称病辞职，回到故乡频阳。

二十二年（前225），秦国王贲进攻魏国，凿引黄河之水经鸿沟淹灌大梁。三月，大梁城墙崩塌。魏王魏假投降，秦国人把他杀了，于是灭掉了魏国。

秦王派人对安陵君说："寡人我想用方圆五百里的土地来交换安陵。"安陵君说："大王对我施以恩惠，用大片土地来换取一个小城，非常感激。不过，即使是这样，由于我是从魏国先王的手中接受这块土地的，希望永远守住它，我还是不敢交换。"秦王赞许他的信义，就同意不再交换。

秦国李信进攻平舆，蒙恬进攻寝，大败了楚军。李信又进攻鄢、郢，攻克了两地，于是率军西进，与蒙恬在城父会师。楚国军队乘机尾随在秦军后面，三天三夜不停宿，大败了李信的军队，攻入两个营垒，杀死了七名都尉。李信奔逃回国。秦王得知这一消息后，大怒，亲自到频阳向王翦道歉说："寡人我没有采用将军的计谋，李信果然使秦军蒙受耻辱。将军虽然有病，难道忍心抛下我不管吗？"王翦以生病为理由来推辞，声称不能带兵。秦王说："我已决定了，将军不要再说了！"王翦说："不得已一定要任用我的话，非得六十万人不可！"秦王说："我将听从将军的计谋。"于是王翦率领六十万人进攻楚国，秦王亲自把他送到霸上。

二十三年（前224），王翦攻取了陈以南直至平舆的土地。楚国人得知王翦增加了兵力前来进攻，就征调了国内全部的兵力来抵御；王翦修筑营垒坚守，不与楚军交战。楚军多次挑战，

终不出。王翦日休士洗沐,而善饮食,抚循之,亲与士卒同食。久之,王翦使人问:"军中戏乎?"对曰:"方投石、超距。"王翦曰:"可用矣!"楚既不得战,乃引而东。王翦追之,令壮士击,大破楚师,至蕲南,杀其将军项燕,楚师遂败走。王翦因乘胜略定城邑。

二十四年,王翦、蒙武虏楚王负刍,以其地置楚郡。

二十五年,大兴兵,使王贲攻辽东,虏燕王喜。

臣光曰:燕丹不胜一朝之忿以犯虎狼之秦,轻虑浅谋,挑怨速祸,使召公之庙不祀忽诸,罪孰大焉!而论者或谓之贤,岂不过哉!夫为国家者,任官以才,立政以礼,怀民以仁,交邻以信。是以官得其人,政得其节,百姓怀其德,四邻亲其义。夫如是,则国家安如磐石,炽如焱火,触之者碎,犯之者焦。虽有强暴之国,尚何足畏哉!丹释此不为,顾以万乘之国,决匹夫之怒,逞盗贼之谋,功隳身僇,社稷为墟,不亦悲哉!夫其膝行、蒲伏,非恭也;复言、重诺,非信也;糜金、散玉,非惠也;刿首、决腹,非勇也。要之,谋不远而动不义,其楚白公胜之流乎!荆轲怀其豢养之私,不顾七

秦军始终不出战。王翦每天让士兵休息沐浴，并且供给丰盛的饮食，安抚慰劳他们，亲自与士兵一同吃饭。过了很久，王翦派人去问："军营中有人玩游戏吗？"军士们回答："正在进行投掷石头和跳越障碍物的活动。"王翦说："这支军队可用来作战了！"楚军既然无法与秦军交战，就向东退去。王翦率军紧追楚军，命令精锐部队攻击，大败楚军，追到蕲以南的地方，杀了楚国将军项燕，楚军于是溃败奔逃。王翦随即乘胜夺取并平定了楚国的一些城邑。

二十四年（前223），秦国王翦、蒙武俘虏了楚王负刍，在楚国土地上设置了楚郡。

二十五年（前222），秦国出动大军，派王贲进攻辽东，俘虏了燕王姬喜。

北宋史臣司马光说：燕国的太子丹不能忍耐一时的激忿，而去冒犯如狼似虎的秦国，考虑不周，计谋短浅，挑起仇怨，加速了灾祸的来临，从而使燕国开国国君召公的宗庙祭祀突然断绝，还有什么罪行比这更大的！而有的评论者却还说他贤能，这未免也太过分了吧！统治国家的人，应该根据才能来任用官员，按照礼制来确定国政，用仁爱之心来招徕安抚人民，用信义来结交邻国。因此官员能选得适当的人才，国政得到礼制的节制，百姓都归服他的德业，四周的邻国都因他的信义而与他亲善。这样，国家就能像磐石一样稳固，像火焰一样兴旺，触弄它的会被粉碎，冒犯它的会被烧焦。即使是强暴的国家，又有什么足以让人畏惧的！太子丹丢弃了这些不去做，反而利用拥有万辆战车的大国，去发泄他自己个人的私忿，施展盗贼一般的计谋和手段，结果事情失败，导致自己被杀，国家被摧毁，不是很悲哀吗！屈膝匍伏，不是恭敬；信守诺言，不是信义；送人金银财宝，不是恩惠；自刎头颈、自剖肚腹，不是勇敢。总而言之，不能深思熟虑地谋划，不能以仁义来采取行动，不就是楚国白公胜之辈吗！荆轲感怀太子丹豢养他的私情，不顾自己的家族

族，欲以尺八匕首强燕而弱秦，不亦愚乎！故扬子论之，以要离为蛛蝥之靡，聂政为壮士之靡，荆轲为刺客之靡，皆不可谓之义。又曰："荆轲，君子盗诸。"善哉！

王贲攻代，虏代王嘉。

王翦悉定荆江南地，降百越之君，置会稽郡。

初，齐君王后贤，事秦谨，与诸侯信；齐亦东边海上。秦日夜攻三晋、燕、楚，五国各自救，以故齐王建立四十馀年不受兵。及君王后且死，戒王建曰："群臣之可用者某。"王曰："请书之。"君王后曰："善。"王取笔牍受言，君王后曰："老妇已忘矣。"君王后死，后胜相齐，多受秦间金。宾客入秦，秦又多与金。客皆为反间，劝王朝秦，不修攻战之备，不助五国攻秦，秦以故得灭五国。

齐王将入朝，雍门司马前曰："所为立王者，为社稷耶？为王耶？"王曰："为社稷。"司马曰："为社稷立王，王何以去社稷而入秦？"齐王还车而反。即墨大夫闻之，见齐王曰："齐地方数千里，带甲数百万。夫三晋大夫皆不便秦，而在阿、甄之间者百数，王收而与之百万人之众，使收三晋之故地，即临晋之关可以入矣。鄢郢大夫不欲为秦，而在城南下者百数，王收而与之百万之师，使收楚故地，即武关可以入矣。如此，则齐威可立，秦国可亡，岂特保其国家而已哉！"齐王不听。

亲属,企图用短小的匕首来使燕国强大,使秦国衰弱,不是太愚蠢了吗?所以扬雄对此评论说,要离像蜘蛛般地死去,聂政像壮士般地死去,荆轲像刺客般地死去,都不能称为义。又说:"荆轲这个人,如果用君子的标准来衡量他,只不过是个盗寇。"说得真是好!

秦国王贲进攻代,俘虏了代王赵嘉。

王翦完全平定了楚国江南地区,降服百越首领,置会稽郡。

当初,齐国的君王后贤惠,谨慎地侍奉秦国,与各国诸侯交往很守信用;齐国又地处东部的海边。秦国日夜进攻韩、赵、魏三国及燕国、楚国,五国各自忙于自救,由于上述缘故,齐王田建在位四十多年没有遭受战争的灾祸。等到君王后临死时,她告诫齐王田建说:"群臣之中可重用的是某某人。"齐王说:"请让我把他记下来。"君王后说:"好。"齐王拿来笔和简牍准备记录君王后的嘱咐,但君王后又说:"老妇我已经忘记了。"君王后去世,后胜任齐国相国,他接受了秦国间谍贿赂他的大笔金钱。齐国的宾客到秦国去,秦国又送给他们很多金钱。这些宾客回国后,都进行反间活动,劝说齐王去朝觐秦王,不整治攻守作战所需的装备,不帮助五国进攻秦国,秦国因而得以灭掉五国。

齐王将要去秦国朝觐,雍门司马上前说:"齐国所以要设立国王,是为了国家呢?还是为了国王自己?"齐王说:"是为了国家。"司马说:"既然是为了国家而设立国王,大王为什么要离开国家前去秦国呢?"齐王调转车头回来了。即墨大夫听说后,求见齐王说:"齐国领土方圆数千里,军队数百万。韩、魏、赵三国大夫都不愿顺从秦国,逃亡在阿、甄一带的有几百人,大王收罗他们,交给他们一百万军队,让他们去收复韩、魏、赵三国的故土,这样,临晋的关卡就可以攻入了。楚国的大夫不愿为秦国做事,逃亡在齐国南城之下的有几百人,大王收罗他们,也交给他们一百万军队,让他们去收复楚国故土,这样,武关也可以攻入了。如此一来,齐国的威望可以树立,秦国可以被灭亡,岂止是仅仅保全我们自己的国家而已呀!"齐王没有听从他的建议。

二十六年，王贲自燕南攻齐，猝入临淄，民莫敢格者。秦使人诱齐王，约封以五百里之地，齐王遂降。秦迁之共，处之松柏之间，饿而死。齐人怨王建不早与诸侯合从，听奸人宾客以亡其国，歌之曰："松耶，柏耶！住建共者客耶！"疾建用客之不详也。

臣光曰：从衡之说虽反覆百端，然大要合从者，六国之利也。昔先王建万国，亲诸侯，使之朝聘以相交，飨宴以相乐，会盟以相结者，无他，欲其同心戮力以保家国也。向使六国能以信义相亲，则秦虽强暴，安得而亡之哉！夫三晋者，齐、楚之藩蔽；齐、楚者，三晋之根柢；形势相资，表里相依。故以三晋而攻齐、楚，自绝其根柢也；以齐、楚而攻三晋，自撤其藩蔽也。安有撤其藩蔽以媚盗，曰"盗将爱我而不攻"，岂不悖哉！

二十六年(前221)，秦国王贲从燕国南部进攻齐国，突然攻入齐国国都临淄，齐国民众都不敢抵抗秦军。秦国派人诱骗齐王，约定将方圆五百里的土地封给齐王，于是齐王向秦国投降。秦国人把他放逐到共，软禁在松柏林中，终因饥饿而死。齐国人怨恨齐王田建不早些与各国诸侯合纵抗秦，听信奸邪之人和外来宾客的话，导致国家的灭亡，便针对他作了一首歌，歌中唱道："松树呀，柏树呀！使田建住在共的，是他的宾客呀！"痛恨田建不能审慎地任用外来宾客。

　　北宋史臣司马光说：合纵连横的谋略虽反复无常，变化多端，但最主要的一点是，合纵抗秦，符合六国的利益。从前，周代先王建立千千万万个封国，与各国诸侯亲善，使他们通过朝聘来互相交往，通过宴会来融洽彼此间的感情，通过会盟来互相团结，这些做法没有其他的目的，只是想让他们同心协力地保卫家族和国家。倘若六国能用信义来互相亲近，即使秦国十分强暴，又怎么能够把六国灭亡呢？魏、赵、韩三国，是齐国、楚国的屏障；齐国、楚国是魏、赵、韩三国的根基；形势上可互相资助，同时也像外表和内核，须互相依靠。所以，魏、赵、韩三国进攻齐国、楚国，是自己掘断自己的根基；齐国、楚国进攻魏、赵、韩三国，是自己拆毁自己的屏障。天下怎么会有这样的事情，自己拆毁自己的屏障来讨好盗贼，称"盗贼将会因此而爱我，不来进攻我"，这不是很荒谬吗？

豪桀亡秦

秦始皇帝二十六年，王初并天下，自以为德兼三皇，功过五帝，乃更号曰"皇帝"，命为"制"，令为"诏"，自称曰"朕"。追尊庄襄王为太上皇。制曰："死而以行为谥，则是子议父，臣议君也，甚无谓。自今以来，除谥法。朕为始皇帝，后世以计数，二世、三世至于万世，传之无穷。"

二十七年，始皇巡陇西、北地，至鸡头山，过回中焉。作信宫渭南，已，更命曰极庙。自极庙道通骊山。作甘泉前殿，筑甬道，自咸阳属之。治驰道于天下。

二十八年，始皇东行郡、县，上邹峄山，立石颂功业。于是召集鲁儒生七十人，至泰山下，议封禅。诸儒或曰："古者封禅，为蒲车，恶伤山之土石、草木；扫地而祭，席因菹秸。"议各乖异。始皇以其难施用，由此绌儒生，而遂除车道，上自太山阳至颠，立石颂德，从阴道下，禅于梁父。

豪桀亡秦

秦始皇二十六年(前221),秦王刚兼并了六国,统一了天下,自认为兼有三皇的德业,功绩超过五帝,于是更改名称叫"皇帝",命改称为"制",令改称为"诏",自称叫"朕"。追上秦庄襄王尊号,称太上皇。他下制说:"君主死后,根据他的行为来加谥号,这是儿子评议父亲,臣僚评议君主,很不适当。从今以后,废除谥法。朕是始皇帝,后世皇帝以数字计,二世、三世,一直到万世,传递皇位,无穷无尽。"

二十七年(前220),秦始皇巡行陇西、北地,到达鸡头山,经过回中。在渭南兴建信宫,完工后改名叫极庙。从极庙修筑道路通到骊山。兴建甘泉宫前殿,修筑甬道,从咸阳开始相连。又在全国修筑驰道。

二十八年(前219),秦始皇出巡东方的郡、县,登上邹峄山,树立石刻,歌颂自己的功业。又召集原鲁国儒家学派的学者七十人,到泰山下面,商议封禅事宜。儒家学者们有的说:"古时候君王封禅,用蒲草包裹车轮,担心压伤山上的土石和草木;祭祀时要扫地,并铺设用茅草编结成的席子。"他们的议论各不相同,分歧很大。秦始皇认为儒家学者所说的难以实行,并由于此事而对儒家学者采取排斥的态度。于是,秦始皇下令修筑车道,从泰山南麓一直上到泰山顶峰,在山上树立石刻为自己歌功颂德;然后从泰山北侧的车道下山,在梁父山举行祭祀大地的禅礼。

其礼颇采太祝之祀雍上帝所用,而封藏皆秘之,世不得而记也。于是始皇遂东游海上,行礼祠名山、大川及八神。始皇南登琅邪,大乐之,留三月。作琅邪台,立石颂德,明得意。

初,燕人宋无忌、羡门子高之徒称有仙道、形解销化之术,燕、齐迂怪之士皆争传习之。自齐威王、宣王、燕昭王皆信其言,使人入海求蓬莱、方丈、瀛洲,云此三神山在勃海中,去人不远。患且至,则风引船去。尝有至者,诸仙人及不死之药皆在焉。及始皇至海上,诸方士齐人徐市等争上书言之,请得齐戒与童男女求之。于是遣徐市发童男女数千人入海求之。船交海中,皆以风为解,曰:“未能至,望见之焉。”始皇还,过彭城,齐戒祷祠,欲出周鼎泗水。使千人没水求之,弗得。乃西南渡淮水,之衡山、南郡。浮江至湘山祠,逢大风,几不能渡。上问博士曰:“湘君何神?”对曰:“闻之:尧女,舜之妻,葬此。”始皇大怒,使刑徒三千人皆伐湘山树,赭其山。遂自南郡由武关归。

初,韩人张良,其父、祖以上五世相韩。及韩亡,良散千金之产,欲为韩报仇。

祭祀典礼较多地采用了太祝在雍祭祀上帝时所用的仪式，但是有关的文献都被秘密地封藏起来，所以世人无法把它记载下来。秦始皇又向东来到海滨，举行了祭祀高山、大河及八位神祇的典礼。秦始皇再向南进发，登上了琅邪山，他十分赞赏这座山的风景，便停留了三个月。他在山上修筑了琅邪台，树立石刻为自己歌功颂德，表明自己的心愿得以实现。

当初，燕国人宋无忌、羡门子高这批人，自称掌握神仙之道和形解销化的法术，能使人死时尸骨解化，变成神仙，升天而去，燕国、齐国的怪诞虚妄人士都争相传授学习这类法术。自齐威王、齐宣王、燕昭王以来，齐、燕两国君主都相信这些人的话，派人到海上去寻求蓬莱、方丈、瀛洲这三座神仙山。据说这三座神仙山在勃海之中，距离人世不远。难在每当人们驾船将要到达这些神仙山时，总是有大风把船吹开。但也曾有人到达那里，他们看见许多神仙和不死之药都在山上。等到秦始皇来到海滨，很多方士及原齐国人徐市等，争相上书向秦始皇进言，请求得到秦始皇的指派，沐浴斋戒，率童男童女到海中寻求神仙山。于是，秦始皇派遣徐市征发几千个童男童女，驾船入海，寻求神仙山。船航行海中没有收获，寻神仙山的人都以风向不顺来解释，声称："没能到达神仙山，但已望见这些山了。"秦始皇从海滨返回，经过彭城时，斋戒祈祷，想从泗水中找到周王朝的九鼎。他派了一千余人潜入泗水中寻找，结果还是没有找到。于是，秦始皇又向西南进发，渡过淮水，前往衡山、南郡。又乘船在长江上航行，来到湘山祠庙，这时正逢遇大风，几乎不能渡过去。秦始皇询问博士说："湘君究竟是一位什么样的神？"博士回答："我听说她是尧的女儿，舜的妻子，她死后就葬在这里。"秦始皇大怒，派遣了三千个服劳役的囚犯把湘山上的树木全部砍光，使湘山光秃秃地暴露出赤色的泥土、石块。于是，秦始皇从南郡经武关返回咸阳。

当初，韩国人张良的父亲、祖父以上五代都曾做过韩王的相国。等到韩国灭亡，张良散尽千金家产，想为韩国报仇。

二十九年，始皇东游，至阳武博浪沙中，张良令力士操铁椎狙击始皇，误中副车。始皇惊，求，弗得，令天下大索十日。始皇遂登之罘，刻石。旋，之琅邪，道上党入。

三十二年，始皇之碣石，使燕人卢生求羡门，刻碣石门。坏城郭，决通堤坊。始皇巡北边，从上郡入。卢生使入海还，因奏录图书曰："亡秦者胡也。"始皇乃遣将军蒙恬发兵三十万人，北伐匈奴。

三十三年，发诸尝逋亡人、赘婿、贾人为兵，略取南越陆梁地，置桂林、南海、象郡；以谪徙民五十万人戍五岭，与越杂处。

蒙恬斥逐匈奴，收河南地为四十四县。筑长城，因地形，用制险塞；起临洮至辽东，延袤万馀里。于是渡河，据阳山，逶迤而北。暴师于外十馀年。

三十四年，丞相李斯上书曰："异时诸侯并争，厚招游学。今天下已定，法令出一，百姓当家则力农工，士则学习法令。今诸生不师今而学古，以非当世，惑乱黔首，相与非法教，人闻令下，则各以其学议之。入则心非，出则巷议，夸主以为名，异趣以为高，率群下以造谤。如此弗禁，

二十九年（前218），秦始皇到东方巡游，到达阳武博浪沙境内时，张良派一名大力士手握铁锤狙击秦始皇，结果误中了随行车辆。秦始皇惊恐，派人追捕，未能抓住刺客，于是下令各地大搜捕了十天。秦始皇又登上之罘山，在山上刻石歌颂自己的功德。返回时，再次前往琅邪山，然后途经上党回咸阳。

三十二年（前215），秦始皇前往碣石，派原燕国人卢生求访方士羡门。在碣石山的山前岩壁上刻文纪功。毁坏了城郭，决通了堤防。秦始皇又巡视北方边境，取道上郡返回。这时，受秦始皇派遣，前往海中访求的卢生也回来了，他献上图谶书，书中说："灭亡秦国的人是胡。"于是，秦始皇派遣将军蒙恬，征调三十万军队，向北征伐匈奴。

三十三年（前214），征发诸如曾经逃亡的罪犯、赘婿、商贾等类人当兵，进攻并夺取南越陆梁地区，设置桂林郡、南海郡、象郡；将有罪受罚的五十万人流放到五岭戍守，与当地的越族人混杂居处。

蒙恬攻击驱逐匈奴部落，收复河南地区，设置了四十四个县。又凭借地形，修筑长城，以此来控制险隘要塞；长城起自临洮，直至辽东，绵延长达一万多里。随后，蒙恬又率军渡过黄河，占据了阳山，逶迤曲折地向北进军。军队在野外扎营风餐露宿十多年。

三十四年（前213），丞相李斯向秦始皇上书说："昔日，各国相争，都以优厚的待遇招揽游说的学者。如今天下已经安定，法令统一，百姓们在家的应该努力从事农耕做工，士人应该学习政府颁布的法律政令。现在许多读书人不学习当今的法规，却去学习古代的东西，并用它来否定现在的制度，疑惑扰乱了百姓的心。他们相互用政府法规以外的私学来教授他人，这些人一听到政府的法令下达，就各用他们的学说加以非议。他们入朝时就在内心非议，出朝后就在街头巷尾议论纷纷，在君主面前夸耀自己所信奉的学说来沽名钓誉，用标新立异来显示他们的高明，带领众多的下层人士造谣诽谤。像这样的状况还不加以禁止，

则主势降乎上,党与成乎下。禁之便! 臣请史官非秦记皆烧之;非博士官所职,天下有藏《诗》《书》、百家语者,皆诣守、尉杂烧之。有敢偶语《诗》《书》弃市;以古非今者族;吏见知不举,与同罪。令下三十日,不烧,黥为城旦。所不去者,医药、卜筮、种树之书。若欲有学法令,以吏为师。"制曰:"可。"

三十五年,使蒙恬除直道,道九原,抵云阳,堑山堙谷千八百里,数年不就。

始皇以为咸阳人多,先王之宫廷小,乃营作朝宫渭南上林苑中。先作前殿阿房,东西五百步,南北五十丈,上可以坐万人,下可以建五丈旗。周驰为阁道,自殿下直抵南山。表南山之颠以为阙。为复道,自阿房渡渭,属之咸阳,以象天极阁道,绝汉抵营室也。隐宫、徒刑者七十馀万人,乃分作阿房宫或作骊山。发北山石椁,写蜀、荆地材,皆至。关中计宫三百,关外四百馀。于是立石东海上朐界中,以为秦东门。因徙三万家骊邑,五万家云阳,皆复不事十岁。

卢生说始皇曰:"方中:人主时为微行以辟恶鬼。恶鬼辟,真人至。愿上所居宫毋令人知,然后不死之药殆可得

那么,从上面来说,君主的威势就会下降,从下面来说,结帮结派的风气就会形成。对这种状况还是禁止为好。我请求让史官把凡不是记载秦国历史的书史全部烧掉;除了博士官专门掌管的文献以外,天下如有私藏《诗经》《尚书》及诸子百家论著的人,都须将书送到郡守、郡尉那里,一起全部烧掉。有敢相互私语《诗经》《尚书》的,一律在闹市处斩示众;有谁用古代的东西来否定现行的制度,诛灭他整个家族;官吏知道情况不检举的,与犯罪的人同罪。此项命令下达后三十天,不把书烧掉的,处以黥刑,脸上刺字,罚以服劳役的城旦刑。不在烧毁范围的,是医药、卜筮、种树之类的书籍。如果有人想学习法律政令,就拜官吏为师。"秦始皇下制说:"可以这样做。"

三十五年(前212),秦始皇派蒙恬修筑直道,从九原开始修起,直达云阳,修这条道路要开山填谷一千八百里,好几年不能完成。

秦始皇认为咸阳人口太多,而秦国先王留下来的宫殿太小,于是在渭水南岸的上林苑中兴建朝宫。首先修筑前殿阿房宫,东西长五百步,南北长五十丈,宫殿上可以坐一万个人,宫殿下面可以树立五丈高的旗杆。四周修建阁道,从宫殿下面直达终南山。在终南山的两个山头立表,以此作为朝宫的双阙。修建复道,从阿房宫开始,渡过渭水,与咸阳连接起来,以此象征天上的北极星、阁道星越过天河直抵营室宿。由受过宫刑和被判处劳役的刑徒共七十多万人,分别修筑阿房宫和在骊山为秦始皇修筑陵墓。开采北山的石头用于做椁,采自蜀、荆地区的木材,也一同运到。关中地区所修宫殿总计有三百座,关外有四百多座。于是,在东海郡朐县境内树立巨石,以此作为秦皇朝的东方大门。又将三万民户迁徙到骊邑,五万民户迁徙到云阳,都免除十年的赋税徭役。

卢生向秦始皇建议说:"神仙方书中这样说,做君主的应该时常秘密出行,以此躲避恶鬼。避开恶鬼后,真人就会来到。希望皇上所居住的宫殿不要让人知道,然后不死之药大概可以得

也。"始皇曰:"吾慕真人!"自谓"真人",不称"朕"。乃令咸阳之旁二百里内宫观二百七十,复道、甬道相连,帷帐、钟鼓、美人充之,各案署不移徙。行所幸,有言其处者,罪死。始皇幸梁山宫,从山上见丞相车骑众,弗善也。中人以告丞相,丞相后损车骑。始皇怒曰:"此中人泄吾语!"案问,莫服。捕时在旁者,尽杀之。自是后,莫知行之所在。群臣受决事者,悉于咸阳宫。

侯生、卢生相与讥议始皇,因亡去。始皇闻之大怒,曰:"卢生等,吾尊赐之甚厚,今乃诽谤我!诸生在咸阳者,吾使人廉问,或为妖言以乱黔首。"于是使御史悉案问诸生。诸生传相告引,乃自除犯禁者四百六十馀人,皆坑之咸阳,使天下知之,以惩后。益发谪徙边。始皇长子扶苏谏曰:"诸生皆诵法孔子。今上皆重法绳之,臣恐天下不安。"始皇怒,使扶苏北监蒙恬军于上郡。

三十六年,有陨石于东郡。或刻其石曰:"始皇死而地分。"始皇使御史逐问,莫服。尽取石旁居人诛之,燔其石。

三十七年冬十月癸丑,始皇出游,左丞相斯从,右丞相去疾守。始皇二十馀子,少子胡亥最爱,请从,上许之。

到了。"秦始皇说:"我真美慕真人!"因此自称为"真人",不再自称"朕"。他还下令,在咸阳附近二百里之内的二百七十座宫观殿阁之间,修建复道、甬道,互相连接,各座宫殿中都安排帷帐、钟鼓、美女,各种布置不得移动。秦始皇出行到一处宫殿,如果有人透露了他的住处,就办以死罪。有一次秦始皇前往梁山宫,从山上看见丞相李斯的随从车骑很多,排场很大,心里非常不高兴。宦官中有人将这件事告诉了丞相李斯,李斯以后就减少了随从车辆。秦始皇大怒,说:"这一定是宦官泄漏了我的话!"审问那些宦官,谁都不肯承认。于是就逮捕了所有当时在他身旁的宦官,全部杀了。从此以后,再没有人知道秦始皇的行踪所在。大臣们要向秦始皇请示,听候他对事情的决断,全都在咸阳宫等待。

侯生、卢生在一起互相讥讽、议论秦始皇,并因此而逃走了。秦始皇得知这件事,勃然大怒,说:"卢生等人,我尊重他们,赏赐他们的财物非常丰厚,现在竟然诽谤我!那些在咸阳的儒生,我派人去调查过,发现有人在散布妖言,扰乱民心。"于是派御史审问所有在咸阳的儒生。儒生们互相揭发,彼此牵引,秦始皇亲自判处违犯禁令的四百六十多人死刑,把他们全部坑杀在咸阳,让天下之人都知道这件事,以惩戒后人。秦始皇又更多地征调罪犯流放到边境地区。秦始皇的大儿子扶苏劝谏说:"儒生们都称述、信奉孔子的学说。如今皇上全用重刑来惩治他们,我怕天下之人会感到不安。"秦始皇很生气,他派扶苏到北方去,在上郡做蒙恬军队的监军。

三十六年(前211),有陨石坠落在东郡。有人在陨石上刻字说:"秦始皇死后,国土分割。"秦始皇派御史捉拿审问,但没有人承认。于是就逮捕了所有居住在陨石附近的人,把他们全部杀了,并放火焚烧陨石。

三十七年(前210)冬季十月癸丑,秦始皇出外巡游,左丞相李斯随从出行,右丞相冯去疾留守咸阳。秦始皇有二十多个儿子,其中小儿子胡亥最受他的宠爱,胡亥请求随从出游,秦始皇答应了。

始皇西至平原津而病，乃令中车府令行符玺事赵高为书赐扶苏曰："与丧，会咸阳而葬。"书已封，在赵高所，未付使者。秋七月丙寅，始皇崩于沙丘平台。丞相斯为上崩在外，恐诸公子及天下有变，乃秘之不发丧。棺载辒凉车中，故幸宦者骖乘。所至，上食、百官奏事如故，宦者辄从车中可其奏事。独胡亥、赵高及幸宦者五六人知之。

初，始皇尊宠蒙氏，信任之。蒙恬任外将，蒙毅常居中参谋议，名为忠信，故虽诸将相莫敢与之争。赵高者，生而隐宫。始皇闻其强力，通于狱法，举以为中车府令，使教胡亥决狱，胡亥幸之。赵高有罪，始皇使蒙毅治之。毅当高法应死，始皇以高敏于事，赦之，复其官。赵高既雅得幸于胡亥，又怨蒙氏，乃说胡亥，请诈以始皇命诛扶苏而立胡亥为太子。胡亥然其计。赵高曰："不与丞相谋，恐事不能成。"乃见丞相斯曰："上赐长子书及符玺，皆在胡亥所。定太子，在君侯与高之口耳。事将何如？"斯曰："安得亡国之言！此非人臣所当议也！"高曰："君侯材能、谋虑、功高、无怨、长子信之，此五者皆孰与蒙恬？"斯曰："不及也。"高曰："然则长子即位，必用蒙恬为丞相，君侯终不怀通侯之印归乡里明矣！胡亥慈仁笃厚，可以为嗣。愿君审计而定之！"丞相斯以为然，乃相与谋，诈为受始皇诏，立胡亥为太子；

秦始皇西行到达平原津时，生了重病，于是命令中车府令行符玺事赵高写一封信给扶苏，信中说："回来参与办理丧事，灵柩到咸阳后安葬。"书信已封好，放在赵高那里，没有交给使者送去。秋季七月丙寅，秦始皇在沙丘平台去世。丞相李斯因秦始皇死在外地而担心皇子们争夺皇位，害怕天下会发生事变，就保守秘密，不发丧。秦始皇的棺材被装载在大型的供躺卧的辒凉车中，由秦始皇生前宠幸的宦官在车上陪伴守卫。所到之处，进奉饮食和百官报告国事政务等，都按照原来那样进行，宦官总是从辒凉车中批复准可百官呈上的奏章。只有胡亥、赵高以及秦始皇宠幸的宦官共五六个人知道秦始皇已经去世这件事。

　　当初，秦始皇尊重宠爱蒙家的人，信任并重用他们。蒙恬在外地任将军，蒙毅经常在朝中参与商议国政，有忠信的名声，所以，即使是将军、丞相，也不敢与他们相争。赵高出生不久就受了宫刑。秦始皇听说他强壮有力，精通审案和法律，就提升他为中车府令，让他教胡亥审判案件，胡亥十分宠幸他。赵高曾犯了罪，秦始皇派蒙毅去办他的罪。蒙毅认为按照法律，赵高应当被处死刑，秦始皇因赵高平时办事机敏，赦免了他，并恢复了他的官职。赵高一向受胡亥宠幸，又怨恨蒙家的人，就建议胡亥，用伪造秦始皇诏命的办法来杀掉扶苏，立胡亥为太子。胡亥同意了赵高的计策。赵高说："如果不同丞相李斯商量，恐怕事情不能成功。"于是赵高去见丞相李斯，说："皇上给大儿子扶苏的信以及符玺都在胡亥那里。确定太子的事情，就在于您和我口中的一句话了。此事您看该怎么办？"李斯说："你怎么能讲出这种亡国的话来！这种事情不是我们臣僚应当议论的！"赵高说："从才能、谋略、功绩、没有怨家、受皇上大儿子的信任这五个方面看，您比不比得上蒙恬？"李斯说："都比不上蒙恬。"赵高说："那么大儿子即位后，一定会任用蒙恬当丞相，您最终不能带着通侯的印信回归故乡是明摆着的了！胡亥仁慈忠厚，可以当皇位继承人。希望您审慎考虑后决定！"丞相李斯认为赵高的话很有道理，就与他一同谋划。他们诈称接受了秦始皇的诏书，立胡亥为太子；

更为书赐扶苏，数以不能辟地立功，士卒多耗，反数上书，直言诽谤，日夜怨望不得罢归为太子；将军恬不矫正，知其谋；皆赐死，以兵属裨将王离。扶苏发书，泣，入内舍，欲自杀。蒙恬曰："陛下居外，未立太子。使臣将三十万众守边，公子为监，此天下重任也。今一使者来，即自杀，安知其非诈！复请而后死，未暮也。"使者数趣之，扶苏谓蒙恬曰："父赐子死，尚安复请！"即自杀。蒙恬不肯死，使者以属吏，系诸阳周；更置李斯舍人为护军，还报。胡亥已闻扶苏死，即欲释蒙恬。会蒙毅为始皇出祷山川，还至，赵高言于胡亥曰："先帝欲举贤立太子久矣，而毅谏以为不可，不若诛之！"乃系诸代。遂从井陉抵九原。会暑，辒车臭，乃诏从官令车载一石鲍鱼以乱之。从直道至咸阳，发丧。太子胡亥袭位。

二世欲诛蒙恬兄弟，二世兄子子婴谏曰："赵王迁杀李牧而用颜聚，齐王建杀其故世忠臣而用后胜，卒皆亡国。蒙氏，秦之大臣、谋士也，而陛下欲一旦弃去之。诛杀忠臣而立无节行之人，是内使群臣不相信而外使斗士之意离也！"二世弗听，遂杀蒙毅及内史恬。恬曰："自吾先人及至子孙，积功信于秦三世矣。今臣将兵三十馀万，身虽囚系，其势足以倍畔。然自知必死而守义者，不敢辱先人之教以不忘先帝也！"乃吞药自杀。

又伪造诏书派使者送给扶苏,责备他不能拓广疆土,建立功业,士兵多有伤亡,却反而多次上书直言不讳地诽谤皇帝,时时刻刻怨恨不能摆脱监军的职务,回归朝廷当太子;将军蒙恬不加纠正,而且知道他的谋划;赐令二人都自杀,将军队交给副将王离统领。扶苏打开诏书看过后哭了,他走入内屋,想自杀。蒙恬说:"陛下在外面巡游,还未确定太子。他派我率领三十万军队戍守边境,让公子您任监军,这是天下的重任。如今一名使者前来,您就自杀,怎么知道这不是欺诈呢?您再向陛下请示一下,然后自杀,也不算迟。"使者多次催促他们自杀,扶苏对蒙恬说:"父亲赐令儿子自杀,还有什么可再请示的!"就自杀了。蒙恬不肯自杀,使者把他交给狱吏,关押在阳周;使者又改任李斯的舍人为蒙恬军队的护军都尉,然后返还回报。胡亥得知扶苏已死,就想释放蒙恬。这时恰逢蒙毅为秦始皇外出祭祀山川后回来,赵高向胡亥建议说:"先帝想选拔贤能的皇子确立为太子已很久了,但蒙毅却劝谏皇上,认为不可以,不如把蒙毅杀了!"于是就把蒙毅囚禁在代。秦始皇的车队从井陉抵达九原。此时正遇上大热天,辒凉车中发出了臭气,他们就下诏书给随从官吏,命令在车上装载一石鲍鱼,以鱼腥味来掩盖秦始皇尸体的臭气。车队从直道回到咸阳,为秦始皇发丧。太子胡亥继承了皇帝之位。

秦二世胡亥想杀掉蒙恬、蒙毅兄弟二人,胡亥哥哥的儿子子婴劝谏说:"赵王赵迁杀了李牧而任用颜聚,齐王田建杀了他旧时的忠臣而任用后胜,最后都亡了国。蒙家的人,是秦皇朝的大臣和谋士,而陛下您却想一下子把他们扔弃掉。诛杀忠臣而任用没有节义德行的人,这样做,在内会使大臣们不再信任您,在外会使将士们的斗志涣散!"秦二世没有听从他的劝告,于是杀了蒙毅和内史蒙恬。蒙恬说:"从我的祖父开始,直至他的子孙,蒙家为秦皇朝屡建功勋,竭尽忠诚,已有三代了。如今我率军三十多万,身体虽被囚禁,但势力却足以反叛。然而,我自己知道必须以死来信守节义,其原因就是不敢辱没祖先对我的教诲,不能忘记先帝的恩德!"于是吞下毒药自杀。

二世元年春，二世东行郡县，李斯从。到碣石，并海，南至会稽。而尽刻始皇所立刻石，旁著大臣从者名，以章先帝成功盛德而还。夏四月，二世至咸阳，谓赵高曰："夫人生居世间也，譬犹骋六骥过决隙也。吾既已临天下矣，欲悉耳目之所好，穷心志之所乐，以终吾年寿，可乎？"高曰："此贤主之所能行而昏乱主之所禁也。虽然，有所未可，臣请言之：夫沙丘之谋，诸公子及大臣皆疑焉。而诸公子尽帝兄，大臣又先帝之所置也。今陛下初立，此其属意怏怏皆不服，恐为变。臣战战栗栗，唯恐不终，陛下安得为此乐乎！"二世曰："为之奈何？"赵高曰："陛下严法而刻刑，令有罪者相坐，诛灭大臣及宗室；然后收举遗民，贫者富之，贱者贵之，尽除去先帝之故臣，更置陛下之所亲信者。此则阴德归陛下，害除而奸谋塞，群臣莫不被润泽，蒙厚德，陛下则高枕肆志宠乐矣。计莫出于此！"二世然之，乃更为法律，务益刻深，大臣、诸公子有罪，辄下高，令鞫治之。于是公子十二人僇死咸阳市，十公主矺死于杜，财物入于县官，相连逮者不可胜数。

公子将闾昆弟三人囚于内宫，议其罪独后。二世使使令将闾曰："公子不臣，罪当死，吏致法焉。"将闾曰："阙廷

秦二世元年（前209）春季，秦二世巡行东方的郡县，李斯随从前往。他们到达碣石，再沿着海边南下，来到会稽。秦始皇当年所立的石刻，全被秦二世加刻了文辞，旁边还刻上随从大臣的姓名，用以彰明秦始皇的功绩和盛大恩德，然后返回。夏季四月，秦二世回到咸阳，他对赵高说："人生在世，犹如驾着六匹快马拉的车越过裂缝，时间极其短促。我既然已高居帝位，统治天下，就想尽情享受耳朵、眼睛所爱好的东西，尽量享用心里所喜欢的东西，以此来度过我的有生之年，你认为可以吗？"赵高说："这件事情，是贤明的君主所能实行，而昏庸暴乱的君主所须禁忌的。不过，即使是这样，目前还是有所不可，请让我将不可以的原因说给您听：沙丘的那次谋划，皇子们和大臣们都起了疑心。而诸位公子都是您的哥哥，大臣们又都是先帝所任命的。现在陛下您刚刚继承皇位，对这个现实，他们都心怀不满，很不服气，我怕这样下去会发生变故。我日夜胆战心惊的，只怕死于非命，陛下您怎么能够享受这种欢乐呢？"秦二世说："对此，我们应该怎么办呢？"赵高说："陛下您应该采用严厉的法令和峻刻的刑罚，使犯罪的人牵引其他的人，相互坐罪，以此来诛灭大臣们和皇家宗室成员；然后收罗选拔各国遗民，贫穷的使他们富有起来，卑贱的使他们高贵起来，将先帝任用的旧臣全部除掉，改任陛下的亲信。这样，就使他们在心中暗暗对您感恩戴德，祸害会被铲除，奸邪阴谋会被堵塞，群臣无不受到陛下的恩泽，到那时，陛下就可以高枕无忧，肆意地享受一切欢乐了。没有比这更好的计策了！"秦二世非常赞同赵高的计策，于是，重新制定法律，务求更加严厉峻刻，大臣和公子们有罪，总是交给赵高审问惩治。就这样，十二位公子在咸阳的街市上被杀死，十位公主在杜被肢解而死，他们的财产都被充公，因互相牵引而被逮捕的人不可胜数。

　　公子将闾兄弟三人被囚禁在内宫，到最后才判处他们的罪。秦二世派使者对将闾下令说："公子你不守臣僚本分，这一罪行应当被处以死刑，执法官吏前来执行了。"将闾说："从朝廷

之礼,吾未尝敢不从宾赞也;廊庙之位,吾未尝敢失节也;受命应对,吾未尝敢失辞也;何谓不臣?愿闻罪而死!"使者曰:"臣不得与谋,奉书从事!"将闾乃仰天大呼"天"者三,曰:"吾无罪!"昆弟三人皆流涕,拔剑自杀。宗室振恐。

公子高欲奔,恐收族,乃上书曰:"先帝无恙时,臣入则赐食,出则乘舆,御府之衣,臣得赐之,中厩之宝马,臣得赐之。臣当从死而不能,为人子不孝,为人臣不忠。不孝不忠者,无名以立于世。臣请从死,愿葬骊山之足。唯上幸哀怜之!"书上,二世大说,召赵高而示之,曰:"此可谓急乎?"赵高曰:"人臣当忧死而不暇,何变之得谋!"二世可其书,赐钱十万以葬。

复作阿房宫。尽征材士五万人为屯卫咸阳,令教射。狗马禽兽当食者多,度不足,下调郡县,转输菽粟、刍稿,皆令自赍粮食;咸阳三百里内不得食其谷。

秋七月,阳城人陈胜、阳夏人吴广起兵于蕲。是时,发闾左戍渔阳,九百人屯大泽乡,陈胜、吴广皆为屯长。会天大雨,道不通,度已失期。失期,法皆斩。陈胜、吴广因天下之愁怨,乃杀将尉,召令徒属曰:"公等皆失期当斩,假令毋斩,而戍死者固什六七。且壮士不死则已,死则举大

礼仪来说，我从不敢不按照司礼官的唱赞来行动；从朝廷的等级地位来说，我从不敢有越礼的表现；接受皇上的命令回答问题，我从不敢说错话；凭什么说我不守臣僚本分？我希望知道一下具体的罪行，然后才死！"使者说："我不能和你讨论这些，我只是奉诏书办事！"于是，将闾仰面朝天，大叫了三声"天啊"，并说："我没有罪！"他们兄弟三人都流泪痛哭，拔剑自杀。皇族成员震惊惶恐。

公子高想出逃，又怕整个家族受株连，于是向秦二世上书说："先帝还健在时，我入宫就赐给我饮食，出门就赐给我乘车。先帝御府中的服饰，我能得到赏赐；宫中马厩中的好马，我也能得到赏赐。我本应当追随先帝而死却没能这样，作为儿子，堪称不孝，作为臣僚，堪称不忠。不孝不忠的人，没有脸面活在世上。请让我追随先帝而死，希望能葬在骊山脚下。请求皇上哀怜我，同意我的要求！"书札奏上后，秦二世非常高兴，他把赵高召来，给赵高看那封书札，说："这堪称急迫了吧？"赵高说："臣僚们正日夜忧虑死亡，没有时间想到别的，怎么能谋划事变！"秦二世批准了公子高的书札，并赐钱十万，用于他的葬礼。

秦二世下令继续修筑阿房宫。将全国材士五万人全部征调来驻扎守卫咸阳，让他们教习射箭。这些人和狗马珍禽兽，要消耗的粮食很多，不够供应，于是到郡县调集，将豆类、粟米、草料等，辗转运输到咸阳。还下令，运送这些东西的人全都要自带粮食，不得取用咸阳三百里内的谷米。

秋季七月，阳城人陈胜、阳夏人吴广，在蕲起兵反秦。当时，秦王朝征发居住在闾里左边的贫民前往渔阳戍守，途中，有九百人屯驻在大泽乡，陈胜、吴广都是屯长。这时正遇上天降大雨，道路不通，计算时间，已来不及在限期以前赶到目的地。按照法令，超过限期的，一律处斩。陈胜、吴广有感于全国百姓的悲愁和怨恨，便杀了带队的将尉，召集服役者说："你们都已误了规定的限期，都要被处斩；假使不被处斩，那么在边地戍守而死的也肯定有十分之六七。而且大丈夫不死便罢，要死，就应传扬大

名耳！王侯将相，宁有种乎！"众皆从之。乃诈称公子扶苏、项燕，为坛而盟，称大楚。陈胜自立为将军，吴广为都尉。攻大泽乡，拔之；收而攻蕲。蕲下，乃令符离人葛婴将兵徇蕲以东，攻铚、酂、苦、柘、谯，皆下之。行收兵，比至陈，车六七百乘，骑千馀，卒数万人。攻陈，乃入据陈。

初，大梁人张耳、陈馀相与为刎颈交。秦灭魏，闻二人魏之名士，重赏购求之。张耳、陈馀乃变名姓，俱之陈。陈涉既入陈，张耳、陈馀诣门上谒。陈涉素闻其贤，大喜。陈中豪桀父老请立涉为楚王，涉以问张耳、陈馀。耳、馀对曰："秦为无道，灭人社稷，暴虐百姓。将军出万死之计，为天下除残也。今始至陈而王之，示天下私。愿将军毋王，急引兵而西；遣人立六国后，自为树党，为秦益敌。敌多则力分，与众则兵强。如此，野无交兵，县无守城，诛暴秦，据咸阳，以令诸侯。诸侯亡而得立，以德服之，如此则帝业成矣！今独王陈，恐天下懈也。"陈涉不听，遂自立为王，号"张楚"。

当是时，诸郡县苦秦法，争杀长吏以应涉。谒者使从东方来，以反者闻。二世怒，下之吏。后使者至，上问之，对曰："群盗鼠窃狗偷，郡守、尉方逐捕，今尽得，不足忧也。"上悦。

名！王侯将相，难道都是命中注定，都是有种的吗?"大家都听从了他们。于是，陈胜、吴广诈称公子扶苏和楚国的项燕是他们的首领，设立祭坛，全体盟誓，号称大楚。陈胜自立为将军，吴广为都尉。他们进攻大泽乡，把大泽乡攻克了；然后收容了大泽乡的士兵，进攻蕲。把蕲攻下，就命令符离人葛婴率军夺取蕲以东的地区，他们进攻铚、酂、苦、柘、谯，都攻克了。然后，一边进军一边招收士兵，等到抵达陈的时候，已有战车六七百辆，骑兵一千多人，步兵数万人。他们进攻陈，攻入并占据了陈。

　　当初，大梁人张耳、陈馀，彼此是生死之交。秦国灭亡魏国时，秦国人听说他们二人是魏国的名士，曾悬重赏来征求他们。张耳、陈馀就变换姓名，一同来到陈。陈涉进入陈以后，张耳、陈馀上门拜见陈涉。陈涉一向听说他们二人贤能，非常高兴。当时，陈的英雄豪杰、父老乡亲都请求立陈涉为楚王，陈涉就征询张耳、陈馀对此事的意见。张耳、陈馀回答说："秦皇朝昏乱无道，灭亡他人国家，残暴地虐待各地百姓。将军您所以抱着万死不辞的决心，起兵反秦，目的是为天下除害。如今您刚刚到达陈，就当王，这是向天下之人显示您的私心。希望将军不要称王，急速率军西进；派人扶立六国的后裔，这样做，一方面为自己培植了同党，一方面增加了秦皇朝的敌人。敌人众多就使秦朝力量分散，同一战线的人多了就使我们兵力强大。这样一来，无须在郊野交战，各郡县也无人愿为秦皇朝守城，将军您可以很快地诛灭残暴的秦皇朝，占据咸阳，号令各国。各国灭亡后又得以重新建立，将军您再用德政使他们臣服，那么统一天下的皇帝大业就成功了！现在将军仅在陈当王，恐怕天下之人会离心离德，松懈了斗志。"陈涉没有听从他们的劝告，于是自立为王，号称"张楚"。

　　正当这个时候，各郡县的百姓因苦于秦皇朝法令的苛刻残酷，争相杀死郡县官吏，以响应陈涉的举事。朝廷的谒者出使东方回到咸阳，向秦二世报告了各地反叛的情况。秦二世大怒，把谒者交给司法官吏审问治罪。后来的使者回来，秦二世询问他情况，使者回答说："只是一些偷鸡摸狗的盗贼，郡守、郡尉正在追捕，现在已全部捕获了，不值得担忧。"秦二世听了十分高兴。

陈王以吴叔为假王，监诸将以西击荥阳。

张耳、陈馀复说陈王，请奇兵北略赵地。于是陈王以故所善陈人武臣为将军，邵骚为护军，以张耳、陈馀为左、右校尉，予卒三千人，徇赵。

陈王又令汝阴人邓宗徇九江郡。当此时，楚兵数千人为聚者不可胜数。

葛婴至东城，立襄彊为楚王。闻陈王已立，因杀襄彊还报。陈王诛杀葛婴。

陈王令魏人周市北徇魏地。以上蔡人房君蔡赐为上柱国。陈王闻周文，陈之贤人也，习兵，乃与之将军印，使西击秦。

武臣等从白马渡河，至诸县，说其豪桀，豪桀皆应之。乃行收兵，得数万人，号武臣为武信君。下赵十馀城，馀皆城守，乃引兵东北击范阳。范阳蒯彻说武信君曰："足下必将战胜而后略地，攻得然后下城，臣窃以为过矣。诚听臣之计，可不攻而降城，不战而略地，传檄而千里定，可乎？"武信君曰："何谓也？"彻曰："范阳令徐公，畏死而贪，欲先天下降。君若以为秦所置吏，诛杀如前十城，则边地之城皆为金城、汤池，不可攻也。君若赍臣侯印以授范阳令，使乘朱轮华毂，驱驰燕、赵之郊，即燕、赵城可毋战而降矣。"武信君曰："善。"以车百乘、骑二百、侯印迎徐公。燕、赵闻之，不战以城下者三十馀城。

陈王陈涉封吴广为代理王,监督各路将领,向西进军,攻击荥阳。

张耳、陈馀再次向陈王建议,请出奇兵,向北夺取原赵国的土地。于是,陈王任命老友陈人武臣为将军,任邵骚为护军,让张耳、陈馀分别任左、右校尉,给他们三千士兵,向北攻取赵国故地。

陈王又命令汝阴人邓宗夺取九江郡。在这个时候,张楚的军队,以数千人聚成一支部队的,不可胜数。

葛婴到达东城,把襄疆立为楚王。后来他得知陈涉已自立为王,因此杀掉襄疆,返回向陈王报告。但陈王还是诛杀了葛婴。

陈王命令原魏国人周市向北夺取魏国故地。任上蔡人、封号为房君的蔡赐为上柱国。陈王听说周文是陈的贤才,熟悉军事,就授给他将军的印信,派他向西进攻秦皇朝。

武臣等人从白马津渡过黄河,抵达北方各县,他们游说当地的豪杰,豪杰们都响应了他们。于是一边进军,一边招收人马,招得了数万人,武臣号称为武信君。他们攻克了原赵国境内的十多座城池,但其他的城池仍然坚守。于是,武臣率军向东北进发,攻击范阳。范阳人蒯彻向武信君武臣建议说:"足下您一定要战胜后才夺取土地,进攻成功后才占领城池,我私下认为您这种做法是失策的。如果您能采纳我的计策,可以不进攻就使城池投降,不交战就夺得土地,传布一篇檄文就平定了千里,您觉得可以吗?"武信君说:"您的计策是怎么样的?"蒯彻说:"范阳县令徐公既怕死又贪婪,他打算比各地更先投降。您如果认为他是秦皇朝任命的官吏,而像杀死以前十座城池的秦朝官员一样,把他杀了,那么边境地区的各座城池都会拼死坚守,好像金城汤池一样,难以攻克。您如果让我把一颗侯爵印信授给范阳县令,让他乘坐红轮的豪华马车,驰驱于燕国、赵国故城的郊外,那么燕、赵两国的故城都可不经攻战就投降了。"武信君说:"好。"就用车一百辆、骑兵二百人及侯印去迎接徐公。燕国、赵国地区听说这一消息后,不战而降的城池有三十多座。

陈王既遣周章，以秦政之乱，有轻秦之意，不复设备。博士孔鲋谏曰："臣闻兵法：'不恃敌之不我攻，恃吾不可攻。'今王恃敌而不自恃，若跌而不振，悔之无及也。"陈王曰："寡人之军，先生无累焉。"

周文行收兵至关，车千乘，卒数十万，至戏，军焉。二世乃大惊，与群臣谋曰："奈何？"少府章邯曰："盗已至，众强，今发近县，不及矣。骊山徒多，请赦之，授兵以击之。"二世乃大赦天下，使章邯免骊山徒、人奴产子，悉发以击楚军，大败之。周文走。

张耳、陈馀至邯郸，闻周章却，又闻诸将为陈王徇地还者多以谗毁得罪诛，乃说武信君令自王。八月，武信君自立为赵王，以陈馀为大将军，张耳为右丞相，邵骚为左丞相；使人报陈王。陈王大怒，欲尽族武信君等家而发兵击赵。柱国房君谏曰："秦未亡而诛武信君等家，此生一秦也。不如因而贺之，使急引兵西击秦。"陈王然之，从其计，徙系武信君等家宫中，封张耳子敖为成都君，使使者贺赵，令趣发兵西入关。张耳、陈馀说赵王曰："王王赵，非楚意，特以计贺王。楚已灭秦，必加兵于赵。愿王毋西兵，北徇燕、代，南收河内以自广。赵南据大河，北有燕、代，楚虽胜

陈王既已派遣周文向西进攻，便因为秦皇朝政治的昏乱而产生轻视秦皇朝的想法，不再设置防备。博士孔鲋劝谏说："我听说兵法有这样的说法：'不倚仗敌人不来进攻我们，而倚仗我们坚不可攻。'现在大王却倚仗敌人不来进攻，而不倚仗自己的力量，如果遭遇挫折而不振，后悔也来不及了。"陈王说："我的军队，先生不必操心。"

周文一边进军一边招收人马，到达函谷关时，已有战车千辆，士兵数十万，他率军进抵戏驻扎。秦二世这才大惊失色，他与大臣们商量，说："怎么办？"少府章邯说："盗寇已经来了，人数众多，力量强大，如果征调附近郡县的兵力，已经来不及了。骊山有很多服苦役的囚徒，请赦免他们，发给他们武器，让他们前去迎战。"秦二世就下令大赦天下，派章邯赦免骊山的囚徒和家生奴，全部征发当兵，去迎击张楚军队，大败了张楚军。周文率军撤退。

张耳、陈馀到达邯郸，得知了周文撤退的消息，又听说为陈王夺取土地的诸位将领，回去后大多因为遭受谗言毁谤而被办罪处死，就建议武信君自立为王。八月，武信君自立为赵王，任用陈馀为大将军，任用张耳为右丞相，任用邵骚为左丞相；派人报告了陈王。陈王大怒，想把武信君等人的家族全部诛灭，并发兵进攻赵王武臣。柱国房君劝谏说："秦皇朝还未灭亡就诛灭武信君等人的家族，这等于又生出了一个秦皇朝。不如顺水推舟地祝贺他，派他急速率军西进攻击秦皇朝。"陈王同意了他的看法，采纳了他的计策，把武信君等人的家族迁入宫中软禁起来，封张耳的儿子张敖为成都君，派使者祝贺赵王武臣，要他急速发兵向西进入函谷关。张耳、陈馀建议赵王说："大王当赵王，并不合陈王的心意，陈王不过是按计行事，才派人前来祝贺大王。张楚灭掉秦皇朝后，一定会发兵进攻我们赵国。希望大王不要向西进军，而是应该向北夺取原燕、代两国的土地，向南收回河内地区，以此来扩大自己的地盘。到那时，我们赵国南面可凭借黄河天险，北面有原燕国、代国的广大土地，张楚即使战胜了

秦，必不敢制赵。不胜秦，必重赵。赵乘秦、楚之敝，可以得志于天下。"赵王以为然，因不西兵，而使韩广略燕，李良略常山，张黡略上党。

九月，沛人刘邦起兵于沛，下相人项梁起兵于吴，狄人田儋起兵于齐。

刘邦字季，初为泗上亭长，为县送徒骊山，徒多道亡。自度比至皆亡之，到丰西泽中亭，止饮，夜，乃解纵所送徒曰："公等皆去，吾亦从此逝矣！"徒中壮士愿从者十馀人。刘季亡匿于芒、砀山泽岩石之间，数有奇怪。沛中子弟闻之，多欲附者。及陈涉起，沛令欲以沛应之，掾、主吏萧何、曹参曰："君为秦吏，今欲背之，率沛子弟，恐不听。愿君召诸亡在外者，可得数百人，因劫众，众不敢不听。"乃令樊哙召刘季。刘季之众已数十百人矣。沛令后悔，恐其有变，乃闭城城守，欲诛萧、曹。萧、曹恐，逾城保刘季。刘季乃书帛射城上，遗沛父老，为陈利害。父老乃率子弟共杀沛令，开门迎刘季，立以为沛公。萧、曹等为收沛子弟，得二三千人，以应诸侯。

项梁者，楚将项燕子也。尝杀人，与兄子籍避仇吴中。吴中贤士大夫皆出其下。会稽守殷通闻陈涉起，欲发兵以应涉，使项梁及桓楚将。是时，桓楚亡在泽中。梁曰："桓

秦皇朝，也一定不敢来制裁赵国。如果不能战胜秦皇朝，一定会重视赵国。我们赵国如果能很好利用秦皇朝和张楚衰惫的时机，就可以实现称王于天下的心愿。"赵王认为他们说得很对，因此不向西进军，而派韩广夺取燕国故地，派李良夺取常山，派张黡夺取上党。

九月，沛县人刘邦在沛县起兵，下相人项梁在吴县起兵，狄人田儋在原齐国的地方起兵。

刘邦，字季，原先为泗上亭长，为沛县押送一批役徒去骊山，途中，很多役徒逃走了。刘邦自己估计了一下，等到抵达骊山，役徒会全部逃光。他们走到丰县西面泽中亭，留宿在那里，喝了酒。夜晚，刘邦把捆绑役徒的绳子解开，放他们逃走，说："你们都逃走吧，我也从此离去了！"役徒中年轻力壮的愿意跟从刘邦的有十几个人。刘邦逃亡并躲藏在芒、砀一带的深山大泽中，这山泽间于是常常出现怪异现象。沛县的年轻人听到这一消息，很多人想去投奔他。等到陈涉起兵，沛县县令想在沛县起兵响应陈涉，沛县主吏萧何、狱掾曹参说："您是秦皇朝的官吏，现在想背叛朝廷，率领沛县的年轻人起事，恐怕大家不会听从您。希望您召回那些逃亡在外的人，可召得数百人，再利用这些人胁迫大众，大众就不敢不听从了。"县令就让樊哙去召回刘邦。这时刘邦手下已有近百人。沛县县令后悔了，他怕刘邦人多而发生事变，于是关闭了城门，严加防守，并想杀掉萧何和曹参。萧何、曹参十分恐惧，就翻过城墙，投奔刘邦，以求保全自己。刘邦就用帛写了一封信，射到城上，送给沛县的父老，向他们陈述利害关系。父老们就率领子弟，共同杀了沛县县令，打开城门，迎接刘邦，他们拥立刘邦为沛公。萧何、曹参等人为刘邦招收沛县的子弟，共招得二三千人，于是起事响应各路诸侯。

项梁是原楚国将军项燕的儿子。曾因杀了人，与他哥哥的儿子项籍在吴县一带躲避仇人。吴县以贤能著称的士大夫都比不上项梁。会稽郡守殷通得知陈涉起兵，想发动军队响应陈涉，让项梁和桓楚担任将领。当时，桓楚逃亡在沼泽中。项梁说："桓

楚亡,人莫知其处,独籍知之耳。"梁乃出诚籍,持剑居外,梁复入,与守坐,曰:"请召籍,使受命召桓楚。"守曰:"诺。"梁召籍入。须臾,梁眴籍曰:"可行矣!"于是籍遂拔剑斩守头。项梁持守头,佩其印绶。门下大惊,扰乱;籍所击杀数十百人,一府中皆慑伏,莫敢起。梁乃召故所知豪吏,谕以所为起大事,遂举吴中兵,使人收下县,得精兵八千人。梁为会稽守,籍为裨将,徇下县。籍是时年二十四。

田儋者,故齐王族也。儋从弟荣,荣弟横,皆豪健,宗强,能得人。周市徇地至狄,狄城守。田儋佯为缚其奴,从少年之廷,欲谒杀奴,见狄令,因击杀令,而召豪吏子弟曰:"诸侯皆反秦自立。齐,古之建国也;儋,田氏,当王!"遂自立为齐王,发兵以击周市。周市军还去。田儋率兵东略定齐地。

韩广将兵北徇燕,燕地豪桀欲共立广为燕王。韩广乃自立为燕王。

周市自狄还,至魏地,欲立故魏公子宁陵君咎为王。咎在陈,不得之魏。魏地已定,诸侯皆欲立周市为魏王。市曰:"天下昏乱,忠臣乃见。今天下共畔秦,其义必立魏王后乃可。"诸侯固请立市,市终辞不受;迎魏咎于陈,五反,陈王乃遣之。立咎为魏王,市为魏相。

楚逃亡，别人都不知道他藏身的地方，只有项籍知道那个地方。"项梁就出来吩咐项籍，要他拿着剑等候在门外，项梁再次进去，与郡守坐在一起，说："请召项籍进来。让他接受命令，召回桓楚。"郡守说："好吧。"项梁召项籍进来，过了一会儿，项梁对项籍使了一个眼色，说："可以行动了！"于是项籍拔剑斩下了郡守的头。项梁提着郡守的人头，佩着郡守的印绶。郡守的手下人大惊失色，乱作一团；项籍斩杀了他们近百人，郡守府中的所有人员都被项籍的勇力所慑服，伏在地上，不敢起身。于是项梁召集他过去比较熟悉的有才干的官吏，告诉他们，这样做是为了要起兵反秦。随后，项梁发动了吴县的军队，又派人去招收会稽郡属下各县的壮丁，得到精兵八千人。项梁任会稽郡守，项籍任副将，率军夺取会稽郡管辖下的各县。项籍当时二十四岁。

田儋是前齐王的族人。田儋的堂弟田荣，田荣的弟弟田横，都是英雄豪杰，并因宗族强盛，很能得人心。周市夺取土地，到达狄城，狄城闭城坚守。田儋假意捆绑了自己家中的奴隶，纠合了一帮年轻人，一同前往县廷，说是想求见县令，请求官府准许他诛杀奴隶。见到狄城县令时，他乘机击杀了县令，并召集有才干的官吏的子弟说："各路诸侯都反抗秦朝，自我立国。齐国是古时候的封建之国；我田儋，是齐王田氏的族人，理应当王！"于是自立为齐王，发动军队攻击周市。周市撤军离去。田儋率军向东夺取和平定了齐国的故地。

韩广率军向北夺取燕国故地，燕国故地的豪杰想共同拥立韩广为燕王。韩广就自立为燕王。

周市从狄城返回，到达魏国故地，他想立原先的魏国公子宁陵君魏咎为王。魏咎正在陈，无法前往魏国故地。魏国故地平定以后，诸侯都想立周市为魏王。周市说："天下昏乱，忠臣出现。如今各地共同反叛秦皇朝，从道义上说，必须立魏王的后裔才行。"诸侯坚持请周市当王，周市最终还是坚决推辞，不肯接受；他派人到陈去迎接魏咎，五次往返，陈王才放魏咎走。魏咎被立为魏王，周市任魏相。

二年冬十月，泗川监平将兵围沛公于丰，沛公出与战，破之，令雍齿守丰。十一月，沛公引兵之薛。泗川守壮兵败于薛，走至戚，沛公左司马得杀之。

周章出关，止屯曹阳，二月余，章邯追败之。复走渑池，十余日，章邯击，大破之。周文自刭，军遂不战。

吴叔围荥阳；李由为三川守，守荥阳，叔弗能下。楚将军田臧等相与谋曰：“周章军已破矣，秦兵旦暮至。我围荥阳，城弗能下，秦兵至，必大败，不如少遗兵守荥阳，悉精兵迎秦军。今假王骄，不知兵权，不足与计事，恐败。”因相与矫王令以诛吴叔，献其首于陈王。陈王使使赐田臧楚令尹印，以为上将。田臧乃使诸将李归等守荥阳，自以精兵西迎秦军于敖仓，与战；田臧死，军破。章邯进兵击李归等荥阳下，破之，李归等死。阳城人邓说将兵居郏，章邯别将击破之。铚人伍逢将兵居许，章邯击破之。两军皆散，走陈，陈王诛邓说。

二世数诮让李斯：“居三公位，如何令盗如此！”李斯恐惧，重爵禄，不知所出，乃阿二世意，以书对曰：“夫贤主者，必能行督责之术者也。故申子曰：‘有天下而不恣睢，命之曰“以天下为桎梏”者，无他焉，不能督责，而顾以其身劳于天下之民，若尧、禹然，故谓之“桎梏”也。’夫不能修申、韩之明术，行督责之道，专以天下自适也；而徒务苦形劳神，

二年(前208)冬季十月,泗川郡名叫平的郡监率军把沛公刘邦包围在丰,沛公出兵与秦军交战,打败了平的军队,他命令雍齿留守丰。十一月,沛公率军前往薛。泗川郡守壮的军队在薛被沛公打败,他逃到戚,沛公军中的左司马捉到了壮,把他杀了。

周文退出函谷关,停军驻屯在曹阳,过了两个多月,章邯率秦军追来,打败了周文。周文又退到渑池,十几天后,章邯大举进攻,大败周文。周文自刎而死,他的军队也瓦解了。

吴广围攻荥阳;当时李由任三川郡守,坚守荥阳,吴广不能攻克。楚将田臧等人互相密谋说:"周章的军队已被打败,秦军很快就会到达。我们围攻荥阳,不能攻破,一旦秦军到达,我们一定会被打得大败。不如留下少数军队攻荥阳,率领全部精兵迎战秦军。如今代理王吴广骄矜,不懂得指挥作战,不能与他计谋大事,恐怕事情会弄糟。"因而一起假传陈王的命令,杀了吴广,并将吴广的头献给陈王。陈王派使者赐给田臧张楚令尹印信,任命他为上将。于是,田臧派李归等将领攻荥阳,自己率领精锐部队西进,在敖仓迎战秦军;交战中,田臧阵亡,他的军队也被打败。章邯进军,在荥阳城下攻击李归等人,打败了张楚军队,李归等人战死。阳城人邓说率军占据郯,章邯派遣别将,率领一部分军队,将邓说打败。铚人伍逢率军占据许,章邯率军将他打败。邓说、伍逢两支军队都溃散奔回陈,陈王诛杀了邓说。

秦二世责备了李斯好几次,说:"你高居三公职位,怎么能让盗寇猖獗到这种地步!"李斯十分恐惧,但又贪恋高官厚禄,所以不知该怎么办才好,于是他逢迎秦二世的心意,上书应答说:"贤明的君主,一定是那种能够实行督察责罚措施的君主。所以申不害说:'占有天下而不随心所欲,这就被称为"用天下来作为手铐脚镣",这样说没有其他的意思,只是指,作为君主不能督察责罚他的臣下,反而用自己的身心为天下的百姓操劳,就像尧、禹一样,所以称为"手铐脚镣"。'不能学习研究申不害、韩非的高明方法,实行督察责罚的政治措施,一心一意地用天下来使自己快乐舒适;却只是努力地折磨自己的身体,劳损自己的精神,

以身徇百姓，则是黔首之役，非畜天下者也，何足贵哉！故明主能行督责之术以独断于上，则权不在臣下，然后能灭仁义之涂，绝谏说之辩，荦然行恣睢之心而莫之敢逆。如此，群臣、百姓救过不给，何变之敢图！"二世说，于是行督责益严，税民深者为明吏，杀人众者为忠臣，刑者相半于道，而死人日成积于市；秦民益骇惧思乱。

赵李良已定常山，还报赵王。赵王复使良略太原。至石邑，秦兵塞井陉，未能前。秦将诈为二世书以招良。良得书未信，还之邯郸，益请兵。未至，道逢赵王姊出饮，从百馀骑，良望见，以为王，伏谒道旁。王姊醉，不知其将，使骑谢李良。李良素贵，起，惭其从官。从官有一人曰："天下畔秦，能者先立。且赵王素出将军下，今女儿乃不为将军下车，请追杀之！"李良已得秦书，固欲反赵，未决；因此怒，遣人追杀王姊，因将其兵袭邯郸。邯郸不知，竟杀赵王、邵骚。赵人多为张耳、陈馀耳目者，以故二人独得脱。

陈人秦嘉、符离人朱鸡石等起兵，围东海守于郯。

二世益遣长史司马欣、董翳佐章邯击盗。章邯已破伍逢，击陈柱国房君，杀之；又进击陈西张贺军。陈王出监战。张贺死。腊月，陈王之汝阴，还，至下城父，其御庄贾杀陈王以降。

为了百姓牺牲自身,那么,这是平民所服的劳役,而不是掌管天下的人的做法,这有什么值得看重和追求的呢? 所以贤明的君主能采用督察责罚的手段,在上独断专行,权力不下放到臣下手中,然后就能断绝所谓的仁义道德道路,堵塞规劝进谏的言论,卓荦超绝地随心所欲,没有人敢违背。这样一来,群臣、百姓补救自己的过失还来不及,怎么敢计谋事变呢?"秦二世很高兴,于是更加严厉地推行督察责罚的政策,征收人民赋税重的是好官,杀人多的是忠臣,道路上一半人是受刑的罪犯,街市上每天都堆积着死尸;秦朝民众更加惊骇恐怖,盼望天下大乱。

赵国李良平定常山以后,返回报告赵王武臣。赵王又派李良去夺取太原。李良率军到达石邑,秦军在井陉布防阻截,李良不能前进。秦军将领伪造了秦二世的书信,以此招降李良。李良接到这封信后没有相信,返回邯郸,请求增加军队。还未到达邯郸时,李良在路上遇见赵王的姐姐外出宴饮归来,随从的有一百多名骑兵。李良远远看见,以为是赵王,就在路旁伏地拜谒。赵王姐姐已喝醉了,不知道对方是赵王的将领,就派了一名骑兵向李良致意。李良在将领中的地位向来很尊贵,他起身后,面对他身旁的侍从军官们,觉得很羞惭。侍从军官中有一个人说:"天下反叛秦朝,有才能的人首先当王。而且赵王的才能地位向来不如将军,如今他家的妇女竟然不为将军下车,请让我们追上她,把她杀了!"李良已收到秦二世的信,原来就想反叛赵国,只是还未决定;因此借着此时的愤怒,派人追杀了赵王的姐姐,并乘势率领自己的军队突袭邯郸。邯郸城中不知道这件事情,未做防备,李良终于杀了赵王武臣和邵骚。赵国中有很多人充当张耳、陈馀的耳目,为他们通风报信,因此仅他们二人得以逃脱。

陈人秦嘉、符离人朱鸡石等人起兵,将东海郡守包围在郯。

秦二世增派长史司马欣、董翳助章邯攻击盗寇。章邯打败伍逢后,又攻击陈的柱国房君,杀了他;又进军攻击陈西面张贺的军队。陈王亲自出马督战。张贺战死。十二月,陈王前往汝阴,又返回,到达下城父,为他驾车的庄贾将他杀了,向秦军投降。

　　赵张耳、陈馀收其散兵，得数万人，击李良；良败走，归章邯。客有说耳、馀曰："两君羁旅，而欲附赵，难可独立。立赵后，辅以谊，可就功。"乃求得赵歇。春正月，耳、馀立歇为赵王，居信都。

　　东阳宁君、秦嘉闻陈王军败，乃立景驹为楚王。
　　黥布者，六人也，姓英氏，坐法黥，以刑徒论输骊山。骊山之徒数十万人，布皆与其徒长豪桀交通，乃率其曹耦亡之江中为群盗。番阳令吴芮，甚得江湖间心，号曰番君。布往见之，其众已数千人。番君乃以女妻之，使将其兵击秦。

　　楚王景驹在留，沛公往从之。张良亦聚少年百馀人，欲往从景驹，道遇沛公，遂属焉；沛公拜良为厩将。良数以太公兵法说沛公；沛公善之，常用其策。良为他人言，皆不省。良曰："沛公殆天授！"故遂从不去。

　　沛公与良俱见景驹，欲请兵以攻丰。时章邯司马𡰥将兵北定楚地，屠相，至砀。东阳宁君、沛公引兵西，与战萧西，不利，还，收兵聚留。二月，攻砀，三日，拔之；收砀兵得六千人，与故合九千人。三月，攻下邑，拔之；还击丰，不下。

　　广陵人召平为陈王徇广陵，未下。闻陈王败走，章邯且至，乃渡江，矫陈王令，拜项梁为楚上柱国，曰："江东已定，急引兵西击秦。"梁乃以八千人渡江而西。闻陈婴已下

赵国的张耳、陈馀收罗赵国被打散的士兵，集合起数万人，进攻李良；李良战败逃走，归附了章邯。宾客中有人向张耳、陈馀建议说："两位都是流落在外乡的人，而打算依附赵国，怕难以独自建功立业。不如立故赵国国王的后裔为王，用仁义来辅助他，这样就可以成功了。"于是，张耳、陈馀寻求得到赵歇。春季正月，张耳、陈馀拥立赵歇为赵王，定国都于信都。

东阳人宁君、秦嘉听说陈王的军队失败，就拥立景驹为楚王。

黥布是六邑人，姓英氏，因犯法被处黥刑，脸上刺字，并判罚服苦役，送往骊山。在骊山服苦役的囚犯有数十万人，英布与他们的头目及豪杰人士都有交往，于是就带领这一帮伙伴逃亡到长江一带，成为盗寇。番阳县令吴芮很受当地人民的爱戴，号称番君。英布前去见吴芮，当时他们已聚集了数千人。番君吴芮就将自己的女儿嫁给英布为妻，派英布率军进攻秦皇朝。

楚王景驹在留，沛公前去投靠他。张良也聚集了一百多个年轻人，想前去投靠景驹，他在路上遇见了沛公，就归属了沛公；沛公任命张良为厩将。张良多次向沛公述说太公兵法；沛公待他十分友善，经常采用他的计策。张良曾向其他人陈述谋略，但那些人都不能理解。张良说："沛公的雄才大略近乎是上天授予的！"所以，他就追随沛公，不再离去。

沛公与张良一同去见景驹，想请求他支援兵力，用来进攻丰。当时章邯军中一个名叫尸的司马率军向北平定张楚地区，在相大肆屠杀，然后抵达砀。东阳宁君、沛公率军西进与秦军在萧西面交战，东阳宁君、沛公失利，率军撤回，收罗士兵，聚屯于留。二月，进攻砀，三天攻克了砀；招收砀的士兵，得到六千人，与原先的军队合起来，共有九千人。三月，进攻下邑，将它攻克；还军进攻丰，未攻克。

广陵人召平为陈王夺取广陵，未攻克。得知陈王战败撤退，而且章邯又将到达，召平就渡过长江，伪托陈王的命令，任项梁为张楚上柱国，对项梁说："江东已定，急速率军西进攻击秦皇朝。"项梁就率八千人渡过长江，向西进军。他听说陈婴已攻下

东阳,使使欲与连和俱西。陈婴者,故东阳令史,居县中,素信谨,称为长者。东阳少年杀其令,相聚得二万人,欲立婴为王。婴母谓婴曰:"自我为汝家妇,未尝闻汝先世之有贵者。今暴得大名,不祥,不如有所属。事成,犹得封侯;事败,易以亡,非世所指名也。"婴乃不敢为王,谓其军吏曰:"项氏世世将家,有名于楚;今欲举大事,将非其人不可。我倚名族,亡秦必矣!"其众从之,乃以其兵属梁。

英布既破秦军,引兵而东。闻项梁西渡淮,布与蒲将军皆以其兵属焉。项梁众凡六七万人,军下邳。景驹、秦嘉军彭城东,欲以距梁。梁谓军吏曰:"陈王先首事,战不利,未闻所在。今秦嘉倍陈王而立景驹,逆无道!"乃进兵击秦嘉,秦嘉军败走。追之,至胡陵,嘉还战。一日,嘉死,军降。景驹走死梁地。梁已并秦嘉军,军胡陵,将引军而西。章邯军至栗,项梁使别将朱鸡石、馀樊君与战。馀樊君死;朱鸡石军败,亡走胡陵。梁乃引兵入薛,诛朱鸡石。沛公从骑百馀往见梁,梁与沛公卒五千人,五大夫将十人。沛公还,引兵攻丰,拔之。雍齿奔魏。项梁使项羽别攻襄城,襄城坚守不下。已拔,皆坑之,还报。梁闻陈王定死,召诸别将会薛计事,沛公亦往焉。

居鄛人范增,年七十,素居家,好奇计,往说项梁曰:"陈胜败,固当。夫秦灭六国,楚最无罪。自怀王入秦不

东阳，就派使者前去联络，想与陈婴联合，一同向西进军。陈婴是原先的东阳令史，住在县里，一向谨慎守信，被人们称为长者。东阳的年轻人杀了东阳县令，聚集起二万人，想拥立陈婴为王。陈婴的母亲对陈婴说："自从我嫁到你们陈家，不曾听说过你们祖先中有显贵的人。现在你突然获得大名声，这不是吉祥的征兆，不如隶属于某个人。事情成功了，还能够封侯；事情失败了，也容易逃亡躲藏，因为不是被世人指名道姓的人。"于是陈婴不敢当王，他对他的军吏们说："项家世代当将军，在楚国享有盛名；如今想兴举大事，将领非项家的人不可。我们倚仗大家族的声望，一定能灭掉秦朝！"众人都听从了陈婴的话，就以他们的军队隶属于项梁。

英布打败秦军后，率军向东进发。得知项梁向西进军，已渡过淮河的消息后，英布与蒲将军都把他们的军队隶属于项梁。这时项梁的军队共有六七万人，他们驻扎在下邳。景驹、秦嘉率军驻扎在彭城东面，想抗击项梁。项梁对军吏们说："陈王首先起事，作战失利，下落不明。现在秦嘉背叛陈王，立景驹为王，大逆不道！"于是进兵攻击秦嘉，秦嘉的军队战败撤退。项梁率军追击，追到胡陵，秦嘉回军反攻。大战一天，秦嘉战死，军队投降。景驹逃走，死在原先的魏国地区。项梁兼并了秦嘉的军队后，驻扎在胡陵，打算率军西进。章邯的军队抵达栗，项梁派部将朱鸡石、馀樊君与秦军交战。馀樊君战死；朱鸡石战败，逃奔胡陵。项梁率军进驻薛，诛杀了朱鸡石。沛公带着一百多名骑兵前去见项梁，项梁拨给沛公五千个士兵，十名五大夫将。沛公返回，率军进攻丰，把它攻克了。雍齿逃奔魏咎的魏国。项梁派项羽另攻襄城，襄城坚守，难以攻破。襄城最终被攻克后，项羽坑杀了全城军民，然后返军回报。项梁得知陈王确实死了，就召集部将们在薛会面，商量军事计划，沛公也前往那里。

居鄠人范增，年龄已经七十岁了，一向居住在家中，喜好奇计韬略，他前去见项梁，建议说："陈胜的败亡，原本就是当然的事情。秦国灭亡六国，楚国是最无辜的。自从楚怀王前去秦国不能

反,楚人怜之至今。故楚南公曰:'楚虽三户,亡秦必楚。'今陈胜首事,不立楚后而自立,其势不长。今君起江东,楚蜂起之将皆争附君者,以君世世楚将,为能复立楚之后也。"于是项梁然其言,乃求得楚怀王孙心于民间,为人牧羊。夏六月,立以为楚怀王,从民望也。陈婴为上柱国,封五县,与怀王都盱眙。项梁自号为武信君。

张良说项梁曰:"君已立楚后,而韩诸公子横阳君成最贤,可立为王,益树党。"项梁使良求韩成,立以为韩王。以良为司徒,与韩王将千馀人西略韩地,得数城,秦辄复取之;往来为游兵颍川。

章邯已破陈王,乃进兵击魏王于临济。魏王使周市出,请救于齐、楚;齐王儋及楚将项它皆将兵随市救魏。章邯夜衔枚击,大破齐、楚军于临济下,杀齐王及周市。魏王咎为其民约降;约定,自烧杀。其弟豹亡走楚,楚怀王予魏豹数千人,复徇魏地。齐田荣收其兄儋馀兵,东走东阿;章邯追围之。齐人闻齐王儋死,乃立故齐王建之弟假为王,田角为相,角弟间为将,以距诸侯。

秋七月,大霖雨。武信君引兵攻亢父,闻田荣之急,乃引兵击破章邯军东阿下;章邯走而西。田荣引兵东归齐。武信君独追北,使项羽、沛公别攻城阳,屠之。楚军军

返回，楚国人至今还怜悯他。所以楚国南公说：'楚国即使只剩三户人家，灭亡秦国的也一定是楚国。'如今陈胜率先起事，不立楚国国王的后裔为王，却自立为王，所以他必然不能长久。现在您在江东起事，原楚国的将领蜂拥而起，都争相归附您，其原因就是认为您的祖上世代为楚国将军，有能力再次拥立楚王的后裔当王。"于是，项梁采纳了他的建议，在民间寻访到楚怀王的孙子芈心，当时芈心正在为人牧羊。夏季六月，项梁拥立芈心为楚怀王，以此来顺应人民的愿望。陈婴被任命为上柱国，受封地五县，他随同楚怀王，定都于盱眙。项梁自称为武信君。

张良向项梁建议说："您已拥立楚王的后裔为王，而原韩国的诸位公子中以横阳君韩成最贤能，可立他为王，从而为自己更多地培植同党。"项梁派张良找到韩成，立他为韩王。又任命张良为司徒，与韩王一起率领一千多人向西夺取原韩国的土地，夺得数座城池，但秦军又一座座再夺回；于是韩王的军队在颍川一带来来往往，与秦军展开了游击战。

章邯打败陈王以后，就进军临济攻击魏王魏咎。魏王派周市出城，向齐国、楚国请求救援；齐王田儋和楚国将领项它都率军随周市前去救援魏国。章邯命令将士乘夜晚口中衔枚，不得出声，悄悄地发动攻击，在临济城下大败齐军和楚军，杀了齐王田儋和周市。魏王魏咎替临济人民向秦军求降；投降的协约议定后，魏咎自焚而死。魏咎的弟弟魏豹逃奔到楚国，楚怀王拨给魏豹数千人，让他再去夺取魏国的土地。齐国的田荣收罗他哥哥田儋馀下的军队，向东退守东阿；章邯率军追来，包围了东阿。齐国人听说齐王田儋死了，就立原齐国国王田建的弟弟田假为王，任命田角为国相，任命田角的弟弟田间为将军，以抗击各路诸侯。

秋季七月，大雨连绵不止。武信君项梁率军进攻亢父，他得知田荣危急，就率军在东阿城下打败了章邯的军队；章邯向西撤退。田荣率军向东返回齐国。武信君独自率军追击败逃的秦军，派项羽、沛公从另一路进攻城阳，屠杀了全城。楚军进驻

濮阳东,复与章邯战,又破之。章邯复振,守濮阳,环水。沛公、项羽去,攻定陶。

八月,田荣击逐齐王假,假亡走楚,田角亡走赵。田间前救赵,因留不敢归。田荣乃立儋子市为齐王,荣相之,田横为将,平齐地。章邯兵益盛,项梁数使使告齐、赵发兵共击章邯。田荣曰:"楚杀田假,赵杀角、间,乃出兵。"楚、赵不许,田荣怒,终不肯出兵。

郎中令赵高恃恩专恣,以私怨诛杀人众多;恐大臣入朝奏事言之,乃说二世曰:"天子之所以贵者,但以闻声,群臣莫得见其面故也。且陛下富于春秋,未必尽通诸事;今坐朝廷,谴举有不当者,则见短于大臣,非所以示神明于天下也。陛下不如深拱禁中,与臣及侍中习法者待事,事来有以揆之。如此,则大臣不敢奏疑事,天下称圣主矣。"二世用其计,乃不坐朝廷见大臣,常居禁中;赵高侍中用事,事皆决于赵高。

高闻李斯以为言,乃见丞相曰:"关东群盗多,今上急益发繇,治阿房宫,聚狗、马无用之物。臣欲谏,为位贱;此真君侯之事,君何不谏?"李斯曰:"固也,吾欲言之久矣。今时上不坐朝廷,常居深宫。吾所言者,不可传也;欲

濮阳东面，再次与章邯交战，又打败了秦军。章邯重整旗鼓，振作军队，坚守濮阳，决河水围绕护卫濮阳城。沛公、项羽率军离去，进攻定陶。

八月，田荣追击齐王田假，田假逃奔楚国，田角逃奔赵国。此前，田间率军去救援赵国，得知田假出逃的消息后，就留在赵国，不敢返回齐国。于是田荣立田儋的儿子田市为齐王，田荣自己任国相，田横任将军，平定了齐国的领土。章邯的军队更加强盛，项梁多次派使者去要求齐国、赵国出兵，共同抗击章邯。田荣说："楚国杀了田假，赵国杀了田角、田间，我们才出兵。"楚国、赵国不同意，田荣大怒，最终还是不肯出兵。

郎中令赵高倚仗秦二世对他的恩宠，专权横行，为了私人的怨恨诛杀了很多人；他怕大臣们到朝廷报告政务时谈到他的事情，就向秦二世建议说："天子之所以尊贵，是因为只能听见他的声音，群臣谁也不能见到他的面容的缘故。而且陛下您正青春年少，未必对一切事务都精通；如今坐在朝廷上，万一在谴责、褒赏时有什么不妥当的地方，那么就是在大臣们面前暴露了自己的短处，这不是向天下之人显示您圣明的好方式。陛下您不如深居宫禁之中，拱手而治，与我及熟悉法令的侍中在一起，等候各类需处理的政事报告上来，政事报告上来以后，再权衡事情的轻重缓急，酌情处理。这样一来，大臣们就不敢把那些是非难辨的事情报告上来了，而天下之人就会称颂您是圣明的君主了。"秦二世听从了赵高的建议，于是不再坐朝廷面见大臣，而是经常居住在宫禁之中；赵高常在秦二世身边侍奉办事，一切事务都由赵高来决定。

赵高听说李斯对此事有不满的言论，就去见丞相李斯说："关东地区盗寇很多，如今皇上又加紧征发更多的人服徭役，去修筑阿房宫，聚养狗、马之类无用的东西。我想劝谏，因为地位卑贱而不便说；这实在是您的职责，您为什么不去劝谏呢？"李斯说："确实是这样，我想劝谏此事已很久了。现在皇上不坐朝廷，经常居住在深宫之中。我准备讲的话，不能让他人传达；想

见，无间。"赵高曰："君诚能谏，请为君候上闲，语君。"于是赵高待二世方燕乐，妇女居前，使人告丞相："上方闲，可奏事。"丞相至宫门上谒。如此者三。二世怒曰："吾常多闲日，丞相不来。吾方燕私，丞相辄来请事！丞相岂少我哉，且固我哉？"赵高因曰："夫沙丘之谋，丞相与焉。今陛下已立为帝，而丞相贵不益，此其意亦望裂地而王矣。且陛下不问臣，臣不敢言。丞相长男李由为三川守，楚盗陈胜等皆丞相傍县之子，以故楚盗公行，过三川，城守不肯击。高闻其文书相往来，未得其审，故未敢以闻。且丞相居外，权重于陛下。"二世以为然，欲案丞相；恐其不审，乃先使人按验三川守与盗通状。

李斯闻之，因上书言赵高之短曰："高擅利擅害，与陛下无异。昔田常相齐简公，窃其恩威，下得百姓，上得群臣，卒弑简公而取齐国，此天下所明知也。今高有邪佚之志，危反之行，私家之富，若田氏之于齐矣，而又贪欲无厌，求利不止，列势次主，其欲无穷，劫陛下之威信，其志若韩玘为韩安相也。陛下不图，臣恐其必为变也。"二世曰："何哉！夫高，故宦人也；然不为安肆志，不以危易心，洁行修

面见皇上，又没有机会。"赵高说："您如果能劝谏，请让我替您寻找机会，皇上一有空闲，我就通知您。"于是赵高等到秦二世正在欢宴取乐、嫔妃宫女都站在跟前的时候，派人告诉丞相李斯说："皇上正有空闲，可以进去报告政务了。"丞相李斯就来到宫门口求见。这样的情况接连发生了好几次。秦二世恼怒地说："我经常有很多空闲的日子，丞相不来求见。每当我正在宴饮、私自寻欢时，丞相就来请示政务！难道丞相是因我年轻而轻视我吗？还是认为我闭塞浅陋而看不起我呢？"赵高乘机说："沙丘的密谋，丞相也参与了。现在陛下已继位当了皇帝，而丞相的显贵却没有增加，这使他也产生了想割地称王的念头。如果陛下您不问我，我本不敢说的。丞相的大儿子李由任三川郡守，张楚盗寇陈胜等人都是丞相家乡邻县的子弟，因此张楚盗寇公然横行，这些盗贼经过三川郡城的时候，郡守李由不肯出去攻击他们。我听说他们之间还有书信相互往来，因为未能知道得十分详细确实，所以不敢告诉陛下。而且，丞相在皇宫外面，他的权势比陛下您还大。"秦二世相信了赵高的话，想惩办丞相李斯；但又怕这些事情不确实，就先派人调查三川郡郡守李由同盗寇私下交往的情况。

李斯听说后，就上书揭赵高的短，说："赵高独揽生杀予夺的大权，与陛下您没什么不同。从前，田常当齐简公的国相，窃取了齐简公的恩威，在下面取得了百姓对他的信赖，在上面获得了大臣们对他的拥护，最终杀了齐简公，夺取了齐国的政权，这是天下之人明白知晓的事情。如今赵高有奸邪佚乱的用心，有危害国家、叛逆犯上的行为。他私人家中的富有程度，就像齐国的田常一样了，而且他的贪欲又永远不会满足，追逐利禄永远不会停止。他的地位和权势仅次于君主，而他的欲望却无穷无尽。他劫掠陛下的威信，他的用意就像当年韩玘当韩王韩安的相国一样。陛下您如果不想法对付他，我怕他一定会发动事变。"秦二世说："这是什么话？赵高本是一个宦官；但他不因为处境安定而任意妄为，也不因为处境危险而改变忠心，他廉洁行

善，自使至此。以忠得进，以信守位，朕实贤之；而君疑之，何也？且朕非属赵君，当谁任哉！且赵君为人，精廉强力，下知人情，上能适朕；君其勿疑！"二世雅爱赵高，恐李斯杀之，乃私告赵高。高曰："丞相所患者独高；高已死，丞相即欲为田常所为。"

是时，盗贼益多，而关中卒发东击盗者无已。右丞相冯去疾、左丞相李斯、将军冯劫进谏曰："关东群盗并起，秦发兵诛击，所杀亡甚众，然犹不止。盗多，皆以戍、漕、转、作事苦，赋税大也。请且止阿房宫作者，减省四边戍、转。"二世曰："凡所为贵有天下者，得肆意极欲，主重明法，下不敢为非，以制御海内矣。夫虞、夏之主，贵为天子，亲处穷苦之实以徇百姓，尚何于法！且先帝起诸侯，兼天下，天下已定，外攘四夷以安边境，作宫室以章得意；而君观先帝功业有绪。今朕即位，二年之间，群盗并起，君不能禁，又欲罢先帝之所为，是上无以报先帝，次不为朕尽忠力，何以在位！"下去疾、斯、劫吏，案责他罪。去疾、劫自杀；独李斯就狱。二世以属赵高治之，责斯与子由谋反状，皆收捕宗族、宾客。赵高治斯，榜掠千馀，不胜痛，自诬服。

善,通过自己的努力达到现在的地位。他以忠诚使自己得到升迁,又以信誉来保持自己的职位,我确信他十分贤良;但你却怀疑他,为什么？再说,我不倚靠赵高,又应当任用谁呢？而且赵高为人精明廉洁,强健干练,对下了解民情,对上能合乎我的心意;你还是不要怀疑他了!"秦二世一直宠爱信任赵高,他怕李斯把赵高杀了,就私下把李斯的话告诉了赵高。赵高说:"丞相所担心的只有我赵高;我死后,丞相就想干田常所干的事情了。"

这时,各地的盗贼更多了,秦朝廷没完没了地征发关中地区的兵员向东去进攻盗贼。右丞相冯去疾、左丞相李斯、将军冯劫向秦二世进谏说:"关东地区成群的盗寇同时出现,秦朝廷派军队征剿,斩杀了他们很多人,但盗寇还是不停出现。盗寇这么多,都是因为戍边、漕运、陆运、兴修宫殿等各类徭役太劳苦和征收赋税数额太大的缘故。请暂且停止修筑阿房宫,减少到四方边境去戍守的人,节省向四方边境运送的物品。"秦二世说:"占有天下所以可贵,其原因就是能随心所欲,为所欲为。君主执掌大权,严明法令,臣下就不敢为非作歹,这样就可以控制四海之内了。虞、夏的君主,身为尊贵的天子,却亲自过着穷苦质朴的生活,为百姓牺牲自己,这样做究竟把法令放在什么地位!再说,先帝是从诸侯王国开始兴起的,终于兼并了天下,现在天下已经安定,对外抵御四周的夷狄以安定边境,修筑宫殿以彰明建立帝业的心愿已经实现;而你们也可以借此看到先帝的丰功伟绩有条有理。如今我继承皇帝之位的两年间,盗寇并起,你们不能剿灭,又想废除先帝所做的事情,这样对上不能报答先帝,其次不为我尽忠竭力,有什么理由在现在的职位上?"于是把冯去疾、李斯、冯劫交给司法官吏,用其他罪名审问办案。冯去疾、冯劫自杀而死;只有李斯被关进监狱。秦二世把他交付给赵高审理,要赵高查明李斯与他的儿子李由阴谋造反的罪状,并将他们的家族成员和宾客全部抓起来。赵高审讯李斯,用竹板拷打了一千多下,李斯受不了这样的痛苦,就冤屈地承认了那些不实的罪行。

　　斯所以不死者,自负其辩,有功,实无反心,欲上书自陈,幸二世寤而赦之。乃从狱中上书曰:"臣为丞相治民,三十馀年矣。逮秦地之狭隘,不过千里,兵数十万。臣尽薄材,阴行谋臣,资之金玉,使游说诸侯;阴修甲兵,饬政教,官斗士,尊功臣;故终以胁韩,弱魏,破燕、赵,夷齐、楚,卒兼六国,虏其王,立秦为天子。又北逐胡、貉,南定百越,以见秦之强。更剋画平斗斛、度量、文章,布之天下,以树秦之名。此皆臣之罪也,臣当死久矣!上幸尽其能力,乃得至今。愿陛下察之!"书上,赵高使吏弃去不奏,曰:"囚安得上书!"

　　赵高使其客十馀辈诈为御史、谒者、侍中,更往覆讯斯,斯更以其实对,辄使人复搒之。后二世使人验斯,斯以为如前,终不敢更言,辞服。奏当上,二世喜曰:"微赵君,几为丞相所卖!"及二世所使案三川守由者至,则楚兵已击杀之。使者来,会丞相下吏,高皆妄为反辞以相傅会,遂具斯五刑论,腰斩咸阳市。斯出狱,与其中子俱执,顾谓其中子曰:"吾欲与若复牵黄犬,俱出上蔡东门逐狡兔,岂可得乎!"遂父子相哭而夷三族。二世乃以赵高为丞相,事无大小皆决焉。

　　项梁已破章邯于东阿,引兵西,北至定陶,再破秦军。项羽、沛公又与秦军战于雍丘,大破之,斩李由。项梁益

李斯所以不自杀，是因为他自认为善辩，而且有功劳，确实没有谋反的念头，想向秦二世上书自我表白，希望秦二世能醒悟而赦免他。于是他从狱中上书说："我任丞相治理百姓，已有三十多年了。开始时正逢秦国领土十分狭小的年代，土地方圆不超过千里，军队只有几十万。我竭尽微薄的才能，暗中派遣谋臣，给他们金银珠玉，让他们游说各国诸侯；又暗中整顿军备，整顿政治和教化，让善战的士兵当官，尊重有功之臣；所以，终于胁迫韩国，削弱魏国，打败燕国和赵国，灭掉齐国和楚国，最后兼并了六国，俘虏了他们的国王，拥立秦王当上了天子。又向北驱逐胡人、貉人，向南平定百越，以此显示秦朝的强大。改革文字，统一度量衡，并颁布于天下，以此树立秦朝的威名。这些都是我的罪行，我早就应当死了！幸蒙皇上让我尽我的才能来效劳，所以才活到现在。希望陛下明察！"李斯的上书递交上去后，赵高让狱吏把它扔了，没有奏呈，说："囚犯怎么能上书！"

　　赵高派他的门客，分作十几批，冒充御史、谒者、侍中，轮番前去审讯李斯。李斯翻供，以实情回答，赵高总是派人再严刑拷打。后来秦二世派人去验证李斯的口供，李斯以为又同以前的几次一样，终于不敢再改变自己的口供，在供词上承认了自己的罪行。根据这一罪行所作的判决书呈交上去后，秦二世高兴地说："要是没有赵高君，我几乎被丞相出卖了！"等到秦二世派去调查三川郡守李由通盗案情的人到达三川郡时，楚国军队已把李由杀死了。使者回来，正遇上丞相李斯被交给司法官吏办罪，赵高胡乱编造了一通谋反的罪状，加在李由头上，最后判决李斯须同时受五种刑罚，在咸阳街市上腰斩。李斯走出监狱，与他的次子一起被押赴刑场，他回过头来对他的次子说："我想与你再次牵着黄狗，一同出上蔡东门，追逐狡兔，难道还能够这样吗？"于是父子二人相对哭泣，被灭了三族。秦二世就任赵高为丞相，事情无论大小，都由赵高决定。

　　项梁在东阿打败章邯，率军西进，又向北到定陶，再败秦军。项羽、沛公又与秦军在雍丘交战，大败秦军，杀了李由。项梁更加

轻秦,有骄色。宋义谏曰:"战胜而将骄卒惰者,败。今卒少惰矣,秦兵日益,臣为君畏之!"项梁弗听。乃使宋义使于齐,道遇齐使者高陵君显,曰:"公将见武信君乎?"曰:"然。"曰:"臣论武信君军必败,公徐行即免死,疾行则及祸。"二世悉起兵益章邯击楚军,大破之定陶,项梁死。

项羽、沛公攻外黄未下,去,攻陈留。闻武信君死,士卒恐,乃与将军吕臣引兵而东,徙怀王自盱眙都彭城。吕臣军彭城东,项羽军彭城西,沛公军砀。

魏豹下魏二十馀城,楚怀王立豹为魏王。

章邯已破项梁,以为楚地兵不足忧,乃渡河,北击赵,大破之;引兵至邯郸,皆徙其民河内,夷其城郭。张耳与赵王歇走入钜鹿城,王离围之。陈馀北收常山兵,得数万人,军钜鹿北;章邯军钜鹿南棘原。赵数请救于楚。

高陵君显在楚,见楚王曰:"宋义论武信君之军必败;居数日,军果败。兵未战而先见败征,此可谓知兵矣!"王召宋义与计事而大说之,因置以为上将军,项羽为次将,范增为末将,以救赵。诸别将皆属宋义,号为"卿子冠军"。

怀王遣沛公西入关。

三年冬十月,宋义行至安阳,留四十六日不进。项羽曰:"秦围赵急,宜疾引兵渡河;楚击其外,赵应其内,破秦

轻视秦军,脸上露出骄傲的神色。宋义劝谏说:"作战胜利后,将领骄傲,士兵懒散,就会失败。如今士兵已稍有懒散了,而秦军却一天天增加,我替您感到害怕!"项梁没有听从他的劝告。项梁就派宋义出使齐国,宋义在路上遇见齐国的使者高陵君显,说:"您打算去见武信君吗?"高陵君说:"是的。"宋义说:"我认为武信君的军队一定会失败,您慢慢走就可以免死,急速赶去就会遭受灾祸。"秦二世征调全部兵力增援章邯,进攻楚军,在定陶大败楚军,项梁战死。

项羽、沛公进攻外黄,未能攻克,率军离去,进攻陈留。得知武信君项梁的死讯后,士兵惶恐,项羽、沛公就与将军吕臣率军向东撤退,带着楚怀王,将都城从盱眙迁到彭城。吕臣驻扎在彭城东面,项羽驻扎在彭城西面,沛公驻扎在砀。

魏豹攻下了魏国地盘中的二十多座城市,楚怀王立魏豹为魏王。

章邯打败项梁后,认为楚国地区的起义军已不值得担忧了,就渡过黄河,向北进攻赵国,大败赵国军队;章邯率军到达邯郸,把当地居民全部迁往河内地区,拆毁了邯郸城郭。张耳与赵王赵歇逃进钜鹿城,王离率军包围了钜鹿。陈馀在北面收罗常山的士兵,收得数万人,驻扎在钜鹿北面;章邯的军队驻扎在钜鹿南面的棘原。赵王多次向楚国请求救援。

高陵君显正在楚国,他去见楚怀王,说:"宋义判断武信君的军队一定会失败,过了几天,武信君的军队果然失败了。军队还未交战就预先看到了失败的征兆,这真可以称得上是精通军事了!"楚怀王召见宋义,与他讨论国家大事,十分欣赏他,就任命他为上将军,任命项羽为次将,任命范增为末将,让他们率军救援赵国。其他各位将领,都隶属于宋义,宋义号称"卿子冠军"。

楚怀王派遣沛公率军西进入关。

三年(前207)冬季十月,宋义率军行进至安阳,停留在那里四十六天没有进发。项羽说:"秦军包围赵国,情况危急,我们应当急速率军渡过黄河;楚军在外面攻击,赵军在城内响应,打败秦

军必矣!"宋义曰:"不然。夫搏牛之虻,不可以破虮虱。今秦攻赵,战胜则兵罢,我承其敝;不胜,则我引兵鼓行而西,必举秦矣。故不如先斗秦、赵。夫被坚执锐,义不如公;坐运筹策,公不如义。"因下令军中曰:"有猛如虎,很如羊,贪如狼,强不可使者,皆斩之!"乃遣其子宋襄相齐,身送之,至无盐,饮酒高会。天寒,大雨,士卒冻饥。项羽曰:"将戮力而攻秦,久留不行。今岁饥民贫,士卒食半菽,军无见粮,乃饮酒高会。不引兵渡河,因赵食,与赵并力攻秦,乃曰'承其敝'。夫以秦之强,攻新造之赵,其势必举赵。赵举秦强,何敝之承!且国兵新破,王坐不安席,扫境内而专属于将军,国家安危,在此一举。今不恤士卒而徇其私,非社稷之臣也!"

十一月,项羽晨朝上将军宋义,即其帐中斩宋义头。出令军中曰:"宋义与齐谋反楚,楚王阴令籍诛之!"当是时,诸将皆慑服,莫敢枝梧,皆曰:"首立楚者,将军家也;今将军诛乱。"乃相与共立羽为假上将军。使人追宋义子,及之齐,杀之。使桓楚报命于怀王,怀王因使羽为上将军。

十二月,沛公引兵至栗,遇刚武侯,夺其军四千馀人,并之;与魏将皇欣、武满军合攻秦军,破之。

军是一定的！"宋义说："不对。用手掌猛击牛背，可以打死牛虻，但打不死牛身上的虮虱。如今秦军进攻赵国，倘若秦军战胜了，那么军队也会十分疲惫，我们就可以利用他的疲惫；倘若秦军战败了，那么我们就率军擂鼓西进，一定能打败秦军。所以，不如先让秦、赵相互争斗。身穿铠甲，手执兵器，冲锋陷阵，我宋义不如你；但坐在营帐中运用计策，筹划谋略，你不如我。"随即向军中下令说："有像老虎一样勇猛，像山羊一样凶狠，像狼一样贪残，桀骜不驯不服从命令的人，都斩首！"于是，宋义派他的儿子宋襄到齐国去当相国，亲自送他到无盐，在那里大摆宴席待客，饮酒作乐。当时，天气寒冷，下着大雨，士兵们都受冻挨饿。项羽说："我们应当同心协力进攻秦军，现在却长久地留在这里不开拔。今年闹饥荒，百姓贫困，士兵们吃的粮食中一半是豆子，军中已没有现存的粮食，却举行盛大宴会，饮酒作乐。不率军渡过黄河，利用赵国的粮食满足军需，与赵国合力进攻秦军，却说'利用秦军的疲惫'。以秦军的强大，来攻击新近建立的赵国，势必战胜。赵国被攻破后，秦军会更加强大，有什么疲惫可以利用呢？而且楚国的军队刚被打败，大王坐卧不安，他集中国内所有的军队，隶属于将军一人，国家的安危，就在此一举了。现在不体恤士兵，却经营自己的私事，这不是以国家为重的忠臣！"

　　十一月，项羽早晨朝见上将军宋义，就在宋义的营帐中斩下宋义的头。他走出营帐对军中下令说："宋义与齐国密谋反叛楚国，楚王秘密地命令我杀了他！"当时，将领们都为项羽的勇力所慑服，没有人敢提出异议，他们都说："首先拥立楚王的，是将军您的项氏家族；现在将军您是在诛灭叛乱之人。"于是共同拥立项羽当代理上将军。项羽派人追杀宋义的儿子，追到齐国，把他杀了。又派桓楚向楚怀王报告事变的经过，楚怀王顺水推舟地任命项羽为上将军。

　　十二月，沛公率军到达栗，遇见刚武侯。沛公夺得刚武侯军队中的士兵四千多人，兼并了他的军队；沛公与魏军将领皇欣、武满的军队联合，共同进攻秦军，打败了秦军。

章邯筑甬道属河，饷王离。王离兵食多，急攻钜鹿。钜鹿城中食尽、兵少，张耳数使人召前陈馀。陈馀度兵少，不敌秦，不敢前。数月，张耳大怒，怨陈馀，使张黡、陈泽往让陈馀曰："始吾与公为刎颈交，今王与耳旦暮且死，而公拥兵数万，不肯相救，安在其相为死！苟必信，胡不赴秦军俱死；且有十一二相全。"陈馀曰："吾度前终不能救赵，徒尽亡军。且馀所以不俱死，欲为赵王、张君报秦。今必俱死，如以肉委饿虎，何益！"张黡、陈泽要以俱死，馀乃使黡、泽将五千人先尝秦军，至，皆没。当是时，齐师、燕师皆来救赵，张敖亦北收代兵，得万馀人，来，皆壁馀旁，未敢击秦。

项羽已杀卿子冠军，威震楚国，乃遣当阳君、蒲将军将卒二万渡河救钜鹿。战少利，绝章邯甬道，王离军乏食。陈馀复请兵，项羽乃悉引兵渡河，皆沉船，破釜甑，烧庐舍，持三日粮，以示士卒必死，无一还心。于是至则围王离，与秦军遇，九战，大破之；章邯引兵却。诸侯兵乃敢进击秦军，遂杀苏角，虏王离。涉间不降，自烧杀。当是时，楚兵冠诸侯；军救钜鹿者十馀壁，莫敢纵兵。及楚击秦，诸侯将皆从壁上观。楚战士无不一当十，呼声动天地，诸侯军

章邯将甬道修到了黄河边上，通过甬道向王离运输粮饷。王离兵士众多，粮草充足，便加紧进攻钜鹿城。钜鹿城中粮草用尽，兵士又少，张耳多次派人召陈馀前来救援。陈馀考虑到自己兵力少，无力与秦军对抗，所以不敢前去。过了几个月，张耳大怒，怨恨陈馀，派张黡、陈泽前去责备陈馀说："当初我与你是生死之交，现在大王和我张耳很快就要死去，而你拥有数万军队却不肯前来救援我们，同生共死的交情又在哪里呢？如果你信守誓言，为什么不率军进攻秦军，与我一同战死；何况还有十分之一二的都活命的机会哩。"陈馀说："我考虑到率军前来，最终还是不能救赵国，只是白白地让军队全部被消灭。再说，我陈馀所以不与你一同战死，是因为想为赵王和张君你向秦军报仇。如果一定要一同战死，这就像把肉扔向饿虎，有什么好处？"张黡、陈泽坚持要他一同战死，陈馀就派张黡、陈泽率领五千人先试攻秦军，结果一到阵前就全军覆没。就在这时，齐军、燕军都来救援赵国，张敖也在北面收罗代郡的兵员，招得一万多人前来，他们都在陈馀军队的旁边修筑营垒，也不敢出击秦军。

　　项羽杀了卿子冠军宋义以后，威名震动楚国，他派遣当阳君、蒲将军率领二万士兵渡过黄河，前去救援钜鹿。楚军与秦军交战，稍稍取得一些胜利，切断了章邯运送粮草的甬道，于是王离的军队缺乏粮草了。陈馀再次向项羽请求救兵，项羽就率领全部人马渡过黄河，渡河以后，他们把渡船全部凿沉，把做饭用的锅、甑全部砸烂，把营房全部烧掉，只携带了三天的干粮，以此显示全军将士想与秦军决一死战、人人不求生还的决心。于是一到达前线，就包围了王离的军队，他们与秦军接战，经过连续九次的激烈战斗，大败了秦军；章邯率军撤退。各国军队这时才敢进兵攻击秦军，于是杀了苏角，俘虏了王离。涉间不肯投降，自焚而死。当时，楚国军队勇冠各国；前来救援赵国的其他各国军队驻扎在十多座营垒中，但没有人敢出兵攻击秦军。等到楚军攻击秦军的时候，各国将领都从营垒上观看。只见楚军战士没有一个不是以一当十，喊杀之声震天动地，各国军队的将士们

无不人人惴恐。于是已破秦军,项羽召见诸侯将。诸侯将入辕门,无不膝行而前,莫敢仰视。项羽由是始为诸侯上将军,诸侯皆属焉。

于是赵王歇及张耳乃得出钜鹿城谢诸侯。张耳与陈馀相见,责让陈馀以不肯救赵。及问张黡、陈泽所在,疑陈馀杀之,数以问馀。馀怒曰:"不意君之望臣深也!岂以臣为重去将印哉?"乃脱解印绶,推予张耳;张耳亦愕不受。陈馀起如厕。客有说张耳曰:"臣闻'天与不取,反受其咎'。今陈将军与君印,君不受;反天不祥。急取之!"张耳乃佩其印,收其麾下。而陈馀还,亦望张耳不让,遂趋出,独与麾下所善数百人之河上泽中渔猎。赵王歇还信都。

春二月,沛公北击昌邑,遇彭越,越以其兵从沛公。越,昌邑人,常渔钜野泽中,为群盗。陈胜、项梁之起,泽间少年相聚百馀人,往从彭越曰:"请仲为长。"越谢曰:"臣不愿也。"诸少年强请,乃许。与期旦日日出会,后期者斩。旦日日出,十馀人后,后者至日中。于是越谢曰:"臣老,诸君强以为长。今期而多后,不可尽诛,诛最后者一人。"令校长斩之。皆笑曰:"何至是?请后不敢。"于是越引一人斩之,设坛祭,令徒属,皆大惊,莫敢仰视。乃略地,收诸侯散卒,得千馀人,遂助沛公攻昌邑。

看到这种情况，无不胆战心惊。这时楚军已打败了秦军，项羽召见各国将领。各国将领进入军营辕门时，无不双膝跪地，向前爬行，没有人敢抬头仰视项羽。自此，项羽开始成为各诸侯的上将军，各国诸侯都隶属他统领。

这时，赵王赵歇和张耳才得以出钜鹿城，向各国援军致谢。张耳与陈馀会面，张耳责备陈馀不肯进兵救赵。等到询问张黡、陈泽的下落时，张耳怀疑陈馀把他们二人杀了，所以多次追问陈馀。陈馀恼怒了，说："想不到你对我的怨恨这么深！难道你认为我舍不得放弃这颗将军印信吗？"于是把印绶从身上解下来，推给了张耳；张耳也吃了一惊，没有接受。陈馀起身上厕所。张耳的门客中有一人对张耳说："我听说'上天给予你而你不收下，反而会因此遭受灾祸'。现在陈将军给你印信，你不接受；违反天意，不吉祥。赶快把印信收下！"于是张耳把印信佩在自己身上，接收了陈馀属下的军队。陈馀从厕所回来，也怨恨张耳没有推让就接受了印信，就疾步走出门去，独自带领部下的亲信数百人，到黄河边上的沼泽地中捕鱼打猎。赵王赵歇返回信都。

春季二月，沛公率军向北进攻昌邑，遇到彭越，彭越率领他的兵士跟从沛公。彭越是昌邑人，经常在钜野泽中捕鱼，后来成为盗寇。陈胜、项梁起事时，湖中的年轻人聚集起一百多人，前往跟从彭越，说："请您当我们的首领。"彭越推辞说："我不愿意。"年轻人们坚持请他当首领，彭越才答应。彭越与他们约定第二天太阳刚升起时集合，迟到者斩首。第二天太阳升起后，有十多个人迟到，最晚的中午才来。于是彭越向大家抱歉地说："我老了，但你们各位坚持要我当首领。如今约定了时间，却有很多人迟到，不可能全部斩首，只能把最后来的那一个杀了。"他命令校长将那人处斩。众人都笑着说："怎么当真这样？我们以后再也不敢就是了。"这时彭越拉出最晚到的那个人，把他斩首，并设坛祭祀，号令属下的那些人，众人都大惊，没有人敢抬头仰视。于是，彭越率众人夺取土地，招收各国军队中被打散的兵士，得到一千多人，随即帮助沛公进攻昌邑。

昌邑未下，沛公引兵西过高阳。高阳人郦食其，家贫落魄，为里监门。沛公麾下骑士适食其里中人，食其见，谓曰："诸侯将过高阳者数十人，吾问其将皆握龊，好苛礼，自用，不能听大度之言。吾闻沛公慢而易人，多大略，此真吾所愿从游，莫为我先。若见沛公，谓曰：'臣里中有郦生，年六十馀，长八尺，人皆谓之狂生，生自谓我非狂生。'"骑士曰："沛公不好儒，诸客冠儒冠来者，沛公辄解其冠，溲溺其中；与人言，常大骂；未可以儒生说也。"郦生曰："第言之。"骑士从容言，如郦生所诫者。

沛公至高阳传舍，使人召郦生。郦生至，入谒。沛公方倨床，使两女子洗足，而见郦生。郦生入，则长揖不拜，曰："足下欲助秦攻诸侯乎？且欲率诸侯破秦也？"沛公骂曰："竖儒！天下同苦秦久矣，故诸侯相率而攻秦，何谓助秦攻诸侯乎？"郦生曰："必聚徒、合义兵诛无道秦，不宜倨见长者！"于是沛公辍洗，起，摄衣，延郦生上坐，谢之。郦生因言六国从横时。沛公喜，赐郦生食，问曰："计将安出？"郦生曰："足下起纠合之众，收散乱之兵，不满万人；欲以径入强秦，此所谓探虎口者也。夫陈留，天下之冲，四通五达之郊也，今其城中又多积粟。臣善其令，请得使之令下足下。即不听，足下引兵攻之，臣为内应。"于是遣郦生

昌邑未能攻克,沛公就率军西进,经过高阳。高阳人郦食其,家境贫寒,落魄潦倒,是里门的看门人。沛公部下有一名骑士,正好是郦食其同里中的人,郦食其见到他,对他说:"各国将领经过高阳的有几十个人,我听说这些将领都心胸狭小,爱好细小繁琐的礼节,自以为是,听不进别人气量宽宏、豁达大度的话。我听说沛公为人傲慢,看不起人,但有远大的谋略,这真是我希望追随的人,只是没有人为我做介绍。你见到沛公时,对他说:'我同里中有一个郦生,年龄六十多岁,身高八尺,别人都称他为狂生,郦生自己说我不是狂生。'"骑士说:"沛公不喜欢儒生,众宾客中有谁戴着儒生的冠帽来见他,他总是把来客的冠帽解下来,把尿撒在冠帽中;同客人说话时,经常破口大骂;你可不要以儒生的身份去游说。"郦生说:"你只管对他这样说就是了。"骑士把郦生教他说的那些话从容地告诉了沛公。

沛公到达高阳驿站,派人召郦生来。郦生来了,进去拜见。这时,沛公正坐在床边,让两个女子给他洗脚,他就这样接见郦生。郦生进去后,只对他作了一个揖,没有跪拜,说:"足下您打算帮助秦朝去进攻各国呢?还是打算率领各国去打败秦朝?"沛公骂着说:"你这竖儒!天下之人共同遭受秦朝暴政所施加的痛苦已很久了,所以各国一个接一个地起来抗击秦朝,怎么说我帮助秦朝去进攻各国呢?"郦生说:"如果您想聚集部众,联合义军,去讨伐暴虐无道的秦朝,就不应该用这种傲慢无礼的态度来接见年纪大的人。"于是沛公停止洗脚,起身整了整衣服,请郦生坐在上位,向他道歉。郦生就向沛公讲述前代六国合纵连横时的各种事情。沛公很高兴,请郦生吃饭,问道:"现在应该怎么办?"郦生说:"足下您是纠集了一些乌合之众后开始起事的,后来收罗了一些散兵游勇,总共还不满一万人;想用这点军队,直接去进攻强大的秦朝,这就是所谓的探摸虎口。陈留是天下的要冲,是四通八达的地方,现在城中又储存着很多粮食。我与陈留县令友善,请派我去劝说他,让他来投降您。如果他不听从我的劝说,足下您再率军进攻他,我也可以做您的内应。"于是,派郦生

行,沛公引兵随之,遂下陈留。号郦食其为广野君。郦生言其弟商。时商聚少年得四千人,来属沛公,沛公以为将,将陈留兵以从。郦生常为说客,使诸侯。

三月,沛公攻开封,未拔;西,与秦将杨熊会战白马,又战曲遇东,大破之。杨熊走之荥阳,二世使使者斩之以徇。

夏四月,沛公南攻颍川,屠之。因张良,遂略韩地。时赵别将司马卬方欲渡河入关,沛公乃北攻平阴,绝河津南,战洛阳东。军不利,南出辕辕,张良引兵从沛公;沛公令韩王成留守阳翟,与良俱南。六月,与南阳守齮战犨东,破之,略南阳郡。南阳守走保城,守宛。沛公引兵过宛西。张良谏曰:“沛公虽欲急入关,秦兵尚众,距险;今不下宛,宛从后击,强秦在前,此危道也。”于是沛公乃夜引军从他道还,偃旗帜,迟明,围宛城三匝。南阳守欲自刭,其舍人陈恢曰:“死未晚也。”乃逾城见沛公曰:“臣闻足下约,先入咸阳者王之。今足下留守宛,宛郡县连城数十,其吏民自以为降必死,故皆坚守乘城。今足下尽日止攻,士死伤者必多;引兵去宛,宛必随足下后。足下前则失咸阳之约,后有强宛之患。为足下计,莫若约降,封其守,因使止守,引其甲卒与之西。诸城未下者,闻声争开门而待足下,足下

前去,沛公率军尾随在他后面,从而占领了陈留。沛公封郦食其为广野君。郦生向沛公推荐他的弟弟郦商。当时郦商聚集起四千名年轻人,前来归属沛公,沛公任命他为将军,让他率领原陈留的军队随同行动。郦生经常当说客,出使各国。

三月,沛公进攻开封,未攻克;率军西进,与秦朝将军杨熊在白马会战,随后又在曲遇东面交战,大败秦军。杨熊逃往荥阳,秦二世派使者将杨熊斩首示众。

夏季四月,沛公率军向南进攻颍川,屠杀了全城军民。依靠张良,夺取了原韩国的土地。当时,赵国的另一位将军司马卬正想渡过黄河攻入函谷关,沛公就向北进攻平阴,封锁住黄河南面的渡口,在洛阳东面作战。战斗失利,沛公于是率军南下,穿过辕辕关,张良率军与沛公会合;沛公让韩王韩成留守阳翟,自己与张良一同南下。六月,沛公在犨东面与秦朝的南阳郡守齮交战,打败了秦军,并乘势夺取南阳郡。南阳郡守逃到宛城,据城坚守。沛公率军绕过宛城,向西挺进。张良劝谏说:"沛公您虽急着入关,但秦朝的军队还很多,而且凭借险要的地势坚守;如果不攻克宛城,宛城的秦军从后面袭击,前面又有强大的秦军迎战,我们就处于危险的境地中了。"于是沛公就趁着黑夜,率领军队,偃旗息鼓地从另外一条道路返回,等到天刚亮时,已把宛城包围了三层。南阳郡守想自杀,他的舍人陈恢说:"现在还没到非死不可的时候。"他翻过城墙去见沛公,说:"我听说你们有个约定,先进入咸阳的人当王。现在足下您停下来围攻宛城,宛城周围相连的郡县城池有几十座,这些城市中的官民自认为即使投降也一定会死,所以都利用城池来坚守。如今您整天攻城,士兵死伤一定很多;率军离开宛城,宛城的军队一定会尾随在您身后。即使您率军前进,也无法先到达咸阳,实现原先的约定;而后退,顽强的宛城军队又会给您带来灾难。我为足下您考虑,不如同宛城守军约定,让他们投降,封南阳郡守一个官爵,然后让他留下守城,您率领他的军队一同西进。那些还未攻下的城池,听到这个消息,会争相打开城门,等候您到来,这样一来,您

通行无所累。"沛公曰:"善。"秋七月,南阳守齮降,封为殷侯。封陈恢千户。引兵西,无不下者。至丹水,高武侯鳃、襄侯王陵降。还攻胡阳,遇番君别将梅铜,与偕攻析、郦,皆降。所过毋得虏掠,秦民皆喜。

王离军既没,章邯军棘原,项羽军漳南,相持未战。秦军数却,二世使人让章邯。章邯恐,使长史欣请事。至咸阳,留司马门三日,赵高不见,有不信之心。长史欣恐,还走其军,不敢出故道。赵高果使人追之,不及。欣至军,报曰:"赵高用事于中,下无可为者。今战能胜,高必疾妒吾功;不能胜,不免于死。愿将军熟计之!"陈馀亦遗章邯书曰:"白起为秦将,南征鄢、郢,北坑马服,攻城略地,不可胜计,而竟赐死。蒙恬为秦将,北逐戎人,开榆中地数千里,竟斩阳周。何者?功多,秦不能尽封,因以法诛之。今将军为秦将三岁矣,所亡失以十万数;而诸侯并起滋益多。彼赵高素谀日久,今事急,亦恐二世诛之,故欲以法诛将军以塞责,使人更代将军以脱其祸。夫将军居外久,多内郤,有功亦诛,无功亦诛。且天之亡秦,无愚智皆知之。今将军内不能直谏,外为亡国将,孤特独立而欲常存,岂不哀

就可以通行无阻了。"沛公说："好主意。"秋季七月,南阳郡守齮投降,沛公封他为殷侯。又封给陈恢一千户的邑地。沛公率军西进,一路上没有一座城池不投降的。抵达丹水时,高武侯鳃和襄侯王陵投降。返回进攻胡阳,遇到番君的部将梅鋗,沛公与他联合攻打析、郦,这两座城池都投降了。沛公下令,军队经过的地方,将士不得抢掠,秦朝统治下的人民都非常高兴。

王离的军队覆没后,章邯率军驻扎在棘原,项羽率军驻扎在漳南,两军相持,但没有交战。由于秦军多次退却,秦二世派人责备章邯。章邯恐慌,派长史司马欣回咸阳请示事务。回到咸阳后,司马欣在皇宫外门司马门等了三天,赵高不肯接见,似有不相信他的意思。长史司马欣惶恐,急速返回军中,而且不敢走他去时走的那条路。赵高果然派人追捕司马欣,没有追到。司马欣回到军中,向章邯报告说:"赵高在朝廷中执掌权柄,下面的人都不可能有所作为。如果我们作战取得胜利,赵高一定会忌妒我们的功劳;如果不能取胜,我们就更免不了死路一条。希望将军您仔细地考虑一下!"陈馀也派人送给章邯一封信,说:"白起任秦国将军,在南方攻下了楚国的鄢、郢,在北方打败了赵国马服君赵奢的儿子赵括,坑杀了四十万赵国降兵,攻克的城池和夺取的土地,不可胜数,最终被赐死。蒙恬任秦国将军,在北方驱逐了戎狄部落,开辟了榆中土地数千里,最后在阳周被斩首。为什么?因为功勋太多,秦国无法把他们应得的爵位和土地全部封给他们,就利用法令把他们杀了。如今将军您任秦朝将军已三年了,丧失的将士有十多万;而各国群雄并起,越来越多。那个赵高向来靠阿谀谄媚获得高升,日子也很久了,现在事情危急,他也怕秦二世杀他,所以想利用法令来杀将军,以此推卸责任,并派人取代将军,以此解脱自己的灾难。将军长时间在外征战,与朝廷内的人多有嫌隙,所以有功也要被杀,无功也要被杀。再说,上天要灭亡秦朝这个事实,无论是傻瓜还是聪明人,都已经知道了。如今将军您对内不能直言劝谏,在外是一个将要亡国的将领,孤孤单单,无依无靠,却想长远存在,难道不悲哀

哉！将军何不还兵与诸侯为从，约共攻秦，分王其地，南面称孤！此孰与身伏铁质，妻子为戮乎？"章邯狐疑，阴使候始成使项羽，欲约。约未成，项羽使蒲将军日夜引兵渡三户，军漳南，与秦军战，再破之。项羽悉引兵击秦军污水上，大破之。

章邯使人见项羽，欲约。项羽召军吏谋曰："粮少，欲听其约。"军吏皆曰："善。"项羽乃与期洹水南殷虚上。已盟，章邯见项羽而流涕，为言赵高。项羽乃立章邯为雍王，置楚军中。使长史欣为上将军，将秦军为前行。

初，中丞相赵高欲专秦权，恐群臣不听，乃先设验，持鹿献于二世曰："马也。"二世笑曰："丞相误邪，谓鹿为马？"问左右，左右或默，或言马以阿顺赵高，或言鹿者。高因阴中诸言鹿者以法。后群臣皆畏高，莫敢言其过。

高前数言"关东盗无能为也"；及项羽虏王离等，而章邯等军数败，上书请益助。自关以东，大抵尽畔秦吏，应诸侯；诸侯咸率其众西向。八月，沛公将数万人攻武关，屠之。高恐二世怒，诛及其身，乃谢病，不朝见。二世使使责让高以盗贼事。高惧，乃阴与其婿咸阳令阎乐及弟赵成谋曰："上不听谏；今事急，欲归祸于吾。欲易置上，更立子婴。子婴仁俭，百姓皆载其言。"乃使郎中令为内应，

吗？将军您为什么不倒戈回军，与各国组成合纵联盟，互相约定，共同进攻秦朝，分割秦朝的领土，各自当王，面朝南方称孤呢？这与伏身刑具送死，妻子儿女被杀相比，哪个结果好呢？"章邯犹豫不决，暗中派军候始成当使者前往项羽那里，想约定归顺。归顺的约定还未达成，项羽派蒲将军率领军队日夜急行，在三户津渡过漳河，驻扎在漳河南岸，与秦军交战，再次打败秦军。项羽率领全部军队在污水边攻击秦军，大败了秦军。

章邯派人求见项羽，想约定归顺。项羽召集军官商议，说："我们粮草少，想同意他们归顺。"军官们都说："好。"项羽就与章邯约定日期，在洹水南岸的殷墟会面。举行盟誓以后，章邯拜见项羽，痛哭流泪，向项羽讲述赵高的罪恶行径。于是项羽封章邯为雍王，留在楚军中。又任命长史司马欣为上将军，率领原来的秦军作为先头部队。

当初，中丞相赵高想独揽秦朝廷大权，怕大臣们不服从他，就先安排了一次试验。他牵着鹿献给秦二世，说："这是马。"秦二世笑着说："丞相你弄错了吧，怎么把鹿说成马了？"秦二世询问两旁的大臣，大臣们有的默不作声，有的说是马，以此阿谀顺从赵高，也有的说是鹿。事后，赵高暗中使用法律手段对那些说是鹿的人加以陷害。从此以后，大臣们都惧怕赵高，没有人敢指出他的过错。

赵高以前多次说"关东的盗寇成不了什么气候"；等到项羽俘虏了王离等人，而章邯等人的军队又多次失败，上书请求派兵增援。从函谷关以东，几乎全部背叛了秦朝的官吏，响应起义的各路诸侯；各路诸侯都率领他们的军队向西进发。八月，沛公率领数万人进攻武关，屠杀了武关的军民。赵高怕秦二世发怒，诛杀他本人，就假称患病，不去朝见秦二世。秦二世派使臣用盗贼猖獗的事情去责备赵高。赵高惶恐，就秘密地与他的女婿咸阳县令阎乐以及他的弟弟赵成谋划，说："皇上不听从劝谏；现在事情危急了，却想把灾祸归咎于我。我想废黜皇上，改立子婴。子婴仁爱勤俭，百姓都听从他的话。"于是派郎中令做内应，

诈为有大贼，令乐召吏发卒追，劫乐母置高舍。遣乐将吏
卒千馀人至望夷宫殿门，缚卫令、仆射，曰："贼入此，何不
止？"卫令曰："周庐设卒甚谨，安得贼，敢入宫？"乐遂斩卫
令，直将吏入，行射郎、宦者。郎、宦者大惊，或走，或格，格
者辄死，死者数十人。郎中令与乐俱入，射上幄坐帏。二
世怒，召左右；左右皆惶扰不斗。旁有宦者一人侍，不敢
去。二世入内，谓曰："公何不早告我，乃至于此！"宦者曰：
"臣不敢言，故得全。使臣早言，皆已诛，安得至今！"阎乐
前即二世，数曰："足下骄恣，诛杀无道，天下共畔足下，足
下其自为计！"二世曰："丞相可得见否？"乐曰："不可！"二
世曰："吾愿得一郡为王。"弗许。又曰："愿为万户侯。"弗
许。曰："愿与妻子为黔首，比诸公子。"阎乐曰："臣受命于
丞相，为天下诛足下；足下虽多言，臣不敢报。"麾其兵进。
二世自杀。阎乐归报赵高。赵高乃悉召诸大臣、公子，告
以诛二世之状。曰："秦故王国；始皇君天下，故称帝。今
六国复自立，秦地益小，乃以空名为帝，不可；宜为王如故，
便。"乃立子婴为秦王，以黔首葬二世杜南宜春苑中。

九月，赵高令子婴斋，当庙见，受玉玺。斋五日，子婴
与其子二人谋曰："丞相高杀二世望夷宫，恐群臣诛之，乃
佯以义立我。我闻赵高乃与楚约，灭秦宗室而分王关中。

伪称咸阳城中出现大盗，下令阎乐召集县中官吏出动军队追捕，并劫持阎乐的母亲安置到赵高的家中。赵高派遣阎乐率领官吏士卒二千多人，来到望夷宫殿门口，把门令、仆射捆绑起来，说："大盗已从这里闯入宫中，为什么不阻止？"卫令说："四周庐舍都设有士卒，防守严密，哪来的大盗，谁敢闯入宫中？"阎乐就斩杀了卫令，率领手下人径直闯入宫中，一边行进，一边发箭射郎、宦官。郎、宦官非常惊慌，有的逃走，有的抵抗，抵抗的都被杀死，杀死的有几十个人。郎中令与阎乐一同进入宫中，发箭射皇帝所用的帏帐。秦二世大怒，召唤左右侍从；左右侍从都惊恐逃散，无人上前格斗。秦二世身旁只剩下一名宦官在侍奉，不敢逃走。秦二世逃入内宫，对这名宦官说："你为什么不把事情早点告诉我，以致弄到这种地步！"宦官说："我不敢告诉您，所以能够活下来。如果我早点告诉您，早就被杀了，怎么能活到现在？"阎乐上前走到秦二世面前，指责说："你骄横纵恣，滥杀无辜，残暴无道，天下之人共同背叛你，你还是为自己拿主意吧！"秦二世说："我能见一见丞相吗？"阎乐说："不能！"秦二世说："我希望得到一个郡的土地当王。"阎乐不允许。秦二世又说："我希望成为一万民户封地的侯。"阎乐也不允许。秦二世又说："我希望与妻儿一起成为平民，像诸位王子那样。"阎乐说："我接受丞相的命令，为天下之人来杀你；你即使再多说，我也不敢去回报。"阎乐指挥他手下的兵士进逼上去。秦二世自杀。阎乐返回报告赵高。赵高就召集所有的大臣和公子，告诉他们有关诛杀秦二世的情况。说："秦原本是个王国；秦始皇统治天下，所以称皇帝。现在六国已经自我恢复，再次建立，而秦朝的土地却日益缩小，再采用皇帝的空名，是不行的；应当像原先那样称王，这样好些。"于是拥立子婴为秦王，用平民的规格把秦二世埋葬在杜南面的宜春苑中。

九月，赵高让子婴斋戒，将去朝见宗庙，接受玉玺。斋戒到第五日，子婴与他的两个儿子密谋说："丞相赵高在望夷宫杀了秦二世，怕大臣们杀他，就假装主持公义，立我为王。我听说赵高已同楚国约定，要消灭秦朝的王族，然后分得关中的土地称王。

今使我斋、见庙,此欲因庙中杀我。我称病不行,丞相必自来,来则杀之。"高使人请子婴数辈,子婴不行。高果自往,曰:"宗庙重事,王奈何不行?"子婴遂刺杀高于斋宫,三族高家以徇。

遣将将兵距峣关,沛公欲击之。张良曰:"秦兵尚强,未可轻。愿先遣人益张旗帜于山上为疑兵,使郦食其、陆贾往说秦将,啖以利。"秦将果欲连和,沛公欲许之。张良曰:"此独其将欲叛,恐其士卒不从,不如因其懈怠击之。"沛公引兵绕峣关,逾蒉山,击秦军,大破之蓝田南。遂至蓝田,又战其北,秦兵大败。

汉高祖元年冬十月,沛公至霸上。秦王子婴素车、白马,系颈以组,封皇帝玺、符、节,降轵道旁。诸将或言诛秦王。沛公曰:"始怀王遣我,固以能宽容。且人已降,杀之不祥。"乃以属吏。

贾谊论曰:秦以区区之地致万乘之权,招八州而朝同列,百有馀年,然后以六合为家,崤、函为宫。一夫作难而七庙堕,身死人手,为天下笑者,何也?仁谊不施而攻守之势异也。

如今让我斋戒朝见宗庙，这是想趁我在庙中时杀死我。我假称患病不去宗庙，丞相一定会亲自来请，他来了就杀死他。"赵高派了几批人去请子婴，子婴不肯前去。赵高果然亲自前往斋宫请子婴，说："去朝见宗庙是国家的重大事情，大王怎么能不前去呢？"子婴就在斋宫中刺杀了赵高，并且灭了赵高的三族以示众。

秦王子婴派遣将领率军据守峣关，沛公想强行进攻。张良说："秦军还很强大，不可轻视。希望您先派人在山上多插一些旗帜作为疑兵，并派郦食其、陆贾前去游说秦军将领，用利益来引诱他们。"秦军将领果然想议和归顺，沛公想答应他们。张良说："这只是他们的将领想背叛秦朝廷，怕他们的士兵不服从，不如趁他们松懈怠惰时发动攻击。"沛公率军绕过峣关，翻越蒉山，袭击秦军，在蓝田南面大败秦军。于是沛公率军到达蓝田，并在蓝田北面与秦军激战，把秦军打得大败。

汉高祖元年（前206）冬季十月，沛公率军到达霸上。秦王子婴乘着白马素车，脖子上套着绳索，将皇帝所用的玺印、符、节封好，在轵道旁投降。将领中有人建议杀了秦王子婴。沛公说："当初楚怀王派遣我进军关中，原本就因为我能宽容待人。况且他已经投降了，杀了他不吉祥。"于是把秦王子婴交给司法官吏囚禁起来。

西汉贾谊评论说：秦国凭借小小一片土地，取得了万辆战车之国的权势，迫使八州六国来朝拜它这个同等地位的国家。经过一百多年后，使天、地、四方成为一家，使崤山、函谷关都成为宫殿。一个人起事作难，祖宗七庙全被摧毁，自己被别人杀死，遭天下之人耻笑，究竟是什么原因？是因为不施行仁义，而攻守的形势大不相同了。

卷第二

高帝灭楚

秦二世二年。初,楚怀王与诸将约:"先入定关中者王之。"当是时,秦兵强,常乘胜逐北,诸将莫利先入关。独项羽怨秦之杀项梁,奋,愿与沛公西入关。怀王诸老将皆曰:"项羽为人,慓悍猾贼,尝攻襄城,襄城无遗类,皆坑之,诸所过无不残灭。且楚数进取,前陈王、项梁皆败,不如更遣长者,扶义而西,告谕秦父兄。秦父兄苦其主久矣,今诚得长者往,无侵暴,宜可下。项羽不可遣;独沛公素宽大长者,可遣。"怀王乃不许项羽,而遣沛公西略地,收陈王、项梁散卒以伐秦。

汉高祖元年冬十月,沛公西入咸阳,诸将皆争走金帛财物之府分之;萧何独先入收秦丞相府图籍藏之,以此沛公得具知天下厄塞、户口多少、强弱之处。沛公见秦宫室、

高帝灭楚

秦二世二年（前208）。起初，楚怀王与诸将约定："谁最先攻入并平定关中，就封谁为王。"在这个时候，秦军还相当强大，经常乘胜追击败逃的起义军，义军诸将谁都不认为最先攻入关中去有利。只有项羽痛恨秦朝杀害叔父项梁，激昂奋发，愿意与沛公一道西进，入关击秦。怀王手下的那些老将都说："项羽这个人作战轻捷勇猛，为人狡诈残暴。他曾经进攻襄城，整座襄城的人没有留下一个，全都被他活埋了。他所攻略过的那些地方，没有哪一处不是遭受严重破坏的。况且楚国人几次发动的攻势，如不久前的陈胜、项梁等，都失败了。不如另派一位宽厚长者，仗义西进，向秦国的父老兄弟讲明道理。秦国的父老兄弟遭受其暴君压迫，在痛苦中呻吟已经很久了，现在要是真的能够有一位宽厚长者前往招谕，而不侵扰残害他们，关中应该是可以攻下的。所以项羽是不能派去的；只有沛公一向是宽厚长者，可以派他去。"于是楚怀王没有同意项羽的请求，而只派沛公西进，攻城略地，并让他收集陈王和项梁的溃兵，用以讨伐秦军。

汉高祖元年（前206）冬季十月，沛公西征进入咸阳，他的手下诸将都争先恐后地跑到藏有金帛财物的府库里，私分财宝；只有萧何首先前去收集秦国丞相府所藏的国家地图和户籍档案，将它们藏起来，因此沛公便能够详细了解全国各地的险关要塞、户口多少，以及形势强弱的各种情况。沛公见到秦国的宫室、

帷帐、狗马、重宝、妇女以千数,意欲留居之。樊哙谏曰:"沛公欲有天下耶?将为富家翁耶?凡此奢丽之物,皆秦所以亡也,沛公何用焉!愿急还霸上,无留宫中!"沛公不听。张良曰:"秦为无道,故沛公得至此。夫为天下除残贼,宜缟素为资。今始入秦,即安其乐,此所谓'助桀所虐'。且忠言逆耳利于行,毒药苦口利于病,愿沛公听樊哙言。"沛公乃还军霸上。

十一月,沛公悉召诸县父老、豪杰,谓曰:"父老苦秦苛法久矣!吾与诸侯约,先入关者王之,吾当王关中。与父老约,法三章耳:杀人者死,伤人及盗抵罪。馀悉除去秦法,诸吏民皆案堵如故。凡吾所以来,为父老除害,非有所侵暴,无恐!且吾所以还军霸上,待诸侯至而定约束耳。"乃使人与秦吏行县、乡、邑,告谕之。秦民大喜,争持牛羊酒食献飨军士。沛公又让不受,曰:"仓粟多,非乏,不欲费民。"民又益喜,唯恐沛公不为秦王。

项羽既定河北,率诸侯兵欲西入关。先是,诸侯吏卒、繇使、屯戍过秦中者,秦中吏卒遇之多无状。及章邯以秦军降诸侯,诸侯吏卒乘胜多奴虏使之,轻折辱秦吏卒。秦吏卒多怨,窃言曰:"章将军等诈吾属降诸侯。今能入关破

帷帐、狗马、贵重的财宝以及美女妇人数以千计，就想留下来住进宫去。樊哙进谏说："沛公您是想要拥有天下，还是想当一个富家翁呢？所有这些奢侈、华丽的东西，都是引起秦国灭亡之物，沛公您拿它们有什么用呢？希望您赶快还军霸上，不要留在宫中！"但沛公不肯听从。张良又对他说："正是因为秦朝荒淫无道，所以您沛公才能打到这里。我们既然是替天下铲除凶残民贼的，就应该以朴素为本。如今还刚刚进入秦都，就安于他们那种享乐生活，这叫作'助桀为虐'。况且，忠言逆耳利于行，毒药苦口利于病，希望沛公听取樊哙的善言。"沛公这才让军队退出城中，驻扎在霸上。

十一月，沛公把各县的父老、豪杰们全都召集起来，对他们说："父老们遭受秦朝的苛法暴政之苦已经很久了！我曾经与诸侯们约定，谁先攻入关中，谁就在那里称王，所以我应该在关中称王。我与父老们约定，法律只有三条：杀人的判处死刑，伤人的和抢劫的根据情节轻重依法定罪。其馀的秦朝苛法，全部废除，所有官吏和百姓都像往常一样安居就业，不受骚扰。我到这里来，是为了替父老们除害，不会侵犯和残害你们的，你们不要害怕！况且我回军霸上，也只是为了等待各路诸侯到来，共同制定大家应遵守的纪律罢了。"于是派人与秦朝的原官吏一道，到各县、各乡、各邑去，向百姓说明情况。秦地的老百姓非常高兴，他们带着牛羊酒食，争先恐后地前来慰劳士兵。沛公又再三谦让，不肯接受，说："我们仓库里的粮食很多，并不缺乏，所以不想使老百姓破费。"百姓们听了，更加高兴，大家都生怕沛公不做秦王。

项羽平定黄河以北以后，便率领各路诸侯兵马，想要向西攻入函谷关。原先，诸侯官兵及因服徭役、屯戍边疆而路过关中的人，关中的官兵对待他们大多暴虐无礼。及至章邯率领秦军投降诸侯，诸侯的官兵便乘机报复，像对待奴隶和俘虏那样役使他们，任意凌辱他们。秦国的官兵满怀怨恨，他们偷偷地议论说："章将军等人欺骗我们，要我们投降诸侯。现在要是能够入关破

秦，大善；即不能，诸侯虏吾属而东，秦又尽诛吾父母妻子，奈何？"诸将微闻其计，以告项羽。项羽召黥布、蒲将军计曰："秦吏卒尚众，其心不服；至关不听，事必危。不如击杀之，而独与章邯、长史欣、都尉翳入秦。"于是楚军夜击坑秦卒二十馀万人新安城南。

或说沛公曰："秦富十倍天下，地形强。闻项羽号章邯为雍王，王关中，今则来，沛公恐不得有此。可急使兵守函谷关，无内诸侯军，稍征关中兵以自益，距之。"沛公然其计，从之。已而项羽至关，关门闭；闻沛公已定关中，大怒，使黥布等攻破函谷关。十二月，项羽进至戏。沛公左司马曹无伤使人言项羽曰："沛公欲王关中，令子婴为相，珍宝尽有之。"欲以求封。项羽大怒，飨士卒，期旦日击沛公军。当是时，项羽兵四十万，号百万，在新丰鸿门；沛公兵十万，号二十万，在霸上。范增说项羽曰："沛公居山东时，贪财，好色。今入关，财物无所取，妇女无所幸，此其志不在小。吾令人望其气，皆为龙虎，成五采，此天子气也。急击勿失！"

楚左尹项伯者，项羽季父也，素善张良，乃夜驰之沛公军，私见张良，具告以事，欲呼与俱去，曰："毋俱死也！"张良曰："臣为韩王送沛公，沛公今有急，亡去不义，不可不语。"良乃入，具告沛公。沛公大惊。良曰："料公士卒足以

秦，那当然很好；如果不能，诸侯们会把我们当作俘虏带到东方去，那样，秦朝政府又将把我们的父母、妻子、儿女全部杀光，该怎么办呢？"诸将暗中听闻他们的言论谋划，于是把这个消息报告项羽。项羽把黥布、蒲将军找来，和他们商量说："秦军官兵还很多，虽然投降，可内心仍然不服；到了关中后，如果他们不听指挥，那么事态就危险了。不如将他们全部杀掉，只与章邯、长史司马欣及都尉董翳一道入秦。"于是楚军在夜间发动突袭，在新安城南将秦国降卒二十馀万人全部击杀、活埋。

有人劝说沛公道："秦地比天下各处富饶十倍，地形地势非常有利。听说项羽已经给了章邯雍王封号，让他在关中称王，如果他来了，沛公您恐怕就不能据有此地了。所以您应赶快派兵把守函谷关，不要让诸侯军进来，并逐渐征集关中兵马，增强自己的势力，来防御他们。"沛公赞同他的计策，并照着做了。不久项羽到达函谷关，但关门紧闭；又听说沛公已经平定关中，更加恼火，于是派遣黥布等人攻破了函谷关。十二月，项羽进军至戏水。沛公的左司马曹无伤派人报告项羽说："沛公想在关中称王，他要子婴当丞相，所有珍宝都被他占有了。"曹无伤打算借此求得项羽的封赏。项羽听后特别恼怒，立即犒劳士卒，并与他们约定，明天早上进攻沛公。这时，项羽有兵四十万，号称一百万，驻扎在新丰鸿门；沛公有兵十万，号称二十万，驻扎在霸上。范增劝说项羽道："沛公住在山东时，贪图财宝，喜好女色。现在入了关，财宝不要了，美女也不爱了，这说明他的志向不小。我曾派人观察他那边的云气，都是龙虎的形状，五彩缤纷，这是天子的云气啊。我们应该赶快进攻他，不要坐失良机！"

楚国的左尹项伯，是项羽的叔父，一向与张良要好，于是连夜跑到沛公的军营里，偷偷会见张良，把事变的原委都告诉了他，想叫张良跟他一道离去，说："不要白白地陪他们一起死！"张良说："我替韩王陪送沛公，现在沛公处在危急之中，我若一个人逃走，是不讲义气，不能不对他说一声。"于是张良进去，把事情原委全都告诉了沛公。沛公大惊。张良说："请掂量您的军队比得

当项羽乎？"沛公默然，曰："固不如也。且为之奈何？"张良曰："请往谓项伯，言沛公之不敢叛也。"沛公曰："君为我呼入。"良出，固要项伯，项伯即入见沛公。沛公奉卮酒为寿，约为婚姻，曰："吾入关，秋毫不敢有所近，籍吏民，封府库而待将军。所以遣将守关者，备他盗之出入与非常也。日夜望将军至，岂敢反乎！愿伯具言臣之不敢倍德也。"项伯许诺，谓沛公曰："旦日不可不蚤自来谢。"沛公曰："诺。"于是项伯复夜去，至军中，具以沛公言报项羽，因言曰："沛公不先破关中，公岂敢入乎？今人有大功而击之，不义也，不如因善遇之。"项羽许诺。

沛公旦日从百馀骑来见项羽鸿门，谢曰："臣与将军戮力而攻秦，将军战河北，臣战河南，不自意能先入关破秦，得复见将军于此。今者有小人之言，令将军与臣有隙。"项羽曰："此沛公左司马曹无伤言之；不然，籍何以至此！"项羽因留沛公与饮。范增数目项羽，举所佩玉玦以示之者三；项羽默然不应。范增起，出，召项庄，谓曰："君王为人不忍。若入前为寿，寿毕，请以剑舞，因击沛公于坐，杀之。不者，若属皆且为所虏！"庄则入为寿。寿毕，曰："军中无以为乐，请以剑舞。"项羽曰："诺。"项庄拔剑起舞。项伯亦拔剑起舞，常以身翼蔽沛公，庄不得击。于是张良至军门见樊哙。哙曰："今日之事何如？"良曰："今项庄拔剑舞，

上项羽的军队吗?"沛公沉默了一阵,说:"确实不如。那该怎么办呢?"张良说:"让我去跟项伯说说,告诉他沛公不敢做背叛之事。"沛公说:"你替我把他叫进来。"张良出来,再三邀请项伯,项伯才进来见沛公。沛公捧着酒杯,亲自向项伯敬酒祝寿,并结为儿女亲家,他说:"我自入关以来,哪怕是细如秋毫的财物,都不敢去碰一下。我登记好官吏和百姓的数目,封存好府库,等待着项将军前来处理。之所以派遣兵将把守函谷关,完全是为了防备其他盗匪的出入和应付意外事变。我日日夜夜盼望将军的到来,哪里敢谋反呢?希望项伯向项将军详细反映一下,说明我是不敢忘恩负义而造反的。"项伯答应了,他对沛公说:"明天不可不早点亲自来向项王谢罪。"沛公说:"好的。"于是项伯又连夜离去,回到军中,把沛公的话全部报告项羽,并对他说:"沛公如果不先攻破关中,您怎么敢这样轻松地入关?现在人家有大功,您反而去攻击他,这是不道义的,不如利用这个机会好好待他。"项羽答应了。

　　沛公于第二天带着一百多名骑兵到鸿门来见项羽,向项羽谢罪说:"我与将军并力攻秦,将军在黄河以北地区作战,我在黄河以南地区作战,想不到我竟然能够首先入关破秦,得以在这里再次见到将军。如今有小人说了些挑拨离间的话,使得将军与我有了隔阂。"项羽说:"这是沛公你的左司马曹无伤讲的;要不然,我项籍怎么会生这疑心。"项羽于是留下沛公一起饮酒。范增几次向项羽使眼色,又举起自己身上所配戴的玉玦向他示意了三次;项羽都默然不应。范增无奈,只好起身出去,召来项庄,对他说:"君王这个人心慈手软。你现在前去祝酒,祝酒完毕,便请求舞剑助兴,并趁机在座席上袭击沛公,杀了他。如果不这样做,我们这些人都将被他俘虏!"项庄于是进去祝酒。祝酒完毕,说:"军营之中无以为乐,请让我舞剑助兴。"项羽说:"好。"项庄立即拔剑起舞。项伯也拔剑起舞,常常用自己的身体遮挡掩护沛公,使项庄无法击杀沛公。张良于是赶到军门找樊哙。樊哙问:"今天这桩事情怎么样了?"张良说:"如今项庄正拔剑起舞,

其意常在沛公也。"哙曰："此迫矣！臣请入,与之同命！"哙即带剑拥盾入军门,卫士欲止不内,樊哙侧其盾以撞,卫士仆地。遂入,披帷立,瞋目视项羽,头发上指,目眦尽裂。项羽按剑而跽曰："客何为者?"张良曰："沛公之参乘樊哙也。"项羽曰："壮士！赐之卮酒!"则与斗卮酒。哙立而饮之。项羽曰："壮士！复能饮乎?"樊哙曰："臣死且不避,卮酒安足辞！夫秦有虎狼之心,杀人如不能举,刑人如恐不胜,天下皆叛之。怀王与诸将约曰：'先破秦入咸阳者,王之。'今沛公先破秦,入咸阳,毫毛不敢有所近,还军霸上以待将军。劳苦而功高如此,未有封爵之赏,而听细人之说,欲诛有功之人。此亡秦之续耳,窃为将军不取也！"项羽未有以应,曰："坐。"樊哙从良坐。

坐须臾,沛公起如厕,因招樊哙出。沛公曰："今者出,未辞也,为之奈何?"樊哙曰："如今人方为刀俎,我方为鱼肉,何辞为!"于是遂去。鸿门去霸上四十里,沛公则置车骑,脱身独骑;樊哙、夏侯婴、靳彊、纪信等四人持剑、盾步走,从骊山下,道芷阳间行趣霸上。留张良使谢项羽,以白璧献羽,玉斗与亚父。沛公谓良曰："从此道至吾军,不过二十里耳。度我至军中,公乃入。"沛公已去,间至军中,张良入谢曰："沛公不胜杯杓,不能辞,谨使臣良奉白璧一双,再拜献将军足下;玉斗一双,再拜奉亚父足下。"项羽曰:

他的用意是要刺杀沛公。"樊哙说:"这太危险了！让我进去，与他们拼命！"樊哙立即带剑持盾直扑军门，守门卫士想要阻止不让他进去，樊哙侧着盾牌一撞，卫士倒在地上。樊哙就闯了过去，揭开帷帐站在那里，怒目圆睁，直视项羽，头发都竖了起来，眼眶好像都要裂开了一样。项羽手按宝剑，双膝跪着着地，上身挺直，问道:"这位客人是来干什么的？"张良介绍说:"他是沛公的参乘樊哙。"项羽称赞说:"好个壮士！赐给他一杯酒！"于是给了他一杯酒。樊哙站着一饮而尽。项羽又说:"好个壮士！你还能喝吗？"樊哙说:"我连死都不会躲开，区区一杯酒又何必推辞！秦王心狠如虎狼，杀起人来就好像担心不能把人杀光一样，用起刑来唯恐不能把所有的刑罚都用尽，所以天下的人都反叛他。怀王曾与诸将约定说:'首先破秦进入咸阳的就封他为王。'现在沛公最先攻破秦军，进入咸阳，对财物秋毫不敢有所近；又把军队撤回、驻在霸上，等待将军您的到来。这样劳苦功高，不但没有得到封爵的赏赐，将军您反而听信小人的邪说，要杀害有功之人。这简直是在继续着亡秦的搞法，我私下里认为将军这样做是不可取的！"项羽理亏，无言以对，只好说:"坐。"樊哙就坐在了张良的身边。

坐了一会儿，沛公站起来说要上厕所，顺便招呼樊哙一道出去。沛公说:"现在我们跑出来，没有向项王告辞，怎么办呢？"樊哙说:"如今人家正好比是刀子和砧板，我们正好比是鱼肉，不走就会被宰割，还告什么辞？"于是立即跑了。鸿门离霸上有四十里远，沛公让他的车仗人马留下，自己抽身出来骑了一匹马；樊哙、夏侯婴、靳彊、纪信等四人手持剑盾徒步跟着跑。他们从骊山下取道芷阳，抄小路直奔霸上。留下张良，要他向项羽道谢，把白璧献给项羽，玉斗献给亚父范增。沛公对张良说:"从这条路到我们军营，不会超过二十里的。估计我们到达军营，你再进去道谢。"沛公走后，从小路已到军中时，张良入帐道谢说:"沛公酒量不行，喝醉了，不能亲自前来面辞，谨派小臣张良奉上白璧一双，再拜献给将军阁下；玉斗一双，再拜献亚父阁下。"项羽问道:

“沛公安在？”良曰：“闻将军有意督过之，脱身独去，已至军矣。”项羽则受璧，置之坐上。亚父受玉斗，置之地，拔剑撞而破之，曰：“唉！竖子不足与谋！夺将军天下者，必沛公也，吾属今为之虏矣！”沛公至军，立诛杀曹无伤。

居数日，项羽引兵西，屠咸阳，杀秦降王子婴，烧秦宫室，火三月不灭。收其货宝、妇女而东。秦民大失望。

韩生说项羽曰：“关中阻山带河，四塞之地，地肥饶，可都以霸。”项羽见秦宫室皆已烧残破，又心思东归，曰：“富贵不归故乡，如衣绣夜行，谁知之者！”韩生退曰：“人言楚人沐猴而冠耳，果然！”项羽闻之，烹韩生。

项羽使人致命怀王，怀王曰：“如约。”项羽怒曰：“怀王者，吾家所立耳，非有功伐，何以得专主约！天下初发难时，假立诸侯后以伐秦。然身被坚执锐首事，暴露于野三年，灭秦定天下者，皆将相诸君与籍之力也。怀王虽无功，固当分其地而王之。”诸将皆曰：“善。”春正月，羽阳尊怀王为义帝，曰：“古之帝者，地方千里，必居上游。”乃徙义帝于江南，都郴。

二月，羽分天下王诸将。羽自立为西楚霸王，王梁、楚地九郡，都彭城。羽与范增疑沛公，而业已讲解，又恶负约，乃阴谋曰：“巴、蜀道险，秦之迁人皆居之。”乃曰：“巴、

"沛公现在哪里?"张良说:"听说将军有意要责备他,所以抽身独自离去了,现在已到军营了。"项羽接过玉璧,放在座位上。亚父接过玉斗,丢在地下,拔剑将它击碎,说:"唉!不能跟这小子共谋大事!将来夺取将军天下的,一定是沛公,如今我们这些人都将被他俘虏了!"沛公到达军营后,立即杀了曹无伤。

几天后,项羽率兵西进,屠杀咸阳城的军民,又杀了秦朝已经投降了的秦王子婴,并放火焚烧秦朝宫殿,大火烧了三个月还没有熄灭。又搜刮那里的金银财宝、妇女美人,然后引兵东归。秦中的百姓由此大失所望。

有位韩生建议项羽说:"关中地区有群山的险阻,大河的环绕,四面都有关塞保护,土地又肥沃富饶,可以在这里建都,并据以完成霸业。"项羽看到秦朝的宫室都已被烧得残破不堪,同时又怀念家乡,想回到东方去,便说:"一个人富贵了如果不回到故乡去,就好比穿着锦绣漂亮的衣服在夜里走路,又有谁知道呢?"韩生出来后叹道:"人家都说楚国人就像猕猴戴了顶帽子,果然如此!"项羽听到这话后,就把韩生烹煮死了。

项羽派人向怀王报告并请示如何论功行赏,怀王答复说:"按照原来约定的办。"项羽发怒说:"怀王本是我们项家拥立的,并没有什么功劳,凭什么专断做主定约!天下刚刚发难起兵时,暂时拥立诸侯的后裔为王,那是为了讨伐暴秦。但是真正亲自披坚执锐,首先起事,继而在野外风餐露宿,力战三年,最后消灭暴秦、平定天下的,是诸位将相和我项籍。怀王尽管无功,自然也要分他一块土地,让他为王。"诸将都说:"好。"春季正月,项羽假意推尊怀王为义帝,说:"古代称帝的人,辖地方圆千里,必居河川上游。"于是将义帝迁徙到江南,定都于郴县。

二月,项羽划分天下土地,封诸位将领为王。项羽自立为西楚霸王,统辖原魏国和楚国的旧地九个郡,建都彭城。项羽和范增都疑忌沛公,不想封他为关中王,然而双方已经和解,又害怕背上负约的坏名声,于是就暗中商量说:"巴、蜀地区道路险阻,原秦朝贬谪、放逐的罪人都住在那里。"于是公开宣布道:"巴、

蜀亦关中地也。"故立沛公为汉王,王巴、蜀、汉中,都南郑。而三分关中,王秦降将,以距塞汉路。章邯为雍王,王咸阳以西,都废丘。长史欣者,故为栎阳狱掾,尝有德于项梁;都尉董翳者,本劝章邯降楚。故立欣为塞王,王咸阳以东,至河,都栎阳;立翳为翟王,王上郡,都高奴。项羽欲自取梁地,乃徙魏王豹为西魏王,王河东,都平阳。瑕丘申阳者,张耳嬖臣也,先下河南郡,迎楚河上,故立申阳为河南王,都洛阳。韩王成因故都,都阳翟。赵将司马卬定河内,数有功,故立卬为殷王,王河内,都朝歌。徙赵王歇为代王。赵相张耳素贤,又从入关,故立耳为常山王,王赵地,治襄国。当阳君黥布为楚将,常冠军,故立布为九江王,都六。番君吴芮率百越佐诸侯,又从入关,故立芮为衡山王,都邾。义帝柱国共敖将兵击南郡,功多,因立敖为临江王,都江陵。徙燕王韩广为辽东王,都无终。燕将臧荼从楚救赵,因从入关,故立荼为燕王,都蓟。徙齐王田市为胶东王,都即墨。齐将田都从楚救赵,因从入关,故立都为齐王,都临淄。项羽方渡河救赵,田安下济北数城,引其兵降项羽,故立安为济北王,都博阳。田荣数负项梁,又不肯将兵从楚击秦,以故不封。成安君陈馀弃将印去,不从入关,亦不封。客多说项羽曰:"张耳、陈馀,一体有功于赵,今耳为王,馀不可以不封。"羽不得已,闻其在南皮,因环封之三县。番君将梅鋗功多,封十万户侯。

蜀也属于关中的土地。"所以顺理成章地立沛公为汉王,统辖巴、蜀、汉中之地,建都南郑。却把关中分成三部分,让秦朝的降将在那里为王,借以堵塞汉王东进的出路。以章邯为雍王,统辖咸阳以西地区,建都废丘。长史司马欣这个人在担任原秦栎阳县的狱掾时,曾对项梁有恩;都尉董翳这个人,原本规劝章邯降楚,也有功。所以立司马欣为塞王,统辖咸阳以东直到黄河一带地区,建都栎阳;立董翳为翟王,统辖上郡,建都高奴。项羽要把魏国作为自己的封地,于是将魏王魏豹迁走,改封他为西魏王,统辖河东郡,建都平阳。瑕丘人申阳,本来是张耳的宠臣,但因为他最先攻下河南郡,在黄河边迎接项羽,所以立申阳为河南王,建都洛阳。韩王韩成统治韩国故地,建都阳翟。赵国将领司马卬平定河内郡,多次建立功劳,所以封他为殷王,统辖河内地区,建都朝歌。将原赵王赵歇迁走,改封为代王。赵相张耳素来贤良,又跟随项羽入关,所以立张耳为常山王,统辖赵国故地,建都襄国。当阳君黥布为楚国将领,经常为诸军之冠,所以封黥布为九江王,建都六邑。番君吴芮曾经率领百越部队帮助诸侯作战,又跟随楚军入关,所以封他为衡山王,建都邾县。义帝的柱国共敖率兵进攻南郡,功劳很多,于是封共敖为临江王,建都江陵。迁徙燕王韩广,改封他为辽东王,建都无终。燕将臧荼曾跟随楚军解救赵国之危,接着又随楚军入关,所以立臧荼为燕王,建都蓟县。迁徙原齐王田市,改封为胶东王,建都即墨。齐将田都曾跟随楚军救赵,接着随楚军入关,所以封田都为齐王,建都临淄。以前在项羽率军渡河援救赵国时,田安配合作战,攻下济北数座城邑,并带领他的士兵投降项羽,所以封田安为济北王,建都博阳。田荣这人屡次背负项梁,又不肯率兵跟随楚军进击秦军,所以不给他封爵。成安君陈馀曾经丢弃将印擅自离去,又不跟随楚军入关,也不给封爵。门客中多数人规劝项羽说:"张耳、陈馀二人对赵国一样有功,现在既然张耳封了王,那么陈馀不可以不予封爵。"项羽不得已,听说他在南皮县,就把南皮周围的三个县封给了他。番君部将梅鋗功劳很多,所以封他为十万户侯。

汉王怒，欲攻项羽，周勃、灌婴、樊哙皆劝之。萧何谏曰："虽王汉中之恶，不犹愈于死乎？"汉王曰："何为乃死也？"何曰："今众弗如，百战百败，不死何为？夫能诎于一人之下而信于万乘之上者，汤、武是也。臣愿大王王汉中，养其民以致贤人，收用巴、蜀，还定三秦，天下可图也。"汉王曰："善。"乃遂就国，以何为丞相。汉王赐张良金百镒，珠二斗，良具以献项伯。汉王亦因令良厚遗项伯，使尽请汉中地，项王许之。

夏四月，诸侯罢戏下兵，各就国。项王使卒三万人从汉王之国。楚与诸侯之慕从者数万人，从杜南入蚀中。张良送至褒中，汉王遣良归韩。良因说汉王烧绝所过栈道，以备诸侯盗兵，且示项羽无东意。

六月，田荣杀齐王市，自立为齐王。

初，淮阴人韩信，家贫，无行，不得推择为吏。及项梁渡淮，信杖剑从之，居麾下，无所知名。项梁败，又属项羽，羽以为郎中。数以策干羽，羽不用。汉王之入蜀，信亡楚归汉。信数与萧何语，何奇之。汉王至南郑，诸将及士卒皆歌讴思东归，多道亡者。信度何等已数言王，王不我用，即亡去。何闻信亡，不及以闻，自追之。人有言王曰："丞相

汉王大怒，打算进攻项羽，周勃、灌婴、樊哙等也都鼓励他这样做。萧何劝谏说："尽管您是在汉中这最差的地方为王，不也比去死好一点吗？"汉王说："我进攻项羽为什么就会死呢？"萧何说："目前我们的人马不如人家多，必定百战百败，除了死路一条，还能干什么呢？能够暂时屈服于一人之下，而伸展于万乘大国之上的，商汤和周武王就是这样的典范。臣下希望大王能去汉中为王，保养人民，招致贤人，收用巴、蜀的财富，然后回过头来平定三秦，就可以进一步实现统治天下的大业了。"汉王说："好。"于是前往封国，并以萧何为丞相。汉王赐给张良金百镒、珍珠二斗，张良将这些财宝全部转送给项伯。汉王也指使张良以重金贿赂项伯，要他在项王面前说好话，把汉中郡全封给汉王，项王同意了。

　　夏季四月，诸侯王们从戏下撤兵，各自回到自己的封国去。项王派兵三万人跟随汉王前往他的封国。楚国和其他诸侯中那些仰慕汉王而愿意跟随汉王的也有数万人，从杜县南面进入通往汉中的蚀中。张良伴送汉王到达褒中时，汉王便打发张良回韩国去。张良于是建议汉王把所经过的地方的栈道烧断，一方面防备其他诸侯兵的偷袭，同时也向项羽表明自己没有向东发展的意图。

　　六月，田荣攻杀齐王田市，自立为齐王。

　　起初，淮阴人韩信，家庭贫困，又没有什么好的品行，不能够被推选做官吏。到了项梁渡过淮河北上作战时，韩信仗剑跟随，留在项梁部下，一点也不出名。项梁失败后，韩信又转属项羽，项羽让他担任郎中。韩信屡次向项羽呈献计策，项羽都没有采用。当汉王受封入蜀时，韩信便逃离楚国，投归汉王。韩信数次与萧何交谈，萧何对他的才干大为惊奇。汉王到南郑时，诸将和士兵们唱着思念家乡的歌曲，想回到东方去，很多人在中途开了小差。韩信估计萧何等人已经多次向汉王推荐了自己，汉王既然不能任用，也就只有逃跑了。萧何听说韩信跑了，来不及向汉王报告，就亲自前去追赶韩信。有人向汉王报告说："丞相

何亡。"王大怒,如失左右手。居一二日,何来谒王。王且怒且喜,骂何曰:"若亡,何也?"何曰:"臣不敢亡也,臣追亡者耳。"王曰:"若所追者谁?"何曰:"韩信也。"王复骂曰:"诸将亡者以十数,公无所追,追信,诈也!"何曰:"诸将易得耳,至如信者,国士无双。王必欲长王汉中,无所事信;必欲争天下,非信无可与计事者。顾王策安所决耳!"王曰:"吾亦欲东耳,安能郁郁久居此乎!"何曰:"计必欲东,能用信,信即留;不能用,信终亡耳。"王曰:"吾为公以为将。"何曰:"虽为将,信不留。"王曰:"以为大将。"何曰:"幸甚!"于是王欲召信拜之。何曰:"王素慢无礼,今拜大将,如呼小儿,此乃信所以去也。王必欲拜之,择良日,斋戒,设坛场,具礼,乃可耳。"王许之。诸将皆喜,人人各自以为得大将。至拜大将,乃韩信也,一军皆惊。

信拜礼毕,上坐。王曰:"丞相数言将军,将军何以教寡人计策?"信辞谢,因王问曰:"今东乡争权天下,岂非项王邪?"汉王曰:"然。"曰:"大王自料,勇悍仁强孰与项王?"汉王默然良久,曰:"不如也。"信再拜贺曰:"惟信亦以为大王不如也。然臣尝事之,请言项王之为人也:项王喑噁叱

萧何跑了。"汉王大怒,就好像失去了自己的左右手一样难受。过了一两天,萧何前来拜见汉王。汉王又气又喜,骂萧何说:"你为什么要逃走?"萧何说:"臣下不敢逃跑,而是去追赶逃跑的人。"汉王问道:"你所追的是谁呀?"萧何说:"是韩信。"汉王又骂道:"诸将逃跑的有好几十个,你不去追,却去追一个韩信回来,这不是骗人吗?"萧何解释说:"像逃走的那般将领,我们是容易得到的。至于韩信,那是国家最杰出的人才,再找不出第二个来。大王如果想在汉中长期为王,当然用不着韩信;如果一定要争夺天下,那么除韩信之外,再没有可以与之计议大事的人了。现在就只看大王的主意是怎么决定了!"汉王说:"我当然也是想向东扩展的,怎么能够郁郁沉闷,老是呆在这里呢!"萧何说:"大王如果决计要东进,那就真心任用韩信,韩信就会留下;如果不能真用,韩信最终还是要跑的。"汉王说:"为了你的情面,我任他为将。"萧何说:"即使任他为将,韩信也不会留下来的。"汉王说:"就让他做大将。"萧何说:"那样就很好了!"于是汉王就要把韩信召来,拜他为大将。萧何说道:"大王一向待人轻慢无礼,而今任命一位大将,却好像呼唤一个小孩子一样,这就是韩信之所以要逃走的原因。假如大王下定决心要任命他,那就要选择一个好日子,诚心斋戒,设立拜将坛台,各种礼节周全,那才行啊。"汉王答应了。诸将听说要筑坛拜将,都暗自高兴,每个人都认为自己会当上大将。可是到了拜将时,担任大将的却是韩信,全军上下无不惊讶。

　　韩信拜将的仪式结束之后,坐于上座。汉王问道:"萧丞相几次谈到将军才智过人,将军打算用什么妙计来指教寡人呢?"韩信做了一番谦让,然后问汉王说:"如今大王要东向与人争夺天下,这个人不就是项王吗?"汉王说:"是的。"韩王又问道:"请大王自己想想,在勇猛、剽悍、仁慈、刚毅等方面,你比项王如何?"汉王沉默了好一阵,才说:"确实不如他。"韩信朝刘邦拜了又拜,祝贺说:"是的。我韩信也以为大王不如他。然而臣下曾经事奉过他,让我讲讲项王这个人的情况吧:项王如果发怒咆

咤,千人皆废,然不能任属贤将,此特匹夫之勇耳。项王见人,恭敬慈爱,言语呕呕,人有疾病,涕泣分食饮;至使人,有功当封爵者,印刓敝,忍不能予,此所谓妇人之仁也。项王虽霸天下而臣诸侯,不居关中而都彭城。背义帝之约,而以亲爱王,诸侯不平;逐其故主而王其将相,又迁逐义帝置江南,所过无不残灭;百姓不亲附,特劫于威强耳。名虽为霸,实失天下心,故其强易弱。今大王诚能反其道,任天下武勇,何所不诛!以天下城邑封功臣,何所不服!以义兵从思东归之士,何所不散!且三秦王为秦将,将秦子弟数岁矣,所杀亡不可胜计;又欺其众,降诸侯,至新安,项王诈坑秦降卒二十馀万,唯独邯、欣、翳得脱。秦父兄怨此三人,痛入骨髓。今楚强以威王此三人,秦民莫爱也。大王之入武关,秋毫无所害;除秦苛法,与秦民约法三章;秦民无不欲得大王王秦者。于诸侯之约,大王当王关中,关中民咸知之;大王失职入汉中,秦民无不恨者。今大王举而东,三秦可传檄而定也。"于是汉王大喜,自以为得信晚,遂听信计,部署诸将所击。留萧何收巴、蜀租,给军粮食。

八月,汉王引兵从故道出,袭雍。雍王章邯迎击汉陈

哮，千把人都将被他吓倒，但是不能任用贤能的将领，所以充其量，这也只不过是一种没有头脑、单凭个人的血气之勇罢了。项王待人恭敬慈爱，话语和蔼可亲，别人有病，他会同情流泪，把自己的饮食分给病人；至于对那些立了功要给封爵的人，官印拿在手里弄坏了，还是舍不得给人家，这只能叫作妇人之仁。项王尽管能称霸天下，臣服诸侯，可是他不入驻关中，却定都彭城。他违背义帝所定盟约，而把自己亲信、爱幸的人封为王，诸侯为此都心怀不平；他把一些诸侯国原来的君主赶跑而让他们手下的将相为王，又将义帝迁徙放逐到江南，所经之处没有不遭到残灭的；百姓都不拥护他，仅仅是因为被威势、强权所逼，勉强服从罢了。他名义上虽然是霸主，实际上已失去天下民心，所以他的强大只是暂时的，容易变弱。如今大王假若真能反其道而行之，任用天下英勇善战的人才，还有什么势力不能诛灭！把天下的城邑分封给功臣，有谁能不服从呢？兴举义兵，让他们和那思念故乡、盼望东归的将士一起进军，又有什么敌人不能击溃呢？况且三秦王原来都是秦朝将领，他们率领秦地子弟在外面打了几年仗，伤亡的、逃走的不计其数；又欺骗部下，使他们投降诸侯，军至新安，项王又欺骗、坑杀秦朝投降的士兵二十余万人，只有章邯、司马欣和董翳得免于难。秦地的父兄怨恨这三个人，深入骨髓。现在楚王只是倚仗淫威强行封这三个人为王，其实秦地的老百姓并不喜欢他们。大王进入武关时，军纪严明，秋毫无犯；废除秦朝苛刻繁琐的法令，与秦地民众约法三章；秦地的老百姓没有哪一个不希望大王到秦地去为王的。依照以前诸侯的成约，大王也应当在关中为王，这一点关中老百姓都知道；现在大王失掉了自己应得的职位，被封到汉中为王，秦地百姓没有不怨恨项王的。现在大王如果举兵东进，三秦地区只需传布一纸檄文，就可平定了。"汉王听了之后非常高兴，自以为得到韩信太晚了，于是听从韩信的计策，布置诸将各自所应攻击的任务。留下萧何收取巴、蜀租税，供应军粮。

八月，汉王引兵从故道出，袭击雍。雍王章邯迎击汉军于陈

仓,雍兵败,还走;止,战好畤,又败,走废丘。汉王遂定雍地,东至咸阳,引兵围雍王于废丘,而遣诸将略地。塞王欣、翟王翳皆降,以其地为渭南、河上、上郡。令将军薛欧、王吸出武关,因王陵兵以迎太公、吕后。项王闻之,发兵距之阳夏,不得前。王陵者,沛人也,先聚党数千人,居南阳,至是始以兵属汉。项王取陵母置军中,陵使至,则东乡坐陵母,欲以招陵。陵母私送使者,泣曰:"愿为老妾语陵:善事汉王。汉王长者,终得天下;毋以老妾故持二心。妾以死送使者!"遂伏剑而死。项王怒,烹陵母。

项王以故吴令郑昌为韩王,以距汉。

张良遗项王书曰:"汉王失职,欲得关中;如约即止,不敢东。"又以齐、梁反书遗项王曰:"齐欲与赵并灭楚。"项王以此故无西意,而北击齐。

是岁,项王使趣义帝行,其群臣、左右稍稍叛之。

二年冬十月,项王密使九江、衡山、临江王击义帝,杀之江中。

陈馀悉三县兵,与齐兵共袭常山。常山王张耳败,走汉,谒汉王于废丘;汉王厚遇之。陈馀迎赵王于代,复为赵王。赵王德陈馀,立以为代王。陈馀为赵王弱,国初定,不之国,留傅赵王;而使夏说以相国守代。

张良自韩间行归汉,汉王以为成信侯。良多病,未尝

仓，雍兵失败，撤退；中途停下，在好畤打了一仗，又失败了，于是逃往废丘。汉王便平定了雍地，向东到咸阳，率兵将雍王围困于废丘后，又分派诸将继续攻城略地。塞王司马欣、翟王董翳都投降了，汉以这些地方设置了渭南、河上和上郡三郡。派遣将军薛欧、王吸出武关，借助王陵的兵众去迎接太公和吕后。项王听到这个消息后，派兵在阳夏阻挡，王陵等人无法前进。王陵是沛县人。起初，他聚集党徒数千人盘踞在南阳一带，到这时才率兵归属汉王。项王将王陵的母亲抓来军营，王陵的使者到后，又安排王陵的母亲坐在东向的座位，想用这种办法招降王陵。王陵的母亲私下送别使者时，哭着说："希望你替老妾转告王陵，要好好地事奉汉王。汉王是一位宽厚长者，最终将要得到天下；不要因为老母的缘故而三心二意。老妾要自尽来送使者！"说罢便以剑自刎。项羽大怒，烹煮王陵的母亲。

项王封原吴县县令郑昌为韩王，用他抵抗汉军。

张良写信给项王说："汉王因为失去了原约应得的职位，想要得到关中；只要达到原约规定的目标就会停战，不敢再向东边发展。"又把齐国和魏国的反叛文告送给项王看，并说："齐国人打算联合赵国消灭楚国。"项王因此没有西向却敌的打算，而往北进击齐国。

这一年，项王派人催促义帝前往封地，义帝的群臣左右于是渐渐背叛他。

二年（前205）冬季十月，项王秘密派遣九江王、衡山王和临江王袭击义帝，把他杀死在长江中。

陈馀把他所属三县的兵马全部发动起来，与齐军一起袭击常山王。常山王张耳失败后逃奔汉国，在废丘谒见汉王；汉王热情款待他。陈馀到代地把原赵王迎回来，又让他当赵王。赵王感激陈馀，所以封他为代王。陈馀则因为赵王力量薄弱，国家又刚平定，所以自己暂时不往封国，而留下来辅佐赵王；另派夏说以相国的身份去镇守代国。

张良从韩国抄小路归汉，汉王封他为成信侯。他多病，不曾

特将,常为画策臣,时时从汉王。

汉王如陕,镇抚关外父老。

河南王申阳降,置河南郡。

汉王以韩襄王孙信为韩太尉,将兵略韩地。信急击韩王昌于阳城,昌降。十一月,立信为韩王;常将韩兵从汉王。

汉王还都栎阳。诸将拔陇西。

春正月,项王北至城阳。齐王荣将兵会战,败,走平原,平原民杀之。项王复立田假为齐王。遂北至北海,烧夷城郭、室屋,坑田荣降卒,系虏其老弱、妇女,所过多所残灭。齐民相聚叛之。

汉将拔北地,虏雍王弟平。

三月,汉王自临晋渡河。魏王豹降,将兵从;下河内,虏殷王卬,置河内郡。

初,阳武人陈平事魏王咎于临济,为太仆。说魏王,不听。人或谗之,平亡去。后事项羽,赐爵为卿。殷王反楚,项羽使平击降之,还,拜为都尉,赐金二十镒。居无何,汉王攻下殷。项王怒,将诛定殷将吏。平惧,乃封其金与印,使使归项王,而挺身间行,杖剑亡。渡河,归汉王于脩武,因魏无知求见汉王。汉王召入,赐食,遣罢就舍。平曰:"臣为事来,所言不可以过今日。"于是汉王与语而说之,问曰:"子之居楚何官?"曰:"为都尉。"是日,即拜平为都尉,

独自为将统兵作战,经常作为出谋划策之臣,时时跟随在汉王身边。

汉王前往陕县,安抚关外父老。

河南王申阳投降,以其地设置河南郡。

汉王以韩襄王的孙子信担任韩国的太尉,率兵攻取原韩国的土地。韩太尉信在阳城向韩王郑昌发动猛烈的攻势,郑昌投降。十一月,立韩太尉信为韩王;韩王信经常统帅韩军跟随汉王作战。

汉王返回关中,定都栎阳。诸将攻克陇西郡。

春季正月,项王北征到达城阳。齐王田荣率兵迎战,失败后逃奔平原,平原县的老百姓将他杀了。项王又立田假为齐王。楚军继续北进,到达北海,他们烧毁、夷平城郭、房屋,活埋田荣部下已经投降的士兵,囚系、掳掠那些老弱和妇女。所经之处,大多遭受严重破坏。齐国百姓又聚集起来,反叛项羽。

汉将攻下北地,俘虏雍王的弟弟章平。

三月,汉王从临晋关西渡过黄河。魏王魏豹投降,并率魏兵跟随汉王攻城略地;攻下河内,俘虏了殷王司马卬,并以其地设置了河内郡。

起初,阳武人陈平在临济事奉魏王魏咎,任太仆。他曾向魏王提出建议,魏王不听。有人在魏王面前说他的坏话,于是陈平便逃走了。后来他又事奉项羽,赐爵为卿。殷王司马卬反叛楚国,项羽派陈平去反击叛军,降服了殷王,回来后,被任命为都尉,赏赐黄金二十镒。过了不久,汉王又攻下殷国。项王大怒,要诛杀曾经平定殷国的将领和官吏。陈平害怕被杀,便把项羽赐给他的黄金和官印包好,派人送还项王,自己则毅然冒险而出,仗剑从小路出逃。他渡过黄河,在脩武投奔汉王,通过魏无知的关系求见汉王。汉王召他进去,赐给饭食,然后打发他去馆舍休息。陈平说:“臣下是有事才来见您,要说的不能拖过今天。”于是汉王即与陈平交谈,谈得很高兴,便问道:“你在楚国当什么官?”陈平答:“任都尉。”当天,汉王就任命陈平为都尉,

使为参乘,典护军。诸将尽谨曰:"大王一日得楚之亡卒,未知其高下,而即与同载,反使监护长者!"汉王闻之,愈益幸平。

汉王南渡平阴津,至洛阳。新城三老董公遮说王曰:"臣闻'顺德者昌,逆德者亡';'兵出无名,事故不成'。故曰:'明其为贼,敌乃可服。'项羽为无道,放杀其主,天下之贼也。夫仁不以勇,义不以力,大王宜率三军之众为之素服,以告诸侯而伐之,则四海之内莫不仰德,此三王之举也。"于是汉王为义帝发丧,袒而大哭,哀临三日,发使告诸侯曰:"天下共立义帝,北面事之。今项羽放杀义帝江南,大逆无道!寡人悉发关中兵,收三河士,南浮江、汉以下,愿从诸侯王击楚之杀义帝者!"使者至赵,陈馀曰:"汉杀张耳,乃从。"于是汉王求人类张耳者斩之,持其头遗陈馀,馀乃遣兵助汉。

田荣弟横收散卒,得数万人,起城阳。夏四月,立荣子广为齐王,以拒楚。项王因留,连战,未能下。虽闻汉东,既击齐,欲遂破之而后击汉,汉王以故得率诸侯兵凡五十六万人伐楚。到外黄,彭越将其兵三万馀人归汉。汉王曰:"彭将军收魏地得十馀城,欲急立魏后。今西魏王豹,真魏后。"乃拜彭越为魏相国,擅将其兵略定梁地。汉王遂入彭城,收其货宝、美人,日置酒高会。项王闻之,令诸

并要他担任贴身侍卫参乘，兼护军。诸将得知，一齐嚷道："大王偶尔得到楚国的一个逃兵，尚未了解他本领的高低，就跟他同坐一辆车，反而要他来监督我们这些元老！"汉王听了，越发宠幸陈平。

汉王向南，由平阴津渡过黄河，到了洛阳。新城三老董公拦住汉王，劝说道："臣下听说'顺德者昌盛，逆德者灭亡'；'出兵讨敌如果没有个名义，事情就不会成功'。所以说：'只有证明你的对手是一个奸贼，才能征服他。'项羽大逆不道，放逐、杀害他的君主，这是天下的奸贼。施行仁政不靠武勇，讲求信义不依仗暴力，大王应该率领三军将士为义帝戴孝，并遍告诸侯，共同讨伐项羽，那么四海之内没有哪一个不会仰慕你的德行，这可是像三王那样的举动啊。"于是汉王为义帝发丧，袒臂大哭，举哀三天，并派遣使者向各诸侯宣告说："天下众人共同拥立义帝，对他北面称臣。如今项羽将义帝放逐杀害在江南，实属大逆不道！寡人调动关中的全部兵马，征集三河地区的士兵，顺着长江、汉水乘船而下，愿意跟随各诸侯王，打击楚国那个杀害义帝的人！"使者到达赵国时，陈馀说："汉王要把我的仇人张耳杀掉，我才发兵相随。"于是汉王找了一个容貌跟张耳相似的人杀了，把这个人的头送给陈馀看，陈馀才发兵助汉。

田荣的弟弟田横收编被项羽打散的溃兵，得到好几万人，在阳城起事。夏季四月，立田荣的儿子田广为齐王，以抵抗楚军。项王只得留下平叛，但连续几次战斗，仍未镇压下去。尽管他得知汉兵已向东进逼，但是自己正和齐军作战，想打垮齐军之后再去迎击汉军，汉王因此得以调动、率领各诸侯兵一共五十六万人讨伐楚国。军至外黄，彭越带领他的兵马三万馀人归汉。汉王对他说："彭将军攻取魏地，得了十馀座城邑，听说急于要立魏王后裔为王。如今有个西魏王魏豹，是真正的魏王后代。"于是任命彭越为魏国相国，让他独自率领自己的兵马，前去攻略平定魏国故地。汉王于是进入楚都彭城，搜刮城内的财物、珍宝、美女，每天大摆宴席，饮酒庆贺。项王听到这个消息后，命令诸

将击齐,而自以精兵三万人南,从鲁出胡陵至萧。晨,击汉军而东至彭城,日中,大破汉军。汉军皆走,相随入穀、泗水,死者十馀万人。汉卒皆南走山,楚又追击至灵璧东睢水上。汉军却,为楚所挤,卒十馀万人皆入睢水,水为之不流。围汉王三匝。会大风从西北起,折木,发屋,扬沙石,窈冥昼晦,逢迎楚军大乱,坏散,而汉王乃得与数十骑遁去。欲过沛,收家室,而楚亦使人之沛取汉王家;家皆亡,不与汉王相见。汉王道逢孝惠、鲁元公主,载以行。楚骑追之,汉王急,推堕二子车下。滕公为太仆,常下收载之,如是者三,曰:"今虽急,不可以驱,奈何弃之!"故徐行。汉王怒,欲斩之者十馀,滕公卒保护,脱二子。审食其从太公、吕后间行求汉王,不相遇,反遇楚军。楚军与归,项王常置军中为质。是时,吕后兄周吕侯为汉将兵,居下邑,汉王间往从之,稍稍收其士卒。诸侯皆背汉,复与楚。塞王欣、翟王翳亡降楚。

田横进攻田假,假走楚,楚杀之。横遂复定三齐之地。

汉王问群臣曰:"吾欲捐关以东等弃之,谁可与共功者?"张良曰:"九江王布,楚枭将,与项王有隙;彭越与齐反梁地,此两人可急使。而汉王之将,独韩信可属大事,当一

将继续进攻齐军,自己只带精兵三万人南下,从鲁地出发,穿越胡陵,到达萧县。楚军一早便向汉军发起攻击,随即向东追敌,打到彭城,才正午时分,就已把汉军打得大败。汉军全线溃逃,前后相随,纷纷投入毂水和泗水,死了十多万人。汉兵又都向南溃逃,躲进山中,楚军又跟踪追击,直逼到灵璧东面的睢水边上。汉兵再退,在楚军的紧逼冲杀下,汉兵十多万人都被赶到了睢水里,大河的水流都被汉兵的尸体阻塞住了。楚军将汉王围了三层。恰好这个时候从西北方刮起一股大风,吹断树木,掀翻屋顶,飞沙走石,天昏地暗,白天如同黑夜,迎面朝楚军吹过来,楚军大乱,阵势遭到破坏,汉王才能乘机与数十名骑兵逃脱。汉王想要折经沛县,带走家属,而楚国方面也派人前往沛县去抓汉王家属;待汉王赶到家,家眷都已逃跑了,没能会面。汉王在路上碰到儿子孝惠帝和女儿鲁元公主,就让他们坐上车一起逃走。楚国的骑兵在后面追赶他们,汉王非常紧张,便将两个孩子推下车去。滕公夏侯婴当时担任太仆,为刘邦赶车,又下车把孩子拉上来,这样反复了三次,滕公说:"现在尽管情况紧急,也不能慌慌张张地狂奔,为什么要丢下他们呢!"所以车速又放慢了。汉王大怒,十来次要杀夏侯婴,但夏侯婴始终加以保护,使两个孩子脱离了险境。审食其跟随太公、吕后走小路去找汉王,没有碰上,反而遇到了楚军。楚军把他们带回去,项王长时间将他们扣在军中做人质。这时,吕后的哥哥周吕侯也在为汉国统兵作战,驻扎在下邑,汉王从小路去投奔他,渐渐召聚溃散的士兵。诸侯们又背叛汉王,重新归附楚国。塞王司马欣、翟王董翳也趁机逃走,投降楚国。

田横进攻田假,田假逃奔楚国,楚国将他杀了。这样,田横又平定了三齐地区。

汉王问群臣:"我打算拿关东地区作封赏,赐给能破楚的人,谁可与我共建功业?"张良说:"九江王黥布,是楚军中的猛将,他与项王有矛盾;彭越和齐国在魏国故地反叛楚国,这两个人现在就可以利用。而汉王的将领,只有韩信可以委任大事,独当一

面。即欲捐之，捐之此三人，则楚可破也！”

初，项王击齐，征兵九江，九江王布称病不往，遣将将军数千人行。汉之破楚彭城，布又称病不佐楚。楚王由此怨布，数使使者诮让，召布。布愈恐，不敢往。项王方北忧齐、赵，西患汉，所与者独九江王，又多布材，欲亲用之，以故未之击。汉王自下邑徙军砀，遂至虞，谓左右曰：“如彼等者，无足与计天下事！”谒者随何进曰：“不审陛下所谓。”汉王曰：“孰能为我使九江，令之发兵倍楚？留项王数月，我之取天下可以百全。”随何曰：“臣请使之。”汉王使与二十人俱。

五月，汉王至荥阳，诸败军皆会，萧何亦发关中老弱未傅者悉诣荥阳，汉军复大振。楚起于彭城，常乘胜逐北，与汉战荥阳南京、索间。楚骑来众，汉王择军中可为骑将者，皆推故秦骑士重泉人李必、骆甲。汉王欲拜之，必、甲曰：“臣故秦民，恐军不信，臣愿得大王左右善骑者傅之。”乃拜灌婴为中大夫，令李必、骆甲为左右校尉，将骑兵击楚骑于荥阳东，大破之，楚以故不能过荥阳而西。汉王军荥阳，筑甬道属之河，以取敖仓粟。

魏王豹谒归视亲疾，至则绝河津，反为楚。

六月，汉王还栎阳。

汉兵引水灌废丘，废丘降，章邯自杀。尽定雍地，以为中地、北地、陇西郡。

面。如果大王要拿关东来作赏赐，就赏给这三个人，这样便可以打垮楚军。"

起初，项王进攻齐国，向九江王征调兵马，九江王黥布托言有病不肯去，只派了部将率领数千人前往。当汉军在彭城打败楚军时，黥布又声称有病，不去帮助楚军。楚王因此怨恨黥布，多次派使者谴责黥布，要黥布去见楚王。黥布更加害怕，不敢去。项王当时在北边忧虑齐国和赵国，西边则担心汉军，站在他一边的只有九江王黥布，加上自己又欣赏黥布的才干，想亲近他，使用他，所以没有进攻他。汉王从下邑移师到砀，又转移到虞，对左右说："像你们这些人，没有一个可以谋划天下大事的。"谒者随何说："不知陛下这句话是什么意思？"汉王说："谁能替我出使到九江王那里去，使他起兵背叛楚国？只要能够拖住项王几个月，我就有百分之百的把握夺取全国了。"随何说："臣下请求前往出使。"汉王派了二十个人与随何一起出使。

五月，汉王到达荥阳，那些败散了的军队又聚集到一起了，萧何也征发关中那些不须负担徭役的老弱都来到荥阳前线，于是汉军又声势大振。楚军从彭城发起进攻，经常乘胜追击败退的汉军，与汉军在荥阳南面的京、索一带作战。楚国的骑兵涌来很多，汉王要在军中选择可以担任骑将的人，大家都推举原秦骑士重泉人李必、骆甲。汉王打算任命他们，李必、骆甲说："我们原是秦国人，恐怕军中不会信任，希望大王在左右亲信中派一个骑术好的人去，我们辅佐他。"于是任命灌婴为中大夫，李必、骆甲任左右校尉，率领骑兵在荥阳东面迎击楚国骑兵，将他们打得大败，楚兵因此不能越过荥阳再向西进。汉王的军队驻扎在荥阳，从那里修筑甬道，一直通到黄河，来运输敖仓的粮食。

魏王魏豹向汉王请假回家探视患病的亲人，待他回到魏国后，立即切断黄河渡口，叛变归附了楚国。

六月，汉王返回栎阳。

汉兵引水灌淹废丘城，废丘军民被迫投降，章邯自杀。至此完全平定了雍地，汉以它设置了中地郡、北地郡和陇西郡。

　　秋八月，汉王如荥阳，命萧何守关中侍太子，为法令约束，立宗庙、社稷、宫室、县邑；事有不及奏决者，辄以便宜施行，上来，以闻。计关中户口，转漕、调兵以给军，未尝乏绝。

　　汉王使郦食其往说魏王豹，且召之。豹不听，曰："汉王慢而侮人，骂詈诸侯、群臣如骂奴耳，吾不忍复见也！"于是汉王以韩信为左丞相，与灌婴、曹参俱击魏。汉王问食其："魏大将谁也？"对曰："柏直。"王曰："是口尚乳臭，安能当韩信！""骑将谁也？"曰："冯敬。"曰："是秦将冯无择子也，虽贤，不能当灌婴。""步卒将谁也？"曰："项它。"曰："不能当曹参。吾无患矣！"韩信亦问郦生："魏得无用周叔为大将乎？"郦生曰："柏直也。"信曰："竖子耳！"遂进兵。魏王盛兵蒲坂以塞临晋。信乃益为疑兵，陈船欲渡临晋，而伏兵从夏阳以木罂渡军，袭安邑。魏王豹惊，引兵迎信。九月，信击虏豹，传诣荥阳。悉定魏地，置河东、上党、太原郡。

　　汉之败于彭城而西也，陈馀亦觉张耳不死，即背汉。韩信既定魏，使人请兵三万人，愿以北举燕、赵，东击齐，南绝楚粮道。汉王许之，乃遣张耳与俱，引兵东，北击赵、代。后九月，信破代兵，禽夏说于阏与。信之下魏破代，汉辄使人收其精兵诣荥阳以距楚。

秋季八月，汉王前往荥阳，命令萧何留守关中，侍奉太子，制订法令、规章，建立宗庙、社稷、宫室、县邑；有些事情来不及报告请示，就由萧何决定，便宜施行，待汉王回来，再行报告。萧何管理关中户籍，通过陆路和水路运输军粮，征调士卒以补给军队，从来没有匮乏和断绝过。

汉王派遣郦食其前去游说魏王魏豹，并且要召他回去。魏豹不听，说："汉王傲慢无礼，又喜欢侮辱人，咒骂诸侯、群臣就好像骂自己的奴隶一样，我受不了，不想再见到他！"于是汉王任命韩信为左丞相，与灌婴、曹参一起前往攻击魏国。汉王问郦食其说："魏国的大将是谁？"郦食其回答道："是柏直。"汉王说："这个人乳臭未干，怎么能够抵挡韩信！"又问："骑将是谁？"郦食其回答说："是冯敬。"汉王说："是秦将冯无择的儿子，尽管他贤能，也不能抵挡灌婴。"又问："步兵主将是谁？"郦食其回答："是项它。"汉王高兴地说："他不能抵挡曹参。我不用担心了！"韩信也问郦生："魏国不会任用周叔为大将吗？"郦生说："肯定是柏直。"韩信说："那真是个无用的小子！"于是进兵击魏。魏王用重兵守蒲坂，以封锁临晋关。韩信于是虚设兵阵，故意陈列船只，装作要在临晋渡河的样子，而埋伏在夏阳的部队，却利用木制的形似盆罐的渡河器材渡河，袭击安邑。魏王魏豹十分惊恐，急忙领兵迎击韩信。九月，韩信击败并俘虏了魏豹，用传车把他押送到荥阳。于是全部平定了魏国故地，在那里设置了河东、上党和太原三郡。

当汉军在彭城失败向西溃退的时候，陈馀也发现张耳并没有死，于是立即背叛了汉国。韩信平定魏国之后，派人到刘邦那里，请求发兵三万人，愿意带着这支部队向北攻下燕国、赵国，向东攻击齐国，向南切断楚军的粮道。汉王同意了，于是派张耳与他一起去，领兵东进，然后向北进攻赵国、代国。闰九月，韩信打垮了代国军队，在阏与活捉了代相夏说。当韩信打下魏、攻破代国的时候，汉王随即派人调走韩信的精锐部队，开赴荥阳去抗击楚军。

　　三年冬十月，韩信、张耳以兵数万东击赵。赵王及成安君陈馀闻之，聚兵井陉口，号二十万。广武君李左车说成安君曰："韩信、张耳乘胜而去国远斗，其锋不可当。臣闻：'千里馈粮，士有饥色；樵苏后爨，师不宿饱。'今井陉之道，车不得方轨，骑不得成列；行数百里，其势粮食必在其后。愿足下假臣奇兵三万人，从间路绝其辎重，足下深沟高垒勿与战。彼前不得斗，退不得还，野无所掠，不至十日，而两将之头可致于麾下，否则必为二子所禽矣。"成安君尝自称义兵，不用诈谋奇计，曰："韩信兵少而疲，如此避而不击，则诸侯谓吾怯而轻来伐我矣。"

　　韩信使人间视，知其不用广武君策，则大喜，乃敢引兵遂下，未至井陉口三十里，止舍。夜半，传发，选轻骑二千人，人持一赤帜，从间道萆山而望赵军，诫曰："赵见我走，必空壁逐我，若疾入赵壁，拔赵帜，立汉赤帜。"令其裨将传餐，曰："今日破赵会食！"诸将皆莫信，佯应曰："诺。"信曰："赵已先据便地为壁，且彼未见吾大将旗鼓，未肯击前行，恐吾至阻险而还也。"乃使万人先行，出，背水陈。赵军望见而大笑。平旦，信建大将旗鼓，鼓行出井陉口，赵开壁击之，大战良久。于是信与张耳佯弃鼓旗，走水上军，水上

三年（前204）冬季十月，韩信、张耳率兵数万向东攻击赵国。赵王及成安君陈馀听到这个消息，就在井陉口集结部队，号称二十万。广武君李左车向成安君建议说："韩信、张耳乘着胜利的锐气离开自己的祖国出外远征，其锋芒是不可阻挡的。我听说：'如果要从千里之外运送军粮，士兵就会面有饥色；如果要等到打了柴草才能生火做饭，部队就没有隔宿之食。'如今井陉口这条路，车辆不能并行，骑兵排不成队伍；汉军行军队伍将拉长数百里，他们的军粮势必落在后头。希望足下暂时借三万奇兵给我，让我从小路切断他们的军需补给，足下则深沟高垒，坚守阵地，不与他们交战。迫使他们向前杀不上来，向后退不出去，野外又抢不到给养，这样，不出十天，两颗敌将的人头就可以献到将军帐下，否则我们就肯定会成为这两个人的俘虏了。"成安君曾自我宣称是仁义之师，不用阴谋诡计，他对李左车说："韩信兵少而又疲惫不堪，对于这样的敌人都避而不打，则诸侯会认为我们胆怯，就会任意来攻打欺侮我们了。"

韩信派人暗中侦察，得知陈馀没有采纳广武君的计策，非常高兴，才敢放心领兵直下，在离井陉口三十里的地方停下宿营。半夜时分，韩信发出进军命令，他挑选了二千名轻骑兵，每人手持一面红旗，从小路上山，隐蔽起来瞭望赵军，告诫他们说："赵军看到我们的诱敌部队败逃时，必定会倾巢而来追击，这时，你们就迅速跑进赵军的营垒，拔掉赵军的旗帜，插上汉军的红旗。"又命令副将传令部队随便吃一点饭，说："今天我们要打垮了赵军再会餐！"诸将都不相信，假意答应说："好。"韩信说："赵军已经首先占据有利地形建造了营垒，况且他们在没有见到我军大将的旗帜和战鼓的时候，是不会出击我军先头部队的，他们担心我军大部队到了险要的地方，遇阻后就会撤回去。"于是韩信派了一万人为先头部队，开出来后，背水列阵。赵军望见后，都大笑起来。天亮以后，韩信设置大将旗帜和战鼓，鼓乐喧天地开出井陉口，赵军果然打开营垒迎击汉军，两军激战了好久。这时韩信与张耳假装战败，丢掉旗帜和战鼓，向河边阵营奔去，河边

军开入之，复疾战。赵果空壁争汉旗鼓，逐信、耳。信、耳已入水上军，军皆殊死战，不可败。信所出奇兵二千骑，共候赵空壁逐利，则驰入赵壁，皆拔赵旗，立汉赤帜二千。赵军已不能得信等，欲还归壁，壁皆汉赤帜，见而大惊，以为汉皆已得赵王将矣，兵遂乱，遁走，赵将虽斩之，不能禁也。于是汉兵夹击，大破赵军，斩成安君泜水上，禽赵王歇。

诸将效首虏，毕贺，因问信曰："兵法：'右倍山陵，前左水泽。'今者将军令臣等反背水陈，曰'破赵会食'，臣等不服，然竟以胜。此何术也？"信曰："此在兵法，顾诸君不察耳！兵法不曰'陷之死地而后生，置之亡地而后存'？且信非得素拊循士大夫也，此所谓'驱市人而战之'，其势非置之死地，使人人自为战；今予之生地，皆走，宁尚可得而用之乎！"诸将皆服，曰："善！非臣所及也。"

信募生得广武君者予千金。有缚致麾下者，信解其缚，东乡坐，师事之。问曰："仆欲北攻燕，东伐齐，何若而有功？"广武君辞谢曰："臣，败亡之虏，何足以权大事乎！"信曰："仆闻之：百里奚居虞而虞亡，在秦而秦霸，非愚于虞而智于秦也，用与不用，听与不听也。诚令成安君听足下

部队打开营垒放他们进去,然后又和赵军激战。赵军果然倾巢而出,争夺汉军的旗帜和战鼓,追赶韩信、张耳。韩信、张耳已经进入河边营垒,士兵都拼死战斗,无法打败他们。这时,韩信派出的二千名轻骑兵,都在等待着,看到赵军都跑出自己的营垒去追逐战利品,就跑进赵军空营,将赵军旗帜全部拔掉,插上汉军的两千面红旗。赵军已不能抓到韩信等人,想要回到自己的营垒去,但营垒上都插着汉军的红旗,赵军见后大惊失色,以为汉军已经全部俘虏了赵王的将领,因此溃乱起来,四散逃跑,尽管赵将杀了一些逃兵,仍然无法禁止。于是汉军乘势夹击,大败赵军,在泜水上杀了成安君,活捉了赵王赵歇。

　　诸将向韩信呈献了敌人的首级及俘虏,祝贺胜利完毕后,顺势向韩信请教道:"兵法上说:'布阵应该右后靠山,前左临水。'这次,将军却要我们背水为阵,还预言说'等打垮了赵军再会餐',当时我们不信服,但是后来竟然靠这个策略胜利了。这是一种什么战术呀?"韩信说:"这种战术也载在兵法上,只不过诸君没有注意罢了!兵法不是说'陷之死地而后生,置之亡地而后存'吗?而且我韩信并非得到了训练有素的部队,这真是所谓'驱赶集市上的人去作战',在这种形势下,只有将他们置之死地,才能迫使他们为了保存自己而拼死作战;如果将他们放在可以求生的地方作战,那都会逃跑,难道还可以利用他们来打仗吗?"将领们听了都非常佩服,都说:"将军的战术太好了!不是我们这些人所能够赶得上的。"

　　韩信设下悬赏,有能生擒广武君的赏赐千金。有人将广武君捆绑起来送到韩信帐下,韩信亲自给他解开绳索,让他东向而坐,像对待老师那样侍奉他。韩信问广武君道:"我想北向进攻燕国,东向讨伐齐国,要怎样做才能取得成功呢?"广武君推辞说:"我是个兵败国亡的俘虏,怎么能够权衡国家大事呢?"韩信说:"我听说,百里奚在虞国时虞国灭亡,在秦国时秦国又称霸,这并不是由于他在虞国时愚蠢,在秦国时又聪明了,关键在于国君用不用他的谋略,听不听他的主张。假如成安君听从了足下

计，若信者亦已为禽矣。以不用足下，故信得侍耳。今仆委心归计，愿足下勿辞！”广武君曰：“今将军涉西河，虏魏王，禽夏说，东下井陉，不终朝而破赵二十万众，诛成安君。名闻海内，威震天下，农夫莫不辍耕释耒，褕衣甘食，倾耳以待命者，此将军之所长也。然而众劳卒罢，其实难用。今将军欲举倦敝之兵顿之燕坚城之下，欲战不得，攻之不拔，情见势屈，旷日持久，粮食单竭。燕既不服，齐必距境以自强。燕、齐相持而不下，则刘、项之权未有所分也，此将军所短也。善用兵者，不以短击长，而以长击短。”韩信曰：“然则何由？”广武君对曰：“方今为将军计，莫如按甲休兵，镇抚赵民，百里之内，牛酒日至，以飨士大夫，北首燕路，而后遣辩士奉咫尺之书，暴其所长于燕，燕必不敢不听从。燕已从而东临齐，虽有智者，亦不知为齐计矣。如是，则天下事皆可图也。兵固有先声而后实者，此之谓也。”韩信曰：“善。”从其策，发使使燕，燕从风而靡。遣使报汉，且请以张耳王赵，汉王许之。楚数使奇兵渡河击赵，张耳、韩信往来救赵，因行定赵城邑，发兵诣汉。

的计策，像我韩信恐怕早已被擒了。因为成安君不采纳足下的意见，所以我韩信才能够在这里侍奉足下。今天我是推心置腹，向足下求计，希望足下不要推辞！"广武君说："如今将军已渡过西河，俘虏魏王，擒获夏说，又东下井陉，不到一个早上就打垮赵军二十万，杀死成安君。因此名扬海内，威震天下，敌国的农民们没有哪一个不放下农具、停止耕种，吃好穿好，得过且过，倾耳细听，等待命运的安排，这是将军的长处所在。但是，眼下大家都劳累了，士卒疲惫不堪，实际上难以用他们继续作战。现在将军如果想要拿着这样困倦疲惫的士兵，屯驻在燕国坚固的城池之下，你想求速战，对方就坚守不出，你要强攻，短时间又拿不下来，疲惫的老底一露出来，形势就窘迫了，时间一旦拖久，粮食也将用完。燕国既不屈服，齐国也会利用这个机会守住边境以图自强。燕、齐两国都与汉军对峙，相持不下，那么刘邦、项羽两人谁胜谁负就难于判断，这是将军的短处所在。善于用兵作战的人，不用自己的短处去攻击敌人的长处，而会用自己的长处去攻击敌人的短处。"韩信又请教说："那么，我到底该怎么办呢？"广武君答道："我替将军想了一下，认为为今之计，不如按兵不动，休养士卒，同时安抚赵国的老百姓，那么方圆百里之内，就会每天有人送来牛酒，以犒劳将士。此时便可以让军队摆出北上征燕的架势，然后派遣一名辩士，拿着书信前往，向燕国摆明你的优点与有利条件，燕国一定不敢不听。等到燕国已经降服，便可以将进攻的矛头向东指向齐国，此时即使有很聪明的人，也不知道该如何替齐国谋划了。如果形势这样发展，那么天下大事就都可以办到了。用兵之道本来就有先声后实的策略，就是讲的这种情况。"韩信高兴地说："好。"于是采纳了广武君的计策，立即派遣使者出使燕国，燕国果然望风而降。韩信又派遣使者报告汉王，并请求让张耳在赵国为王，汉王同意了。楚国屡次派出奇兵渡过黄河袭击赵军，张耳和韩信带兵往来奔波，援救赵国，乘势在进军的过程中平定了赵国的城邑，并征调兵马，送到汉王那里去。

十一月，随何至九江，九江太宰主之，三日不得见。随何说太宰曰："王之不见何，必以楚为强，以汉为弱也。此臣之所以为使。使何得见，言之而是，大王所欲闻也；言之而非，使何等二十人伏斧质九江市，足以明王倍汉而与楚也。"太宰乃言之王。王见之。随何曰："汉王使臣敬进书大王御者，窃怪大王与楚何亲也？"九江王曰："寡人北乡而臣事之。"随何曰："大王与项王俱列为诸侯，北乡而臣事之者，必以楚为强，可以托国也。项王伐齐，身负版筑，为士卒先，大王宜悉九江之众，身自将之，为楚前锋；今乃发四千人以助楚。夫北面而臣事人者，固若是乎？汉王入彭城，项王未出齐也，大王宜悉九江之兵渡淮，日夜会战彭城下。大王乃抚万人之众，无一人渡淮者，垂拱而观其孰胜。夫托国于人者，固若是乎？大王提空名以乡楚，而欲厚自托，臣窃为大王不取也！然而大王不背楚者，以汉为弱也。夫楚兵虽强，天下负之以不义之名，以其背盟约而杀义帝也。汉王收诸侯，还守成皋、荥阳，下蜀、汉之粟，深沟壁垒，分卒守徼乘塞。楚人深入敌国八九百里，老弱转粮千里之外。汉坚守而不动，楚进则不得攻，退则不能解，故曰楚兵不足恃也。使楚胜汉，则诸侯自危惧而相救。夫楚之强，适足以致天下之兵耳。故楚不如汉，其势易见也。今大王不与万全之汉而自托于危亡之楚，臣窃为大王惑之！臣非以九江之兵足以亡楚也，大王发兵而倍楚，项王必留；

十一月，随何到达九江，九江王的太宰主持接待他，但过了三天仍无法见到九江王。随何向太宰建议说："大王之所以不肯见我随何，肯定是认为楚国强大，汉国弱小。我这次出使就是为着这件事来作解释的。假如我能见到大王，说得有理，大王就会想听下去；如果说得不对，就把我们二十个汉使在九江闹市处决，这足以证明大王是背叛汉王而结好楚国的。"太宰便把他的话报告了九江王。九江王接见了他。随何说："汉王派我将书信恭敬地进献给大王左右，心下奇怪，大王与楚王为什么这么亲近？"九江王说："寡人向他北面称臣。"随何说："大王与项王同样列身诸侯，你之所以北面向他称臣，肯定是认为楚是强国，可以作为靠山。但是项王在讨伐齐国时，亲自背负版筑，修筑工事，身先士卒，那时，大王应该征发九江的全部兵马，亲自率领，作为楚军的前锋；你当时却只打发四千人去帮助楚国。一个北面称臣的人，难道可以这样做吗？汉王攻入彭城时，项王还没有从齐国战场抽出身来，大王应该调动九江的全部兵马渡过淮河，开赴彭城日夜迎战。大王拥有的人马有一万多，之所以没有一个人渡过淮河助战，无非是袖手旁观谁胜谁负。对于一个倚为靠山的国家，难道可以采取这种态度吗？大王只是名义上效忠楚国，实际上是要借此获得厚利，我私下以为，大王这种做法是不可取的！尽管如此，但大王仍然不肯背叛楚国，是认为汉国弱小。楚国兵力虽然强大，但在天下背了个不义的名声，因为他们背弃盟约而杀死义帝。汉王收集诸侯，退守成皋、荥阳，运来蜀、汉地区的粮食，深沟高垒，分派兵卒，巡守要塞。楚国人深入敌国八九百里，靠老弱残兵从千里之外运输军粮。汉兵则坚守不动，楚军进不能攻，要退又被拖住无法解脱，所以说楚军不足依靠。假使楚胜汉败，那么诸侯们就会人人自危而互相救助。所以楚国的强大，正好使它成了众矢之的。是故楚不如汉，形势显而易见。现在大王不结交绝对安全可靠的汉国，而让自己依托危机四伏的楚国，我真替大王纳闷、担心！我并不是说，有了九江王的兵马就能消灭楚国，但只要大王起兵背叛楚国，项王就会被拖住；

留数月，汉之取天下可以万全。臣请与大王提剑而归汉，汉王必裂地而封大王，又况九江必大王有也。"九江王曰："请奉命。"阴许畔楚与汉，未敢泄也。

楚使者在九江，舍传舍，方急责布发兵。随何直入，坐楚使者上，曰："九江王已归汉，楚何以得发兵？"布愕然。楚使者起。何因说布曰："事已构，可遂杀楚使者，无使归，而疾走汉并力。"布曰："如使者教。"于是杀楚使者，因起兵而攻楚。楚使项声、龙且攻九江，数月，龙且破九江军。布欲引兵走汉，恐楚兵杀之，乃间行与何俱归汉。

十二月，九江王至汉。汉王方踞床洗足，召布入见。布大怒，悔来，欲自杀。及出就舍，帐御、饮食、从官皆如汉王居，布又大喜过望。于是乃使人入九江。楚已使项伯收九江兵，尽杀布妻子。布使者颇得故人、幸臣，将众数千人归汉。汉益九江王兵，与俱屯成皋。

楚数侵夺汉甬道，汉军乏食。汉王与郦食其谋桡楚权。食其曰："昔汤伐桀，封其后于杞；武王伐纣，封其后于宋。今秦失德弃义，侵伐诸侯，灭其社稷，使无立锥之地。陛下诚能复立六国之后，此其君臣、百姓必皆戴陛下之德，莫不乡风慕义，愿为臣妾。德义已行，陛下南乡称霸，楚必敛衽而朝。"汉王曰："善。趣刻印，先生因行佩之矣。"食其

而只要能拖住项王几个月时间，汉王就有绝对把握夺取天下。我请与大王一道提剑起事，归顺汉王，汉王肯定会割地分封大王，何况九江为大王故地，必将为大王所有。"九江王说："愿意遵命。"便暗中答应背叛楚国，投靠汉国，但还不敢泄露这个消息。

当时楚国使者也在九江，住在旅馆里，正在加紧督责英布发兵助楚。随何径直闯进来，在楚使者的上方尊位坐下，说："九江王已经归附汉国，楚国有什么资格要他发兵？"英布一听怔住了。楚使者一听，起身要走。随何于是建议英布道："事已至此，就应该把楚使者杀了，不要让他回去报信，我们则火速投奔汉王，合力抗楚。"英布说："就按使者的教诲办。"于是杀了楚使，并起兵进攻楚国。楚国派项声、龙且进攻九江王，打了几个月，龙且打垮了九江王的军队。英布想要带领兵马投奔汉国，又担心会被楚兵杀掉，于是与随何一道从小路投靠汉王。

十二月，九江王抵达汉国。当时汉王正坐在床上洗脚，叫英布去见他。英布大怒，后悔不该来，打算自杀。等他出来进入自己的寓所时，看到那里的帷帐用具、饮食级别、从官多少等都跟汉王居所一样，又大喜过望。于是英布派人潜入九江。其时楚国已派项伯接收了九江的部队，将英布的妻儿斩尽杀绝了。英布的使者招集到英布不少的旧友、幸臣等，带了几千人投奔汉国。汉国调拨人马补充九江王的部队，与他们一起驻守成皋。

楚军多次袭击争夺汉军运输军粮的甬道，汉军粮食缺乏。汉王与郦食其商量如何削弱楚国的力量。郦食其说："从前商汤讨伐夏桀，将夏桀的后代封在杞国；周武王讨伐商纣王，将商纣王的后代封在宋国。如今秦国抛弃德义，侵略攻伐各诸侯，毁灭了他们的社稷，使得他们的后代没有立锥之地。陛下假如能够重新封立六国的后裔为王，这样，六国的君臣、百姓都会对陛下感恩戴德，没有哪一个不向往仰慕您的德义，愿意做您的臣妾。待到德义施行，陛下便可南向称霸，那时，楚国人必定会整肃衣袖，恭恭敬敬前来向您朝拜。"汉王说："好。赶快去刻制印玺，先生就带上这些印玺出发前去分封他们，让他们佩带起来。"郦食其

未行，张良从外来谒。汉王方食，曰："子房前！客有为我计桡楚权者。"具以郦生语告良，曰："何如？"良曰："谁为陛下画此计者？陛下事去矣！"汉王曰："何哉？"对曰："臣请借前箸，为大王筹之：昔汤、武封桀、纣之后者，度能制其死生之命也。今陛下能制项籍之死命乎？其不可一也。武王入殷，表商容之闾，释箕子之囚，封比干之墓。今陛下能乎？其不可二也。发巨桥之粟，散鹿台之钱，以赐贫穷。今陛下能乎？其不可三也。殷事已毕，偃革为轩，倒载干戈，示天下不复用兵。今陛下能乎？其不可四也。休马华山之阳，示以无为。今陛下能乎？其不可五也。放牛桃林之阴，以示不复输积。今陛下能乎？其不可六也。天下游士，离其亲戚，弃坟墓，去故旧，从陛下游者，徒欲日夜望咫尺之地。今复立六国之后，天下游士各归事其主，从其亲戚，反其故旧、坟墓，陛下与谁取天下乎？其不可七也。且夫楚唯无强，六国立者复桡而从之，陛下焉得而臣之？其不可八也。诚用客之谋，陛下事去矣！"汉王辍食，吐哺，骂曰："竖儒几败而公事！"令趣销印。

荀悦论曰：夫立策决胜之术，其要有三：一曰形，二曰势，三曰情。形者，言其大体得失之数也；势者，

尚未动身，张良便从外面回来晋见。当时汉王正在吃饭，说："子房快到我面前来！刚才有个客人为我出了一个削弱楚国力量的主意。"于是把郦食其的话全部告诉了张良，并问："这个主意怎么样？"张良说："是谁给陛下出了这么个主意？要是那样做，陛下的大事就完了！"汉王问："为什么？"张良说："请让我借您面前的筷子，将目前形势筹划一下：从前商汤、周武之所以能封夏桀、商纣的后代，是因为他们自料能够绝对控制住对方，可以操纵他们的死生。如今陛下能制项籍的死生之命吗？这是不能够分封六国后代的第一个原因。周武王进入殷都，曾旌表商容的里门，释放被囚的箕子，整修加高比干的坟墓。如今陛下能做到吗？这是不能封的第二个原因。周武王散发巨桥的粮食，发放鹿台的金钱，分赐给贫穷的民众。如今陛下能做到吗？这是不能封的第三个原因。灭殷的事处理完毕之后，把兵车改为轩车，把干戈倒放收藏，向天下表示不再用兵。如今陛下能做到吗？这是不能封的第四个原因。周武王曾把战马放在华山的南面牧养，表示今后不再使用。如今陛下能做到吗？这是不能封的第五个原因。周武王曾将牛置于桃林的北面放牧，表示今后不用它们运输和积聚军粮。如今陛下能做到吗？这是不能封的第六个原因。天下的那些游士，离别他们的亲戚，丢弃祖先坟墓，抛下故旧老友，跟随陛下闯天下，日夜盼望的只是想要那一点点封地。现在如果重新分封六国的后裔，那么，天下游士就会各归本国，事奉他们的君主，跟他们的亲戚相聚，回到故旧身边、祖坟近旁，谁还会跟着陛下去打天下呢？这是不能封的第七个原因。况且当今楚国最强盛，那么重新封立的六国又服从楚国，陛下怎么能使他们臣服呢？这是不能封的第八个原因。假如真的采用了这个客人的计谋，陛下的大事可就完了！"汉王听罢饭也不吃了，把含在嘴里的食物吐了出来，大骂道："这个没用的书呆子，差点坏了你老子的大事！"命令把已刻好的印章赶快销毁。

　　东汉荀悦评论说：订决胜之术，要素有三个：一叫形，二叫势，三叫情。所谓形，是讲事物大体上的优劣得失之数；所谓势，

言其临时之宜、进退之机也；情者，言其心志可否之实也。故策同、事等而功殊者，三术不同也。

初，张耳、陈馀说陈涉以复六国，自为树党；郦生亦说汉王。所以说者同而得失异者，陈涉之起，天下皆欲亡秦；而楚、汉之分未有所定，今天下未必欲亡项也。故立六国，于陈涉，所谓多己之党而益秦之敌也。且陈涉未能专天下之地也，所谓取非其有以与于人，行虚惠而获实福也。立六国，于汉王，所谓割己之有而以资敌，设虚名而受实祸也。此同事而异形者也。

及宋义待秦、赵之毙，与昔卞庄刺虎同说者也。施之战国之时，邻国相攻，无临时之急，则可也。战国之立，其日久矣，一战胜败，未必以存亡也。其势非能急于亡敌国也，进乘利，退自保，故累力待时，乘敌之毙，其势然也。今楚、赵所起，其与秦势不并立，安危之机，呼吸成变，进则定功，退则受祸。此同事而异势者也。

伐赵之役，韩信军于泜水之上而赵不能败。彭城之难，汉王战于睢水之上，士卒皆赴入睢水而楚兵大胜。何则？赵兵出国迎战，见可而进，知难而退，怀内

是讲如何根据当时形势的需要而进退变化的机宜；所谓情，是讲心意志向上是坚定还是懈怠的实际情况。所以，应用同一种策略来处理相同的事情，其结果却不一样，原因就在于这三种要素不同。

起初，张耳、陈馀建议陈涉借复立六国后裔为王来为自己树立党羽；郦生也用这种策略来游说汉王。用来进行游说的理论相同而其成败不一样的原因是，在陈涉起义时，普天下的人都想要消灭暴秦；但楚、汉之争前途未卜，当时天下民众未必都希望消灭项羽。所以复立六国后裔为王，对于陈涉可说是扩充了自己的党羽，增加了秦朝的敌人。况且陈涉当时又没有控制天下的土地，他的分封可以说是从不属于自己的领土中划出土地赐给别人，施行的是空虚的恩惠，而得到的是实际上的福利。但复立六国之后代为王，对于汉王来说，可谓割取自己所拥有的领土而帮助敌人，设立虚名而受到实祸。这是事同而形异的例子。

及至宋义，又采取坐观成败的策略，等待秦、赵伤毙，自己好收渔翁之利，这与从前下庄子刺虎是同一种说教。这种策略施用于战国时代，那时邻国互相攻击、牵制，没有临时急难，是可以的。战国的形成，时间已经很久了，各国政权都较稳固，一次战役的胜负，未必能决定国家存亡。当时的形势也不允许各国能够急于灭亡敌国，所以他们在前进时就希望获利、败退时则图谋自保，大家都积蓄力量，等待时机，乘敌人筋疲力尽时下手，这是当时形势发展的必然趋势。如今楚国、赵国的兴起，它们与秦国是势不两立的，双方的安危成败，往往在一呼一吸间便可决定，所以前进就能决定成功，后退就会受到灾祸。这是事同而势异的例子。

讨伐赵国的战役，韩信驻军在泜水边上，但是赵军不能打败他。彭城那次战祸，汉王也在睢水边上作战，结果士卒都自投睢水，而楚兵大胜。这是为什么呢？因为赵军离开国都迎战，见到有利就前进，遇到挫折就后退，心里老想着

顾之心,无出死之计;韩信军孤在水上,士卒必死,无有二心,此信之所以胜也。汉王深入敌国,置酒高会,士卒逸豫,战心不固;楚以强大之威而丧其国都,士卒皆有愤激之气,救败赴亡之急,以决一旦之命,此汉之所以败也。且韩信选精兵以守,而赵以内顾之士攻之。项羽选精兵以攻,而汉以怠惰之卒应之。此同事而异情者也。

故曰:权不可预设,变不可先图,与时迁移,应物变化,设策之机也。

汉王谓陈平曰:"天下纷纷,何时定乎?"陈平曰:"项王骨鲠之臣,亚父、锺离眜、龙且、周殷之属,不过数人耳。大王诚能出捐数万斤金,行反间,间其君臣,以疑其心。项王为人,意忌信谗,必内相诛,汉因举兵而攻之,破楚必矣。"汉王曰:"善。"乃出黄金四万斤与平,恣所为,不问其出入。平多以金纵反间于楚军,宣言:"诸将锺离眜等为项王将,功多矣,然而终不得裂地而王,欲与汉为一,以灭项氏而分王其地。"项羽果意不信锺离眜等。

夏四月,楚围汉王于荥阳,急。汉王请和,割荥阳以西者为汉。亚父劝羽急攻荥阳,汉王患之。项王使使至汉,陈平使为太牢具。举进,见楚使,即佯惊曰:"吾以为亚父使,乃项王使!"复持去,更以恶草具进楚使。楚使归,具以报项王,项王果大疑亚父。亚父欲急攻下荥阳城,项王

家里，没有外出拼死的打算；而韩信的军队孤立在水边，士卒肯定只有拼死作战才有出路，没有别的想法，这是韩信取胜的原因。汉王深入敌国，却设宴饮酒，大会宾客，士卒都安于逸乐，没有牢固的战斗意识；楚国强大，一向威名远播，然而却丧失了首都，所以士卒都心怀激愤，急于奔赴危难，挽救败局，决心与汉军拼命，这是汉军失败的原因。况且韩信是挑选精兵留守，赵国却用顾虑家国的士卒去攻击他们。项羽挑选精兵来进攻，汉国却用懈怠逸惰的士卒来应敌。这是事同而情异的例子。

所以说：权谋不能预先设计，机变也不能预先考虑，只能根据时势，顺应事物来进行迁移变化，这是制定政策的枢机。

汉王对陈平说："天下纷争，要到什么时候才能平定呢？"陈平说："项王身边刚直、忠实不阿的臣子，像亚父、钟离眜、龙且、周殷之类，不过几个人而已。大王如果能够拿出几万斤黄金，施行反间计，去离间他们君臣，使他们互相猜疑。项王这个人天性疑忌，相信谗言，一定会对不放心的部下进行诛杀，汉军趁此机会发兵攻击，肯定能够打败楚军。"汉王说："好。"于是拿出黄金四万斤，交给陈平，让陈平任意使用，从不过问。陈平用很多黄金在楚军中行使反间计，扬言说："钟离眜等人替项王率兵打仗，功劳很多，但是始终不能裂土封王，他们想与汉王统一在一起，消灭项氏，瓜分他的土地，然后各自为王。"项羽听到这些谣言后，果然不相信钟离眜等人了。

夏季四月，楚军将汉王包围在荥阳，形势危急。汉王向项羽请求讲和，愿意以荥阳以西地区为汉，以东地区为楚。亚父劝项羽加紧进攻荥阳，汉王对此很是忧虑。及至项王派使者到汉营，陈平使人准备了宴客最高规格的牛、羊、豕皆备的吃食。端进来后，见到楚国使时，故作惊讶地说："我以为是亚父的使者呢，原来却是项王的使者！"说着又把吃食端了回去，换了粗劣的饭食给楚国使者吃。楚国使者回去后，把这些情况全都报告给了项王，项王果然特别怀疑亚父。亚父想要抓紧攻下荥阳城，项王

不信，不肯听。亚父闻项王疑之，乃怒曰："天下事大定矣，君王自为之，愿请骸骨！"归，未至彭城，疽发背而死。

五月，将军纪信言于汉王曰："事急矣！臣请诳楚，王可以间出。"于是陈平夜出女子东门二千馀人，楚因四面击之。纪信乃乘王车，黄屋，左纛，曰："食尽，汉王降楚。"楚皆呼万岁，之城东观。以故汉王得与数十骑出西门遁去，令韩王信与周苛、魏豹、枞公守荥阳。羽见纪信，问："汉王安在？"曰："已出，去矣。"羽烧杀信。周苛、枞公相谓曰："反国之王，难与守城！"因杀魏豹。

汉王出荥阳，至成皋，入关，收兵欲复东。辕生说汉王曰："汉与楚相距荥阳数岁，汉常困。愿君王出武关，项王必引兵南走。王深壁勿战，令荥阳、成皋间且得休息，使韩信等得安辑河北赵地，连燕、齐，君王乃复走荥阳。如此，则楚所备者多，力分；汉得休息，复与之战，破之必矣。"汉王从其计，出军宛、叶间，与黥布行收兵。羽闻汉王在宛，果引兵南。汉王坚壁不与战。

汉王之败彭城，解而西也，彭越皆亡其所下城，独将其兵北居河上，常往来为汉游兵击楚，绝其后粮。是月，彭越渡睢，与项声、薛公战下邳，破，杀薛公。羽乃使终公守成皋，而自东击彭越。汉王引兵北，击破终公，复军成皋。

不相信他的话,不肯听从他的意见。亚父知道项王怀疑自己后,就生气地说:"天下事基本上定形了,君王自己好好干吧,希望大王同意我辞职!"于是范增就回家了,但还没有走到彭城,就背疮突发死了。

五月,将军纪信对汉王说:"形势很紧急了!请让我假扮你来欺骗楚军,大王就可以乘机偷跑出去。"于是陈平乘黑夜把二千多名女子从东门放出去,楚军即从四面围攻她们。这时纪信乘坐汉王的车,车用黄绸作盖,车的左辕上张一柄用毛羽编织的装饰物,对楚军说:"因为粮食已经用尽,汉王愿意向楚国投降。"楚军都欢呼万岁,跑到城的东部来观看。因此汉王能够与数十名骑兵一道从城的西门逃出去,命令韩王信与周苛、魏豹、枞公留守荥阳。项羽见到纪信,问道:"汉王在哪里?"纪信回答说:"已经出城,跑啦。"项羽便将纪信烧死了。周苛、枞公商量说:"一个曾经反叛的国王,很难与他一道坚守城池。"于是将魏豹杀了。

汉王逃出荥阳,到了成皋,又进入关中,收聚兵马,打算再次东进。有位辕生劝说汉王道:"汉与楚在荥阳相持了几年,汉军经常处于困境。希望君王从武关出兵,项王一定会率兵南奔迎战。大王要深沟高垒,坚守不战,这样,荥阳、成皋一带军民就能得到休息,同时也使韩信等人得以安抚河北赵国故地,连结燕、齐,然后君王才可再奔荥阳作战。这样,楚军势必处处设防,力量就会分散;汉军能得到休息,然后再与楚军作战,那就肯定能够打垮楚军。"汉王听从了他的计策,从宛、叶一带出兵,与黥布一道,一边前进,一边收集士卒。项王听说汉王在宛,果然率军南征。汉王坚守阵地不与他交战。

当汉王在彭城失败,突围西奔的时候,彭越所夺取的城邑又全部丧失了,彭越就独自率领他的部队往北留在黄河边上,经常流动打游击,替汉军打击楚军,切断楚军的后勤粮道。当月,彭越渡过睢水,与项声、薛公在下邳交战,打败薛公的部队并杀了薛公。项羽于是派终公守成皋,而自己则往东进攻彭越。汉王领兵北进,打垮终公,又驻军于成皋。

六月，羽已破走彭越，闻汉复军成皋，乃引兵西拔荥阳城，生得周苛。羽谓苛：“为我将，以公为上将军，封三万户。”周苛骂曰：“若不趋降汉，今为虏矣，若非汉王敌也！”羽烹周苛，并杀枞公，而虏韩王信，遂围成皋。汉王逃，独与滕公共车出成皋玉门，北渡河，宿小脩武传舍。晨，自称汉使，驰入赵壁。张耳、韩信未起，即其卧内，夺其印符以麾召诸将，易置之。信、耳起，乃知汉王来，大惊。汉王既夺两人军，即令张耳循行，备守赵地；拜韩信为相国，收赵兵未发者击齐。诸将稍稍得出成皋从汉王。楚遂拔成皋，欲西；汉使兵距之巩，令其不得西。

秋七月，汉王得韩信军，复大振。八月，引兵临河，南乡，军小脩武，欲复与楚战。郎中郑忠说止汉王，使高垒深堑，勿与战。汉王听其计，使将军刘贾、卢绾将卒二万人，骑数百，渡白马津，入楚地，佐彭越，烧楚积聚，以破其业，无以给项王军食而已。楚兵击刘贾，贾辄坚壁不肯与战，而与彭越相保。

彭越攻徇梁地，下睢阳、外黄等十七城。九月，项王谓大司马曹咎曰：“谨守成皋！即汉王欲挑战，慎勿与战，勿令得东而已。我十五日必定梁地，复从将军。”羽引兵东行，击陈留、外黄、睢阳等城，皆下之。

汉王欲捐成皋以东，屯巩、洛以距楚。郦生曰：“臣闻‘知天之天者，王事可成’。王者以民为天，而民以食为天。

六月，项羽已打败、赶走彭越，听说汉王又驻军在成皋，就领兵西进，攻下荥阳城，活捉了周苛。项羽对周苛说："你给我带兵，我让你当上将军，封邑三万户。"周苛骂道："你还不赶快投降汉王，眼看就要被汉王俘虏了，你不是汉王的对手！"项羽于是烹死周苛，同时又杀了枞公，俘虏韩王信，并包围了成皋。汉王从成皋出逃，只与滕公共乘一辆车，从成皋城的北门即玉门溜出，向北渡过黄河，住在小脩武城的旅馆里。第二天早晨，自称汉使，跑进赵军的营垒内。当时，张耳、韩信还没有起床，刘邦就在他们的卧室内夺取了他们的印信符节，用以指挥召集诸将，对他们的职务进行了调整。韩信、张耳起床后，才知是汉王来了，大吃一惊。汉王夺取两人的军队以后，就命令张耳巡察各地，防守赵地；任命韩信为相国，收集赵国那些尚未征发的士兵进攻齐国。这时，从成皋城内陆续逃出来的将领，也奔来追随汉王。楚军攻克成皋后，打算向西进军；汉王派兵在巩地阻击，使得楚军不能西进。

秋季七月，汉王得到韩信的军队后，又声威大振。八月，率兵到达黄河岸边，南向驻军小脩武，准备再与楚军决战。郎中郑忠劝阻汉王，要他深沟高垒，不与楚军作战。汉王听从了他的计策，派遣将军刘贾、卢绾率兵二万人，骑兵数百人，从白马津渡过黄河，进入楚国地界，帮助彭越，烧毁楚军的粮草积蓄，毁掉他们的基业，使之没办法供给项王军食。楚军进攻刘贾，刘贾总是坚守营垒，不肯与楚军交战，而与彭越互相支援。

彭越攻略梁国土地，打下了睢阳、外黄等十七座城池。九月，项王对大司马曹咎说："要谨慎小心地守住成皋！假如汉王要挑战，也千万不要与他交锋，不让他东进就行了。我在十五天之内肯定能平定梁地，那时再跟将军会合。"项羽领兵东进，攻击陈留、外黄、睢阳等城邑，全都打下了。

汉王打算放弃成皋以东，退驻巩县、洛阳一带来阻击楚军。郦食其说："我听说，'知道有一个比天还要重大的天的人，王业就可以成功'。王者把民众看作是天，而民众又把粮食看作是天。

夫敖仓,天下转输久矣,臣闻其下乃有藏粟甚多。楚人拔荥阳,不坚守敖仓,乃引而东,令適卒分守成皋,此乃天所以资汉也。方今楚易取而汉反却,自夺其便,臣窃以为过矣!且两雄不俱立,楚、汉久相持不决,海内摇荡,农夫释耒,工女下机,天下之心未有所定也。愿足下急复进兵,收取荥阳,据敖仓之粟,塞成皋之险,杜太行之道,距飞狐之口,守白马之津,以示诸侯形制之势,则天下知所归矣。"王从之,乃复谋取敖仓。

食其又说王曰:"方今燕、赵已定,唯齐未下。诸田宗强,负海、岱,阻河、济,南近于楚,人多变诈。足下虽遣数万师,未可以岁月破也。臣请得奉明诏,说齐王,使为汉而称东藩。"上曰:"善。"

乃使郦生说齐王曰:"王知天下之所归乎?"王曰:"不知也。天下何所归?"郦生曰:"归汉!"曰:"先生何以言之?"曰:"汉王先入咸阳,项王负约,王之汉中。项王迁杀义帝,汉王闻之,起蜀、汉之兵击三秦,出关而责义帝之处。收天下之兵,立诸侯之后。降城即以侯其将,得赂即以分其士,与天下同其利,豪英贤才皆乐为之用。项王有倍约之名,杀义帝之负;于人之功无所记,于人之罪无所忘;战胜而不得其赏,拔城而不得其封;非项氏莫得用事,天下畔之,贤才怨之,而莫为之用。故天下之事归于汉王,可坐而策也!夫汉王发蜀、汉,定三秦;涉西河,破北魏;出井陉,

敖仓,作为天下转运粮食的集散地已经很久了,我听说那里仍藏有很多粮食。楚国人打下荥阳后,不坚守敖仓,却率兵东进,只派一些有罪的士兵分守成皋,这真是上天在帮助汉王啊。现在楚国容易攻下,而汉兵却退却,自己放弃了有利条件,我私下以为这样做是错误的!况且两雄不能并立,楚、汉两国久久相持不下,弄得天下局势动荡不安,农民丢掉了农具,妇女走下了织机,人心惶惶,不得安定。希望足下赶快重新进兵,攻取荥阳,控制敖仓的粮食,堵塞成皋要塞,断绝太行通道,封锁飞狐出口,扼守白马要津,向天下诸侯显示你用有利地形制敌的态势,那么天下人们就知该归向谁了。"汉王听从了他的意见,于是又图谋夺取敖仓。

郦食其又建议汉王道:"如今燕国和赵国都已平定,只有齐国尚未屈服。齐国各田氏宗族势力强大,依恃大海和泰山之险,利用黄河与济水设阻,南边又靠近楚国,人们大多诡诈善变。足下尽管派遣了数万大军前去,也不可能在数月一年内打垮它。臣下请求带着您的明诏去劝说齐王,使他归汉而称东藩。"汉王说:"好。"

于是派遣郦生游说齐王道:"大王知道天下将归谁吗?"齐王说:"不知道。你认为天下将归谁?"郦食其说:"将归汉!"齐王又问:"先生凭什么这样说呢?"郦食其说:"汉王先进入咸阳,应该为关中王,但项王背弃盟约,把他封到汉中为王。项王迁逐并杀死义帝,汉王听说后,动员蜀、汉的军队攻击三秦,出关后又责问义帝在什么地方。收聚天下的军队,立诸侯的后代为王。攻占了城邑就把它封给他的部将做侯王,夺取了财物就把它分给他的士兵,与天下人同享利益,所以英贤豪杰都乐意为他效劳。项王有违背盟约的恶名,杀害义帝的罪责;人家有功他不记得,人家有罪他老忘不了;打了胜仗没有赏赐,攻克城池得不到封爵;不是项氏宗族就不能掌权,天下人背叛他,贤才怨恨他,没有谁愿意供他役使。所以天下大业将归属汉王,这很容易推算出来!汉王从蜀、汉出发,平定三秦;渡过西河,攻破北魏,穿过井陉,

诛成安君；此非人之力也，天之福也！今已据敖仓之粟，塞成皋之险，守白马之津，杜太行之阪，距飞狐之口；天下后服者先亡矣。王疾先下汉王，齐国可得而保也；不然，危亡可立而待也！"先是，齐闻韩信且东兵，使华无伤、田解将重兵屯历下以距汉。及纳郦生之言，遣使与汉平，乃罢历下守战备，与郦生日纵酒为乐。韩信引兵东，未度平原，闻郦食其已说下齐，欲止。辩士蒯彻说信曰："将军受诏击齐，而汉独发间使下齐，宁有诏止将军乎？何以得毋行也？且郦生，一士，伏轼掉三寸之舌，下齐七十馀城；将军以数万众，岁馀乃下赵五十馀城。为将数岁，反不如一竖儒之功乎！"于是信然之，遂渡河。

四年冬十月，信袭破齐历下军，遂至临淄。齐王以郦生为卖己，乃烹之。引兵东走高密，使使之楚请救。田横走博阳，守相田光走城阳，将军田既军于胶东。

楚大司马咎守成皋，汉数挑战，楚军不出。使人辱之，数日，咎怒，渡兵汜水。士卒半渡，汉击之，大破楚军，尽得楚国金玉、货赂，咎及司马欣皆自刭汜水上。汉王引兵渡河，复取成皋，军广武，就敖仓食。

项羽下梁地十馀城，闻成皋破，乃引兵还。汉军方围锺离眛于荥阳东，闻羽至，尽走险阻。羽亦军广武，与汉相守数月。楚军食少。项王患之，乃为高俎，置太公其上，

诛杀成安君；这些都不是人力所能做得到的，而是上天赐予的洪福！现在已经控制了敖仓的粮食，堵塞了成皋的险要，扼守住白马的渡口，断绝了太行的通道，封锁了飞狐的隘口；在这种形势下，天下豪杰后降服的将先被消灭。大王如果迅速先归服汉王，齐国就可以得到保全；不然的话，危亡即时就会来到！"原先，齐国听说韩信将向东进兵，就派华无伤和田解率重兵驻扎在历下抵御汉军。到接受了郦生的建议后，便派出使者与汉谈和，又解除了历下防守戒备，每天与郦生纵酒取乐。韩信率兵东进，还没有渡过平原津，听说郦食其已经说服齐王，使齐国归服，就想停止进军。辩士蒯彻劝说韩信道："将军是接受了诏令进攻齐国，而汉王又单独派出暗使去说服齐国投降，难道有诏令制止将军的行动吗？你为什么停止前进呢？况且郦食其仅一介书生，坐在车上，摇着三寸长的舌头，竟收服了齐国七十馀座城池；将军率兵数万之多，一年多才攻下赵国五十馀座城池。你当了几年大将，反而比不上一个臭书生的功劳吗？"韩信认为他说得有理，就渡过黄河，进攻齐军。

四年(前203)冬季十月，韩信袭击并打垮了齐国历下的军队，接着就进逼到了临淄。齐王以为郦生出卖了自己，就把他烹煮死了。然后率兵东奔高密，并派使者到楚国求救。田横逃到博阳，留守丞相田光逃到城阳，将军田既驻军胶东。

楚国大司马曹咎镇守成皋，汉军多次挑战，楚军坚守不出。汉军派人在阵前辱骂了很多天，曹咎怒不可遏，就领军渡汜水应战。当士卒还只渡过一半时，汉军出击，大败楚军，将楚国的金银财宝和物资给养全部缴获，曹咎及司马欣都自杀于汜水边。汉王率军渡过黄河，又夺取了成皋，驻军广武，利用敖仓的粮食供给部队。

项羽攻下魏国十馀座城，听说成皋失守，就率军退回。当时汉军正把锺离眛围困在荥阳东，听说项羽来了，全都跑到险要地带去了。项羽也驻军在广武，与汉军对峙了几个月。楚军粮食缺少。项王很忧虑，于是特制一个高俎，把刘邦的父亲放在上面，

告汉王曰:"今不急下,吾烹太公!"汉王曰:"吾与羽俱北面受命怀王,约为兄弟,吾翁即若翁,必欲烹而翁,幸分我一杯羹!"项王怒,欲杀之。项伯曰:"天下事未可知,且为天下者不顾家,虽杀之无益,只益祸耳。"项王从之。

项王谓汉王曰:"天下匈匈数岁者,徒以吾两人耳。愿与汉王挑战,决雌雄,毋徒苦天下之民父子为也。"汉王笑谢曰:"吾宁斗智,不能斗力。"项王三令壮士出挑战,汉有善骑射者楼烦,辄射杀之。项王大怒,乃自被甲持戟挑战。楼烦欲射之,项王瞋目叱之,楼烦目不敢视,手不敢发,遂走还入壁,不敢复出。汉王使人间问之,乃项王也,汉王大惊。

于是项王乃即汉王,相与临广武间而语。羽欲与汉王独身挑战。汉王数羽曰:"羽负约,王我于蜀、汉,罪一;矫杀卿子冠军,罪二;救赵不还报,而擅劫诸侯兵入关,罪三;烧秦宫室,掘始皇帝冢,收私其财,罪四;杀秦降王子婴,罪五;诈坑秦子弟新安二十万,罪六;王诸将善地而徙逐故王,罪七;出逐义帝,彭城自都之,夺韩王地,并王梁、楚,多自与,罪八;使人阴杀义帝江南,罪九;为政不平,主约不信,天下所不容,大逆无道,罪十也。吾以义兵从诸侯诛残

通知汉王说："你如果不赶快投降，我就要烹死太公了！"汉王说："我与你项羽曾一起向怀王北面称臣，接受怀王的命令，结为兄弟，我父亲也就是你的父亲，你如果一定要烹煮你的父亲，那就希望你分一杯肉汤给我！"项王发怒，打算杀死太公。项伯劝道："天下大事现在还不能预料，况且一个要夺天下干大事的人是不会顾家的，你杀他爹也没有用，只会增加祸害。"项王听从了他的意见。

项王对汉王说："天下扰攘不安闹了好几年，只不过因为我们两个人的缘故。我希望与汉王当面挑战，一决雌雄，不要再连累天下的百姓父子白白受苦啦。"汉王笑着推辞说："我宁可斗智，不肯斗力。"项王三次命令壮士出去挑战，汉军有个擅长骑射的，叫作楼烦，每次都将挑战者射死了。项王大怒，于是亲自披甲持戟出来挑战。楼烦正打算射他，项王怒目圆睁，大喝一声，吓得楼烦眼睛不敢正视，双手发抖，不敢发箭，急忙逃回来躲进营垒，再也不敢出去了。汉王派人悄悄打听，原来是项王，汉王大惊。

于是项王靠近汉王，和汉王隔着广武涧对话。项羽要单独向汉王挑战。汉王数列项羽的罪状说："你项羽违背盟约，把我封到蜀、汉为王，这是第一条罪状；假托怀王命令杀死卿子冠军，这是第二条罪状；救赵任务完成后，你不回来向怀王报告，反而擅自胁迫诸侯的军队入关，这是第三条罪状；烧毁秦朝宫室，挖掘秦始皇的坟墓，盗取其中财物据为己有，这是第四条罪状；杀害秦朝降王子婴，这是第五条罪状；在新安欺骗坑杀秦朝子弟二十万，这是第六条罪状；把你喜欢的各国将领封在条件好的地方为王，而将原在那儿的君主迁徙、赶走，这是第七条罪状；将义帝赶出彭城，而把它作为自己的都城，夺取韩王的土地，同时又兼并魏国和楚国的土地称王称霸，竭力扩充自己的地盘，这是第八条罪状；派人在江南暗杀义帝，这是第九条罪状；为政不公平，主持盟约不守信用，普天下都不能容忍，真是大逆不道，这是第十条罪状。我以正义之师，跟随各国诸侯来诛杀残暴

贼,使刑馀罪人击公,何苦乃与公挑战!"羽大怒,伏弩射中汉王。汉王伤胸,乃扪足曰:"虏中吾指。"汉王病创卧,张良强请汉王起行劳军,以安士卒,毋令楚乘胜。汉王出行军,疾甚,因驰入成皋。

韩信已定临淄,遂东追齐王。项王使龙且将兵,号二十万,以救齐,与齐王合军高密。客或说龙且曰:"汉兵远斗穷战,其锋不可当。齐、楚自居其地,兵易败散。不如深壁,令齐王使其信臣招所亡城,亡城闻王在,楚来救,必反汉。汉兵二千里客居齐地,齐城皆反之,其势无所得食,可无战而降也。"龙且曰:"吾平生知韩信为人,易与耳。寄食于漂母,无资身之策;受辱于袴下,无兼人之勇;不足畏也。且夫救齐,不战而降之,吾何功?今战而胜之,齐之半可得也。"

十一月,齐、楚与汉夹潍水而陈。韩信夜令人为万馀囊,满盛沙,壅水上流,引军半渡击龙且,佯不胜,还走。龙且果喜曰:"固知信怯也!"遂追信。信使人决壅囊,水大至,龙且军太半不得渡。即急击,杀龙且。水东军散走,齐王广亡去。信遂追北至城阳,虏齐王广。汉将灌婴追得齐守相田光,进至博阳。田横闻齐王死,自立为齐王,还击婴,婴败横军于嬴下。田横亡走梁,归彭越。婴进击齐将田吸于千乘,曹参击田既于胶东,皆杀之,尽定齐地。

的贼子，只须派些受过刑的人进攻你就行了，我何苦亲自向你挑战！"项羽大怒，叫埋伏的弓箭手放箭，射中了汉王。汉王胸部受了伤，却捂住脚说："敌贼射中了我的脚趾。"汉王因受伤而卧床，张良坚持请汉王起来慰劳部队，以安抚士卒，不让楚军乘胜攻击。汉王于是出来巡视部队，伤势更重了，就跑到了成皋。

　　韩信已经平定了临淄，就向东追击齐王。项王派龙且率兵一支，号称二十万，去救援齐国，与齐王会合驻军高密。有人建议龙且说："汉军远离国土，拼尽全力作战，他们的锋芒不可阻挡。齐、楚军队因为在自己的国土上作战，容易败散。不如深沟高垒、坚守阵地，要齐王派他的亲信大臣去招抚那些已丢失的城邑，那些城邑的人听说齐王尚在，楚军又来救援，一定会反叛汉军。汉兵远离故土二千里，客居齐地，一旦齐国的城邑都起来反叛，他们势必没地方找到粮食，这样一来，不用作战也可以迫使他们投降。"龙且说："我平素很了解韩信这个人，容易对付。他曾在一个洗衣的老太婆那儿弄点饭吃，连谋生的本领都没有；又曾受胯下之辱，没有一点过人的勇气；这种人没什么可怕的。况且我来救援齐国，如果不经战斗就降服了敌军，又有什么功劳？如果我通过战斗打败了他，齐国的一半土地就可以得到了。"

　　十一月，齐、楚联军与汉军隔着潍水布下阵势。韩信命人在夜里做了一万多个布袋，里面装着沙土，用它们堵塞在潍水上游，然后率兵渡河袭击龙且，部队还只渡过一半，韩信等就假装打不赢，往后跑。龙且见状，果然高兴地说："我早就知道韩信是个胆小鬼！"于是追击韩信。韩信派人拆除那些堵水的沙袋，河水便汹涌而下，使得龙且的部队大半无法渡河。韩信率军猛烈反击，杀了龙且。留在潍水东岸的楚军四散奔逃，齐王田广也逃跑了。韩信立即追击败兵，追到城阳，俘虏了齐王田广。汉将灌婴追获齐国留守国相田光，进至博阳。田横听说齐王死了，便自立为齐王，回军反击灌婴，灌婴在嬴下打败了田横的军队。田横逃奔梁投归彭越。灌婴在千乘进击齐将田吸，曹参在胶东攻击田既，将这两个人都杀了，全部平定了齐国故地。

立张耳为赵王。

汉王疾愈，西入关。至栎阳，枭故塞王欣头栎阳市。留四日，复如军，军广武。

春二月，遣张良操印立韩信为齐王，征其兵击楚。项王闻龙且死，大惧，使盱台人武涉往说齐王信。信不忍倍汉，遂谢蒯彻。语在《诸将之叛》。

秋八月，汉王下令：军士不幸死者，吏为衣衾棺敛，转送其家。四方归心焉。

项王自知少助；食尽，韩信又进兵击楚，羽患之。汉遣侯公说羽，请太公。羽乃与汉约，中分天下，割洪沟以西为汉，以东为楚。九月，楚归太公、吕后，引兵解而东归。汉王欲西归，张良、陈平说曰："汉有天下太半，而诸侯皆附；楚兵疲食尽，此天亡之时也。今释弗击，此谓'养虎自遗患'也。"汉王从之。

五年冬十月，汉王追项羽至固陵，与齐王信、魏相国越期会击楚。信、越不至，楚击汉军，大破之。汉王复坚壁自守，谓张良曰："诸侯不从，奈何？"对曰："楚兵且破，二人未有分地，其不至固宜。君王能与共天下，可立致也。齐王信之立，非君王意，信亦不自坚。彭越本定梁地，始，君王以魏豹故拜越为相国，今豹死，越亦望王，而君王不早定。今能取睢阳以北至穀城皆以王彭越，从陈以东傅海与韩王信。信家在楚，其意欲复得故邑。能出捐此地以许两人，使各自为战，则楚易破也。"汉王从之。于是韩信、彭越皆引兵来。

立张耳为赵王。

汉王的伤好了，向西进入关中。到栎阳时，将原塞王司马欣在栎阳街头枭首示众。停留四天之后，又回到部队里，驻扎在广武。

春季二月，派遣张良携带印信立韩信为齐王，征调他的兵马进攻楚国。项王听说龙且战死，非常惊恐，便派遣盱台人武涉前去游说齐王韩信。韩信不忍背叛汉王，于是谢绝了蒯彻。语在《诸将之叛》。

秋季八月，汉王下令：军士不幸死亡的，由官吏替他们做好丧服、棺材，转送到他的家里。因此四方民心归向他。

项王自知帮助他的人很少；加之粮食已用尽，韩信又进兵攻击楚军，很忧虑。汉王派侯公游说项羽，请求归还太公。项羽便与汉国约定，平分天下，割让鸿沟以西的地方给汉国，鸿沟以东为楚国。九月，楚国归还太公、吕后，领兵罢战东归。汉王也打算西归，张良、陈平劝他说："汉已占有天下的一大半，诸侯又都归附；楚国兵疲粮尽，这是天赐的灭楚良机。现在如果放走他们不打，这叫作'养虎自遗患'呀！"汉王采取了他们的意见。

五年（前202）冬季十月，汉王追击项羽到达固陵，与齐王韩信、魏相国彭越约期会合，围攻楚军。但是韩信与彭越没有依约赶到，楚军攻击汉军，把它打得大败。汉王只好加固营垒坚守，他对张良说："诸侯不听我的，怎么办呢？"张良答道："楚兵即将被打垮了，他们两人还没有封地，当然不会来。君王您如果能与他们共享天下，立刻就可以把他们叫来。齐王韩信的封王，并不是君王的本意，韩信自己也放心不下。彭越原本平定了梁国故地，开始君王是因为魏豹的缘故才任命彭越为相国，如今魏豹死了，彭越当然也希望封王，但是君王却不早点确定。现在您如果能拿睢阳以北到穀城一带地区都给彭越，让他在那里为王；从陈以东一直到大海的地区给齐王韩信。韩信老家在楚，他的愿望是还要再得到故乡为封邑。如果能舍出这些地方答应分给两人，使他们各自为战，那么楚国就容易打垮了。"汉王听从了他的建议。于是韩信、彭越都带兵来了。

十一月，刘贾南渡淮，围寿春，遣人诱楚大司马周殷。殷畔楚，以舒屠六，举九江兵迎黥布，并行屠城父，随刘贾皆会。

十二月，项王至垓下，兵少，食尽，与汉战不胜，入壁。汉军及诸侯兵围之数重。项王夜闻汉军四面皆楚歌，乃大惊曰："汉皆已得楚乎？是何楚人之多也！"则夜起，饮帐中，悲歌慷慨，泣数行下，左右皆泣，莫能仰视。于是项王乘其骏马名骓，麾下壮士骑从者八百馀人，直夜，溃围南出驰走。平明，汉军乃觉之，令骑将灌婴以五千骑追之。项王渡淮，骑能属者才百馀人。至阴陵，迷失道，问一田父，田父绐曰"左"。左，乃陷大泽中，以故汉追及之。

项王乃复引兵而东，至东城，乃有二十八骑，汉骑追者数千人。项王自度不得脱，谓其骑曰："吾起兵至今，八岁矣，身七十馀战，未尝败北，遂霸有天下。然今卒困于此，此天之亡我，非战之罪也！今日固决死，愿为诸君快战，必溃围，斩将，刈旗，三胜之，令诸君知天亡我，非战之罪也。"乃分其骑以为四队，四乡。汉军围之数重。项王谓其骑曰："吾为公取彼一将。"令四面骑驰下，期山东为三处。于是项王大呼驰下，汉军皆披靡，遂斩汉一将。是时，郎中骑杨喜追项王，项王瞋目而叱之，喜人马俱惊，辟易数里。项王与其骑会为三处，汉军不知项王所在，乃分军为三，复围之。项王乃驰，复斩汉二都尉，杀数十百人。复聚其骑，亡

十一月，刘贾南渡淮河，围攻寿春，派人引诱楚国大司马周殷。周殷背叛楚国，以舒地士兵屠杀六邑军民，以九江郡所有士兵迎接黥布，并在前进中屠杀城父军民，随同刘贾都来会合。

十二月，项王到达垓下，兵少粮尽，与汉军交战未能取胜，只好退守营垒。汉军和诸侯兵将他围了好几层。项王在夜里听到汉军四面都是楚歌，于是大惊失色说："难道汉军都已占领了楚国吗？为什么楚国人这么多呢？"于是夜里起来，坐在帐中饮酒。他慷慨悲歌，眼泪扑簌簌掉下来，左右侍卫都泣不成声，不能抬起头来看他。于是项王骑上那匹名叫骓的骏马，部下壮士骑马跟随的有八百多人，当夜便突围往南面奔驰。天快亮时，汉军才发觉，便命令骑将灌婴率领五千骑兵追击他们。项王渡过淮河，骑兵能跟上的只有一百多人了。到达阴陵时，迷失了道路，问一个农夫时，农夫骗他说："往左走。"项王往左走，就陷到一大片泥泽之中去了，所以能被汉军追上。

项王于是又领兵向东奔，到达东城时，只剩下二十八个骑从了，而汉军追来的骑兵有几千人。项王自己估计不能脱险，便对他的随骑说："我自起兵到现在已经八年了，身经七十多次战斗，从未失败过，于是称霸天下。然而如今终于在这里受困，这是上天要灭亡我，并不是我作战的失误啊！今天必然要决一死战，我愿意替诸君打一个痛快仗，一定要突出重围，斩杀敌将，砍倒敌旗，取得三次胜利，让诸君知道这是上天要灭亡我，并不是我作战失误造成的罪过。"于是把他的骑兵分为四队，面向四方却敌。汉军将他们围了好几层。项王对他的骑兵说："我为你们杀那边一个敌将。"命令他们向四面的骑兵冲杀下去，约定在山的东面分三处集合。于是项王大声呼喝着纵骑冲下，汉军都四散溃逃，随即就杀了一员敌将。这时，郎中骑杨喜追赶项王，项王怒目圆睁，对他大喝一声，杨喜连人带马都受惊吓，倒退了好几里路。项王与他的骑兵分三处会合，汉军不知道项王在哪一处，就将部队分为三部分，重新包围起来。项王纵马冲杀，又斩杀汉军两个都尉，杀死近百人。再把随骑集合起来，只损失了

其两骑耳。乃谓其骑曰:"何如?"骑皆伏曰:"如大王言!"

于是项王欲东渡乌江,乌江亭长舣船待,谓项王曰:"江东虽小,地方千里,众数十万人,亦足王也。愿大王急渡!今独臣有船,汉军至,无以渡。"项王笑曰:"天之亡我,我何渡为!且籍与江东子弟八千人渡江而西,今无一人还,纵江东父兄怜而王我,我何面目见之?纵彼不言,籍独不愧于心乎!"乃以其所乘骓马赐亭长,令骑皆下马步行,持短兵接战。独籍所杀汉军数百人,身亦被十馀创。顾见汉骑司马吕马童,曰:"若非吾故人乎?"马童面之,指示中郎骑王翳曰:"此项王也。"项王乃曰:"吾闻汉购我头千金,邑万户,吾为若德。"乃刎而死。王翳取其头,馀骑相蹂践争项王,相杀者数十人。最其后,杨喜、吕马童及郎中吕胜、杨武各得其一体。五人共会其体,皆是,故分其户,封五人皆为列侯。

楚地悉定,独鲁不下。汉王引天下兵欲屠之。至其城下,犹闻弦诵之声。为其守礼义之国,为主死节,乃持项王头以示鲁父兄,鲁乃降。汉王以鲁公礼葬项王于穀城,亲为发哀,哭之而去。诸项氏枝属皆不诛,封项伯等四人皆为列侯,赐姓刘氏。诸民略在楚者皆归之。

太史公曰:羽起陇亩之中,三年,遂将五诸侯灭秦,分裂天下而封王侯,政由羽出,位虽不终,近古以

两个人。项王就对他的随骑说："怎么样？"随骑都敬服说："正如大王所言！"

于是项王打算东渡乌江，乌江亭长也移船靠岸等着他，对项王说："江东虽然小一点，土地也有方圆千里，民众达数十万，也足以称王。希望大王赶快渡江！如今仅只臣下有船，汉军到来时，就没法渡河了。"这时项王却苦笑着说："既是上天要灭亡我，我还渡江干什么？况且我项籍与江东子弟八千人一起渡江西征，现在他们没有一个回来，纵使江东父兄同情我而拥立我为王，我又有何面目再去见他们？纵然他们不说我什么，我项籍难道不于心有愧吗？"于是把他所坐的那匹乌骓马赐给乌江亭长，命令骑兵都下马步行，手持短兵器交战。单是项籍一个人所杀死的汉军就有数百人，他自己也受了十多处伤。项王回头见到汉军骑兵司马吕马童说："你不是我的旧友吗？"吕马童面对项王看着，指示给中郎将王翳说："这就是项王。"项王就说："我听说汉用赏赐千金、封邑万户来买我的头，我为你做件好事吧。"于是自刎而死。王翳割取了他的头，其馀的骑兵为争项王尸体互相践踏、互相残杀而死的有好几十人。最后，杨喜、吕马童及郎中吕胜、杨武，各人都夺得一个肢体。后来五个人把所得肢体拼凑在一起，成为一个整体，证明都是项王的，所以把万户封邑一分为五，封他们五个人为列侯。

楚国的地方全部平定了，唯独鲁城不肯屈服。汉王带领天下兵马打算屠城。到部队抵达城下时，仍然听到里面有奏乐和诵经之声。因为它是一个遵守礼义的国家，为君主效忠守节，所以拿着项王的头给鲁城的父老兄弟看，鲁人才投降。汉王按照鲁公的礼仪将项王埋在穀城，亲自为之举哀，哭了一场才离去。所有项氏的子孙亲属都不加诛杀，封项伯等四人都为列侯，赐姓刘。所有被掳掠到楚地的人，都将他们送归故里。

西汉太史公司马迁说："项羽兴起于民间，仅经过三年时间，就率领五诸侯兵消灭秦朝，割裂天下而分封王侯，政令都由项羽发出，尽管王位未能保持始终，却也是近古以

来未尝有也！及羽背关怀楚，放逐义帝而自立，怨王侯叛己，难矣！自矜功伐，奋其私智而不师古，谓霸王之业，欲以力征经营天下。五年，卒亡其国，身死东城，尚不觉寤而不自责，乃引"天亡我，非用兵之罪也"，岂不谬哉！

扬子《法言》：或问："楚败垓下，方死，曰'天也！'谅乎？"曰："汉屈群策，群策屈群力；楚憝群策而自屈其力。屈人者克，自屈者负，天曷故焉！"

春正月，诸侯王皆上疏请尊汉王为皇帝。二月甲午，王即皇帝位于汜水之阳。

帝西都洛阳。夏五月，帝置酒洛阳南宫，上曰："彻侯、诸将毋敢隐朕，皆言其情：吾所以有天下者何？项氏之所以失天下者何？"高起、王陵对曰："陛下使人攻城略地，因以与之，与天下同其利。项羽不然，有功者害之，贤者疑之，此其所以失天下也。"上曰："公知其一，未知其二。夫运筹帷幄之中，决胜千里之外，吾不如子房；填国家，抚百姓，给馈饷，不绝粮道，吾不如萧何；连百万之众，战必胜，攻必取，吾不如韩信。三者皆人杰，吾能用之，此吾所以取天下者也。项羽有一范增而不能用，此所以为我禽也。"群臣说服。

齐人娄敬戍陇西，过洛阳，脱挽辂，衣羊裘，因齐人虞将军求见上。虞将军欲与之鲜衣，娄敬曰："臣衣帛，衣帛

来从未有过的事。等到项羽放弃关中的有利地形而怀念楚国故乡，放逐义帝而自立为王，却埋怨王侯们背叛自己，这就难了！炫耀自己的功劳，只是施展他个人的才智而不效法古人，认为霸王之业，就是要以武力来征伐经营天下。结果只过了五年，终于亡国，身死东城时还不觉醒不自责，却说什么"这是上天要灭亡我，不是我用兵的过错"，难道不荒谬吗？

扬子《法言》说：有人问："楚项羽兵败垓下，临死时说'这是天意'，真是这样吗？"回答说："汉王尽量采纳众人的计策，众人的计策能够充分发挥众人的力量；楚项羽憎恶众人的计策，不知采纳，而只竭尽自己的力量。能充分发挥众人力量的人就胜利，只依靠竭尽个人力量的人就失败，这与上天有什么关系呢？"

春季正月，各诸侯王都上疏，请求尊汉王为皇帝。二月甲午（初三），汉王在汜水北岸即皇帝位。

高祖往西建都洛阳。夏季五月，高祖在洛阳南宫举行酒宴，高祖说："彻侯及各位将领，你们不要隐瞒我，都讲你们的心里话，我得到天下的原因是什么？项羽失掉天下的原因又是什么？"高起、王陵回答说："陛下派人攻城略地，攻下了城邑就封给他，与天下人共享利益。项羽却不这样，有功劳的人就陷害他，贤能的人就怀疑他，这就是他失去天下的原因。"高祖说："你们只知其一，不知其二。说到在帷幄之中运筹谋划，却能在千里之外取得胜利，我不如张子房；镇守国家，安抚百姓，供给军粮，使粮道畅通无阻，我不如萧何；统帅百万大军，战必胜，攻必取，我不如韩信。这三位都是人中豪杰，我能任用他们，这便是我为什么能夺取天下的原因。项羽手下只有一个范增，却不能任用，这就是他被我制服的原因。"群臣听了，都心悦诚服。

齐人娄敬去戍守陇西，路过洛阳时，解下辕车的横木，穿着羊皮袄，通过同乡齐人虞将军的关系求见高祖。虞将军要给他换上漂亮衣服，娄敬说："我如果原来穿的是丝绸衣服，就穿丝绸

见;衣褐,衣褐见;终不敢易衣。"于是虞将军入言上。上召见,问之,娄敬曰:"陛下都洛阳,岂欲与周室比隆哉?"上曰:"然。"娄敬曰:"陛下取天下与周异。周之先,自后稷封邰,积德累善,十有馀世,至于太王、王季、文王、武王而诸侯自归之,遂灭殷,为天子。及成王即位,周公相焉,乃营洛邑,以为此天下之中也,诸侯四方纳贡职,道里均矣。有德则易以王,无德则易以亡。故周之盛时,天下和洽,诸侯、四夷莫不宾服,效其贡职。及其衰也,天下莫朝,周不能制也。非唯其德薄也,形势弱也。今陛下起丰、沛,卷蜀、汉,定三秦,与项羽战荥阳、成皋之间,大战七十,小战四十,使天下之民,肝脑涂地,父子暴骨中野,不可胜数,哭泣之声未绝,伤夷者未起,而欲比隆于成、康之时,臣窃以为不侔也。且夫秦地被山带河,四塞以为固,卒然有急,百万之众可立具也。因秦之故,资甚美膏腴之地,此所谓天府者也。陛下入关而都之,山东虽乱,秦之故地可全而有也。夫与人斗,不扼其亢,拊其背,未能全其胜也。今陛下案秦之故地,此亦扼天下之亢而拊其背也。"

帝问群臣。群臣皆山东人,争言:"周王数百年,秦二世即亡。洛阳东有成皋,西有崤、渑,倍河,乡伊、洛,其固亦足恃也。"上问张良,良曰:"洛阳虽有此固,其中小,不过数百里,田地薄,四面受敌,此非用武之国也。关中左

衣服去见；原来穿的是粗布衣服，就穿粗布衣服去见；总之不愿换衣服。"于是虞将军进去告诉了高祖。高祖召他入见，问他，娄敬说："陛下建都洛阳，难道是想要与周朝比兴隆吗？"高祖说："是的。"娄敬说："陛下取得天下的途径跟周朝不同。周人的祖先自后稷封邰起，积累德政与善行十多代，到了太王、王季、文王、武王时，诸侯自己都来归顺他，于是消灭殷纣，成为天子。及至周成王即位，周公为相，便营建洛邑，认为这里是天下的中心，诸侯们从各地前来交纳贡赋，路程远近均等。有德行的君主容易依靠它称王天下，没有德行的人则容易由于它而亡国。所以当周朝强大的时候，天下和洽，诸侯和四夷没有不臣服天子、献纳贡赋的。等到周朝衰落的时候，却没有人再去朝拜，周天子也无法控制。这并非只是他的德行浅薄了，地理形势也不利呀。如今陛下从丰、沛起兵，席卷蜀、汉，平定三秦，与项羽在荥阳、成皋一带作战，其中大战七十多次，小战四十多次，使得天下民众流血遍地，父老子弟抛尸荒野，死伤无数，哭泣之声还没有断绝，伤残的人还没治好，却想要与周成、康之时比美，臣下认为这很不相当。况且秦地背靠华山，环临黄河，四面都有关塞险固，如果突然之间出现紧急情况，百万大军立刻就可以动员起来。继承秦朝的原有基础，利用秦地特别富饶肥沃的土地，这真是所谓天然的府库。如果陛下进入关中，在那里建都，山东地区即使发生变乱，秦国的旧地仍然可以保全。大凡与人搏斗，如果不卡住对方的咽喉，攻击他的后背，就不能取得完全胜利。如果陛下能据守秦国故地，这也等于是卡住了天下的咽喉，又攻击他的后背呀。"

高祖征询大臣们的意见，大臣们都是山东人，都争先恐后地说："周朝称王几百年，秦朝只经历两代就亡国了。洛阳东有成皋，西有崤山、渑池，背靠黄河，面朝伊水、洛水，它的险固地势也足以作为依靠。"高祖又问张良，张良说："洛阳尽管有这样险固的地势，但是中间的范围太小，方圆不过几百里，田地又瘠薄，四面都有受到敌人进攻的威胁，这里不是用武之地。然而关中左

崤、函，右陇、蜀，沃野千里，南有巴、蜀之饶，北有胡苑之利。阻三面而守，独以一面东制诸侯。诸侯安定，河、渭漕挽天下，西给京师；诸侯有变，顺流而下，足以委输。此所谓金城千里，天府之国也。娄敬说是也。"上即日车驾西，都长安。拜娄敬为郎中，号曰奉春君，赐姓刘氏。

有崤山、函谷关，右有陇山、蜀的岷山，中间肥沃的田地连绵千里，南边有巴、蜀两地的财富，北边有塞上草原的畜牧之利。北、西、南三面可凭险而守，只以一面向东控制诸侯。如果诸侯安定无事，就利用黄河、渭水漕运天下各地的物资，向西供应京师；一旦诸侯发生变乱，又利用河、渭顺流而下，也完全能够满足军事运输的需要。这真是所谓金城千里、天府之国呀。娄敬的建议是对的。"高祖于是即日命驾西进，建都长安。并任命娄敬为郎中，称为奉春君，赐他姓刘。

诸将之叛

汉高祖四年冬十月，韩信袭齐，已定临淄，遂东追齐王。项王使龙且将兵救齐，信击杀龙且，虏齐王广。韩信使人言汉王曰："齐伪诈多变，反覆之国也，南边楚，请为假王以镇之。"汉王发书，大怒，骂曰："吾困于此，旦暮望若来佐我，乃欲自立为王！"张良、陈平蹑汉王足，因附耳语曰："汉方不利，宁能禁信之自王乎？不如因而立之，善遇，使自为守；不然，变生。"汉王亦悟，因复骂曰："大丈夫定诸侯，即为真王耳，何以假为！"春二月，遣张良操印立韩信为齐王，征其兵击楚。

项王闻龙且死，大惧，使盱台人武涉往说齐王信曰："天下共苦秦久矣，相与戮力击秦。秦已破，计功割地，分土而王之，以休士卒。今汉王复兴兵而东，侵人之分，夺人之地，已破三秦，引兵出关，收诸侯之兵以东击楚，其意非尽吞天下者不休，其不知厌足如是甚也！且汉王不可必，

诸将之叛

汉高祖四年（前203）冬季十月，韩信袭击齐国，已经平定临淄，就向东追击齐王。项王派遣龙且率兵援救齐国，韩信又击杀龙且，并俘虏了齐王田广。于是韩信派人对汉王说："齐国狡诈多变，是个反复无常的国家，南边又靠着楚国，请允许我暂时代理国王，来镇抚它。"汉王打开来书一看，不禁大怒，骂道："我被围困在这里，日夜盼望你来帮助我，你却想自立为王！"张良、陈平连忙暗中踩汉王的脚，附在他的耳朵上小声说："汉军目前处境不利，难道禁止得了韩信自己称王吗？不如趁机干脆立他为王，好好待他，让他自己镇守齐国；不然就会发生变乱。"汉王一听，也明白过来了，又故意骂道："大丈夫平定了诸侯国，就做真王好了，做什么代理国王呢！"春季二月，汉王派遣张良携带印信前去立韩信为齐王，征调他的兵马攻打楚军。

项王听说龙且死了，非常恐惧，便派遣盱台人武涉前往游说齐王韩信，武涉说道："天下人共同遭受秦朝统治者施加的痛苦已经很久了，所以大家能齐心合力攻打秦朝。秦朝被消灭了以后，就按照功劳大小分割土地，各自分土为王，以使士兵得到休养。如今汉王又兴兵向东进发，侵吞他人的王位，掠夺他人的封地，已经攻破了三秦之地，又领兵出关，收聚诸侯的军队用以向东攻打楚国，他的用意是不完全吞并整个天下就不会罢休，其贪心不足竟然达到了这种程度！况且汉王这个人是靠不住的，

身居项王掌握中数矣，项王怜而活之，然得脱，辄倍约，复击项王，其不可亲信如此。今足下虽自以与汉王为厚交，为之尽力用兵，必终为所禽矣。足下所以得须臾至今者，以项王尚存也。当今二王之事，权在足下。足下右投则汉王胜，左投则项王胜。项王今日亡，则次取足下。足下与项王有故，何不反汉，与楚连和，参分天下王之！今释此时，而自必于汉以击楚，且为智者固若此乎？"韩信谢曰："臣事项王，官不过郎中，位不过执戟，言不听，画不用，故倍楚而归汉。汉王授我上将军印，予我数万众，解衣衣我，推食食我，言听计用，故吾得以至于此。夫人深亲信我，我倍之不祥，虽死不易！幸为信谢项王。"

武涉已去，蒯彻知天下权在信，乃以相人之术说信曰："仆相君之面，不过封侯，又危不安；相君之背，贵乃不可言。"韩信曰："何谓也？"蒯彻曰："天下初发难也，忧在亡秦而已。今楚、汉分争，使天下之人肝胆涂地，父子暴骸骨于中野，不可胜数。楚人走彭城，转斗逐北，乘利席卷，威震天下；然兵困于京、索之间，迫西山而不能进者，三年于此矣。汉王将数十万之众，距巩、洛，阻山、河之险，一日数战，无尺寸之功，折北不救。此所谓智勇俱困者也。百姓罢极怨望，无所归倚。以臣料之，其势非天下之贤圣固不

他落在项王手里已经有好几次了，项王可怜他，每次都让他活了下来，然而只要一脱险，他就立即背弃盟约，重新攻击项王，其不可亲近和信赖到了这步田地。如今足下虽然自以为与汉王是深交，替他尽力用兵，但是终究会被他擒拿的。足下之所以能够苟延到今天，就是因为项王还存在。目前刘、项二王的成败，决定的关键在足下。足下往右边一靠，则汉王取胜；往左边一靠，则项王取胜。如果项王今天败亡，下一个就是消灭足下了。足下与项王有老交情，为什么不背叛汉国，与楚国讲和，三分天下而独立为王呢？现在放弃这个机会，自己死心塌地地投靠汉王来攻击楚国，作为一个聪明人居然会这样做吗？"韩信辞谢说："我曾经事奉项王，做官没有超过郎中，任职没有超过执戟的卫士，进言不听从，计策不采用，所以我才背叛楚国而归顺汉王。汉王把上将军印授给我，交给我好几万人马，脱下自己的衣服给我穿，拿出自己的食物给我吃，言听计从，所以我才有了今天。人家这样亲近和信任我，我背叛他不吉祥，所以即使死了我也不会变心！希望你替我谢谢项王的好意。"

　　武涉走了以后，蒯彻知道影响天下局势发展的关键在于韩信，就利用相人之术来游说韩信，他说："我相您的面，不会超过封侯，而且还有危险，不安全；相您的背，却高贵得无法用语言来形容。"韩信问："这是什么意思？"蒯彻说："天下最初举兵抗秦的时候，大家所忧虑的，在于怎样灭掉暴秦而已。如今楚、汉相争，使得天下人民鲜血遍地，父子老少抛尸荒野，数不胜数。楚国人越过彭城，转战四方，追逐败兵，乘着胜利，席卷宇内，威震天下；但是，他们的军队被困在京县、索城一带，被阻于成皋以西的山地而不能再往前推进，停留在这里已经三年了。汉王也率领数十万人马，在巩县、洛阳一带阻击楚军，凭借山、河的险要地形设防，虽然一天战斗多次，非但没有得到一点功绩，还受挫败北，不能自救。这叫作有智的智用尽，有力的力使完，困顿不堪了。老百姓筋疲力尽，怨声载道，人心惶惶，无所归依。按照我的估计，这种发展趋势如果没有天下的贤圣，就根本无法

能息天下之祸。当今两主之命，悬于足下，足下为汉则汉胜，与楚则楚胜。诚能听臣之计，莫若两利而俱存之，参分天下，鼎足而居，其势莫敢先动。夫以足下之贤圣，有甲兵之众，据强齐，从赵、燕，出空虚之地而制其后，因民之欲，西乡为百姓请命，则天下风走而响应矣，孰敢不听！割大、弱强以立诸侯，诸侯已立，天下服听，而归德于齐。案齐之故，有胶、泗之地，深拱揖让，则天下之君王相率而朝于齐矣。盖闻'天与弗取，反受其咎；时至不行，反受其殃'。愿足下熟虑之！"韩信曰："汉王遇我甚厚，吾岂可以乡利而倍义乎！"蒯生曰："始常山王、成安君为布衣时，相与为刎颈之交，后争张黡、陈泽之事，常山王杀成安君泜水之南，头足异处。此二人相与，天下至欢也，然而卒相禽者，何也？患生于多欲而人心难测也。今足下欲行忠信以交于汉王，必不能固于二君之相与也，而事多大于张黡、陈泽者，故臣以为足下必汉王之不危己，亦误矣！大夫种存亡越，霸句践，立功成名而身死亡，野兽已尽而猎狗烹。夫以交友言之，则不如张耳之与成安君者也；以忠信言之，则不过大夫种之于句践也。此二者足以观矣，愿足下深虑之！且臣闻

平息天下的祸乱。如今，刘、项两位君主的命运都操纵在足下的手里：足下替汉国卖力，则汉国取胜；帮助楚国，则楚国取胜。假如足下能够听从我的意见，那倒不如对谁都不帮助，这样对刘、项两方都有利，让它们都存在下去，足下与他们三分天下，鼎足而立，在这种形势下，就没有哪一个敢先动手了。以足下的贤才圣德，又有众多的军队，并占据着强大的齐国，再加上燕、赵二国归服，足下从刘、项均不设防的空虚地带出兵，牵制他们的后方，顺从人民的愿望，西向制止楚、汉之争，为百姓请命，那么，天下人们都会像疾风一样前来响应，谁敢不听！然后分割大国领土，削弱强国势力，用以分封诸侯，诸侯分立以后，天下就会归服，听命于齐，对齐国感恩戴德。足下据守齐国旧地，拥有胶河、泗水流域，完全可以安居宫中，坐待宾客，天下君王都会相继前来向齐国朝拜了。我听说：'上天赐予的好处如果不接受，就将反而受到它的惩罚；时机到了而不采取行动，就将反而遭受祸殃。'希望足下仔细考虑这件事。"韩信说："汉王对待我相当不错，我难道可以为了贪图利益而背弃恩义吗？"蒯生说："起初，当常山王和成安君二人还是平民百姓的时候，相互结为同生死、共患难的朋友，后来因为张黡、陈泽之事引起争执，最后常山王将成安君杀死在泜水之南，使成安君头与脚分了家。这两个人的交情，可以说是天下最好的了，然而最后却互相残杀，这是为什么呢？因为祸患就产生在贪欲太多，一旦贪得无厌，人心就难以预测了。如今足下本着忠信的原则来与汉王相交，但是你们的交情肯定不会比常山王和成安君二人的友谊更加牢固，而你们之间可以导致利害冲突的事大都比张黡、陈泽事件更为严重，是故我认为足下确信汉王不会危害自己，那也错了。大夫文种曾经使沦亡了的越国保存了下来，使句践称霸于诸侯，立功成名之后却被迫自杀身亡，野兽打尽之后猎狗就将遭烹杀了。若就交情和友谊而论，足下和汉王不如张耳与成安君；若就忠诚信义而论，足下对汉王也不会超过大夫文对句践。这两个例子足以作为观察和借鉴的了，希望足下仔细考虑！而且我还听说：

'勇略震主者身危,功盖天下者不赏'。今足下戴震主之威,挟不赏之功,归楚,楚人不信;归汉,汉人震恐。足下欲持是安归乎?"韩信谢曰:"先生且休矣,吾将念之。"后数日,蒯彻复说曰:"夫听者,事之候也。计者,事之机也。听过计失而能久安者,鲜矣。故知者,决之断也;疑者,事之害也。审毫厘之小计,遗天下之大数,智诚知之,决弗敢行者,百事之祸也。夫功者,难成而易败,时者,难得而易失也。时乎,时不再来!"韩信犹豫,不忍倍汉;又自以为功多,汉终不夺我齐,遂谢。蒯彻因去,佯狂为巫。

五年冬十月,汉王追项羽至固陵,与韩信、彭越期会击楚。信、越不至,汉王用张良计分地以王二人。事见《高帝灭楚》。

十二月,汉王还至定陶,驰入齐王信壁,夺其军。春正月,更立齐王信为楚王,王淮北,都下邳。封魏相国建城侯彭越为梁王,王魏故地,都定陶。

六年冬十月,人有上书告楚王信反者。帝以问诸将,皆曰:"亟发兵,坑竖子耳!"帝默然。又问陈平,陈平曰:"人上书言信反,信知之乎?"曰:"不知。"陈平曰:"陛下精兵孰与楚?"上曰:"不能过。"平曰:"陛下诸将,用兵有能过韩信者乎?"上曰:"莫及也。"平曰:"今兵不如楚精而将

'勇敢和谋略震动君主的人自身必有危险,功绩冠绝天下的人君主不好给予赏赐。'如今足下具有震动君主的威势,拥有无以封赏的功绩,归附楚国,楚国人不敢相信;归附汉国,汉国人感到震恐。足下带着这样大的功劳和威望,还能投靠谁呢?"韩信辞谢说:"先生暂且别说了,我还要考虑一下。"过了几天,蒯彻又劝韩信说:"是否能听取好的意见,这是事情成败的征兆。如何计划实行是事情成败的关键。听取失误、决策错误而能长久安全的人,实在很少。所以说,知道了事情应该怎样做,作出决定就会很果断;如果迟疑不决,就会带来祸害。小算盘打得很精而在关系国家存亡的大事上失误,以其聪明才智确实知道应该怎样做,决定了却又不敢去实行,这是所有事情失败的祸根。事业难于成功而容易失败,时机难以得到但容易丧失。时机啊,时机,丧失了就不会再来呀!"韩信还是犹豫不决,不忍心背叛汉王;又自以为功劳多,汉王总不至于夺去我的齐国,于是辞谢了蒯彻。蒯彻只好走了,并假装疯狂,做了巫师。

五年(前202)冬季十月,汉王追击项羽到达固陵,与韩信、彭越约定日期会合,一起攻击楚国。但韩信、彭越没有来,汉王便采用张良的计策,分封土地给他们,让他们二人为王。事见《高帝灭楚》。

十二月,汉王还军到定陶,突然骑马冲进齐王韩信的军营,夺取他的部队。春季正月,改立齐王韩信为楚王,统辖淮河北部地区,建都下邳。封魏相国建城侯彭越为梁王,统辖魏国故地,建都定陶。

六年(前201)冬季十月,有人上书告发楚王韩信谋反。高祖询问诸将该怎么应付,大家都说:"赶快发兵,坑杀这小子!"高祖沉默。又问陈平,陈平说:"有人上书告发韩信谋反这件事,韩信本人知道吗?"高祖说:"不知道。"陈平又问:"陛下的精兵与楚王的精兵相比,哪个强些?"高祖说:"比不过他。"陈平又说:"陛下的将领们用兵作战有能胜过韩信的吗?"高祖回答说:"没有人能够赶上他。"陈平分析说:"如今陛下的士兵不如楚王的精,而将

不能及,举兵攻之,是趣之战也,窃为陛下危之。"上曰:"为
之奈何?"平曰:"古者天子有巡狩,会诸侯。陛下第出,伪
游云梦,会诸侯于陈。陈,楚之西界,信闻天子以好出游,
其势必无事而郊迎谒。谒而陛下因禽之,此特一力士之事
耳。"帝以为然,乃发使告诸侯会陈,"吾将南游云梦。"上因
随以行。

楚王信闻之,自疑惧,不知所为。或说信曰:"斩锺离
眜以谒上,上必喜,无患。"信从之。十二月,上会诸侯于
陈。信持眜首谒上,上令武士缚信,载后车。信曰:"果若
人言:'狡兔死,走狗烹;高鸟尽,良弓藏;敌国破,谋臣亡。'
天下已定,我固当烹!"上曰:"人告公反。"遂械系信以归,
因赦天下。

田肯贺上曰:"陛下得韩信,又治秦中。秦,形胜之国
也,带河阻山,地势便利,其以下兵于诸侯,譬犹居高屋之
上建瓴水也。夫齐,东有琅邪、即墨之饶,南有泰山之固,
西有浊河之限,北有勃海之利,地方二千里,持戟百万,此
东西秦也,非亲子弟,莫可使王齐者。"上曰:"善。"赐金五
百斤。上还,至洛阳,赦韩信,封为淮阴侯。

信知汉王畏恶其能,多称病,不朝从。居常鞅鞅,羞与
绛、灌等列。尝过樊将军哙,哙跪拜送迎,言称臣,曰:"大

领们也赶不上楚王，却要举兵进攻他，这等于是促使他发动反叛战争，我私下里替陛下感到担忧。"高祖说："那怎么办呢？"陈平说："古代天子有巡狩四方、会见诸侯的制度。陛下只要假称出游云梦泽，要在陈县会见诸侯。陈县地处楚国的西部边界，韩信听说天子是出于高兴而出来巡游，一定会认为不会出事的，而到郊外来迎接谒见。在他谒见时陛下就乘机把他抓起来，这只是一个力士就能办到的事情。"高祖认为说得对，于是派使者遍告诸侯到陈县聚会，传达高祖的诏令说："我将要南游云梦泽。"高祖跟着就出发了。

楚王韩信听到这个消息后，既怀疑，又害怕，不知怎么办好。有人劝韩信说："杀了锺离眛带去朝见皇上，皇上肯定会很高兴，你就不会有祸患了。"韩信听从了。十二月，高祖在陈县会见诸侯。韩信拿着锺离眛的首级进见高祖，高祖便命令武士将韩信捆起来，装在随行的车上。韩信叹道："果然像人们所说的那样：'狡猾的兔子死了，猎狗就要烹汤；高飞的鸟群尽了，良弓就要收藏；敌对的国家破了，谋臣就要灭亡。'如今天下已经平定，我自然就要被烹杀了！"高祖说："有人告发，说你谋反。"于是用镣铐锁住韩信带回来，同时下令大赦天下。

田肯祝贺高祖说："陛下抓获了韩信，又在秦中建都。秦地地理形势优越，黄河环绕，群山阻峙，地势便利，一旦从这里发兵东下对付诸侯，就好像在高屋顶上拿着瓶子往下倒水，不可阻挡。而齐地则东有琅邪、即墨的富饶，南有泰山的险固，西有黄河的天堑，北有勃海的渔盐之利，土地方圆二千里，持戟战士上百万，这是可与西边秦地比美的东边之秦了，如果不是陛下嫡亲子弟，就不要让他在齐地为王。"高祖说："好。"赐给他黄金五百斤。高祖打转回来，到了洛阳时，又赦免韩信，封他为淮阴侯。

韩信知道高祖害怕、疑忌自己的才能，所以经常称病，不去参加朝会与从游。韩信平时在家老是闷闷不乐，对于自己只能与绛侯周勃、颍阴侯灌婴等人处在同等地位感到羞耻。有一次，韩信曾去拜访将军樊哙，樊哙对他跪拜迎送，口称臣子，说："大

王乃肯临臣!"信出门,笑曰:"生乃与哙等为伍!"上尝从容与信言诸将能将兵多少。上问曰:"如我能将几何?"信曰:"陛下不过能将十万。"上曰:"于君何如?"曰:"臣多多而益善耳。"上笑曰:"多多益善,何为为我禽?"信曰:"陛下不能将兵而善将将,此乃信之所以为陛下禽也。且陛下,所谓'天授,非人力'也。"

十年。初,上以阳夏侯陈豨为相国,监赵、代边兵。豨过辞淮阴侯,淮阴侯挈其手,辟左右,与之步于庭,仰天叹曰:"子可与言乎?"豨曰:"唯将军令之。"淮阴侯曰:"公之所居,天下精兵处也;而公,陛下之信幸臣也。人言公之畔,陛下必不信;再至,陛下乃疑矣;三至,必怒而自将。吾为公从中起,天下可图也。"陈豨素知其能也,信之,曰:"谨奉教。"

豨常慕魏无忌之养士,及为相守边,告归,过赵,宾客随之者千馀乘,邯郸官舍皆满。赵相周昌求入见上,具言豨宾客甚盛,擅兵于外数岁,恐有变。上令人覆案豨客居代者诸不法事,多连引豨。豨恐,韩王信因使王黄、曼丘臣等说诱之。

太上皇崩,上使人召豨,豨称病不至。九月,遂与王黄等反,自立为代王,劫略赵、代。上自东击之,至邯郸,喜曰:"豨不南据邯郸而阻漳水,吾知其无能为矣。"周昌奏:"常山二十五城,亡其二十城,请诛守、尉。"上曰:"守、尉反

王竟肯光临臣下寒舍!"韩信出门以后,苦笑道:"想不到我活着竟然和樊哙等人混在一起!"高祖曾经与韩信闲谈,讲到诸将各能带多少兵的事。高祖问:"要是我,能带多少兵?"韩信说:"陛下统兵最多不过十万。"高祖又问:"那么你呢?"韩信答道:"臣下将兵,越多越好啊。"高祖笑着说:"要真是越多越好,那你为什么被我擒获了呢?"韩信说:"陛下虽然不善于统率士兵,却善于驾驭将领,这就是我韩信被陛下擒获的原因。况且陛下的成功,是所谓上天授予,不是靠人力所能够办得到的。"

十年(前197)。起初,高祖以阳夏侯陈豨为相国,使他监护赵、代二国边兵。陈豨去向韩信辞行,韩信拉着他的手,避开随从,与他一起在庭院散步,仰天叹息说:"可以和您说说心里话吗?"陈豨说:"任凭将军吩咐。"韩信说:"您的驻地,是天下精兵会聚的地方;而您本人,又是陛下亲信、宠幸的臣子。如果有人说您叛变,陛下肯定不会相信;要是第二次来告发,陛下就会起疑心了;等到第三次来告发,陛下一定会发怒,而亲自率兵征讨。到那时,我在京中起兵做您的内应,天下就可以夺取了。"陈豨一向了解韩信的才能,信任他,便说:"一定遵从您的教诲。"

陈豨平素仰慕魏无忌重视养士的风气,等他担任相国驻守边疆时,告假省亲,经过赵国,跟随他的宾客乘坐的车子有一千多辆,邯郸城的官舍都被住满了。赵相国周昌请求入见高祖,把陈豨宾客太多的情况详细讲了,又说陈豨专擅重兵在外长达数年,恐怕会发生变乱。高祖派人前往审查住在代地的那些陈豨的宾客的各种不法事实,大多牵连到陈豨。陈豨很害怕,韩王信便乘机派遣王黄、曼丘臣等人游说,引诱他叛变。

太上皇驾崩,高祖派人征召陈豨,陈豨称病不来。九月,便与王黄等人一起反叛,并自立为代王,在赵国、代国一带抢劫、掠夺。高祖亲自率兵向东攻击叛军,到了邯郸一看,高兴地说:"陈豨不往南据守邯郸,同时凭借漳水来进行阻击,我知道他是没有什么作为的。"周昌上奏说:"常山郡共有二十五座城邑,丢失了二十座,请求诛杀郡守和郡尉。"高祖问:"郡守、郡尉造反

乎?"对曰:"不。"上曰:"是力不足,亡罪。"上令周昌选赵壮士可令将者,白见四人。上嫚骂曰:"竖子能为将乎?"四人惭,皆伏地。上封各千户,以为将。左右谏曰:"从入蜀、汉,伐楚,赏未遍行,今封此,何功?"上曰:"非汝所知。陈豨反,赵、代地皆豨有。吾以羽檄征天下兵,未有至者,今计唯独邯郸中兵耳。吾何爱四千户,不以慰赵子弟!"皆曰:"善。"又闻豨将皆故贾人,上曰:"吾知所以与之矣。"乃多以金购豨将,豨将多降。

十一年冬,上在邯郸。陈豨将侯敞将万馀人游行,王黄将骑千馀军曲逆,张春将卒万馀人渡河攻聊城。汉将军郭蒙与齐将击,大破之。太尉周勃道太原入定代地,至马邑,不下,攻残之。赵利守东垣,帝攻拔之,更命曰真定。帝购王黄、曼丘臣以千金,其麾下皆生致之,于是陈豨军遂败。

淮阴侯信称病,不从击豨,阴使人至豨所,与通谋。信谋与家臣夜诈诏赦诸官徒、奴,欲发以袭吕后、太子。部署已定,待豨报。其舍人得罪于信,信因欲杀之。春正月,舍人弟上变,告信欲反状于吕后。吕后欲召,恐其傥不就,乃与萧相国谋,诈令人从上所来,言豨已得,死,列侯、群臣皆贺。相国绐信曰:"虽疾,强入贺。"信入,吕后使武士缚信,

没有?"周昌回答说:"没有。"高祖说:"这是他们能力不够,他们没有罪。"高祖命令周昌去挑选可以担任将领的赵国壮士,报告说有四人,并让四人前来晋见。高祖谩骂道:"小子们可以当将领吗?"四人很惭愧,都伏在地上不敢抬头。高祖封他们每人一千户食邑,任用为将领。左右近臣劝谏说:"跟随陛下进入蜀郡、汉中,后来又讨伐楚国的有功人员,封赏还没有普遍施行,现在就封这些人,他们有什么功劳呢?"高祖说:"这个你们就不知道了。陈豨反叛时,赵国、代国的土地都被陈豨占有。我用紧急文书羽檄征调天下军队,没有一个赶到的,为今之计只有靠邯郸城中的军队了。我怎么能吝啬这四千户封邑,不用它来抚慰赵国的子弟呢?"左右近臣都说:"好。"又听说,陈豨的部将原先都是商人出身,高祖说:"我知道用什么办法来对付他们了。"于是用黄金去收买陈豨的部将,陈豨的部将很多都投降了。

十一年(前196)冬季,高祖在邯郸。陈豨部将侯敞率领一万多人打游击,王黄率领骑兵千馀人驻扎在曲逆,张春率领万馀人渡过黄河进攻聊城。汉朝将军郭蒙联合齐国的将领进攻叛军,将他们打得大败。太尉周勃取道太原进军,平定了代地,到达马邑时,叛军不投降,就大肆进行残杀。赵利据守东垣,高祖攻下了它,就改名为真定。高祖以黄金千斤悬赏购求王黄、曼丘臣,他们的部下将二人生擒活捉送来了,于是陈豨的军队就垮了。

韩信假称有病,不跟随高祖进击陈豨,却暗地里派人到陈豨那里,与他合谋。韩信与家臣谋划,打算在夜里假传诏令,赦免那些在官府服役的罪徒和奴隶,调发他们来袭击吕后及太子。部署已定,就等着陈豨那边的回讯。他的一个舍人得罪了韩信,韩信把他关起来,打算杀掉。春季正月,这个舍人的弟弟向朝廷告发了这一事变,把韩信准备反叛的情况报告了吕后。吕后想把韩信召来,又担心他可能不肯就范,那样反而不好,于是找萧相国商量,叫人假装从高祖那里回来,说陈豨已经被抓到,处死了,列侯群臣都来祝贺。萧相国欺骗韩信说:"你尽管有病,也要勉强入宫致贺。"韩信一进宫,吕后便命武士将韩信捆绑起来,

斩之长乐钟室。信方斩,曰:"吾悔不用蒯彻之计,乃为儿女子所诈,岂非天哉!"遂夷信三族。

臣光曰:世或以韩信为首建大策,与高祖起汉中,定三秦,遂分兵以北,禽魏,取代,仆赵,胁燕,东击齐而有之,南灭楚垓下。汉之所以得天下者,大抵皆信之功也。观其距蒯彻之说,迎高祖于陈,岂有反心哉! 良由失职怏怏,遂陷悖逆。夫以卢绾里闬旧恩,犹南面王燕,信乃以列侯奉朝请,岂非高祖亦有负于信哉? 臣以为高祖用诈谋禽信于陈,言负则有之,虽然,信亦有以取之也。始,汉与楚相距荥阳,信灭齐,不还报而自王。其后汉追楚至固陵,与信期共攻楚而信不至。当是之时,高祖固有取信之心矣,顾力不能耳。及天下已定,则信复何恃哉? 夫乘时以徼利者,市井之志也;酬功而报德者,士君子之心也。信以市井之志利其身,而以士君子之心望于人,不亦难哉! 是故太史公论之曰:"假令韩信学道谦让,不伐己功,不矜其能,则庶几哉! 于汉家勋,可以比周、召、太公之徒,后世血食矣! 不务出此,而天下已集,乃谋畔逆,夷灭宗族,不亦宜乎!"

就在长乐宫的钟室里将他斩首。临斩时，韩信叹息道："我真后悔没有采用蒯彻的计策，到头来竟被一个小孩子、妇人所欺骗，这难道不是天意吗？"于是诛灭韩信三族。

北宋史臣司马光评论说：世人有的以为韩信是首建大策的人，与高祖从汉中起兵，平定三秦地区，于是分兵北征，擒获魏王魏豹，攻取代国，打败赵国，胁迫燕国归附，又东向攻击并占领了齐国，南向在垓下消灭了楚国。汉朝之所以能够取得天下，大抵都是韩信的功劳。观察他拒绝蒯彻的建议，又到陈县去迎谒高祖这些史实，他哪里有谋反的心呢！确实是因为失去自己应得的王位后，心中郁郁不乐，于是陷入了悖逆谋反的歧途。卢绾就因为是高祖的同乡且年轻时交情好，尚且能在燕国南面为王，韩信功劳这样大，却只能以列侯的身份按时朝会，这难道不是高祖也有对不住韩信的地方吗？臣下以为，汉高祖利用阴谋欺诈的手段，在陈县擒拿韩信，说高祖忘恩负义，的确符合事实，然而尽管如此，韩信自己身上也有招致祸殃的地方。开始时，汉国与楚国在荥阳对抗，韩信消灭了齐国，不回来向汉王汇报，却想自立为王。此后，汉军追击楚军到达固陵，与韩信约定日期共同攻击楚军，但是韩信没有如约赶到。那个时候，汉高祖本来就怀有收拾韩信的想法了，只是力量不够罢了。等到天下已经平定，韩信还有什么依恃呢？趁着关键时机以求取厚利，这是市井小人的志向；论功行赏，报答恩惠，这是士君子的胸怀。韩信按市井小人的志向，以满足一己私利，却希望别人按照士君子的心怀来回报自己，不也很难吗？所以太史公评论他说："假使韩信学习道义，谦虚退让，不夸耀自己的功劳，不矜持炫耀自己的才能，那就差不多很完美了！对于汉朝来说，他的功勋可以与周朝的周公、召公、太公这些人相比，后世就可以享受祭祀了。可是他不努力这样做，到天下已经统一安定了，却又图谋叛乱，结果被夷灭宗族，不也是应该的吗！"

上还洛阳，闻淮阴侯之死，且喜且怜之，问吕后曰："信死亦何言？"吕后曰："信言恨不用蒯彻计。"上曰："是齐辩士蒯彻也。"乃诏齐捕蒯彻。蒯彻至，上曰："若教淮阴侯反乎？"对曰："然，臣固教之。竖子不用臣之策，故令自夷于此。如用臣之计，陛下安得而夷之乎！"上怒曰："烹之！"彻曰："嗟乎！冤哉烹也！"上曰："若教韩信反，何冤？"对曰："秦失其鹿，天下共逐之，高材疾足者先得焉。跖之狗吠尧，尧非不仁，狗固吠非其主。当是时，臣唯独知韩信，非知陛下也。且天下锐精持锋欲为陛下所为者甚众，顾力不能耳，又可尽烹之邪？"上曰："置之。"

上之击陈豨也，征兵于梁，梁王称病，使将将兵诣邯郸。上怒，使人让之。梁王恐，欲自往谢。其将扈辄曰："王始不往，见让而往，往则为禽矣，不如遂发兵反。"梁王不听。梁太仆得罪，亡走汉，告梁王与扈辄谋反。于是上使使掩梁王，梁王不觉，遂囚之洛阳。有司治："反形已具，请论如法。"上赦以为庶人，传处蜀青衣。西至郑，逢吕后从长安来。彭王为吕后泣涕，自言无罪，愿处故昌邑。吕后许诺，与俱东。至洛阳，吕后白上曰："彭王壮士，今徙之蜀，此自遗患，不如遂诛之。妾谨与俱来。"于是吕后乃令其舍人告彭越复谋反。廷尉王恬开奏请族之，上可其奏。

高祖回到洛阳，听说淮阴侯已死，既高兴又怜惜，他问吕后说："韩信临死时，还说了些什么话？"吕后说："韩信说他后悔没有采纳蒯彻的计策。"高祖说："此人是齐国的辩士蒯彻。"于是诏令齐国逮捕蒯彻。蒯彻被抓来后，高祖问他说："是你教淮阴侯造反的吗？"蒯彻回答说："是的，臣下的确教过他。但那小子不用臣下的计策，所以在这里落得个自取灭亡的下场。如果他采用臣下的计策，陛下又怎么能杀掉他呢？"高祖恼羞成怒，说："烹死他！"蒯彻说："哎呀，要烹死我，那真冤枉啊！"高祖说："你教唆韩信造反，有什么冤枉？"蒯彻回答说："秦朝失去了它的鹿，天下的人们都来抢夺它，才智高强、行动敏捷的人便能抢先得到。盗跖的狗对着尧帝狂叫，这并不是尧帝不仁，因为狗的本性，就是对着除了它主人之外的其他人吠叫。当时，臣下只知道韩信，还不知道陛下呀。况且普天下磨快武器，手持利刃，想做陛下所做的事情的人特别多，仅只力量不足罢了，陛下又能够把他们全部都烹死吗？"高祖说："放了他。"

高祖攻击陈豨的时候，曾向梁国征调军队，梁王彭越声称有病，只派他的部将率兵到邯郸与高祖会合。高祖大怒，派人去责备他。彭越害怕，打算亲自前去谢罪。他的部将扈辄说："大王开始时不去，受了斥责反而要去，一去就会被擒拿的，不如就此发兵造反。"彭越没有听从他的建议。梁国的太仆犯了罪，逃走到汉朝的都城，告发彭越与扈辄谋反的事。于是高祖派使者掩袭彭越，彭越没有察觉，使者就把他囚禁起来，关在洛阳。经有关部门究治，认为："谋反罪名成立，请求依法治罪。"高祖赦免了他的罪过，降为平民，用传车把他送到蜀郡青衣。西行到达郑县时，碰上吕后从长安来。彭越向吕后哭诉，声称自己无罪，希望能把他放到故乡昌邑去。吕后答应了，便与他一起向东进发。到达洛阳时，吕后禀告高祖说："彭王是一位英雄壮士，如果把他迁徙到蜀地，这是给自己留下后患，不如现在就杀了他。所以婢妾就带他一起来了。"于是吕后便指使彭越的门客告发他再次谋反。廷尉王恬开奏请高祖族诛彭越，高祖批准了这个奏章。

三月,夷越三族,枭越首洛阳。下诏:"有收视者,辄捕之。"

梁大夫栾布使于齐,还,奏事越头下,祠而哭之。吏捕以闻。上召布,骂,欲烹之。方提趋汤,布顾曰:"愿一言而死。"上曰:"何言?"布曰:"方上之困于彭城,败荥阳、成皋间,项王所以遂不能西者,徒以彭王居梁地,与汉合从苦楚也。当是之时,王一顾,与楚则汉破,与汉而楚破。且垓下之会,微彭王,项氏不亡。天下已定,彭王剖符受封,亦欲传之万世。今陛下一征兵于梁,彭王病不行,而陛下疑以为反,反形未具,以苛小案诛灭之。臣恐功臣人人自危也。今彭王已死,臣生不如死,请就烹。"于是上乃释布罪,拜为都尉。

秋七月,淮南王布反。初,淮阴侯死,布已心恐。及彭越诛,醢其肉以赐诸侯。使者至淮南,淮南王方猎,见醢,因大恐,阴令人部聚兵,候伺旁郡警急。布所幸姬病,就医,医家与中大夫贲赫对门,赫乃厚馈遗,从姬饮医家。王疑其与乱,欲捕赫。赫乘传诣长安上变,言布谋反有端,可先未发诛也。上读其书,语萧相国,相国曰:"布不宜有此,恐仇怨妄诬之。请系赫,使人微验淮南王。"淮南王布见赫以罪亡,上变,固已疑其言国阴事;汉使又来,颇有所

三月,夷灭彭越三族,又把彭越的头挂在洛阳城门下示众。下诏说:"有胆敢收殓彭越尸首的,立即逮捕他。"

梁国大夫栾布出使齐国,返回时,在彭越的首级下奏事,并为之祭祀,痛哭致哀。官吏抓了他来向高祖报告。高祖召见栾布,破口大骂,并要烹死他。左右提起栾布,正要把他往沸锅里面扔的时候,栾布回头说道:"让我说一句话再死。"高祖问:"要说什么话?"栾布说:"当皇上在彭城受困,又兵败于荥阳、成皋一带的时候,项王之所以不能继续西进,只是由于彭王驻扎在梁地,与汉王联合以困扰楚军。那个时候,彭王只要脑袋一偏,他如果与楚联合,汉就失败;与汉联合,楚就失败。况且在垓下的那次会战,假若没有彭王参加,项羽也就不会灭亡。天下平定以后,彭王剖符受封,也想要将爵位世世代代传下去,怎会谋反?如今陛下仅根据一次向梁国调兵,彭王因病没有来,陛下就产生怀疑,认为他谋反。谋反的证据不足,仅根据苛求小事就定罪诛灭他的三族。臣下担心功臣们都会人人自危的。如今彭王已经死了,臣下活在世上,倒不如死了的好,请将我扔下去烹死吧。"于是高祖就赦免了栾布的罪过,任命他为都尉。

秋季七月,淮南王英布反叛。起初,淮阴侯被处死,英布心里已经感到恐惧。等到彭越被杀,又把他剁成肉酱分赐给各诸侯。当使者送肉到达淮南国时,淮南王正在打猎,他看到肉酱时,更是十分害怕,于是暗中派人部署集结部队,侦察邻近郡县的紧急情况。英布所宠幸的一个姬妾生病了,去看医生,医生家与中大夫贲赫家住在对门,贲赫于是送了一份厚礼,陪同英布的宠姬在医生家饮酒。淮南王怀疑爱姬与贲赫发生了淫乱,打算逮捕贲赫。贲赫便乘坐传车到长安告发,说英布有谋反的迹象,应该抢在他尚未发动时就杀了他。高祖读了贲赫的告密信,告诉了萧相国,萧相国说:"英布不会做这样的事,恐怕是仇家故意诬陷他的。请把贲赫先拘禁起来,同时派人暗中去调查核实淮南王。"淮南王英布见贲赫畏罪潜逃,上书告变,本来就已经怀疑他说出了封国里的秘密;汉朝的使者来了,又搞了不少的

验。遂族赫家,发兵反。反书闻,上乃赦贲赫,以为将军。

上召诸将问计。皆曰:"发兵击之,坑竖子耳,何能为乎!"汝阴侯滕公召故楚令尹薛公问之。令尹曰:"是固当反。"滕公曰:"上裂地而封之,疏爵而王之,其反何也?"令尹曰:"往年杀彭越,前年杀韩信,此三人者,同功一体之人也,自疑祸及身,故反耳!"滕公言之上,上乃召见,问薛公,薛公对曰:"布反不足怪也。使布出于上计,山东非汉之有也;出于中计,胜败之数未可知也;出于下计,陛下安枕而卧矣。"上曰:"何谓上计?"对曰:"东取吴,西取楚,并齐,取鲁,传檄燕、赵,固守其所,山东非汉之有也。""何谓中计?""东取吴,西取楚,并韩,取魏,据敖仓之粟,塞成皋之口,胜败之数未可知也。""何谓下计?""东取吴,西取下蔡,归重于越,身归长沙,陛下安枕而卧,汉无事矣。"上曰:"是计将安出?"对曰:"出下计。"上曰:"何谓废上、中计而出下计?"对曰:"布,故丽山之徒也,自致万乘之主,此皆为身,不顾后为百姓万世虑者也,故曰出下计。"上曰:"善。"封薛公千户。乃立皇子长为淮南王。

是时,上有疾,欲使太子往击黥布。太子客东园公、绮里季、夏黄公、角里先生说建成侯吕释之曰:"太子将兵,有功则位不益,无功则从此受祸矣。君何不急请吕后,承间

查验活动。于是族灭贲赫全家，举兵反叛。朝廷得到英布反叛的文告后，高祖就赦免了贲赫，让他做将军。

高祖召集诸将询问平叛的对策。大家都说："出兵攻击，坑杀那小子就是了，他有什么能耐！"汝阴侯滕公召来原楚国令尹薛公询问这件事。令尹说："这人本来是会造反的。"滕公说："皇上割了土地封给他，又分出爵位赐给他，让他为王，他还造反？这是为什么呢？"令尹说："前不久杀彭越，再早些杀韩信，这三个人属于同等功劳、同一类型的人，如今已杀了两个，他自己当然会怀疑，害怕大祸就要延及自身，所以造反呀！"滕公把这些报告了高祖，高祖召见，询问薛公，薛公回答说："英布造反是不足为怪的。假如英布采用上计，那么山东地区就不属于汉朝所有了；采用中计，则谁胜谁负，难以预料；如果采用下计，那陛下就可以高枕无忧了。"高祖问："什么叫上计？"薛公回答说："向东夺取吴地，向西夺取楚地，吞并齐地，夺取鲁地，发一道檄文晓谕燕地和赵地，要他们各自固守自己的地方，这样山东地区就不属于汉朝所有了。""那什么叫中计呢？""向东夺取吴地，向西夺取楚地，吞并韩地，夺取魏地，控制敖仓的粮食，封锁成皋的隘口，这样，谁胜谁负，就难以预料。""什么叫作下计呢？""向东夺取吴地，向西夺取下蔡，把辎重运归南越，自己投向长沙，这样，陛下可以高枕而卧，汉朝平安无事了。"高祖说："他会采用什么计策？"薛公回答说："会采用下计。"高祖说："他为什么废弃上计、中计不用，而采用下计呢？"薛公答道："英布只是原骊山的一个刑徒，靠自己的努力爬到了万乘之主的高位，但这都是为了自身荣华，不顾及后世，不为百姓和子孙后代的长远利益着想，所以说他定会采用下计。"高祖说："好。"于是封给薛公食邑千户。于是立皇子刘长为淮南王。

当时，高祖正在生病，打算派太子前去进攻黥布。太子的门客东园公、绮里季、夏黄公、角里先生向建成侯吕释之建议说："由太子率军平叛，如果有功，地位也无法再提高；一旦无功，那么从此就要受到灾祸了。你为什么不赶快去请吕后，找机会

为上泣言：'黥布，天下猛将也，善用兵。今诸将皆陛下故等夷，乃令太子将此属，无异使羊将狼，莫肯为用。且使布闻之，则鼓行而西耳。上虽病，强载辎车，卧而护之，诸将不敢不尽力。上虽苦，为妻子自强。'"于是吕释之立夜见吕后。吕后承间为上泣涕而言，如四人意。上曰："吾惟竖子固不足遣，而公自行耳。"

于是上自将兵而东，群臣居守，皆送至霸上。留侯病，自强起，至曲邮，见上曰："臣宜从，病甚。楚人剽疾，愿上无与争锋。"因说上令太子为将军，监关中兵。上曰："子房虽病，强卧而傅太子。"是时，叔孙通为太傅，留侯行少傅事。发上郡、北地、陇西车骑、巴蜀材官及中尉卒三万人为皇太子卫，军霸上。

布之初反，谓其将曰："上老矣，厌兵，必不能来。使诸将，诸将独患淮阴、彭越，今皆已死，馀不足畏也。"故遂反。果如薛公之言，东击荆，荆王贾走，死富陵。尽劫其兵，渡淮击楚。楚发兵与战徐、僮间，为三军，欲以相救为奇。或说楚将曰："布善用兵，民素畏之。且兵法'诸侯自战其地为散地'，今别为三，彼败吾一军，馀皆走，安能相救！"不听。布果破其一军，其二军散走。布遂引兵而西。

向皇上哭诉，就说：'黥布是天下的猛将，善于用兵。如今，平叛诸将又都是陛下以前的同辈人，却让太子去统率这些人，这无异于是让绵羊去率领豺狼，没有哪一个会为太子效力的。况且假如黥布听到这个消息，就会大张旗鼓、无所畏惧地向西进军了。皇上虽然有病，也要勉强坚持坐到衣车里，躺着监护诸将，这样，诸将就不敢不尽力了。皇上尽管辛苦一点，但为了妻儿也要勉强坚持一下。'"于是吕释之连夜就去见吕后。吕后寻了个机会向高祖哭诉了一番，都是按照四人的意思行事的。高祖听后说："我也想到了，那小子本来是不能派去当此重任的，你老子亲自去吧。"

于是高祖亲自率兵东进，群臣留守，都送行到霸上。留侯张良患病，也勉强挣扎起来，到了曲邮，进见高祖说："臣下本来应该跟随皇上，但病太厉害了，不能去。楚国人剽悍敏捷，希望皇上不要和他们硬拼争胜。"又顺便建议高祖让太子担任将军，监护关中兵马。高祖说："子房虽然有病，也要请你勉强躺着辅助太子。"当时，叔孙通为太子太傅，留侯代行太子少傅的职事。征发上郡、北地郡和陇西郡的骑兵，巴郡和蜀郡的材官以及中尉的士卒三万人作为皇太子的警卫部队，驻军霸上。

当英布开始反叛的时候，对他的部将说："皇上老了，厌恶打仗，肯定不会自己来。所以只能派将领们来，在将领中我只怕淮阴侯和彭越，如今他们都死了，其他的不用害怕了。"所以就反叛。而且果然像薛公所预言的那样向东进攻荆国，荆王刘贾逃跑，死在富陵。英布于是全部夺取了他的军队，渡过淮河，进攻楚国。楚国发兵与他在徐县、僮县一带作战，楚军将部队分为三支，想要以此互救，出奇制胜。有人劝说楚将道："英布善于用兵，百姓素来怕他。况且兵法上说'诸侯在各自的土地上作战，就变成了散地，容易败散'，现在把部队分成三支，他打败我们一支，其余的两支都逃了，又怎能互相救援呢？"楚将不听。英布果然击破其中的一支，其余两支部队都四散逃跑了。英布于是领兵西进。

十二年冬十月，上与布兵遇于蕲西。布兵精甚，上壁庸城，望布军置陈如项籍军，上恶之。与布相望见，遥谓布曰："何苦而反？"布曰："欲为帝耳！"上怒，骂之，遂大战。布军败走，渡淮，数止战，不利，与百馀人走江南。上令别将追之。

汉别将击英布军洮水南、北，皆大破之。布故与番君婚，以故长沙成王臣使人诱布，伪欲与亡走越，布信而随之。番阳人杀布兹乡民田舍。

周勃悉定代郡、雁门、云中地，斩陈豨于当城。

陈豨之反也，燕王绾发兵击其东北。当是时，陈豨使王黄求救匈奴，燕王绾亦使其臣张胜于匈奴，言豨等军破。张胜至胡，故燕王臧荼子衍出亡在胡，见张胜曰："公所以重于燕者，以习胡事也。燕所以久存者，以诸侯数反，兵连不决也。今公为燕，欲急灭豨等，豨等已尽，次亦至燕，公等亦且为虏矣。公何不令燕且缓陈豨，而与胡和？事宽，得长王燕；即有汉急，可以安国。"张胜以为然，乃私令匈奴助豨等击燕。燕王绾疑张胜与胡反，上书请族张胜。胜还，具道所以为者，燕王乃诈论他人，脱胜家属，使得为匈奴间。而阴使范齐之陈豨所，欲令久亡，连兵勿决。

汉击黥布，豨常将兵居代。汉击斩豨，其裨将降，言燕王绾使范齐通计谋于豨所。帝使使召卢绾，绾称病。上又

十二年(前195)冬季十月,高祖与英布的军队在蕲县西边相遇。英布的军队特别精良,高祖在庸城修筑营垒固守,望见英布军队布阵和项籍的军队一样,高祖很是憎恨。高祖与英布彼此望见,于是远远地对英布说:"你何苦要造反呢?"英布说:"想当皇帝嘛。"高祖大怒,骂他,双方便大战起来。英布兵败,逃跑,渡过淮河,又多次停下来交战,形势都不利,只与百馀人逃奔江南。高祖命令别将前往追击。

汉军别将在洮水南、北进攻英布的军队,都将他们打得大败。英布原来与番君吴芮通婚,因此长沙成王吴臣派人诱骗英布,假装要与他一同逃奔到南越去,英布信以为真,便跟着他跑。途中,番阳人在兹乡民间田舍中将英布杀死了。

周勃完全平定了代郡、雁门郡、云中郡,在当城杀了陈豨。

当陈豨反叛的时候,燕王卢绾发兵攻击他的东北边境。当时,陈豨派王黄到匈奴求救,燕王卢绾也派他的臣子张胜到匈奴,说陈豨等人的部队已被打垮了。张胜到匈奴,原燕王臧荼的儿子臧衍流亡在匈奴,求见张胜说:"您在燕国之所以受到尊重,是因为熟悉匈奴事务。燕国之所以能够长期存在,是因诸侯多次反叛,连年用兵,不能平定。如今您为了燕国,想要赶紧消灭陈豨等人,到陈豨等人消灭光了,下面就轮到消灭燕国,你们也将成为俘虏了。您为什么不叫燕国暂时放松对陈豨的攻击而与匈奴修好?情势缓和了,可以长久统治燕国;万一有来自汉朝的威胁,也可借以安定国家。"张胜以为有理,就私下叫匈奴帮助陈豨等人攻击燕国。燕王卢绾怀疑张胜联合匈奴谋反,便上书朝廷,请求族诛张胜。张胜回来后,详细地汇报了他这样做的原因,燕王听后,便假借他人论罪处死,开释了张胜的家属,让他能够成为联络匈奴的间谍。同时又秘密派遣范齐到陈豨那里,想让他长期流亡作战,不要急于决胜负。

汉军进攻黥布时,陈豨经常率兵留在代地牵制汉军。后来汉军进攻并杀了陈豨,陈豨的副将投降,说燕王卢绾曾派范齐到陈豨那里互通计谋。高祖派使者召卢绾,卢绾称病不来。高祖又

使辟阳侯审食其、御史大夫赵尧往迎燕王，因验问左右。绾愈恐，闭匿，谓其幸臣曰："非刘氏而王，独我与长沙耳。往年春，汉族淮阴，夏，诛彭越，皆吕氏计。今上病，属任吕后。吕后妇人，专欲以事诛异姓王者及大功臣。"乃遂称病不行，其左右皆亡匿。语颇泄，辟阳侯闻之，归，具报上，上益怒。又得匈奴降者，言张胜亡在匈奴为燕使。于是上曰："卢绾果反矣！"春，二月，使樊哙以相国将兵击绾，立皇子建为燕王。

卢绾与数千人居塞下候伺，幸上疾愈，自入谢。闻帝崩，遂亡入匈奴。

派辟阳侯审食其、御史大夫赵尧前去迎接燕王,并乘机询问燕王近臣验证。卢绾更加害怕,便隐匿不出,对他的亲信说:"不是刘姓而封王的,只剩下我与长沙王了。去年春天,汉朝族诛淮阴侯,夏天,又杀彭越,这都是吕氏的诡计。如今皇上病了,把大权交给吕后。吕后是妇道人家,专门找事来杀害异姓王以及大功臣。"于是就假称有病不肯动身入京,他的左右近臣都逃跑躲藏起来。卢绾等人的谈话也泄漏了很多,辟阳侯听到了,回来后全部报告了高祖,高祖更加恼怒。又得到一个从匈奴来投降的人,说张胜逃到了匈奴,做燕国联系匈奴的使节。于是高祖说:"卢绾真的谋反了!"春季二月,派遣樊哙以相国的身份率兵进攻卢绾,立皇子刘建为燕王。

卢绾与数千人驻扎在塞下等待观望,希望高祖病好,自己再进京谢罪。后来听闻高祖驾崩,就逃到匈奴去了。

匈奴和亲

汉高祖六年。初,匈奴畏秦,北徙十馀年。及秦灭,匈奴复稍南渡河。

单于头曼有太子曰冒顿。后有所爱阏氏,生少子,头曼欲立之。是时,东胡强而月氏盛,乃使冒顿质于月氏。既而头曼急击月氏,月氏欲杀冒顿。冒顿盗其善马骑之,亡归。头曼以为壮,令将万骑。冒顿乃作鸣镝,习勒其骑射。令曰:"鸣镝所射而不悉射者,斩之!"冒顿乃以鸣镝自射其善马,既又射其爱妻,左右或不敢射者,皆斩之。最后以鸣镝射单于善马,左右皆射之。于是冒顿知其可用;从头曼猎,以鸣镝射头曼,其左右亦皆随鸣镝而射。遂杀头曼,尽诛其后母与弟及大臣不听从者。冒顿自立为单于。

东胡闻冒顿立,乃使使谓冒顿:"欲得头曼时千里马。"冒顿问群臣,群臣皆曰:"此匈奴宝马也,勿与。"冒顿曰:"奈何与人邻国而爱一马乎!"遂与之。居顷之,东胡又使

匈奴和亲

汉高祖六年（前201）。起初，匈奴因为害怕秦国的强大，故向北迁徙躲避了十多年。及至秦朝灭亡，匈奴便又渐渐南下渡过了黄河。

单于头曼有位太子名叫冒顿。后来，他所宠爱的阏氏又生了一个小儿子，头曼便想要立小儿子为太子。当时，东胡强大而月氏兴盛，就派冒顿到月氏去当人质。不久，头曼单于却加紧攻击月氏，月氏怒而要杀冒顿。冒顿偷了他们一匹好马，骑上它逃回来了。头曼认为他雄壮，便让他统领一万名骑兵。冒顿制造了一种响箭，训练他的部下演习骑射。下令说："凡是我响箭所射的目标，大家不全都跟着射的，一律斩首！"冒顿于是先用响箭射自己的好马，既而又射自己的爱妻，左右亲信有的不敢射，冒顿都把他们杀了。最后，他用响箭射父亲单于的好马，左右全都跟着射。于是冒顿知道他们可以利用了，就跟着头曼单于去打猎，突然用响箭射头曼，他的左右也都随着响箭的方向射去。就这样将父亲头曼杀了，并将自己的后母、弟弟以及那些不服从命令的大臣全都杀了。冒顿自立为单于。

东胡听说冒顿立为单于，就派使者对冒顿说："想得到头曼在世时的千里马。"冒顿询问群臣，群臣都说："这是我们匈奴的宝马，不能给他们。"冒顿说："我们与人家是邻邦，何必吝惜一匹马呢？"于是把千里马给了他们。过了一段时间，东胡又派

使谓冒顿:"欲得单于一阏氏。"冒顿复问左右,左右皆怒曰:"东胡无道,乃求阏氏!请击之!"冒顿曰:"奈何与人邻国爱一女子乎!"遂取所爱阏氏予东胡。东胡王愈益骄。东胡与匈奴中间,有弃地,莫居,千馀里,各居其边,为瓯脱。东胡使使谓冒顿:"此弃地,欲有之。"冒顿问群臣,群臣或曰:"此弃地,予之亦可,勿与亦可。"于是冒顿大怒曰:"地者,国之本也,奈何予之!"诸言予之者,皆斩之。冒顿上马,令:"国中有后出者斩!"遂袭击东胡。东胡初轻冒顿,不为备,冒顿遂灭东胡。既归,又西击走月氏,南并楼烦、白羊河南王,遂侵燕、代,悉复收蒙恬所夺匈奴故地与汉关故河南塞至朝那、肤施。是时,汉兵方与项羽相距,中国罢于兵革,以故冒顿得自强,控弦之士三十馀万,威服诸国。

　　秋,匈奴围韩王信于马邑。信数使使胡,求和解。汉发兵救之,疑信数间使,有二心,使人责让信。信恐诛,九月,以马邑降匈奴。匈奴冒顿因引兵南逾句注,攻太原,至晋阳。

　　七年冬十月,上自将击韩王信,破其军于铜鞮,斩其将王喜。信亡走匈奴。白土人曼丘臣、王黄等立赵苗裔赵利为王,复收信败散兵,与信及匈奴谋攻汉。匈奴使左、右贤王将万馀骑,与王黄等屯广武以南,至晋阳。汉兵击之,匈奴辄败走,已复屯聚,汉兵乘胜追之。会天大寒,雨雪,士卒堕指者什二三。

使者对冒顿说："想要得到单于的一位阏氏。"冒顿又征询左右的意见，左右都发怒说："东胡不讲道义，竟然想要阏氏，请让我们去攻击他们！"冒顿又说："我们与人家是邻邦，何必要吝惜一个女子呢？"就把他所宠爱的那位阏氏给了东胡。东胡王这下更加骄傲了。在东胡与匈奴两国之间有块被丢弃的空地，无人居住，长达千余里，两国人分别住在这块地的一边，在那里修建屯戍或守望的工事。东胡又派使者对冒顿说："这块弃地，我们想要。"冒顿询问群臣的意见，有的臣子说："这是一块废弃之地，给他们也行，不给他们也行。"冒顿却大怒道："土地是国家的根本，怎么能够给他们！"那些说可以把空地给东胡的人都被杀了。冒顿立即上马，下令说："国中有谁不马上出发而落在后面的，一律斩首！"于是袭击东胡。东胡人起初轻视冒顿，根本没有防备，所以冒顿就一举消灭了东胡。回来以后，又向西进攻，赶走了月氏；又向南吞并了河南地区的楼烦、白羊二王之地，又侵略燕国和代国，又完全收复了被蒙恬所夺走的匈奴旧地，以及汉在原河南要塞一直到朝那、肤施一带。当时汉兵正在与项羽对抗，中原被战乱弄得疲惫不堪，因此冒顿得以趁机自强，能够弯弓射箭的战士有三十多万人，威服各国。

秋季，匈奴在马邑围攻韩王信。韩王信多次派出使者到匈奴谋求和解。汉朝发兵去救援他，又怀疑他多次私派使者到匈奴，有二心，派人去责备韩王信。韩王信害怕被杀，九月，便举马邑投降了匈奴。匈奴冒顿于是领兵南侵，越过句注，进攻太原，抵达晋阳。

七年（前200）冬季十月，高祖亲自率兵进攻韩王信，在铜鞮击溃了他的部队，杀了他的部将王喜。韩王信逃奔匈奴。白土人曼丘臣、王黄等人拥立赵王的后裔赵利为王，又收聚韩王信败散了的士兵，与韩王信及匈奴合谋攻击汉军。匈奴派左、右贤王率领骑兵万余人，与王黄等人驻扎在广武以南，一直到晋阳。汉兵进攻他们时，匈奴人就败退；然后又聚集起来，重新驻扎，汉兵乘胜追击。当时正值严寒天气，天降大雪，汉军士兵被冻掉手指的，占十分之二三。

上居晋阳,闻冒顿居代谷,欲击之。使人觇匈奴,冒顿匿其壮士、肥牛马,但见老弱及羸畜。使者十辈来,皆言匈奴可击。上复使刘敬往使匈奴,未还,汉悉兵三十二万北逐之,逾句注。刘敬还,报曰:"两国相击,此宜夸矜,见所长。今臣往,徒见羸瘠、老弱,此必欲见短,伏奇兵以争利。愚以为匈奴不可击也。"是时,汉兵已业行,上怒,骂刘敬曰:"齐虏,以口舌得官,今乃妄言沮吾军!"械系敬广武。

帝先至平城,兵未尽到。冒顿纵精兵四十万骑,围帝于白登七日,汉兵中外不得相救饷。帝用陈平秘计,使使间厚遗阏氏。阏氏谓冒顿曰:"两主不相困。今得汉地,而单于终非能居之也。且汉主亦有神灵,单于察之!"冒顿与王黄、赵利期,而黄、利兵不来,疑其与汉有谋,乃解围之一角。会天大雾,汉使人往来,匈奴不觉。陈平请令强弩傅两矢,外乡,从解角直出。帝出围,欲驱,太仆滕公固徐行。至平城,汉大军亦到,胡骑遂解去。汉亦罢兵归,令樊哙止定代地。上至广武,赦刘敬,曰:"吾不用公言,以困平城。吾皆已斩前使十辈矣!"乃封敬二千户为关内侯,号为建信侯。帝南过曲逆,曰:"壮哉县!吾行天下,独见洛阳与是耳。"乃更封陈平为曲逆侯,尽食之。平从帝征伐,凡六出奇计,辄益封邑焉。

高祖驻军在晋阳，听说匈奴的冒顿驻扎在代谷，就想要进攻他。先派人去侦察匈奴的虚实，冒顿把他的精壮士兵和肥硕的牛马隐藏起来，只显露一些老弱的士卒及瘦小的牲畜。十多批侦察使者回来，都说可以对匈奴发动进攻。高祖又派遣刘敬出使匈奴，还没有返回，汉朝便出动了所有的部队共三十二万人向北追击匈奴，越过了句注山。刘敬回来报告说："两国相攻，这理当夸耀、显示自己的长处才是。现在臣下去那里，只看见瘦弱的牲畜和老弱的士兵，这一定是想故意显露他的弱点，埋伏奇兵来争取胜利。愚意以为匈奴不可进攻。"当时汉军已经出动，高祖一听火了，骂刘敬说："你这齐国的混蛋，靠着耍嘴皮子得了官，现在竟然胡说八道来阻扰我的部队！"给刘敬戴上镣铐，囚禁在广武。

高祖先到达平城，军队还没有全部开到。冒顿突然出动精锐骑兵四十多万人，把高帝围困在白登达七天之久，汉兵内外隔绝，不能互相救助，补给粮饷。高祖采用陈平的秘计，派使者找机会私下送了一份厚礼给阏氏。阏氏就对冒顿说："两国的君主不应围困对方。现在就是得到汉朝土地，单于终究也不能长久居住。况且汉朝君主也常有神灵保佑，希望单于考虑一下！"冒顿与王黄、赵利本来已经约好时间合击汉兵，但王、赵的军队没有赶来，冒顿怀疑他们与汉朝有密谋勾结，于是将包围圈解开了一个角。正碰上雾气很大，汉朝派人往来，匈奴没有发现。陈平请求，让强弩都搭上两支箭，持满向外，从解围的一角中径直逃出。高祖出了包围圈后，就想纵马狂奔，太仆滕公却坚持慢慢走。到达平城时，汉朝的大部队也赶到了，匈奴骑兵便解围而去。汉军也撤了回来，只让樊哙留下来平定代地。高祖到达广武时赦免了刘敬，对他说："我不采纳您的建议，以致兵困平城。我已将先前那十来批使者都杀了！"于是封给刘敬二千户食邑，为关内侯，号称建信侯。高祖往南经过曲逆，说："这个县城多雄伟啊！我走遍天下，只见到洛阳与这里最好了。"于是改封陈平为曲逆侯，把全县都给他作食邑。陈平跟随高祖征伐，一共出过六次奇计，每次都增加了封邑。

十二月，匈奴攻代。代王喜弃国自归，赦为郃阳侯。

八年，匈奴冒顿数苦北边。上患之，问刘敬，刘敬曰："天下初定，士卒罢于兵，未可以武服也。冒顿杀父代立，妻群母，以力为威，未可以仁义说也。独可以计久远，子孙为臣耳，然恐陛下不能为。"上曰："奈何？"对曰："陛下诚能以適长公主妻之，厚奉遗之，彼必慕，以为阏氏，生子，必为太子。陛下以岁时汉所馀、彼所鲜，数问遗，因使辩士风谕以礼节。冒顿在，固为子婿；死，则外孙为单于。岂尝闻外孙敢与大父抗礼者哉！可无战以渐臣也。若陛下不能遣长公主，而令宗室及后宫诈称公主，彼知，不肯贵近，无益也。"帝曰："善。"欲遣长公主。吕后日夜泣曰："妾唯太子、一女，奈何弃之匈奴！"上竟不能遣。

九年冬，上取家人子名为长公主，以妻单于，使刘敬往结和亲约。

　　臣光曰：建信侯谓冒顿残贼，不可以仁义说，而欲与为婚姻，何前后之相违也！夫骨肉之恩，尊卑之叙，唯仁义之人为能知之，奈何欲以此服冒顿哉！盖上世帝王之御夷狄也，服则怀之以德，叛则震之以威，未闻与为婚姻也。且冒顿视其父如禽兽而猎之，奚有于妇翁？建信侯之术，固已疏矣。况鲁元已为赵后，又可夺乎！

十二月，匈奴攻略代地。代王刘喜丢弃封国私自逃回，被赦罪，贬为郃阳侯。

八年（前199），匈奴冒顿多次危害北部边境。高祖忧虑此事，问刘敬对策，刘敬说："天下刚刚平定，士卒都被战争弄得疲惫不堪，不能用武力去征服。冒顿杀死父亲，自立为单于，又把所有庶母当作妻子，以武力逞强，不能用仁义去劝说。唯一可行的办法是从长远考虑，使他的子孙成为中国的臣子，但恐怕陛下做不到。"高祖说："应该怎样做？"刘敬说："陛下如果能够把嫡长公主嫁给冒顿，又送他厚礼，他必定会敬慕大汉而封她为阏氏，阏氏生的儿子一定会做太子。陛下每年按时把汉朝多馀而他们缺少的东西经常拿去慰问、馈赠，顺便派些辩士将大汉的礼节委婉地暗示和教给他。冒顿在世，本来就是女婿；他死了，则外孙为单于。哪里听说过外孙敢与外祖父平起平坐的？这就不用战争，也可以使他渐渐臣服。如果陛下不能送长公主去，而让宗室的女儿或后宫女子冒称公主，他若发现了，就不会尊重、亲近她，那也没有用处。"高祖说："好。"打算送长公主去。吕后日夜哭泣，说："妾就只有太子和这一个女儿，为什么要把她抛弃到匈奴去？"高祖终究不能遣送长公主。

九年（前198）冬季，高祖找了一位平民的女儿，称她为长公主，嫁给单于为妻，派刘敬前去缔结和亲盟约。

北宋史臣司马光说：建信侯说冒顿残暴，不能用仁义去劝说感化，而又主张与他缔结婚姻，为什么前后的看法这样互相矛盾呢？大凡骨肉之间的恩义亲情，尊卑之间的等级次序，只有懂仁义的人才能了解，怎么能妄想通过这种方法使冒顿臣服呢？大概上世帝王在统治夷狄的时候，如果顺服，就用恩德去怀柔、感化他；如果叛乱，就用武力去镇压他，没有听说过与他们结为婚姻的。况且冒顿把他的父亲看作是禽兽一样，而可以像捕获猎物一样把他射杀，又怎么会对岳父讲亲善？建信侯的办法，本来就有疏漏了，何况鲁元公主已经做了赵王的王后，又怎能把她夺来再嫁人呢？

惠帝三年春,以宗室女为公主,嫁匈奴冒顿单于。是时,冒顿方强,为书,使使遗高后,辞极亵嫚。高后大怒,召将相大臣,议斩其使者,发兵击之。樊哙曰:"臣愿得十万众横行匈奴中!"中郎将季布曰:"哙可斩也! 前匈奴围高帝于平城,汉兵三十二万,哙为上将军,不能解围。今歌吟之声未绝,伤夷者甫起,而哙欲摇动天下,妄言以十万众横行,是面谩也。且夷狄譬如禽兽,得其善言不足喜,恶言不足怒也。"高后曰:"善。"令大谒者张释报书,深自谦逊以谢之,并遗以车二乘,马二驷。冒顿复使使来谢,曰:"未尝闻中国礼义,陛下幸而赦之。"因献马,遂和亲。

高后六年四月,匈奴寇狄道,攻阿阳。
七年冬十二月,匈奴寇狄道,略二千馀人。

文帝前三年五月,匈奴右贤王入居河南地,侵盗上郡保塞蛮夷,杀略人民。上幸甘泉,遣丞相灌婴发车骑八万五千,诣高奴击右贤王,发中尉材官属卫将军,军长安。右贤王走出塞。

六年冬十月,匈奴单于遗汉书曰:"前时,皇帝言和亲事,称书意,合欢。汉边吏侵侮右贤王,右贤王不请,听后义卢侯难支等计,与汉吏相距,绝二主之约,离兄弟之亲,故罚右贤王,使之西求月氏,击之。以天之福,吏卒良,马力强,以夷灭月氏,尽斩杀、降下,定之。楼兰、乌孙、呼揭及其旁二十六国,皆已为匈奴,诸引弓之民并为一家,北州

惠帝三年（前192）春季，以宗室女作为公主，嫁给匈奴冒顿单于。当时，冒顿正处在强盛时期，写了一封信派使者送给吕后，措辞极其淫亵傲慢。吕后大为恼怒，召集将相大臣商议，打算斩杀使者，发兵进攻匈奴。樊哙说："臣下愿意率领十万士兵，横扫匈奴！"中郎将季布说："樊哙应该斩首！以前匈奴把高帝围困在平城，当时汉兵有三十二万之多，樊哙身为上将军，尚且无法解围。如今老百姓痛苦呻吟的声音还没有断绝，伤病员才刚刚治愈，而樊哙却想要搅得天下动荡不安，胡说什么凭十万士兵便可以横行匈奴，这是当面撒谎。况且夷狄如同禽兽，听了他们的好话，我们用不着高兴，听了他们的恶言，我们也用不着发怒。"吕后说："好。"便命大谒者张释写回信，言词特别谦逊，用以答谢冒顿，并送给他车二辆，马八匹。冒顿得书，又派使者前来谢罪说："从未闻知中国礼义，希望陛下赦罪。"顺便回献马匹，于是两国和亲。

高后六年（前182）四月，匈奴侵犯狄道，进攻阿阳。

七年（前181）冬季十二月，匈奴侵犯狄道，掳掠走了二千多人。

文帝前元三年（前177）五月，匈奴右贤王入侵，驻扎河南郡，侵略上郡居守边塞的蛮夷，杀害劫掠人民。文帝到达甘泉宫，派遣丞相灌婴发动骑兵八万五千人，到高奴进攻右贤王，又征调中尉所属材官，归卫将军指挥，驻军长安。右贤王逃出边塞。

六年（前174）冬季十月，匈奴单于给汉朝送来一封信，说："前些时候，皇帝谈到和亲之事，和书信中的意思相符，双方都欢喜满意。汉朝边疆官吏侵犯、侮辱了右贤王，右贤王没向我请示，听信了后义卢侯难支等人的计策，和汉朝的官吏相对抗，破坏了两国君主的盟约，离间了兄弟般的友情，所以我处罚了右贤王，派他往西找到月氏，并攻击它。托上天的福，加上我们的官兵精良，马匹强壮有力，因而消灭了月氏，将他们全部斩杀和降服，平定了该国。楼兰、乌孙、呼揭及其附近的二十六个国家都已臣服匈奴，那些善于拉弓射箭之民，都合并为一家，北方诸州

已定。愿寝兵，休士卒，养马，除前事，复故约，以安边民。皇帝即不欲匈奴近塞，则且诏吏民远舍。"帝报书曰："单于欲除前事，复故约，朕甚嘉之！此古圣王之志也。汉与匈奴约为兄弟，所以遗单于甚厚。倍约、离兄弟之亲者，常在匈奴。然右贤王事已在赦前，单于勿深诛。单于若称书意，明告诸吏，使无负约，有信，敬如单于书。"

后顷之，冒顿死，子稽粥立，号曰老上单于。老上单于初立，帝复遣宗室女翁主为单于阏氏，使宦者燕人中行说傅翁主。说不欲行，汉强使之。说曰："必我也，为汉患者。"中行说既至，因降单于，单于甚亲幸之。

初，匈奴好汉缯絮、食物。中行说曰："匈奴人众不能当汉之一郡，然所以强者，以衣食异，无仰于汉也。今单于变俗，好汉物，汉物不过什二，则匈奴尽归于汉矣。其得汉缯絮，以驰草棘中，衣裤皆裂敝，以示不如旃裘之完善也。得汉食物，皆去之，以示不如湩酪之便美也。"于是说教单于左右疏记，以计课其人众、畜牧。其遗汉书牍及印封，皆令长大，倨傲其辞，自称"天地所生、日月所置匈奴大单于"。汉使或訾笑匈奴俗无礼义者，中行说辄穷汉使曰："匈奴约束径，易行；君臣简，可久。一国之政，犹一体也。故匈奴虽乱，必立宗种。今中国虽云有礼义，及亲属益疏

已经平定。我们希望停止战争，休养士卒，放养马匹，忘记那些不愉快的往事，恢复以前的盟约，以安抚边境百姓。皇帝如果不想让匈奴靠近边塞，那就暂且命令汉朝官吏和百姓远离边塞居住。"文帝回信说："单于愿意抛开往事，恢复旧约，我对此非常赞赏！这是古代贤王的意愿。汉既与匈奴相约结为兄弟，所以赠送给单于的礼物特别丰厚。背弃盟约、离间兄弟之情的，常常是在匈奴方面。然而右贤王的那件事，发生在赦前，单于也就不必过分责备了。单于如果愿意按照信上所说的去做，明确告诉官吏们，叫他们不要背弃盟约，真能言而有信，那我会谨遵信上的要求去做。"

后来没过多久，冒顿死了，儿子稽粥嗣立，号为老上单于。老上单于刚即位，文帝又送宗室之女翁主去做单于的阏氏，并派遣宦官燕国人中行说跟随辅佐翁主。中行说不想去，汉廷强行派他去。中行说说："如果一定要我去，我就要给汉朝制造祸患。"中行说到达匈奴后，就投降单于，单于非常亲近和宠爱他。

起初，匈奴人喜欢汉朝的绸缎、丝绵和食物。中行说说："匈奴的人口抵不上汉朝的一个郡，然而它之所以强大，在于衣服食品与汉朝不同，不需要依靠汉朝的供应。现在单于如果改变习俗，喜欢汉朝的东西，汉朝只不过拿出十分之二的东西，匈奴就要全部归属于汉朝了。请将我们所得到的汉朝丝绸制品，穿着到草丛荆棘中去奔驰，让衣裤全部撕裂，用以表明不如毡皮袄的美观耐用。将所得的汉朝食物全都抛弃掉，用以表明不如奶酪的方便而甜美。"于是中行说教给单于的左右近臣分条记事的方法，以便计算和考核他们的人口数和牲畜发展的情况。他们寄给汉朝的书信和印封都要做得又长又大，措辞傲慢，自称"天地所生、日月所置匈奴大单于"。有的汉朝使者诋毁讥笑，说匈奴是没有礼义的国家，中行说就极力反驳汉使，说："匈奴人的约束直捷简便，容易施行；君臣之间礼节简单，情谊可以长久。一国之政就好比一个人的身体一样，所以匈奴人尽管有内乱，也必定要立宗室为后嗣。如今中国虽说有礼义，等到亲属关系日益疏远

则相杀夺，以至易姓，皆从此类也。嗟！土室之人，顾无多辞，喋喋占占！顾汉所输匈奴缯絮、米蘖，令其量中、必善美而已矣，何以言为乎？且所给，备善则已；不备、苦恶，则候秋熟，以骑驰蹂而稼穑耳。"

梁太傅贾谊上疏曰："天下之势方倒县。凡天子者，天下之首。何也？上也。蛮夷者，天下之足。何也？下也。今匈奴嫚侮侵掠，至不敬也。而汉岁致金絮采缯以奉之。足反居上，首顾居下，倒县如此，莫之能解，犹为国有人乎？可为流涕者此也。今不猎猛敌而猎田彘，不搏反寇而搏畜菟，玩细娱而不图大患，德可远加而直数百里外威令不伸，可为流涕者此也。"

十一年夏六月，匈奴寇狄道。时匈奴数为边患，太子家令颍川晁错上言兵事曰："《兵法》曰：'有必胜之将，无必胜之民。'由此观之，安边境，立功名，在于良将，不可不择也。臣又闻：用兵临战合刃之急者三：一曰得地形，二曰卒服习，三曰器用利。兵法，步兵、车骑、弓弩、长戟、矛铤、剑楯之地，各有所宜；不得其宜者，或十不当一。士不选练，卒不服习，起居不精，动静不集，趋利弗及，避难不毕，前击后

之后，便互相残杀，血腥争夺，以致改朝换代，你们所有的行为也都跟这是一个类型。唉！你们这些住在土室中的汉人，不必多费口舌喋喋不休了！只是心里要记着，汉朝送给匈奴的丝绸布匹、精米酒曲等，要使它数量足、质量好就行了，何必说三道四的呢？再说，你们所给的东西能够保证数量足、质量好，也就罢了；如果数量不够，质量又粗劣不堪，那么等到秋熟时，我们就只有用铁骑来践踏你们的庄稼了。"

梁国太傅贾谊上疏给文帝，说："当今天下的形势就好比是一个人被倒挂起来。所谓天子，应该是天下的头。为什么呢？因为他处在上面的统治地位。蛮夷呢，应该是天下的脚。为什么呢？因为他们处在下面的从属地位。现在匈奴人对我们轻慢、欺侮、侵略、掠夺，极不恭敬。然而汉朝却每年送去金钱和丝绸以事奉他们。脚反而处在上面，头反而到了下面，这样颠倒悬挂，而没有一个人能够解救，难道还可以说国家有人材吗？使人感到伤心流泪的，这是一个方面。如今，我们不去进攻强敌而去猎取野猪，不去捕捉反贼而去捕抓饲养的兔子，只沉迷于微不足道的娱乐而不考虑对付大患，德泽本可远播，但现在几百里路外，朝廷的声威政令就行不通了，使人感到伤心流泪的，这也是一个方面。"

十一年（前169）夏季六月，匈奴侵犯狄道。当时匈奴多次危害边境，太子家令颍川人晁错向朝廷上书谈论军事，说："兵法上说：'有必胜之将，无必胜之民。'由此看来，安定边境，建立功名，决定因素在于良将，所以对于将领，不可不慎重挑选。臣下又听说：用兵临战，合刃交锋，最要紧的有三条：第一叫作取得有利地形，第二叫作士卒反复练习，第三叫作兵器锐利有用。按照兵法的要求，步兵、骑兵、弓箭、长戟、短铤以及各种剑、盾，分别适用于不同的地区和地形，假如地形不适宜，有时十个人也抵挡不了一个人。士卒不经过挑选，部队不经过反复操练，起居作息不精心安排，行动不整齐划一，争取胜利时，动作跟不上，失败避难时，又不能完全脱险；前锋部队已经在攻击敌人，后续部队

解,与金鼓之指相失:此不习勒卒之过也,百不当十。兵不
完利,与空手同;甲不坚密,与袒裼同;弩不可以及远,与短
兵同;射不能中,与无矢同;中不能入,与无镞同,此将不省
兵之祸也,五不当一。故《兵法》曰:'器械不利,以其卒予
敌也;卒不可用,以其将予敌也;将不知兵,以其主予敌也;
君不择将,以其国予敌也。'四者,兵之至要也。臣又闻:
小大异形,强弱异势,险易异备。夫卑身以事强,小国之形
也;合小以攻大,敌国之形也;以蛮夷攻蛮夷,中国之形也。
今匈奴地形、技艺与中国异:上下山阪,出入溪涧,中国之
马弗与也;险道倾仄,且驰且射,中国之骑弗与也;风雨罢
劳,饥渴不困,中国之人弗与也:此匈奴之长技也。若夫平
原易地,轻车突骑,则匈奴之众易桡乱也;劲弩长戟,射疏
及远,则匈奴之弓弗能格也;坚甲利刃,长短相杂,游弩往
来,什伍俱前,则匈奴之兵弗能当也;材官驺发,矢道同的,
则匈奴之革笥、木荐弗能支也;下马地斗,剑戟相接,去就
相薄,则匈奴之足弗能给也:此中国之长技也。以此观之:
匈奴之长技三,中国之长技五。陛下又兴数十万之众以诛
数万之匈奴,众寡之计,以一击十之术也。虽然,兵,凶器;
战,危事也;故以大为小,以强为弱,在俯仰之间耳。夫以
人之死争胜,跌而不振,则悔之无及也。帝王之道,出于万

还松松垮垮,与金鼓的号令指挥相违背:这是不操练约束士卒的过错,这样的部队一百人不能抵挡十个人。兵器不坚固锐利,这和赤手空拳相同;铠甲不坚固细密,这与袒胸露背相同;弓弩射不到远处,这与短兵器的作用相同;箭矢射不中目标,这与没有箭相同;能射中但射不进去,这与没有箭头相同:这是将领不检查兵器所造成的祸害,这样的军队五个人不能抵挡一个人。所以《兵法》上说:'器械不利,是把士卒交给敌人;卒不可用,是把将领交给敌人;将不知兵,是把君主交给敌人;君不择将,是把国家交给敌人。'这四个方面,是用兵最重要的。臣下又听说:国家大小不同,制敌的形式也就不同;强弱不同,采用的战术态势也就不同;地形高下平险不同,应付的措施也就不同。自我克制,以事奉强敌,是小国的应敌形式;联合小国来攻击大国,这是对付势均力敌的国家所采用的方式;利用蛮夷来攻击蛮夷,这是中国的制敌形式。现今匈奴在地理形势、战斗技艺等方面都与中国不同:上下山坡、出入溪涧,中国的马匹不如人家;在险峻的道路上颠簸,还能一面奔驰,一面射箭,中国的骑兵不如人家;不怕风雨疲劳,能够忍饥挨饿,中国人不如人家:这些是匈奴擅长的技艺。至于在原野平地上,用战车突击,用精锐骑兵冲锋陷阵,则匈奴的兵众易被扰乱、挫败;弓强、戟长,射面宽,刺得远,则匈奴的弓箭不能抵挡;身披坚甲,手执利刃,长短武器互相错综配合,流动弓箭手往来掠阵,军队按建制统一进攻,那么,匈奴的部队就不能抵挡了;骑射手材官齐发良箭,进攻射向同一个目标,那么匈奴用兽皮做的铠甲、用木板做的盾牌不能抵挡;下马步战,剑戟交接,你来我往互相追赶,那么匈奴人的步伐就跟不上了:这是中国擅长的技艺。由此看来,匈奴的长技有三项,中国的长技有五项。陛下又发动几十万大军,来诛伐几万人的匈奴部队,从士卒多少来计算,是以一击十的战术。虽然如此,但是兵甲是一种凶恶的器具,战争是一种危险的事情。由大变小,由强变弱,只不过是瞬息之间的事情罢了。用人的生死去决胜负,一旦失利就难以重振,后悔就来不及了。帝王的治国之道,应做到万

全。今降胡、义渠、蛮夷之属来归谊者,其众数千,饮食、长技与匈奴同。可赐之坚甲、絮衣、劲弓、利矢,益以边郡之良骑,令明将能知其习俗、和辑其心者,以陛下之明约将之。即有险阻,以此当之;平地通道,则以轻车、材官制之。两军相为表里,各用其长技,衡加之以众,此万全之术也。"帝嘉之,赐错书,宠答焉。

错又上言曰:"臣闻秦起兵而攻胡、粤者,非以卫边地而救民死也,贪戾而欲广大也,故功未立而天下乱。且夫起兵而不知其势,战则为人禽,屯则卒积死。夫胡、貉之人,其性耐寒;扬、粤之人,其性耐暑。秦之戍卒不耐其水土,戍者死于边,输者偾于道。秦民见行,如往弃市,因以谪发之,名曰'谪戍'。先发吏有谪及赘婿、贾人,后以尝有市籍者,又后以大父母、父母尝有市籍者,后入闾取其左。发之不顺,行者愤怨,有万死之害而亡铢两之报,死事之后,不得一算之复,天下明知祸烈及己也。陈胜行戍,至于大泽,为天下先倡,天下从之如流水者,秦以威劫而行之敝也。胡人衣食之业,不著于地,其势易以扰乱边境。往来转徙,时至时去,此胡人之生业,而中国之所以离南亩也。今胡人数转牧、行猎于塞下,以候备塞之卒,卒少则入。陛下不

无一失。如今投降的胡人、义渠人，其他蛮夷来归义的，人数多达数千。他们的饮食、擅长的技艺与匈奴人相同。可以赐给他们坚固的铠甲、绵衣、强弓、利箭，再加上边郡的良马，指令一位通晓兵法、能了解他们的习俗，能和协安抚他们人心的将领，按照陛下的盟约来统帅他们。如果碰上险阻地带的敌人，就以这些人去抵挡；如果是平原地带，道路畅通，则用战车和材官部队去制服敌人。两种部队互为表里，互相配合，各自发挥他们的特长，再加上人数众多，这是万无一失的战术。"文帝很欣赏，赐给晁错回书，以恩宠鼓励的话作答。

晁错又上书说："臣下听说，秦朝之所以起兵进攻胡、粤之地，并不是为了保护边疆、拯救人民的死难，而是由于贪婪而要扩大疆土，是故功劳尚未建立，天下就已经大乱了。况且起兵如果不了解大势，那么作战就会被人擒制，屯驻也会士卒不断死亡。胡人、貉人，他们生性耐寒；扬、粤等百越之人，他们生性不怕热。秦朝的戍守士卒不适应那里的水土，屯守的死在边疆，运输军备的倒毙在路上。秦朝的老百姓受到征召前往戍守，就如同前往刑场斩首示众一样，于是秦政府采取贬谪发配的形式，取名叫作'谪戍'。首先征发有罪的官吏以及赘婿、商人，然后征发有商人户籍的，再后又征发祖父母、父母曾有商人户籍的，最后征发居住在里门左边无需服役的平民。这种调发方式毫无道理，被征发的人满怀怨恨，冒着极大的生命危险，却得不到丝毫的报酬，为国捐躯之后，家里也不能免除一丁的人头税，普天下的人都明白知道，这种猛烈的祸灾终会要延及自己。陈胜前去戍边，到达大泽乡时，为天下之人首倡大义，天下的人跟着他造反的，就好比流水一样，这是秦朝靠用强权胁迫他们去戍守所造成的弊害。胡人供给衣食的产业，并不固定在土地上，这就使得他们容易扰乱边境。往来迁徙，四处流动，有时来了，有时又去了，这就是胡人的谋生之业，也是中国人被弄得离开家园的原因。如今胡人多次在塞下辗转游牧打猎，一边暗中侦伺我们防守边塞兵力的多少，如果士卒少，他们就乘虚而入。陛下如果不去

救,则边民绝望而有降敌之心;救之,少发则不足,多发,远县才至,则胡又已去。聚而不罢,为费甚大;罢之,则胡复入。如此连年,则中国贫苦而民不安矣。陛下幸忧边境,遣将吏发卒以治塞,甚大惠也。然今远方之卒守塞,一岁而更,不知胡人之能。不如选常居者家室田作,且以备之,以便为之高城深堑。要害之处,通川之道,调立城邑,毋下千家。先为室屋,具田器,乃募民,免罪,拜爵,复其家,予冬夏衣、禀食,能自给而止。塞下之民,禄利不厚,不可使久居危难之地。胡人入驱而能止其所驱者,以其半予之,县官为赎。其民如是,则邑里相救助,赴胡不避死。非以德上也,欲全亲戚而利其财也。此与东方之戍卒不习地势而心畏胡者,功相万也。以陛下之时,徙民实边,使远方无屯戍之事,塞下之民,父子相保,无系虏之患;利施后世,名称圣明,其与秦之行怨民,相去远矣。"上从其言,募民徙塞下。

错复言:"陛下幸募民徙以实塞下,使屯戍之事益省,输将之费益寡,甚大惠也。下吏诚能称厚惠,奉明法,存恤所徙之老弱,善遇其壮士,和辑其心而勿侵刻,使先至者安

救援,边民就会对政府绝望,因而产生降敌的心理;如果去救援他们,要是发兵过少,则力量不足以制敌,发兵过多,那么远处郡县的部队才赶到,胡人又已跑了。聚集起来的部队如果长期不遣散,军费开支就很大;一旦遣散他们,胡人又会再度乘虚入侵。这种状况如果连年继续下去,那中国就会贫苦不堪,老百姓也不得安宁了。幸而陛下忧虑边境,派遣将官、征发士卒,治理建设边塞,这是对人民的很大恩惠。然而命令远方的士兵来防守边塞,他们一年轮换一次,不会了解胡人的能耐。不如挑选一些人去那里长期居住,让他们建立家室,置办田产,并且防备敌人,利用有利的地形修筑高高的城墙、深深的壕沟。在各个要害地点、交通要道,规划建立城邑,估计每城不要少于一千户居民。先替他们建好房子,准备好农具,然后招募人去住,有罪的免除他们的罪过,无罪的授予爵位,免除他们家里的赋税,发给冬夏衣服,供给口粮,直到他们能够自给自足为止。塞下的老百姓,如果禄利不丰厚,就不可能使他们久居危难之地。当胡人入寇劫掠时,如果有人能截获,就把截获财产的一半给他,再由官府出钱补给财产的原主。这样,则街坊邻里会互相救助,拼死自卫,与胡人进行斗争。他们这样做,并不是想以德行报答皇上,而是为了保全亲戚朋友并希图他们的财物。这与那些不熟悉边塞地形地势而对胡人心怀畏惧的东方戍卒相比,作用要大万倍。利用陛下在位的有利时机,迁徙老百姓充实边塞,使遥远的后方百姓没有屯戍边疆的徭役,塞下的老百姓,父子长相保养,不用担心自己会成为俘虏;福利延及后世,美名可称圣明,这与秦政府那种强征满怀怨恨的民众去戍守边塞的做法,真有天壤之别了。"文帝听从了他的建议,招募老百姓,迁徙到塞下定居。

晁错又建议说:"陛下招募迁徙老百姓充实塞下,使得征兵屯戍边疆的事情越来越减省,军事运输的费用也越来越少,利益十分巨大。下级办事官吏如果真能体现陛下的一片厚恩,遵奉圣明的法令,慰问救济徙民中的老人和幼弱,厚待其中的壮士,团结安抚争取他们的拥护,而不欺侮、剥削他们,使得先到那里的安

乐而不思故乡,则贫民相募而劝往矣。臣闻古之徙民者,相其阴阳之和,尝其水泉之味,然后营邑、立城,制里、割宅,先为筑室家,置器物焉,民至有所居,作有所用。此民所以轻去故乡而劝之新邑也。为置医、巫以救疾病,以修祭祀,男女有婚,生死相恤,坟墓相从,种树畜长,室屋完安,此所以使民乐其处而有长居之心也。臣又闻古之制边县以备敌也,使五家为伍,伍有长;十长一里,里有假士;四里一连,连有假五百;十连一邑,邑有假候,皆择其邑之贤材有护、习地形、知民心者。居则习民于射法,出则教民于应敌。故卒伍成于内,则军政定于外。服习以成,勿令迁徙,幼则同游,长则共事。夜战声相知,则足以相救;昼战目相见,则足以相识;欢爱之心,足以相死。如此而劝以厚赏,威以重罚,则前死不还踵矣。所徙之民非壮有材者,但费衣粮,不可用也。虽有材力,不得良吏,犹亡功也。陛下绝匈奴不与和亲,臣窃意其冬来南也。壹大治,则终身创矣。欲立威者,始于折胶;来而不能困,使得气去,后未易服也。”

居乐业而不思念故乡,如此,那些贫穷百姓就会羡慕、向往,互相劝勉鼓励,前往定居了。臣下听说古代那些迁徙老百姓的,先要相地,看是否阴阳调和,要品尝一下那里水质的味道,然后才营建城邑,制定乡里区划,分割住宅范围,先替他们盖好房子,每家都给配置好日常用具及物资,老百姓到了那里,就有房子居住,工作起来有所需器物。这就是老百姓为什么容易离开故乡,而互相鼓励到新的城邑里去居住的原因。政府还要替他们配置医生和巫师,为百姓治疗疾病,负责祭祀。男女婚配,繁息后代;生老病死,互相抚恤;坟墓互相依随;种植树木,牧养六畜,房屋完美,舒适安全。采取这些措施,都是为了让老百姓喜欢上新居而作长期住下去的打算。臣下又听说,古人在沿边各县创立制度用来防备敌人的时候,其方法是使五家组成一伍,每个伍有伍长负责;十个伍组成一里,里有假士;四个里组成一连,连有假五百;十个连组成一邑,邑有假候:都选择各邑中贤德有才、有保护家乡的能力、熟悉地形、了解民心的人担任这些职务。平居无事,就让老百姓学习骑射之法;战时外出,就教给老百姓应敌之方。所以战斗队伍平时在家里就训练好了,军事政令在外面实战时也能确定下来。这样反复训练,练成之后,就不要让他们迁徙了,年幼时大家一起游玩,成年后又在一起做事,彼此相当熟悉。夜战时声音彼此都听得出来,则完全可以互相救助;白天作战,用眼睛一望,就足以互相识别;双方之间的真诚友爱,足以使他们同生共死。这样做了之后,国家再以重赏进行鼓励,以严刑进行惩罚,那么人们在作战时,就会勇往直前,义无反顾。所迁徙的百姓如果不是强壮有能力的人,那就只是白白地浪费衣服粮食,不能派上用场。所徙百姓尽管身有能力,但若得不到贤良官吏的管理,那还是不能获得成功。陛下拒绝了匈奴的要求,不与他们和亲,臣下估计他们会在冬季南下入侵。我们只要给敌人一次沉重打击,就可以使他们终身受到惩戒。想要建立朝廷的威名,就必须在折胶的秋季开始准备;假如匈奴人入侵而不能困住他们,使之得志而归,以后就不容易治服了。"

十四年冬，匈奴老上单于十四万骑入朝那、萧关，杀北地都尉印，虏人民畜产甚多；遂至彭阳，使奇兵入烧回中宫，候骑至雍甘泉。帝以中尉周舍、郎中令张武为将军，发车千乘、骑卒十万，军长安旁，以备胡寇，而拜昌侯卢卿为上郡将军，宁侯魏遫为北地将军，隆虑侯周灶为陇西将军，屯三郡。上亲劳军，勒兵，申教令，赐吏卒，自欲征匈奴。群臣谏，不听；皇太后固要，上乃止。于是以东阳侯张相如为大将军，成侯董赤、内史栾布皆为将军，击匈奴。单于留塞内，月馀乃去。汉逐出塞即还，不能有所杀。

后二年，匈奴连岁入边，杀略人民、畜产甚多，云中、辽东最甚，郡万馀人。上患之，乃使使遗匈奴书。单于亦使当户报谢，复与匈奴和亲。

三年，匈奴老上单于死，子军臣单于立。

六年冬，匈奴三万骑入上郡，三万骑入云中，所杀略甚众，烽火通于甘泉、长安。以中大夫令免为车骑将军，屯飞狐；故楚相苏意为将军，屯句注；将军张武屯北地；河内太守周亚夫为将军，次细柳；宗正刘礼为将军，次霸上；祝兹侯徐厉为将军，次棘门，以备胡。上自劳军，至霸上及棘门军，直驰入，将以下骑送迎。已而之细柳军，军士吏被甲，锐兵刃，彀弓弩持满，天子先驱至，不得入。先驱曰："天子且至！"军门都尉曰："将军令曰：'军中闻将军令，不闻天子之诏。'"居无何，上至，又不得入。于是上乃使使持节诏将军：

十四年（前166）冬季，匈奴老上单于的十四万骑兵侵入朝那县、萧关，杀死北地郡都尉孙卬，掳掠去的人民和牲畜、财产很多；还进至彭阳，派出奇兵袭入、烧毁了回中宫，侦察骑兵到达了雍县的甘泉宫。文帝以中尉周舍、郎中令张武为将军，征发战车一千辆，骑兵十万，驻扎在长安附近以防备胡寇，又任命昌侯卢卿为上郡将军，宁侯魏遫为北地将军，隆虑侯周灶为陇西将军，驻扎在上述三郡。文帝亲自慰劳部队，统兵申明教令，赏赐官兵，还打算亲自率兵去征伐匈奴。大臣们都进行劝谏，文帝不听；皇太后再三阻止，文帝才留了下来。于是任命东阳侯张相如为大将军，成侯董赤、内史栾布都为将军，以进击匈奴。单于在塞内停留了一个多月，才撤出去。汉军将匈奴赶出边塞就撤回国内，没有对敌人造成什么杀伤。

后元二年（前162），匈奴连年在边境入寇，杀伤、掳掠的人民和牲畜、财产很多，云中郡、辽东郡受害最为严重，每郡受害人数达到一万多人。文帝很担忧，便派使者送信给匈奴。单于也派一名官居当户的使者来汉朝答谢，于是又与匈奴和亲。

三年（前161），匈奴老上单于去世，他的儿子军臣单于继立。

六年（前158）冬季，匈奴三万骑兵入侵上郡，三万骑兵入侵云中郡，被杀害和掳掠的人很多，报警的烽火一直传到了雍县的甘泉宫和首都长安。朝廷于是任命中大夫令免为车骑将军，驻扎在飞狐口；原楚国国相苏意为将军，驻扎在句注山；将军张武驻扎在北地郡；河内郡太守周亚夫为将军，进驻细柳；宗正刘礼为将军，进驻霸上；祝兹侯徐厉为将军，进驻棘门；以此防备胡寇入侵。文帝亲自慰劳部队，到达霸上和棘门的军营时，文帝骑马径直进入，将军以下部属都骑马送迎。不久，文帝来到了细柳军营。在这里，将士们都身披铠甲，手执锐利的兵器，箭上弦，弓持满，严阵以待，天子的前驱人马到达时，无法进入军营。前驱对守门将士说："天子就要到了！"军门都尉说："周将军命令说：'军中只听从将军的命令，不听从天子之诏命。'"过了没多久，文帝到了，又进不去。于是文帝这才派使者手持符节诏令周将军说：

"吾欲入营劳军。"亚夫乃传言:"开壁门。"壁门士请车骑曰:"将军约:军中不得驱驰。"于是天子乃按辔徐行。至营,将军亚夫持兵揖曰:"介胄之士不拜,请以军礼见。"天子为动,改容,式车,使人称谢:"皇帝敬劳将军。"成礼而去。既出军门,群臣皆惊。上曰:"嗟乎,此真将军矣!曩者霸上、棘门军若儿戏耳,其将固可袭而虏也。至于亚夫,可得而犯邪!"称善者久之。月馀,汉兵至边,匈奴亦远塞,汉兵亦罢。乃拜周亚夫为中尉。

孝景元年夏四月,遣御史大夫青至代下与匈奴和亲。

二年秋,与匈奴和亲。

五年,遣公主嫁匈奴单于。

中二年春二月,匈奴入燕。

六年六月,匈奴入雁门,至武泉,入上郡,取苑马,吏卒战死者二千人。陇西李广为上郡太守,尝从百骑出,卒遇匈奴数千骑,见广,以为诱骑,皆惊,上山陈。广之百骑皆大恐,欲驰还走,广曰:"吾去大军数十里,今如此以百骑走,匈奴追射我立尽。今我留,匈奴必以我为大军之诱,必不敢击我。"广令诸骑曰:"前!"未到匈奴陈二里所,止,令曰:"皆下马解鞍!"其骑曰:"虏多且近,即有急,奈何?"广

"我要入营慰劳部队。"周亚夫这才传令:"打开军营大门。"守卫军营大门的卫士请求文帝的随从车仗人马说:"周将军规定,军营之中,不能纵马奔驰。"于是天子便手持缰绳,让马缓缓前进。到达军营时,将军周亚夫手持兵器,拱手为礼,说:"身穿铠甲的武士不能下拜,请允许我按照军队中的礼节参见陛下。"天子被这种场面所感动,不觉肃然改容,面色庄重,身靠着车前横木,俯身向军队致敬,并派人向周亚夫道谢说:"皇帝谨向将军表示慰劳。"完成劳军礼节之后,文帝就走了。一行人出了军门之后,大臣们都深感惊讶。文帝说:"哎呀,这才是真正的将军啊!以前在霸上、棘门军营看见的那些军队,简直如同儿童游戏一般,那些将领真是很容易遭到袭击而被俘的。至于周亚夫,谁能侵犯得了他!"称赞了很长时间。一个多月后,汉兵进至边境,匈奴人远远地离开了边塞,汉兵也撤军回来。文帝于是任命周亚夫为中尉。

孝景帝前元元年(前156)夏季四月,派遣御史大夫陶青到代国边塞下,与匈奴和亲。

二年(前155)秋季,汉朝与匈奴和亲。

五年(前152),送公主嫁给匈奴单于。

中元二年(前148)春季二月,匈奴入侵燕国。

六年(前144)六月,匈奴入侵雁门,到达武泉,侵入上郡,掠夺御苑喂养的马匹,官兵战死的达二千多人。陇西人李广任上郡太守,曾经带着百余名骑兵出塞,碰上匈奴几千名骑兵,他们看见李广等人,以为是汉军诱敌的骑兵,都很惊恐,上山摆开了阵势。李广的一百多名骑兵都十分害怕,打算纵马逃走,李广说:"我们离开大部队有几十里路远,如果就这样靠一百骑兵逃走,匈奴追上来一射杀,我们立刻就完蛋了。如果我们留下来不走,匈奴一定把我们看作是大部队的诱骑,肯定不敢进攻我们。"李广命令骑兵们说:"前进!"到距离匈奴阵地大约两里的地方停了下来,又命令说:"大家都下马,解下马鞍!"他的骑兵说:"敌人数量很多,距离我们又近,一旦出现紧急情况,那怎么办?"李广

曰:"彼虏以我为走;令皆解鞍,以示不走,用坚其意。"于是胡骑遂不敢击。有白马将出,护其兵;李广上马,与十馀骑奔,射杀白马将,而复还至其骑中解鞍,令士皆纵马卧。是时会暮,胡兵终怪之,不敢击。夜半时,胡兵亦以为汉有伏军于旁,欲夜取之,胡皆引兵而去。平旦,李广乃归其大军。

后二年三月,匈奴入雁门,太守冯敬与战,死。发车骑、材官屯雁门。

孝武建元六年,匈奴来请和亲,天子下其议。大行王恢,燕人也,习胡事,议曰:"汉与匈奴和亲,率不过数岁,即复倍约。不如勿许,兴兵击之。"韩安国曰:"匈奴迁徙鸟举,难得而制,自上古不属为人。今汉行数千里与之争利,则人马罢乏;虏以全制其敝,此危道也。不如和亲。"群臣议者多附安国,于是上许和亲。

说:"那些敌人认为我们会逃跑;现在我们都解了马鞍,以此表示我们是不会逃走的,用这个办法使敌人更相信他们的错误判断。"于是胡人的骑兵真的不敢贸然进攻。有一个骑白马的匈奴将领跑出阵来,监护他的士兵;李广上马,与十多个骑兵飞奔上前,射死了那位白马将,然后又返回到他的骑兵队伍中,解下马鞍,命令士兵都放开战马,躺在地上休息。这时正好已是黄昏时分,匈奴始终认为他们怪异可疑,不敢发动攻击。到半夜时,匈奴兵也认为有汉兵埋伏在附近,想在夜里偷袭他们,所以都带兵撤离了。第二天天大亮时,李广才回到他的大军营地。

后元二年(前142)三月,匈奴入侵雁门郡,太守冯敬率兵迎击,战死。于是征发骑兵、材官驻守雁门郡。

孝武帝建元六年(前135),匈奴人前来请求和亲,天子将此事下交群臣讨论。大行王恢是燕国人,熟悉匈奴情况,他建议说:"汉朝与匈奴和亲,一般过不了几年,匈奴人就又背弃盟约。不如不答应他们的请求,发兵攻击他们。"韩安国说:"匈奴人迁徙不定,就像鸟飞一样,轻捷飘忽,很难制服他们,自从上古以来就不把他们看作隶属于自己的臣民。而今汉军如果远行数千里去与他们争利,我们的人马就会疲惫不堪;敌人却完好无损,以逸待劳,这是很危险的事。不如和亲为好。"参加讨论的大臣多数附和韩安国,于是武帝答应与匈奴和亲。

诸吕之变

高祖十年。定陶戚姬有宠于上,生赵王如意。上以太子仁弱,谓如意类己,虽封为赵王,常留之长安。上之关东,戚姬常从,日夜啼泣,欲立其子。吕后年长,常留守,益疏。上欲废太子而立赵王,大臣争之,皆莫能得。御史大夫周昌廷争之强,上问其说。昌为人吃,又盛怒,曰:"臣口不能言,然臣期期知其不可!陛下欲废太子,臣期期不奉诏!"上欣然而笑。吕后侧耳于东厢听,既罢,见昌,为跪谢,曰:"微君,太子几废。"时赵王年十岁,上忧万岁之后不全也,符玺御史赵尧请为赵王置贵强相,及吕后、太子、群臣素所敬惮者。上曰:"谁可者?"尧曰:"御史大夫昌,其人也。"上乃以昌相赵,而以尧代昌为御史大夫。

十二年十一月,上从破黥布归,疾益甚,愈欲易太子。张良谏,不听,因疾不视事。叔孙通谏曰:"昔者晋献公以骊姬之故,废太子,立奚齐,晋国乱者数十年,为天下笑。

诸吕之变

汉高祖十年(前197)。定陶人戚姬受到高祖宠爱,生了赵王刘如意。高祖以为太子刘盈为人心地仁慈,性格懦弱,说刘如意很像自己,虽然封他为赵王,却常常把他留在长安。高祖到关东去,戚姬常常跟在身边,她日日夜夜在高祖面前哭泣请求,想要立她的儿子为太子。吕后年纪大了,经常留守京师,高祖对她更加疏远了。高祖打算废掉太子而立赵王为嗣,大臣们进行谏争劝阻,都不能奏效。御史大夫周昌在朝廷上极力争辩,高祖问他是什么道理。周昌这个人口吃,又很愤怒,急得只是说:"臣下口里讲不清楚,然而臣下期期知道不能这样做!陛下要是废太子,臣下期期不能奉诏!"高祖欣然笑了。吕后躲在东厢房侧耳偷听,事后去见周昌,向他下跪致谢,说:"要是没有您,太子几乎被废掉了。"当时赵王年仅十岁,高祖担心自己死后他的性命难以保全,符玺御史赵尧奏请替赵王配置一位地位显贵、强硬有力的国相,他又要是吕后、太子和群臣所尊敬和畏惧的人。高祖问道:"你看谁合适?"赵尧说:"御史大夫周昌就是这样的人。"高祖于是以周昌为赵相,而以赵尧代替周昌做御史大夫。

十二年(前195)十一月,高祖从攻破黥布的前线回来,病情更加严重了,因此越发想改立太子。张良劝谏,高祖不听,于是称病不再处理政事。叔孙通进谏说:"以前晋献公因为骊姬的缘故,废黜太子,改立奚齐,晋国由此大乱了几十年,被天下人耻笑。

秦以不蚤定扶苏,令赵高得以诈立胡亥,自使灭祀,此陛下所亲见。今太子仁孝,天下皆闻之。吕后与陛下攻苦食啖,其可背哉!陛下必欲废適而立少,臣愿先伏诛,以颈血污地!"帝曰:"公罢矣,吾直戏耳!"叔孙通曰:"太子,天下本,本一摇,天下振动;奈何以天下为戏乎!"时大臣固争者多,上知群臣心皆不附赵王,乃止不立。

初,上击布时,为流矢所中,行道,疾甚。吕后问曰:"陛下百岁后,萧相国既死,谁令代之?"上曰:"曹参可。"问其次,曰:"王陵可,然少戆,陈平可以助之。陈平知有馀,然难独任。周勃重厚少文,然安刘氏者必勃也,可令为太尉。"吕后复问其次,上曰:"此后亦非乃所知也。"夏四月甲辰,帝崩于长乐宫。

五月己巳,太子即皇帝位,尊皇后曰皇太后。
太后令永巷囚戚夫人,髡钳,衣赭衣,令舂。遣使召赵王如意,使者三反,赵相周昌谓使者曰:"高帝属臣赵王,赵王年少。窃闻太后怨戚夫人,欲召赵王并诛之,臣不敢遣王。王且亦病,不能奉诏。"太后怒,先使人召昌。昌至长安,乃使人复召赵王。王来,未到,帝知太后怒,自迎赵王霸上,与入宫,自挟与起居饮食。太后欲杀之,不得间。

惠帝元年冬十二月,帝晨出射。赵王少,不能蚤起,太后使人持鸩饮之。犁明,帝还,赵王已死。太后遂断戚夫

秦国由于不及早确定扶苏为太子,使得赵高能够用诈骗的手段立胡亥为帝,自己使得宗庙祭祀灭绝,这是陛下亲眼看到的事。如今,太子的仁爱、孝顺,普天下的人都知道。吕后与陛下又曾同艰苦、共患难,怎么可以背弃呢? 如果陛下一定要废嫡长子立少子,臣下宁愿死在您的面前,用颈血来污染地面!"高祖说:"您别说了,我只不过是开开玩笑而已!"叔孙通说:"太子是天下的根本,根本一旦动摇,天下就会震动;怎么能拿天下大事来开玩笑呢?"当时大臣中坚持谏争的人很多,高祖知道大臣们的心都不归附赵王,就放下这事,不再立赵王为太子了。

起初,高祖进攻英布时,被流箭射中,行军途中,伤势加重。吕后问:"陛下百年之后,萧相国如果死了,谁来代替他呢?"高祖说:"曹参可以。"吕后又问曹参死后下面的接班人,高祖说:"王陵可以,但是稍微憨直了一点,陈平可以帮助他。陈平才智有余,但是难以独当大任。周勃稳重厚道,但缺少文采,然而将来安定刘氏天下的一定是周勃,可让他担任太尉。"吕后再问下面的安排,高祖说:"这以后的事恐怕你也不会知道了。"夏季四月甲辰(二十五日),高祖驾崩于长乐宫。

五月己巳(二十日),太子刘盈即皇帝位,尊称皇后叫皇太后。

太后命令在永巷囚禁戚夫人,剃去头发,用铁圈束住脖子,穿上土红色的囚衣,让她舂米。又派使者召赵王刘如意进京,使者去了三次,赵相周昌对使者说:"高帝把赵王嘱托给臣下,赵王年纪还小。臣下听说太后怨恨戚夫人,想将赵王召去一起杀掉,所以臣下不敢让赵王去。况且赵王也有病,不能奉诏。"太后大怒,就先派人召周昌入京。待周昌到达长安后,才又派人去召赵王。赵王动身前来,还没到长安,惠帝知道太后发怒,要杀赵王,于是亲自到霸上去迎接赵王,和他一起入宫,亲自带着他,睡觉、吃饭都在一起。太后想要杀赵王,找不到机会。

汉惠帝元年(前194)冬季十二月,惠帝有天早晨出去射猎。赵王年纪小,早上起不来,太后便乘机派人拿着毒酒让他喝了。黎明时分,惠帝回来一看,赵王已经死了。太后又下令砍断戚夫

人手足,去眼,辉耳,饮暗药,使居厕中,命曰“人彘”。居数日,乃召帝观人彘。帝见,问知其戚夫人,乃大哭,因病,岁馀不能起。使人请太后曰:“此非人所为。臣为太后子,终不能治天下。”帝以此日饮为淫乐,不听政。

　　臣光曰:为人子者,父母有过则谏;谏而不听,则号泣而随之。安有守高祖之业,为天下之主,不忍母之残酷,遂弃国家而不恤,纵酒色以伤生! 若孝惠者,可谓笃于小仁而未知大谊也。

　　六年冬十月,以王陵为右丞相,陈平为左丞相。夏,以周勃为太尉。
　　七年秋八月戊寅,帝崩于未央宫。初,吕太后命张皇后取他人子养之,而杀其母,以为太子。既葬,太子即皇帝位,年幼,太后临朝称制。

　　高后元年冬,太后议欲立诸吕为王,问右丞相陵,陵曰:“高帝刑白马盟曰:‘非刘氏而王,天下共击之。’今王吕氏,非约也。”太后不说,问左丞相平、太尉勃,对曰:“高帝定天下,王子弟;今太后称制,王诸吕,无所不可。”太后喜。罢朝,王陵让陈平、绛侯曰:“始与高帝喋血盟,诸君不在邪? 今高帝崩,太后女主,欲王吕氏,诸君纵欲阿意背约,何面目见高帝于地下乎?”陈平、绛侯曰:“于今,面折廷

人的手脚,挖去双眼,用火烧灼,弄聋她的耳朵,又给她灌了哑药,然后把她丢在厕所里,取名叫作"人彘"。过了几天,便召惠帝去看人彘。惠帝一见,问了别人后才知道是戚夫人,于是放声大哭,并因此得了病,一年多起不了床。惠帝派人对太后请求说:"这不是人做的事。我作为太后您的儿子,终究没有办法来治理这个天下。"惠帝因此每天只是饮酒淫乐,不处理政事。

北宋史臣司马光评论说:做儿子的,父母如果有过失就要进行劝谏;劝谏仍不听从,就向他们哭泣请求。哪有继承了高祖的大业,身为天下的君主,仅仅因为不能忍受母亲的残酷,就抛弃国家大事,不予体恤、治理,纵情酒色淫乐,以自伤身体的呢?像孝惠帝那样,真的可以说是执着于小的仁爱,而不知天下大义了。

六年(前189)冬季十月,任命王陵为右丞相,陈平为左丞相。夏季,任命周勃为太尉。

七年(前188)秋季八月戊寅(十一日),惠帝驾崩于未央宫。起初,吕太后命令张皇后夺取别人的儿子,由自己抚养,并杀了他的母亲,立他为太子。惠帝埋葬后,太子即皇帝位,但年纪很小,由太后临朝,代行皇帝的职权。

高后元年(前187)冬季,太后和大臣们商议,打算立自己娘家那些吕姓的人为王,征询右丞相王陵的意见,王陵说:"高帝曾宰杀白马,与群臣歃血订立盟约道:'今后如果不是刘姓的人却封了王,天下人共同进攻他。'现在让吕姓的人为王,是不符合高帝的盟约的。"太后不高兴,又问左丞相陈平和太尉周勃,他们回答说:"高皇帝平定了天下,所以封自己的子弟为王;如今太后代行天子的职权,封几位吕姓娘家人为王,这没有什么不可以的。"太后听了非常高兴。退朝以后,王陵责备陈平和绛侯周勃,说:"当初与高皇帝歃血为盟,你们二位难道不在场吗?如今高帝驾崩,太后以女主临朝,打算封吕氏子弟为王,你们纵然想要阿谀逢迎太后的意旨,背弃当初的盟约,将来又有什么面目在地下与高帝相见呢?"陈平、绛侯说:"如今,在朝廷上当面反对,

争,臣不如君;全社稷,定刘氏之后,君亦不如臣。"陵无以应之。

十一月甲子,太后以王陵为帝太傅,实夺之相权,陵遂病免归。乃以左丞相平为右丞相;以辟阳侯审食其为左丞相,不治事,令监宫中,如郎中令。食其故得幸于太后,公卿皆因而决事。太后怨赵尧为赵隐王谋,乃抵尧罪。上党守任敖尝为沛狱吏,有德于太后,乃以为御史大夫。太后又追尊其父临泗侯吕公为宣王,兄周吕令武侯泽为悼武王,欲以王诸吕为渐。

太后欲王吕氏,乃先立所名孝惠子彊为淮阳王,不疑为恒山王,使大谒者张释风大臣。大臣乃请立悼武王长子郦侯台为吕王,割齐之济南郡为吕国。

二年冬十一月,吕肃王台薨。

夏五月丙申,封齐悼惠王子章为朱虚侯,令入宿卫,又以吕禄女妻章。

四年夏四月丙申,太后封女弟嬃为临光侯。

少帝浸长,自知非皇后子,乃出言曰:"后安能杀吾母而名我?我壮,即为变!"太后闻之,幽之永巷中,言帝病。左右莫得见。太后语群臣曰:"今皇帝病久不已,失惑昏乱,不能继嗣治天下,其代之。"群臣皆顿首言:"皇太后为天下齐民计,所以安宗庙、社稷甚深,群臣顿首奉诏。"遂废帝,幽杀之。

据理力争,我们不如您;至于保全宗庙社稷,安定刘氏的后代,您就不如我们了。"王陵无言以对。

十一月甲子(二十九日),太后以王陵为皇帝的太傅,名义上提升了,实际上夺了他丞相的职权,王陵于是称病免职回家去了。吕后就把左丞相陈平升为右丞相;而以辟阳侯审食其为左丞相,但只挂名不管事,实际是要他监管宫中内务,就好像皇帝的郎中令一样。审食其因此很得太后宠爱,公卿大臣都要通过他来裁决政事。太后怨恨赵尧替赵隐王刘如意出谋划策,于是将赵尧撤职抵罪。上党郡郡守任敖在做沛县狱吏的时候,对太后有恩,于是让他担任御史大夫。太后又追尊她那已去世的父亲临泗侯吕公为宣王,追尊亡兄周吕令武侯吕泽为悼武王,想以此作为分封诸吕为王的开端。

太后想封吕氏为王,就先封号称是为孝惠帝之子的刘彊为淮阳王,刘不疑为恒山王,使大谒者张释向大臣们暗示太后要封诸吕为王的旨意。大臣们心领神会,于是请求封悼武王的长子郦侯吕台为吕王,割取齐国的济南郡作为吕国领地。

二年(前186)冬季十一月,吕肃王台去世。

夏季五月丙申(初九),封齐悼惠王的儿子刘章为朱虚侯,命令他入宫宿卫,又把吕禄的女儿嫁给刘章为妻。

四年(前184)夏季四月丙申(二十日),太后封妹妹吕媭为临光侯。

少帝年纪渐渐长大,自己已经知道他并不是张皇后的亲生儿子,就口出怨言说:"皇后怎么能够杀死我的母亲而把我称为她的儿子?等我长大了,就要进行政变报仇!"太后听到这个消息之后,就把他囚禁在永巷之中,扬言说是皇帝得了重病。左右的臣子都无法见到他。太后对群臣说:"皇帝病了很久,如今尚未痊愈,以致神志不清,糊涂昏乱,不能继承帝位,治理天下,应该找人代替他。"群臣都叩头说:"皇太后为天下平民百姓着想,这样做对于安定宗庙社稷作用重大、意义深远,群臣都顿首接受诏命。"太后于是废黜少帝,接着又将他囚禁杀害。

五月丙辰，立恒山王义为帝，更名曰弘。不称元年，以太后制天下事故也。

六年冬十一月，立肃王弟产为吕王。

七年春正月，太后召赵幽王友。友以诸吕女为后，弗爱，爱他姬。诸吕女怒，去，谗之于太后曰："王言：'吕氏安得王！太后百岁后，吾必击之。'"太后以故召赵王。赵王至，置邸，不得见，令卫围守之，弗与食。其群臣或窃馈，辄捕论之。丁丑，赵王饿死。

二月，徙梁王恢为赵王，吕王产为梁王。梁王不之国，为帝太傅。

吕嬃女为将军、营陵侯刘泽妻。泽者，高祖从祖昆弟也。齐人田生为之说大谒者张卿曰："诸吕之王也，诸大臣未大服。今营陵侯泽，诸刘最长。今卿言太后王之，吕氏王益固矣。"张卿入言太后，太后然之，乃割齐之琅邪郡封泽为琅邪王。

赵王恢之徙赵，心怀不乐。太后以吕产女为王后，王后从官皆诸吕，擅权，微伺赵王，赵王不得自恣。王有所爱姬，王后使人鸩杀之。六月，王不胜悲愤，自杀。太后闻之，以为王用妇人弃宗庙礼，废其嗣。是时，诸吕擅权用事。朱虚侯章，年二十，有气力，忿刘氏不得职。尝入侍太后燕饮，太后令章为酒吏。章自请曰："臣将种也，请得以军法行酒。"太后曰："可。"酒酣，章请为《耕田歌》，太后

五月丙辰（十一日），立恒山王刘义为皇帝，改名为刘弘。这年不称元年，是因为太后临朝称制、治理天下的缘故。

六年（前182）冬季十一月，立肃王吕台的弟弟吕产为吕王。

七年（前181）春季正月，太后召赵幽王刘友入京。刘友娶了吕家的女儿为王后，但他不爱这位王后，而是喜欢其他姬妾。这位吕氏家的女儿很是生气，于是就离开了赵国，前去向太后进谗言，说："赵王说：'吕氏怎么能够封王！等到太后百年过世之后，我一定要攻灭他们。'"太后因为这个缘故，所以召回了赵王。赵王来到京城以后，被安置在赵国驻在京城的邸舍中，不能进见太后。太后又命令卫士将赵王围困，不给他饭吃。赵王群臣中有人偷偷给他送去饮食，被发现了就立即逮捕论罪。丁丑（十七日），赵王被活活饿死。

二月，迁徙梁王刘恢，改封为赵王，而将吕王吕产改封为梁王。但梁王并不到封国去，留在京师做皇帝的太傅。

吕媭的女儿为将军、营陵侯刘泽的妻子。刘泽是高帝的从祖兄弟。齐国人田生替他游说大谒者张卿道："诸吕的封王，各位大臣并没有十分服从。如今营陵侯刘泽，在刘姓皇族之中辈分最高。如果您跟太后说说，封他为王，那么吕氏诸王的地位就更巩固了。"张卿进去对太后一说，太后认为有道理，于是割取齐国的琅邪郡，封刘泽为琅邪王。

赵王刘恢被徙封到赵国，心里很不高兴。太后以吕产的女儿为赵王的王后，王后的随从官员都是吕家的人，擅权专横，暗中监视赵王，使得赵王不能自由做主。赵王有一位心爱的姬妾，被王后派人用毒酒杀死了。六月，赵王因为悲愤交加而自杀身亡。太后听说以后，认为赵王为了一个妇人竟抛弃了宗庙的仪礼，于是不准他的后代继承赵国王位。当时，诸吕专权用事。朱虚侯刘章年方二十，很有力气，对刘氏不能掌权而愤忿不平。他曾经入宫侍奉太后宴饮，太后命令他为监酒官。刘章自己请求说："臣下是将门后代，请允许我按军法主持监酒。"太后说："行。"当大家酒兴正浓时，刘章请求为太后唱支《耕田歌》，太后

许之。章曰："深耕穊种，立苗欲疏；非其种者，锄而去之！"太后默然。顷之，诸吕有一人醉，亡酒，章追，拔剑斩之而还，报曰："有亡酒一人，臣谨行法斩之！"太后、左右皆大惊，业已许其军法，无以争也，因罢。自是之后，诸吕惮朱虚侯，虽大臣皆依朱虚侯，刘氏为益强。

陈平患诸吕，力不能制，恐祸及己；尝燕居深念，陆贾往，直入坐，而陈丞相不见。陆生曰："何念之深也？"陈平曰："生揣我何念？"陆生曰："足下极富贵，无欲矣。然有忧念，不过患诸吕、少主耳。"陈平曰："然。为之奈何？"陆生曰："天下安，注意相；天下危，注意将。将相和调，则士豫附，天下虽有变，权不分。为社稷计，在两君掌握耳。臣常欲谓太尉绛侯，绛侯与我戏，易吾言。君何不交欢太尉，深相结？"因为陈平画吕氏数事。陈平用其计，乃以五百金为绛侯寿，厚具乐饮，太尉报亦如之。两人深相结，吕氏谋益衰。

太后使使告代王，欲徙王赵。代王谢之，愿守代边。太后乃立兄子吕禄为赵王，追尊禄父建成康侯释之为赵昭王。

八年冬十月辛丑，立吕肃王子东平侯通为燕王，封通弟庄为东平侯。

春三月，太后祓，还，过轵道，见物如苍犬，撠太后掖，忽不复见。卜之，云"赵王如意为祟"。太后遂病掖伤。

应允了。刘章于是吟唱道："深耕密播，留苗稀疏；不是同类，坚决铲除！"太后听了，默然不语。过了一会儿，吕氏家族中有一人喝醉了，逃酒离去，刘章追上，拔剑将他斩了，回报太后说："有一个人逃酒，臣下谨按军法将他斩了！"太后及左右都大惊，但是既然已经同意他按军法行酒，就无法追究，酒宴因而结束。从此以后，诸吕都怕刘章，即使是大臣，也都依仗他，刘氏势力增强。

陈平担心诸吕将会篡权，但自己又无力制止，害怕大祸延及自己；曾独处静居，仔细思量对策，这时陆贾来了，他未经通报，就径直进入房中坐下，而陈丞相竟然没有发觉。陆生对他说："您想什么想得这样入神呢？"陈平说："陆先生猜猜看，我在想些什么？"陆生说："足下富贵已达极点，应该没有什么个人欲望了。然而您有忧虑，想来不过是担心诸吕和小皇帝的事罢了。"陈平说："是的。但是应该怎么办呢？"陆生说："天下安，注意相；天下危，注意将。将相如果和协一致，关系融洽，那么士人就会顺从归附，即使天下出现意外变故，国家大权也不会分散。为社稷着想，国家命运就掌握在你们将相二人手中了。我曾经想要对太尉绛侯周勃说明此事，但绛侯喜欢与我开玩笑，看轻我的话。您何不与太尉交交朋友，建立起深厚的友谊呢？"陆贾还乘便替陈平筹划了对付吕氏的几条计策。陈平采纳了他的计策，于是以五百斤黄金给太尉祝寿，并准备了丰盛的酒宴与太尉交欢痛饮，太尉也用相同的礼节回报陈平。从此，两人便紧密地结合起来，吕氏的阴谋便越发受阻衰败，难以得逞了。

太后派使者通知代王，说要把他徙封到赵国为王。代王辞谢了，表示愿意留守代国边境。太后于是封她哥哥的儿子吕禄为赵王，追尊吕禄的亡父建成康侯吕释之为赵昭王。

八年(前180)冬季十月辛丑(十六日)，封吕肃王之子东平侯吕通为燕王，封吕通的弟弟吕庄为东平侯。

春季三月，太后外出举行袚祭回来，路过轵道时，看见一个类似苍狗的东西，扑过来抓住自己的腋窝，忽然又看不见了。请人占卜，说是"赵王刘如意为祟"。太后从此觉得腋下疼痛。

夏四月，封中大谒者张释为建陵侯，以其劝王诸吕，赏之也。

秋七月，太后病甚，乃令赵王禄为上将军，居北军；吕王产居南军。太后诫产、禄曰："吕氏之王，大臣弗平。我即崩，帝年少，大臣恐为变。必据兵卫宫，慎毋送丧，为人所制。"辛巳，太后崩。遗诏：大赦天下，以吕王产为相国，以吕禄女为帝后。

诸吕欲为乱，畏大臣绛、灌等，未敢发。朱虚侯以吕禄女为妇，故知其谋，乃阴令人告其兄齐王，欲令发兵西，朱虚侯、东牟侯为内应，以诛诸吕，立齐王为帝。齐王乃与其舅驷钧、郎中令祝午、中尉魏勃阴谋发兵。齐相召平弗听。八月丙午，齐王欲使人诛相，相闻之，乃发卒卫王宫。魏勃绐召平曰："王欲发兵，非有汉虎符验也。而相君围王固善，勃请为君将兵卫王。"召平信之。勃既将兵，遂围相府，召平自杀。于是齐王以驷钧为相，魏勃为将军，祝午为内史，悉发国中兵。使祝午东诈琅邪王曰："吕氏作乱，齐王发兵欲西诛之。齐王自以年少，不习兵革之事，愿举国委大王。大王，自高帝将也，请大王幸之临淄，见齐王计事。"琅邪王信之，西驰见齐王。齐王因留琅邪王，而使祝午尽发琅邪国兵，并将之。琅邪王说齐王曰："大王，高皇帝適长孙也，当立。今诸大臣狐疑未有所定，而泽于刘氏最为长年，大臣固待泽决计。今大王留臣，无为也，不如使我入

夏季四月，封中大谒者张释为建陵侯，这是因为他讽劝大臣奏封诸吕为王有功，所以用此作为奖赏。

　　秋季七月，太后病得很厉害，于是任命赵王吕禄为上将军，入主北军；吕王吕产入主南军。太后告诫吕产、吕禄说："吕氏被封为王，大臣们都愤愤不平。我一旦去世，皇帝年纪又小，大臣们恐怕会要进行变乱。你们一定要掌握住军队，保卫宫廷，千万不要给我送葬，以免为他人所制。"辛巳（三十日），太后驾崩。太后留下诏书，命令大赦天下，以吕王吕产为相国，以吕禄之女为皇后。

　　诸吕打算发动叛乱，但害怕大臣周勃以及灌婴等人，不敢贸然发难。朱虚侯因为娶吕禄的女儿为妻子，所以知道他们的阴谋，便暗中派人告诉他的哥哥齐王刘襄，要齐王发兵西征，朱虚侯和弟弟东牟侯做内应，以杀掉诸吕，立齐王为皇帝。齐王于是和他的舅舅驷钧、郎中令祝午、中尉魏勃暗中谋划发兵。齐相国召平不同意。八月丙午（二十五日），齐王打算派人杀掉相国，相国听到这个消息之后，就发兵包围王宫。魏勃欺骗召平说："大王打算发兵，只是没有得到汉朝的虎符相验证，暂时还发动不了。相君包围住王宫当然是很好的，请让我魏勃替相君率兵卫王吧。"召平相信了他。魏勃控制住军队之后，反而围住了相府，召平自杀。于是齐王以驷钧为相，魏勃为将军，祝午为内史，动员了封国内的全部兵力。又派祝午往东去欺骗琅邪王刘泽说："吕氏发动叛乱，齐王发兵想要西征去诛灭他们。齐王自以为年纪尚小，不熟悉军旅之事，愿意把整个齐国交由大王指挥。大王自从高帝的时候就为将率兵作战，请大王屈驾到临淄来，与齐王相见，当面计事。"琅邪王信以为真，便驱车向西疾驰，去见齐王。齐王却乘机扣留了琅邪王，而派祝午将琅邪国的军队尽数调发，一并交给齐王统率。琅邪王劝说齐王道："大王是高皇帝的嫡长孙，按理应当继立为帝。如今大臣们狐疑犹豫，尚未决定立谁，而我刘泽在刘氏皇族中年辈最大，大臣们可能早就在等着我去决定大计。如今大王将我扣留在这里，是没有用的，不如让我入

关计事。"齐王以为然,乃益具车送琅邪王。琅邪王既行,齐遂举兵西攻济南,遗诸侯王书,陈诸吕之罪,欲举兵诛之。

相国吕产等闻之,乃遣颍阴侯灌婴将兵击之。灌婴至荥阳,谋曰:"诸吕拥兵关中,欲危刘氏而自立。今我破齐还报,此益吕氏之资也。"乃留屯荥阳,使使谕齐王及诸侯与连和,以待吕氏变,共诛之。齐王闻之,乃还兵西界待约。

吕禄、吕产欲作乱,内惮绛侯、朱虚等,外畏齐、楚兵,又恐灌婴畔之,欲待灌婴兵与齐合而发,犹豫未决。

当是时,济川王太、淮阳王武、常山王朝及鲁王张偃皆年少,未之国,居长安。赵王禄、梁王产各将兵居南、北军,皆吕氏之人也。列侯、群臣莫自坚其命。

太尉绛侯勃不得主兵。曲周侯郦商老病,其子寄与吕禄善。绛侯乃与丞相陈平谋,使人劫郦商,令其子寄往绐说吕禄曰:"高帝与吕后共定天下,刘氏所立九王,吕氏所立三王,皆大臣之议,事已布告诸侯,诸侯皆以为宜。今太后崩,帝少,而足下佩赵王印,不急之国守藩,乃为上将,将兵留此,为大臣诸侯所疑。足下何不归将印,以兵属太尉,请梁王归相国印,与大臣盟而之国。齐兵必罢,大臣得安,足下高枕而王千里,此万世之利也。"吕禄信然其计,欲以

关去计议大事。"齐王认为他说的有道理，就增派了许多车辆，为琅邪王送行。琅邪王走了以后，齐国就举兵向西进攻济南国，同时派人送信给各诸侯王，陈述、控诉诸吕的罪行，打算举兵诛灭他们。

相国吕产等人听到这个消息后，就派颍阴侯灌婴率兵迎击。灌婴到达荥阳后，自己盘算道："诸吕拥兵据关中，想要危害刘氏，自立为帝。如果我攻破齐国，回京报命，这等于是增加了吕氏的势力。"于是留驻在荥阳，并派使者告诉齐王及各诸侯，约定互相联合，等待吕氏的变乱，然后一起诛灭他们。齐王听到后，就将军队撤回到西部边界，等待约定时期的到来。

吕禄、吕产想要作乱，但是在京城内惧怕绛侯周勃、朱虚侯刘章等人，在京城之外，则畏忌齐国和楚国的军队，同时还害怕灌婴反叛，想等灌婴的军队与齐军交战之后才发动叛乱，因此犹豫不决。

那个时候，济川王刘太、淮阳王刘武、常山王刘朝及鲁王张偃年纪都很小，都没有到各自的封国去，还住在长安。赵王吕禄、梁王吕产各自率军分别坐镇南军和北军，他们都是吕氏的人。列侯、群臣人人自危，没有哪一个能够掌握住自己的命运。

太尉绛侯周勃无法掌握兵权。曲周侯郦商既老又病，他的儿子郦寄与吕禄交情很好。绛侯就与丞相陈平商量，派人去劫持了郦商，要郦商让他的儿子郦寄前去欺骗、劝说吕禄道："高帝与吕后共同平定天下，刘氏所立的九个王，吕氏所立的三个王，都是大臣们商议决定的，事情已经向天下诸侯公布，诸侯们也都以为这样做适宜。如今太后驾崩，皇帝年少，足下身佩赵王印，不赶快跑到封国去镇守，却担任上将军率军留在这里，必然会引起大臣和诸侯们的怀疑。足下何不归还将军印，把军队交给太尉，同时请梁王吕产归还相国印，与大臣缔结盟约，然后回到自己的封国去呢？这样，齐国一定会罢兵，大臣们也能安宁无事，足下就可以高枕无忧地在千里封国为王，这是有利于子孙万世的事情呀。"吕禄相信郦寄的话，认为他的计策有道理，便打算把

兵属太尉,使人报吕产及诸吕老人,或以为便,或曰不便,计犹豫未有所决。吕禄信郦寄,时与出游猎,过其姑吕媭。媭大怒曰:"若为将而弃军,吕氏今无处矣!"乃悉出珠玉、宝器散堂下,曰:"毋为他人守也!"

九月庚申旦,平阳侯窋行御史大夫事,见相国产计事。郎中令贾寿使从齐来,因数产曰:"王不早之国,今虽欲行,尚可得邪?"具以灌婴与齐、楚合从欲诛诸吕告产,且趣产急入宫。平阳侯颇闻其语,驰告丞相、太尉。

太尉欲入北军,不得入。襄平侯纪通尚符节,乃令持节矫内太尉北军。太尉复令郦寄与典客刘揭先说吕禄曰:"帝使太尉守北军,欲足下之国。急归将印,辞去!不然,祸且起。"吕禄以为郦况不欺己,遂解印属典客,而以兵授太尉。太尉至军,吕禄已去。太尉入军门,行令军中曰:"为吕氏右袒,为刘氏左袒!"军中皆左袒。太尉遂将北军。然尚有南军。丞相平乃召朱虚侯章佐太尉,太尉令朱虚侯监军门,令平阳侯告卫尉:"毋入相国产殿门!"吕产不知吕禄已去北军,乃入未央宫,欲为乱。至殿门,弗得入,徘徊往来。平阳侯恐弗胜,驰语太尉。太尉尚恐不胜诸吕,未敢公言诛之,乃谓朱虚侯曰:"急入宫卫帝!"朱虚侯请卒,太尉予卒千馀人。入未央宫门,见产廷中。日铺时,遂击产,产走。天风大起,以故其从官乱,莫敢斗。逐产,杀

军队交给太尉,同时派人把此事报告吕产和诸吕中的老人,他们有的认为可以,有的认为不行,计议犹豫,没有决定。吕禄信任郦寄,时常与他一起出去游玩射猎。有次打猎时,顺便去拜访他的姑母吕媭。吕媭一见,大怒道:"你身为将军,却放弃了自己的军队,吕家之人就要没有安身之处了!"于是把珠玉宝器全都搬了出来,抛散在堂下,说:"不要替别人守这些东西了!"

九月庚申(初十)早晨,平阳侯曹窋兼摄御史大夫之职,会见相国吕产商量事情。郎中令贾寿此时正从齐国出使回来,责备吕产说:"大王不早点到封国去,如今即使您想走,还去得了吗?"于是把灌婴与齐国、楚国联合,打算消灭诸吕的情况全都告诉了吕产,而且催促吕产赶快入宫。平阳侯听到了他们大部分的谈话,于是立即驰马报告丞相和太尉。

太尉想进入北军营垒,进不去。襄平侯纪通掌管符节,太尉让他拿着符节,假称奉皇帝的命令,要北军允许太尉入内。太尉又要郦寄与典客刘揭先去劝说吕禄道:"皇帝派太尉代管北军,要足下到封国去。请你赶快交回将印,离开这里!不然的话,大祸就要临头了。"吕禄认为郦寄不会欺骗自己,于是解下将印交给典客,又把军队交给太尉。太尉到达北军军营时,吕禄已经走了。太尉进入军门,在军中下令说:"拥护吕氏的袒露右臂,效忠刘氏的袒露左臂!"军中官兵全都袒露左臂。太尉于是统帅了北军。然而还有南军未被控制。丞相陈平就找来朱虚侯刘章帮助太尉,太尉命令朱虚侯监守军门,又命令平阳侯曹窋去通知卫尉:"不要让相国吕产进入殿门!"吕产不知道吕禄已经离开了北军,便进入未央宫去想要作乱。到达殿门时,进不去,在那里徘徊。平阳侯担心不能取胜,就赶快跑去告诉太尉。太尉还是担心不能战胜诸吕,没敢公开宣布要诛杀他们,就对朱虚侯说:"赶快入宫保卫皇帝!"朱虚侯请求带军队去,太尉拨给他一千多士卒。刘章进入未央宫门后,看见吕产正在宫廷中。时近傍晚,就袭击吕产,吕产逃走。天空突然狂风大作,因此使得他的随从官兵乱成一团,不敢和刘章等人交战。于是追击吕产,将他杀

之郎中府吏厕中。

朱虚侯已杀产，帝命谒者持节劳朱虚侯。朱虚侯欲夺其节，谒者不肯，朱虚侯则从与载，因节信驰走，斩长乐卫尉吕更始。还，驰入北军，报太尉。太尉起，拜贺朱虚侯曰："所患独吕产，今已诛，天下定矣！"遂遣人分部悉捕诸吕男女，无少长皆斩之。辛酉，捕斩吕禄而笞杀吕嬃，使人诛燕王吕通，而废鲁王张偃。戊辰，徙济川王王梁，遣朱虚侯章以诛诸吕事告齐王，令罢兵。

灌婴在荥阳，闻魏勃本教齐王举兵，使使召魏勃至，责问之。勃曰："失火之家，岂暇先言丈人而后救火乎？"因退立，股战而栗，恐，不能言者，终无他语。灌将军熟视笑曰："人谓魏勃勇，妄。庸人耳，何能为乎！"乃罢魏勃。灌婴兵亦罢荥阳归。

> 班固赞曰：孝文时，天下以郦寄为卖友。夫卖友者，谓见利而忘义也。若寄，父为功臣而又执劫；虽摧吕禄以安社稷，谊存君亲，可也。

诸大臣相与阴谋曰："少帝及梁、淮阳、恒山王，皆非真孝惠子也。吕后以计诈名他人子，杀其母，养后宫，令孝惠子之，立以为后及诸王，以强吕氏。今皆已夷灭诸吕，而所立即长，用事，吾属无类矣！不如视诸王最贤者立之。"或言："齐王，高帝长孙，可立也。"大臣皆曰："吕氏以外家恶

死在郎中府吏的厕所之中。

朱虚侯已经杀了吕产，皇帝命令谒者持节来慰劳朱虚侯。朱虚侯要抢夺皇帝之节，谒者不肯，朱虚侯便与他坐在一辆车上，凭着皇帝之节长驱直入，斩杀了长乐卫尉吕更始。回来后，跑马进入北军，向太尉报告。太尉站起身来向朱虚侯拜贺说："我们所担心的只有吕产，现在已经杀掉，天下就平定了！"于是派人分头把诸吕的男男女女全部抓起来，不论老少一概斩首。辛酉（十一日），捕获吕禄，将他斩首；又将吕嬃用鞭子活活打死。又派人诛杀燕王吕通，废黜鲁王张偃。戊辰（十八日），徙封济川王刘太为梁王，派遣朱虚侯刘章把诛灭诸吕的事告诉齐王，叫他罢兵。

灌婴在荥阳，听说魏勃本教齐王举兵造反，便派使者将魏勃召来，责问他为什么要这样做。魏勃说："家里失火了，哪里有空先报告家长然后才去救火的呢？"说完退后站立，两腿发抖，害怕得好像话都说不出来了似的，直到最后，都没有讲别的话。灌将军仔细打量着他，然后笑着说："别人都说魏勃勇敢，真是胡说。他其实不过是平庸之辈，哪能有什么作为呢？"于是便放了魏勃。灌婴的军队也从荥阳撤回京师。

> 东汉班固评论说：孝文帝时，天下人都认为郦寄出卖朋友。所谓卖友，指的是见利忘义。像郦寄那样，父亲是功臣，而又被劫持，虽然郦寄的做法毁了好朋友吕禄，但是安定了社稷，保住了大义，保存了君主和亲人，还是可以的。

大臣们在暗地里相互商量说："少帝及梁王、淮阳王、恒山王都不是孝惠帝真正的儿子。是吕后设计，拿别人的儿子冒称的。吕后杀了他们的母亲，将他们养在后宫，让孝惠帝把他们认作自己的儿子，立为继嗣，或封他们为诸侯王，以加强吕氏的势力。如今诸吕已经全部被消灭，而他们所立的后嗣还在，一旦他们长大后执掌政权，我们这些人就没有活路了！不如在各诸侯王中找一个贤良的立为皇帝。"有人说："齐王是高帝的长孙，可以立为皇帝。"其他大臣都说："吕氏之乱就是因为外戚家凶狠险恶，

而几危宗庙，乱功臣。今齐王舅驷钧，虎而冠，即立齐王，复为吕氏矣。代王方今高帝见子最长，仁孝宽厚。太后家薄氏谨良。且立长固顺，况以仁孝闻天下乎！"乃相与共阴使人召代王。

代王问左右，郎中令张武等曰："汉大臣皆故高帝时大将，习兵，多谋诈。此其属意非止此也，特畏高帝、吕太后威耳。今已诛诸吕，新喋血京师，此以迎大王为名，实不可信。愿大王称疾毋往，以观其变。"中尉宋昌进曰："群臣之议皆非也。夫秦失其政，诸侯、豪桀并起，人人自以为得之者以万数，然卒践天子之位者，刘氏也，天下绝望，一矣。高帝封王子弟地，犬牙相制，此所谓磐石之宗也，天下服其强，二矣。汉兴，除秦苛政，约法令，施德惠，人人自安，难动摇，三矣。夫以吕太后之严，立诸吕为三王，擅权专制，然而太尉以一节入北军，一呼士皆左祖，为刘氏，叛诸吕，卒以灭之。此乃天授，非人力也。今大臣虽欲为变，百姓弗为使，其党宁能专一邪！方今内有朱虚、东牟之亲，外畏吴、楚、淮南、琅邪、齐、代之强。方今高帝子，独淮南王与大王，大王又长，贤圣仁孝闻于天下，故大臣因天下之心而欲迎立大王。大王勿疑也！"代王报太后计之，犹豫未定。

几乎危及宗庙社稷，破坏、残害了功臣。如今，齐王的舅父驷钧为人凶暴，就像一头戴上帽子的老虎，如果立齐王为帝，那又会要出现一个吕氏了。而代王是高帝的现存年纪最大的儿子，仁爱孝顺，为人宽厚。太后家薄氏也恭谨善良。再说，拥立长子本来就名正言顺，何况代王又以仁孝闻名于天下呢！"于是大家一起暗地里派人去叫代王入京。

代王询问左右近臣，征求他们的意见，郎中令张武等人说："汉朝廷大臣都是原来高帝时的大将，善于用兵，多奇谋诈计。这次他们的用意并不只是要迎大王为帝，之所以这样做，仅仅是因为畏惧高帝和吕后的威望罢了。现在已经诛灭了诸吕，刚刚喋血京师，在这个时候打出迎接大王的牌子，实际上是不可相信的。希望大王暂时假称有病，不要前往京城，以静观局势的发展变化。"中尉宋昌进言道："群臣的意见都不对。当秦朝统治者失去政权时，诸侯豪杰一齐起来进行争夺，人人都自以为能够得到天下，这样的人数以万计，然而最后登上天子之位的，只有刘氏，天下其他的人都打消了想当皇帝的念头，这是第一条理由。高帝分封自家子弟为王，封地犬牙交错，可以互相制约，控制天下，这是所谓坚如磐石的宗族，天下的人都信服它的强大，这是第二条理由。汉朝建立之后，废除秦朝的苛法，简化法令，又广施德惠，人人都感到安宁，习惯于这种局面，难以动摇了，这是第三条理由。即使以吕后那样的威严，立了吕氏中三个人为王，擅权用事，独断专行，然而太尉只凭一个符节就进入了北军，振臂一呼，士卒便都袒露左臂，效忠刘氏，背叛诸吕，最后终于消灭了他们。这些都是上天的赐予，不是人力所能办到的。如今，大臣即使想要变乱，百姓也不会为他们效劳，他们的同党难道就能专心一意吗？现在，京城之内有朱虚侯、东牟侯这样的宗亲大臣，京城之外又害怕吴、楚、淮南、琅邪、齐、代等诸侯国的强大。如今高帝的儿子只有淮南王与大王，大王又年长，贤圣仁孝，名闻天下，所以大臣们顺应天下民心，想要迎立大王为皇帝。大王不必迟疑了！"代王又报告了太后，一起计议，还是犹豫不决。

卜之,兆得大横,占曰:"大横庚庚,余为天王,夏启以光。"代王曰:"寡人固已为王矣,又何王?"卜人曰:"所谓天王者,乃天子也。"于是代王遣太后弟薄昭往见绛侯,绛侯等具为昭言所以迎立王意。薄昭还报曰:"信矣,毋可疑者。"代王乃笑谓宋昌曰:"果如公言。"乃命宋昌参乘,张武等六人乘传,从诣长安。至高陵,休止,而使宋昌先驰之长安观变。昌至渭桥,丞相以下皆迎。昌还报。代王驰至渭桥,群臣拜谒称臣,代王下车答拜。太尉勃进曰:"愿请间。"宋昌曰:"所言公,公言之;所言私,王者无私。"太尉乃跪上天子玺、符。代王谢曰:"至代邸而议之。"

后九月己酉晦,代王至长安,舍代邸,群臣从至邸。丞相陈平等皆再拜言曰:"子弘等皆非孝惠帝子,不当奉宗庙。大王,高帝长子,宜为嗣。愿大王即天子位!"代王西乡让者三,南乡让者再,遂即天子位。群臣以礼次侍。

东牟侯兴居曰:"诛吕氏,臣无功,请得除宫。"乃与太仆汝阴侯滕公入宫,前谓少帝曰:"足下非刘氏子,不当立!"乃顾麾左右执戟者掊兵罢去。有数人不肯去兵,宦者令张释谕告,亦去兵。滕公乃召乘舆车载少帝出。少帝曰:"欲将我安之乎?"滕公曰:"出就舍。"舍少府。乃奉天子法驾迎代王于邸,报曰:"宫谨除。"代王即夕入未央

于是去占卜，龟甲上显示的卜兆是一条大的横纹，读卜词说："大横显豁深长，我将成为天王，就像夏启那样，把父亲的事业光大发扬。"代王说："寡人本来为王了，还当什么王？"卜人说："所谓天王，就是天子呀。"于是代王派太后的弟弟薄昭去见绛侯周勃，绛侯对薄昭详细讲了他们为什么要迎接代王，立他为天子的本意。薄昭回来报告说："确实是真的，没有什么值得怀疑的了。"代王这才笑着对宋昌说："果然像您所说的那样。"于是命令宋昌为陪乘，让张武等六人乘坐传车，随同代王一起前往长安。到达高陵县时，便停下来休息，派遣宋昌先到长安去观察朝廷动向。宋昌到达渭桥时，丞相以下百官都来迎接。宋昌又回去报告。代王于是驱车赶到渭桥，群臣都来拜谒，口称臣下，代王下车答拜。太尉周勃走近代王，说："有点事想单独向您报告。"宋昌对他说："您所讲的如果是公事，就公开说；如果是私事，那么王者是不徇私情的。"太尉于是跪着呈上天子的印玺和符节。代王辞谢说："到京中代邸再商议此事吧。"

闰九月己酉（二十九日），代王到达长安，住在代国驻京邸舍，群臣都跟着到代邸来了。丞相陈平等人都拜了又拜，上奏说："刘弘等人都不是孝惠帝的儿子，不应当事奉宗庙，继承帝位。大王是高帝的长子，应该成为继嗣。希望大王即天子位！"代王西向辞让了三次，南向辞让了两次，然后就登上了天子之位。群臣按照礼节规定，依尊卑次序侍立。

东牟侯刘兴居说："诛除吕氏时，臣下没有立功，请让我去清理皇宫。"于是与太仆汝阴侯滕公夏侯婴一起入宫，走上前对少帝说："足下不是刘姓皇帝的儿子，不应当立为皇帝！"说着又回头，命令少帝的左右执戟卫士放下兵器离开。有几个人不肯丢下手中武器，宦者令张释向他们说明了原因，他们于是也放下了武器。滕公于是召来乘舆车，载着少帝送出宫去。少帝问："要把我带到哪里去呢？"滕公说："到外面去住。"就让他住在少府的官署里。于是恭敬地备好天子的法驾，到京中代邸去迎接代王，向代王报告说："皇宫已经清理好了。"代王当晚进入了未央

宫。有谒者十人持戟卫端门，曰："天子在也，足下何为者
而入？"代王乃谓太尉。太尉往谕，谒者十人皆揭兵而去，
代王遂入。夜，拜宋昌为卫将军，镇抚南、北军。以张武为
郎中令，行殿中。有司分部诛灭梁、淮阳、恒山王及少帝于
邸。文帝还坐前殿，夜，下诏书赦天下。

文帝元年冬十月，陈平谢病，上问之，平曰："高祖时，
勃功不如臣，及诛诸吕，臣功亦不如勃。愿以右丞相让
勃。"十一月辛巳，上徙平为左丞相，太尉勃为右丞相，大将
军灌婴为太尉。诸吕所夺齐、楚故地，皆复与之。论诛诸
吕功，右丞相勃以下益户、赐金各有差。绛侯朝罢趋出，意
得甚。上礼之恭，常目送之。郎中安陵袁盎谏曰："诸吕悖
逆，大臣相与共诛之。是时丞相为太尉，本兵柄，适会其成
功。今丞相如有骄主色，陛下谦让，臣主失礼，窃为陛下弗
取也。"后朝，上益庄，丞相益畏。

宫。有十个谒者拿着戟守卫端门，对代王说："天子住在里面，足下要进去干什么？"代王告诉太尉。太尉前去作了说明，这十名谒者都放下兵器走了，代王于是入宫。晚上，任命宋昌为卫将军，以统帅南军和北军。以张武为郎中令，在宫殿内巡行保卫。有关负责部门分头到梁王、淮阳王、恒山王以及少帝所住官邸，将他们诛杀。文帝返回到前殿坐下，当夜颁发诏书，大赦天下。

　　文帝前元元年（前179）冬季十月，陈平因病请求辞职，文帝问他原因，陈平说："高祖时，周勃的功劳不如臣下，这次诛灭诸吕，臣下的功劳却不如周勃。我情愿把右丞相的职位让给周勃。"十一月辛巳（初二），文帝将陈平调任左丞相，而以太尉周勃担任右丞相，大将军灌婴担任太尉。被诸吕所夺去的齐国、楚国的旧地，又都归还原主。文帝评论总结诛灭诸吕的功劳，依功行赏，给右丞相周勃以下官员，各按等级增加封户、赐予黄金。绛侯在散朝以后快步走出来，神色甚为得意。文帝对他优礼有加，十分恭敬，常常目送他离去。郎中安陵人袁盎进谏说："诸吕狂悖忤逆，大臣们一起诛除他们。当时丞相担任太尉，掌握兵权，正好碰上这个机会取得了成功。如今丞相似乎对君主显露了骄傲的脸色，而陛下却谦虚退让，这样，臣下和君主双方都失礼了，我私下觉得陛下不应该这样做。"以后每次上朝时，文帝变得越来越庄重，而丞相周勃越来越敬畏他了。

南越称藩

汉高帝十一年五月，诏立秦南海尉赵佗为南越王，使陆贾即授玺绶，与剖符通使，使和集百越，无为南边患害。

初，秦二世时，南海尉任嚣病且死，召龙川令赵佗，语曰："秦为无道，天下苦之。闻陈胜等作乱，天下未知所安。南海僻远，吾恐盗兵侵地至此，欲兴兵绝新道自备，待诸侯变，会病甚。且番禺负山险，阻南海，东西数千里，颇有中国人相辅，此亦一州之主也，可以立国。郡中长吏，无足与言者，故召公告之。"即被佗书，行南海尉事。嚣死，佗即移檄告横浦、阳山、湟谿关曰："盗兵且至，急绝道，聚兵自守！"因稍以法诛秦所置长吏，以其党为假守。秦已破灭，佗即击并桂林、象郡，自立为南越武王。

陆生至，尉佗魋结、箕倨见陆生。陆生说佗曰："足下

南越称藩

汉高帝十一年（前196）五月，下诏封原秦南海郡郡尉赵佗为南越王，派陆贾前去授给他印玺和绶带，与他剖符分执，互通使节，使他协调安集百越，不要成为南方边境的祸害。

起初，在秦二世的时候，南海郡郡尉任嚣病重将死，便召来龙川县令赵佗，对他说："秦朝暴虐无道，天下人民被它害苦了。听说陈胜等人已起兵造反，天下不知要怎样才能安定下来。南海郡虽然处在偏僻而遥远的地方，我也担心那些盗匪之兵侵夺土地，打到我们这里来，本打算发动军队切断新道，进行自卫，以静待诸侯之间形势的演变，却碰上我病得很厉害。况且番禺这个地方，背靠着群山的险阻，有南海的阻隔，东西长达数千里，还有不少中原人相辅佐，这也是一州之主，可以建立国家。郡中的长吏中没有一个人值得和他谈这些，所以把您找来，告诉您这些话。"当即把有关文书授给赵佗，要他代理南海郡尉的职务。任嚣死后，赵佗立即移送檄文通知横浦、阳山、湟谿关说："盗兵就要到了，你们赶快切断通道，聚集兵力，各自加强防守！"于是渐渐借助法令诛杀秦朝所设置的官吏，安排自己的党羽为代理郡守。秦朝灭亡之后，赵佗便攻击兼并桂林郡、象郡，自立为南越武王。

陆贾出使到南越，赵佗头上束着尖尖的发髻，把两腿岔开如同一只簸箕一样，坐在那里接见陆生。陆生规劝赵佗说："足下

中国人,亲戚、昆弟、坟墓在真定。今足下反天性,弃冠带,欲以区区之越与天子抗衡为敌国,祸且及身矣!且夫秦失其政,诸侯、豪杰并起,唯汉王先入关,据咸阳。项羽倍约,自立为西楚霸王,诸侯皆属,可谓至强。然汉王起巴、蜀,鞭笞天下,遂诛项羽,灭之。五年之间,海内平定,此非人力,天之所建也。天子闻君王王南越,不助天下诛暴逆,将相欲移兵而诛王。天子怜百姓新劳苦,故且休之,遣臣授君王印,剖符通使。君王宜郊迎,北面称臣,乃欲以新造未集之越,屈强于此。汉诚闻之,掘烧王先人冢,夷灭宗族,使一偏将将十万众临越,则越杀王降汉如反覆手耳。"于是尉佗乃蹶然起坐,谢陆生曰:"居蛮夷中久,殊失礼义。"因问陆生曰:"我孰与萧何、曹参、韩信贤?"陆生曰:"王似贤也。"复曰:"我孰与皇帝贤?"陆生曰:"皇帝继五帝、三皇之业,统理中国。中国之人以亿计,地方万里,万物殷富,政由一家,自天地剖判未始有也。今王众不过数十万,皆蛮夷,崎岖山海间,譬若汉一郡耳,何乃比于汉!"尉佗大笑曰:"吾不起中国,故王此。使我居中国,何遽不若汉?"乃留陆生,与饮数月,曰:"越中无足与语,至生来,令我日闻所不闻。"赐陆生橐中装直千金,他送亦千金。陆生卒拜尉佗为南越王,令称臣,奉汉约。归报,帝大悦,拜贾为

本来也是中原人,亲戚、兄弟和祖先的坟墓都在真定。如今足下违反天性,放弃中原的传统服装,反而依从蛮夷的风俗,打算依靠区区南越来与天子对抗为敌,恐怕大难就要临头了!再说,当秦朝失去它的政权时,诸侯豪杰并起争夺,只有汉王最先入关,占据咸阳。后来项羽背弃盟约,自立为西楚霸王,诸侯都臣属于他,可以说是势力最为强大。然而汉王从巴、蜀起兵,役使天下之人,终于杀了项羽、消灭强楚。只用五年时间,就平定了天下,这不是人力所及,而是上天帮助建立的。天子听说君王在南越称王,不帮助天下豪杰诛灭暴逆之人,将相们都要求调集军队来诛灭大王。但天子体恤老百姓近来的劳苦,所以暂且让他们休整,只派我来授给君王印玺,颁发符信,互通使节。君王理当到郊外迎接,北面称臣,却想依靠这刚刚建立、尚未安定的南越,在这里倔强对抗,不肯服从。如果让汉朝知道了,挖掘、烧毁大王祖先的坟墓,诛灭大王的宗族,然后派出一位偏将,率领十万大军进逼南越,那么,南越人杀了大王投降汉朝,就像将手一反一覆似的,容易得很。"于是赵佗猛地跪直身子,向陆生谢罪说:"我在蛮夷中住久了,实在有失礼义。"随即问陆生说:"我与萧何、曹参、韩信相比,哪个强些?"陆生说:"大王似乎强些。"赵佗又问:"我与皇帝相比,哪个强些?"陆生说:"皇帝继承五帝、三王的大业,统治着中原。中原的人口数以亿计,土地方圆万里,各种物产十分丰富,政令统一发出,这是自天地开辟以来从未有过的。如今大王的人众不过几十万,又都是蛮夷,土地崎岖不平,分布在高山与大海之间,就好比是汉朝的一个郡一样,怎能与汉朝相比!"赵佗大笑着说:"我没有在中原兴起,所以在这里为王。假使我在中原,怎么便会不如汉朝?"于是留下陆生,与他一起饮酒交谈,几个月后,赵佗对陆贾说:"南越国内连个可以谈心的人都没有,直到你陆先生来,才使我每天听到一些从没听说的事。"于是赠给陆生用袋子装的价值千金的珠宝,其他的礼物也有千金之多。陆生最后奉诏封赵佗为南越王,使他向汉朝称臣,遵奉汉朝的约束。陆贾返回朝廷报告,高祖非常高兴,任命陆贾为

太中大夫。

高后四年夏五月，有司请禁南越关市铁器。南越王佗曰："高帝立我，通使物。今高后听谗臣，别异蛮夷，隔绝器物。此必长沙王计，欲倚中国击灭南越而并王之，自为功也。"

五年春，佗自称南越武帝，发兵攻长沙，败数县而去。

七年九月，遣隆虑侯周灶将兵击南越。

文帝元年。初，隆虑侯灶击南越，会暑湿，士卒大疫，兵不能隃领。岁馀，高后崩，即罢兵。赵佗因此以兵威财物赂遗闽越、西瓯、骆，役属焉。东西万馀里，乘黄屋，左纛，称制，与中国侔。

帝乃为佗亲冢在真定者置守邑，岁时奉祀。召其昆弟，尊官、厚赐宠之。复使陆贾使南越，赐佗书曰："朕，高皇帝侧室之子也，弃外，奉北藩于代。道里辽远，壅蔽朴愚，未尝致书。高皇帝弃群臣，孝惠皇帝即世，高后自临事，不幸有疾，诸吕为变，赖功臣之力，诛之已毕。朕以王、侯、吏不释之故，不得不立，今即位。乃者闻王遗将军隆虑侯书，求亲昆弟，请罢长沙两将军。朕以王书罢将军博阳侯，亲昆弟在真定者，已遣人存问，修治先人冢。前日闻王发兵

太中大夫。

高后四年(前184)夏季五月，有关主管部门奏请高后，禁止在关市上将铁器输往南越。南越王赵佗说："高帝立我为王，同意互通使节、货物。如今高后听信谗臣的话，对蛮夷另眼相看，断绝器具、物资的交流。这肯定是长沙王的诡计，想倚仗中原的势力来攻灭我们南越，然后将南越和长沙一并控制在手中，以自谋功利。"

五年(前183)春季，赵佗自称南越武帝，发兵进攻长沙，打败几个县的守军，然后离去。

七年(前181)九月，朝廷派遣隆虑侯周灶率兵进攻南越。

文帝前元元年(前179)。起初，隆虑侯周灶进攻南越时，正碰上酷暑潮湿的天气，很多士兵身染瘟疫，因而军队无法越过阳山岭。过了一年多，高后驾崩，就停止了对南越的军事进攻。赵佗趁此机会率军威胁边境，同时用财物贿赂闽越、西瓯和骆，然后役使他们，使之归属自己统治。这样，南越国土东西长一万多里，赵佗也乘坐黄屋左纛的天子用车，称帝，一切规模制度都与汉朝皇帝相当。

文帝于是给在真定的赵佗的亲人坟墓设置守墓的民户，让他们一年四季，按时祭祀。又召来赵佗的兄弟，用尊贵的官职和优厚的赏赐笼络他们。又派陆贾出使南越，赐给赵佗一封书信，信上说："朕是高皇帝侧室所生的儿子，弃置在京外，奉命在北方的代国做藩王。因道路遥远，交通阻塞，加上我生性朴实愚笨，未尝与大王通书问候。自高皇帝丢下群臣辞世之后，孝惠皇帝即位，高后自己临朝称制，用事掌权，后来她不幸身染疾病，诸吕作乱，依赖功臣的力量，现已将他们诛灭完毕。朕因为诸侯王、列侯和官吏们再三坚持，不允许我辞让帝位的缘故，不得不被立为帝，今已即位。往日，我听说大王给将军隆虑侯周灶写了信，要求寻找您的亲兄弟，请求罢免驻在长沙的两位将军。朕按照大王信上的要求罢免了将军博阳侯；您在真定的亲兄弟，我已派人去慰问，并修整您先人的坟墓。前些日子，听说大王兴兵

于边，为寇灾不止。当其时，长沙苦之，南郡尤甚。虽王之国，庸独利乎？必多杀士卒，伤良将吏，寡人之妻，孤人之子，独人父母，得一亡十，朕不忍为也。朕欲定地犬牙相入者，以问吏，吏曰：'高皇帝所以介长沙土也，'朕不得擅变焉。今得王之地，不足以为大；得王之财，不足以为富。服领以南，王自治之。虽然，王之号为帝。两帝并立，亡一乘之使以通其道，是争也。争而不让，仁者不为也。愿与王分弃前恶，终今以来，通使如故。"

贾至南越。南越王恐，顿首谢罪，愿奉明诏，长为藩臣，奉贡职。于是下令国中曰："吾闻两雄不俱立，两贤不并世。汉皇帝，贤天子。自今以来，去帝制、黄屋、左纛。"因为书，称："蛮夷大长、老夫臣佗昧死再拜上书皇帝陛下：老夫，故越吏也，高皇帝幸赐臣佗玺，以为南越王。孝惠皇帝即位，义不忍绝，所以赐老夫者厚甚。高后用事，别异蛮夷，出令曰：'毋与蛮夷越金铁、田器、马、牛、羊；即予，予牡，毋予牝。'老夫处僻，马、牛、羊齿已长，自以祭祀不修，有死罪，使内史藩、中尉高、御史平凡三辈上书谢过，皆不反。又风闻老夫父母坟墓已坏削，兄弟宗族已诛论。吏相与议曰：'今内不得振于汉，外亡以自高异。'故更号为帝，自帝其国，非敢有害于天下。高皇后闻之，大怒，削去南越

于边境,不断地侵扰为害。在那个时候,长沙人民深受其苦,南郡一带尤为严重。即便是大王的国家,难道就可以只得到好处吗?在战争中肯定要杀死很多士卒,伤害不少优良的将官,使得人家的妻子失去丈夫变成寡妇,孩子失去父母变成孤儿,父母失去子女变成孤独老人,这种得到一份、失去十份的事情,朕不忍心做啊。朕本想对两国之间犬牙交错的边界土地作些调整,以此去征询有关官员的意见,官员说:'这是高皇帝划定的分隔长沙国与南越的边界。'朕不能够擅自变更。如今,我汉朝即使得到大王的土地,也增大不了多少;得到大王的财富,也富不了多少。荒服以外、也即五岭以南那些地方,大王可以自行治理。虽然如此,但是大王之号为帝。两个皇帝并立,双方之间连一个往来交流的使者都没有,这就是争夺。只争夺而不讲谦让,仁者是不会这样做的。我希望与大王双方都抛弃前嫌,从今以后,永远互通使节,恢复以前的友好关系。"

陆贾出使来到南越。南越王感到害怕,叩头谢罪,表示愿意遵奉汉朝皇帝的明诏,永为汉朝的藩臣,恪尽贡纳的职责。于是下令国中说:"我听说,两雄不能并立,两贤不能同世。汉朝皇帝是一个贤明的天子。从今以后,我取消帝制,去掉黄屋左纛之车。"随即写了一封回信,信上说:"蛮夷大长、老夫臣赵佗昧死再拜、上书皇帝陛下:老夫原是南越的官吏,幸得高皇帝赐给微臣印玺,以我为南越王。孝惠皇帝即位,情义深重,不忍弃绝,用来赏赐给老夫的财物,相当丰厚。高后掌权时,对蛮夷另眼相看,下令说:'不要把金铁、农具和马牛羊卖给蛮夷南越;即使卖给他们家畜,也只给公的,不给母的。'老夫处在偏僻之地,马、牛、羊都老了,自己以为,如果不搞好祭祀,会有死罪,所以派内史藩、中尉高、御史平一共三批人上书皇帝谢罪,都没回音。又有传闻,说老夫父母的坟墓都已被破坏削平,兄弟宗族也都以罪论死。官吏们在一起议论说:'如今我们对内受到汉朝的贬削压抑,无法振作;对外又没有什么标新立异之举,以提高自己的地位。'所以我就改号为皇帝,然而这只是在自己的国家内称帝,并不敢为害天下。高皇后听说以后,大为恼怒,下令削去南越国

之籍,使使不通。老夫窃疑长沙王谗臣,故发兵以伐其边。老夫处越四十九年,于今抱孙焉。然夙兴夜寐,寝不安席,食不甘味,目不视靡曼之色,耳不听钟鼓之音者,以不得事汉也。今陛下幸哀怜,复故号,通使汉如故,老夫死,骨不腐。改号,不敢为帝矣!"

的封号,使得使节断绝了往来。老夫私下怀疑长沙王是进谗言的奸臣,所以发兵攻伐长沙国的边境。老夫在南越住了四十九年,于今已经抱孙子了。然而我起得很早,睡得晚,睡觉不能安枕,吃饭没有味道,眼睛不看美丽的女子,耳朵不听钟鼓的声音,究其原因,就是不能事奉汉室呀。如今陛下幸而哀怜我,恢复我原来的封号,又像原来一样与汉廷互通使节,老夫就是死了,也心满意足,尸骨都将不朽。我改号为王,不敢当皇帝了!"

七国之叛

汉景帝前三年。初,孝文时,吴太子入见,得侍皇太子饮、博。吴太子博,争道,不恭,皇太子引博局提吴太子,杀之。遣其丧归葬,至吴,吴王愠曰:"天下同宗,死长安即葬长安,何必来葬为!"复遣丧之长安葬。吴王由此稍失藩臣之礼,称疾不朝。京师知其以子故,系治、验问吴使者。吴王恐,始有反谋。后使人为秋请,文帝复问之,使者对曰:"王实不病,汉系治使者数辈,吴王恐,以故遂称病。夫'察见渊中鱼,不祥',唯上弃前过,与之更始。"于是文帝乃赦吴使者,归之,而赐吴王几杖,老,不朝。吴得释其罪,谋亦益解。然其居国,以铜、盐故,百姓无赋,卒践更,辄与平贾;岁时存问茂材,赏赐闾里;他郡国吏欲来捕亡人者,

七国之叛

汉景帝前元三年(前154)。起初,孝文帝在位时,吴国太子到京城进见皇帝,因此有机会陪侍皇太子饮酒、博弈。吴太子在博弈过程中,因棋道与皇太子发生争执,态度很不恭敬,皇太子便拿起棋盘砸向吴太子,把他打死了。朝廷派人将他的灵柩送回去安葬,到达吴国时,吴王大怒道:"天下诸侯都是同姓一家,死在长安就葬在长安好了,何必送回来安葬呢?"又把吴太子的灵柩送到长安去安葬。吴王从此以后便逐渐不按藩臣的礼节行事了,假托有病,不再入京朝见皇帝。朝廷知道他是因为儿子冤死的缘故而不入朝,就逮捕、惩治并拷问吴国的使者。吴王害怕,便开始产生了谋反的想法。后来,吴王派人进京代替他向皇帝行秋季朝见之礼,文帝又责问这件事,使者回答说:"吴王确实没有病,朝廷逮捕拷问吴国使者有好几批了,吴王害怕,所以才称病不敢入朝。古谚有云,'明察得能见到深渊里的鱼,是不吉祥的事',希望皇上赦免他以前的过失,使他能够改过自新。"于是文帝就赦免了吴国的使者,放他们回去;又赐给吴王几案和手杖,表示体谅他年老,今后不必再进京朝觐了。吴王见朝廷赦免了他的罪过,谋反活动也就收敛了。然而他所控制的国家因为有铜、盐之利,便不向老百姓征收赋税,百姓中凡须出钱雇人代服徭役的,由官府补给他相等的代役金;一年四季,按时慰问优秀人才,赏赐乡里平民;其他郡国的官吏要来吴国追捕逃亡的人,

公共禁弗予。如此者四十餘年。

晁错数上书言吴过，可削。文帝宽，不忍罚，以此吴日益横。及帝即位，错说上曰："昔高帝初定天下，昆弟少，诸子弱，大封同姓，齐七十餘城，楚四十餘城，吴五十餘城，封三庶孽，分天下半。今吴王前有太子之郤，诈称病不朝，于古法当诛。文帝弗忍，因赐几杖，德至厚，当改过自新，反益骄溢，即山铸钱，煮海水为盐，诱天下亡人谋作乱。今削之亦反，不削亦反。削之，其反亟，祸小；不削，反迟，祸大。"上令公卿、列侯、宗室杂议，莫敢难，独窦婴争之，由此与错有郤。及楚王戊来朝，错因言："戊往年为薄太后服，私奸服舍，请诛之。"诏赦，削东海郡。及前年，赵王有罪，削其常山郡；胶西王卬以卖爵事有奸，削其六县。

廷臣方议削吴，吴王恐削地无已，因发谋举事。念诸侯无足与计者，闻胶西王勇，好兵，诸侯皆畏惮之，于是使中大夫应高口说胶西王曰："今者，主上任用邪臣，听信谗贼，侵削诸侯，诛罚良重，日以益甚。语有之曰：'狧糠及米。'吴与胶西，知名诸侯也，一时见察，不得安肆矣。吴

吴国人公然一起阻扰，不把逃犯交出来。这种状况前后持续了四十多年。

晁错多次上书，述说吴王的过失，认为应该削减吴国的封地。但文帝宽容，不忍心进行惩罚，因此吴王日益骄横起来。等到景帝即位，晁错又建议景帝说："以前，高帝刚刚平定天下，兄弟少，几个儿子年龄又小，于是大封同姓子弟为王，其中齐王封地有七十多座城邑，楚王四十多座城邑，吴王五十多座城邑，仅只这三个非嫡系子弟的诸侯王的封地，就分去了天下的一半。如今，吴王以前因有吴太子被打死的怨隙，故假称有病不进京朝请，按照古法，这是要杀头的。文帝不忍心这样做，还赐给他几案、手杖，对他的恩德最为深厚，吴王理当改过自新，岂料他反而更加骄横越轨，竟然利用矿山采铜铸钱，煮海水制盐，引诱天下的逃犯阴谋作乱。就现在的形势看，你削他的封地，他要反；不削他的封地，他也要反。你削他的封地，他反得快，造成的祸害小；不削他的封地，他反得慢，造成的危害也就大了。"景帝要公卿、列侯、宗室们一起讨论这事，没有哪一个敢于诘难晁错，只有窦婴和他争论，窦婴从此以后就跟晁错有了隔阂。到楚王刘戊来京朝见景帝时，晁错趁机上言说："刘戊往年为薄太后服丧时，在居丧的地方偷偷和女人奸宿，请依法处决他。"景帝下诏赦免刘戊的死罪，但削掉了他封国的东海郡。在一年前，赵王有罪，削除了他的常山郡；胶西王刘卬因为在卖爵的时候有不法行为，所以削掉他六个县。

朝廷大臣们正在议论削减吴国的封地，吴王恐怕削起来没完没了，于是就打算举兵起事。他考虑到诸侯中没有一个可以商量大事的人，听说胶西王很勇敢，又喜欢用兵，诸侯们都畏惧他，于是派遣中大夫应高采用口头传达的形式，当面劝说胶西王道："如今主上任用奸臣，听信谗贼的话，侵夺削减诸侯的封地，对诸侯王的惩治极为严厉，而且一天比一天厉害。有句俗话说：'糠皮舔完了就吃米。'吴国和胶西国，都是有名的诸侯国；一旦被他们怀疑、盯上，恐怕从此以后就不会有安宁和自由了。吴

王身有内疾，不能朝请二十馀年，常患见疑，无以自白，胁肩累足，犹惧不见释。窃闻大王以爵事有过。所闻诸侯削地，罪不至此，此恐不止削地而已。"王曰："有之。子将奈何？"高曰："吴王自以与大王同忧，愿因时循理，弃躯以除患于天下，意亦可乎？"胶西王瞿然骇曰："寡人何敢如是！主上虽急，固有死耳，安得不事？"高曰："御史大夫晁错，营惑天子，侵夺诸侯，朝廷疾怨，诸侯皆有背叛之意，人事极矣。彗星出，蝗虫起，此万世一时，而愁劳，圣人所以起也。吴王内以晁错为诛，外从大王后车，方洋天下，所向者降，所指者下，莫敢不服。大王诚幸而许之一言，则吴王率楚王略函谷关，守荥阳、敖仓之粟，距汉兵。治次舍，须大王。大王幸而临之，则天下可并，两主分割，不亦可乎？"王曰："善。"归，报吴王，吴王犹恐其不果，乃身自为使者，至胶西面约之。胶西群臣或闻王谋，谏曰："诸侯地不能当汉十二，为叛逆以忧太后，非计也。今承一帝，尚云不易。假令事成，两主分争，患乃益生。"王不听，遂发使约齐、淄川、胶东、济南，皆许诺。

初，楚元王好书，与鲁申公、穆生、白生俱受《诗》于浮丘伯。及王楚，以三人为中大夫。穆生不耆酒，元王每置

王身患暗疾，不能入京朝见已经有二十多年了，他经常担心受到怀疑，但又没有办法自己说清楚，即使缩敛肩膀，叠起双脚，事事小心谨慎，可仍然害怕得不到朝廷的谅解。我私下听说大王因为卖爵的事而被惩罚。听说别的诸侯被削地，但他们所犯的罪过都没有达到应该削地这样严重的程度，你这罪过恐怕还不是光削地就能完事的。"胶西王说："的确存在这种情况。那您打算怎么办呢？"应高说："吴王自己认为与大王面临着同样的忧患，愿意顺应时势，遵循天理，拼着一死，为天下人除害，大王认为这样做可以吗？"胶西王一听，大吃一惊，害怕地说："寡人怎么敢这样做呢？主上尽管对我们威逼得很紧，我们不过一死而已，怎么能不尊奉天子而谋反呢？"应高说："御史大夫晁错，迷惑天子，侵夺诸侯封地，朝廷大臣都痛恨他，诸侯王都有背叛的想法，人事方面已经紧急到了极点。现在彗星又出现，蝗虫成灾，这真是万世难逢的大好时机，而民众的愁怨与劳苦，正是圣人借以兴起的条件。吴王准备对内以诛晁错为名，在外则紧跟在大王的车驾之后，纵横天下。这样，锋芒所向，无不归降；旌旗所指，无不攻下，没有谁敢不服从。大王如果能够答应一声，那么吴王就将率领楚王进攻函谷关，把守荥阳、敖仓的粮食，抵抗汉兵的进攻。然后修好营舍，等待大王的到来。大王如果能够前来参战，那么整个天下就可以吞并，到那时两主瓜分天下，不是很好吗？"胶西王说："好。"应高回去报告吴王，吴王还是担心他说话不算数，于是亲自作为使者到了胶西国，与胶西王当面订立了盟约。胶西王的臣子中有人知道了他的密谋，劝谏说："诸侯的土地还抵不上汉廷的十分之二，进行反叛又会使太后担忧，这不是好计策。况且现在侍奉一个皇帝，尚且不容易。假使将来事情成功了，出现两主分争的局面，恐怕会产生更多的祸患。"胶西王不听，就派使者去联络齐王、淄川王、胶东王、济南王，这些诸侯王都答应了。

起初，楚元王喜欢读书，与鲁国人申公、穆生、白生一起拜浮丘伯为师，在他那里学习《诗经》。等到他在楚国做了王，便任命申公等三个人为中大夫。穆生不喜欢喝酒，楚元王每次设置

酒,常为穆生设醴。及子夷王、孙王戊即位,常设,后乃忘设焉。穆生退,曰:"可以逝矣!醴酒不设,王之意怠。不去,楚人将钳我于市。"遂称疾卧。申公、白生强起之,曰:"独不念先王之德与?今王一旦失小礼,何足至此!"穆生曰:"《易》称:'知几其神乎!几者,动之微,吉凶之先见者也。君子见几而作,不俟终日。'先王之所以礼吾三人者,为道存也。今而忽之,是忘道也。忘道之人,胡可与久处,岂为区区之礼哉!"遂谢病去。申公、白生独留。王戊稍淫暴,太傅韦孟作诗讽谏,不听,亦去,居于邹。戊因坐削地事,遂与吴通谋。申公、白生谏戊,戊胥靡之,衣之赭衣,使雅春于市。休侯富使人谏王,王曰:"季父不吾与,我起,先取季父矣!"休侯惧,乃与母太夫人奔京师。

　　及削吴会稽、豫章郡书至,吴王遂先起兵,诛汉吏二千石以下。胶西、胶东、淄川、济南、楚、赵亦皆反。楚相张尚、太傅赵夷吾谏王戊,戊杀尚、夷吾。赵相建德、内史王悍谏王遂,遂烧杀建德、悍。齐王后悔,背约城守。济北王城坏未完,其郎中令劫守,王不得发兵。胶西王、胶东王为渠率,与淄川、济南共攻齐,围临淄。赵王遂发兵住其西界,欲待吴、楚俱进,北使匈奴与连兵。

酒宴，总是给穆生摆上一杯甜酒。到了他的儿子夷王、孙子刘戊在位时，开始时也总是摆甜酒，后来就忘记摆了。穆生宴罢出来以后说："应该走了！甜酒也不再摆，可见大王的态度已经怠慢。如果还不走，楚国人就会钳上我的脖子，拿去游街示众了。"于是假托有病，卧床不起。申公、白生再三劝他起来为楚王做事，说："难道你就不想想先王的恩德吗？如今大王偶然有失小礼，又何必这样计较呢？"穆生道："《周易》上说：'能够了解到事物变化的几微征兆，那不是很神妙吗？所谓几，就是事物变化最初细微的发动，是吉凶首先表现出来的征兆。君子看到几微的征兆就要立即采取行动，不必等上一整天了。'先王之所以礼敬我们三个人，是因为他心里有道义这两个字。如今楚王忽略礼仪，说明他忘记了道义。忘了道义的人，怎么能够与他长久相处呢？难道只是为了那芝麻大的失礼和他计较吗？"于是称病辞职走了。只有申公、白生留了下来。楚王刘戊渐渐地荒淫残暴起来，太傅韦孟于是作诗进行委婉的劝谏，刘戊不听，韦孟也走了，去邹县居住。刘戊因为犯罪而被削了地，就与吴王串通谋反。申公、白生劝谏刘戊，刘戊把他们判处胥靡之刑，给他们穿上土红色的囚衣，强迫他们正身而立、高举木杵在街头舂米。休侯刘富派人劝谏楚王，楚王说："叔父不拥护我，我起兵时，就要先进攻叔父！"休侯害怕，便和母亲太夫人一起逃奔京师。

等到削除吴国会稽郡、豫章郡的诏书送到吴国时，吴王便首先起兵，将汉朝廷派来的二千石以下的官吏都杀了。胶西、胶东、淄川、济南、楚、赵等国也都起来反叛。楚国国相张尚、太傅赵夷吾劝谏楚王刘戊，刘戊便杀了张尚和赵夷吾。赵国国相建德、内史王悍劝谏赵王刘遂，刘遂便烧死了建德和王悍。齐王后悔，背叛盟约，据城自守。济北王的城墙坏了，还没有修好，他的郎中令又劫持他、看守他，济北王不能发兵反叛。胶西王、胶东王为首领，联合淄川王、济南王，一起进攻齐国，包围临淄。赵王刘遂派兵停驻在赵国的西部边界，打算等待吴国和楚国动手后一起前进，并且派使者往北到匈奴，准备与他们联合作战。

吴王悉其士卒，下令国中曰："寡人年六十二，身自将。少子年十四，亦为士卒先。诸年上与寡人同，下与少子等，皆发。"凡二十馀万人。南使闽、东越，闽、东越亦发兵从。吴王起兵于广陵，西涉淮，因并楚兵，发使遗诸侯书，罪状晁错，欲合兵诛之。吴、楚共攻梁，破棘壁，杀数万人，乘胜而前，锐甚。梁孝王遣将军击之，又败梁两军，士卒皆还走。梁王城守睢阳。

初，文帝且崩，戒太子曰："即有缓急，周亚夫真可任将兵。"及七国反书闻，上乃拜中尉周亚夫为太尉，将三十六将军往击吴、楚，遣曲周侯郦寄击赵，将军栾布击齐。复召窦婴，拜为大将军，使屯荥阳监齐、赵兵。

初，晁错所更令三十章，诸侯谨哗。错父闻之，从颍川来，谓错曰："上初即位，公为政用事，侵削诸侯，疏人骨肉，口语多怨，公何为也？"错曰："固也。不如此，天子不尊，宗庙不安。"父曰："刘氏安矣，而晁氏危，吾去公归矣！"遂饮药死，曰："吾不忍见祸逮身！"后十馀日，吴、楚七国俱反，以诛错为名。

上与错议出军事，错欲令上自将兵，而身居守。又言："徐、僮之旁吴所未下者，可以予吴。"错素与吴相袁盎不善，错所居坐，盎辄避；盎所居坐，错亦避：两人未尝同堂

吴王征发了他的全部军队,在国内下令说:"寡人今年六十二岁,还亲自统帅军队。小儿子今年才十四岁,也身先士卒,参加战斗。凡是年龄上和寡人相同,下与我小儿子相等的人,都要征发入伍。"吴王一共征发了二十多万人。又向南派使者到闽、东越,闽和东越也发兵跟附吴王。吴王从广陵起兵,向西渡过淮河,于是跟楚国的军队合并在一起,派使者给各诸侯王送去书信,列举晁错的罪状,要大家合兵诛杀他。吴、楚两国军队联合进攻梁国,攻克棘壁,杀了几万人,于是乘胜前进,兵锋特别锐利。梁孝王派遣将军迎击,又打败梁国两支军队,士兵都狼狈往后逃奔。梁王只好负城固守睢阳。

起初,汉文帝即将驾崩时,告诫太子说:"一旦国家出现紧急情况,周亚夫真能担任统兵元帅。"及至七国反叛的文书报告给景帝时,景帝就任命中尉周亚夫为太尉,率领三十六位将军,前去迎击吴、楚两国的叛军,派遣曲周侯郦寄进攻赵国,将军栾布进攻齐国。又召回窦婴,任命他为大将军,使他屯驻在荥阳,以监视齐、赵两国军队。

起初,晁错所改定的法令有三十章,诸侯王喧哗吵闹,激烈反对。晁错的父亲知道后,从颍川赶来对晁错说:"皇上刚刚即位,你执政掌权,就侵削诸侯的土地,疏远人家的骨肉至亲,人们的议论大多怨恨你,你为什么要干这样的蠢事呢?"晁错说:"当然要这样做。如果不这样做,天子就不会受到尊敬,宗庙社稷就不会安全。"他的父亲说:"刘家的天下倒是安定了,而晁家可就危险了,我离开你先走了!"于是服毒药自杀,临死时说:"我不忍目睹大祸临头!"此后十多天,吴、楚等七国便以诛杀晁错为借口,一起反叛朝廷。

景帝和晁错商议出军平叛的事,晁错想让景帝亲自统兵出征,而自己留守京师。又说:"徐县、僮县附近吴国所没有攻下的地方,可以给予吴国。"晁错素来与吴国丞相袁盎关系不好,凡是晁错所居留或坐下的地方,袁盎总是避开;同样,凡是袁盎所居留、坐下的地方,晁错也避开:两个人从来没有在一个房子里

语。及错为御史大夫，使吏按盎受吴王财物，抵罪；诏赦
以为庶人。吴、楚反，错谓丞、史曰："袁盎多受吴王金钱，
专为蔽匿，言不反。今果反，欲请治，盎宜知其计谋。"丞、
史曰："事未发，治之有绝。今兵西向，治之何益？且盎不
宜有谋。"错犹与未决。人有告盎，盎恐，夜见窦婴，为言
吴所以反，愿至前，口对状。婴入言，上乃召盎。盎入见，
上方与错调兵食。上问盎："今吴、楚反，于公意何如？"对
曰："不足忧也！"上曰："吴王即山铸钱，煮海为盐，诱天下
豪杰，白头举事，此其计不百全，岂发乎！何以言其无能为
也？"对曰："吴铜盐之利则有之，安得豪杰而诱之？诚令
吴得豪杰，亦且辅而为谊，不反矣。吴所诱皆无赖子弟、亡
命、铸钱奸人，故相诱以乱。"错曰："盎策之善。"上曰："计
安出？"盎对曰："愿屏左右。"上屏人，独错在，盎曰："臣所
言，人臣不得知。"乃屏错。错趋避东厢，甚恨。上卒问盎，
对曰："吴、楚相遗书，言'高皇帝王子弟各有分地，今贼臣
晁错擅適诸侯，削夺之地'，以故反，欲西共诛错，复故地而
罢。方今计独有斩错，发使赦吴、楚七国，复其故地，则兵
可毋血刃而俱罢。"于是上默然良久，曰："顾诚何如？吾不

说过话。及至晁错担任御史大夫后，便派遣官吏审查袁盎接受吴王财物贿赂的事，应免职抵罪；皇帝下诏赦免他的罪过，降作庶民。吴国、楚国反叛时，晁错对御史丞和御史说："袁盎接受了吴王很多金钱，所以专门替吴王掩盖罪行，说他不会反叛。如今吴王果然造反了，我们要奏请皇帝查办袁盎，袁盎理应知道他们的阴谋。"御史丞和御史说："在吴、楚反叛尚未爆发时，惩治袁盎，有可能中止反叛的图谋。现在叛军已向西进发，惩治袁盎又有什么好处呢？况且，袁盎不应该有什么阴谋。"晁错犹豫不决。有人把这事告诉了袁盎，袁盎害怕，便连夜去见窦婴，对他讲了吴王之所以反叛的原因，希望到皇帝面前口头汇报情况。窦婴入宫，讲了这事，景帝就召见袁盎。袁盎进见，当时景帝正与晁错在估算军粮数目。景帝问袁盎说："如今吴、楚反叛，你的看法如何？"袁盎回答说："这用不着担忧！"景帝说："吴王利用矿山铸钱，煮海水制盐，引诱天下豪杰，在白发老年时还举兵起事，他的计划如果没有百分之百的取胜把握，难道会轻举妄动吗？你为什么说他成不了气候？"袁盎回答说："吴国采铜铸钱、煮盐牟利的事是有，但哪里能引诱到什么豪杰呢？假如吴王真的能得到豪杰，那也会辅导他实行仁义，不会造反了。吴王所引诱的实际上都是些无赖子弟、逃亡罪人和盗铸钱币的奸人，所以引诱他作乱。"晁错说："袁盎分析得对。"景帝说："那应该采用什么计策呢？"袁盎回答说："请陛下屏退左右。"景帝屏退了左右侍从，只有晁错还在，袁盎又说："我所说的话，凡是做臣子的都不能够知道。"景帝于是又让晁错退下去。晁错快步退避到东厢房，心里十分恼恨。于是景帝问袁盎，袁盎回答说："吴、楚两国送来反书，声称'高皇帝分封子弟为王，各有自己的封地，而今贼臣晁错擅自贬谪诸侯，削夺他们的土地'，因此才造反，想西进共同诛杀晁错，恢复原来的封地就罢兵。方今之计，只有斩杀晁错，然后派遣使者赦免吴、楚七国之罪，恢复他们原来的封地，那就可以兵不血刃而使七国都罢兵息战。"于是，景帝沉默了好长一段时间，终于说："但不知这样做究竟行不行，只要能行，我也不会

爱一人以谢天下。"盎曰:"愚计出此,唯上熟计之!"乃拜盎
为太常,密装治行。后十余日,上令丞相青、中尉嘉、廷尉
欧劾奏错:"不称主上德信,欲疏群臣、百姓,又欲以城邑予
吴,无臣子礼,大逆无道。错当要斩,父母、妻子、同产无少
长皆弃市。"制曰:"可。"错殊不知。壬子,上使中尉召错,
绐载行市,错衣朝衣斩东市。上乃使袁盎与吴王弟子宗正
德侯通使吴。

　　谒者仆射邓公为校尉,上书言军事,见上。上问曰:
"道军所来,闻晁错死,吴、楚罢不?"邓公曰:"吴为反数十
岁矣,发怒削地,以诛错为名,其意不在错也。且臣恐天下
之士拑口不敢复言矣。"上曰:"何哉?"邓公曰:"夫晁错患
诸侯强大不可制,故请削之以尊京师,万世之利也。计画
始行,卒受大戮,内杜忠臣之口,外为诸侯报仇,臣窃为陛
下不取也。"于是帝喟然长息曰:"公言善,吾亦恨之!"

　　袁盎、刘通至吴,吴、楚兵已攻梁壁矣。宗正以亲故,
先入见,谕吴王,令拜受诏。吴王闻袁盎来,知其欲说,笑
而应曰:"我已为东帝,尚谁拜?"不肯见盎,而留军中,欲劫
使将。盎不肯,使人围守,且杀之。盎得间,脱亡归报。

爱惜一个人,会杀了他向天下谢罪的。"袁盎说:"臣下愚计就是这个,希望陛下仔细考虑!"景帝于是任命袁盎为太常,让他秘密整治行装,准备出使。过了十多天后,景帝指使丞相陶青、中尉嘉、廷尉张欧上奏弹劾晁错,说:"晁错的行为不符合主上对群臣施恩德、讲信义的精神,想要使主上疏远群臣、百姓,又打算把城邑送给吴国,没有做臣子的礼节,真是大逆不道。晁错应处以腰斩之刑,他的父母、妻子及同母所生的兄弟,无论老幼全部都该在市集处斩。"景帝下制书说:"可以。"晁错对这一切全都不知道。春季正月壬子(二十九日),景帝派中尉召来晁错,欺骗他,要他坐在车上巡察街市,结果,晁错身穿朝衣,在东市上被处以斩刑。景帝于是派袁盎与吴王弟弟的儿子宗正德侯刘通一起出使吴国。

谒者仆射邓公担任校尉,上书报告军事情况,进见景帝。景帝问道:"你从前线军队中回来,听到晁错被处死,吴、楚两国罢兵了吗?"邓公说:"吴王准备造反已经几十年了,他恼怒的原因是削了他的封地,故以诛杀晁错为借口,他的本来用意并不在晁错呀。再说,这样一来,臣下担心天下的义士都会紧闭嘴巴,不敢再进忠言了。"景帝问:"为什么呢?"邓公说:"晁错是担心诸侯强大不能制服,所以奏请皇上削减他们的封地,以尊崇朝廷,这是造福万世的事情。计划才刚刚实行,竟突然被杀害。这样做,对内堵塞了忠臣的口,对外则替叛乱的诸侯报了仇,微臣私下以为陛下这样做是不可取的。"于是景帝喟然长叹说:"您说得好,我也很后悔!"

袁盎、刘通到达吴国,吴、楚两国的军队已经在进攻梁国的营垒了。宗正刘通因为是宗室亲族的缘故,所以首先进见吴王,晓谕吴王要他拜受诏书。吴王听说袁盎来了,知道他是要来劝说自己的,便笑着回答说:"我已经是东帝了,还要拜谁呢?"不肯见袁盎,而把他扣留在军中,想劫持胁迫他担任吴将。袁盎不肯,吴王便派兵将他围住,看守着,并准备杀掉他。袁盎找了一个机会逃了出来,跑回长安报告。

太尉亚夫言于上曰："楚兵剽轻，难与争锋，愿以梁委之，绝其食道，乃可制也。"上许之。亚夫乘六乘传，将会兵荥阳。发至霸上，赵涉遮说亚夫曰："吴王素富，怀辑死士久矣。此知将军且行，必置间人于崤、渑阨狭之间。且兵事上神密，将军何不从此右去，走蓝田，出武关，抵洛阳。间不过差一二日，直入武库，击鸣鼓，诸侯闻之，以为将军从天而下也。"太尉如其计，至洛阳，喜曰："七国反，吾乘传至此，不自意全。今吾据荥阳，荥阳以东，无足忧者。"使吏搜崤、渑间，果得吴伏兵。乃请赵涉为护军。

太尉引兵东北走昌邑。吴攻梁急，梁数使使条侯求救，条侯不许。又使使诉条侯于上，上使告条侯救梁，亚夫不奉诏，坚壁不出，而使弓高侯等将轻骑兵出淮、泗口，绝吴、楚兵后，塞其饷道。梁使中大夫韩安国及楚相张尚弟羽为将军，羽力战，安国持重，乃得颇败吴兵。吴兵欲西，梁城守，不敢西，即走条侯军，会下邑，欲战。条侯坚壁不肯战。吴粮绝卒饥，数挑战，终不出。条侯军中夜惊，内相攻击，扰乱至帐下，亚夫坚卧不起，顷之，复定。吴奔壁东南陬，亚夫使备西北，已而其精兵果奔西北，不得入。吴、

太尉周亚夫对景帝说:"楚兵剽悍轻捷,难以和他们正面争锋,希望陛下暂时丢下梁国不救,让梁国拖住楚兵,断绝敌人的粮道,这样才能够战胜他们。"景帝同意了。周亚夫六次换乘传车,将去荥阳会合大部队。出发到达霸上时,赵涉拦住马头,劝说周亚夫道:"吴王平素富有财物,早就收买、招集了不少死士。现在又知道将军将要出发去前线,他们一定会在崤山、渑池之间的险要狭窄之处埋伏间谍、刺客来袭击您。再说,军事行动讲求神秘莫测,将军为什么不从这改向右走,急奔蓝田,穿过武关,抵达洛阳。这样走,也差不过一两天时间,然后直奔洛阳武库,撞击鸣鼓,声讨叛贼,诸侯王听到后,还以为将军是从天而降呢!"太尉按照他的计策行事,顺利地到了洛阳,高兴地说:"七国反叛,我乘坐传车到达这里,没有想到竟能平安无事。如今我据守荥阳,荥阳以东就用不着忧虑了。"周亚夫派遣官吏在崤山、渑池一带搜索,果然抓到了吴国的伏兵。于是奏请景帝,以赵涉为护军。

太尉周亚夫领兵向东北方向前进,急奔昌邑。这时,吴军正在猛烈地进攻梁国,梁王多次派遣使者到条侯周亚夫那里求救,条侯不肯发兵。于是又派使者在景帝面前控告条侯,景帝便派人诏告条侯,要他前去救援梁国,周亚夫不执行诏命,仍然坚守营垒,不肯出兵,而是命令弓高侯韩颓当等人率领轻骑兵从淮、泗口出击,断绝吴、楚两国军队的后路,堵塞他们的粮道。梁国派遣中大夫韩安国及楚相张尚的弟弟张羽担任将军,张羽拼死力战,韩安国老成持重,因此便能常常打败吴国的军队。吴国军队打算西进,因为梁军据城固守,所以不敢向西进攻,而只好奔向条侯的军队,两军在下邑会了面,吴军想找汉军决战。条侯坚守营垒不肯应战。吴军粮食断绝,士卒饥饿,曾几次挑战,汉军始终坚守不出。条侯的军营里在夜间突然发生惊扰,士兵内部互相攻击,甚至闹到了周亚夫的营帐旁边来了,周亚夫镇静地躺在床上不起来,过了一会儿,骚乱就又安定了。后来,吴军都涌到汉军营垒的东南角,周亚夫却派人在营垒的西北角加强戒备,不久,他们的精兵果然扑向西北角,但是攻不进去。吴、

楚士卒多饥死叛散,乃引而去。

二月,亚夫出精兵追击,大破之。吴王濞弃其军,与壮士数千人夜亡走。楚王戊自杀。

吴王之初发也,吴臣田禄伯为大将军。田禄伯曰:"兵屯聚而西,无他奇道,难以立功。臣愿得五万人,别循江、淮而上,收淮南、长沙,入武关,与大王会,此亦一奇也。"吴王太子谏曰:"王以反为名,此兵难以借人。人亦且反王,奈何?且擅兵而别,多他利害,徒自损耳。"吴王即不许田禄伯。吴少将桓将军说王曰:"吴多步兵,步兵利险;汉多车骑,车骑利平地。愿大王所过城不下,直去,疾西据洛阳武库,食敖仓粟,阻山河之险以令诸侯,虽无入关,天下固已定矣。大王徐行,留下城邑,汉军车骑至,驰入梁、楚之郊,事败矣。"吴王问诸老将,老将曰:"此年少,椎锋可耳,安知大虑。"于是王不用桓将军计。

王专并将兵。兵未度淮,诸宾客皆得为将、校尉、候、司马,独周丘不用。周丘者,下邳人,亡命吴,酤酒无行,王薄之,不任。周丘乃上谒,说王曰:"臣以无能,不得待罪行间。臣非敢求有所将也,愿请王一汉节,必有以报。"王乃予之。周丘得节,夜驰入下邳,下邳时闻吴反,皆城守。至

楚两国的士卒很多都饿死了，或者叛变逃散了，只好领兵撤离。

二月，周亚夫派出精兵进行追击，大败叛军。吴王刘濞丢下他的大军，只带着几千名精壮士卒，连夜逃跑了。楚王刘戊自杀。

当吴王刚刚发难的时候，吴国的臣子田禄伯担任大将军。田禄伯建议说："军队集聚在一起向西进攻，而没有其他出奇制胜的办法配合，恐怕难以取得胜利。臣下希望能得到五万人马，另辟战场，沿着长江、淮河，逆流而上，攻取淮南国与长沙国，然后进入武关，与大王会合，这也可以算是一路奇兵。"吴王的太子劝谏说："大王是以造反为名，所以这样的军队不能借给别人。如果别人掌握了军队也反叛大王，那怎么办？再说，让别人全权指挥一支军队，又是单独行动，还有很多其他的害处，只是白白地削弱了自己的力量。"吴王于是就没有答应田禄伯的要求。吴国青年将领桓将军建议吴王说："吴国步兵多，步兵只有在险要地带作战才有利；汉军多骑兵，骑兵只有在平原地带作战才有利。希望大王对所经之地的城邑，暂时不要攻取，径直离去，火速西进占领洛阳武库，取食敖仓的粮食，然后凭借崇山峻岭和黄河天险来号令诸侯，这样，虽然没有入关，天下实际上也已平定了。大王如果缓慢地进军，到处逗留，攻城下邑，让汉军的骑兵得以赶来，冲入梁国、楚国的郊外一带，我们的大事就失败了。"吴王询问那些老将的意见，老将们都说："这个年轻人的锋芒锐利可嘉，但怎么能懂得事关大局的谋略。"于是吴王又不采用桓将军的计策。

吴王独自一人合并统率所有的军队。在军队还没有渡过淮河时，他的所有宾客都分别担任了将、校尉、军候、司马等官职，只有周丘没被任用。周丘是下邳人，逃亡到吴国。他喜欢喝酒，品行不好，吴王轻视他，所以不加任用。周丘于是进谒，劝说吴王说："臣下因为没有才能，不能在军队中供职效力。臣下并不敢要求能率领一部分军队，只希望大王赐给我一个汉朝的使节，我一定要报答大王。"吴王就给了他。周丘得到后，连夜跑马进入下邳城。下邳人当时已听说吴王谋反，都据城自守。周丘到

传舍,召令入户,使从者以罪斩令,遂召昆弟所善豪吏告曰:"吴反,兵且至,屠下邳不过食顷。今先下,家室必完,能者封侯矣。"出,乃相告,下邳皆下。周丘一夜得三万人,使人报吴王,遂将其兵北略城邑。比至阳城,兵十馀万,破阳城中尉军。闻吴王败走,自度无与共成功,即引兵归下邳,未至,疽发背死。

吴王之弃军亡也,军遂溃,往往稍降太尉条侯及梁军。吴王度淮,走丹徒,保东越,兵可万馀人,收聚亡卒。汉使人以利啖东越,东越即绐吴王出劳军,使人铁杀吴王,盛其头,驰传以闻。吴太子驹亡走闽越。吴、楚反,凡三月,皆破灭。于是诸将乃以太尉谋为是,然梁王由此与太尉有隙。

三王之围临淄也,齐王使路中大夫告于天子。天子复令路中大夫还报,告齐王坚守:"汉兵今破吴、楚矣。"路中大夫至,三国兵围临淄数重,无从入。三国将与路中大夫盟曰:"若反言:'汉已破矣,齐趣下三国,不,且见屠。'"路中大夫既许,至城下,望见齐王曰:"汉已发兵百万,使太尉亚夫击破吴、楚,方引兵救齐,齐必坚守,无下!"三国将诛路

达客舍时，召县令入室相见。县令进门后，周丘就让从者将县令定罪，把他杀了，又召集与他兄弟关系好的有权势的官吏，谕告他们说："吴王起兵反叛，军队就要到了，军队一来，屠灭下邳城只不过是一顿饭的工夫。如果我们现在就投降，那么家室就能得到保全，有才能的人还能立功封侯呢。"豪吏们出来后便互相转告，整个下邳城都投降了。周丘一个夜晚就获得了三万人马，他一边派人报告吴王，一边率领这支军队向北攻略城邑。等到抵达阳城时，士兵已有十多万人了，并打垮了阳城中尉的军队。后来，他听说吴王战败逃走，自己估计没有可以和他共建大业的人了，当即领兵回归下邳，但还没有走到，就因为背上的毒疮发作死了。

当吴王丢弃军队自己逃命时，吴军就溃散了，他们大都陆陆续续地投降了条侯及梁国的军队。吴王渡过淮河，逃奔丹徒，想依附东越，以求自保。这时他的士兵大约有一万多人，又招集那些逃散的士兵。汉廷派人用厚利收买了东越人，东越人就欺骗吴王，请吴王出来慰劳军队，并乘机派人用长戟刺杀吴王，割下他的头颅装好，派人用传车送到京城报告景帝。吴国太子刘驹逃奔到闽越。吴、楚反叛，一共只有三个月，就都被攻破、消灭了。这时诸将才认为太尉的策略是正确的，但是梁王却因此与太尉有了隔阂。

当胶西、胶东和淄川三个王国攻临淄的时候，齐王派遣一位姓路的中大夫向天子报告。天子又命令姓路的中大夫回报，告诉齐王要坚守城池，说："汉军即将打败吴、楚叛军了。"姓路的中大夫赶回来时，三国的兵马将临淄围了好几层，他无法入城。三国的将领与姓路的中大夫结盟说："你不要按汉廷的指示讲，而是要反过来说：'汉朝的军队已经失败了，齐军赶快向三国投降，不然的话，临淄人就要被屠杀光了。'"姓路的中大夫假意答应后，便来到了城下，望见齐王，便大声说："汉廷已经出动了百万大军，派太尉周亚夫打败了吴、楚两国，现在正领兵救援齐国，齐国一定要坚守，不要投降！"三国的将领立即杀死了姓路的

中大夫。齐初围急，阴与三国通谋，约未定，会路中大夫从汉来，其大臣乃复劝王无下三国。会汉将栾布、平阳侯等兵至齐，击破三国兵。解围已，后闻齐初与三国有谋，将欲移兵伐齐。齐孝王惧，饮药自杀。

　　胶西、胶东、淄川王各引兵归国。胶西王徒跣、席藁、饮水谢太后。王太子德曰："汉兵还，臣观之，已罢，可袭，愿收王馀兵击之！不胜而逃入海，未晚也。"王曰："吾士卒皆已坏，不可用。"弓高侯韩颓当遗胶西王书曰："奉诏诛不义：降者赦，除其罪，复故；不降者灭之。王何处？须以从事。"王肉袒叩头，诣汉军壁谒曰："臣卬奉法不谨，惊骇百姓，乃苦将军远道至于穷国，敢请菹醢之罪！"弓高侯执金鼓见之曰："王苦军事，愿闻王发兵状。"王顿首膝行，对曰："今者晁错天子用事臣，变更高皇帝法令，侵夺诸侯地。卬等以为不义，恐其败乱天下，七国发兵且诛错。今闻错已诛，卬等谨已罢兵归。"将军曰："王苟以错为不善，则当以闻。及未有诏、虎符，擅发兵击义国？以此观之，意非徒欲诛错也。"乃出诏书，为王读之，曰："王其自图！"王曰："如卬等死有馀罪！"遂自杀，太后、太子皆死。胶东王、淄川王、济南王皆伏诛。

中大夫。起初，齐国被围，形势紧急时，曾暗中与三国联络串通，准备投降，但盟约尚未最后确定，正好姓路的中大夫从汉廷回来了，齐国的大臣们便又规劝齐王不要投降三国。又碰上汉将栾布及平阳侯等人统率的救兵到了齐国，打败了三国的军队。解除了临淄之围以后，汉军将领听说齐国起初与三国有密谋串通，又打算调集军队讨伐齐国。齐孝王害怕，于是便喝毒药自杀了。

　　胶西王、胶东王、淄川王各自领兵回到自己的封国。胶西王光着脚，坐在草席上，喝着白水，以此向太后谢罪。胶西王的太子刘德说："汉兵正在撤离，据我观察，他们已经疲惫，可以袭击他们，我愿意收集大王剩下来的军队去袭击他们。如果不能取胜，那时再逃入海岛，也不算晚呀。"胶西王说："我的士兵都已败坏涣散，不能再用了。"弓高侯韩颓当给胶西王送来一封信说："我奉诏命，诛杀不义逆贼，投降的赦免罪过，恢复原来的待遇；不投降的就消灭他。大王到底如何选择？我等着你的决定，才好行事。"胶西王于是赤裸上身，叩着头，来到汉军营垒进见弓高侯说："我刘卬没有好好遵守王法，使百姓受到惊吓，又劳苦将军老远来到我们这个穷国，大胆请求接受被斫成肉酱那样的极刑！"弓高侯手执金鼓接见胶西王，对他说："大王被军事行动害苦了，我想知道大王发兵的原因。"胶西王叩着头，膝行而前说："当时晁错是天子手下掌权的大臣，他变更高皇帝的法令，侵夺诸侯的土地。我刘卬等人认为他这样做是不道义的，恐怕他会败乱天下，所以七国发兵要诛杀晁错。如今听说晁错已经伏诛，我们就已罢兵回国了。"韩将军说："大王如果认为晁错不好，那就应当报告皇帝。却在没有诏命和虎符的情况下，擅自发兵攻打坚持正义的国家。由此看来，你们的本意并不只是要诛杀晁错呀。"说着就拿出诏书，为胶西王宣读，然后说："大王自己考虑该怎么办吧！"胶西王说："像我刘卬这样的人死有馀辜！"于是自杀，胶西王的太后、太子也都死了。胶东王、淄川王和济南王都被处死。

郦将军兵至赵，赵王引兵还邯郸城守。郦寄攻之，七月不能下。匈奴闻吴、楚败，亦不肯入边。栾布破齐还，并兵引水灌赵城，城坏，王遂自杀。

帝以齐首善，以迫劫有谋，非其罪也，召立齐孝王太子寿，是为懿王。

济北王亦欲自杀，幸全其妻子。齐人公孙玃谓济北王曰："臣请试为大王明说梁王，通意天子。说而不用，死未晚也。"公孙玃遂见梁王曰："夫济北之地，东接强齐，南牵吴、越，北胁燕、赵。此四分五裂之国，权不足以自守，劲不足以捍寇，又非有奇怪云以待难也，虽坠言于吴，非其正计也。乡使济北见情实，示不从之端，则吴必先历齐，毕济北，招燕、赵而总之，如此，则山东之从结而无隙矣。今吴王连诸侯之兵，驱白徒之众，西与天子争衡，济北独底节不下，使吴失与而无助，跬步独进，瓦解土崩，破败而不救者，未必非济北之力也。夫以区区之济北而与诸侯争强，是以羔犊之弱而扞虎狼之敌也。守职不桡，可谓诚一矣。功义如此，尚见疑于上，胁肩低首，累足抚衿，使有自悔不前之心，非社稷之利也。臣恐藩臣守职者疑之！臣窃料之：能历西山，径长乐，抵未央，攘袂而正议者，独大王耳。上有

郦将军的军队到达赵国时，赵王领兵回到邯郸据城自守。郦寄攻打了七个月，仍然没有攻下来。那时匈奴人听说吴、楚两国都已失败，也不肯派兵入边相助。栾布平定齐国回来，便与郦寄合兵，引水淹灌赵国的都城，城墙崩坏，赵王刘遂自杀。

景帝认为齐国起初并无叛乱之心，是好的，后来因为受到逼迫、威胁才和叛军通谋，这并非齐王之罪，于是召来齐孝王的太子刘寿，立他为齐王，他就是齐懿王。

济北王也打算自杀，希望这样做能够保全妻儿。齐国人公孙玃对济北王说："请让臣下试着替大王去劝说梁王，通过他向天子解释。如果我的劝说无效，大王再死也不迟。"公孙玃就去见梁王，对他说："济北国的土地，东边与强大的齐国接壤，南边被吴、越两国牵制，北边又受到燕国和赵国的威胁。这是一个可以被别人四分五裂的国家，权谋不足以自我固守，实力又不足以抵御敌寇，又没有什么神灵保佑它渡过劫难，尽管曾经失言于吴，同意反叛，可那并不是他的真正用意。假如济北国当时表露出自己的真实意图，显示一点不服从吴王的迹象，那么吴国一定会先越过齐国，吞并济北国，招降燕、赵二国，然后总于一手。这样，山东各国的联盟就结成，没有一点间隙了。如今，吴王联合几个诸侯的军队，驱使一些未经军事训练的壮丁，西向想与天子抗衡，只有济北国极尽臣节，不肯投降，使得吴国失去了盟友而无人帮助，只能缓慢而孤独地向前推进，以致土崩瓦解，破败而无法补救，这未必不是济北国起的作用。以微不足道的济北国与吴、楚等强大诸侯争胜，这是用像羊羔、牛犊那样弱小的实力去抵抗像虎狼那样强暴的敌人。还能恪尽职守，不肯屈服，忠于皇上，可以说是精诚如一了。人家有这样的功劳、道义，还受到皇上的猜疑，只能缩敛肩膀，低着脑袋，手抚衣襟，叠着双脚，使他产生后悔当初没有与吴国同谋的想法，这对国家是不利的。我担心那些忠实守职的藩臣会疑惧！据我估计，现在能够经过西山，进入长乐宫，抵达未央宫，敢于在太后和皇帝面前将袖伸臂、力主正义的人，只有大王您了。大王如果能这样做，那么对上有

全亡之功,下有安百姓之名,德沦于骨髓,恩加于无穷,愿大王留意详惟之!"孝王大说,使人驰以闻。济北王得不坐,徙封于淄川。

帝欲以吴王弟德哀侯广之子续吴,以楚元王子礼续楚。窦太后曰:"吴王,老人也,宜为宗室顺善,今乃首率七国纷乱天下,奈何续其后!"不许吴,许立楚后。乙亥,徙淮阳王馀为鲁王;汝南王非为江都王,王故吴地;立宗正礼为楚王;立皇子端为胶西王,胜为中山王。

四年。初,吴、楚七国反,吴使者至淮南,淮南王欲发兵应之。其相曰:"王必欲应吴,臣愿为将。"王乃属之。相已将兵,因城守,不听王而为汉,汉亦使曲城侯将兵救淮南,以故得完。

吴使者至庐江,庐江王不应,而往来使越。至衡山,衡山王坚守无二心。及吴、楚已破,衡山王入朝,上以为贞信,劳苦之,曰:"南方卑湿。"徙王王于济北以褒之。庐江王以边越,数使使相交,徙为衡山王,王江北。

保全亡国济北国的功德,对下有安抚百姓的美名,您的德泽深入人们骨髓,恩惠传于无穷,希望大王留意,仔细考虑一下!"梁孝王听了,非常高兴,派人火速进京,向景帝报告。济北王因而得以免于治罪,被徙封到淄川国为王。

景帝打算以吴王的弟弟刘德,也就是哀侯刘广的儿子为吴王的继承人,以楚元王的儿子刘礼为楚王的继承人。窦太后说:"吴王是宗室中的老人,理应为宗室做出表率,忠于皇上,多做好事,如今他却首先发难,率领七国来扰乱天下,对这样的人为什么要为他再立继承人呢?"所以不同意给吴王立继承人,只同意给楚王立继承人。夏季六月乙亥(二十四日),将淮阳王刘馀徙封为鲁王;汝南王刘非徙封为江都王,统辖原来吴国的地方;立宗正刘礼为楚王;立皇子刘端为胶西王,刘胜为中山王。

四年(前153)。起初,吴、楚七国反叛时,吴国的使者到达淮南国,淮南王打算发兵响应。他的国相说:"大王如果一定要响应吴王,我愿意为将。"淮南王就把军队交给了他。淮南相掌握军队以后,即据城固守,不听从淮南王的指挥而效忠汉廷,汉廷也派曲城侯率兵援救淮南国,所以淮南国得以保全。

吴国使者到达庐江国,庐江王不予理睬,却与南越往来通使。吴使者到衡山国,衡山王坚守城池,没有二心。等到吴、楚之乱已被平定,衡山王即入京朝见景帝,景帝认为他贞信,慰劳他,说:"南方地势低下,又很潮湿。"于是将衡山王迁到济北为王,以此来嘉奖他。庐江王因为国土与南越边界相接,经常派使者去南越交结,所以将他徙封为衡山王,统辖江北地区。

梁孝王骄纵

汉文帝前二年春三月,有司请立皇子为诸侯王。诏立皇子武为代王,参为太原王,揖为梁王。

五年。初,帝分代为二国,立皇子武为代王,参为太原王。是岁,徙代王武为淮阳王,以太原王参为代王,尽得故地。

六年,梁太傅贾谊上疏曰:

"进言者皆曰:'天下已安已治矣。'臣独以为未也。曰安且治者,非愚则谀,皆非事实知治乱之体者也。夫抱火厝之积薪之下而寝其上,火未及然,因谓之安。方今之势,何以异此! 陛下何不壹令臣得熟数之于前,因陈治安之策,试详择焉!

"使为治,劳智虑,苦身体,乏钟、鼓之乐,勿为可也。乐与今同,而加之诸侯轨道,兵革不动,匈奴宾服,百姓素朴,生为明帝,没为明神,名誉之美垂于无穷,使顾成之庙称为太宗,上配太祖,与汉亡极,立经陈纪,为万世法,虽有愚

梁孝王骄纵

汉文帝前元二年（前178）春季三月，有关主管官吏奏请文帝立皇子为诸侯王。于是下诏立皇子刘武为代王，刘参为太原王，刘揖为梁王。

五年（前175）。起初，文帝把代国分为两个国家，立皇子刘武为代王，刘参为太原王。这一年，徙封代王刘武为淮阳王，以太原王刘参为代王，全部都得到了原来代国的封地。

六年（前174），梁国太傅贾谊上疏说：

"向陛下进言的人都说：'天下已经安定、治理好了。'臣下却认为还没有。那些说天下已经安定而且治理好了的人，不是愚昧无知，就是阿谀奉承，实际上他们都不是懂得治乱的本体的人。抛一个火种放到堆积的柴草底下，而自己睡在柴草上面，火还没有燃烧起来时，却说这很安全。当前的形势，与这个例子有什么不同呢？陛下为什么不让臣下在您面前细细地数列一下，以陈述能使国家长治久安的策略，试供陛下仔细斟酌选用呢？

"假使为了治理好国家，需要劳智伤神、累垮身体，缺乏钟鼓之乐的享受，那这种治理可以不搞了。钟鼓之乐可以像今天一样照常享受，天下诸侯遵守正道约束，没有战争，匈奴臣服，百姓朴素。陛下生为明帝，死为明神，美好的名誉永垂青史，使您的顾成庙能称为太宗，从而上配太祖，与汉朝天下一样长留人间，创立纲纪，作为千秋万代的法规准则，那么，将来即使有愚昧、

幼、不肖之嗣，犹得蒙业而安。以陛下之明达，因使少知治体者得佐下风，致此非难也。

"夫树国固必相疑之势，下数被其殃，上数爽其忧，甚非所以安上而全下也。今或亲弟谋为东帝，亲兄之子西乡而击，今吴又见告矣。天子春秋鼎盛，行义未过，德泽有加焉，犹尚如是，况莫大诸侯，权力且十此者乎！然而天下少安，何也？大国之王幼弱未壮，汉之所置傅、相方握其事。数年之后，诸侯之王大抵皆冠，血气方刚，汉之傅、相称病而赐罢，彼自丞、尉以上遍置私人。如此，有异淮南、济北之为邪？此时而欲为治安，虽尧、舜不治。

"黄帝曰：'日中必熭，操刀必割。'今令此道顺而全安甚易，不肯蚤为，已乃堕骨肉之属而抗刭之，岂有异秦之季世乎！其异姓负强而动者，汉已幸而胜之矣，又不易其所以然。同姓袭是迹而动，既有征矣，其势尽又复然。殃祸之变，未知所移，明帝处之尚不能以安，后世将如之何？

"臣窃迹前事，大抵强者先反。长沙乃二万五千户耳，功少而最完，势疏而最忠，非独性异人也，亦形势然也。曩

幼弱或不成材的后代，也仍然能够得到陛下功业的荫庇而安享太平。以陛下的圣明练达，再让一位稍微懂得治体的人在下位辅佐，要达到这种境界并不是难事。

"建立诸侯国，就必定会出现君臣互相猜疑之势，下面的诸侯屡次遭受它的祸害，上面的君主也多次伤神、忧虑，这实在不是使君主放心、使臣下得以保全的办法。如今有的亲弟弟图谋称东帝，亲哥哥的儿子也西向进攻朝廷，而最近又有人告发吴王了。现在天子年富力强，品行道义又没有过失，对他们又广施恩德，他们尚且如此；何况那些最大的诸侯，权力又有这些诸侯十倍之大呢！尽管如此，现在天下却比较安定，这是为什么？因为那些大国的诸侯王年纪还小、没有成人，汉廷所设置的太傅、少傅、国相等正掌握政权。几年后，这些诸侯王大都加冠成人，他们血气方刚，汉廷所置的傅、相只好称病而被赐辞职，他们便可以自丞、尉以上的职位普遍安插自己的亲信。如果是这样做的话，他们与淮南王、济北王的所作所为有什么不同呢？到了那个时候，还想使天下太平无事，就是唐尧、虞舜也无法做到。

"黄帝说：'中午阳光好的时候，一定要晒东西；刀子拿在手里的时候，一定要将牲畜赶快宰割。'现在如果顺从黄帝的这一原则行事，那么保全臣下、安定主上就很容易办到；如果不肯趁早采取行动，到头来反而要自己摧残骨肉至亲，举刀割他们的脖子，这与秦朝末年的情形有什么区别？那些自恃强大而反叛的异姓诸侯王，汉朝已经侥幸地战胜他们了，可又不改变那种引起叛乱的制度。同姓诸侯王沿袭他们的做法，步他们的后尘，现在已经有验证了，形势的发展又完全恢复到异姓王时代的那种状况。不改变灾祸产生的根基，即使是英明的皇帝处在这种情况下，尚且不能保证国家安定，后世又将怎么办呢？

"臣私下考察前段史事，发现大抵是势力强大的臣子首先谋反。长沙王只有二万五千家封户，对国家的功劳很少，而他的封国保存最为完整，关系疏远却最忠于朝廷，这并不只是他的秉性跟其他人不同，也是因为客观形势使得他只能这样做。以前

令樊、郦、绛、灌据数十城而王，今虽以残亡可也；令信、越之伦列为彻侯而居，虽至今存可也。然则天下之大计可知已：欲诸王之皆忠附，则莫若令如长沙王；欲臣子勿菹醢，则莫若令如樊、郦等；欲天下之治安，莫若众建诸侯而少其力。力少则易使以义，国小则亡邪心。令海内之势，如身之使臂，臂之使指，莫不制从，诸侯之君不敢有异心，辐凑并进而归命天子。割地定制，令齐、赵、楚各为若干国，使悼惠王、幽王、元王之子孙毕以次各受祖之分地，地尽而止；其分地众而子孙少者，建以为国，空而置之，须其子孙生者举使君之；一寸之地，一人之众，天子亡所利焉，诚以定治而已。如此，则卧赤子天下之上而安，植遗腹、朝委裘而天下不乱，当时大治，后世诵圣。陛下谁惮而久不为此！

“天下之势，方病大瘇，一胫之大几如要，一指之大几如股，平居不可屈伸，一二指搐，身虑无聊。失今不治，必为锢疾，后虽有扁鹊，不能为已。病非徒瘇也，又苦蹠盭。元王之子，帝之从弟也，今之王者，从弟之子也。惠王之子，

如果让樊哙、郦商、周勃、灌婴占据几十座城邑为王,到今天他们很可能已经亡国灭族了;以前如果让韩信、彭越这一类人作为彻侯,在家里闲居,即使到今天尚存人世,那也是有可能的。既然如此,那么治理天下的大计就可以推知了:要想使诸侯王们都忠心归附于朝廷,那最好的办法是使他们都像长沙王一样;要想使臣子们不致遭受剁成肉酱之类的极刑,那最好的办法是使他们都像樊哙、郦商一样;要想使天下太平无事,那最好的办法是多建置一些诸侯国,以削弱他们的势力。势力弱小,就容易用礼义来驱使他们,封国狭小就没有奸邪背叛之心。这样,就使得全国的形势,就像人的身体使唤手臂、手臂使唤手指一样,没有不受节制、不听从指挥的。诸侯国的君主不敢有二心,就如同车辐条归聚于车轴那样,同时并进,都归顺听命于天子。要分割土地,定出制度,把齐国、赵国和楚国各分成若干个小国,让齐悼惠王、赵幽王和楚元王的子孙,都依次分受他们祖先所分得的那块土地,一直到土地分完为止;对那些原来分得的土地多而子孙少的,那就先将它分割建立起若干小国,让王位空着搁置在那儿,等到他们的子孙降生以后,再让他们做那些小国的君主;一寸土地,一个百姓,天子都不会要他们的,这样做确实只是为了使天下安定太平而已。如果这样做了,那即使把一个婴儿放在天下万民之上当皇帝,天下也会太平;就是立一个遗腹子当皇帝,让群臣朝拜先帝留下来的衣裳,天下也会不乱。不但当时天下大治,就是后世也会称颂他的圣明。陛下还怕什么而久久不肯这样做呢?

"当今天下的形势,正如一个人得了脚肿病,一条小腿肿得几乎像腰一样粗,一根脚趾肿得几乎像大腿一样粗,平时整条腿不能屈伸,一两个趾头还不断抽搐,身心感到痛苦难耐。错过了今天的机会不去医治,必定会发展成为难治的顽症,以后就算有扁鹊那样的名医,也无能为力了。况且,病也不单纯只是脚肿,还被脚掌扭折、不能走路的痛苦折磨。楚元王的儿子,是皇帝的堂弟;如今的楚王,是陛下堂弟的儿子。齐悼惠王的儿子,

亲兄子也,今之王者,兄子之子也。亲者或亡分地以安天下,疏者或制大权以逼天子。臣故曰非徒病瘇也,又苦跖盭。可痛哭者,此病是也。"

十一年夏六月,梁怀王揖薨,无子。贾谊复上疏曰:"陛下即不定制,如今之势,不过一传、再传,诸侯犹且人人恣而不制,豪植而大强,汉法不得行矣。陛下所以为蕃扦及皇太子之所恃者,唯淮阳、代二国耳。代,北边匈奴,与强敌为邻,能自完则足矣。而淮阳之比大诸侯,廑如黑子之著面,适足以饵大国,而不足以有所禁御。方今制在陛下,制国而令子适足以为饵,岂可谓工哉!臣之愚计,愿举淮南地以益淮阳,而为梁王立后,割淮阳北边二三列城与东郡以益梁。不可者,可徙代王而都睢阳。梁起于新郪以北著之河,淮阳包陈以南揭之江,则大诸侯之有异心者破胆而不敢谋。梁足以扦齐、赵,淮阳足以禁吴、楚,陛下高枕,终无山东之忧矣,此二世之利也。当今恬然,适遇诸侯之皆少,数岁之后,陛下且见之矣。夫秦日夜苦心劳力以除六国之祸,今陛下力制天下,颐指如意,高拱以成六国之祸,难以言智。苟身无事,畜乱,宿祸,熟视而不定,

是陛下亲哥哥的儿子；如今的齐王，则是陛下哥哥的儿子的儿子。陛下的亲骨肉有的还没有分封土地，以安定天下，而血缘关系疏远的，倒有人控制大权以威逼天子。臣下所以说，目前天下的形势，不只是像人得了脚肿病，又受到脚掌扭折不能走路的痛苦折磨。应该为之痛哭的就是这种病症。"

十一年（前169）夏季六月，梁怀王刘揖去世，没有留下儿子。贾谊又上疏说："陛下如果不确定封国制度，如今的形势，他们不过是传一代或者两代，诸侯王们尚且人人任意胡为，而朝廷不能节制。他们依恃自己的势力而独霸一方，力量过于强大，汉廷的法令就不能实行了。陛下用作屏障、保卫的，以及皇太子所能依恃的，只有淮阳国和代国这两个国家了。代国北边与匈奴接壤，与强大的敌人为邻，如果能自我保全就不错了。而淮阳国与大诸侯国比起来，仅仅只如一粒黑痣附着在脸上一样，正好可以成为引诱大国的诱饵，却不足以阻隔、防御大国的侵略。如今，制定权在陛下手中，制定封国却使自己儿子的封国刚好成为大国吞食的诱饵，难道可以说是设计得高明吗？依臣下愚计，希望陛下将整个淮南国的领地，都用来补充给淮阳国；又替梁王确立后嗣，割取淮阳国北边两三大城邑与东郡，都补充给梁国。如果这样不妥，则可以徙封代王为梁王，而建都睢阳。这样，梁国领地起于新郪，而北到黄河；淮阳国领地，则包括原陈国，而南部边境到了长江。那些心怀异志的大诸侯国见了，也会望风破胆，不敢谋逆了。梁国的力量足以阻挡齐国、赵国，淮阳国足以制止吴国、楚国，陛下就可以高枕而眠，再没有山东地区的担忧了，这是对陛下父子两代都有利的事情。现在天下安然无事，这是因为正好碰上诸侯王年纪都小，几年之后，陛下就将看到他们的危害性了。以前秦国日日夜夜，苦心劳力，才铲除六国的祸害，如今陛下的权力足以控制天下，只须动动下巴，稍微示意，一切都会如愿以偿，但却高拱两手，对封国的事坐视不理，听任它酿成新的六国之祸，不能说是明智。如果只苟且求得陛下自己这一朝平静无事，却对已在酝酿着的祸乱熟视无睹，不去平定，

万年之后，传之老母、弱子，将使不宁，不可谓仁。"帝于是从谊计，徙淮阳王武为梁王，北界泰山，西至高阳，得大县四十馀城。后岁馀，贾谊亦死，死时年三十三矣。

景帝二年，梁孝王以窦太后少子故，有宠，王四十馀城，居天下膏腴地。赏赐不可胜道，府库金钱且百巨万，珠玉宝器多于京师。筑东苑，方三百馀里，广睢阳城七十里，大治宫室，为复道，自宫连属于平台三十馀里。招延四方豪俊之士，如吴人枚乘、严忌，齐人羊胜、公孙诡、邹阳，蜀人司马相如之属，皆从之游。每入朝，上使使持节以乘舆驷马迎梁王于阙下。既至，宠幸无比，入则侍上同辇，出则同车，射猎上林中。因上疏请留，且半岁。梁侍中、郎、谒者著籍引出入天子殿门，与汉宦官无异。

三年冬十月，梁王来朝。时上未置太子，与梁王宴饮，从容言曰："千秋万岁后传于王。"王辞谢，虽知非至言，然心内喜，太后亦然。詹事窦婴引卮酒进上曰："天下者，高祖之天下，父子相传，汉之约也。上何以得传梁王！"太后由此憎婴，婴因病免。太后除婴门籍，不得朝请。梁王以此益骄。

二年。初，梁孝王以至亲有功，吴、楚攻梁，梁王城守，事见《七国之叛》。得赐天子旌旗，从千乘万骑，出跸入警。王宠信羊胜、公孙诡，以诡为中尉。胜、诡多奇邪计，欲使王求

到陛下万年之后，又把这一切传给老母与幼子，将使他们不得安宁，这不能说是仁慈。"文帝于是听从了贾谊的计策，徙封淮阳王刘武为梁王，他的封地北到泰山、西到高阳，获得大县邑四十多座。一年多之后，贾谊也死了，死时年仅三十三岁。

汉景帝前元二年(前155)，梁孝王因为是窦太后的小儿子的缘故，很受宠爱，统辖四十多座城邑，处在天下最为肥沃的土地上。赏赐的东西多得说也说不清，府库里的金钱差不多有百万万，珠玉宝器比京师还多。修筑了一个东苑，方圆达三百多里。又将睢阳城扩大七十里，大建宫室，修筑架空的通道，这条通道自王宫起一直连到平台，全长三十多里。招徕、延请四方的豪杰、俊茂之士，比如吴国人枚乘、严忌，齐国人羊胜、公孙诡、邹阳，蜀郡人司马相如之类，都跟随梁王交游，做他的门客。他每次入朝，景帝都派使者手持符节，以御用的乘舆驷马，到阙下迎接。到了以后，又宠幸无比，入宫则陪伴景帝同坐一辇，出宫则与景帝同乘一车，在上林苑中射猎。梁王于是趁机上疏，请求留居京城，住了将近半年的时间。梁国的侍中、郎、谒者，名字都登记在名簿上，可以出入天子的殿门，与朝廷的宦官没有什么区别。

三年(前154)冬季十月，梁王入京朝见景帝。当时景帝还没有确定太子，与梁王宴饮时，很随便地说："等我百年过世之后，就传位给梁王。"梁王急忙辞谢，尽管知道这不是很认真的话，但内心却非常高兴，太后也是如此。詹事窦婴捧着一杯酒献给景帝说："天下是高皇帝的，父子相传，这是汉朝的规定。皇上怎么能够把它传给梁王呢？"太后从此以后就憎恨窦婴，窦婴也就此称病辞职。太后便除了窦婴的门籍，不允许他参加朝请。梁王也因此而更加骄傲起来。

汉景帝中元二年(前148)。起初，梁孝王因为是皇帝至亲，又立有大功，吴国、楚国进攻梁国时，梁王据城坚守，事见《七国之叛》。获得了天子旌旗的特殊赏赐，侍从的车辆马匹成千上万，出称跸，入称警，跟天子出行的规格一样。梁王宠信羊胜、公孙诡，任命公孙诡担任中尉。羊胜、公孙诡有很多奇谋邪计，他们想要使梁王谋求

为汉嗣。栗太子之废也，太后意欲以梁王为嗣，尝因置酒谓帝曰："安车大驾，用梁王为寄。"帝跪席举身曰："诺。"罢酒，帝以访诸大臣，大臣袁盎等曰："不可。昔宋宣公不立子而立弟，以生祸乱，五世不绝。小不忍，害大义，故《春秋》大居正。"由是太后议格，遂不复言。王又尝上书："愿赐容车之地，径至长乐宫，自使梁国士众筑作甬道，朝太后。"袁盎等皆建以为不可。

梁王由此怨袁盎及议臣，乃与羊胜、公孙诡谋，阴使人刺杀袁盎及他议臣十馀人。贼未得也，于是天子意梁，逐贼，果梁所为。上遣田叔、吕季主往按梁事，捕公孙诡、羊胜，诡、胜匿王后宫。使者十馀辈至梁，责二千石急。梁相轩丘豹及内史韩安国以下举国大索，月馀弗得。安国闻诡、胜匿王所，乃入见王而泣曰："主辱者臣死。大王无良臣，故纷纷至此。今胜、诡不得，请辞，赐死！"王曰："何至此？"安国泣数行下，曰："大王自度于皇帝，孰与临江王亲？"王曰："弗如也。"安国曰："临江王適长太子，以一言过，废王临江；用宫垣事，卒自杀中尉府。何者？治天下终不用私乱公。今大王列在诸侯，讹邪臣浮说，犯上禁，挠明法。天子以太后故，不忍致法于大王。太后日夜涕泣，幸

成为汉天子的继嗣。当粟太子被废黜的时候,太后想要让梁王成为景帝的继嗣,曾经利用一次酒宴的机会对景帝说:"等我离世后,就把梁王托付给你了。"景帝在座席上跪直挺身恭敬地说:"好。"散宴之后,景帝就此事征询各位大臣的意见,大臣袁盎等人说:"不行。以前宋宣公不立儿子,而立弟弟为嗣,因而引起祸乱,持续了五世还不得安宁。一点小小私恩都不忍心割断,那就会伤害大义,所以《春秋》崇尚父传子的正道。"因此,太后的建议受到阻格,也就不再提这事了。梁王又曾经上书景帝说:"请求赐给我一块能够容纳车马通过的地方,直达长乐宫,我自己派遣梁国的士兵修筑一条甬道,用以朝见太后。"袁盎等人都建议景帝,认为不行。

梁王由此怨恨袁盎及其他提建议的大臣,于是与羊胜、公孙诡谋画,暗中派人刺杀袁盎及其他议臣十多人。刺客没有抓到,于是天子就估计是梁王指使的,在追赶刺客时发现,果然是梁王派来的。景帝派遣田叔、吕季主前去查究梁国的这桩事情,要逮捕公孙诡、羊胜,公孙诡、羊胜藏匿在梁王的后宫。朝廷的使者前后十多批来到梁国,对二千石级的官吏督责相当严厉、急迫。梁国自国相轩丘豹及内史韩安国以下,进行全国性的大搜捕,搞了一个多月还没有抓到他们。韩安国听说公孙诡、羊胜躲藏在梁王那里,就入见梁王,哭着对他说:"君主受辱,臣子就应该死节。大王因为没有好的臣子,所以国家闹得这样乱糟糟的。现在羊胜、公孙诡又抓不到,请允许臣下告别,并赐臣一死。"梁王说:"何至于要这样做呢?"韩安国泪流满面地说:"大王自己想想,对于皇帝来说,你和临江王哪一人更亲些?"梁王说:"我不如他。"韩安国说:"临江王是嫡长子,又是太子,曾经因为一句话的过错,而被贬黜到临江去为王;又因为宫垣的事情坐罪,最终自杀于中尉府。为什么呢?因为治理天下终究不能由于私情而扰乱公家的制度。如今大王位列诸侯,被奸臣虚浮不实的鬼话所诱惑,触犯皇上的禁令,扰乱严明的法律。天子因为太后的缘故,才不忍心用刑法来惩处大王。太后日夜哭泣,希望

大王自改,大王终不觉寤。有如太后宫车即晏驾,大王尚谁攀乎?"语未卒,王泣数行而下,谢安国曰:"吾今出胜、诡。"王乃令胜、诡皆自杀,出之。上由此怨望梁王。

梁王恐,使邹阳入长安,见皇后兄王信,说曰:"长君弟得幸于上,后宫莫及,而长君行迹多不循道理者。今袁盎事即穷竟,梁王伏诛,太后无所发怒,切齿侧目于贵臣,窃为足下忧之。"长君曰:"为之奈何?"阳曰:"长君诚能精为上言之,得毋竟梁事,长君必固自结于太后,太后厚德长君入于骨髓,而长君之弟幸于两宫,金城之固也。昔者舜之弟象,日以杀舜为事,及舜立为天子,封之于有庳。夫仁人之于兄弟,无藏怒,无宿怨,厚亲爱而已,是以后世称之。以是说天子,徼幸梁事不奏。"长君曰:"诺。"乘间入言之,帝怒稍解。

是时,太后忧梁事不食,日夜泣不止,帝亦患之。会田叔等按梁事来还,至霸昌厩,取火悉烧梁之狱辞,空手来见帝。帝曰:"梁有之乎?"叔对曰:"死罪!有之。"上曰:"其事安在?"田叔曰:"上毋以梁事为问也。"上曰:"何也?"曰:"今梁王不伏诛,是汉法不行也;伏法而太后食不甘味,卧不安席,此忧在陛下也。"上大然之,使叔等谒太后,且曰:"梁王不知也。造为之者,独在幸臣羊胜、公孙诡之属为之耳,

大王改过自新，大王却始终不知觉悟。一旦太后去世，大王还能攀附谁呢？"韩安国的话还未讲完，梁王已经泪流满面了，向韩安国谢罪说："我现在就交出羊胜、公孙诡。"梁王于是命令羊胜、公孙诡都自杀，交出他们的尸首。景帝从此便怨恨梁王。

梁王害怕，便派邹阳入长安见皇后的哥哥王信，劝说道："长君您的妹妹得幸于皇上，后宫没有哪一个能赶得上，但是，长君的很多行为却不遵循礼法。如今袁盎事件一旦追查到底，梁王就会被处死，那时太后的怒火无处发泄，就会切齿痛恨你们这些贵臣，拿你们出气，我私下真替足下担忧。"王长君说："那怎么办呢？"邹阳说："长君如果能够在皇上面前作一番精当的解说，使得皇上不再深入追究梁国的事，长君就一定会跟太后结成牢固的友谊，太后对长君的感激会深入骨髓，而长君的妹妹能同时得到两宫的宠幸，你们家的荣宠地位就固若金汤了。以前舜的弟弟象，每天只想杀死舜；等到舜立为天子后，却把象封到有庳。一般说来，仁人对于自己的兄弟，不隐藏怒火，不记取怨仇，只是特别重视亲爱而已，所以后世都称赞他们。您以这些道理去劝说天子，可能梁国的事就会侥幸不再处理了。"王长君说："好。"于是找了一个机会向景帝说了这些，景帝的怒火稍微消减了一点。

这时，太后忧虑梁王的事情，不饮不食，日夜哭个不停，景帝为此也很担忧。正碰上田叔等人审查梁国的案件回来，回到霸昌厩时，用火将从梁国得来的专案证词全烧了，空着手来见景帝。景帝问："梁王有谋杀朝廷大臣的事吗？"田叔回答说："应该定死罪！有那样的事。"景帝说："那些事的罪证在哪里？"田叔说："皇上不要再追问有关梁王罪证的事了。"景帝说："为什么呢？"田叔说："有了罪证相反不好办。因为如果梁王不被处死，汉朝的法律就失去了作用；如果依法处死梁王，太后就会吃饭没味，睡不好觉，这就会使陛下忧愁。"景帝认为他的话很有道理，就派遣田叔等人晋见太后，并且对她说："谋杀大臣的事梁王根本不知道。兴起这个事情的，只有他的宠臣羊胜、公孙诡等一些人，

谨已伏诛死,梁王无恙也。"太后闻之,立起坐餐,气平复。

梁王因上书请朝,既至关,茅兰说王,使乘布车、从两骑入,匿于长公主园。汉使使迎王,王已入关,车骑尽居外,不知王处。太后泣曰:"帝果杀吾子!"帝忧恐。于是梁王伏斧质于阙下谢罪。太后、帝大喜,相泣,复如故,悉召王从官入关。然帝益疏王,不与同车辇矣。帝以田叔为贤,擢为鲁相。

六年冬十月,梁王来朝。上疏欲留,上弗许。王归国,意忽忽不乐。

夏四月,梁孝王薨。窦太后闻之,哭极哀,不食,曰:"帝果杀吾子!"帝哀惧,不知所为。与长公主计之,乃分梁为五国,尽立孝王男五人为王:买为梁王,明为济川王,彭离为济东王,定为山阳王,不识为济阴王;女五人皆食汤沐邑。奏之太后,太后乃说,为帝加一餐。孝王未死时,财以巨万计,及死,藏府馀黄金尚四十馀万斤,他物称是。

他们已经被处死了,梁王还是好好的。"太后听了,立刻起来就餐,心气也就恢复平静了。

梁王于是上书请求朝见天子,到达函谷关后,茅兰劝说梁王,让他乘坐布车,只带两骑侍从入京,躲藏在长公主的园苑内。汉朝廷派遣使者去迎接梁王,而梁王已经进入关内,随从的车仗人马都在关外,而不知梁王在哪里。太后急得哭着说:"皇帝果然杀了我的儿子!"景帝也很担忧、害怕。这时,梁王身背刑具俯伏在宫廷的阙下请罪。太后、景帝一见大喜,三人哭在一起,关系又和从前一样了。景帝又把梁王的随从官员召入关内。但是景帝越来越疏远梁王,不和他同乘车辇了。景帝认为田叔贤能,提升他为鲁国的国相。

六年(前144)冬季十月,梁王来京朝拜。上疏想要留在京城,景帝不答应。梁王回到封国,心情郁郁不乐。

夏季四月,梁孝王去世。窦太后听到这个消息后,哭得极为悲哀,不进饮食,说:"皇帝果然杀了我的儿子!"景帝也悲哀恐惧,不知如何是好。与长公主一商量,便将梁国分为五个国家,将梁孝王的五个儿子都封为王:刘买为梁王,刘明为济川王,刘彭离为济东王,刘定为山阳王,刘不识为济阴王;五个女儿,也都赐给她们汤沐邑。把这个决定报告太后,太后才高兴,看在景帝做得好的份上,特地吃了一餐饭。梁孝王没死时,财产以百万万计算,到他死后,府库里剩下的黄金还有四十多万斤,其他财物的丰富也与此相当。

卷第三

汉通西南夷

汉武帝元光五年。初，王恢之讨东越也，使番阳令唐蒙风晓南越。南越食蒙以蜀枸酱，蒙问所从来，曰："道西北牂柯江。牂柯江广数里，出番禺城下。"蒙归至长安，问蜀贾人。贾人曰："独蜀出枸酱，多持窃出市夜郎。夜郎者，临牂柯江，江广百馀步，足以行船。南越以财物役属夜郎，西至桐师，然亦不能臣使也。"蒙乃上书说上曰："南越王黄屋左纛，地东西万馀里，名为外臣，实一州主也。今以长沙、豫章往，水道多绝，难行。窃闻夜郎所有精兵可得十馀万，浮船牂柯江，出其不意，此制越一奇也。诚以汉之强，巴、蜀之饶，通夜郎道，为置吏，甚易。"上许之。乃拜蒙为中郎将，将千人，食重万馀人，从巴、蜀筰关入，遂见夜郎侯多同。蒙厚赐，喻以威德，约为置吏，使其子为令。夜郎旁小邑皆贪汉缯帛，以为汉道险，终不能有也，乃且听蒙约。

汉通西南夷

汉武帝元光五年（前130）。当初，王恢征讨东越，派番阳县令唐蒙去暗示晓谕南越，不要卷入冲突。南越请唐蒙食用蜀地特产枸酱，唐蒙问这种食物从哪里来，对答说："运自西北牂柯江。牂柯江宽好几里，流经番禺城下。"唐蒙返归，来到京师长安，又问蜀地的商人，商人说："唯独蜀地出产枸酱，当地人大多偷偷带它出境，在夜郎交易。夜郎这个小国，濒临牂柯江，江宽一百多步，足够船只通行。南越靠财物役使和支配夜郎，往西扩及桐师，但也不能像臣属那样来轻易驱使它们。"唐蒙于是上书劝汉武帝说："南越王使用黄缯为盖、左插大旗的乘舆车驾，领地东西一万多里，名义上是外藩臣属，实际上是一州的主人。现今通过长沙国、豫章郡前去征讨，水路大多淤塞断绝，难以行进。我私下听说夜郎的精兵有十余万，乘船沿牂柯江顺流而下，出其不意，这是制服南越的一条奇策啊。果真凭借汉室的强盛，巴、蜀的富饶，打通通往夜郎的道路，在那里设置官吏，是特别容易的。"汉武帝同意了。随即拜授唐蒙为中郎将，率领士兵一千人，运送粮食衣物的民夫一万多人，经过巴、蜀两郡，从笮关入境，于是会见了夜郎侯多同。唐蒙代表朝廷厚加赏赐，告知他朝廷的兵威和圣德，约定由朝廷在当地设置官吏，让多同的儿子担任县令一级的职务。夜郎附近的小邦邑，都贪图汉朝的丝帛，认为汉朝路远艰险，终究不能占有这片地区，就暂且随从唐蒙的定约。

还报,上以为犍为郡,发巴、蜀卒治道,自僰道指牂柯江。作者数万人,士卒多物故,有逃亡者。用军兴法诛其渠率,巴、蜀民大惊恐。上闻之,使司马相如责唐蒙等,因谕告巴、蜀民以非上意。相如还报。

是时,邛、筰之君长闻南夷与汉通,得赏赐多,多欲愿为内臣妾,请吏,比南夷。天子问相如,相如曰:"邛、筰、冉、駹者近蜀,道亦易通。秦时尝通,为郡县,至汉兴而罢。今诚复通,为置郡县,愈于南夷。"天子以为然,乃拜相如为中郎将,建节往使,及副使王然于等乘传,因巴、蜀吏币物以赂西夷。邛、筰、冉、駹、斯榆之君皆请为内臣,除边关。关益斥,西至沬、若水,南至牂柯为徼,通零关道,桥孙水以通邛都,为置一都尉、十馀县,属蜀。天子大说。

是时,巴、蜀四郡凿山通西南夷道,千馀里戍转相馈。数岁,道不通,士罢饿离暑湿死者甚众。西南夷又数反,发兵兴击,费以巨万计而无功。上患之,诏使公孙弘视焉。还奏事,盛毁西南夷无所用,上不听。

元朔三年冬,以公孙弘为御史大夫。是时,方通西南夷,东置苍海,北筑朔方之郡。公孙弘数谏,以为罢敝中国以奉无用之地,愿罢之。天子使朱买臣等难以置朔方之

唐蒙回还奏报,汉武帝把这片地区设为犍为郡,调发巴、蜀的士卒整修道路,从僰道直达牂柯江。筑路的人有数万人,士卒大多死亡,也有逃跑的人。唐蒙等用"军兴法"诛杀逃亡者的头目,巴、蜀的民众都十分惊恐。汉武帝闻知这种情况,派遣司马相如前去责怪唐蒙等人,乘势明确告知巴、蜀民众,唐蒙等人的做法并不是皇帝的本意。司马相如完成使命,回还奏报。

这时候,邛、筰这些部落的首领首长,听说南夷与汉朝建立关系,得到很多赏赐,大都愿意做汉朝的内附臣属,请求设置官吏,比照南夷。对此,汉武帝询问司马相如的看法,司马相如说:"邛、筰、冉、駹这些部落,临近蜀郡,道路也容易打通。秦朝时曾经建立关系,设为郡县,到汉朝建立而罢废。如今果真重新建立关系,在那里设置郡县,这是胜过南夷的。"汉武帝认为他说得对,就拜授司马相如为中郎将,持着朝廷的旌节,前往出使,和副使王然于等人乘坐驿车,就近取用巴、蜀两郡官府的币帛物品来收买西夷。邛、筰、冉、駹、斯榆的部落首长,都请求做内附的臣属,撤掉边关。关隘进一步扩展,西部到达沫水和若水,南部到达牂柯江,划为边界,又打通零关的道路,在孙水上架桥来通向邛都。为这一地区设置了一名都尉,十多个县,都归蜀郡管辖。汉武帝十分高兴。

这时候,巴、蜀等四郡开凿崇山峻岭,打通抵达西南夷的道路,千里线上,戍卒转调,迭相运送军饷。接连好几年,道路也没修通,士卒疲惫饥饿,遭受酷暑潮湿而死去的人特别多。西南夷各部落又屡次反叛,汉朝发兵去攻击,军费支出用数万万来计算,却无功效。汉武帝很忧虑这种状况,下诏派公孙弘去视察。回来后奏禀事态,极力贬斥西南夷对汉朝毫无用处,汉武帝拒不听从。

元朔三年(前126)冬季,任命公孙弘为御史大夫。这时正开通西南夷,在东部设置苍海郡,在北方营筑朔方郡城。公孙弘屡次进谏,认为这属于疲劳消耗中原地区来供奉没有用处的地区,请求朝廷废止这些举措。汉武帝让朱买臣等人用设置朔方郡的

便,发十策,弘不得一。弘乃谢曰:"山东鄙人,不知其便若是,愿罢西南夷、苍海而专奉朔方。"上乃许之。春,罢苍海郡。

秋,罢西夷,独置南夷、夜郎两县、一都尉,稍令犍为自葆就,专力城朔方。

元狩元年。初,张骞自月氏还,为天子言身毒国去蜀不远。天子欣然,令骞因蜀、犍为发间使王然于等四道并出,出駹,出冉,出徙,出邛、僰,指求身毒国。各行一二千里,其北方闭氐、筰,南方闭巂、昆明。昆明之属无君长,善寇盗,辄杀略汉使,终莫得通。于是汉以求身毒道,始通滇国。滇王当羌谓汉使者曰:"汉孰与我大?"及夜郎侯亦然。以道不通,故各自以为一州主,不知汉广大。使者还,因盛言滇大国,足事亲附。天子注意焉,乃复事西南夷。

三年秋,上将讨昆明,以昆明有滇池方三百里,乃作昆明池,以习水战。是时法既益严,吏多废免。兵革数动,民多买复及五大夫,征发之士益鲜。于是除千夫、五大夫为吏,不欲者出马。以故吏弄法,皆谪令伐棘上林,穿昆明池。

元鼎六年冬,驰义侯发南夷兵,欲以击南越。且兰君恐远行,旁国虏其老弱,乃与其众反,杀使者及犍为太守。

益处来反驳诘难公孙弘，一共提出十项，公孙弘一项也回答不出。公孙弘就谢罪说："我是崤山以东一个鄙陋的人，不晓得它有这样多的益处。愿请罢弃西南夷和苍海郡，而专力经营朔方郡。"汉武帝于是答应了他的请求。这年春季，罢废了苍海郡。

秋季，罢废了西夷的建置，只设置了南夷、夜郎两个县和一名都尉，逐渐让犍为郡自行保全并配齐机构，集中力量来营筑朔方郡城。

元狩元年（前122）。当初，张骞从月氏国回到京师后，向汉武帝言说身毒国距离蜀郡不太远。汉武帝很高兴，命令张骞沿蜀郡和犍为郡，派抄近路去的使臣王然于等人四路一齐出发，一路从駹地出发，一路从冉地出发，一路从徙地出发，一路从邛地、僰地出发，寻路直指身毒国。各自行进一二千里，他们当中的北路使臣被氐人、筰人所阻，南路使臣被巂地人、昆明人所阻。昆明一带的部族没有统一的首领，善于抄掠盗劫，经常攻杀抢劫汉朝的使臣，一直没能打通道路。这次汉朝因探寻去往身毒国的道路，首次到达滇国。滇国国王当羌对汉朝使臣说："汉朝与我邦，谁大呢？"到夜郎侯那里，也这样提问。因道路不通，所以他们各自都以为自家是一州之主，不知道汉朝的广袤强大。使臣回来后，便极力言说滇国属于大国，应尽力使它亲近归附汉朝。汉武帝注意到了此事，于是又致力于西南夷地区的开发经营。

三年（前120）秋季，汉武帝准备征讨昆明，因昆明有滇池方圆三百里，于是在京师营造昆明池，来演习水战。这时候，法令既已越发严苛，低级官吏大多遭到废弃免职。由于战事频繁，老百姓大都出钱买免除赋税的特权以及五大夫爵位，致使能够征用调发的士卒越来越少。于是任命具有千夫、五大夫爵位的人充当低级官吏，不想当的人必须交纳马匹。凡属在官府供职的吏员而玩弄法令的，全都发配到上林苑围去砍伐荆棘，开凿昆明池。

元鼎六年（前111）冬季，驰义侯调发南夷的兵马，准备攻击南越国。且兰部落的头领恐怕率部众远行，邻国会乘机掳掠本族老少，于是就与他的部众反叛，杀死了汉朝使者以及犍为太守。

汉乃发巴、蜀罪人尝击南越者八校尉,遣中郎将郭昌、卫广将而击之,诛且兰及邛君、筰侯,遂平南夷为牂柯郡。夜郎侯始倚南越,南越已灭,夜郎遂入朝,上以为夜郎王。

冉、駹皆振恐,请臣,置吏,乃以邛都为越嶲郡,筰都为沈黎郡,冉、駹为汶山郡,广汉西白马为武都郡。

元封二年。初,上使王然于以越破及诛南夷兵威风喻滇王入朝。滇王者,其众数万人,其旁东北有劳深、靡莫,皆同姓相杖,未肯听。劳深、靡莫数侵犯使者吏卒。于是上遣将军郭昌、中郎将卫广发巴、蜀兵击灭劳深、靡莫,以兵临滇。滇王举国降,请置吏,入朝。于是以为益州郡,赐滇王王印,复长其民。是时,汉灭两越,平西南夷,置初郡十七,且以其故俗治,毋赋税。南阳、汉中以往郡,各以地比,给初郡吏卒奉食、币物、传车、马被具。而初郡时时小反,杀吏,汉发南方吏卒往诛之,间岁万馀人,费皆仰给大农。大农以均输、调盐铁助赋,故能赡之。然兵所过县,为以訾给毋乏而已,不敢言擅赋法矣。

六年,汉既通西南夷,开五郡,欲地接以前通大夏,岁遣使十馀辈出此初郡,皆闭昆明,为所杀,夺币物。于是天子赦京师亡命,令从军,遣拔胡将军郭昌将以击之,斩首数

汉朝就调发巴、蜀两郡罪犯中曾经攻打过南越的人,组成八校尉部队,派遣中郎将郭昌和卫广率领这支部队去攻击且兰部落,诛杀且兰部落以及邛都、笮都的首领,趁势平定了南夷地区,设置牂柯郡。夜郎侯起初倚靠南越国,南越国已经灭亡,夜郎侯就入朝归附,汉武帝封他为夜郎王。

冉族、駹族见势都震惊害怕,请求称臣,设官管理。于是汉朝把邛都定为越巂郡,把笮都定为沈黎郡,把冉地、駹地定为汶山郡,把广汉西部的白马定为武都郡。

元封二年(前109)。当初,汉武帝派遣王然于利用南越国的破灭和诛杀南夷首领的汉朝兵威,暗示晓喻滇王入朝归附。滇王的部众多达数万人,在邻近的东北方,又有劳深、靡莫两个部落,都与滇王同姓而相互用武力支援,所以不肯屈服于王然于的威胁。劳深和靡莫多次侵袭冒犯汉朝的使者吏卒。于是汉武帝派遣将军郭昌、中郎将卫广出动巴、蜀兵马,攻击灭掉了劳深和靡莫,率领军队抵临滇国。滇王举国归降,请求设官管理,并入京朝拜。于是把滇地定为益州郡,赐给滇王王印,重新统领他的民众。这时候,汉朝灭掉南越和东越两国,平定西南夷地区,设置新郡十七个,并且依照当地原有的风俗习惯来进行治理,不征收赋税。南阳、汉中等旧有诸郡,各按距离远近,供给新设郡官吏和士卒的薪俸、钱物、驿车和马匹装备。而新设各郡时时发生小股反叛,杀死官吏,汉朝调动南方的官吏士卒,前去剿灭他们,隔一年就出动一万多人,而费用全都仰赖大司农提供。大司农靠调剂货物运输、盐铁专卖来补充赋税收入的不足,所以能够保证供给。然而军队所经过的县邑,只能把物资供应做到不缺乏而已,不敢再讲什么专由大司农动用赋税专供战事的法令了。

六年(前105),汉朝既已打通西南夷,增置了五个郡,想把地域连接起来,往前延伸,打通去往大夏国的道路,于是每年都派遣十多批使者从新设郡出发,却总在昆明遭到堵截,使者被杀害,钱物被劫走。于是汉武帝赦免京师亡命之徒的罪责,让他们从军,派遣拔胡将军郭昌率领这支部队去攻打昆明,斩杀了数

十万。后复遣使，竟不得通。

昭帝始元元年夏，益州夷二十四邑三万馀人皆反。遣水衡都尉吕辟胡募吏民及发犍为、蜀郡奔命往击，大破之。

四年，西南夷姑缯、叶榆复反。遣水衡都尉吕辟胡将益州兵击之。辟胡不进，蛮夷遂杀益州太守，乘胜与辟胡战，士战及溺死者四千馀人。冬，遣大鸿胪田广明击之。

六年，诏以钩町侯毋波率其邑君长、人民击反者有功，立以为钩町王。赐田广明爵关内侯。

十万人。后来又往大夏国派遣使者,终究未能通过该地区。

汉昭帝始元元年(前86)夏季,益州郡境内的各部族,共二十四处城邑、三万多人全都反叛了。朝廷派遣水衡都尉吕辟胡招募吏员和百姓,又征发犍为郡和蜀郡的快速部队前往攻击,大破反叛者。

四年(前83),西南夷的姑缯、叶榆部落又反叛。朝廷派遣水衡都尉吕辟胡率领益州兵马去攻击。吕辟胡不进军,蛮夷因而杀死益州太守,乘胜与吕辟胡交战,汉军军士战死和落水淹死的,多达四千余人。这年冬季,朝廷派遣大鸿胪田广明又去攻击。

六年(前81),朝廷下诏,因钩町侯毋波率领他的辖区内头领和民众攻击反叛者有功劳,封他为钩町王。赐给田广明关内侯的爵位。

淮南谋反

汉文帝前三年。初，赵王敖献美人于高祖，得幸，有娠。及贯高事发，美人以坐系河内。美人母弟赵兼，因辟阳侯审食其言吕后，吕后妒，弗肯白。美人已生子，恚，即自杀。吏奉其子诣上，上悔，名之曰长，令吕后母之，而葬其母真定。后封长为淮南王。

淮南王蚤失母，常附吕后，故孝惠、吕后时无患。而常心怨辟阳侯，以为不强争之于吕后，使其母恨而死也。及帝即位，淮南王自以最亲，骄蹇，数不奉法，上常宽假之。是岁，入朝，从上入苑囿猎，与上同车，常谓上"大兄"。王有材力，能扛鼎。乃往见辟阳侯，自袖铁椎椎辟阳侯，令从者魏敬刭之，驰走阙下，肉袒谢罪。帝伤其志为亲故，赦弗治。当是时，薄太后及太子、诸大臣皆惮淮南王。淮南王以此，归国益骄恣，出入称警跸，称制，拟于天子。袁盎谏

淮南谋反

汉文帝前元三年（前177）。当初，赵王张敖向汉高祖进献一名美人，美人得到宠幸，身怀有孕。待至赵国国相贯高暗害高祖的阴谋败露，美人因受株连而被囚禁在河内郡。美人的舅父赵兼，通过辟阳侯审食其向吕后代为求情，吕后因妒悍，不肯向高祖求情。美人生下一子后，十分愤恨，就自杀了。当地官吏将美人生下的孩子送呈汉高祖，高祖很懊悔，就给他起名叫刘长，让吕后像母亲一样抚养他，并将他的生母埋葬在真定城。后来，册封刘长为淮南王。

淮南王早年失去母亲，一直依附吕后，所以在孝惠帝、吕后时未给朝廷带来祸患。但一直心里怨恨辟阳侯审食其，认为他不向吕后勉力争告，使自己的生母含恨而死。到汉文帝即位，淮南王自认为同文帝最亲近，骄横难制，屡次不奉守国家法令，文帝每每宽恕他。这一年，入京朝拜，他随从文帝进入皇家苑囿去打猎，与文帝同坐一辆车，经常称文帝为"大哥"。淮南王身有勇力，能扛起重鼎。于是前去会见辟阳侯审食其，事先在衣袖中藏带一把铁椎，见面就攻击辟阳侯，命随从魏敬割下脑袋，然后飞速赶到皇宫门前，袒露上身来谢罪。汉文帝感念他志在替母亲报仇的缘故，就予以赦免，不加治罪。在这一时期，薄太后、太子和众位大臣都惧怕淮南王。因此淮南王归国后越发骄横放纵，出入让臣民回避，下令竟称制诏，拟同汉室天子。袁盎向文帝劝谏

曰："诸侯太骄，必生患。"上不听。

六年，淮南王长自作法令行于其国，逐汉所置吏，请自置相、二千石，帝曲意从之。又擅刑杀不辜及爵人至关内侯。数上书，不逊顺。帝重自切责之，乃令薄昭与书风谕之，引管、蔡及代顷王、济北王兴居以为儆戒。

王不说，令大夫但、士伍开章等七十人与棘蒲侯柴武、太子奇谋，以辇车四十乘反谷口，令人使闽越、匈奴。

事觉，有司治之，使使召淮南王。王至长安，丞相张苍、典客冯敬行御史大夫事，与宗正、廷尉奏："长罪当弃市。"制曰："其赦长死罪，废勿王，徙处蜀郡严道邛邮。"尽诛所与谋者。载长以辎车，令县以次传之。

袁盎谏曰："上素骄淮南王，弗为置严傅、相，以故至此。淮南王为人刚，今暴摧折之，臣恐卒逢雾露病死，陛下有杀弟之名，奈何？"上曰："吾特苦之耳，今复之。"淮南王果愤恚，不食死。县传至雍，雍令发封，以死闻。上哭甚悲，谓袁盎曰："吾不听公言，卒亡淮南王！今为奈何？"盎曰："独斩丞相、御史以谢天下乃可。"上即令丞相、御史逮考诸县传送淮南王不发封馈侍者，皆弃市。以列侯葬淮南王于雍，置守冢三十户。

说:"诸侯王过分骄纵,必生后患。"文帝没有听从。

六年(前174),淮南王刘长自行制定法令,在他的封国内施行,驱逐汉朝廷所设置的官吏,奏请自设国相和二千石高级官员,汉文帝委曲求全,勉强答应了他的请求。淮南王又擅用刑罚,滥杀无辜,以及随意赐人爵位,高至关内侯。他多次上书,言辞都不恭顺。文帝不愿轻易就亲自严厉责备他,于是命薄昭写信给他,委婉加以劝导,让他应将西周管叔、蔡叔以及本朝代顷王刘仲、济北王刘兴居的反面事例,引为鉴戒。

得见书信,淮南王很不高兴,命令大夫但和士伍开章等七十人,与棘蒲侯柴武、柴武的大儿子柴奇密谋,准备用可装兵器的辇车四十辆在长安北面的谷口发动叛乱,并派人出使闽越、匈奴,私下联络。

谋反事情败露,朝廷的主管部门严加追查,文帝派使者宣召淮南王进京。淮南王来到长安后,丞相张苍、代行御史大夫事的典客冯敬和宗正、廷尉等高级官员,共奏刘长罪应处死。文帝下达制书说:"赦免刘长的死罪,废去王位,迁徙安顿在蜀郡严道的邛来山驿馆。"其余参加谋反的人,全都斩首。用带盖辒车运载刘长,命沿途各县按次第转交押送。

袁盎劝谏说:"皇上您一向娇惯纵容淮南王,不为他设置严正的太傅和国相,因此才闹到这般地步。淮南王为人刚烈,如今猛然挫伤折辱他,臣下我担心他会突遭雾气风露而病死,陛下您将蒙受杀害弟弟的坏名声,对此应该怎么办?"汉文帝说:"我特地叫他受点苦罢了,现在就马上召他回来。"淮南王果真愤怒怨恨,绝食而死。当各县依次转交押送的辒车传到雍县时,雍县县令打开封门,把死讯奏报朝廷。汉文帝哭得十分悲切,对袁盎说:"我没听您的谏言,终于使淮南王身亡!如今应当怎么办?"袁盎出主意说:"只有斩杀丞相、御史大夫向天下谢罪,这才行。"文帝马上命令丞相、御史大夫逮捕拷问各县传送淮南王而不打开封门、送食服侍的人,把他们全都处死。又用列侯的礼仪,在雍县安葬淮南王,配置了专门看护坟墓的人家三十户。

七年，民有歌淮南王曰："一尺布，尚可缝；一斗粟，尚可舂；兄弟二人不相容！"帝闻而病之。

八年夏，封淮南厉王子安等四人为列侯。贾谊知上必将复王之也，上疏谏曰："淮南王之悖逆无道，天下孰不知其罪！陛下幸而赦迁之，自疾而死，天下孰以王死之不当！今奉尊罪人之子，适足以负谤于天下耳。此人少壮，岂能忘其父哉！白公胜所为父报仇者，大父与叔父也。白公为乱，非欲取国代主，发忿快志，剡手以冲仇人之匈，固为俱靡而已。淮南虽小，黥布尝用之矣，汉存，特幸耳。夫擅仇人足以危汉之资，于策不便。予之众积之财，此非有子胥、白公报于广都之中，即疑有专诸、荆轲起于两柱之间，所谓'假贼兵为虎翼'者也。愿陛下少留计！"上弗听。

十一年夏六月，徙城阳王喜为淮南王。

十六年夏四月，徙淮南王喜复为城阳王，立淮南厉王子阜陵侯安为淮南王。

景帝前四年。初，七国反，淮南王欲发兵应之。其相将兵城守，不听王而为汉，淮南以故得完。事见《七国之叛》。

武帝建元二年冬十月，淮南王安来朝。上以安属为诸父而材高，甚尊重之，每宴见谈语，昏暮然后罢。安雅善武安侯田蚡，其入朝，武安侯迎之霸上，与语曰："上无太子，王亲高皇帝孙，行仁义，天下莫不闻。宫车一日晏驾，非王

七年(前173),民间有歌谣讽刺淮南王事件说:"一尺布,还能缝;一斗粟,还能舂;兄弟二人不相容!"汉文帝听到后,成了他的心病。

八年(前172)夏季,封淮南厉王的儿子刘安等四人为列侯。贾谊预知文帝必将重新封他们为淮南王,上疏劝谏说:"淮南王刘长的悖逆无道,天下谁不知晓他的罪恶!陛下您开恩赦免迁徙他,他自己患病死去,天下谁会认为淮南王不该死呢!现今尊崇罪人的儿子,恰恰足以在天下留下话柄。这些后辈年轻力壮,怎能忘记他们父亲的下场?春秋时期楚国的白公胜替父报仇而作乱的原因,就是要报复他的祖父和叔父。白公胜制造内乱,不是想夺占楚国,取代王位,而是发泄忿怨,大快心志,亲手把利刃插入仇人的胸膛,结果是两败俱伤而已。淮南面积虽小,可黥布曾经借用它来起兵造反,汉朝得以存活下来,只是幸运罢了。大抵给仇人足够用来危害汉室的资本,在决策上是不利的。给他们民众,让他们积蓄财力,如果不出现伍子胥、白公胜在广野上同楚王对阵的那种事情,我怀疑也会产生专诸、荆轲这般刺客在朝堂两柱之间行刺的那类举动,纯属常言所说的:'借给盗贼兵器,为老虎添翅膀。'但愿陛下能够略加考虑。"汉文帝不听。

十一年(前169)夏季六月,改封城阳王刘喜为淮南王。

十六年(前164)夏季四月,改封淮南王刘喜重任城阳王,立淮南厉王的儿子、阜陵侯刘安为淮南王。

汉景帝前元四年(前153)。当初,吴国等七国发动叛乱,淮南王刘安打算发兵响应。他的国相率兵据城防守,不服从刘安的调遣而为朝廷效力,淮南封国因此得到保全。事见《七国之叛》。

汉武帝建元二年(前139)冬季十月,淮南王刘安来京朝见。汉武帝因刘安在辈分上为叔父辈,又才能高超,所以特别尊重他,闲暇时常召见他,相互交谈,直到傍晚,然后才作罢。刘安平素同武安侯田蚡很要好,他入朝时,武安侯专程到霸上迎接他,对他说:"皇上没有太子,大王您是高祖皇帝的亲孙儿,广行仁义,天下没有不知道的。当今皇帝一旦去世,不是大王您,

尚谁立者？"安大喜，厚遗蚡金钱财物。

元朔二年冬，赐淮南王几杖，毋朝。

五年。初，淮南王安好读书属文，喜立名誉，招致宾客、方术之士数千人。其群臣、宾客，多江、淮间轻薄士，常以厉王迁死感激安。建元六年，彗星见，或说王曰："先吴军时，彗星出，长数尺，然尚流血千里。今彗星竟天，天下兵当大起。"王心以为然，乃益治攻战具，积金钱。

郎中雷被获罪于太子迁。时有诏，欲从军者辄诣长安，被即愿奋击匈奴。太子恶被于王，斥免之，欲以禁后。是岁，被亡之长安，上书自明。事下廷尉治，踪迹连王，公卿请逮捕治王。太子迁谋令人衣卫士衣，持戟居王旁，汉使有非是者，即刺杀之，因发兵反。天子使中尉宏即讯王，王视中尉颜色和，遂不发。公卿奏："安壅阏奋击匈奴者，格明诏，当弃市。"诏削二县。既而安自伤曰："吾行仁义，反见削地，耻之。"于是为反谋益甚。

安与衡山王赐相责望，礼节间不相能。衡山王闻淮南王有反谋，恐为所并，亦结宾客为反具，以为淮南已西，欲发兵定江、淮之间而有之。衡山王后徐来谮太子爽于王，欲废之而立其弟孝。王囚太子而佩孝以王印，令招致宾客。宾客来者微知淮南、衡山有逆计，日夜从容劝之。王

还有谁能继承帝位?"刘安听后大喜,赠给田蚡丰厚的金银财物。

元朔二年(前127)冬季,汉武帝赐给淮南王几案和手杖,允许他不必入京朝见。

五年(前124)。起初,淮南王刘安喜好读书写文章,又爱树立名声荣誉,招揽宾客和方术之士数千人。他手下的群臣、宾客大多是长江、淮河一带的轻薄士人,常用厉王流放致死之事来刺激刘安。早在建元六年(前135),彗星出现,就有人鼓动刘安说:"在吴王起兵之前,就有彗星出现,长仅数尺,尚且流血千里。如今彗星贯穿天空,天下定会战事大起。"刘安认为他说得对,就加紧制造攻战器械,聚积金钱。

郎中雷被得罪了刘安的世子刘迁。当时正有诏书颁布,凡想从军的人,就到长安来应征,雷被当即愿去攻打匈奴。世子刘迁在淮南王面前诋毁雷被,刘安就斥退罢免了他,想借此来禁住效仿的人。这一年,雷被逃到长安,上书自己说明真相。此事交付掌管刑狱的廷尉来查办,追踪形迹,牵连到淮南王刘安,公卿奏请逮捕并惩治刘安。世子刘迁定下计策,命人身穿卫士服装,持戟站在刘安两侧,朝廷使者如果有来讲论是非的,马上就刺杀他,乘势发兵反叛。汉武帝派中尉段宏当面讯问刘安,刘安看中尉和颜悦色,就没发作。公卿向汉武帝启奏说:"刘安阻止自愿攻打匈奴的人,阻碍朝廷诏书的执行,罪应当众处死。"武帝下诏,削减淮南王封国的两个县。事后刘安自我感伤说:"我广行仁义,反而被削减了封地,真叫人羞耻。"于是加紧筹划反叛的计谋。

刘安与胞弟衡山王刘赐相互指责抱怨,礼节上存在裂痕,不能相容。衡山王闻知淮南王有反叛的图谋,恐怕被他吞并,也交结宾客,准备武器,计划淮南向西部京师进发时,就趁机发兵,占据江、淮之地。衡山王王后徐来向刘赐诋毁世子刘爽,想废掉他,改立他的弟弟刘孝为世子。刘赐囚禁了刘爽,把王印佩在刘孝身上,让他去招揽宾客。前来投效的宾客,暗中知道淮南、衡山二王都有谋逆的计划,就日夜怂恿鼓动刘赐快起兵。刘赐

乃使孝客江都人枚赫、陈喜作辒车、锻矢，刻天子玺、将相军吏印。秋，衡山王当入朝，过淮南，淮南王乃昆弟语，除前隙，约束反具。衡山王即上书谢病，上赐书不朝。

元狩元年，淮南王安与宾客左吴等日夜为反谋，案舆地图，部署兵所从入。诸使者道长安来，为妄言，言"上无男，汉不治"，即喜；即言"汉廷治，有男"，王怒，以为妄言，非也。王召中郎伍被与谋反事，被曰："王安得此亡国之语乎！臣见宫中生荆棘，露沾衣也。"王怒，系伍被父母，囚之。三月，复召问之，被曰："昔秦为无道，穷奢极虐，百姓思乱者十家而六七。高皇帝起于行陈之中，立为天子，此所谓蹈瑕候间，因秦之亡而动者也。今大王见高皇帝得天下之易也，独不观近世之吴、楚乎？夫吴王王四郡，国富民众，计定谋成，举兵而西。然破于大梁，奔走而东，身死祀绝者何？诚逆天道而不知时也。方今大王之兵，众不能十分吴、楚之一；天下安宁，万倍吴、楚之时，大王不从臣之计，今见大王弃千乘之君，赐绝命之书，为群臣先死于东宫也。"王涕泣而起。

王有孽子不害，最长，王弗爱，王后、太子皆不以为子、兄数。不害有子建，材高有气，常怨望太子，阴使人告太子谋杀汉中尉事，下廷尉治。王患之，欲发，复问伍被曰："公

于是派刘孝的宾客、江都人枚赫和陈喜赶制兵车，锻造箭矢，雕刻天子玉玺、将相军吏印章。这年秋季，衡山王应当入京朝见，途经淮南，淮南王于是真像亲兄弟一样同他会晤，消除了从前的嫌隙，约定共同谋反。衡山王马上上书朝廷，假称有病，汉武帝特赐诏书，准许他不来朝见。

　　元狩元年(前122)，淮南王刘安与他的宾客左吴等人日夜策划反叛的计谋，察看全国地图，部署军队进发和入京的路线。派出去的使者经由长安归来，向他编造谎言，说什么"武帝没生儿子，汉廷未得到治理"，刘安就高兴；如果说"汉廷大治，武帝已有儿子"，刘安就大怒，认为是瞎说，绝非如此。刘安召请中郎伍被，策划谋反的事项，伍被说："大王您怎能相信这种亡国的话呢！臣下我好像看到王宫中生满荆棘，露水沾人衣裳哩！"刘安听后大怒，拘捕了伍被的父母，囚禁了他们。这年三月，又召问伍被，伍被说："过去秦行无道，穷尽奢侈，极尽暴虐，百姓想造反的人，十家就占六七户。高祖皇帝在军伍中崛起，被拥立为天子。这正是人们所说的踩住对方的弱点，等待可乘的时机，顺应秦朝灭亡的趋势而行动呀！如今大王看见高祖皇帝获取天下很容易，为什么偏偏不观察一下近代吴、楚二王的下场呢？那位吴王，辖领四个郡，国富民多，制定谋反的计划，举兵向西部京师进发。但在大梁被朝廷军队击破，奔亡向东，自家身死，祭祀灭绝，这是什么缘故呢？实在是因为背逆天道而不明时势啊。如今大王您的兵马，数量不过是吴楚的十分之一；况且天下安宁，超过吴楚那个时候一万倍。大王您不听臣下我的计虑，那就将会看见大王您丢掉千乘之国的王位，留下绝命书，先于群臣在东宫死去呀！"刘安听后，流涕抽泣站起身来。

　　刘安有个庶出的儿子，名叫刘不害，年龄最大，但刘安很不喜欢他，王后与世子刘迁也都不把他看成是子辈或兄长辈。刘不害有个儿子叫刘建，才能高超又有志气，时常怨恨世子刘迁，暗地派人举告世子刘迁谋杀汉廷中尉段宏之事，汉武帝责成廷尉来查办。刘安忧虑此事，想马上起兵反叛，又询问伍被说："您

以为吴兴兵，是邪，非邪？”被曰：“非也。臣闻吴王悔之甚，愿王无为吴王之所悔。”王曰：“吴何知反！汉将一日过成皋者四十馀人，今我绝成皋之口，据三川之险，招山东之兵，举事如此，左吴、赵贤、朱骄如皆以为什事九成，公独以为有祸无福，何也？必如公言，不可徼幸邪？”被曰：“必不得已，被有愚计。当今诸侯无异心，百姓无怨气，可伪为丞相、御史请书，徙郡国豪桀高赀于朔方，益发甲卒，急其会日。又伪为诏狱书，逮诸侯、太子、幸臣。如此，则民怨，诸侯惧，即使辩士随而说之，傥可徼幸什得一乎！”王曰：“此可也。虽然，吾以为不至若此。”

于是王乃作皇帝玺，丞相、御史大夫、将军、军吏、中二千石及旁近郡太守、都尉印，汉使节。欲使人伪得罪而西，事大将军，一日发兵，即刺杀大将军。且曰：“汉廷大臣，独汲黯好直谏，守节死义，难惑以非，至如说丞相弘等，如发蒙振落耳。”王欲发国中兵，恐其相、二千石不听，王乃与伍被谋，先杀相、二千石。又欲令人衣求盗衣，持羽檄从东方来，呼曰：“南越兵入界！”欲因以发兵。

会廷尉逮捕淮南太子，淮南王闻之，与太子谋，召相、二千石，欲杀而发兵。召相，相至，内史、中尉皆不至。王

认为吴王兴兵是对，还是不对呢？"伍被回答说："不对。臣下我听说吴王后悔极了，但愿大王您不要再重演吴王后悔的悲剧。"刘安说："吴王哪里懂得什么是谋反呢！他让汉将一天就越过成皋要隘四十多人，如今我要切断成皋的关口，占据三川郡的险要地势，招募崤山以东的兵马，这样来起事，左吴、赵贤、朱骄如这些宾客都认为有九成把握能够成功，您却偏偏认为有祸无福，这是为什么呢？难道真会像您说的那样，一点儿也不能侥幸吗？"伍被说："逼不得已非要反叛的话，我倒还有一条计策。现今诸侯王对朝廷没有二心，百姓也没有怨气，但大王您可以伪造丞相、御史大夫的奏请文书，就说要迁徙各个郡国的豪杰和富户到朔方郡，增调戍守士卒，缩短他们的到达日期。再伪造皇室大狱的诏书，就说要逮捕诸侯王和诸侯王的世子以及他们宠幸的臣僚。这样一来，就会民众抱怨，诸侯害怕，乘势派遣能言善辩的人四处进行鼓动，或许能够侥幸有十分之一的成功希望。"刘安说："这条计策尽管可行，但我认为还不至于麻烦到这般地步。"

于是刘安就雕制皇帝玉玺和丞相、御史大夫、将军、军吏、中二千石官员以及周围各郡太守、都尉的印章，还有汉廷使者的符信旌节。又打算派人装作淮南罪犯而西逃长安，投奔事奉大将军卫青，一旦淮南起兵，就刺杀大将军。并且宣称说："汉廷上的大臣，只有汲黯喜好犯颜直谏，奉守节操，为义献身，难用不法之事来煽惑他。至于像鼓动丞相公孙弘等人，那就容易得如同揭去蒙盖物，震落树上的枯叶罢了。"刘安准备调发封国内的军队，又担心国相和二千石官员拒不服从，就与伍被密谋，先杀死国相和二千石官员。又计划让人身穿追捕盗贼人员的服装，手持插羽毛的告急文书，从东方疾奔过来，高叫说："南越国兵马入境了！"想以此为借口来发兵。

偏巧赶上廷尉要前来逮捕淮南世子刘迁，淮南王听到这一消息后，就同刘迁商议，宣召国相和二千石官员，准备杀掉他们就起兵。宣召国相，国相来了，可内史、中尉却都不来。刘安

念,独杀相,无益也,即罢相。王犹豫,计未决。太子即自到,不殊。

伍被自诣吏,告与淮南王谋反,踪迹如此。吏因捕太子、王后,围王宫,尽求捕王所与谋反宾客在国中者,索得反具,以闻。上下公卿治其党与,使宗正以符节治王。未至,十一月,淮南王安自到。杀王后荼、太子迁,诸所与谋反者皆族。天子以伍被雅辞多引汉之美,欲勿诛。廷尉汤曰:"被首为王画反计,罪不可赦。"乃诛被。侍中庄助素与淮南王相结交,私论议,王厚赂遗助。上薄其罪,欲勿诛。张汤争,以为:"助出入禁门,腹心之臣,而外与诸侯交私如此,不诛,后不可治。"助竟弃市。

衡山王上书,请废太子爽,立其弟孝为太子。爽闻,即遣所善白嬴之长安上书,言"孝作辀车、锻矢,与王御者奸",欲以败孝。会有司捕所与淮南谋反者,得陈喜于衡山王子孝家。吏劾孝首匿喜。孝闻律"先自告,除其罪",即先自告所与谋反者枚赫、陈喜等。公卿请逮捕衡山王治之,王自到死。王后徐来、太子爽及孝皆弃市,所与谋反者皆族。凡淮南、衡山二狱,所连引列侯、二千石、豪桀等,死者数万人。

考虑光杀国相没有什么好处，就又放了国相。刘安左右犹豫，计策定不下来。世子刘迁就用剑自刎，但没死成。

伍被主动到廷尉官员那里去自首，交代参预淮南王谋反的过程与细节。廷尉官员据此捕捉世子刘迁和淮南王王后，包围了淮南王的宫室，一个不漏地搜捕在国都参预淮南王谋反的宾客，搜索出谋反的盟约，特向朝廷奏闻。汉武帝责成公卿查究京师中的淮南王党羽，派宗正持带朝廷符节去惩处刘安。宗正还在路上，时当十一月份，淮南王刘安就先自杀了。宗正到后，斩杀了王后荼和世子刘迁，其馀参预谋反的人，全都诛灭宗族。汉武帝因伍被平素讲话时常称颂汉朝的美德，不打算杀他。廷尉张汤劝谏说："伍被第一个替刘安筹划反叛的计策，罪不容赦。"于是诛杀了伍被。侍中庄助一向与淮南王交好，私下议论朝政得失，刘安送给庄助很多钱物做答谢。汉武帝认为庄助的罪过不大，不想杀他。张汤力加争执，认为："庄助出入宫禁之门，属于心腹大臣，但在外面却同诸侯王私相交结如此密切，不杀掉他，日后朝政就无法整治。"庄助最后也被处死。

衡山王刘赐上书，请求废掉世子刘爽，改立他的弟弟刘孝为世子。刘爽听说这件事，立刻派遣所信任的白嬴到长安上书，说"刘孝制作兵车，锻造箭矢，同父亲的姬妾通奸"，想借此铲除刘孝。这时正赶上主管部门搜捕全部参预淮南王谋反的人，在衡山王二儿子刘孝家中捕获了陈喜。办事官吏就劾奏刘孝窝藏陈喜，刘孝听说汉律有条规定："先自首的，免除其罪责"，就立即先自首，举报了参预谋反的枚赫、陈喜等人。公卿奏请逮捕衡山王刘赐，并惩办他，刘赐闻讯，自杀死了。王后徐来、世子刘爽以及刘孝，都被处死，所有参预谋反的人都被诛灭宗族。总计淮南王、衡山王两桩大案，所株连的列侯、二千石官员和地方豪杰等，被处死的，多达数万人。

汉通西域

汉武帝元朔三年。初,匈奴降者言:"月氏故居敦煌、祁连间,为强国,匈奴冒顿攻破之。老上单于杀月氏王,以其头为饮器。馀众遁逃远去,怨匈奴,无与共击之。"上募能通使月氏者,汉中张骞以郎应募,出陇西,径匈奴中,单于得之,留骞十馀岁。骞得间亡,乡月氏西走,数十日,至大宛。大宛闻汉之饶财,欲通不得,见骞,喜,为发导译抵康居,传致大月氏。大月氏太子为王,既击大夏,分其地而居之,地肥饶,少寇,殊无报胡之心。骞留岁馀,竟不能得月氏要领,乃还,并南山,欲从羌中归,复为匈奴所得,留岁馀。会伊稚斜逐於单,匈奴国内乱,骞乃与堂邑氏奴甘父逃归。上拜骞为太中大夫,甘父为奉使君。骞初行时百馀人,去十三岁,唯二人得还。

元狩元年。初,张骞自月氏还,具为天子言西域诸国风俗:"大宛在汉正西,可万里。其俗土著,耕田,多善马,

汉通西域

汉武帝元朔三年(前126)。当初,归降汉朝的匈奴人介绍说:"月氏原来居住在敦煌、祁连山之间,属于强国,匈奴冒顿单于攻破了它。老上单于杀死了月氏国王,用他的头颅做成饮酒的器皿。其馀部众都逃遁远去,怨恨匈奴,没有比联合月氏共击匈奴更好的办法了。"汉武帝招募能够出使月氏的人,汉中人张骞以郎官的身份应募,从陇西出发,取道匈奴的辖境,单于俘获了他,拘留张骞十多年。张骞抓住机会逃脱,向月氏国所在的西方奔去,经过数十天,到达大宛国。大宛国早听说汉朝富有,想结交却不能实现,见到张骞,十分惊喜,替张骞配备向导和翻译,抵达康居国,转送到大月氏。大月氏由太子继任国王,业已击破大夏国,分割那里的土地而定居下来,土地肥沃富饶,少有外敌侵犯,一点没有报复匈奴的念头了。张骞停留一年多,始终不能获悉月氏的真实想法,于是归还,沿着南山走,打算从羌人的住地返京,又被匈奴所俘获,拘留一年多。正赶上伊稚斜自立为单于驱逐於单,匈奴国发生内乱,张骞就和堂邑氏的家奴甘父逃脱归来。汉武帝拜授张骞为太中大夫,甘父为奉使君。张骞当初出行时共计一百多人,历经十三年,只有他们两人得以归还。

元狩元年(前122)。当初,张骞从月氏国回到京师以后,详尽地向武帝禀报西域各国的风土民情:"大宛国位于汉朝的正西方向,约距一万里。当地习俗实行定居,从事耕田,多产良马,

马汗血。有城郭、室屋，如中国。其东北则乌孙，东则于阗。于阗之西，则水皆西流注西海，其东，水东流注盐泽。盐泽潜行地下，其南则河源出焉。盐泽去长安可五千里。匈奴右方居盐泽以东，至陇西长城，南接羌，隔汉道焉。乌孙、康居、奄蔡、大月氏，皆行国，随畜牧，与匈奴同俗。大夏在大宛西南，与大宛同俗。臣在大夏时，见邛竹杖、蜀布，问曰：‘安得此？’大夏国人曰：‘吾贾人往市之身毒。’身毒在大夏东南可数千里，其俗土著，与大夏同。以骞度之，大夏去汉万二千里，居汉西南。今身毒国又居大夏东南数千里，有蜀物，此其去蜀不远矣。今使大夏，从羌中，险，羌人恶之；少北，则为匈奴所得。从蜀，宜径，又无寇。”天子既闻大宛及大夏、安息之属，皆大国，多奇物，土著，颇与中国同业，而兵弱，贵汉财物。其北有大月氏、康居之属，兵强，可以赂遗设利朝也。诚得而以义属之，则广地万里，重九译，致殊俗，威德遍于四海，欣然以骞言为然。

元鼎二年，浑邪王既降汉，汉兵击逐匈奴于幕北，自盐泽以东空无匈奴，西域道可通。于是张骞建言：“乌孙王昆莫本为匈奴臣，后兵稍强，不肯复朝事匈奴，匈奴攻不胜而远之。今单于新困于汉，而故浑邪地空无人，蛮夷俗恋故地，又贪汉财物，今诚以此时厚币赂乌孙，招以益东，居

马出的汗像血。筑有城郭和屋室，如同中国一样。大宛的东北面是乌孙，东面是于阗。于阗以西，河水都往西流，注入西海；从于阗以东，河水都往东流，注入盐泽。盐泽潜流地下，它的南面就是黄河河源的出口处。盐泽距离长安大约有五千里。匈奴右方边境在盐泽以东，直抵陇西长城，南接羌地，隔住了汉室通往西域的道路。乌孙、康居、奄蔡、大月氏这些都属于游牧国家，逐水草畜牧，与匈奴同一习俗。大夏国在大宛国的西南部，与大宛国同一习俗。臣下我在大夏国时，遇见过邛都出产的竹杖和蜀地布匹，就询问他们说：'你们在哪里得到的这些东西？'大夏国人说：'这是我国商人到身毒国去贸易，带回来的。'身毒国在大夏东南数千里左右，当地习俗实行定居，与大夏相同。我据此猜测，大夏距离我们汉朝一万二千里，位于我们汉朝西南。那么，如今身毒国又处于大夏东南数千里左右，又有蜀地的物品，可见身毒国距离蜀地不会太远。现下出使到大夏，取道羌地，路险难走，羌人又厌恶从他们那里通过；再稍北前往，就会被匈奴所俘获。这样对比来看，从蜀地出发最适宜又最近，而且没有外敌袭击。"汉武帝了解到大宛以及大夏、安息这类国家，都是大国，多有奇异物产，又实行定居，颇与中国生计相同，而兵力却很弱，看重汉朝的财物。在它们北面又有大月氏、康居这类国家，兵力强盛，可以通过厚赠财物，设利引诱，使它们朝拜归附。果真能用德义降服它们的话，那就会扩展地域一万里，言语迭相转译，招徕异俗各国，威德会遍布四海，所以武帝欣然同意了张骞的建议。

元鼎二年（前115），匈奴浑邪王既已归降汉朝，汉朝军队攻击追逐匈奴到漠北，从盐泽以东，空旷无匈奴，去西域的道路可以通行。于是张骞建议说："乌孙王昆莫本是匈奴的臣属，后来兵马逐渐强盛，不肯再事奉匈奴，匈奴攻打它却不能取胜，只好放弃它。如今单于新近被我汉室困迫，而原浑邪王辖地空无人烟。这些蛮夷部族，习惯上留恋旧地，又贪图汉朝的财物，现下果真能趁此时机，用丰厚的钱物笼络乌孙，招徕它向东扩展，占据

故浑邪之地,与汉结昆弟,其势宜听,听则是断匈奴右臂也。既连乌孙,自其西大夏之属皆可招来而为外臣。"天子以为然,拜骞为中郎将,将三百人,马各二匹,牛羊以万数,赍金币帛直数千巨万,多持节副使,道可便,遣之他旁国。

　　骞既至乌孙,昆莫见骞,礼节甚倨。骞谕指曰:"乌孙能东居故地,则汉遣公主为夫人,结为兄弟,共距匈奴,匈奴不足破也。"乌孙自以远汉,未知其大小;素服属匈奴日久,且又近之,其大臣皆畏匈奴,不欲移徙。骞留久之,不能得其要领,因分遣副使使大宛、康居、大月氏、大夏、安息、身毒、于阗及诸旁国。乌孙发译道送骞还,使数十人,马数十匹,随骞报谢,因令窥汉大小。是岁,骞还,到,拜为大行。后岁馀,骞所遣使通大夏之属者皆颇与其人俱来,于是西域始通于汉矣。

　　西域凡三十六国,南北有大山,中央有河,东西六千馀里,南北千馀里,东则接汉玉门、阳关,西则限以葱岭。河有两原,一出葱岭,一出于阗,合流东注盐泽。盐泽去玉门、阳关三百馀里。自玉门、阳关出西域有两道:从鄯善傍南山北,循河西行至莎车,为南道;南道西逾葱岭,则出大月氏、安息。自车师前王廷随北山循河西行至疏勒,为北道;北道西逾葱岭,则出大宛、康居、奄蔡焉。故皆役属匈奴,匈奴西边日逐王,置僮仆都尉,使领西域,常居焉耆、危须、尉黎间,赋税诸国,取富给焉。

匈奴浑邪王的旧地，与我汉室结为兄弟，势必会服从我们汉朝，他若服从我们汉朝，就是斩断匈奴的右臂啊。既已连结乌孙，自乌孙以西大夏等国也就都能招徕，成为我朝的外藩臣属了。"汉武帝认为这一建议有理，就拜授张骞为中郎将，率领三百人，每人马二匹，牛羊上万头，携带的金币丝帛，也价值高达数千万钱，并大量增设手持朝廷旌节的副使，只要道路允许，方便有利，就随时随地派遣副使到其他附近国家去。

张骞到乌孙后，国王昆莫接见了他，但在礼节上十分傲慢不周。张骞向他晓谕这次出使的来意说："乌孙若能东迁，返居旧地，那么汉朝就会遣送公主做夫人，结为兄弟之国，共同抗拒匈奴，匈奴就很容易被击破了。"乌孙自身因远离汉朝，不了解汉朝的大小；它平素归服从属匈奴时间已经很长，并且又邻近匈奴，所以大臣们都畏惧匈奴，不愿意迁徙。张骞在这里停留很久，未能获得乌孙的答复，因而分头派遣副使出使大宛、康居、大月氏、大夏、安息、身毒、于阗以及附近的众多国家。乌孙选派翻译和向导护送张骞回朝，配备使臣数十人，良马数十匹，随同张骞报聘答谢，乘机让他们暗中窥视汉朝的大小强弱。这一年，张骞归还，到京后，拜授为负责接待宾客和邦交礼仪的大行令。过后一年多，张骞所派交结大夏各国的副使等人，都渐次同所到之国的使臣一起来到京师，自这时起，西域开始与汉朝建立联系了。

西域共有三十六个邦国，南北有大山，中部有长河，东西相连六千多里，南北相连一千多里，东端邻接汉朝的玉门关和阳关，西端以葱岭为界限。黄河有两个源头，一出葱岭，一出于阗，合流后往东注入盐泽。盐泽距离玉门、阳关三百多里。从玉门、阳关去西域有两条道路：从鄯善沿南山北麓，再顺河西行到莎车，是南道，南道往西越过葱岭，就抵达大月氏、安息。从车师前王王廷沿北山，顺河西行到疏勒，是北道，北道往西越过葱岭，就抵达大宛、康居、奄蔡了。这些邦国过去都受匈奴役使。匈奴西边的日逐王，设置僮仆都尉一职，让这官员统领西域事务，常驻焉耆、危须、尉黎之间，向各国征收赋税，敛取财富。

乌孙王既不肯东还，汉乃于浑邪王故地置酒泉郡，稍发徙民以充实之。后又分置武威郡，以绝匈奴与羌通之道。

天子得宛汗血马，爱之，名曰"天马"。使者相望于道以求之。诸使外国一辈，大者数百，少者百馀人，人所赍操大放博望侯时，其后益习而衰少焉。汉率一岁中使多者十馀，少者五六辈；远者八九岁，近者数岁而反。

六年，博望侯既以通西域尊贵，其吏士争上书言外国奇怪利害，求使。天子为其绝远，非人所乐往，听其言，予节，募吏民，毋问所从来，为具备人众遣之，以广其道。来还，不能毋侵盗币物及使失指。天子为其习之，辄覆按致重罪，以激怒令赎，复求使，使端无穷，而轻犯法。其吏卒亦辄复盛推外国所有，言大者予节，言小者为副，故妄言无行之徒皆争效之。其使皆贫人子，私县官赍物，欲贱市以私其利。外国亦厌汉使，人人有言轻重，度汉兵远不能至，而禁其食物以苦汉使。汉使乏绝积怨，至相攻击。而楼兰、车师，小国当空道，攻汉使王恢等尤甚，而匈奴奇兵又时遮击之。使者争言西域皆有城邑，兵弱易击。于是天子遣浮沮将军公孙贺将万五千骑出九原二千馀里，至浮沮井而还。匈河将军赵破奴将万馀骑出令居数千里，至匈河水

既然乌孙王不肯东移，还居故土，汉朝就在匈奴浑邪王旧地设置酒泉郡，逐渐调发迁徙内地居民来充实这一地区。后来又分设武威郡，来断绝匈奴同羌人联系的道路。

　　汉武帝得到大宛出产的汗血宝马，十分喜爱，命名为"天马"。汉朝使者络绎不绝去求索。各个出使外国的使团，阵容大的多达数百人，小的也有一百多人，成员所携带的钱币物品和朝廷旌节，大略效仿博望侯张骞时的数目，后来随着对西域情况越来越熟悉就随之减少了。汉朝大致在一年内派出的使团，多时有十馀批，少时有五六批；远的八九年，近的不几年就返回来。

　　六年（前111），博望侯张骞既因出使西域而尊贵，他的下属吏员和士卒也争相上书，言说外国的奇异物产和利害关系，请求出使。汉武帝因西域距离极远，不是人们都乐意去的，就批准上书人的请求，赐予朝廷旌节，招募吏员随从，不问出身来历，替使臣配备齐足够的成员，然后就派出去，来扩大出使的范围。这些人返回来，会出现侵吞截留官家的钱币物品，以及违背朝廷意旨的情况。对此，汉武帝因为他们熟悉交往事务，就验核审查，定以重罪，来激励他们将功赎罪，再次请求出使。出使的机会源源不断，而他们也把犯法看得很轻。他们的吏员士卒也就又随便盛赞外国的物产事项，会说的人被朝廷授予正使的旌节，不会说的人就被朝廷授予副使的旌节，所以妄言又无品行之人都争相效仿。这些使者都是穷人家的子弟，经常把朝廷的出使礼品据为己有，想贱价卖掉来牟取私利。外国也厌恶汉朝使者个个说的都轻重不一，估计汉朝兵马路远到不了，就断绝食物供应，使汉朝使者倍受困苦。汉朝使者乏食绝粮，积聚怨恨，以至相互攻掠击杀。而楼兰、车师虽属小国，但地处咽喉要道，攻掠汉朝使者王恢等人更厉害，而匈奴奇兵又时常堵截击杀汉朝使者。汉朝使者争着向朝廷言说西域各国，都有城邑，兵弱容易击破。于是汉武帝就派遣浮沮将军公孙贺率领一万五千骑兵，从九原出动，推进两千多里，到达浮沮井后才撤还。派遣匈河将军赵破奴率领一万多骑兵，从令居出动，向前推进数千里，到达匈河水

而还。以斥逐匈奴，不使遮汉使，皆不见匈奴一人。乃分武威、酒泉地置张掖、敦煌郡，徙民以实之。

元封三年冬十二月，上遣将军赵破奴击车师。破奴与轻骑七百馀先至，虏楼兰王，遂破车师，因举兵威以困乌孙、大宛之属。春，正月甲申，封破奴为浞野侯。王恢佐破奴击楼兰，封恢为浩侯。于是酒泉列亭障至玉门矣。

六年，乌孙使者见汉广大，归报其国，其国乃益重汉。匈奴闻乌孙与汉通，怒，欲击之。又其旁大宛、月氏之属皆事汉，乌孙于是恐，使使愿得尚汉公主，为昆弟。天子与群臣议，许之。乌孙以千匹马聘汉女。汉以江都王建女细君为公主，往妻乌孙，赠送甚盛，乌孙王昆莫以为右夫人。匈奴亦遣女妻昆莫，以为左夫人。公主自治宫室居，岁时一再与昆莫会，置酒饮食。昆莫年老，言语不通，公主悲愁思归。天子闻而怜之，间岁遣使者以帷帐锦绣给遗焉。昆莫曰："我老。"欲使其孙岑娶尚公主。公主不听，上书言状。天子报曰："从其国俗，欲与乌孙共灭胡。"岑娶遂妻公主。昆莫死，岑娶代立，为昆弥。

是时，汉使西逾葱岭，抵安息。安息发使，以大鸟卵及黎轩善眩人献于汉。及诸小国骥潜、大益、车师、扜采、苏薤之属皆随汉使献见天子，天子大悦。西国使更来更去，天子每巡狩海上，悉从外国客，大都、多人则过之，散财帛

才撤还。两军出动，目的是斥逐匈奴，不让匈奴堵截汉朝使者，但都未曾见到一个匈奴人。于是分割武威、酒泉辖地，增设张掖郡和敦煌郡，迁徙内地民众充实这一地区。

元封三年（前108）冬季十二月，汉武帝派遣将军赵破奴进击车师。赵破奴率轻骑兵七百多人先到达楼兰，活捉了楼兰国王，于是攻破了车师，乘势指挥大军围困住乌孙、大宛等国。春季正月甲申这天，封授赵破奴为浞野侯。王恢协助赵破奴进击楼兰有功，封授王恢为浩侯。从此由酒泉郡到玉门一带都设立了边塞堡垒。

六年（前105），乌孙使者见汉朝广袤强大，归还禀报本国，于是乌孙更加尊重汉朝。匈奴闻知乌孙与汉朝交结，大怒，准备攻击它。又因它附近的大宛、月氏等国也都奉事汉朝，在这种情况下乌孙很害怕，派遣使者向汉朝表示愿娶汉朝公主，结为兄弟之国。汉武帝同群臣计议，答应了这一请求。乌孙用良马千匹迎聘汉朝皇女。汉朝把江都王刘建的女儿刘细君封为公主，前去嫁给乌孙，赠送的礼品也特别丰厚，乌孙王昆莫把细君公主封为右夫人。匈奴也送去一女嫁给昆莫，封为左夫人。细君公主自筑宫室独居，一年只同昆莫会面一两次，饮酒吃饭。昆莫年老，语言又不通，细君公主为此悲伤愁苦，思归汉朝。汉武帝听说后很怜悯她，隔一年就派使者带去帷帐、锦绣丝绸等物品赠给她。昆莫借口年纪已老，想让他的孙儿岑娶继配细君公主。细君公主不答应，上书禀报情状，汉武帝答复说："你要依从该国的习俗，体谅汉室要与乌孙一起消灭匈奴。"岑娶于是继娶细君公主为妻。昆莫死后，岑娶代立为王，王号昆弥。

这时候，汉朝使者往西越过葱岭，抵达安息国。安息国派遣使者前来，把大鸟蛋和黎轩国擅长魔术的艺人献给汉朝。其他众小国驩潜、大益、姑师、扞采、苏薤等国，也都随同汉朝使者前来献纳、朝见汉武帝，汉武帝十分喜悦。西域各国的使者轮番前来轮番归返，汉武帝每次巡游视察到海边时，都让外国宾客跟从，遇有大都市人口稠密的地方，就取道经过，散发钱币丝帛

以赏赐，厚具以饶给之，以览示汉富厚焉。大角抵，出奇戏，诸怪物，多聚观者。行赏赐，酒池肉林，令外国客遍观各仓库府藏之积，见汉之广大，倾骇之。大宛左右多蒲萄，可以为酒；多苜蓿，天马嗜之。汉使采其实以来，天子种之于离宫别观旁，极望。然西域以近匈奴，常畏匈奴使，待之过于汉使焉。

太初元年，汉使入西域者言："宛有善马，在贰师城，匿不肯与汉使。"天子使壮士车令等持千金及金马以请之。宛王与其群臣谋曰："汉去我远，而盐水中数败，出其北有胡寇，出其南乏水草，又且往往而绝邑，乏食者多，汉使数百人为辈来，而常乏食，死者过半，是安能致大军乎？无奈我何。贰师马，宛宝马也。"遂不肯予汉使。汉使怒，妄言，椎金马而去。宛贵人怒曰："汉使至轻我！"遣汉使去，令其东边郁成王遮攻，杀汉使，取其财物。于是天子大怒。诸尝使宛姚定汉等言："宛兵弱，诚以汉兵不过三千人，强弩射之，可尽虏矣。"天子尝使浞野侯以七百骑虏楼兰王，以定汉等言为然，而欲侯宠姬李氏，乃拜李夫人兄广利为贰师将军，发属国六千骑及郡国恶少年数万人，以往伐宛。期至贰师城取善马，故号"贰师将军"。赵始成为军正，故浩侯王恢使导军，而李哆为校尉，制军事。

来赏赐,厚厚配备物资来丰裕地供应,借此向外国宾客显示汉朝的富有雄厚。并举行盛大的角抵表演,出示奇异的杂技和各种怪异的物品,大量聚集围观的人群。赏赐时,大摆酒宴,设池盛酒,挂肉成林,并让外国宾客挨个观看仓库的积蓄储藏,使他们亲见汉朝的广袤盛大,感到异常惊骇。大宛一带盛产葡萄,可以酿酒。又盛产苜蓿,天马最爱吃这种植物。汉朝使者采集苜蓿的种子带回来,汉武帝在离宫别馆周围广加栽种,一望无边。但西域各国因邻近匈奴,常常畏惧匈奴的使者,对待他们超过对待汉朝的使者。

太初元年(前104),汉朝派到西域的使者禀报说:"大宛有宝马,养在贰师城,藏匿起来不肯献给汉朝使者。"汉武帝就派遣大力士车令等人持带千金和一尊金马当礼品,去求取贰师马。大宛国王同他的群臣谋议说:"汉朝离我国很远,而盐水这条路难走,常会致人死亡。从盐水北面来有匈奴的遮拦,从盐水南面来又缺乏水草之地,而且路上往往没有城邑,缺乏饮食供应的地段多。汉朝使者一般是数百人成批来,而经常缺乏饮食供应,死去的超过一半。情况如此,哪里能使大军到来呢? 它对我国没什么办法。况且贰师马,这是我们大宛的宝马哩!"于是不肯把马送给车令等汉使。汉使大怒,口出妄言,击破金马扬长而去。大宛的贵族都怒喝道:"汉使太看不起我们了!"于是干脆勒令汉使离境,同时命驻守东边的郁成王拦截攻杀汉使,夺取他们的财物。对此,汉武帝勃然大怒。曾多次出使大宛的姚定汉等人上奏说:"大宛兵力脆弱,只需要派出三千人,用强弩射它们,就能把它们全部俘虏。"汉武帝曾派浞野侯赵破奴率七百名骑兵就活捉了楼兰王,因而认为姚定汉等人说得对,加上又想封拜宠姬李氏的亲属为侯爵,于是拜授李夫人的兄长李广利为贰师将军,调发附属国骑兵六千以及各郡国的好斗青年数万人,前去讨伐大宛。预期兵临贰师城,获取宝马,所以特称指挥官为"贰师将军"。并任命赵始成为军正,原浩侯王恢负责为全军引路,而李哆担任校尉,掌管军务。

二年，贰师将军之西也，既过盐水，当道小国各城守，不肯给食，攻之不能下。下者得食，不下者数日则去。比至郁成，士至者不过数千，皆饥罢。攻郁成，郁成大破之，所杀伤甚众。贰师将军与李哆、赵始成等计："至郁成尚不能举，况至其王都乎？"引兵而还。至敦煌，士不过什一二。使使上书言："道远多乏食，且士卒不患战而患饥，人少，不足以拔宛，愿且罢兵，益发而复往。"天子闻之，大怒，使使遮玉门曰："军有敢入者辄斩之！"贰师恐，因留敦煌。

三年，公卿议者皆愿罢宛军，专力攻胡。天子业出兵诛宛，宛小国而不能下，则大夏之属渐轻汉，而宛善马绝不来，乌孙、轮台易苦汉使，为外国笑。乃案言伐宛尤不便者邓光等，赦囚徒，发恶少年及边骑，岁馀而出敦煌者六万人，负私从者不与。牛十万，马三万匹，驴、橐驼以万数，赍粮、兵弩甚设，天下骚动，转相奉伐宛五十馀校尉。宛城中无井，汲城外流水，于是遣水工徙其城下水，空以穴其城。益发戍甲卒十八万酒泉、张掖北，置居延、休屠，屯兵以卫酒泉。而发天下吏有罪者、亡命者及赘婿、贾人、故有市籍、父母、大父母有市籍者凡七科，適为兵；及载糒给贰师。转车人徒相连属。而拜习马者二人为执、驱马校尉，备破宛择取其善马云。

二年（前103），贰师将军挥师西征，已经越过盐水，但沿途各个小国都据城自守，不肯供给食物，攻城又多数攻不下来。攻下来的，可以得到一些食物；攻不下来的，围攻几天就只好撤兵。等到这样抵达郁成时，汉军军士只剩数千人，又都很饥饿疲惫。汉军攻打郁成，郁成反而大破汉军，汉军伤亡很多。贰师将军李广利同李哆、赵始成等人计议说："郁成这样的小城还攻克不了，何况大宛的王都呢？"于是率军撤还。撤到敦煌时，全军将士只剩下出征时的十分之一二。李广利派人入京上奏说："道路遥远，沿途大多缺乏饮食供应，而且士卒不忧虑攻战但饥渴难耐，人数又少，也不足以攻克大宛，愿请暂且罢兵，增调大军后再去征讨。"汉武帝闻奏大怒，派遣特使在玉门关阻拦说："军队有敢退入玉门关的，就立即斩首！"李广利听后很恐惧，随即屯留敦煌。

三年（前102），公卿大臣们都希望撤销讨伐大宛的军队，集中兵力攻打匈奴。汉武帝权衡认为，既已出兵扫灭大宛，如果连这样的小国都不能攻克，大夏等国会逐渐轻视汉室，而大宛的宝马也无法得到，乌孙、轮台更会随意刁难迫害汉使，被外国所耻笑。于是查处声称讨伐大宛最有害的邓光等人，释放囚徒，征集好斗青年以及边区骑兵，经过一年多准备，派到敦煌的人多达六万，挟私随从的人还不包括在内。牛十万头，马有三万匹，驴和骆驼也数以万计，携带的粮草和武器弓弩十分齐备，天下为之震动，转相奉职讨伐大宛的校尉，就有五十多个。大宛都城中没有井，靠汲引城外长流水解决水源问题，于是又派水利工匠准备随时把大宛城下的水改变流向，空干后挖地道攻城。又增派全副武装的士卒十八万戍守酒泉、张掖两郡北部，新设居延、休屠两个县，屯兵来卫护酒泉郡。并征调全国犯过法的官吏、在逃的罪犯以及入赘妇家的男子、商人、以前有过商人户籍的人、父母和祖父母有过商人户籍的人，共计七种，都发配当兵。载运粮食补给贰师大军，转运车辆的人接连不断。并拜授熟悉马匹的两个行家为执马校尉和驱马校尉，准备一旦攻破大宛，就择取那里的宝马返归。

　　于是贰师后复行。兵多，所至小国莫不迎，出食给军。至轮台，轮台不下，攻数日，屠之。自此而西，平行至宛城，兵到者三万。宛兵迎击汉兵，汉兵射败之，宛兵走入，保其城。贰师欲攻郁成城，恐留行而令宛益生诈，乃先至宛，决其水原，移之，则宛固已忧困，围其城，攻之四十馀日。宛贵人谋曰："王毋寡匿善马，杀汉使。今杀王而出善马，汉兵宜解；即不解，乃力战而死，未晚也。"宛贵人皆以为然，共杀王。其外城坏，虏宛贵人勇将煎靡。宛大恐，走入城中，持王毋寡头，遣人使贰师，约曰："汉无攻我，我尽出善马恣所取，而给汉军食。即不听我，我尽杀善马。康居之救又且至，至，我居内，康居居外，与汉军战。熟计之，何从？"是时，康居候视汉兵尚盛，不敢进。贰师闻宛城中新得汉人，知穿井，而其内食尚多，计以为"来诛首恶者毋寡，毋寡头已至，如此不许则坚守，而康居候汉兵罢来救宛，破汉军必矣"。乃许宛之约。宛乃出其马，令汉自择之，而多出食食汉军。汉军取其善马数十匹，中马以下牝牡三千馀匹，而立宛贵人之故时遇汉善者名昧蔡为宛王，与盟而罢兵。

　　初，贰师起敦煌西，分为数军，从南、北道。校尉王申生将千馀人别至郁成，郁成王击灭之，数人脱亡，走贰师。

于是贰师将军李广利在朝廷安排就绪后又出征。由于兵多，所到各小国无不开城迎降，拿出食物供给汉军。汉军抵达轮台，轮台据城抵抗，围攻好多天，最后把全城人斩尽杀绝。自此向西推进，顺利到达大宛都城，到达的兵士有三万人。大宛军队迎击汉军，汉军射箭，击败了对方。大宛军队退入城内，保卫他们的都城。贰师将军李广利原想攻占郁成城，又担心被拖住而使大宛另生他计，就首先直扑大宛都城，切断了它的水源，改流他处。这一来，大宛自然就忧愁困顿，紧接着又包围都城，连续攻打四十多天。大宛的贵族密谋说："我们国王毋寡藏匿宝马不献纳，杀死汉朝使者。现下杀死毋寡，出献宝马，汉朝军队应会解围；即使仍不解围，我们就力战至死，也不算晚。"大宛贵族都表示同意，就杀死了毋寡。这时大宛外城已被攻破，汉军活捉了大宛贵族中的勇将煎靡。大宛贵族十分恐慌，跑入城中，派人执带国王毋寡的头颅会见贰师将军李广利，约请说："汉军不再围攻我方，我方献出全部宝马，任从选取，并且供应给汉军食物。假如不答应我方的约请，我方就一个不剩地杀死宝马。康居的救兵也快到了，一旦来到，我方居城内，康居在外围，内外夹攻，与汉军决战。请将军仔细考虑，依从哪个办法妥当呢？"这时候，康居侦测到汉军还很强盛，不敢挺进。李广利又听说大宛都城中新近抓到一些汉人，知道了挖井技术，而城内食物储存还很多，商议后认为："兴兵来诛杀的首恶是毋寡，毋寡的头颅已经献上，事已至此还不罢兵，大宛就会坚守到底，而康居看到汉军已经疲惫就会前来援救大宛，到时汉军必被攻破。"于是应允了大宛的约请。大宛于是献出它的宝马，让汉军自行选取，又拿出大量食物犒享汉军。汉军选取宝马数十匹，中等以下的良马雌雄三千多匹。贰师将军李广利等人，代表朝廷册立过去对待汉朝很友善的大宛贵族昧蔡为国王，与他缔盟后罢兵回朝。

起初，贰师将军李广利从敦煌西发兵，将军队分为好几支，各从南道、北道向前推进。校尉王申生率领了一千多人另到郁成，被郁成王消灭，汉军仅有数人逃脱掉，投奔到李广利军中来。

贰师令搜粟都尉上官桀往攻破郁成,郁成王亡走康居,桀追至康居。康居闻汉已破宛,出郁成王与桀,桀令四骑士缚守诣贰师。上邽骑士赵弟恐失郁成王,拔剑击斩其首,追及贰师。

四年春,贰师将军来至京师。贰师所过小国闻宛破,皆使其子弟从入贡献,见天子,因为质焉。军还,入马千馀匹。后行,军非乏食,战死不甚多,而将吏贪,不爱卒,侵牟之,以此物故者众。天子为万里而伐,不录其过,乃下诏封李广利为海西侯,封赵弟为新畤侯,以上官桀为少府,军官吏为九卿者三人,诸侯相、郡守、二千石百馀人,千石以下千馀人。奋行者官过其望,以谪过行,皆黜其劳,士卒赐直四万钱。

匈奴闻贰师征大宛,欲遮之,贰师兵盛,不敢当,即遣骑因楼兰候汉使后过者,欲绝勿通。时汉军正任文将兵玉门关,捕得生口,知状以闻。上诏文便道引兵捕楼兰王,将诣阙簿责。王对曰:“小国在大国间,不两属无以自安。愿徙国入居汉地。”上直其言,遣归国,亦因使候司匈奴,匈奴自是不甚亲信楼兰。

自大宛破后,西域震惧,汉使入西域者益得职。于是自敦煌西至盐泽往往起亭,而轮台、渠犁皆有田卒数百人,置使者、校尉领护,以给使外国者。

李广利命令搜粟都尉上官桀前往攻打并击破了郁成，郁成王逃奔康居，上官桀紧追到康居。康居闻听汉军已经攻破大宛，就献出郁成王，交给了上官桀，上官桀命令四个骑士捆绑好郁成王，护送到李广利那里去。上邦骑士赵弟害怕郁成王逃跑，就拔剑割下了郁成王的头颅，追上李广利大军。

四年（前101）春季，贰师将军李广利回到京师。大军所经过的各个小国听说大宛已被击破，都派遣他们的子弟随同入朝贡献礼品，拜见汉武帝，就便留做人质。汉军归还，马有一千多匹。这第二次出征，军队并不缺乏粮食，战死的人也不是特别多，但将领军吏大多贪婪残忍，不爱惜部卒，克扣虐待他们，因此白白死去的人却很多。汉武帝认为这是万里远征，决定不追究领兵者的罪过，于是下达诏书，封李广利为海西侯，封赵弟为新畤侯，把上官桀提升为少府，军中官吏担任九卿级职位的有三个人，担任诸侯国国相、郡守、二千石官员的有一百多人，担任千石以下官员的有一千多人。自告奋勇从军的人，所授官职高过本人的愿望。因犯罪而必须出征的人，都免除原罪，不记功劳。每名士卒，赏赐价值四万钱的钱物。

匈奴闻听贰师将军李广利率军征伐大宛，原想阻击他，但发现征讨大军强盛，不敢交战，就派遣骑兵去楼兰想袭击跟在大军后面的汉朝使者，不让他们通过。这时汉朝军正任文正率兵屯驻玉门关，抓到了匈奴俘虏，得知情况后，奏闻朝廷。汉武帝就诏命任文抄近路领兵捕捉楼兰王，送到京师问责。楼兰王对答说："我们小国处在大国之间，不两边归附，就没有办法自保平安。愿请迁移敝国，入居汉朝地域。"汉武帝认为他说的是实情，就放他归国，也让他帮忙探听匈奴的动静，匈奴从此不是很相信楼兰了。

自从大宛被攻破以后，西域全境震动恐惧，进入西域的汉朝使者能够顺利完成使命。于是从敦煌向西一直到盐泽，处处建起驿亭，而轮台、渠犁一带又都有屯田士卒数百人，分设使者、校尉统领监护，来向出使外国的人提供食宿所需。

后岁馀,宛贵人以为昧蔡善谀,使我国遇屠,乃相与杀昧蔡,立毋寡昆弟蝉封为宛王,而遣其子入质于汉。汉因使使赂赐,以镇抚之。蝉封与汉约,岁献天马二匹。

昭帝元凤四年。初,扜罙遣太子赖丹为质于龟兹。贰师击大宛还,将赖丹入至京师。霍光用桑弘羊前议,以赖丹为校尉,将军田轮台。龟兹贵人姑翼谓其王曰:"赖丹本臣属吾国,今佩汉印绶来,迫吾国而田,必为害。"王即杀赖丹而上书谢汉。

楼兰王死,匈奴先闻之,遣其质子安归归,得立为王。汉遣使诏新王令入朝,王辞不至。楼兰国最在东垂,近汉,当白龙堆,乏水草,常主发导,负水担粮,送迎汉使,又数为吏卒所寇,惩艾,不便与汉通。后复为匈奴反间,数遮杀汉使。其弟尉屠耆降汉,具言状。骏马监北地傅介子使大宛,诏因令责楼兰、龟兹。介子至楼兰、龟兹,责其王,皆谢服。介子从大宛还,到龟兹,会匈奴使从乌孙还,在龟兹,介子因率其吏士共诛斩匈奴使者。还,奏事,诏拜介子为中郎,迁平乐监。

介子谓大将军霍光曰:"楼兰、龟兹数反覆,而不诛,无所惩艾。介子过龟兹时,其王近就人,易得也。愿往刺之,以威示诸国!"大将军曰:"龟兹道远,且验之于楼兰。"于是白遣之。介子与士卒俱赍金币,扬言以赐外国为名,至

一年多后,大宛贵族都认为昧蔡善于取媚汉朝,使本国遭受屠杀,于是相互联合,杀掉了昧蔡,拥立毋寡的弟弟蝉封为大宛国王,并派遣新国王的儿子到汉朝做人质。汉朝乘便派遣使者前去馈赠赏赐,来威镇安抚大宛。蝉封与汉朝约定,每年献纳流汗如血的天马两匹。

　　汉昭帝元凤四年(前77)。当初,扜罙国派遣太子赖丹到龟兹国做人质。贰师将军李广利进击大宛撤还,携带赖丹来到京师长安。这时大将军霍光采纳桑弘羊以前提出的建议,任命赖丹为校尉,率军在轮台屯田。龟兹贵族姑翼对他的国王说:"赖丹原来臣属我国,如今佩戴汉朝印绶前来,逼近我国而屯田,日后必定成为祸害。"龟兹国王马上就杀死了赖丹,并上书向汉朝谢罪。

　　楼兰国王身死,匈奴最先听到消息,就遣送在匈奴做人质的楼兰王子安归回国,得以立为国王。汉朝派使者传达诏令,让新国王入京朝拜,安归推辞不来。楼兰国位于西域最东边,邻近汉朝,正面对白龙堆,这里缺乏水草,而楼兰经常选派向导,背水挑粮,来迎送汉朝使者,又屡屡被汉朝吏卒所劫掠,逐渐产生惩戒之心,不愿意同汉朝交结。后来又被匈奴离间,多次拦截杀死汉朝使者。安归的弟弟尉屠耆归降汉朝后,详尽讲述了情况。正赶上骏马监北地人傅介子出使大宛,汉廷就下诏,让他顺便责问楼兰和龟兹。傅介子来到楼兰、龟兹,责问二国的国王,他们都谢罪,表示归服。傅介子从大宛回国,途经龟兹,正赶上匈奴使者从乌孙回国,在龟兹相遇,傅介子就率领下属吏员和士卒一起诛杀了匈奴的使者。回京奏禀此事,朝廷下诏,拜授傅介子为中郎,升任平乐监。

　　傅介子对大将军霍光说:"楼兰、龟兹屡屡反复无常,不诛杀他们,就无所惩戒。介子我途经龟兹时,发现该国国王很好接近,容易得手。愿请前去刺杀他,来威示西域各国。"霍光说:"龟兹路远,暂且在楼兰试一试。"于是奏报朝廷,派遣傅介子前去行事。傅介子与士卒带足金币,以赏赐外国为名,四处声扬,来到

楼兰。楼兰王意不亲介子,介子阳引去,至其西界,使译谓曰:"汉使者持黄金、锦绣行赐诸国。王不来受,我去之西国矣。"即出金币以示译。译还报王,王贪汉物,来见使者。介子与坐饮,陈物示之,饮酒皆醉。介子谓王曰:"天子使我私报王。"王起,随介子入帐中屏语,壮士二人从后刺之,刃交匈,立死。其贵人、左右皆散走。介子告谕以"王负汉罪,天子遣我诛王,当更立弟尉屠耆在汉者。汉兵方至,毋敢动,自令灭国矣!"介子遂斩王安归首,驰传诣阙,悬首北阙下。

乃立尉屠耆为王,更名其国为鄯善,为刻印章,赐以宫女为夫人,备车骑、辎重。丞相率百官送至横门外,祖而遣之。王自请天子曰:"身在汉久,今归单弱,而前王有子在,恐为所杀。国中有伊循城,其地肥美,愿汉遣一将屯田积谷,令臣得依其威重。"于是汉遣司马一人、吏士四十人田伊循以填抚之。秋,七月乙巳,封范明友为平陵侯,傅介子为义阳侯。

臣光曰:王者之于戎狄,叛则讨之,服则舍之。今楼兰王既服其罪,又从而诛之,后有叛者,不可得而怀矣。必以为有罪而讨之,则宜陈师鞠旅,明致其罚。今乃遣使者诱以金币而杀之,后有奉使诸国者,复可信乎!且以大汉之强而为盗贼之谋于蛮夷,不亦可羞哉!论者或美介子,以为奇功,过矣!

楼兰。楼兰国王不想亲近傅介子，傅介子假装离去，到该国西部边界时，让楼兰翻译回去转告说："汉朝使者持带黄金和锦绣织物，巡行遍赐各国。你们国王不来接受，我就去往西部各国了。"接着拿出金币给翻译看。翻译返回禀报给楼兰国王，楼兰国王贪图汉朝的财物，来会见汉使。傅介子与他对坐饮酒，陈列财物逐件展示，大家都喝醉了。傅介子对楼兰国王说："汉室天子派我有秘密报告大王。"楼兰国王起身，随同傅介子进入后帐，屏去随从耳语，两名埋伏好的壮士从身后直刺楼兰国王，兵刃穿透胸膛，立刻毙命。楼兰贵族左右都惊散逃走。傅介子随后向他们告谕说："你们国王背叛汉朝，罪不容赦，汉室天子派我诛杀他，应当改立在汉朝的弟弟尉屠耆为王。汉朝大军即将开到，谁都不准动，否则会让自己的国家灭亡。"傅介子于是割下楼兰国王安归的头颅，用驿马传送到京师，把它悬挂在北宫宫门下示众。

于是汉廷扶立尉屠耆为楼兰国王，更改国名叫鄯善，替他雕刻印章，把宫女赐给他做夫人，并配备车马和随行物资。丞相率领百官送到长安城北横门之外，在路上举行饯别礼，送他归国。尉屠耆主动向汉昭帝请求说："我在汉廷已久，如今归国，势单力弱，而前任国王还有儿子健在，我担心会被他杀掉。我国国内有处伊循城，土地肥沃，愿请汉廷派遣一位将领，在那里屯田，积储粮谷，让臣下我能够依恃汉朝廷之威。"于是汉廷派遣司马一人、吏员士卒四十人屯田伊循城，来威镇安抚鄯善国的臣民。秋季七月乙巳（二十三日），封授范明友为平陵侯，傅介子为义阳侯。

北宋史臣司马光评论说：帝王对于戎狄，反叛就征讨它们，归服就宽恕它们。如今楼兰王既然已经认服他的罪过，却又诛杀他，以后再有反叛的，就不能再感化怀柔了。必定认为楼兰王有罪而讨伐他，就应当陈列军队，誓师宣布罪状，明正惩罚。如今竟派使者用金币诱杀他，以后再有奉命出使各国的人，还能让对方相信吗？况且凭借大汉的强盛，而在蛮夷那里施用盗贼的诡计，不也太让人感到羞耻了吗？有人评论此事，赞美傅介子立下了奇功，这太过分了！

宣帝本始二年。初，乌孙公主死，汉复以楚王戊之孙解忧为公主，妻岑娶。岑娶胡妇子泥靡尚小，岑娶且死，以国与季父大禄子翁归靡，曰："泥靡大，以国归之。"翁归靡既立，号肥王，复尚楚主，生三男、两女。长男曰元贵靡，次曰万年，次曰大乐。上遣光禄大夫常惠持节护乌孙兵共击匈奴。事见《匈奴归汉》。

三年，上复遣常惠持金币还赐乌孙贵人有功者。惠因奏请"龟兹国尝杀校尉赖丹，未伏诛，请便道击之"。帝不许，大将军霍光风惠以便宜从事。惠与吏士五百人俱至乌孙，还，过，发西国兵二万人，令副使发龟兹东国二万人，乌孙兵七千人，从三面攻龟兹。兵未合，先遣人责其王以前杀汉使状。王谢曰："乃我先王时为贵人姑翼所误耳，我无罪。"惠曰："即如此，缚姑翼来，吾置王。"王执姑翼诣惠，惠斩之而还。

元康元年。初，乌孙公主少子万年有宠于莎车王。莎车王死而无子，时万年在汉，莎车国人计，欲自托于汉，又欲得乌孙心，上书请万年为莎车王。汉许之，遣使者奚充国送万年。万年初立，暴恶，国人不说。上令群臣举可使西域者，前将军韩增举上党冯奉世以卫候使持节送大宛诸国客至伊循城。会故莎车王弟呼屠徵与旁国共杀其王万年及汉使者奚充国，自立为王。

汉宣帝本始二年(前72)。当初,乌孙国细君公主死后,汉廷又把楚王刘戊的孙女刘解忧封为公主,嫁给岑娶为妻。岑娶的匈奴妻室所生的儿子泥靡还年幼,而岑娶快要死了,就把国政交给叔父大禄的儿子翁归靡,嘱咐说:"泥靡长大后,把国政交给他执掌。"翁归靡既已即位,号称肥王,又继娶楚王的解忧公主,生下三个儿子、两个女儿。大儿子名叫元贵靡,二儿子名叫万年,三儿子名叫大乐。汉宣帝派遣光禄大夫常惠执持朝廷旌节监护乌孙兵马共同攻击匈奴。事见《匈奴归汉》。

三年(前71),汉宣帝又派常惠持带金币回报赏赐乌孙贵族里从征有功的人。常惠就便奏请说:"龟兹国曾经杀掉过校尉赖丹,还没有伏法受诛,请顺路攻伐它。"汉宣帝没有批准,大将军霍光暗示常惠可以见机行事。常惠与吏员士卒五百人全都抵达乌孙,回国要途经龟兹,就调集位于龟兹西部的各国兵马两万人,又命副使调集位于龟兹东部的各国兵马两万人,自率乌孙兵马七千人,从三面围攻龟兹。三路兵马还未聚合,常惠先派人用从前龟兹斩杀汉朝使者的罪状去责问龟兹国王。龟兹国王谢罪说:"这是我们先王在世时,被贵族姑翼所贻误才造成的,我本人并无罪。"常惠说:"既然如此,马上绑了姑翼送过来,我会饶过你。"于是龟兹国王抓住姑翼,送到常惠面前,常惠当众杀掉他,然后回朝。

元康元年(前65)。当初,乌孙解忧公主的二儿子万年在莎车国王那里很受宠爱。莎车国王死去却没有儿子,这时万年正身在汉朝,莎车国贵族们计议,既想把本国托付给汉朝,又想赢得乌孙的欢心,于是上书请立万年为莎车国王。汉廷答应了这一请求,派遣使者奚充国护送万年去即位。万年刚即位,就残暴凶恶,莎车国上下都很怨恨。汉宣帝命群臣举荐能够出使西域的人选,前将军韩增就举荐了上党人冯奉世,命他以卫候的身份充当使者,执持朝廷旌节,护送大宛等国的宾客到鄯善境内的伊循城。这时正赶上原莎车国王的弟弟呼屠徵联合邻国,一起杀掉了本国国王万年以及汉朝使者奚充国,自立为莎车国王。

神爵二年，乌孙昆弥翁归靡因长罗侯常惠上书："愿以汉外孙元贵靡为嗣，得令复尚汉公主，结婚重亲，畔绝匈奴。"诏下公卿议。大鸿胪萧望之以为："乌孙绝域，变故难保，不可许。"上美乌孙新立大功，又重绝故业，乃以乌孙主解忧弟相夫为公主，盛为资送而遣之，使常惠送之至敦煌。未出塞，闻翁归靡死，乌孙贵人共从本约立岑娶子泥靡为昆弥，号狂王。常惠上书："愿留少主敦煌。"惠驰至乌孙，责让不立元贵靡为昆弥，还迎少主。事下公卿，望之复以为："乌孙持两端，难约结。今少主以元贵靡不立而还，信无负于夷狄，中国之福也。少主不止，繇役将兴。"天子从之，征还少主。

甘露元年夏四月，乌孙狂王复尚楚主解忧，生一男鸱靡，不与主和，又暴恶失众。汉使卫司马魏和意、副侯任昌至乌孙。公主言："狂王为乌孙所患苦，易诛也。"遂谋置酒，使士拔剑击之。剑旁下，狂王伤，上马驰去。其子细沈瘦会兵围和意、昌及公主于赤谷城。数月，都护郑吉发诸国兵救之，乃解去。汉遣中郎将张遵持医药治狂王，赐金帛，因收和意、昌系琐，从尉犁槛车至长安，斩之。

初，肥王翁归靡胡妇子乌就屠，狂王伤时，惊，与诸翕侯俱去，居北山中，扬言母家匈奴兵来，故众归之。后遂袭

神爵二年(前60)，乌孙昆弥翁归靡通过长罗侯常惠向汉廷上书说："希望把汉室的外孙、我的长子元贵靡定为王位继承人，再让他迎娶汉室公主，结婚亲上加亲，世代叛离断绝匈奴。"汉宣帝下诏，交付公卿大臣商议处理办法。大鸿胪萧望之认为："乌孙处在极远之地，能否发生变故，实难确保，不能应允此事。"汉宣帝很欣赏乌孙新近立下大功，又考虑它很难断绝同匈奴的关系，就把乌孙公主刘解忧的妹妹刘相夫封为公主，备办了丰盛的嫁妆，送她上路，特派常惠沿途护送，到达敦煌。还未出塞时，闻知翁归靡已死，乌孙贵族共同依从原来的盟约拥立岑娶的匈奴夫人生的儿子泥靡为昆弥王，号称狂王。于是常惠上书建议："请求留驻少公主在敦煌。"常惠飞马奔驰到乌孙，责备乌孙不立元贵靡为昆弥王，并宣称，将要迎接少公主回长安。此事由汉宣帝交付公卿计议，萧望之又认为："乌孙动摇不定，很难约守结交。如今少公主因元贵靡未立为王而回还，对夷狄并没失去信义，这也是我国的福分。少公主不停止西进，徭役又将会兴起。"汉宣帝听从这一意见，召还少公主。

甘露元年(前53)夏季四月，乌孙国狂王又继配楚公主刘解忧，生下一个男儿叫鸱靡，但狂王与公主不和，又暴虐凶恶失去部众。汉朝派卫司马魏和意、副侯任昌出使到乌孙。公主对他们说："狂王被乌孙人所忌恨，很容易杀掉他。"于是密谋设下酒宴，让壮士拔剑击刺他。不料剑刺偏了，狂王受伤，上马奔驰而去。狂王的儿子细沈瘦会合乌孙军队，在赤谷城一连几个月包围住魏和意、任昌以及解忧公主。几个月后，汉朝都护郑吉调集西域各国兵马前来营救，乌孙军队这才撤围离去。汉朝派遣中郎将张遵携带医药治疗狂王的剑伤，并赏赐金银绢帛，就便逮捕魏和意与任昌，给他们戴上锁链，从尉犁用囚车押送到长安，斩首处死。

当初，肥王翁归靡匈奴妻室的儿子乌就屠，在狂王受伤时，惊恐不安，与乌孙众位翕侯一起逃跑，居于北山中，扬言母亲娘家匈奴的军队即将赶来，所以乌孙部众都归附他。后来他就袭击

杀狂王,自立为昆弥。是岁,汉遣破羌将军辛武贤将兵万五千人至敦煌,通渠积谷,欲以讨之。

初,楚主侍者冯嫽,能史书,习事,尝持汉节为公主使,城郭诸国敬信之,号曰冯夫人,为乌孙右大将妻。右大将与乌就屠相爱,都护郑吉使冯夫人说乌就屠,以汉兵方出,必见灭,不如降。乌就屠恐,曰:"愿得小号以自处。"帝征冯夫人,自问状,遣谒者竺次、期门甘延寿为副,送冯夫人。冯夫人锦车持节,诏乌就屠诣长罗侯赤谷城,立元贵靡为大昆弥,乌就屠为小昆弥,皆赐印绶。破羌将军不出塞,还。后乌就屠不尽归诸翕侯民众,汉复遣长罗侯惠将三校屯赤谷,因为分别其人民地界,大昆弥户六万馀,小昆弥户四万馀,然众心皆附小昆弥。

三年五月,乌孙大昆弥元贵靡及鸱靡皆病死,公主上书言:"年老土思,愿得归骸骨,葬汉地!"天子闵而迎之。冬,至京师,待之一如公主之制。后二岁卒。

元贵靡子星靡代为大昆弥,弱。冯夫人上书:"愿使乌孙,镇抚星靡。"汉遣之。都护韩宣奏"乌孙大吏大禄、大监皆可赐以金印紫绶,以尊辅大昆弥"。汉许之。其后段会宗为都护,乃招还亡叛,安定之。星靡死,子雌栗靡代立。

杀死了狂王,自立为昆弥王。这一年,汉朝派遣破羌将军辛武贤率领军队一万五千人,抵达敦煌,疏通沟渠,积聚粮食,准备讨伐乌就屠。

当初,楚公主刘解忧的侍女冯嫽能读史书,熟悉域外事务,经常执持汉朝旌节代表公主去出使,所到西域城邑各国都很敬重信服她,称她为冯夫人,是乌孙国右大将的妻室。右大将与乌就屠相互友爱,汉朝都护郑吉就让冯夫人去劝说乌就屠,说是汉朝军队正要出塞,一旦到来,你必定会被扫灭,不如及早归降。乌就屠听后很害怕,表态说:"希望汉朝给我一个小王名号,来让我安身。"汉宣帝征召冯夫人进京,亲自询问乌孙的形势情状,然后派遣谒者竺次、期门郎甘延寿为副使,护送冯夫人。冯夫人身为正使,乘坐锦车,执持汉廷旌节,传达诏旨,命乌就屠到赤谷城拜见长罗侯常惠,立元贵靡为大昆弥,乌就屠为小昆弥,都赐给印章绶带。破羌将军辛武贤未出塞远征,撤军而还。到后来,乌就屠不肯全部遣归各个翕侯及其民众,汉朝又派长罗侯常惠率领三名军校及其下属屯驻赤谷城,乘势替大小乌孙王划分辖领的人民和地界,大昆弥的民户六万多,小昆弥的民户四万多,然而民心还都倾向小昆弥。

三年(前51)五月,乌孙大昆弥元贵靡以及狂王的儿子鸱靡都病故了,刘解忧公主上书说:"我已年老,思念故土,希望能让我这把老骨头得归中原,葬在汉地。"宣帝很怜悯她,就派人去迎接。这年冬季,刘解忧回到京师,朝廷待她完全用皇室公主的礼仪规格。过后两年,她去世了。

元贵靡的儿子星靡继立为大昆弥,但是非常幼弱。冯夫人向汉廷上书说:"我愿出使乌孙,威镇安抚昆弥王。"汉廷就派她前去了。都护韩宣启奏说:"乌孙的主要官吏如大禄、大监,都可以赐给他们金印章、紫绶带,来推尊辅佐大昆弥。"汉廷批准了这一奏请。到后来,段会宗出任都护,就大力招徕逃亡叛离的乌孙人,使他们安定下来。大昆弥星靡死后,他的儿子雌栗靡继立为王。

成帝建始四年,西域都护段会宗为乌孙兵所围,驿骑上书:"愿发城郭、敦煌兵以自救。"丞相商、大将军凤及百寮议,数日不决。凤言:"陈汤多筹策,习外国事,可问。"上召汤见宣室。汤击郅支时中寒,病两臂不屈申。汤入见,有诏毋拜,示以会宗奏。汤对曰:"臣以为此必无可忧也。"上曰:"何以言之?"汤曰:"夫胡兵五而当汉兵一,何者?兵刃朴钝,弓弩不利。今闻颇得汉巧,然犹三而当一。又兵法曰:'客倍而主人半,然后敌。'今围会宗者人众不足以胜会宗,唯陛下勿忧!且兵轻行五十里,重行三十里。今会宗欲发城郭、敦煌,历时乃至,所谓报仇之兵,非救急之用也。"上曰:"奈何?其解可必乎?度何时解?"汤知乌孙瓦合,不能久攻,故事不过数日,因对曰:"已解矣!"屈指计其日,曰:"不出五日,当有吉语闻。"居四日,军书到,言已解。

阳朔四年闰九月,乌孙小昆弥乌就屠死,子拊离代立,为弟日贰所杀。汉遣使者立拊离子安日为小昆弥。日贰亡阻康居,安日使贵人姑莫匿等三人诈亡从日贰,刺杀之。于是西域诸国上书:"愿复得前都护段会宗。"上从之。城郭诸国闻之,皆翕然亲附。

汉成帝建始四年(前29),西域都护段会宗被乌孙军队围攻,通过驿馆快马上书说:"愿请调发西域城郭各国和敦煌的军队前来救援。"丞相王商、大将军王凤同百官商议这件事,接连好几日不能决断。王凤提议说:"射声校尉陈汤富于谋略,又熟悉外国的情况,可以询问他。"汉成帝宣召陈汤,特在宣室接见。陈汤在进击匈奴郅支单于时,曾经受过风寒,两臂不能屈伸。他来入见,有诏令,特许他可以不行参拜大礼,并把段会宗的奏章交给他看。陈汤对答说:"臣下我认为,这件事一定没有什么可以担心的。"成帝问:"你根据什么这样讲呢?"陈汤说:"大致五个胡兵才能抵得上一个汉兵,为什么呢?因为他们的兵刃原始粗钝,弓箭也不锐利。现在听说他们掌握了一些汉制兵器的技巧,可仍旧是三个胡兵才抵得上一个汉兵。兵法上又说:'来犯的军队必须是守军人数的两倍,双方才能势均力敌。'现如今围攻段会宗的敌军,在人数上不足以战胜段会宗,陛下您只管放宽心吧。况且军队轻装进发,每天不过走五十里地,携带粮草辎重进发,每天只能走三十里地。现下段会宗请求调发西域城邑各国和敦煌驻军,要很长时间才会抵达,那就成了人们所说的报仇之兵,而不是用来救急了。"汉成帝说:"到底该怎么办呢?他们肯定能解围吗?估计什么时候会解围呢?"陈汤深知乌孙兵马是像瓦块拼合在一起似的,不能长久进行围攻,按惯例都不会超过几天,因而对答说:"现下就已经解围了。"他屈指计算日期,说:"不出五天,就会有好消息传来了。"过了四天,军书果然传到,说已经解围了。

　　阳朔四年(前21)闰九月,乌孙小昆弥乌就屠死去,他的儿子拊离继立为王,又被弟弟日贰杀掉。汉朝派遣使者扶立拊离的儿子安日为小昆弥。日贰逃亡滞留在康居国,安日派遣贵族姑莫匿等三人诈称获罪逃亡来投奔日贰,找机会刺杀了他。于是西域各国都纷纷向汉朝上书说:"请求派前任都护段会宗担任西域都护。"汉成帝答应了这一要求。城邑各国闻知此讯,都来亲近归附汉朝。

元延二年。初，乌孙小昆弥安日为降民所杀，诸翕侯大乱。诏征故金城太守段会宗为左曹、中郎将、光禄大夫，使安辑乌孙。立安日弟末振将为小昆弥，定其国而还。时大昆弥雌栗靡勇健，末振将恐为所并，使贵人乌日领诈降，刺杀雌栗靡。汉欲以兵讨之而未能，遣中郎将段会宗立公主孙伊秩靡为大昆弥。久之，大昆弥、翕侯难栖杀末振将，安日子安犁靡代为小昆弥。汉恨不自诛末振将，复遣段会宗发戊己校尉诸国兵，即诛末振将太子番丘。会宗恐大兵入乌孙，惊番丘，亡逃不可得，即留所发兵垫娄地，选精兵三十弩径至昆弥所在，召番丘，责以末振将之罪，即手剑击杀番丘。官属以下惊恐，驰归。小昆弥安犁靡勒兵数千骑围会宗，会宗为言来诛之意，"今围守杀我，如取汉牛一毛耳。宛王、郅支头县藁街，乌孙所知也。"昆弥以下服，曰："末振将负汉，诛其子可也，独不可告我，令饮食之邪？"会宗曰："豫告昆弥，逃匿之，为大罪。即饮食以付我，伤骨肉恩。故不先告。"昆弥以下号泣罢去。会宗还，奏事，天子赐会宗爵关内侯、黄金百斤。会宗以难栖杀末振将，奏以为坚守都尉。责大禄、大监以雌栗靡见杀状，夺金印、紫绶，更与铜、墨云。末振将弟卑爰疐本共谋杀大昆弥，将众八万馀口，北附康居，谋欲借兵兼并两昆弥。汉复遣会宗与都护孙建并力以备之。

元延二年(前11)。当初,乌孙小昆弥安日被归降的民众杀死了,众位翕侯随之大乱。汉廷下诏,征召原金城太守段会宗为左曹、中郎将、光禄大夫,派他去安抚、和解乌孙各部。扶立安日的弟弟末振将为小昆弥,等乌孙安定之后,段会宗就回朝了。当时乌孙大昆弥雌栗靡勇猛矫健,末振将害怕被他吞并掉,就派贵族乌日领假装投降,刺杀了雌栗靡。汉朝本想兴兵讨伐小昆弥而未能施行,就派中郎将段会宗前去扶立楚公主的孙儿伊秩靡为大昆弥。过了许久,大昆弥和翕侯难栖杀掉了末振将,安日的儿子安犁靡代立为小昆弥。汉朝很痛恨未能由己方诛杀末振将,又派段会宗调发戍己校尉监护的各国军队,就地诛杀末振将的太子番丘。段会宗担心大军开进乌孙,会惊动番丘,他如果逃亡的话就难以抓到,就将军队留驻在垫娄地区待命,挑选三十名持箭精兵,径直赶到昆弥的住地,宣召番丘,向他谴责末振将的罪过,当场就亲手持剑杀了番丘。随从番丘的官吏属员和兵卒,都惊惧恐慌,骑马飞跑回去。小昆弥安犁靡闻讯,统领数千骑兵围攻段会宗,段会宗向他们说明前来诛杀番丘的本意,并警告说:"现今你们围攻、杀掉我,不过就像拔去汉朝大牛的一根毫毛罢了。可大宛国王、郅支单于的脑袋悬挂在长安的藁街上,也是你们乌孙所清楚的。"昆弥与手下人都表示折服,而小昆弥反问说:"末振将辜负汉朝,诛杀他的儿子是应当的,为什么偏偏不告诉我,让他来饮宴呢?"段会宗说:"预先告知,你就会让他逃跑藏起来,你就犯了大罪。在饮宴上把他交给我处置,就损伤了你们的骨肉恩情。所以才不预先告知。"昆弥以下人听后,都号哭不止,罢兵离去。段会宗回朝,奏明事件解决经过,汉成帝赐给段会宗关内侯的爵位,以及黄金一百斤。段会宗因乌孙翕侯难栖杀死了末振将,奏请封他为坚守都尉。拿雌栗靡被杀的罪状责问大禄、大监等高官,收回他们的金印章、紫绶带,改赐铜印章、黑绶带。末振将的弟弟卑爰疐原本一同预谋杀死大昆弥,事后却率领部众八万多人,往北归附康居国,计划借兵兼并大小两昆弥。汉朝又派遣段会宗与都护孙建并力来防备他的进犯。

　　自乌孙分立两昆弥，汉用忧劳，且无宁岁。时康居复遣子侍汉，贡献。都护郭舜上言："本匈奴盛时，非以兼有乌孙、康居故也。及其称臣妾，非以失二国也。汉虽皆受其质子，然三国内相输遗，交通如故，亦相候司，见便则发。合不能相亲信，离不能相臣役。以今言之，结配乌孙，竟未有益，反为中国生事。然乌孙既结在前，今与匈奴俱称臣，义不可距。而康居骄黠，讫不肯拜使者。都护吏至其国，坐之乌孙诸使下，王及贵人先饮食已，乃饮啖都护吏，故为无所省以夸旁国。以此度之，何故遣子入侍？其欲贾市为好，辞之诈也。匈奴，百蛮大国，今事汉甚备，闻康居不拜，且使单于有悔自卑之意。宜归其侍子，绝不复使，以章汉家不通无礼之国！"汉为其新通，重致远人，终羁縻不绝。

自从乌孙分立两个昆弥王,汉朝由此深感忧虑和劳苦,而且没有安宁的岁月。这时康居国又派遣王子做人质,入京侍奉汉朝廷,进贡献纳特产。对此,都护郭舜上书建议说:"匈奴强盛时,原本不是因它兼并了乌孙和康居的缘故。待至匈奴衰弱,向汉朝称臣,也不是因它失去了这两个邦国。汉朝尽管都接纳他们当作人质的王子,但这三国暗地里依旧相互输送物资,馈赠礼品,和从前一样交结,也相互观望侦伺,得到机会就发动攻击。联合时不能彼此亲近信任,分离时不能相互臣服役使。按照现今的情况来说,汉朝结亲婚配乌孙,到头来并没收到什么益处,反而给中原惹出不少事端。但乌孙已经结亲在前,如今同匈奴一起向汉朝称臣,按礼义不能够回拒。而康居一向傲慢狡黠,始终不肯迎拜汉朝使者。都护的吏员到达他们国都,座位排在乌孙等国使者的下面,他们国王和贵族先吃,醉饱后才让都护的吏员进食,故意摆出一副不理会的样子,来向其他国家夸耀自己。根据这种情况来猜测,是什么原因驱使他们遣送王子入侍京师呢? 他们是想做买卖,搞贸易,而耍弄遣子入侍这类漂亮话掩盖下的诈术。匈奴是外族中最强大的国家,现今事奉汉朝十分周备,听说康居国不迎拜汉朝使者,几乎叫匈奴单于产生悔不该自己那样卑下的念头。应该遣返康居入侍京师当人质的王子,断绝交往,不再派使者前去,借此来彰明汉室不交结傲慢无礼的国家。"汉朝鉴于康居是首次派遣王子来入京服侍,应以招致远方之人为重,最终仍采取笼络政策,没有断绝交往。

武帝伐匈奴

汉武帝元光二年，雁门马邑豪聂壹，因大行王恢言："匈奴初和亲，亲信边，可诱以利致之，伏兵袭击，必破之道也。"上召问公卿。王恢曰："臣闻全代之时，北有强胡之敌，内连中国之兵，然尚得养老长幼，种树以时，仓廪常实，匈奴不轻侵也。今以陛下之威，海内为一，然匈奴侵盗不已者，无他，以不恐之故耳。臣窃以为击之便。"韩安国曰："臣闻高皇帝尝围于平城，七日不食，及解围反位而无忿怒之心。夫圣人以天下为度者也，不以己私怒伤天下之功，故遣刘敬结和亲，至今为五世利。臣窃以为勿击便。"恢曰："不然。高帝身被坚执锐，行几十年，所以不报平城之怨者，非力不能，所以休天下之心也。今边境数惊，士卒伤死，中国槥车相望，此仁人之所隐也。故曰击之便。"安国曰："不然。臣闻用兵者以饱待饥，正治以待其乱，定舍以

武帝伐匈奴

汉武帝元光二年（前133），雁门郡马邑县的地方豪强聂壹通过官任大行的王恢向朝廷启奏说："匈奴新近与汉结亲，亲近相信边区居民，可以用财利引诱，使它率众前来，我方埋伏兵马，突然袭击，这是定能大破匈奴的好计策。"汉武帝闻奏，就宣召、询问公卿究竟该怎么办。王恢说："臣下我听说代国在战国自成一国的时候，北方面临强大胡人的威胁，内部又连续遭受着中原诸国的侵袭，然而依旧能够奉养老人，抚育幼儿，按节令种粮植桑，仓库一直充实，匈奴不敢轻易侵扰。如今凭借陛下的威力，海内一统的局势，但匈奴却侵扰劫掠不止，原因不是别的，只是因为没有使匈奴深怀畏惧的缘故罢了。臣下我私下认为，攻打匈奴对国家有利。"韩安国提出异议说："臣下我听说高祖皇帝曾在平城被匈奴围困，七天没有东西吃。等到解围返登帝位后，却未对匈奴产生忿怒报复的心理。圣人把天下作为衡量的尺度，不因自己的个人怨怒就损伤天下的生计，所以派遣刘敬前去缔结盟约，与匈奴和亲，带来的益处绵延五世。臣下我私下认为，不攻打合适。"王恢反驳说："不对。高帝亲自披挂坚固的铠甲，执持锐利的兵器，征战将近十年，而不报复平城的怨恨，原因不是威力达不到，而是为了安定天下的人心。如今边境屡屡受到惊扰，士卒连伤带死，中原载运死者棺木的车辆一辆接一辆，这种情况是仁人应该同情悲悯的。所以我说攻它合适。"韩安国针锋相对说："不对。臣下我听说，用兵的人，要让己方温饱来等待对方的饥饿，用整顿治理我军来等待敌军的混乱，用稳定驻扎来

待其劳,故接兵覆众,伐国堕城,常坐而役敌国,此圣人之
兵也。今将卷甲轻举,深入长驱,难以为功。从行则迫胁,
衡行则中绝,疾则粮乏,徐则后利,不至千里,人马乏食。
兵法曰:'遗人,获也。'臣故曰勿击便。"恢曰:"不然。臣
今言击之者,固非发而深入也,将顺因单于之欲,诱而致之
边,吾选枭骑、壮士,阴伏而处以为之备,审遮险阻以为其
戒。吾势已定,或营其左,或营其右,或当其前,或绝其后,
单于可禽,百全必取。"上从恢议。

　　夏,六月,以御史大夫韩安国为护军将军,卫尉李广为
骁骑将军,太仆公孙贺为轻车将军,大行王恢为将屯将军,
太中大夫李息为材官将军,将车骑、材官三十馀万匿马邑
旁谷中,约单于入马邑,纵兵。阴使聂壹为间,亡入匈奴,
谓单于曰:"吾能斩马邑令、丞,以城降,财物可尽得。"单
于爱信,以为然而许之。聂壹乃诈斩死罪囚,县其头马邑
城下,示单于使者为信,曰:"马邑长吏已死,可急来!"于是
单于穿塞,将十万骑入武州塞。未至马邑百馀里,见畜布
野而无人牧者,怪之。乃攻亭,得雁门尉史,欲杀之,尉史
乃告单于汉兵所居。单于大惊曰:"吾固疑之。"乃引兵还,
出曰:"吾得尉史,天也!"以尉史为天王。塞下传言单于已
去,汉兵追至塞,度弗及,乃皆罢兵。王恢主别从代出击胡

等待对方的疲劳，所以一旦交战，就歼灭敌军，征伐敌国，就攻克城池，一直稳坐而役使敌国，这才是圣人的用兵妙诀。如今打算轻易进军，深入腹地，长驱直入，很难取得成功。孤军深入就会受到对方的逼迫威胁，齐头并进就会断绝接应；进军急速就会粮草缺乏，进军缓慢就会贻误战机；还没到达千里之外，人马就已经缺乏食物了。兵法上说：'把军队送上门，就会被对方擒获。'所以臣下我说，不攻打它才合适。"王恢又反驳说："不对。臣下我现在所说的攻打它，原本就不是指发兵深入敌境，而是准备随顺单于的贪欲，诱使他到达边境，我方选拔雄健的骑兵和壮士，暗中埋伏，安然自处，作为防备；谨慎地据守住险要地区，作为对匈奴的防备。我方的态势已经确定，有的攻打匈奴左翼，有的攻打匈奴右翼，有的正面阻击匈奴，有的在后切断匈奴的退路，这样就能生擒单于，百无一失，必定获胜。"汉武帝采纳了王恢的意见。

夏季六月，任命御史大夫韩安国为护军将军，卫尉李广为骁骑将军，太仆公孙贺为轻车将军，大行王恢为将屯将军，太中大夫李息为材官将军，率领车骑、材官等部队共三十多万人，隐匿在马邑周围的山谷中，约定单于一旦进入马邑城中就挥军围攻。暗地派聂壹充当间谍，逃入匈奴，向单于谎称："我能够斩除马邑县令和县丞，举城投降，获取全部财物。"单于爱重信任他，认为可行就答应了。聂壹回来后，斩杀几个死罪囚犯，假冒汉官员，把头颅悬挂在马邑城门下，给单于使者看，作为可信凭证，催促说："马邑的长官已死，你们可急速赶来。"于是单于越过边塞，率领十万骑兵进入武州防线。距离马邑还有一百多里，发现牲畜散布山野而没人放牧，感到很奇怪。就攻打一个乡亭，抓住雁门郡的尉史，准备杀掉他，尉史就把汉兵分布的地点告诉给了单于。单于大惊说："我本来就怀疑有诈。"于是领兵撤退。出塞后说："我俘获这个尉史，真是苍天保佑啊！"就把尉史称为"天王"。边塞一带转相传告单于已经逃遁，汉军追击到塞上，估计追不上了，就全部罢兵休战。王恢负责另率军队从代郡进发，袭击匈奴的

辎重,闻单于还,兵多,亦不敢出。

上怒恢,恢曰:"始,约为入马邑城,兵与单于接,而臣击其辎重,可得利。今单于不至而还,臣以三万人众不敌,只取辱。固知还而斩,然完陛下士三万人。"于是下恢廷尉,廷尉当"恢逗桡,当斩"。恢行千金丞相蚡,蚡不敢言上,而言于太后曰:"王恢首为马邑事,今不成而诛恢,是为匈奴报仇也。"上朝太后,太后以蚡言告上。上曰:"首为马邑事者恢,故发天下兵数十万,从其言,为此。且纵单于不可得,恢所部击其辎重,犹颇可得以慰士大夫心。今不诛恢,无以谢天下。"于是恢闻,乃自杀。自是之后,匈奴绝和亲,攻当路塞,往往入盗于汉边,不可胜数。然尚贪乐关市,嗜汉财物,汉亦关市不绝,以中其意。

六年冬,匈奴入上谷,杀略吏民。遣车骑将军卫青出上谷,骑将军公孙敖出代,轻车将军公孙贺出云中,骁骑将军李广出雁门,各万骑,击胡关市下。卫青至龙城,得胡首虏七百人;公孙贺无所得;公孙敖为胡所败,亡七千骑;李广亦为胡所败。胡生得广,置两马间,络而盛卧,行十馀里,广佯死,暂腾而上胡儿马上,夺其弓,鞭马南驰,遂得脱

运粮车队,听说单于已经撤回去之后,即使士卒很多,也不敢再出动了。

汉武帝恼怒王恢不战而退,王恢分辩说:"开始约定好匈奴进入马邑城中,我军与单于交上战,臣下我才袭击它的运粮车队,这样才会获得战果。如今单于没到马邑就撤退了,臣下只有三万人打不过他,只会自取败辱。我原本就知道回朝要被斩首,可是却保全了陛下您的士兵三万人。"于是汉武帝把王恢交付掌管刑罚的廷尉来论处,廷尉依法律裁定:"王恢逗留畏缩,应当斩首。"王恢向丞相田蚡送礼千金,请他解救,田蚡不敢直接对汉武帝说,转而对太后说:"王恢第一个为马邑之事出谋划策,现今不成功就诛杀王恢,这是替匈奴报仇啊。"汉武帝朝拜太后时,太后把田蚡的话转告给汉武帝。汉武帝说:"第一个为马邑之事出谋划策的,的确是王恢,所以听从他的意见,征发天下兵马数十万,也正是由于这个缘故。况且即便单于活捉不到,王恢所统领的军队袭击匈奴的运粮车队,还能获得大批战利品,来安慰一下士众官吏的心绪。现下不杀王恢,没有什么可以拿来告谢天下的。"王恢闻知武帝的这种态度,就自杀了。从此以后,匈奴断绝了同汉朝的联姻结亲,攻掠地处通道的要塞,常常劫掠汉朝边境地区,次数之多无法计算。但匈奴依然贪恋沿边关隘的贸易活动,喜欢汉朝的财物。汉朝也不断绝沿边关隘的贸易活动,以投其所好。

六年(前129)冬季,匈奴入侵上谷郡,残杀劫掠当地的官吏居民。汉武帝派遣车骑将军卫青由上谷郡出击,骑将军公孙敖由代郡出击,轻车将军公孙贺由云中郡出击,骁骑将军李广由雁门郡出击,各率万名骑兵,合击在边关贸易场所的匈奴军队。卫青挺进到龙城,斩杀俘获了匈奴七百人;公孙贺无所斩获;公孙敖被匈奴打败,丧失七千骑兵;李广也被匈奴打败。匈奴活捉了李广,把他放在两匹马当中,用绳子结成网袋,平卧其中。这样行进了十多里路,李广假装颠死,猛然腾身,跃到一个匈奴兵的战马上,夺下他的弓箭,狠狠抽马,朝南飞驰,于是得以逃脱

归。汉下敖、广吏，当斩，赎为庶人，唯青赐爵关内侯。

秋，匈奴数盗边，渔阳尤甚。以卫尉韩安国为材官将军，屯渔阳。

元朔元年秋，匈奴二万骑入汉，杀辽西太守，略二千馀人，围韩安国壁，又入渔阳、雁门，各杀略千馀人。安国益东徙，屯北平，数月，病死。天子乃复召李广，拜为右北平太守。匈奴号曰"汉之飞将军"，避之，数岁不敢入右北平。

车骑将军卫青将三万骑出雁门，将军李息出代。青斩首虏数千人。

临菑人主父偃、严安上书。偃言九事，其八事为律令，一事谏伐匈奴。其辞曰："《司马法》曰：'国虽大，好战必亡；天下虽平，忘战必危。'夫怒者逆德也，兵者凶器也，争者末节也。夫务战胜、穷武事者，未有不悔者也。昔秦皇帝并吞战国，务胜不休，欲攻匈奴。李斯谏曰：'不可。夫匈奴，无城郭之居，委积之守，迁徙鸟举，难得而制也。轻兵深入，粮食必绝；踵粮以行，重不及事。得其地，不足以为利也；得其民，不可调而守也。胜必杀之，非民父母也。靡敝中国，快心匈奴，非长策也。'秦皇帝不听，遂使蒙恬将兵攻胡，辟地千里，以河为境。地固沮泽咸卤，不生五谷。然后发天下丁男以守北河。暴兵露师十有馀年，死者不可胜数，终不能逾河而北。是岂人众不足，兵革不备哉？其

归来。汉廷把公孙敖、李广交付主管部门处治，依律应当斩首，出钱赎罪，贬为平民，只有卫青，赐给爵位关内侯。

这年秋季，匈奴多次劫掠边境，渔阳郡所受祸害最严重。汉朝任命卫尉韩安国为材官将军，屯驻在渔阳。

元朔元年(前128)秋季，匈奴两万骑兵又侵入汉境，杀死了辽西郡的太守，劫掠两千多人。围攻韩安国布下的营垒，又进入渔阳、雁门，二郡各杀掉劫掠一千多人。韩安国调赴更远的东部防线，屯驻在北平，几个月后，病死了。汉武帝又征召李广，拜为右北平太守，匈奴称他为"汉朝的飞将军"，畏避他，一连好几年不敢入侵右北平。

车骑将军卫青率领三万骑兵由雁门郡出击匈奴，将军李息由代郡出击匈奴。卫青斩杀俘获匈奴数千人。

临菑人主父偃、严安这时分别上书朝廷。主父偃共论及九事，其中八事属于法律方面的问题，一事专门劝谏停伐匈奴。他的谏辞说："《司马法》曾说：'国家尽管强大，喜好征战必定会灭亡；天下虽然太平，忘记战备必定会危困。'轻易发怒，是违背道德的行为；兵刃，属于不祥的器物；争斗，是最低劣的举措。那些务求战胜对方而穷尽武力的人，没有不后悔的。从前秦始皇吞并六国，务求克敌制胜不止，准备攻伐匈奴。李斯劝谏说：'不能这样干。匈奴没有城郭定居处所，没有储备钱粮的仓库，四处迁徙，如鸟乱飞，很难占领制服它。派轻装部队深入腹地，粮食必定会断绝；粮草随后稳步推进，又赶不上战机。占领了它的地盘，不足以带来利益；获得了它的民众，不能够调教而替朝廷守护。战胜后就必须杀掉他们，这样做又不是百姓父母。使中原地区散乱凋敝，使匈奴称心快意，这不是高明的对策。'秦始皇不听从李斯的劝谏，于是派蒙恬率兵去攻打匈奴，扩张地盘上千里，把黄河作为分界线。新开辟的地区本来就是湖泊盐碱地，不生长五谷。然后又调发天下的青壮年男子来戍守北河。在荒野上分餐露宿十多年，死亡的将士多得数不过来，最后也未能越过黄河向北拓展。这哪里是人众不够用，兵器不完备呢？这是

势不可也！又使天下飞刍、挽粟，起于黄、腄、琅邪负海之郡，转输北河，率三十钟而致一石。男子疾耕，不足于粮饷，女子纺绩，不足于帷幕。百姓靡敝，孤寡老弱不能相养，道路死者相望，盖天下始畔秦也。及至高皇帝定天下，略地于边，闻匈奴聚于代谷之外而欲击之。御史成进谏曰：'不可。夫匈奴之性，兽聚而鸟散，从之如搏影。今以陛下盛德攻匈奴，臣窃危之。'高帝不听，遂北至于代谷，果有平城之围。高皇帝盖悔之甚，乃使刘敬往结和亲之约，然后天下忘干戈之事。夫匈奴，难得而制，非一世也。行盗侵驱，所以为业也，天性固然。上及虞、夏、殷、周，固弗程督，禽兽畜之，不属为人。夫上不观虞、夏、殷、周之统，而下循近世之失，此臣之所大忧，百姓之所疾苦也。"

严安上书曰："昔秦王意广心逸，欲威海外，使蒙恬将兵以北攻胡，又使尉屠睢将楼船之士以攻越。当是时，秦祸北构于胡，南挂于越，宿兵于无用之地，进而不得退。行十馀年，丁男被甲，丁女转输，苦不聊生，自经于道树，死者相望。及秦皇帝崩，天下大畔，灭世绝祀，穷兵之祸也。故周失之弱，秦失之强，不变之患也。今徇西夷，朝夜郎，降羌、僰，略薉州，建城邑，深入匈奴，燔其龙城，议者美之，此人臣之利，非天下之长策也。"

形势不允许呀！秦始皇又命天下迅速运送粮草，从黄县、腄县、琅邪沿海郡县运起，转送到北河，三十钟粮食运到后仅剩一石。男子拼力耕种，还不够交纳军粮；女子连夜纺织，还不够制作帐篷用。百姓倾家荡产，不能赡养、抚育孤儿寡母、老人，路上死去的人一个接一个，天下大概由此开始背叛秦朝。等到高祖皇帝平定天下，在边区扩展领土，听说匈奴聚集在代郡山谷之外就打算进攻它。御史成进劝谏说：'不能这样干。匈奴的生活习性，像兽群那样聚集，又像飞鸟那样离散，追击它如同扑影子。现下凭借陛下您的盛大功德，却要进攻匈奴，臣下我私下认为这种举措很危险。'高帝不听从，于是向北进发到代郡的山谷，果真发生了平城被围的事件。高帝大概非常后悔，于是派遣刘敬前去结下联姻和亲的盟约，然后天下忘掉了征战这类事情。匈奴很难占领制服，这已经不是一朝一代了。侵扰边境，劫掠人口牲畜，这是匈奴赖以生存的职业，天性如此。上至虞舜、夏、商、周，原本就不对它征税督责，像禽兽那样畜养它，不把它列为人来看待。往上不观览虞舜、夏、商、周的一贯做法，往下却重蹈近世的失策，这是臣下我最感忧虑的事，也是百姓所受的最大的痛苦。"

严安上书说："从前秦王踌躇满志，想威加海外，派遣蒙恬率兵北进攻打匈奴，又派尉官屠睢率领楼船水军去攻打越国。在这一时期，秦国的灾祸是在北方与匈奴交战，在南方被南越牵制，军队屯驻在没有用处的地方，一旦前进就不能后退。征战十多年，青壮年男子当兵打仗，青壮年女子转运军用物资，痛苦不堪，生活失去指望，在路旁树上上吊自杀而死的，一个接一个。等到秦始皇驾崩，天下人纷纷反叛，子孙灭绝，断绝祭祀，这是穷兵黩武造成的灾祸啊。所以说，周朝的失误在于对夷狄太软弱，秦朝的失误在于对夷狄太强硬，这都是不变通带来的祸患。如今朝廷平定南夷，使夜郎朝拜，使羌地、僰人归降，攻略薉州，营建城邑，深入匈奴腹地，烧毁它的龙城，议政的人都赞美这些建树。其实这是人臣升官封侯的益处所在，不是统治天下的高明对策呀。"

书奏,天子召见,谓曰:"公等皆安在?何相见之晚也!"皆拜为郎中。

二年冬,匈奴入上谷、渔阳,杀略吏民千馀人。遣卫青、李息出云中以西至陇西,击胡之楼烦、白羊王于河南,得胡首虏数千,牛羊百馀万,走白羊、楼烦王,遂取河南地。诏封青为长平侯。青校尉苏建、张次公皆有功,封建为平陵侯,次公为岸头侯。

主父偃言:"河南地肥饶,外阻河,蒙恬城之以逐匈奴,内省转输戍漕,广中国,灭胡之本也。"上下公卿议,皆言不便。上竟用偃计,立朔方郡,使苏建兴十馀万人筑朔方城,复缮故秦时蒙恬所为塞,因河为固。转漕甚远,自山东咸被其劳,费数十百巨万,府库并虚。汉亦弃上谷之斗辟县造阳地以予胡。夏,募民徙朔方十万口。

三年冬,匈奴军臣单于死,其弟左谷蠡王伊稚斜自立为单于,攻破军臣单于太子於单,於单亡降汉。

夏四月丙子,封匈奴太子於单为涉安侯,数月而卒。匈奴数万骑入塞,杀代郡太守恭,及略千馀人。

秋,匈奴又入雁门,杀略千馀人。

四年夏,匈奴入代郡、定襄、上郡,各三万骑,杀略数千人。

五年,匈奴右贤王数侵扰朔方。天子令车骑将军青将三万骑出高阙,卫尉苏建为游击将军,左内史李沮为强弩将军,太仆公孙贺为骑将军,代相李蔡为轻车将军,皆领

书策上奏，汉武帝召见他们，对他们说："诸位原先都在哪里？为什么我们君臣相见这么晚呢！"都拜授他们为郎中。

二年(前127)冬季，匈奴侵入上谷郡、渔阳郡，残杀劫掠官吏居民一千多人。汉武帝派遣卫青、李息从云中郡出兵，西进直至陇西，在黄河以南痛击匈奴楼烦王、白羊王，斩杀俘获匈奴数千人，牛羊一百多万头，赶走了白羊王、楼烦王，于是夺取了黄河以南地区。下诏封授卫青为长平侯。卫青属下的校尉苏建和张次公，都立有战功，封授苏建为平陵侯，张次公为岸头侯。

主父偃建议说："黄河以南土地肥沃富饶，外围有黄河做天然屏障，蒙恬在这里筑城塞来驱逐匈奴，使内地省掉转运戍守水运等麻烦事，这是拓展中国疆域、扫灭匈奴的根本措施。"汉武帝把这一建议交由公卿讨论，都认为不恰当。汉武帝最后仍采用主父偃的计策，设立朔方郡，派苏建兴率十多万人营筑朔方郡城，又修缮原来秦朝时蒙恬所修建的城塞，凭借黄河巩固防线。这次劳役，水陆转运涉及的范围特别广，从崤山以东地区都遭受劳苦，费用高达数十百万，各地府库都空虚了。汉朝也放弃了上谷郡荒僻而与匈奴接壤的造阳县，把它让给了匈奴。夏季，招募内地居民十万口迁徙到朔方。

三年(前126)冬季，匈奴的军臣单于死去，他的弟弟左谷蠡王伊稚斜自立为单于，进攻击破了军臣单于的太子於单，於单逃亡，投降了汉朝。

夏季四月丙子(初七)，汉朝封授匈奴太子於单为涉安侯，几个月后他就死了。匈奴数万骑兵进入边塞，杀死了代郡太守恭，并劫掠了一千多人。

秋季，匈奴又侵入雁门郡，残杀劫掠了一千多人。

四年(前125)夏季，匈奴又分头各派骑兵三万名，侵入代郡、定襄郡、上郡，残杀劫掠了数千人。

五年(前124)，匈奴右贤王屡次侵扰朔方郡。武帝命车骑将军卫青率三万骑兵出高阙，任卫尉苏建为游击将军，左内史李沮为强弩将军，太仆公孙贺为骑将军，代国国相李蔡为轻车将军，都归

属车骑将军,俱出朔方;大行李息、岸头侯张次公为将军,俱出右北平。凡十馀万人,击匈奴。右贤王以为汉兵远,不能至,饮酒,醉。卫青等兵出塞六七百里,夜至,围右贤王。右贤王惊,夜逃,独与壮骑数百驰,溃围北去。得右贤裨王十馀人,众男女万五千馀人,畜数十百万,于是引兵而还。至塞,天子使使者持大将军印,即军中拜卫青为大将军,诸将皆属焉。夏四月乙未,复益封青八千七百户,封青三子伉、不疑、登皆为列侯。

秋,匈奴万骑入代,杀都尉朱英,略千馀人。

六年春二月,大将军青出定襄,击匈奴。以合骑侯公孙敖为中将军,太仆公孙贺为左将军,翕侯赵信为前将军,卫尉苏建为右将军,郎中令李广为后将军,左内史李沮为强弩将军,咸属大将军,斩首数千级而还,休士马于定襄、云中、雁门。

夏四月,卫青复将六将军出定襄,击匈奴,斩首虏万馀人。右将军建、前将军信并军三千馀骑独逢单于兵,与战一日馀,汉兵且尽。信故胡小王,降汉,汉封为翕侯。及败,匈奴诱之,遂将其馀骑可八百降匈奴。建尽亡其军,脱身亡,自归大将军。议郎周霸曰:"自大将军出,未尝斩裨将。今建弃军,可斩,以明将军之威。"军正闳、长史安曰:"不然。兵法:'小敌之坚,大敌之禽也。'今建以数千当单于数万,力战一日馀,士尽,不敢有二心,自归,而斩之,是示后无反意也,不当斩。"大将军曰:"青幸得以肺腑待罪

车骑将军卫青统一指挥，一起由朔方郡出击；另任大行李息、岸头侯张次公为将军，一起由右北平出击。三路大军共计十多万人，合击匈奴。右贤王认为汉兵路途遥远，不能很快杀到，饮酒大醉。卫青等三路大军出塞六七百里，深夜突至，包围了右贤王。右贤王大吃一惊，乘夜奔逃，只与几百名健壮的骑兵一路驰杀，破围向北逃去。卫青俘获右贤副王十多人，部众男女一万五千多人，牲畜近百万头，于是领兵撤还。抵达塞上，汉武帝派使者执带大将军印章，就在军中拜授卫青为大将军，众将都归他指挥。夏季四月乙未（初八），又加封卫青八千七百户封邑人口，封卫青的三个儿子卫伉、卫不疑、卫登都为列侯。

秋季，匈奴一万骑兵侵入代郡，杀死了都尉朱英，劫掠了一千多人。

六年（前123）春季二月，大将军卫青由定襄郡出塞，攻击匈奴。任命合骑侯公孙敖为中将军，太仆公孙贺为左将军，翕侯赵信为前将军，卫尉苏建为右将军，郎中令李广为后将军，左内史李沮为强弩将军，全都隶属大将军卫青，斩获匈奴数千颗首级归还，在定襄、云中、雁门三郡休整士卒和战马。

夏季四月，卫青又统率六名将军由定襄郡出塞，攻击匈奴，斩杀俘获匈奴一万多人。右将军苏建、前将军赵信合兵三千多骑兵，与匈奴单于统帅的部队相遇，苦战一天多，汉军伤亡殆尽。赵信原是匈奴小王，投降了汉朝，汉朝封他为翕侯。到战败时，匈奴利诱他，他就带领剩下的大约八百名骑兵投降了匈奴。苏建全军覆没，只身一人逃脱，回到大将军卫青帐下。议郎周霸说："自从大将军出师以来，未曾斩过副将。如今苏建丢弃全军，应当斩首，借此来宣明大将军的威权。"名叫闳的军正、名叫安的长史两个人说："不应该这样办。兵法上说过：'小部队再强，也会成为大部队的俘虏。'如今苏建以几千兵马，抵挡单于几万兵马，奋力苦战一天多，将士全部阵亡，不敢有投降之心，自动回来却将他斩首，这告诉其他人，如果战败，就不要再回来了。所以不应该斩首。"大将军卫青说："卫青我侥幸能够靠皇上的信任在

行间，不患无威，而霸说我以明威，甚失臣意。且使臣职虽当斩将，以臣之尊宠而不敢自擅诛于境外，而具归天子，天子自裁之，于以见为人臣不敢专权，不亦可乎？"军吏皆曰："善！"遂囚建诣行在所。

初，平阳县吏霍仲孺给事平阳侯家，与青姊卫少儿私通，生霍去病。去病年十八，为侍中，善骑射，再从大将军击匈奴，为票姚校尉，与轻勇骑八百，直弃大军数百里赴利，斩捕首虏过当。于是天子曰："票姚校尉去病，斩首虏二千馀级，得相国、当户，斩单于大父行藉若侯产，生捕季父罗姑比，再冠军，封去病为冠军侯。上谷太守郝贤四从大将军，捕斩首虏二千馀级，封贤为众利侯。"是岁，失两将军，亡翕侯，军功不多，故大将军不益封，止赐千金。右将军建至，天子不诛，赎为庶人。

单于既得翕侯，以为自次王，用其姊妻之，与谋汉。信教单于益北绝幕，以诱罢汉兵，徼极而取之，无近塞。单于从其计。是时，汉比岁发十馀万众击胡，斩捕首虏之士受赐黄金二十馀万斤，而汉军士马死者十馀万，兵甲转漕之费不与焉。于是大司农经用竭，不足以奉战士。六月，诏令民得买爵及赎禁锢，免减罪。置赏官，名曰武功爵，级十

行伍之间效力,不愁没有威权,可周霸却劝说我杀掉苏建来立威,实在是失掉了朝臣的本分。况且受命在外的臣子按职权尽管可以斩杀副将,但我因皇帝对我的尊重宠信,也不敢在国境之外就自行专断,诛杀副将。还是详尽归报皇上,由皇上自行裁决吧。由此也可以看出我们身为臣子,不敢专权,不也可以吗?"军官吏员都说:"好。"于是把苏建装入囚车,押送到汉武帝巡视所停留的地方。

起初,平阳县县吏霍仲孺在平阳侯家做事,他与卫青的姐姐卫少儿私通,生下霍去病。霍去病年至十八岁,官任侍中,擅长骑马射箭,第二次跟随大将军卫青去进击匈奴,担任票姚校尉。他率轻骑兵八百人,到远离汉军主力数百里的地方寻找战机,直插敌后,斩杀俘获匈奴的数量远远超过了自己的损失。于是汉武帝下诏褒奖说:"票姚校尉霍去病,斩获敌军两千多人,活捉匈奴相国、当户等官员,斩杀单于的叔祖父名叫产的藉若侯,生擒单于的叔父罗姑比,又一次功劳在全军数第一,特封霍去病为冠军侯。上谷郡太守郝贤四次跟从大将军出征,斩杀俘获匈奴共两千多人,特封郝贤为众利侯。"这一年,损失了两位将军,逃跑了一个翕侯,军功不显著,所以大将军卫青不再加封官爵,只赏赐千金。右将军苏建被押送到以后,汉武帝不予诛杀,让他出钱赎罪,贬为平民。

匈奴单于既已得到了翕侯赵信,就封他为自次王,把自己的姐姐嫁给他为妻,与他谋划对付汉朝。赵信教唆单于往北转移,越过沙漠,来引诱汉军追击,在汉军疲惫不堪时发动袭击,不要自己总接近边塞。匈奴单于听从了赵信的计策。这时候,汉朝连年调发十多万士众攻击匈奴,斩杀捕获匈奴的将士受到的赏赐多达二十多万斤黄金,而汉军将士和战马死亡的数目也有十多万,兵器盔甲和粮草转运的费用还没有计算在内。于是财政机构大司农的经费用度已经枯竭,不够奉养战士。六月,朝廷下诏,让百姓出钱购买爵位以及赎回在押案犯或免除罪罚。又特设了一类赏官,称为武功爵,一共十一级,每级出钱依次递增十

七万,凡直三十馀万金。诸买武功爵至千夫者,得先除为吏。吏道杂而多端,官职耗废矣。

元狩元年夏五月,匈奴万人入上谷,杀数百人。

二年三月,霍去病为票骑将军,将万骑出陇西,击匈奴。历五王国,转战六日,过焉支山千馀里,杀折兰王,斩卢侯王,执浑邪王子及相国、都尉,获首虏八千九百馀级,收休屠王祭天金人。诏益封去病二千户。

夏,去病复与合骑侯公孙敖将数万骑俱出北地,异道。卫尉张骞、郎中令李广俱出右北平,异道。广将四千骑先行,可数百里,骞将万骑在后。匈奴左贤王将四万骑围广,广军士皆恐。广乃使其子敢独与数十骑驰贯胡骑,出其左右而还,告广曰:"胡虏易与耳!"军士乃安。广为圜陈,外向,胡急击之,矢下如雨,汉兵死者过半,汉矢且尽。广乃令士持满毋发,而广身自以大黄射其裨将,杀数人,胡虏益解。会日暮,吏士皆无人色,而广意气自如,益治军,军中皆服其勇。明日,复力战,死者过半,所杀亦过当。会博望侯军亦至,匈奴军乃解去。汉军罢,弗能追,罢归。汉法:博望侯留迟后期,当死,赎为庶人。广军功自如,无赏。而票骑将军去病深入二千馀里,与合骑侯失,不相得。票骑

七万铜钱，共计价值三十多万斤黄金。所有购买武功爵到"千夫"这第七级的人，可以被优先任命为低级官吏。这样一来，入仕做官的途径驳杂又多样，官位职务也混乱而不尽职尽责了。

元狩元年(前122)夏季五月，匈奴一万人侵入上谷郡，杀死汉人数百人。

二年(前121)三月，霍去病出任票骑将军，率领一万骑兵从陇西出塞，攻击匈奴。历经五个匈奴王的辖区，转战六天，越过焉支山一千多里，杀死匈奴折兰王，斩获卢侯王首级，活捉浑邪王王子以及相国、都尉等官员，斩杀俘获匈奴八千九百多人，还缴获了休屠王的宝物祭天金人塑像。汉武帝下诏，加封霍去病食邑两千户。

夏季，霍去病又与合骑侯公孙敖率领数万骑兵一起从北地出塞，兵分两路前进。卫尉张骞、郎中令李广一起从右北平出塞，兵分两路前进。李广率四千骑兵打先锋，相距约数百里，张骞率一万骑兵在后面接应。匈奴左贤王率领四万骑兵包围了李广，李广部下军士都很恐慌。李广就派他的儿子李敢单独与数十名骑兵直冲匈奴骑兵包围圈，左右驰骋归还，向李广报告说："这些匈奴兵很容易对付！"军士的情绪才安稳下来。李广布设圆形战阵，朝外面对匈奴，匈奴猛烈攻击汉军，箭下如雨，汉军士卒阵亡过半，箭也快射光了。李广于是命令军士张满弓弦，不要随便发射，而李广亲身自用大黄这种硬弓强弩去射匈奴的副将，连连射死数人，匈奴兵的攻势才慢下来。相持到黄昏，汉军官吏士卒都面无人色，而李广依然意气风发，进一步安排部署，军中上下都敬服他的英勇。到次日，又拼力苦战，战死的超过一半，所击杀的敌军也超过己方的损失。赶上博望侯张骞的主力部队也来到了，匈奴军就撤围离去。汉军疲劳，不能追击，就罢兵返归。按照汉朝法律，博望侯张骞行动迟缓，延误战机，应当处死，准许他出钱赎罪，贬为平民；李广按军功，损失兵将同杀伤敌军两相对等，没有封赏。而票骑将军霍去病深入敌境两千多里，与合骑侯公孙敖错过了预先约定的日期，未能会合。于是票骑

将军逾居延，过小月氏，至祁连山，得单桓、酋涂王，及相国、都尉以众降者二千五百人，斩首虏三万二百级，获裨小王七十馀人。天子益封去病五千户，封其裨将有功者鹰击司马赵破奴为从票侯，校尉高不识为宜冠侯，校尉仆多为辉渠侯。合骑侯敖坐行留，不与票骑会，当斩，赎为庶人。是时，诸宿将所将士、马、兵皆不如票骑，票骑所将常选，然亦敢深入，常与壮骑先其大军，军亦有天幸，未尝困绝也。而诸宿将常留落不偶。由此票骑日以亲贵，比大将军矣。

匈奴入代、雁门，杀略数百人。

秋，匈奴浑邪王降。是时，单于怒浑邪王、休屠王居西方为汉所杀虏数万人，欲召诛之。浑邪王与休屠王恐，谋降汉，先遣使向边境要遮汉人，令报天子。是时，大行李息将城河上，得浑邪王使，即驰传以闻。天子闻之，恐其以诈降而袭边，乃令票骑将军将兵往迎之。休屠王后悔，浑邪王杀之，并其众。票骑既渡河，与浑邪王众相望。浑邪王裨将见汉军，而多不欲降者，颇遁去。票骑乃驰入，得与浑邪王相见，斩其欲亡者八千人，遂独遣浑邪王乘传先诣行在所，尽将其众渡河。降者四万馀人，号称十万。既至长安，天子所以赏赐者数十巨万，封浑邪王万户，为漯阴侯，封其裨王呼毒尼等四人皆为列侯。益封票骑千七百户。

将军就渡过居延泽，越过小月氏，抵达祁连山，活捉匈奴单桓王、酋涂王，以及率部众投降的相国、都尉等两千五百人，斩杀俘获匈奴三万零二百人，擒获部落小王七十多人。汉武帝加封霍去病食邑五千户，封授他有功的副将，鹰击司马赵破奴为从票侯，校尉高不识为宜冠侯，校尉仆多为辉渠侯。合骑侯公孙敖因行动迟缓，没能与票骑将军按计划会合，论罪当斩，准许他出钱赎罪，贬为平民。这时候，各个沙场老将所统率的骑士、战马和兵卒质量都不如霍去病，霍去病所统率的人马都是挑选过的精锐，但他确实也敢深入敌境，经常与壮健的轻骑兵先于大军奇袭，军队也有上天赐予的幸运，未曾被围困陷入绝境过。而各个老将时常稽留迟缓，落在后面，不能按时会师而无功可建。因此，霍去病越来越受到汉武帝的亲近、提拔，可与大将军卫青相比了。

匈奴侵入代郡、雁门郡，残杀劫掠数百人。

秋季，匈奴浑邪王前来投降。这时，单于对浑邪王、休屠王位于西方，被汉朝斩杀俘获数万人，感到很恼怒，准备宣召二人到王庭，诛杀他们。浑邪王和休屠王闻讯很恐惧，就密谋投降汉朝，先派使者来到边境，拦截住汉人，让他们报知汉武帝。这时，大行李息正筹备在黄河边上筑城，得见浑邪王的使者，立刻就通过驿馆快马把情况奏闻朝廷。汉武帝听到这一消息，害怕他们是用诈降来偷袭边区，就命令霍去病率兵前往迎候。休屠王中途后悔降汉，浑邪王就杀死了他，吞并了他的部众。霍去病已经渡过黄河，与浑邪王的部众遥遥相望。浑邪王的副将看见汉军，而大多不愿意投降，纷纷逃跑。霍去病于是飞马驰入，得以同浑邪王相见，斩杀掉想逃跑的八千人，当即单独护送浑邪王乘坐朝廷的驿车先去汉武帝巡视所停留的处所，然后统领全部部众渡过黄河。这次投降的，共计四万多人，号称十万。他们来到长安后，汉武帝赏赐的钱物，多达数十万。封授浑邪王食邑一万户，为漯阴侯，封授他的副王呼毒尼等四人均为列侯。加封霍去病食邑一千七百户。

浑邪之降也，汉发车二万乘以迎之，县官无钱，从民贳马。民或匿马，马不具。上怒，欲斩长安令，右内史汲黯曰："长安令无罪，独斩臣黯，民乃肯出马。且匈奴畔其主而降汉，汉徐以县次传之，何至令天下骚动，罢敝中国而以事夷狄之人乎！"上默然。及浑邪至，贾人与市者坐当死五百馀人。黯请间见高门，曰："夫匈奴攻当路塞，绝和亲，中国兴兵诛之，死伤者不可胜计，而费以巨万百数。臣愚以为陛下得胡人，皆以为奴婢，以赐从军死事者家，所卤获，因予之，以谢天下之苦，塞百姓之心。今纵不能，浑邪率数万之众来降，虚府库赏赐，发良民侍养，譬若奉骄子。愚民安知市买长安中物，而文吏绳以为阑出财物于边关乎！陛下纵不能得匈奴之资以谢天下，又以微文杀无知者五百馀人，是所谓'庇其叶而伤其枝'者也。臣窃为陛下不取也。"上默然不许，曰："吾久不闻汲黯之言，今又复妄发矣。"

居顷之，乃分徙降者边五郡故塞外，而皆在河南，因其故俗为五属国。而金城河西，西并南山至盐泽，空无匈奴，匈奴时有候者到而希矣。

三年秋，匈奴入右北平、定襄，各数万骑，杀略千馀人。汉既得浑邪王地，陇西、北地、上郡益少胡寇，诏减三郡

浑邪王这次投降,汉朝要调集两万辆车去迎候。朝廷无钱买马,就向老百姓赊购马匹。有的老百姓把马藏匿起来,结果马匹不够用。汉武帝大怒,要斩杀长安县令,右内史汲黯说:"长安县令没有罪,只有斩杀臣下我汲黯,百姓才肯献出马匹。况且这些匈奴人背叛他们的国主而投降我朝,只要用各地的驿马依次送来也就行了,何至于让天下骚扰搅动,使中原疲惫凋敝,来事奉这些夷狄呢?"汉武帝听后沉默不语。等到浑邪王来到长安时,与匈奴人交易而犯死罪的商人多达五百人。汲黯请求汉武帝在未央宫的高门殿接见他,面奏说:"匈奴攻掠地处通道的要塞,断绝同汉朝的和亲,汉朝兴兵讨伐它,死伤的将士数不过来,而费用也用好几百万来计算。臣下我愚昧地认为,陛下获得的匈奴人,都应作为奴婢,来赏赐给从军为国捐躯的那些人家;所缴获的物品,也顺便赐给他们,借此来补偿天下的困苦,安慰百姓的心绪。现今即使做不到,而浑邪王率领数万部众来投降汉朝,汉朝却倾尽府库赏赐他们,征发良民去服侍奉养他们,就好像对待家中的骄子。愚昧的百姓哪里知道买卖长安城中的物品,会被玩弄法律的官吏按照妄将财物带出边关来论罪呢!陛下您即使不能做到分发匈奴的物资来补偿天下,又用一条细微的法律条文滥杀无知愚民五百人,这正是常言所说'庇护树的叶片而损伤树的枝干'啊。臣下我私下替陛下感到很不可取。"汉武帝听后沉默不语,但不应允汲黯的这一请求,发话说:"我很长时间没有听到汲黯的议论了,现今他又乱说一通了。"

　　过了不久,汉武帝就把匈奴的降众分别迁徙,充实边境,安顿在陇西等五郡的旧边塞之外,而都不出黄河以南地区,并按照匈奴的习俗划分为五个附属国。这样,从金城、河西,一直往西,沿南山到盐泽,都没有匈奴的踪影了,匈奴定时有探马前来,但也逐渐稀少了。

　　三年(前120)秋季,匈奴侵入右北平、定襄郡,每处各有数万骑兵,残杀劫掠一千多人。汉朝已经辖领了浑邪王的领地,陇西、北地、上郡越来越少遭匈奴的侵扰,汉武帝下诏,减掉这三个郡

戍卒之半,以宽天下之繇。

四年,上与诸将议曰:"翕侯赵信为单于画计,常以为汉兵不能度幕轻留。今大发士卒,其势必得所欲。"乃粟马十万,令大将军青、票骑将军去病各将五万骑,私负从马复四万匹,步兵转者踵军后又数十万人,而敢力战深入之士皆属票骑。票骑始为出定襄,当单于。捕虏言单于东,乃更令票骑出代郡,令大将军出定襄。郎中令李广数自请行,天子以为老,弗许,良久,乃许之,以为前将军。太仆公孙贺为左将军,主爵都尉赵食其为右将军,平阳侯曹襄为后将军,皆属大将军。赵信为单于谋曰:"汉兵既度幕,人马罢,匈奴可坐收虏耳。"乃悉远北其辎重,以精兵待幕北。

大将军青既出塞,捕虏知单于所居,乃自以精兵走之,而令前将军广并于右将军军,出东道。东道回远而水草少,广自请曰:"臣部为前将军,今大将军乃徙令臣出东道。且臣结发而与匈奴战,今乃一得当单于,臣愿居前,先死单于。"大将军亦阴受上诫,以为"李广老,数奇,毋令当单于,恐不得所欲"。而公孙敖新失侯,大将军亦欲使敖与俱当单于,故徙前将军广。广知之,固自辞于大将军,大将军不听,广不谢而起行,意甚愠怒。

大将军出塞千馀里,度幕,见单于兵陈而待。于是大将军令武刚车自环为营,而纵五千骑往当匈奴,匈奴亦纵

的一半戍卒，来宽解天下的徭役负担。

四年（前119），汉武帝同各位将领谋议说："翕侯赵信替匈奴单于出谋划策，常认为汉军不能够渡越沙漠，轻易久留。如今大规模调发士卒进击，必定能够达到我们的目的。"于是征用战马十万匹，命令大将军卫青、骠骑将军霍去病分别率领五万骑兵，将士们所私带的战马又有四万匹，跟在骑兵后面转运粮草的步兵又有数十万人，而敢拼死作战深入敌境的勇士都归霍去病指挥。霍去病原定由定襄出塞，正面进攻单于。突然捉到俘虏说单于在东面，于是改令霍去病由代郡出塞，命大将军卫青由定襄出塞。郎中令李广屡次自请出征，汉武帝认为他年纪已老，不批准，许久才答应他，任命他为前将军。并任命太仆公孙贺为左将军，主爵都尉赵食其为右将军，平阳侯曹襄为后将军，都归大将军卫青指挥。赵信替匈奴单于谋划说："汉军既已渡过沙漠，人马必定疲乏，匈奴可以坐等俘获他们。"单于于是把辎重粮物都运到更远的北方，把精兵留在漠北等待汉军。

大将军卫青已经出塞，抓到俘虏了解到单于所在的地点，就自带精兵去追击，而命前将军李广合并到右将军赵食其的军中，由东路进发。东路迂回遥远水草又少，李广自动请战说："下臣我被署任为前将军，现下大将军竟改派我由东路进发。况且我从少年时就一直同匈奴作战，到今天才第一次有机会直接面对单于，我愿意打前锋，为国献身，抓到单于。"大将军卫青出发前也暗地受过汉武帝的嘱咐，认为李广年纪已老，命数又不吉利，不能叫他直接面对单于，担心达不到既定目的。而公孙敖新近又失去侯爵，大将军卫青也正想让公孙敖与他一起正面与单于作战立功，所以就改派前将军李广到东路。李广了解到其中情由，坚决向大将军卫青推辞不去东路，但卫青拒不应允，李广不拜谢而起身出发，意下十分恼怒。

大将军卫青出塞一千多里，渡过了沙漠，发现单于亲自率领兵众已经摆好军阵等待着自己。于是卫青命令架设武刚兵车自成圆圈形成营垒，派出五千骑兵去直接进击匈奴，匈奴也派出

可万骑。会日且入，大风起，砂砾击面，两军不相见，汉益纵左右翼绕单于。单于视汉兵多而士马尚强，自度战不能如汉兵，单于遂乘六骡，壮骑可数百，直冒汉围，西北驰去。时已昏，汉匈奴相纷拿，杀伤大当。汉军左校捕虏，言"单于未昏而去"。汉军发轻骑夜追之，大将军军因随其后，匈奴兵亦散走。迟明，行二百馀里，不得单于，捕斩首虏万九千级，遂至寘颜山赵信城，得匈奴积粟食军。留一日，悉烧其城馀粟而归。

前将军广与右将军食其军无导，惑失道，后大将军，不及单于战。大将军引还，过幕南，乃遇二将军。大将军使长吏责问广、食其失道状，急责广之幕府对簿。广曰："诸校尉无罪，乃我自失道，吾今自上簿至幕府。"广谓其麾下曰："广结发与匈奴大小七十馀战，今幸从大将军出接单于兵，而大将军徙广部行回远，而又迷失道，岂非天哉！且广年六十馀矣，终不能复对刀笔之吏！"遂引刀自刭。广为人廉，得赏赐辄分其麾下，饮食与士共之，为二千石四十馀年，家无馀财。猿臂，善射，度不中不发。将兵乏绝之处，见水，士卒不尽饮，广不近水，士卒不尽食，广不尝食，士以此爱乐为用。及死，一军皆哭。百姓闻之，知与不知，无老壮皆为垂涕。而右将军独下吏，当死，赎为庶人。

大约一万骑兵迎战。这时正值太阳快要落山，大风刮起，沙土砾石直扑人脸，两军互相看不清。汉军加派人马从左右两翼包抄单于。单于看汉军人多且兵马还很强盛，估计不能抵挡住汉军，于是单于换乘六只快骡，在数百名健壮骑兵的保护下，直接突破汉军包围，朝西北驰去。时辰已近黄昏，汉军和匈奴兵仍然厮杀成一团，双方死伤大致相当。汉军左翼校尉捉住俘虏，俘虏说单于在天未黄昏时就已逃走，汉军派轻骑兵连夜追击，大将军卫青率兵紧跟在后面，匈奴兵也四散逃走。到天快亮时，汉军前进了二百多里，没能抓住单于，捕获斩杀匈奴共一万九千人，于是挺进到寘颜山赵信城，缴获匈奴积储的粮食来供应汉军食用，停留一天，将这座城邑剩馀的粮食全部焚毁，然后撤兵归还。

前将军李广与右将军赵食其没找到向导，迷失了道路，落在大将军主力部队的后面，没赶上同单于交战。大将军卫青领兵撤还，经过漠南，才遇见了这两位将军。卫青派军中长吏责问李广、赵食其迷失道路的情状，催促李广速到大将军幕府对证。李广说："各位校尉没有罪，是我自己迷失了道路，我现在独自向大将军幕府呈递军情簿，承担责任。"转而又对他的部下说："我李广自从少年起，与匈奴进行了大小七十多次战斗。如今有幸随从大将军出征，直接同单于兵马交战，而大将军却改派我李广所统军队，由迂回遥远的东路进发，偏偏又迷失了道路，这难道不是天意吗！况且我李广已经六十多岁了，到最后怎么也不能再去对答那群舞文弄墨的官吏。"于是拔刀自刎。李广为人清廉，得到朝廷赏赐就分给自己的部下，与士兵一起吃饭，担任二千石官员四十多年，家中没有多馀的财产。他生就一副猿猴般的长臂，善于射箭，估计射不中就不发射。在给养困难的情况下，发现有水，士卒没全都喝足，李广就不靠近水；士卒没全都吃饱，李广未曾用餐，将士因此都乐意听他调遣。等到他自刎而死，全军都失声痛哭。百姓听说这个消息，不管认识还是不认识李广的，无论老人或壮年人，都为他垂泪流涕。右将军赵食其一个人被交付司法官员论处，依律应当处死，允许他出钱赎罪，贬为平民。

单于之遁走，其兵往往与汉兵相乱而随单于，单于久不与其大众相得。其右谷蠡王以为单于死，乃自立为单于。十馀日，真单于复得其众，而右谷蠡王乃去其单于号。

票骑将军骑兵车重与大将军军等，而无裨将，悉以李敢等为大校，当裨将，出代、右北平二千馀里，绝大幕，直左方兵，获屯头王、韩王等三人，将军、相国、当户、都尉八十三人，封狼居胥山，禅于姑衍，登临翰海，卤获七万四百四十三级。天子以五千八百户益封票骑将军，又封其所部右北平太守路博德等四人为列侯，从票侯破奴等二人益封，校尉敢为关内侯，食邑，军吏卒为官、赏赐甚多。而大将军不得益封，军吏卒皆无封侯者。

两军之出塞，塞阅官及私马凡十四万匹，而复入塞者不满三万匹。

乃益置大司马位，大将军、票骑将军皆为大司马，定令，令票骑将军秩禄与大将军等。自是之后，大将军青日退而票骑日益贵。大将军故人、门下士多去事票骑，辄得官爵，唯任安不肯。

票骑将军为人，少言不泄，有气敢往。天子尝欲教之孙、吴兵法，对曰："顾方略何如耳，不至学古兵法。"天子为治第，令票骑视之，对曰："匈奴未灭，无以家为也！"由此上益重爱之。然少贵，不省士。其从军，天子为遣太官赍数十乘。既还，重车馀弃粱肉，而士有饥者。其在塞外，卒乏粮或不能自振，而票骑尚穿域蹋鞠，事多此类。大将军为人

匈奴单于这次逃遁,他的兵士往往与汉军相混杂而尾随单于,单于长时间未能同他的部众聚合。匈奴右谷蠡王以为单于已经死去,就自立为单于。过了十多天,那个真单于又与所属部众聚合了,于是右谷蠡王又取消了他的单于称号。

骠骑将军霍去病所统领的骑兵和车辆粮草与大将军卫青这支主力军完全相等,但没配备副将,于是任命李敢等人为大校,职权相当于副将,由代郡、右北平出塞两千多里,越过大漠,与匈奴左部兵马相遇,活捉屯头王、韩王等三人,将军、相国、当户、都尉等官员八十三人,在狼居胥山举行祭天大礼,在姑衍举行告地仪式,登临翰海,宣耀武功,俘获斩杀匈奴共计七万四百四十三人。汉武帝加封骠骑将军霍去病食邑五千八百户,又封授他所统领的右北平太守路博德等四人为列侯,从票侯赵破奴等二人也增加食邑,校尉李敢为关内侯,赐给食邑,军吏士卒封官得赏赐的,也特别多。而大将军卫青未得到加封,他统领的军吏士卒也没有一个封授侯爵的人。

两支主力军这次出塞,在出发地验核登记官府以及私人的战马共计十四万匹,而重新入塞的,不满三万匹。

于是汉武帝增设大司马职位,卫青和霍去病都担任大司马。并定下朝规,让骠骑将军霍去病的品级俸禄与大将军卫青完全相等。从此以后,大将军卫青的地位日渐下降,而霍去病的地位逐日尊贵。卫青的老部下和门客大多离去,转而事奉霍去病,往往得到官职爵位,只有任安不肯这样做。

骠骑将军为人沉默稳重,富有胆气。汉武帝曾想教他孙子和吴子兵法,他对答说:"用兵只是在于谋略怎么样罢了,不至于必定要学古人兵法。"武帝为他营建府第,让他去察看,他对答说:"匈奴还没扫灭,不需要家!"由此武帝更加敬重信任他。但他少年贵盛,不体恤士卒。他领兵出征时,汉武帝派遣负责膳食的太官给他数十车食物。班师时,辎车重竟把剩馀的细米肉类都扔掉,而士卒却有挨饿的。他在塞外,士卒缺乏粮食而士气不振,而他还划定场所踢球玩乐,这样的事有很多。大将军卫青为人

仁,喜士退让,以和柔自媚于上。两人志操如此。

　　是时,汉所杀虏匈奴合八九万,而汉士卒物故亦数万。是后匈奴远遁,而幕南无王庭。汉度河自朔方以西至令居,往往通渠,置田官,吏卒五六万人,稍蚕食匈奴以北。然亦以马少,不复大出击匈奴矣。

　　匈奴用赵信计,遣使于汉,好辞请和亲。天子下其议,或言和亲,或言遂臣之。丞相长史任敞曰:"匈奴新破困,宜可使为外臣,朝请于边。"汉使任敞于单于,单于大怒,留之不遣。是时,博士狄山议以为和亲便,上以问张汤,汤曰:"此愚儒无知。"狄山曰:"臣固愚,愚忠;若御史大夫汤,乃诈忠。"于是上作色曰:"吾使生居一郡,能无使虏入盗乎?"曰:"不能。"曰:"居一县?"对曰:"不能。"复曰:"居一障间?"山自度辩穷且下吏,曰:"能。"于是上遣山乘障,至月馀,匈奴斩山头而去。自是以后,群臣震慑,无敢忤汤者。

　　六年秋九月,冠军景桓侯霍去病薨。天子甚悼之,为冢,像祁连山。

　　元鼎三年,匈奴伊稚斜单于死,子乌维单于立。

　　元封元年冬十月,下诏曰:"南越、东瓯,咸伏其辜;西蛮、北夷,颇未辑睦。朕将巡边垂,躬秉武节,置十二部将军,亲帅师焉。"乃行,自云阳北历上郡、西河、五原,出长城,北登单于台,至朔方,临北河,勒兵十八万骑,旌旗径千馀里,以见武

仁厚，喜好才士，自抑谦让，通过温和柔顺来向汉武帝献媚邀宠。两个人的心志操行，如此不同。

这时候，汉朝所斩杀俘获的匈奴共计八九万人，而汉朝士卒死去的也有数万人。此后匈奴远远逃遁，而漠南没有单于的王庭了。汉军渡过黄河，从朔方郡以西直到令居县，凿通沟渠，设置田官，派五六万人在此屯垦，逐渐蚕食占领匈奴以北的领地，但也因战马少，不再大规模进击匈奴了。

匈奴采用赵信的计策，向汉朝派遣使者，用美好的言辞请求与汉朝和亲。汉武帝把此事交由群臣讨论，有的说应和亲，有的说应乘势让它臣服。丞相长史任敞启奏说："匈奴刚刚被击破，应让它成为外藩臣属，在边塞朝拜请谒。"汉朝派任敞出使单于，说明来意，单于勃然大怒，扣留住他，不送他回朝。这时博士狄山提议，认为和亲合适。汉武帝就此询问张汤，张汤说："这个愚蠢的儒生什么都不懂。"狄山反唇相讥说："我固然愚蠢，可属于愚忠；像他御史大夫张汤，那是诈忠。"这时汉武帝沉下脸色说："我让你这儒生掌管一个郡，你能不使匈奴入侵劫掠吗？"狄山回答说："不能。"汉武帝又说："掌管一个县呢？"狄山回答说："不能。"汉武帝又说："掌管一个要塞呢？"狄山自忖这样追问下去，最后答不上来就要问罪，干脆说："能。"于是汉武帝派遣狄山登要塞防守，防守到一个多月，匈奴斩下狄山脑袋而离去。从此以后，群臣震惊不已，没有再敢顶撞张汤的了。

六年（前117）秋季九月，冠军景桓侯霍去病去世。汉武帝极为悲痛，为他建造高坟，形状就像祁连山。

元鼎三年（前114），匈奴伊稚斜单于死去，他的儿子乌维单于继立。

元封元年（前110）冬季十月，汉武帝下诏说："南越、东瓯全都伏罪，西蛮、北夷还远未和睦。朕将巡视边陲，亲自秉持武功旌节，设置十二部将军，亲统大军到达。"于是出巡，从云阳县北部启程，历经上郡、西河、五原，跨出长城，北登单于台，抵达朔方郡，驾临北河，统领骑兵十八万，旌旗相连一千多里，来显示武功

节，威匈奴。遣使者郭吉告单于曰："南越王头已县于汉北阙。今单于能战，天子自将待边；不能，即南面而臣于汉，何徒远走亡匿于幕北寒苦无水草之地？毋为也！"语卒而单于大怒，立斩主客见者，而留郭吉，迁之北海上。然匈奴亦詟，终不敢出。上乃还。

四年，匈奴自卫、霍度幕以来，希复为寇，远徙北方，休养士马，习射猎，数使使于汉，好辞甘言求请和亲。汉使北地人王乌等窥匈奴，乌从其俗，去节入穹庐，单于爱之，佯许甘言，为遣其太子入汉为质。汉使杨信于匈奴，信不肯从其俗，单于曰："故约汉尝遣翁主，给缯絮食物有品，以和亲，而匈奴亦不扰边。今乃欲反古，令吾太子为质，无几矣。"信既归，汉又使王乌往，而单于复谄以甘言，欲多得汉财物，绐谓王乌曰："吾欲入汉见天子，面相约为兄弟。"王乌归报汉，汉为单于筑邸于长安。匈奴曰："非得汉贵人使，吾不与诚语。"匈奴使其贵人至汉，病，汉予药，欲愈之，不幸而死。汉使路充国佩二千石印绶往使，因送其丧，厚葬，直数千金，曰："此汉贵人也。"单于以为汉杀吾贵使者，乃留路充国不归。诸所言者，单于特空绐王乌，殊无意入汉及遣太子。于是匈奴数使奇兵侵犯汉边，乃拜郭昌为拔胡将军，及浞野侯屯朔方以东，备胡。

旌节,威慑匈奴。特派使者郭吉告知单于说:"南越王的脑袋已经悬挂在汉朝皇宫的北门上。如今单于若能交战,天子自率大军正在边塞等候;不能交战,就立刻朝拜向汉称臣,何必逃到漠北那寒冷困苦、没有水草的地方呢? 不该这样子!"郭吉说完,而单于勃然大怒,当即斩杀了负责接待宾客和引见的官员,扣留住郭吉,把他囚禁在北海。但匈奴也丧失勇气,最终不敢出战,汉武帝于是返归京师长安。

四年(前107),匈奴自卫青、霍去病兵渡沙漠以来,很少再侵扰汉朝,远远迁徙到北方,休整调养士卒战马,加强练习骑射打猎,同时多次派遣使者出使到汉朝,甜言蜜语地请求和亲。汉朝派北地人王乌等充当使者,窥探匈奴动静,王乌随顺匈奴的习俗,放下朝廷旌节住入匈奴的帐篷,单于很喜爱他,假意说要派遣太子入汉当人质。王乌回报,汉朝又派杨信出使到匈奴,杨信不肯随顺匈奴的习俗,单于对他说:"按照旧约,汉朝定期遣送公主,赠给缯帛丝絮、食物各有等次,前来和亲,而匈奴也不侵扰汉朝边塞。如今竟想把旧约倒过来,让我的太子去做人质,那匈奴就剩不下什么了。"杨信返归,汉朝又派王乌前去出使,而单于又拿好话来讨好王乌,一心想得到汉朝更多的财物,就欺骗王乌说:"我想亲自入汉拜见天子,当面相约为兄弟之国。"王乌返归奏报汉廷,汉廷为单于在长安营筑官邸。匈奴又表示:"见不到汉朝级别高的使者,我们就不同他真诚对话。"匈奴派遣它的贵族来到汉朝,生了病,汉朝给他备药,想治愈他,他却不幸死去了。汉朝派路充国佩带二千石高级官员的印章绶带出使匈奴,顺便护送匈奴贵族的灵柩回去,厚礼安葬,价值数千金,并介绍路充国说:"这就是汉朝的高级使者。"单于认为汉朝杀死了他派出的尊贵使者,就扣留住路充国,不让他回朝。单于所说的各种漂亮话,都是故意欺骗王乌,绝对无意亲自入汉及遣送太子来做人质。此后匈奴屡次派遣奇兵侵犯汉朝边塞。汉朝就拜授郭昌为拔胡将军,同浞野侯赵破奴一起屯驻在朔方郡以东地区,防备匈奴。

六年，匈奴乌维单于死，子乌师庐立，年少，号"儿单于"。自此之后，单于益西北徙，左方兵直云中，右方直酒泉、敦煌郡。

太初元年，匈奴儿单于好杀伐，国人不安，又有天灾，畜多死。左大都尉使人间告汉曰："我欲杀单于降汉，汉远，即兵来迎我，我即发。"上乃遣因杅将军公孙敖筑塞外受降城以应之。

二年，上犹以受降城去匈奴远，遣浚稽将军赵破奴将二万馀骑出朔方西北二千馀里，期至浚稽山而还。浞野侯既至期，左大都尉欲发而觉，单于诛之，发左方兵击浞野侯。浞野侯行捕首虏，得数千人，还，未至受降城四百里，匈奴兵八万骑围之。浞野侯夜自出求水，匈奴间捕生得浞野侯。因急击其军，军吏畏亡将而诛，莫相劝归者，军遂没于匈奴。儿单于大喜，因遣奇兵攻受降城，不能下，乃寇入边而去。

三年春正月，匈奴儿单于死，子年少，匈奴立其季父右贤王呴犁湖为单于。

上遣光禄勋徐自为出五原塞数百里，远者千馀里，筑城、障，列亭，西北至庐朐，而使游击将军韩说、长平侯卫伉屯其旁；使强弩都尉路博德筑居延泽上。秋，匈奴大入定襄、云中，杀略数千人，败数二千石而去，行破坏光禄所筑城、列亭、障。又使右贤王入酒泉、张掖，略数千人。会军正任文击救，尽复失所得而去。

六年(前105),匈奴乌维单于死去,他的儿子乌师庐继立,因年纪幼小,号称儿单于。从此以后,单于更往西北迁徙,左部兵锋正面对云中郡,右部兵锋正面对酒泉、敦煌郡。

太初元年(前104),匈奴儿单于喜好杀掠攻伐,国内人民惴惴不安,又遭受天灾,牲畜大多死亡。匈奴左大都尉派人偷偷告知汉朝说:"我准备杀掉单于,归降汉朝。汉朝距离遥远,请立即发兵来接应我,我就马上行动。"汉武帝于是派遣因杆将军公孙敖营筑塞外的受降城,来接应匈奴左大都尉。

二年(前103),汉武帝还觉得受降城离匈奴太远了,于是又派遣浚稽将军赵破奴率领两万多名骑兵由朔方郡出塞,朝西北挺进两千多里,预定抵达浚稽山后再撤还。浞野侯赵破奴既按预定计划到达,左大都尉准备行动却走漏了风声,单于杀死了他,并调集右部人马攻打赵破奴。浞野侯赵破奴迎战,俘获并斩杀匈奴数千人,撤退途中,距离受降城还有四百多里时,被匈奴八万骑兵包围。赵破奴夜里亲自出去找水,被匈奴的巡逻捉住。单于乘势猛烈攻击汉军,汉军军吏害怕丧失了主将会依律处斩,没有人出面勉励士卒突围回朝的,于是全军覆没。匈奴儿单于十分喜悦,乘势派遣奇兵去攻打受降城,攻不下来,就侵入边境,劫掠离去。

三年(前102)春季正月,匈奴儿单于死去,因为他的儿子年龄小,匈奴拥立他的叔父、右贤王呴犁湖为单于。

汉武帝派遣光禄勋徐自为由五原出塞,近的数百里,远的一千多里,修筑城堡、要塞、众亭台,西北直达庐朐这座要塞为止,并派游击将军韩说、长平侯卫伉屯驻在附近;又派遣了强弩都尉路博德在居延泽筑城防守。秋季,匈奴大举入侵定襄、云中二郡,残杀劫掠数千人,击败了好几个汉朝二千石官员之后才离去,沿途还破坏光禄勋徐自为所营筑的城堡、众亭台和要塞。匈奴又派右贤王侵入酒泉郡、张掖郡,劫掠数千人而去。正逢汉军军正任文率兵前来迎击救援,匈奴又全部丢掉了所劫掠的战利品离去。

四年冬，匈奴呴犁湖单于死，匈奴立其弟左大都尉且鞮侯为单于。天子欲因伐宛之威遂困胡，乃下诏曰："高皇帝遗朕平城之忧，高后时，单于书绝悖逆。昔齐襄公复九世之仇，《春秋》大之。"且鞮侯单于初立，恐汉袭之，乃曰："我儿子，安敢望汉天子。汉天子，我丈人行也。"因尽归汉使之不降者路充国等，使使来献。

天汉元年三月，上嘉匈奴单于之义，遣中郎将苏武送匈奴使留在汉者，因厚赂单于，答其善意。武与副中郎将张胜及假吏常惠等俱，既至匈奴，置币遗单于。单于益骄，非汉所望也。

会缑王与长水虞常等及卫律所将降者，阴相与谋劫单于母阏氏归汉。卫律者，父故长水胡人，律善协律都尉李延年，延年荐言律使于匈奴，使还，闻延年家收，遂亡降匈奴。单于爱之，与谋国事，立为丁灵王。虞常在汉时素与副张胜相知，私候胜曰："闻汉天子甚怨卫律，常能为汉伏弩射杀之。吾母、弟在汉，幸蒙其赏赐。"张胜许之，以货物与常。后月馀，单于出猎，独阏氏、子弟在，虞常等七十馀人欲发，其一人夜亡告之。单于子弟发兵与战，缑王等皆死，虞常生得。单于使卫律治其事。张胜闻之，恐前语发，以状语武。武曰："事如此，此必及我，见犯乃死，重负国。"欲自杀，胜、惠共止之。虞常果引张胜，单于怒，召诸贵人

四年(前101)冬季，匈奴呴犁湖单于死去，匈奴拥立他的弟弟、左大都尉且鞮侯为单于。汉武帝想乘讨伐大宛国的威势困扰匈奴，于是下达诏书说："高祖皇帝留给我平城被围的遗恨，高后时单于上书言辞又极其悖逆不道。从前齐襄公报却了九世先祖的深仇，《春秋》褒扬他的举动。"且鞮侯单于刚刚即位，担心汉朝袭击他，于是上书说："我是儿子辈，哪里敢想冒犯汉朝天子。汉朝天子，那是我的长辈呀！"就便送还宁死不投降的路充国等汉朝使者，并派使者前来贡献匈奴的特产。

　　天汉元年(前100)三月，汉武帝赞赏匈奴单于的义举，派遣中郎将苏武送回被扣留在汉朝的匈奴使者，顺便携带厚礼送给单于，来答谢他的好意。苏武与副中郎将张胜以及兼职官吏常惠等人一齐前往，到达匈奴后，摆设开钱币物品，面赠单于。单于越来越骄傲，与汉朝所希望的那样大不相同。

　　适逢匈奴缑王与早先失陷于匈奴的长水人汉使虞常等人以及卫律所率投降匈奴的汉人，暗中密谋劫持单于的母后阏氏，归降汉朝。卫律的父亲原是长水的匈奴人，卫律与汉朝协律都尉李延年要好，李延年荐举卫律出使匈奴，完成使命还朝时，听说李延年全家被捕入狱，卫律就逃跑投降了匈奴。单于很喜爱他，与他计议军国大事，封他为丁灵王。虞常在汉朝时一向与副中郎将张胜很投机，私下对张胜说："听说汉朝天子十分怨恨卫律，我能够替汉朝埋伏好弓箭手射杀他。可我母亲与弟弟都在汉朝，希望他们能蒙受汉朝的照拂。"张胜答应了虞常的要求，把货物送给虞常先作酬谢。过后一个多月，单于出去打猎，只有阏氏、子弟留在王庭，虞常等七十多人准备行动，其中有个人夜间逃出，告发了他们。单于子弟就发兵与虞常等人交战，缑王等人都被杀死，虞常被活捉。单于让卫律审讯此案。张胜听说这一消息，担心上次同虞常的密谈会被披露，把情况告诉苏武。苏武说："事情闹到这种地步，一定会牵连上我这位正使，如果受到凌辱再死，那就大大辜负了国家的委托。"说完打算自杀，张胜、常惠一起劝阻他。虞常果然供出了张胜，单于听后大怒，召集众位贵族

议,欲杀汉使者。左伊秩訾曰:"即谋单于,何以复加!宜皆降之。"单于使卫律召武受辞。武谓惠等:"屈节辱命,虽生,何面目以归汉!"引佩刀自刺。卫律惊,自抱持武,驰召医,凿地为坎,置煴火,覆武其上,蹈其背以出血。武气绝,半日复息。惠等哭,舆归营。单于壮其节,朝夕遣人候问武,而收系张胜。

武益愈,单于使使晓武,欲降之。会论虞常,欲因此时降武。剑斩虞常已,律曰:"汉使张胜谋杀单于近臣,当死,单于募降者,赦罪。"举剑欲击之,胜请降。律谓武曰:"副有罪,当相坐。"武曰:"本无谋,又非亲属,何谓相坐!"复举剑拟之,武不动。律曰:"苏君!律前负汉归匈奴,幸蒙大恩,赐号称王,拥众数万,马畜弥山,富贵如此!苏君今日降,明日复然。空以身膏草野,谁复知之?"武不应。律曰:"君因我降,与君为兄弟;今不听吾计,后虽欲复见我,尚可得乎!"武骂律曰:"汝为人臣子,不顾恩义,畔主背亲,为降虏于蛮夷,何以汝为见!且单于信汝,使决人死生,不平心持正,反欲斗两主,观祸败。南越杀汉使者,屠为九郡;宛王杀汉使者,头县北阙;朝鲜杀汉使者,即时诛灭;独匈奴未耳。若知我不降,明欲令两国相攻,匈奴之祸从我始矣。"律知武终不可胁,白单于,单于愈益欲降之,乃幽武置

商议，准备杀掉汉朝使者。左伊秩訾这位官员说："想谋害单于，还有什么处罚能更重呢！杀是便宜他们，应该都让他们投降。"单于派卫律召见苏武传达旨意，苏武对常惠等人说："折屈节操，有辱国家使命，即使仍存活世上，还有什么脸面返归汉朝呢！"抽引佩刀就自刺胸膛。卫律大惊，一把抱住苏武，飞快召来医生，掘地形成坑坎，里面放上温火，把苏武伏身放在坑沿上，捶打他的背部来放出瘀血。苏武停止呼吸，半天才恢复。常惠等人痛哭流涕，用车把他运回营地。单于很赞赏苏武的气节，朝夕派人探望苏武，囚禁了张胜。

苏武的伤势日渐好转，单于派使者劝谕苏武，想叫他归降。正赶上论处虞常，打算借此机会威胁苏武归降。挥剑斩杀虞常后，卫律说："汉朝使者张胜谋杀单于的亲近大臣，本应处死，但单于要招降的人，可以免罪。"说完举剑就要刺张胜，张胜请求投降。卫律对苏武说："副使有罪，正使应连坐受罚。"苏武说："我原本未参与密谋，又非张胜的亲属，说什么连坐受罚！"卫律又举剑做出击刺的动作，苏武纹丝不动。卫律说："苏君！我以前背叛汉朝归降匈奴，万幸蒙受大恩，赐号称王，辖领部众数万，马匹牲畜布满山野，富贵到如此程度！苏君今天归降，明天就和我一个样。白白用身体来做草野肥料，谁又会知道呢？"苏武干脆不回话。卫律又说："您顺从我归降，我与您如同兄弟；现下不听我的劝告，日后尽管想再见我，还能做得到吗！"苏武痛骂卫律说："你身为汉朝臣子，不念天子恩义，背叛君主和亲人，在蛮夷做投降贼，我凭什么要同你相见！况且单于信任你，叫你决断他人的生死，你不平心主持公正，反而想让两国君主由此争斗起来，坐观成败。南越国诛杀汉朝使者，被大兵扫平，划成九个郡；大宛国王诛杀汉朝使者，他的脑袋悬挂在汉宫北门；朝鲜诛杀汉朝使者，当即就被诛灭；如今只有匈奴还没到这地步罢了。你是知道我不会投降的，却逼迫我，这明明是想让两国相互攻伐。匈奴的灾祸就从我这里开始了。"卫律很清楚苏武始终不会胁迫就范，就禀告单于。单于越发想叫苏武归降，于是幽禁苏武，把他安顿在

大窖中，绝不饮食。天雨雪，武卧，啮雪与旃毛并咽之，数日不死。匈奴以为神，乃徙武北海上无人处，使牧羝，曰："羝乳乃得归。"别其官属常惠等，各置他所。

涊野侯赵破奴自匈奴亡归。

二年夏五月，遣贰师将军广利以三万骑出酒泉，击右贤王于天山，得胡首虏万馀级而还。匈奴大围贰师将军，汉军乏食数日，死伤者多。假司马陇西赵充国与壮士百馀人溃围陷陈，贰师引兵随之，遂得解。汉兵物故什六七，充国身被二十馀创。贰师奏状，诏征充国诣行在所，帝亲见，视其创，嗟叹之，拜为中郎。汉复使因杆将军敖出西河，强弩都尉路博德会涿涂山，无所得。

初，李广有孙陵，为侍中，善骑射，爱人下士。帝以为有广之风，拜骑都尉，使将丹阳、楚人五千人，教射酒泉、张掖以备胡。及贰师击匈奴，上诏陵，欲使为贰师将辎重。陵叩头自请曰："臣所将屯边者，皆荆楚勇士、奇材、剑客也，力扼虎，射命中，愿得自当一队，到兰于山南以分单于兵，毋令专乡贰师军。"上曰："将恶相属邪？吾发军多，无骑予女。"陵对："无所事骑，臣愿以少击众，步兵五千人涉单于庭。"上壮而许之，因诏路博德将兵半道迎陵军。博德亦羞为陵后距，奏言："方秋，匈奴马肥，未可与战，愿留陵

大窖中，断绝饮食供应。天降大雪，苏武仰卧地上，口接雪花，手抓衣服上的毡毛与雪一起咽下去，接连数日，竟然未死。匈奴人认为苏武简直是神人，于是把苏武迁移到北海边上没有人住的地方，叫他放牧公羊，说："公羊产奶时，你才能返归汉朝。"匈奴还划分开苏武的随从官属常惠等人，各自安顿在其他处所。

这一年，浞野侯赵破奴从匈奴逃脱回来。

二年(前99)夏季五月，汉武帝派遣贰师将军李广利率领三万骑兵由酒泉郡出塞，在天山进击匈奴右贤王，斩杀俘获匈奴一万多人撤还。匈奴半途重兵包围贰师将军，汉军缺乏粮食好多天，死伤的人很多。兼任行军司马的陇西人赵充国与壮士一百多人冲开包围圈的缺口，攻破敌阵阵角，李广利引兵紧随其后，于是得以解围。这次战役，汉军死亡十分之六七，赵充国身受二十多处战伤。李广利奏明情况，汉武帝下诏，征召赵充国到皇帝的临时住处。汉武帝亲自接见，察看他的伤口，感叹不已，拜授他为中郎。汉朝又派因杅将军公孙敖由西河出塞，与强弩都尉路博德在涿涂山会师，但没有取得战果。

当初，李广有个孙儿叫李陵，官任侍中，非常擅长骑马射箭，爱护部属，礼敬士人。汉武帝认为他有祖父李广的遗风，拜授骑都尉，派他率领丹阳楚地五千人，在酒泉、张掖一带教习演练骑马射箭，防备匈奴。等到贰师将军李广利出击匈奴时，汉武帝下诏，打算让李陵为李广利运送粮草。李陵叩头请求说："臣下我所统领的屯驻边塞的将士，都是荆楚地区的勇士、奇才、剑客，力大能扼住猛虎，射箭百发百中，愿能自成一支部队，到兰于山南侧，分散单于的兵力，不要让匈奴全力对抗贰师将军的大军。"汉武帝说："你是不愿意做别人的部下吧！我这次发兵太多，没有骑兵拨给你。"李陵对答说："不需要骑兵供调遣，臣下我愿意以少击众，带领步兵五千人直捣那单于王庭！"汉武帝深感其壮志可嘉，就答应了李陵的请求，随后下诏，命路博德率兵在中途接应李陵的部队。路博德也为替李陵断后感到羞耻，就上奏说："现下正值秋季，匈奴马匹肥壮，不能与它交战。希望暂留李陵，

至春俱出。"上怒,疑陵悔不欲出而教博德上书,乃诏博德引兵击匈奴于西河;诏陵以九月发,出遮虏障,至东浚稽山南龙勒水上,徘徊观虏,即无所见,还,抵受降城休士。陵于是将其步卒五千人,出居延,北行三十日,至浚稽山止营,举图所过山川地形,使麾下骑陈步乐还以闻。步乐召见,道陵将率得士死力,上甚悦,拜步乐为郎。

陵至浚稽山,与单于相值,骑可三万,围陵军。军居两山间,以大车为营,陵引士出营外为陈,前行持戟、盾,后行持弓、弩。虏见汉军少,直前就营。陵搏战攻之,千弩俱发,应弦而倒,虏还走上山,汉军追击杀数千人。单于大惊,召左、右地兵八万馀骑攻陵。陵且战且引南行,数日,抵山谷中。连战,士卒中矢伤,三创者载辇,两创者将车,一创者持兵战,复斩首三千馀级。引兵东南,循故龙城道行四五日,抵大泽葭苇中。虏从上风纵火,陵亦令军中纵火以自救。南行至山下,单于在南山上,使其子将骑击陵。陵军步斗树木间,复杀数千人,因发连弩射单于,单于下走。是日捕得虏,言"单于曰:'此汉精兵,击之不能下,日夜引吾南近塞,得无有伏兵乎?'诸当户君长皆言:'单于自将数万骑击汉数千人不能灭,后无以复使边臣,令汉益轻匈奴。复力战山谷间,尚四五十里,得平地,不能破,乃还。'"

到开春再一起出兵。"汉武帝大怒,怀疑李陵后悔,不想出兵而故意让路博德上书推辞,于是下诏,命路博德领兵到西河进击匈奴;命李陵在九月份出发,越过遮虏障这座要塞,一直到东浚稽山南侧的龙勒水边上,徘徊查找匈奴,如果一无所见,才能撤还,抵达受降城休整士卒。李陵于是率领他的五千步兵由居延县出塞,朝北进军三十天,到浚稽山扎营,把所经过的山川地形依次绘成地图,派帐下骑兵陈步乐回朝奏闻。陈步乐被汉武帝召见,当面禀报李陵能赢得士卒的拼死效力,汉武帝听后十分高兴,封拜陈步乐为郎官。

李陵到达浚稽山,与单于正面相遇,单于骑兵大约有三万人,包围了李陵的部队。李陵把部队部署在两山之间,用战车搭成营垒,李陵率猛士到营垒外围摆下阵势,前排都手持戟盾,后排都手持弓弩。匈奴见汉军人少,就直冲过来逼近营垒。李陵率前排猛士肉搏血战,迎击匈奴,后排弓弩一齐发射,马背上的匈奴士兵应弦倒毙。匈奴退走,跑到山上,汉军紧紧追击,又杀死数千人。单于大惊失色,调集左右两地的骑兵八万多人进攻李陵。李陵一边迎战,一边引兵向南撤退,数日后进入山谷中。由于连续交战,士卒中箭受伤,伤有三处的推轻车,伤有两处的拉重车,伤有一处的拿兵器战斗,又斩杀敌军三千多人。李陵领兵向东南转移,沿着龙城旧路行走了四五天,到达一大片沼泽地的芦苇丛中,匈奴兵从上风放火,李陵也命军士在周围放火烧掉芦苇来自救。再往南撤到山底下,单于站在南山上,派他的儿子率领骑兵进攻李陵。李陵全军将士在树木之间穿步战斗,又杀死数千人,乘势发射连弩箭直射单于,单于下山逃避。这天抓到匈奴的俘虏,俘虏讲:"单于曾说:'这是汉朝的精兵,攻他们攻不下来,日夜牵引我们往南追,步步靠近汉朝边塞,是不是设有伏兵呢?'众位当户首领都说:'单于您亲自率领数万名骑兵,追击汉军几千人却不能歼灭他们,日后无法再指挥边地臣属,让汉朝更加轻视匈奴。不如在山谷间拼死攻战,还有四五十里他们才能到平地,那时仍未攻破,我们再撤兵。'"

是时陵军益急。匈奴骑多,战一日数十合,复伤杀虏二千馀人。虏不利,欲去,会陵军候管敢为校尉所辱,亡降匈奴,具言:"陵军无后救,射矢且尽,独将军麾下及校尉成安侯韩延年各八百人为前行,以黄与白为帜。当使精骑射之即破矣。"单于得敢大喜,使骑并攻汉军,疾呼曰:"李陵、韩延年趣降!"遂遮道急攻陵。陵居谷中,虏在山上,四面射,矢如雨下。汉军南行,未至鞮汗山,一日五十万矢皆尽,即弃车去。士尚三千馀人,徒斩车辐而持之,军吏持尺刀,抵山入狭谷。单于遮其后,乘隅下垒石,士卒多死,不得行。昏后,陵便衣独步出营,止左右:"毋随我,丈夫一取单于耳!"良久,陵还,太息曰:"兵败,死矣!"于是尽斩旌旗,及珍宝埋地中,陵叹曰:"复得数十矢,足以脱矣。今无兵复战,天明,坐受缚矣。各鸟兽散,犹有得脱归报天子者。"令军士人持二升糒,一片冰,期至遮虏障者相待。夜半时,击鼓起士,鼓不鸣。陵与韩延年俱上马,壮士从者十馀人,虏骑数千追之,韩延年战死,陵曰:"无面目报陛下!"遂降。军人分散,脱至塞者四百馀人。

陵败处去塞百馀里,边塞以闻。上欲陵死战,后闻陵降,上怒甚,责问陈步乐,步乐自杀。群臣皆罪陵,上以问太史令司马迁,迁盛言:"陵事亲孝,与士信,常奋不顾身以徇国家之急,其素所畜积也,有国士之风。今举事一不幸,

这时，李陵的部队越发危急。匈奴骑兵众多，苦战一天数十个回合，又杀伤匈奴两千多人。匈奴久战不胜，准备离去，偏巧李陵属下的军候管敢被校尉所凌辱，逃出来投降匈奴，详细告密说："李陵的部队没有后援，弓箭也快射光了，只有将军的帐下以及校尉成安侯韩延年各率领八百人在前开路，用黄旗和白旗做标识，应该派精锐骑兵猛射他们，这样就能一举击破了。"单于获得管敢这个降贼大喜过望，派骑兵一齐围攻汉军，疾声呼喊说："李陵、韩延年快快投降！"于是堵住山道加紧围攻李陵。李陵处在山谷中，匈奴在山上，四面射箭，箭如雨下。汉军继续朝南撤，还差一天到达鞮汗山，五十万支箭都已射光，就丢下兵车继续撤。军士还有三千多人，只砍下车轴带上，军吏执持短刀，靠山边进入狭谷。单于切断汉军的后路，顺山崖投下大石块，士卒大多被砸死，不能行进。黄昏以后，李陵穿便衣独自步行出营，止住左右说："不要跟着我，大丈夫就要一个人活捉单于！"过了许久，李陵回到营中，长叹道："我们兵败，将要死在这里了！"于是把旌旗全部砍碎，同珍宝一起埋在地下，李陵叹息说："再有数十支箭，就足以脱围了。现下没有武器再交锋，到天亮，坐等被擒了。大家各自逃命吧，或许有人能脱身回去奏报天子。"于是命令军士各带两升干粮，一块冰，约定到遮房障的人，要相互在那里等候。夜半时分，擂击战鼓让军士动身，但鼓破擂不响。李陵与韩延年全都上马，随从的壮士有十多个人，匈奴派出数千名骑兵追击他们，韩延年战死，李陵感叹说："我没有脸面报答陛下了！"于是投降匈奴。军中其他人分散突围，脱身到达边塞的有四百多人。

李陵兵败的地方，距离边塞一百多里，边塞把情况奏闻朝廷。汉武帝本希望李陵决一死战，后来听说李陵投降，十分恼怒，就责问陈步乐，陈步乐自杀。朝中群臣都认为李陵有罪，汉武帝就此事询问太史令司马迁，司马迁极力申述说："李陵侍奉父母非常孝敬，对待将士讲信义，经常奋不顾身，奔赴国家的急难，这是他平素的志向，大有国士的风采。如今痛遭不幸，

全躯保妻子之臣随而媒蘖其短，诚可痛也！且陵提步卒不满五千，深蹂戎马之地，抑数万之师，虏救死扶伤不暇，悉举引弓之民共攻围之。转斗千里，矢尽道穷，士张空弮，冒白刃，北首争死敌，得人之死力，虽古名将不过也。身虽陷败，然其所摧败亦足暴于天下。彼之不死，宜欲得当以报汉也。"上以迁为诬罔，欲沮贰师，为陵游说，下迁腐刑。久之，上悔陵无救，曰："陵当发出塞，乃诏强弩都尉令迎军。坐预诏之，得令老将生奸诈。"乃遣使劳赐陵馀军得脱者。

　　三年秋，匈奴入雁门。太守坐畏愞弃市。

　　四年春正月，发天下七科谪及勇敢士，遣贰师将军李广利将骑六万、步兵七万出朔方；强弩都尉路博德将万馀人与贰师会；游击将军韩说将步兵三万人出五原；因杅将军公孙敖将骑万、步兵三万人出雁门。匈奴闻之，悉远其累重于余吾水北，而单于以兵十万待水南，与贰师接战。贰师解而引归，与单于连斗十馀日。游击无所得。因杅与左贤王战，不利，引归。时上遣敖深入匈奴迎李陵，敖军无功还，因曰："捕得生口，言李陵教单于为兵以备汉军，故臣无所得。"上于是族陵家。既而闻之，乃汉将降匈奴者李绪，非陵也。陵使人刺杀绪，大阏氏欲杀陵，单于匿之北方，

那些保全身躯和妻子儿女的朝臣随后就编造他的过失,实在令人痛心!况且李陵率领的步卒不满五千人,深入戎马奔驰的沙场,抗击数万敌军,把匈奴打得都来不及救扶死伤之人,调动全部能拉弓射箭的臣民共同攻打围困他。他率领军队转战千里,箭射尽,路被阻,将士张布空弓,甘冒敌军锋利的兵刃,面向北方,争相与敌军战死,能够让部下这样出死力报国,即使是古代的名将,也超不过他。他尽管被俘兵败,但他对匈奴的痛击也足可显扬天下。他不战死却投降,想必是等待时机来报效汉朝呢!"汉武帝认为司马迁纯属诬蔑欺骗,是想贬损贰师将军李广利而替李陵辩解开脱,就把司马迁下狱,处以宫刑。过了许久,汉武帝懊悔李陵没有救兵增援,醒悟说:"应该在李陵进发出塞时,下诏命令强弩都尉路博德去接应该军才对。因我预先下诏,使得路博德这个老将才要弄出奸诈来。"于是派遣使者去慰劳赏赐李陵馀部逃脱回来的人。

三年(前98)秋季,匈奴侵入雁门郡。太守因怯懦惧敌获罪,腰斩处死。

四年(前97)春季正月,征发天下七种必须服兵役的人和勇敢之士,派遣贰师将军李广利率领骑兵六万人、步兵七万人由朔方郡出塞,强弩都尉路博德率领一万多人与李广利会合,游击将军韩说率领步兵三万人由五原郡出塞,因杅将军公孙敖率领骑兵一万人、步兵三万人由雁门郡出塞。匈奴听到这些消息,把妇女儿童和财产物品都远远转移到余吾水北面,而单于领兵十万人在水南列阵等待,与李广利接战。李广利与匈奴连续激战十多天,匈奴逃散,李广利也引兵撤还。韩说所部也没获什么战果。公孙敖与匈奴左贤王交战,失利退兵。当时汉武帝派遣公孙敖深入匈奴腹地去接回李陵,公孙敖无功撤回,因而奏告说:"抓到匈奴俘虏,俘虏说李陵教单于训练军队来防备汉军,所以臣下我一无所获。"汉武帝于是诛灭了李陵的全宗族。事后听说,出主意的是投降匈奴的汉将李绪,不是李陵。李陵派人刺杀了李绪,单于母后大阏氏要杀李陵,单于把李陵藏匿在北方,

大阏氏死，乃还。单于以女妻陵，立为右校王，与卫律皆贵用事。卫律常在单于左右，陵居外，有大事乃入议。

太始元年，匈奴且鞮侯单于死。有两子，长为左贤王，次为左大将。左贤王未至，贵人以为有病，更立左大将为单于。左贤王闻之，不敢进，左大将使人召左贤王而让位焉。左贤王辞以病，左大将不听，谓曰："即不幸死，传之于我。"左贤王许之，遂立，为狐鹿姑单于，以左大将为左贤王。数年，病死，其子先贤掸不得代，更以为日逐王。单于自以其子为左贤王。

征和二年九月，匈奴入上谷、五原，杀掠吏民。

三年春正月，匈奴入五原、酒泉，杀两都尉。三月，遣李广利将七万人出五原，商丘成将二万人出西河，马通将四万骑出酒泉，击匈奴。夏五月，匈奴单于闻汉兵大出，悉徙其辎重北邸郅居水。左贤王驱其人民度余吾水六七百里，居兜衔山，单于自将精兵度姑且水。商丘成军至，追邪径，无所见，还。匈奴使大将与李陵将三万馀骑追汉军，转战九日，至蒲奴水，虏不利，还去。马通军至天山，匈奴使大将偃渠将二万馀骑要汉兵，见汉兵强，引去。通无所得失。是时，汉恐车师兵遮马通军，遣开陵侯成娩将楼兰、尉犁、危须等六国兵共围车师，尽得其王民众而还。贰师将军出塞，匈奴使右大都尉与卫律将五千骑要击汉军于夫羊句山狭，贰师击破之，乘胜追北至范夫人城，匈奴奔走，莫敢距敌。

直到大阏氏死去，才让李陵回到王庭。单于把女儿嫁给李陵，封立他为右校王，与卫律都尊贵、掌权。卫律常在单于左右侍候，李陵驻外地，遇有军国大事就身入王庭计议。

太始元年(前96)，匈奴且鞮侯单于死去。他有两个儿子，大儿子为左贤王，小儿子为左大将。左贤王未能及时赶到王庭，匈奴众贵族以为他有病，就改立左大将为单于。左贤王听到这个消息，不敢再向王庭行进，左大将派人召请左贤王而让位给他。左贤王用自己有病来推辞，左大将不答应，对他说："你就是真的不幸死了，再传位给我也不迟。"左贤王这才答应下来，于是即位，成为狐鹿姑单于，并任命左大将为左贤王。左贤王数年后病死，他的儿子先贤掸没能继承王位，被改封为日逐王。狐鹿姑单于把自己的儿子封为左贤王。

征和二年(前91)九月，匈奴侵入上谷郡、五原郡，残杀劫掠官吏民众。

三年(前90)春季正月，匈奴侵入五原郡、酒泉郡，杀死了两郡都尉。三月，汉武帝派遣李广利率领七万人由五原出塞，商丘成率领两万人由西河出塞，马通率领四万骑兵由酒泉出塞，合击匈奴。夏季五月，匈奴单于闻听汉兵大举出动，把各项物资全部向北转移安顿在郅居水一带。左贤王驱使他的部众渡过余吾水又走六七百里，聚居在兜衔山，单于自率精兵渡过姑且水。商丘成部队赶到，抄近路追击，但没发现匈奴踪影，只好退兵。匈奴派大将与李陵率领三万骑兵追击商丘成这支汉军，转战九天，直至蒲奴水，匈奴没取胜就撤回去了。马通部队进至天山，匈奴派大将偃渠率领两万骑兵截击汉军，眼见汉军强盛，就退走了。马通既无斩获，也没有损失。这时，汉朝担心车师国的兵马拦截马通部队，特派开陵侯成娩统领楼兰、尉犁、危须等六个西域小国的军队一起围攻车师，征服了全部车师国王及其民众才撤还。贰师将军李广利出塞，匈奴派右大都尉和卫律率五千骑兵在夫羊境内的句山狭谷阻击汉军，李广利击破了他们，乘胜向北追击败兵，一直追到范夫人城，匈奴四处奔逃，没有敢抗击的。

初，贰师之出也，丞相刘屈牦为祖道，送至渭桥。广利曰："愿君侯早请昌邑王为太子，如立为帝，君侯长何忧乎！"屈牦许诺。昌邑王者，贰师将军女弟李夫人子也。贰师女为屈牦子妻，故共欲立焉。会内者令郭穰告"丞相夫人祝诅上及与贰师共祷祠，欲令昌邑王为帝"。按验，罪至大逆不道。六月，诏载屈牦厨车以徇，要斩东市，妻子枭首华阳街。贰师妻子亦收。贰师闻之，忧惧，其掾胡亚夫亦避罪从军，说贰师曰："夫人、室家皆在吏，若还，不称意适与狱会，郅居以北，可复得见乎！"贰师由是狐疑，深入要功，遂北至郅居水上，虏已去。贰师遣护军将二万骑度郅居之水，逢左贤王、左大将将二万骑，与汉军合战一日，汉军杀左大将，虏死伤甚众。军长史与决眭都尉辉渠侯谋曰："将军怀异心，欲危众求功，恐必败。"谋共执贰师。贰师闻之，斩长史，引兵还。至燕然山，单于知汉军劳倦，自将五万骑遮击贰师，相杀伤甚众。夜，堑汉军前，深数尺，从后急击之，军大乱败，贰师遂降。单于素知其汉大将，以女妻之，尊宠在卫律上。宗族遂灭。

四年春六月丁巳，以大鸿胪田千秋为丞相，封富民侯。千秋无他材能、术学，又无伐阅、功劳，特以一言寤意，数月

当初，李广利奉命出征，丞相刘屈牦为他在路上举行饯别礼，一直送到渭桥。李广利私下对刘屈牦嘱告说："希望君侯您能早日请求天子册立昌邑王为太子，太子若能即位称帝，君侯您统领百官，还有什么可忧虑的呢！"刘屈牦应允下来。昌邑王是贰师将军李广利的妹妹李夫人所生的皇子。李广利的女儿是刘屈牦的儿媳，所以两人都想谋立昌邑王为太子。适逢内者令郭穰举告丞相的夫人用巫术诅咒汉武帝快死，以及丞相同李广利共同祭神祈祷，想让昌邑王当皇帝。经审讯查验，情况属实，定以大逆不道之罪。六月份，汉武帝下诏，命用盛食物的厨车装载刘屈牦游街示众，在长安东市腰斩处死，妻室儿女在华阳街斩首，悬头示众。李广利的妻室儿女也逮捕下狱。李广利闻知这一消息，担惊受怕，为避罪而从军的副官胡亚夫鼓动李广利说："您的夫人、家属都在朝廷司法官吏的手中，如果回朝，不称圣上心意就会被问罪，那时再想逃到郅居水以北投降匈奴，还能实现吗！"李广利由此狐疑不定，决定先深入敌境，谋建大功，于是挥师向北，挺进到郅居水边，而匈奴早已离去。李广利派遣护军率领两万骑兵渡过郅居水，与匈奴左贤王、左大将率领的两万骑兵相遇，匈奴与汉军混战一整天，汉军杀死了左大将，俘获、斩杀、击伤匈奴兵也特别多。汉军军长史与决眭都尉辉渠侯密谋说："贰师将军现下怀有二心，想靠牺牲众将士来求取战功，恐怕最后必定要失败。"计划一起活捉李广利，把他扣起来。李广利闻知这一计划，斩掉长史，领兵撤退。到达燕然山时，单于知道汉军疲劳之倦，自带五万骑兵拦截攻击李广利大军，双方都伤亡惨重。到夜间，匈奴在汉军前方挖壕沟，沟深好几尺，又从后面猛烈攻击，汉军大乱败阵，李广利于是投降。单于一向知道李广利是汉朝大将，就把女儿嫁给他，对他的尊贵宠信在卫律之上。李广利的宗族被汉朝全部诛灭。

四年(前89)夏季六月丁巳(二十五日)，任大鸿胪田千秋为丞相，封富民侯。田千秋没什么才能和专门学问，也没什么资历和功劳，只是用罢斥神仙方士的那句话感悟了汉武帝，几个月内

取宰相，封侯，世未尝有也。然为人敦厚有智，居位自称，逾于前后数公。先是搜粟都尉桑弘羊与丞相、御史奏言："轮台东有溉田五千顷以上，可遣屯田卒，置校尉三人分护，益种五谷。张掖、酒泉遣骑假司马为斥候，募民壮健敢徙者诣田所，益垦溉田，稍筑列亭，连城而西，以威西国，辅乌孙。"上乃下诏，深陈既往之悔曰："前有司奏欲益民赋三十，助边用，是重困老弱孤独也。而今又请遣卒田轮台。轮台西于车师千馀里，前开陵侯击车师时，虽胜，降其王，以辽远乏食，道死者尚数千人，况益西乎？曩者朕之不明，以军候弘上书，言'匈奴缚马前后足置城下，驰言："秦人，我匄若马。"'又，汉使者久留不还，故兴遣贰师将军，欲以为使者威重也。古者卿、大夫与谋，参以蓍、龟，不吉不行。乃者以缚马书遍视丞相、御史、二千石、诸大夫、郎、为文学者，乃至郡、属国都尉等，皆以'虏自缚其马，不祥甚哉！'或以为'欲以见强，夫不足者视人有馀'。公车、方士、太史、治星、望气及太卜、龟蓍皆以为'吉，匈奴必破，时不可再得也'，又曰：'北伐行将，于鬴山必克。卦，诸将贰师最吉。'故朕亲发贰师下鬴山，诏之必毋深入。今计谋、卦兆皆反缪。重合侯得虏候者，乃言：'缚马者匈奴诅军事也。'匈奴常言：'汉极大，然不耐饥渴，失一狼，走千羊。'乃者贰师

就位居宰相，爵至封侯，之前从未有过这样的事。但他为人敦厚，有智谋，在位很称职，超过前后几任丞相。在此之前，搜粟都尉桑弘羊与丞相、御史大夫联名启奏说："西域渠犁国境内的轮台东部拥有能灌溉的田地五千顷以上，可以派遣屯田的士卒，设置校尉三名分别辖护，增种五谷。张掖、酒泉郡可以派遣骑兵担任警戒，招募民众中壮健敢迁徙的人去往屯田处所，进一步开垦、浇灌田地，逐渐修筑亭障，往西把城堡连成线，来威镇西域各国，辅助乌孙国。"汉武帝于是下诏，对之前的作为深表悔恨说："日前有关部门上奏，计划增收百姓赋税每人三十钱，补助边防军费开支，这是加重老弱孤儿的困苦啊。而今又奏请派遣士卒屯田轮台。轮台在车师西面一千多里，去年开陵侯成娩进击车师时虽然获胜，使车师国王归降，但因路程遥远，缺乏饮食，半路死亡的军士还多达数千，何况更往西去呢？过去是朕一时不明，因名叫弘的军候上书，称说匈奴把马四蹄捆缚扔到城下，驰奔而去说：'中原人，我将这马给你们这群乞丐！'又有汉朝使者被长久扣留，不让还朝，所以才派遣贰师将军兴兵，打算作为使者的后盾。古代的卿大夫参预国事谋划，还要借助占卦龟卜，不吉利就不施行。以前把放在四蹄捆缚的马匹上的匈奴书信，挨个传给丞相、御史大夫、二千石官员、众大夫、研究经学的郎官，以至各郡、属国都尉等人看，都认为：'匈奴自己捆缚它的马匹，它可不吉祥极了！'有的还认为：'这是匈奴想借此来显示它的强大，只有力量不足的人，才向别人夸耀。'待征召的士人、方术之士、太史、看星象的人、望气断吉凶的人以及太卜、龟蓍这些专职人员，全都认为'大吉，匈奴必定破灭，时机不能再得到'。还说：'北伐遣将，领兵推进，到鬴山必定会克敌。算卦挑选将领，其中李广利最吉利。'所以朕亲自选派李广利直下鬴山，诏命他一定不可深入敌境。现今证实，以上的计谋、卦象和龟兆，都不灵验。重合侯马通抓获匈奴的探马，探马说：'捆马扔下，那是我们匈奴诅咒汉军失败。'匈奴人经常说：'汉朝极其强大，但汉军都耐不住饥渴，失去一只狼，就跑散千头羊。'日前李广利

败,军士死略离散,悲痛常在朕心。今又请远田轮台,欲起亭隧,是扰劳天下,非所以优民也,朕不忍闻！大鸿胪等又议欲募囚徒送匈奴使者,明封侯之赏以报忿,此五伯所弗为也。且匈奴得汉降者常提掖搜索,问以所闻,岂得行其计乎！当今务在禁苛暴,止擅赋,力本农,修马复令,补缺,毋乏武备而已。郡国二千石各上进畜马方略补边状,与计对。”

由是不复出军,而封田千秋为富民侯,以明休息,思富养民也。

兵败，军士死亡被俘，分离逃散，悲痛常在朕心萦绕。如今又奏请远赴轮台屯垦，准备兴建亭障，这是搅扰烦苦天下百姓，不属于体恤民众的行为，朕不愿听到这类建议！大鸿胪等官员又提议，打算招募在押的囚徒送回匈奴的使者，用封侯的恩赏做许诺，让囚犯刺杀单于，来泄我们心头之恨，这种事情，连春秋时的五霸也不肯做。况且匈奴抓到汉朝归降的人，常常严密搜身，盘问他所听说的情况，这种计策哪里能够行得通呢！当今首要之务，在于禁断官吏的暴虐行为，废止擅自增加赋税的法令，致力于农耕为本，推行养马免除徭役的政策，补充缺额，不使武备困乏而已。郡国二千石官员各自上奏畜养马匹的办法、补充边防力量的计划，与年终考核的人员一起入京奏对。"

自此以后，汉武帝不再出兵征伐，而特意封授田千秋为富民侯，就是来表明朝廷休养生息，考虑富国养民了。

武帝平两越

汉武帝建元六年秋八月,闽越王郢兴兵击南越边邑,南越王守天子约,不敢擅兴兵,使人上书告天子。于是天子多南越义,大为发兵,遣大行王恢出豫章,大农令韩安国出会稽,击闽越。

淮南王安上书谏曰:"陛下临天下,布德施惠,天下摄然,人安其生,自以没身不见兵革。今闻有司举兵将以诛越,臣安窃为陛下重之。

"越,方外之地,剪发文身之民也,不可以冠带之国法度理也。自三代之盛,胡、越不与受正朔,非强弗能服,威弗能制也,以为不居之地,不牧之民,不足以烦中国也。自汉初定已来七十二年,越人相攻击者不可胜数,然天子未尝举兵而入其地也。臣闻越非有城郭邑里也,处溪谷之间,篁竹之中,习于水斗,便于用舟,地深昧而多水险,中国之人不知其势阻而入其地,虽百不当其一。得其地,不

武帝平两越

汉武帝建元六年(前135)秋季八月,闽越国国王郢,兴兵攻击南越国的边境城邑,南越国国王信守与汉天子定下的盟约,不敢擅自兴兵抗击,派人上书禀告汉武帝。于是汉武帝赞赏南越王的信义,大规模为他发兵,派遣官任大行的王恢由豫章郡出发,大农令韩安国由会稽郡出发,合击闽越。

淮南王刘安上书劝谏说:"陛下您君临天下,传布仁德,施加恩惠,天下平静,人们都安心各自的生计,自以为到死也不会看见战火。如今听说主管部门发兵,打算去诛灭闽越,臣下我私下替陛下感到问题严重。

"闽越是中原以外的地带,那里的民众剪断头发,在身上刺花纹,不能拿戴冠系带的文明大国的法度来治理。从夏商周三代迭相兴盛以来,闽越不理会也不接受中原王朝颁行的历法,对此,不是中原王朝的国力不能征服它,兵威不能制住它,而是认为它属于不可居住的地方,无法管理的野蛮人,不值得让它来烦扰中原王朝。从汉朝初定天下以来,至今已有七十二年,越人相互攻击的事情,多得数不过来,但当时的天子未曾发兵进入那个地方。臣下我听说越地没有城郭邑里,人们生活在溪流山谷之间,身处竹林之中,对水战很熟习,对划船很擅长,地势深幽阴暗,又有许多急流险滩,中原人不了解那里的地势险阻而进入该地,即使一百个人,也抵不上那里的一个人。夺取了该地,却不

可郡县也,攻之,不可暴取也。以地图察其山川要塞,相去不过寸数,而间独数百千里,险阻、林丛弗能尽著,视之若易,行之甚难。天下赖宗庙之灵,方内大宁,戴白之老不见兵革,民得夫妇相守,父子相保,陛下之德。越人名为藩臣,贡酎之奉不输大内,一卒之用不给上事。自相攻击,而陛下发兵救之,是反以中国而劳蛮夷也!且越人愚戆轻薄,负约反覆,其不用天子之法度,非一日之积也。壹不奉诏,举兵诛之,臣恐后兵革无时得息也。

"间者,数年岁比不登,民待卖爵、赘子以接衣食。赖陛下德泽振救之,得毋转死沟壑。四年不登,五年复蝗,民生未复。今发兵行数千里,资衣粮,入越地,舆轿而隃领,拖舟而入水,行数百千里,夹以深林丛竹,水道上下击石;林中多蝮蛇、猛兽,夏月暑时,欧泄霍乱之病相随属也;曾未施兵接刃,死伤者必众矣。前时南海王反,陛下先臣使将军简忌将兵击之,以其军降,处之上淦。后复反,会天暑多雨,楼船卒水居击棹,未战而疾死者过半。亲老涕泣,孤子啼号,破家散业,迎尸千里之外,裹骸骨而归。悲哀之气,数年不息,长老至今以为记,曾未入其地而祸已至此矣。陛下德配天地,明象日月,恩至禽兽,泽及草木,一人有饥寒不终其天年而死者,为之凄怆于心。今方内无狗吠

能设郡置县来统辖,攻打它,又不能一下子取胜。按地图察看那里的山川要塞,相距不超过一寸,而实际距离却有数百里甚至上千里;险阻和丛林也不能全都标在地图上,看上去很容易攻打,可打起来又十分艰难。天下仰赖汉室祖宗的威灵,域内太平安宁,白发满头的老翁看不见战火,百姓得以夫妇相互伴守,父子相互保全,这正是陛下您的仁德啊。越人名义上是外藩臣属,实际上并没有向皇宫缴纳贡品,不为朝廷承担一兵一卒的徭役。他们自相攻击,而陛下您却发兵救助南越,这是反过来让中原大国为蛮夷效劳啊。况且越人愚昧轻薄,背叛盟约,反复无常,它不遵从天子的法度,不是一天积聚而成的。一旦不奉行朝廷诏令,就发兵讨伐它,臣下我担心日后战争就没有能止息的时候了。

"近来,好几年年景不好,老百姓靠出卖自己的爵位身份,把儿子入赘别人家来接济衣食。仰赖陛下赈济贫民的德政,得幸不颠沛流离,死在山沟路旁。建元四年歉收,五年又遭受蝗灾,百姓的生计还未恢复。可现下发兵远征数千里,自带衣服粮食进入越地,抬着轿子越过山岭,拖着舟船进入水中,行进数百里甚至上千里;两边是茂密的树林和丛生的竹林,船在水中上下行进,时不时地与硬石撞击;密林中又多有蝮蛇、猛兽,夏季酷暑时,腹泻呕吐和霍乱等疾病相随而至,接连不断;还未尝动用武器,短兵相接,就必定已经有很多将士死亡了。前些年南海王反叛,陛下的臣子、我去世的父亲派将军简忌率兵征讨他,因他全军投降,安顿在淦水上游一带。后来他又反叛,正赶上天气酷热又多雨,楼船部队的士卒在水上停泊,击桨划船,还没交战而患疾疫死去的人就已超过一半。老年双亲涕泪交加,幼小孤儿哭天喊地,变卖全部家当,放下生计不做,到千里以外去迎接运送尸体,裹带几块残骸碎骨返回来。那种悲哀的气氛,好多年散不去,老年人至今仍记忆犹新,还未尝进入该地而祸患就已经达到这般严重的地步了。陛下您的仁德配得上天地,英明如同日月,恩德施及禽兽,惠泽延及草木,有一个人遭受饥寒未能尽享天年而死去,内心就凄恻哀悯。如今境域内没有狗叫提醒主人戒备

之警，而使陛下甲卒死亡，暴露中原，沾渍山谷，边境之民为之早闭晏开，朝不及夕。臣安窃为陛下重之。

"不习南方地形者，多以越为人众兵强，能难边城。淮南全国之时，多为边吏，臣窃闻之，与中国异。限以高山，人迹绝，车道不通，天地所以隔外内也。其入中国，必下领水。领水之山峭峻，漂石破舟，不可以大船载食粮下也。越人欲为变，必先田馀干界中，积食粮，乃入，伐材治船。边城守候诚谨，越人有入伐材者，辄收捕，焚其积聚，虽百越，奈边城何！且越人绵力薄材，不能陆战，又无车骑、弓弩之用，然而不可入者，以保地险，而中国之人不耐其水土也。臣闻越甲卒不下数十万，所以入之，五倍乃足，挽车奉饷者不在其中。南方暑湿，近夏瘅热，暴露水居，蝮蛇蠚生，疾疢多作，兵未血刃而病死者什二三，虽举越国而虏之，不足以偿所亡。

"臣闻道路言：闽越王弟甲弑而杀之，甲以诛死，其民未有所属。陛下若欲来，内处之中国，使重臣临存，施德垂赏以招致之，此必携幼扶老以归圣德。若陛下无所用之，则继其绝世，存其亡国，建其王侯，以为畜越，此必委质为藩臣，世共贡职。陛下以方寸之印，丈二之组，填抚方外，

的声音,而出兵闽越,使陛下的兵士死亡,在中原风吹日晒,在山谷饱经磨难,边境居民为此早关城门,晚开城门,每天早晨开始为晚上能否平安无事而担忧。臣下我私下替陛下您感到问题严重。

"不熟悉南方地形的人,大多认为越地人多兵强,会骚扰边境城邑。淮南被封为一个大诸侯王国的时候,多数官吏是边防官吏,臣下我听说,越地与中原迥然不同。有高山做界限,人迹断绝,车道不通,这是天地用来隔开外境与内地呀。越人进入中原,必须经由领水。领水两岸的山峦陡峭险峻,水流冲走巨石,能撞破舟船,不能用大船载运粮食航行。越人想制造变乱,必须先在馀干境内垦田种植,积储粮食才能进入中原,还要砍伐木材,修造船只。只要汉朝边境城邑谨慎防守监视,发现有入境砍伐木材的越人,就捉拿逮捕,焚烧他们的粮食积蓄,即使群越同时行动,又能把我们汉朝边境城邑怎么样!况且越人力弱如绵,缺乏才能,不会陆地作战,又没有车马弓箭等军事装备,然而不能兵入越地,原因是越人占据险要地势,而中原人经受不住当地水土的折磨。臣下我听说越地全副武装的兵卒不下数十万,汉朝想要进入该地,兵力得是它的五倍才够用,驾挽车辆供应军粮的人手,还不包括在内。南方酷热潮湿,临近夏天更有黄热病流行,露天在水上驻扎,蝮蛇毒气弥漫,疾疫接连发作,两军尚未交锋而汉军病死的人就会达到十分之二三,即使把越国全国人众都俘虏了,也不够抵偿汉朝的损失。

"臣下我听来往的行人说:闽越王的弟弟名叫甲的,要杀他的兄长郢,反而被郢杀掉,甲已被诛死去,但他的臣民还没有归属。陛下如果想招徕远方之人,接纳并把他们安顿在中原地区,可以派大臣去慰抚,施布仁德,垂示恩赏,来招徕他们,这样他们一定会扶老携幼来归附圣明仁德的天子。如果陛下没有需要用他们的地方,那么,承续他们已断绝的世系,保存他们已灭亡的国家,分封他们的王侯,来畜养越国,他们必定会主动派人做人质,甘当汉朝的外藩臣属,世代奉行进贡的义务。陛下凭借一寸见方的官印、一丈二尺长的王侯绶带,就能威镇安抚域外地区,

不劳一卒,不顿一戟,而威德并行。今以兵入其地,此必震恐,以有司为欲屠灭之也,必雉兔逃,入山林险阻。背而去之,则复相群聚;留而守之,历岁经年,则士卒罢倦,食粮乏绝,民苦兵事,盗贼必起。臣闻长老言:秦之时,尝使尉屠睢击越,又使监禄凿渠通道,越人逃入深山林丛,不可得攻。留军屯守空地,旷日引久,士卒劳倦,越出击之,秦兵大破,乃发谪戍以备之。当此之时,外内骚动,皆不聊生,亡逃相从,群为盗贼,于是山东之难始兴。兵者凶事,一方有急,四面皆耸。臣恐变故之生、奸邪之作由此始也。

“臣闻天子之兵有征而无战,言莫敢校也。如使越人蒙徼幸以逆执事之颜行,厮舆之卒有一不备而归者,虽得越王之首,臣犹窃为大汉羞之。陛下以四海为境,生民之属,皆为臣妾。垂德惠以覆露之,使安生乐业,则泽被万世,传之子孙,施之无穷,天下之安,犹泰山而四维之也。夷狄之地,何足以为一日之闲而烦汗马之劳乎?《诗》云:‘王犹允塞,徐方既来。’言王道甚大而远方怀之也。臣安窃恐将吏之以十万之师为一使之任也!”

是时,汉兵遂出,未逾领,闽越王郢发兵距险。其弟馀善乃与相、宗族谋曰:“王以擅发兵击南越不请,故天子兵来诛。汉兵众强,即幸胜之,后来益多,终灭国而止。今杀

不出动一个兵卒,不折断一支兵戟,就威权恩德并行了。如今派兵进入该地,这样一定会引起该地的震动惊恐,以为汉朝打算屠杀灭亡他们啊。他们一定会像山鸡野兔那样逃窜,躲入山林险阻。若回师撤离此地,他们就重新结群聚居;若留驻守卫此地,几年之后,汉军就士卒疲劳困倦,粮食缺乏断绝。老百姓对兵事深感痛苦,盗贼就一定会兴起。臣下我听老年人讲:秦朝时,曾派遣尉官屠睢进攻越地,又派名叫禄的监郡御史,开凿沟渠,打通道路,越人都逃进深山丛林,根本无法攻打。留下军队屯驻守卫无人的空地,旷日持久,士卒疲劳困倦,越人出动袭击他们,秦兵大败,于是征发罪犯和贱民来戍守防备越人。正当这个时候,境内域外骚动不安,百姓都失去存活的希望,纷纷逃亡,聚集起来成为盗贼,于是崤山以东的变乱开始兴起。战争是凶险的事情,一方出现危情险态,四面都会耸动响应。臣下我担心变故的发生,奸邪的兴作,将由此开始。

“臣下我听说天子的军队只有征服而没有实际交战,这句话是说没有谁敢于较量。假使越人靠侥幸来抗拒将领的先头部队,如果有一个拉车做饭的兵卒未曾戒备而归降对方,即使获得越国国王的首级,臣下我依旧私下替大汉感到羞辱。陛下您把四海作为辖区,生存于世的人们,都是臣子姬妾。垂降仁德恩惠来覆盖滋润他们,使他们安居乐业,那就恩泽延及万世,传给子孙,施布没有尽头,天下的安定局面,就像泰山有四面的维系那样稳固。夷狄地区,哪里值得为享受征服后的一天快乐,而劳师动众呢?《诗经》说:‘王室信义满天下,徐方部众自归服。’这是说王道特别广大而远方部族都感念啊。臣下我私下担心汉朝将领统率十万大军征伐南越,却只起到一介使者的作用。”

这时,汉兵已经出动,还未翻越山岭,闽越国国王郢调集军队在险要地方把守抗拒。他的弟弟余善乘机同国相、宗族密谋说:“国王他因擅自发兵攻击南越而不向汉朝请示,所以汉朝天子的军队前来讨伐我们。汉兵人多又强盛,即便侥幸战胜了它,往后派来的汉军会越来越多,最后灭掉我国才罢休。如今杀掉

王以谢天子,天子听罢兵,固国完;不听,乃力战;不胜,即亡入海。"皆曰:"善!"即锹杀王,使使奉其头致大行。大行曰:"所为来者,诛王。今王头至,谢罪,不战而殒,利莫大焉。"乃以便宜案兵,告大农军,而使使奉王头驰报天子。诏罢两将兵,曰:"郢等首恶,独无诸孙繇君丑不与谋焉。"乃使中郎将立丑为越繇王,奉闽越先祭祀。馀善已杀郢,威行于国,国民多属,窃自立为王,繇王不能制。上闻之,为馀善不足复兴师,曰:"馀善数与郢谋乱,而后首诛郢,师得不劳。"因立馀善为东越王,与繇王并处。

　　上使庄助谕意南越。南越王胡顿首曰:"天子乃为臣兴兵讨闽越,死无以报德!"遣太子婴齐入宿卫,谓助曰:"国新被寇,使者行矣,胡方日夜装,入见天子。"助还,过淮南,上又使助谕淮南王安以讨越事,嘉答其意,安谢不及。助既去南越,南越大臣皆谏其王曰:"汉兴兵诛郢,亦行以惊动南越。且先王昔言:'事天子期无失礼。'要之,不可以说好语入见,则不得复归,亡国之势也。"于是胡称病,竟不入见。

　　元鼎四年。初,南越文王遣其子婴齐入宿卫,在长安取邯郸摎氏女,生子兴。文王薨,婴齐立,乃藏其先武帝

国王来向汉朝天子谢罪,汉朝天子答应罢兵,自然保全我们国家;不答应,我们再拼力死战,打不赢就逃到海上。"众人都说:"好。"随即用短矛杀死了国王郢,派使者奉持郢的首级送到大行王恢面前。王恢说:"这次发兵前来,是为了诛杀国王。如今国王头颅献到,向天子谢罪,不战而国王身死,没有比这更好的事了。"于是按照临机处断的权力按兵不动,并通知大农令韩安国的部队,速派使者奉持闽越王的脑袋飞快奏报汉武帝。汉武帝下诏,撤回王、韩两将的军队,并命令说:"郢等人是首恶元凶,只有无诸的孙儿、繇邑的首领丑,没参与那些首恶元凶的逆谋。"于是派中郎将封立丑为越国繇王,奉守闽越祖先的祭祀。馀善既已杀死郢,威势遍布越国,国中民众大多归顺他,他就自立为王,繇王不能挟制住他。汉武帝闻知这种情况,觉得为馀善一个人兴师出兵不值得,就决定说:"馀善多次与郢密谋作乱,可后来首先提议诛杀郢,可以不出动军队征伐。"随后封立馀善为东越王,与繇王并立共存。

汉武帝派遣庄助去南越国说明汉朝的意旨。南越国国王胡跪拜说:"汉朝天子竟为臣下我发兵,讨伐闽越,我就是死了,也报答不了天子的恩德。"于是派遣太子婴齐入京,充当皇宫的宿卫人员,行前对庄助说:"我国刚刚遭到闽越侵扰,使者您先行一步吧,我正日夜准备行装,去入京朝见天子。"庄助回朝,途中经过淮南,汉武帝事先吩咐让庄助把讨伐东越的事项告知淮南王刘安,称赞他上书劝谏的美意,刘安表示自己的见识赶不上当今天子,请求恕罪。庄助已经离开南越,南越大臣都劝谏国王说:"汉朝兴兵诛杀郢,也派使者来威吓南越。况且我们先王曾说过:'事奉汉朝天子,务求不失大礼。'总之,不能因爱听汉朝使者的漂亮话就去入京朝见,那就回不来了,这是亡国的势头啊。"于是胡就诈称有病,一直不入京朝见。

元鼎四年(前113)。当初,南越文王派他的太子婴齐入京充当皇宫的守卫人员,在长安娶了邯郸樛姓人家的女儿,生下儿子名叫兴。文王去世,婴齐继立为王,于是藏起先王武帝赵佗的

玺，上书请立樛氏女为后，兴为嗣。汉数使使者风谕婴齐入朝。婴齐尚乐擅杀生自恣，惧入见要，用汉法比内诸侯，固称病，遂不入见。婴齐薨，谥曰明王。太子兴代立，其母为太后。

太后自未为婴齐姬时，尝与霸陵人安国少季通。是岁，上使安国少季往谕王、王太后以入朝，比内诸侯，令辩士谏大夫终军等宣其辞，勇士魏臣等辅其决，卫尉路博德将兵屯桂阳待使者。南越王年少，太后中国人，安国少季往，复与私通。国人颇知之，多不附太后。太后恐乱起，亦欲倚汉威，数劝王及群臣求内属。即因使者上书，请比内诸侯，三岁一朝，除边关。于是天子许之，赐其丞相吕嘉银印及内史、中尉、太傅印，馀得自置。除其故黥、劓刑，用汉法，比内诸侯。使者皆留，填抚之。

五年十一月，南越王、王太后饬治行装，重赍为入朝具。其相吕嘉，年长矣，相三王，宗族仕宦为长吏者七十馀人，男尽尚王女，女尽嫁王子弟、宗室，及苍梧秦王有连，其居国中甚重，得众心愈于王。王之上书，数谏止王，王弗听，有畔心，数称病，不见汉使者。使者皆注意嘉，势未能诛。王、王太后亦恐嘉等先事发，欲介汉使者权，谋诛嘉等，乃置酒请使者，大臣皆侍坐饮。嘉弟为将，将卒居宫外。酒行，太后谓嘉曰："南越内属，国之利也，而相君苦不

玺印，上书请求册立樛氏的女儿为王后，兴为王位继承人。汉朝多次派遣使者暗示晓谕婴齐入京朝见。婴齐喜欢自己独揽生杀大权，能为所欲为，害怕入见被扣押，按汉朝法律比照内地诸侯王来约束，一直诈称有病，不入京朝见。婴齐去世，谥号为明王。太子兴继立为王，他的母亲为太后。

太后在未成为婴齐的姬妾时，曾与霸陵人安国少季有私情。这一年，汉武帝派安国少季前去晓谕南越王和王太后入京朝见，礼仪比照内地诸侯王，还命令辩士、谏大夫终军等人宣布朝廷的谕旨，勇士魏臣等人做辅助，迫使南越做出决断，另派卫尉路博德率兵屯驻在桂阳等待使者消息。南越王年纪小，太后为中原人，安国少季到南越后，又与她私通。南越人几乎都知道这件事，大多不拥护太后。太后恐怕发生变乱，也想倚靠汉朝的威力，多次劝说南越王和群臣请求归顺汉朝。随即通过汉朝使者上书，请求比照内地诸侯王，三年一次入京朝拜，拆除边关。于是汉武帝答应了这一请求，赐给南越丞相吕嘉银制印章，以及内史、中尉、太傅等官官印，其他的官吏可以自行设置。废除南越黥面、割鼻等刑罚，采用汉朝法律，比照内地诸侯王。使者都留下来，威镇安抚南越。

五年(前112)十一月，南越王、王太后备办行装、携带厚礼，入京朝拜。南越国丞相吕嘉年纪已经很大了，当过三代国王的丞相，有七十多位家族成员担任过重要官职，他的儿子全都娶了国王的女儿，他的女儿全都嫁给国王子弟或宗室，并且与苍梧自称秦王的赵光也有姻亲关系。他在南越国中威望特别高，比国王还要得民心。国王上书请求归附时，他多次劝谏阻止国王，国王拒不听从。因而他产生反叛的心思，屡次假称有病不见汉朝使者。汉朝使者都留意提防吕嘉，但情势所迫，未能除掉他。南越王和王太后也担心吕嘉等人先起事发难，想借助汉朝使者的威权，计划诛杀吕嘉等人，于是设酒宴，宴请汉朝使者，让大臣都陪坐饮酒。吕嘉的弟弟是将官，率兵在宫外监视。酒宴开始后，太后对吕嘉说："南越国内附汉朝，这对国家有利，而丞相您对此

便者,何也?"以激怒使者。使者狐疑相杖,遂莫敢发。嘉见耳目非是,即起而出。太后怒,欲铍嘉以矛,王止太后。嘉遂出,介其弟兵就舍,称病,不肯见王及使者,阴与大臣谋作乱。王素无意诛嘉,嘉知之,以故数月不发。

天子闻嘉不听命,王、王太后孤弱不能制,使者怯无决。又以为王、王太后已附汉,独吕嘉为乱,不足以兴兵,欲使庄参以二千人往使。参曰:"以好往,数人足矣;以武往,二千人无足以为也。"辞不可,天子罢参。郏壮士故济北相韩千秋奋曰:"以区区之越,又有王、王太后应,独相吕嘉为害,愿得勇士三百人,必斩嘉以报。"于是天子遣千秋与王太后弟樛乐将二千人往。入越境,吕嘉等乃遂反,下令国中曰:"王年少,太后,中国人也,又与使者乱,专欲内属,尽持先王宝器入献天子以自媚。多从人行,至长安,虏卖以为僮仆,取自脱一时之利,无顾赵氏社稷、为万世虑计之意。"乃与其弟将卒攻杀王、王太后及汉使者,遣人告苍梧秦王及其诸郡县,立明王长男越妻子术阳侯建德为王。而韩千秋兵入,破数小邑。其后越直开道给食,未至番禺四十里,越以兵击千秋等,遂灭之。使人函封汉使者节置塞上,好为谩辞谢罪,发兵守要害处。

春三月壬午,天子闻南越反,曰:"韩千秋虽无功,亦军锋之冠,封其子延年为成安侯。樛乐姊为王太后,首愿属

有异议,为什么呢? 太后想用这番话激怒汉朝使者。汉朝使者迟疑不决,于是未敢发作。吕嘉感到情况有异,马上就起身要出去。太后大怒,想用短矛刺吕嘉,被南越王阻止。吕嘉于是脱身,在他弟弟所统领的士兵的护卫下,回到住处,假称有病,不肯再见国王及汉朝使者,暗中与大臣密谋作乱。国王一向没有诛杀吕嘉的念头,吕嘉了解这一点,所以接连好几个月不发动叛乱。

汉武帝闻知吕嘉拒不听命,南越王和王太后又力孤势弱不能控制住他,使者也怯懦没当机立断。又认为南越王和王太后已经归附汉朝,只有吕嘉作乱,不值得兴兵讨伐,打算派庄参率领两千人前去出使。庄参说:"用和平方式前去,几个人就够了;用武力方式前去,两千人还不足以成就大事。"推辞完不成使命,汉武帝罢斥了庄参。郏地壮士、原济北王国的国相韩千秋奋然请命说:"凭它那小小的一个南越国,又有南越王和王太后做内应,只有丞相吕嘉兴风作浪,请求朝廷给我三百个勇士,一定斩杀吕嘉来回报。"于是汉武帝派遣韩千秋和王太后的弟弟樛乐率领两千人前往。进入越国国境后,吕嘉等人就反叛了,号令全国说:"国王年纪小,太后是中原人,又与使者淫乱,一心想内附称臣,将先王的宝器献给汉朝天子来取媚邀宠。又想多带侍从随行,到长安把他们卖做奴仆。只顾一时私利,不顾赵氏创建的江山社稷,也没有替子孙后代着想。"于是同他的弟弟率领士卒攻杀南越王、王太后以及汉朝使者,派人通知苍梧秦王及其所统辖的各个郡县,拥立明王的长子、越国妻室所生的术阳侯建德为南越王。而韩千秋所率汉兵入境后,只攻破几个小城邑。事后南越正面让路,让汉兵得到食物,诱使他们深入腹地,还差四十里到达番禺时,南越派兵袭击韩千秋等人,于是全歼了他们。然后用盒子封存住汉朝使者的旌节,放在边塞上,用十分动听的谎话向汉朝谢罪,同时发兵扼守各个要害地段。

春季三月壬午(初四),汉武帝闻知南越反叛,下令说:"韩千秋虽然没立功劳,但也是两军交锋第一个猛冲在前的人,封他的儿子韩延年为成安侯。樛乐的姐姐身为王太后,首先愿意归属

汉,封其子广德为龙亢侯。"秋,遣伏波将军路博德出桂阳,下湟水;楼船将军杨仆出豫章,下浈水;归义越侯严为戈船将军,出零陵,下离水;甲为下濑将军,下苍梧。皆将罪人,江、淮以南楼船十万人。越驰义侯遗别将巴、蜀罪人,发夜郎兵,下牂柯江,咸会番禺。

齐相卜式上书,请父子与齐习船者往死南越。天子下诏褒美式,赐爵关内侯,金六十斤,田十顷,布告天下,天下莫应。是时列侯以百数,皆莫求从军击越。会九月尝酎,祭宗庙,列侯以令献金助祭。少府省金,金有轻及色恶者,上皆令劾以不敬,夺爵者百六人。

六年冬,楼船将军杨仆入越地,先陷寻狭,破石门,挫越锋,以数万人待伏波将军路博德至俱进,楼船居前,至番禺。南越王建德、相吕嘉城守。楼船居东南面,伏波居西北面。会暮,楼船攻败越人,纵火烧城。伏波为营,遣使者招降者,赐印绶,复纵令相招。楼船力攻烧敌,驱而入伏波营中。黎旦,城中皆降。建德、嘉已夜亡入海,伏波遣人追之。校尉司马苏弘得建德,越郎都稽得嘉。戈船、下濑将军兵及驰义侯所发夜郎兵未下,南越已平矣。遂以其地为南海、苍梧、郁林、合浦、交趾、九真、日南、珠崖、儋耳九郡。师还,上益封伏波,封楼船为将梁侯,苏弘为海常侯,都稽为临蔡侯,及越降将苍梧王赵光等四人皆为侯。

汉朝,封他的儿子广德为龙亢侯。"秋季,派遣伏波将军路博德由桂阳进发,直下湟水;楼船将军杨仆由豫章进发,直下浈水;归义越侯严为戈船将军,由零陵进发,直下离水;越人甲为下濑将军,直下苍梧。四路大军都是由罪犯组成的,并调派长江、淮水以南的楼船部队十万人从征。越地驰义侯遗,另外率领巴、蜀两郡的罪犯,调发夜郎国的兵马,由牂柯江顺流直下,五路大军全都会师于番禺。

齐国国相卜式上书朝廷,请求让他父子俩同齐地熟习船桨的人奔赴南越,为国赴死。汉武帝下诏称赞卜式,封他为关内侯,赏黄金六十斤,良田十顷,并且布告天下,但没人响应。这时候,众位列侯多得按百计数,但没人主动请求从军去攻击南越。偏巧赶上九月份举行祭祀宗庙的大礼,按规定各个列侯都要进献黄金协助祭祀。皇室少府验核所献黄金,凡是重量不够以及成色不好的,汉武帝都命令用"不敬"罪名予以弹劾,结果有一百零六人被革去侯爵。

六年(前111)冬季,楼船将军杨仆进入越地,首先攻陷了寻狭,击破了石门,挫败了越军的锋芒势头,统领数万名汉军等候伏波将军路博德到来后一起进军,杨仆为先导,直至番禺。南越王建德、丞相吕嘉据城坚守。杨仆驻扎在城东南,路博德驻扎在城西北。到傍晚,杨仆攻败越人,放火烧城。路博德设下营垒,派使者招抚愿意投降的人,赐给官印绶带,再放他们回去招降。杨仆挥军奋力进攻,火烧敌军,驱赶他们奔入路博德的营垒中。黎明时分,番禺城中的越人全部投降。建德与吕嘉已在夜间逃到海上,路博德派人去追捕他们。校尉司马苏弘活捉了建德,越国郎官都稽生擒了吕嘉。戈船将军、下濑将军的部队以及驰义侯所调发的夜郎人马还未出动,南越已经被平定了。于是汉朝把越地划分为南海、苍梧、郁林、合浦、交趾、九真、日南、珠崖、儋耳九个郡。汉军回朝,汉武帝加封路博德的食邑户数,封杨仆为将梁侯,苏弘为海常侯,都稽为临蔡侯,以及越国降将苍梧王赵光等四人,均为侯。

初,东越王馀善上书,请以卒八千人从楼船击吕嘉。兵至揭阳,以海风波为解,不行,持两端,阴使南越。及汉破番禺,不至。杨仆上书"愿便引兵击东越",上以士卒劳倦,不许,令诸校屯豫章、梅岭以待命。馀善闻楼船请诛之,汉兵临境,乃遂反,发兵距汉道,号将军驺力等为吞汉将军,入白沙、武林、梅岭,杀汉三校尉。是时,汉使大农张成、故山州侯齿将屯,弗敢击,却就便处,皆坐畏懦诛。馀善自称"武帝"。

上欲复使杨仆将,为其伐前劳,以书敕责之曰:"将军之功独有先破石门、寻狭,非有斩将搴旗之实也,乌足以骄人哉!前破番禺,捕降者以为虏,掘死人以为获,是一过也;使建德、吕嘉得以东越为援,是二过也;士卒暴露连岁,将军不念其勤劳,而请乘传行塞,因用归家,怀银、黄,垂三组,夸乡里,是三过也;失期内顾,以道恶为解,是四过也;问君蜀刀价而阳不知,挟伪干君,是五过也。受诏不至兰池,明日又不对。假令将军之吏,问之不对,令之不从,其罪何如?推此心在外,江海之间可得信乎?今东越深入,将军能率众以掩过不?"仆惶恐对曰:"愿尽死赎罪!"上乃遣横海将军韩说出句章,浮海从东方往;楼船将军杨仆出武林,中尉王温舒出梅岭,以越侯为戈船、下濑将军,出若邪、白沙,以击东越。

起初,东越王馀善上书朝廷,请求率士卒八千人随从杨仆进击吕嘉。部队开到揭阳,以海面风大浪急做借口,按兵不动,首鼠两端,暗中派人与南越联络。等到汉军攻破番禺,东越人马也未来到。杨仆上书请求说:"愿就便领兵进击东越。"汉武帝认为士卒疲劳乏倦,没批准,责成众校尉屯驻豫章郡三十里外的梅岭等待朝廷命令。馀善闻知杨仆请朝廷讨伐他,汉兵已经屯驻边境,就公开反叛,发兵扼守住汉军行进的通道,称手下将军邹力等人为"吞汉将军",攻入白沙、武林、梅岭,杀死汉朝的三个校尉。这时汉朝使者太农令张成、原山州侯刘齿正率兵屯驻,不敢迎击,都退到安全地带,都按畏缩惧敌罪斩首。馀善自称"武帝"。

汉武帝准备再派杨仆领兵出征,因他自夸扫平南越的功劳,就下诏书责备他说:"将军的功劳也只有首先攻破石门、寻狭而已,不是真有斩杀敌军统帅、拔掉对方指挥大旗的实绩,怎么足够夸耀呢!日前攻破番禺,你抓捕投降的人冒充俘虏,从地下挖死人冒充斩杀的敌军首级,这是一大罪过;让南越王建德和丞相吕嘉得到东越的援助,这是第二大罪过;士卒连年奔波在外,将军你不顾念他们的辛勤劳苦,却奏请乘坐朝廷专车,巡行边塞,顺便回你家乡,怀揣银印和金印,故意露出你一身三任的绶带,夸示乡里,这是第三大罪过;不按预定日期回朝,眷恋妻室姬妾,反而用道路难走来开脱,这是第四大罪过;朝廷问你蜀郡的刀价,你却假装不知道,挟持诈伪,冒犯君主,这是第五大罪过。出征前接到诏书却不到兰池宫报到,第二天又不主动做出说明。假若是将军你的下属,你责问他,他却拒不应对,你命令他,他却拒不服从,那么,他的罪过又该如何呢?朕把这些事公之于世,江河湖海之间,你还能取信于人吗?如今东越深入边境,将军你能率军迎击,将功抵罪否?"杨仆惶恐对答说:"臣下愿意拼死赎罪。"于是汉武帝派遣横海将军韩说由句章出击,渡海从东方挺进;楼船将军杨仆由武林出击,中尉王温舒由梅岭出击,任命南越归降封侯的两个首领,分别为戈船将军、下濑将军,由若邪、白沙出击,五路大军合击东越。

元封元年冬十月，汉兵入东越境。东越素发兵距险，使徇北将军守武林。楼船将军率钱唐辕终古斩徇北将军。故越衍侯吴阳以其邑七百人反攻越军于汉阳。越建成侯敖与繇王居股杀馀善，以其众降。上封终古为御儿侯，阳为卯石侯，居股为东成侯，敖为开陵侯。又封横海将军说为按道侯，横海校尉福为缭嫈侯，东越降将多军为无锡侯。上以闽地险阻，数反覆，终为后世患，乃诏诸将悉徙其民于江、淮之间，遂虚其地。

元封元年(前110)冬季十月,汉军进入东越境内。东越一向依靠发兵扼守险要地带来自保,就派徇北将军扼守武林。楼船将军杨仆的手下头目钱唐人辕终古斩杀了东越徇北将军。原东越衍侯吴阳率领自己城邑的七百人在汉阳反戈攻击越军。东越建成侯敖与繇王居股杀掉了馀善,带领部众归降。汉武帝封辕终古为御儿侯,吴阳为卯石侯,居股为东成侯,敖为开陵侯。又封横海将军韩说为按道侯,横海校尉福为缭嫈侯,东越降将多军为无锡侯。鉴于闽地地势险恶,越人屡屡反覆无常,最后会成为后世的祸患,于是汉武帝下诏,命令将领把越地居民全部迁徙到长江、淮水一带,使该地变成了没人居住的地方。

武帝击朝鲜

汉武帝元封二年。初，全燕之世，尝略属真番、朝鲜，为置吏，筑障塞。秦灭燕，属辽东外徼。汉兴，为其远难守，复修辽东故塞，至浿水为界，属燕。燕王卢绾反，入匈奴。燕人卫满亡命，聚党千馀人，椎髻、蛮夷服而东走出塞，渡浿水，居秦故空地上下障，稍役属真番、朝鲜蛮夷及燕亡命者，王之，都王险。会孝惠、高后时，天下初定，辽东太守即约，满为外臣，保塞外蛮夷，无使盗边；诸蛮夷君欲入见天子，勿得禁止。以故满得以兵威财物侵降其旁小邑，真番、临屯皆来服属，方数千里。传子至孙右渠，所诱汉亡人滋多，又未尝入见；辰国欲上书见天子，又雍阏不通。是岁，汉使涉何诱谕，右渠终不肯奉诏。何去至界上，临浿水，使御刺杀送何者朝鲜裨王长，即渡，驰入塞，遂归报天子曰："杀朝鲜将。"上为其名美，即不诘，拜何为辽东

武帝击朝鲜

汉武帝元封二年（前109）。当初，燕国全盛之时，曾攻打并迫使真番、朝鲜归附，为它们设置官吏，修筑哨所要塞。秦朝扫灭燕国，把这两国划作辽东郡的东部边界。汉朝建立，因为该地遥远，难于守护，又整修辽东原有的边塞，把沮水定为界限，归异姓诸侯王国燕国统辖。燕王卢绾反叛，逃入匈奴。燕国人卫满原是亡命徒，聚合党羽一千多人，梳椎形发髻，穿蛮夷服装，往东奔逃，越出边塞，渡过沮水，占据秦朝旧有空旷地段的上下哨所之间，逐渐役使领辖真番、朝鲜各部族以及燕国逃亡来的人，自立为王，在王险建立都城。正值孝惠帝、高后执政时，天下刚安定，辽东太守就与卫满约定，由卫满充当汉朝的外藩属臣，保护塞外各个部族，不能让它们侵扰边塞；各个部族的首领打算入京朝见汉天子的，不许阻止他们。因此卫满得以仰仗武力，利用财物，入侵或诱使周围的小部落归降，真番、临屯等部落都来归顺附属，辖区扩大至方圆数千里。卫满死后，把王位传给儿子又到孙辈右渠，招诱的汉朝逃亡的人日益增多，又未曾入京朝见。辰国准备上书朝见汉天子，右渠又阻挠不许通过。这一年，汉朝派涉何去诱导晓谕右渠，右渠始终不肯接受诏命。涉何离去回到边界上，抵临沮水，派侍卫刺杀护送自己的朝鲜国王副手，随即渡过沮水，飞快进入汉朝边塞，于是回朝禀报汉武帝说："斩杀朝鲜大将。"汉武帝称赞他干得好，就不予追究，拜授涉何为辽东

东部都尉。朝鲜怨何,发兵袭攻杀何。

秋,上募天下死罪为兵,遣楼船将军杨仆从齐浮渤海,左将军荀彘出辽东,以讨朝鲜。

三年,汉兵入朝鲜境,朝鲜王右渠发兵距险。楼船将军将齐兵七千人先至王险。右渠城守,窥知楼船军少,即出城击楼船,楼船军败散,遁山中十馀日,稍求退散卒,复聚。左将军击朝鲜浿水西军,未能破。天子为两将未有利,乃使卫山因兵威往谕右渠。右渠见使者,顿首谢:"愿降,恐两将诈杀臣。今见信节,请复降。"遣太子入谢,献马五千匹,及馈军粮。人众万馀,持兵方渡浿水。使者及左将军疑其为变,谓太子:"已服降,宜令人毋持兵。"太子亦疑使者、左将军诈杀之,遂不渡浿水,复引归。山还报天子,天子诛山。

左将军破浿水上军,乃前至城下,围其西北,楼船亦往会,居城南。右渠遂坚守城,数月未能下。左将军所将燕、代卒多劲悍,楼船将齐卒已尝败亡困辱,卒皆恐,将心惭,其围右渠,常持和节。左将军急击之,朝鲜大臣乃阴间使人私约降楼船,往来言尚未肯决。左将军数与楼船期战,楼船欲就其约,不会。左将军亦使人求间隙降下朝鲜,朝鲜不肯,心附楼船,以故两将不相能。左将军心意楼船前有失军罪,今与朝鲜私善,而又不降,疑其有反计,未敢发。

东部都尉。朝鲜怨恨涉何，发兵袭击，杀死了涉何。

秋季，汉武帝募集天下犯死罪的囚徒当兵，派楼船将军杨仆从齐地渡过渤海，左将军荀彘由辽东出击，讨伐朝鲜。

三年（前108），汉军进入朝鲜境内，朝鲜国王右渠发兵扼守险要地段。楼船将军杨仆率领齐地士兵七千人首先抵达朝鲜都城王险。右渠据城坚守，暗中侦察到杨仆兵少，就出城迎击杨仆，杨仆军队败退溃散，逃到山中十多天，逐渐将溃散的士卒重新聚集起来。左将军荀彘进击朝鲜浿水西部的守军，未能攻破。汉武帝因杨、荀二将没取得战果，就派遣卫山凭借汉朝的兵威前去晓谕右渠。右渠面见使者，跪拜谢罪说："我本来愿意归降，但恐怕这两员汉将用诈术杀掉我。如今看到朝廷的符信旄节，再请归降。"并派朝鲜太子入京谢罪，献纳战马五千匹，并馈送汉军所需的军粮。朝鲜人众一万多，持带武器来护送，正要渡过浿水，使者卫山以及左将军荀彘怀疑这些护送人众要突生变故，就对太子说："你们已经归服降顺，就应该命令他们不拿武器。"太子听后，也怀疑汉朝这位使者和左将军要用计杀死自己，于是不肯渡过浿水，又带人返回都城。卫山回朝奏报汉武帝，汉武帝处死了卫山。

左将军荀彘击破浿水上游的朝鲜守军，乘胜前进，来到王险城下，围困住城西北，楼船将军杨仆也率兵前去汇合，驻扎在城南。于是右渠坚守城池，汉军一连几个月也没攻下。荀彘所统率的燕地和代郡士卒，大多强劲剽悍。杨仆统率的齐地士卒，已遭受过败退逃亡的困辱，都很恐惧，将领心感惭愧，所以他们围困右渠，常常希望和平解决。荀彘加紧攻打都城，朝鲜大臣就暗中找机会派人私下与杨仆约定，准备向杨仆投降，双方往来磋商，朝鲜还未肯做出决定。荀彘多次与杨仆约定联合进攻，但杨仆打算实现降约，不去会合。荀彘也派人找机会去商谈，使朝鲜归降，但朝鲜不肯应允，心里更倾向杨仆。因此，这两员汉将不和。荀彘内心揣测杨仆日前犯有损失军队的罪行，现下又与朝鲜私自友好而又不让朝鲜归降，怀疑他想反叛，只是还未敢行动。

天子以两将围城乖异，兵久不决，使济南太守公孙遂往正之，有便宜得以从事。遂至，左将军曰："朝鲜当下，久之不下者，楼船数期不会。"具以素所意告，曰："今如此不取，恐为大害。"遂亦以为然，乃以节召楼船将军入左将军营计事，即命左将军麾下执楼船将军，并其军。以报天子，天子诛遂。

　　左将军已并两军，即急击朝鲜。朝鲜相路人、相韩阴、尼谿相参、将军王唊相与谋曰："始欲降楼船，楼船今执，独左将军并将，战益急，恐不能与战，王又不肯降。"阴、唊、路人皆亡降汉，路人道死。夏，尼谿参使人杀朝鲜王右渠来降。王险城未下，故右渠之大臣成己又反，复攻吏。左将军使右渠子长、降相路人之子最告谕其民，诛成己。以故遂定朝鲜，为乐浪、临屯、玄菟、真番四郡。封参为漮清侯，阴为荻苴侯，唊为平州侯，长为幾侯，最以父死颇有功，为涅阳侯。左将军征至，坐争功相嫉，乖计，弃市。楼船将军亦坐兵至列口，当待左将军，擅先纵，失亡多，当诛，赎为庶人。

　　班固曰：玄菟、乐浪，本箕子所封。昔箕子居朝鲜，教其民以礼义，田蚕织作。为民设禁八条，相杀，以当时偿杀；相伤，以谷偿；相盗者，男没入为其家奴，

汉武帝因为荀、杨二将围城情况异乎寻常，战事长久没结果，就派济南太守公孙遂前去矫正整肃，遇事可以相机行事。公孙遂来到军中，荀彘报告说："朝鲜早应攻下，但长久攻不下来，是因为与杨仆屡次约好联合进攻，他却届时不来。"并把自己平素的怀疑详尽告诉公孙遂，而且提醒说："现下情况如此，而仍不拘捕，恐怕要酿成大祸。"公孙遂也认为荀彘说得对，就用朝廷符节宣召楼船将军到左将军营帐来议事，当场就命令荀彘手下部将扣押了杨仆，把他统领的军队并入荀彘的军队。将此事奏报汉武帝，汉武帝同意公孙遂的做法。

左将军荀彘已经合并了两支汉军，就加紧攻打朝鲜的都城。朝鲜国相路人、韩阴、尼谿国相参、将军王唊等人相互计议说："开始打算归降楼船将军杨仆，杨仆如今被扣押，只有左将军荀彘同时指挥两路人马，攻战越来越紧，我们恐怕不能与他对敌，国王又不肯归降。"于是韩阴、王唊、路人都出逃去投降汉军，路人在半道上身死。夏季，尼谿国相参，派人杀死朝鲜国王右渠前来归降。国都王险城还没有被攻下，原右渠的大臣成己又反叛，再度攻击汉军军吏。左将军荀彘派右渠的王子卫长、归降半道而死的国相路人的儿子路最，传告晓谕都城居民，杀死了成己。于是由此平定了朝鲜，将其划分为乐浪、临屯、玄菟、真番四个郡。汉武帝封参为澅清侯，韩阴为荻苴侯，王唊为平州侯，卫长为幾侯。路最因父亲不幸身死却又功劳很大，特封涅阳侯。左将军荀彘被征召到京师，因争功而相互嫉妒，错定对策，获罪被腰斩示众。楼船将军杨仆也因兵到列口，应等候左将军，却擅自先纵兵进攻，以致损兵折将，其罪应当斩首，但准许他出钱赎罪，贬为平民。

东汉史臣班固评论说：玄菟、乐浪，原本是殷末仁人箕子的封地。过去箕子居住在朝鲜，用礼义教导他的民众，从事农耕、蚕桑、纺织、工艺。为民众设下了八条禁令，主要包括：杀人的，当场就要用凶手的性命来抵罪；伤人的，用谷物来抵偿对方的损伤；偷盗的，男子充当被盗之家的家奴，

女为婢；欲自赎者，人五十万。虽免为民，俗犹羞之，嫁娶无所售。是以其民终不相盗，无门户之闭，妇人贞信不淫辟。其田野饮食以笾豆，都邑颇放效吏，往往以杯器食。郡初取吏于辽东，吏见民无闭臧。及贾人往者，夜则为盗，俗稍益薄，今于犯禁浸多，至六十馀条。可贵哉，仁贤之化也！然东夷天性柔顺，异于三方之外。故孔子悼道不行，设浮桴于海，欲居九夷，有以也夫！

女子充当婢女；打算为自己赎罪的，每人出钱五十万。尽管免罪为平民，但世俗仍看不起他们，嫁夫或娶妇都没人要。所以当地民众始终不会偷盗，没有门户关闭的现象，妇女贞洁专一不淫乱。当地乡间用竹筐盛放食物；在城邑，人们效仿官吏的作派，往往用杯盘器皿进食。设郡之初，在辽东选调官吏，官吏仍看到百姓夜不闭户。等到商人陆续前去，夜晚就行窃偷盗，民俗逐渐败坏，如今触犯禁令之人日益增多，法令多至六十余条。由此看来，仁人圣贤的教化，真是太可贵了。但东夷天性柔和温顺，同南蛮、西戎、北狄截然不同。所以孔子悲叹如果大道行不通，就乘坐木筏出海，去东部九夷地区居住，这是很有道理的呀！

武帝惑神怪

汉武帝元光二年冬十月，李少君以祠灶却老方见上，上尊之。少君者，故深泽侯舍人，匿其年及其生辰，其游以方遍诸侯，无妻子。人闻其能使物及不死，更馈遗之，常馀金钱、衣食。人皆以为不治生业而饶给，又不知其何所人，愈信，争事之。少君善为巧发奇中。尝从武安侯饮，坐中有九十馀老人，少君乃言与其大父游射处。老人为儿时从其大父，识其处，一坐尽惊。少君言上曰："祠灶则致物，致物而丹沙可化为黄金，寿可益，蓬莱仙者可见，见之，以封禅则不死，黄帝是也。臣尝游海上，见安期生，食臣枣，大如瓜。安期生仙者，通蓬莱中，合则见人，不合则隐。"于是天子始亲祠灶，遣方士入海求蓬莱安期生之属，而事化丹沙诸药齐为黄金矣。居久之，李少君病死，天子以为化去，不死，而海上燕、齐怪迂之方士多更来言神事矣。

武帝惑神怪

　　汉武帝元光二年（前133）冬季十月，李少君用祭灶招致鬼物、长生不老的方术拜见汉武帝，汉武帝很尊崇他。李少君，是原深泽侯赵修的舍人，隐瞒了他的年龄、出生地和住处，靠方术四处游历，走遍各个诸侯王，没有妻室儿女。人们听说他会驱使鬼物，让人长生不死，交相馈赠他财物，他非常富有，丰衣足食。人们都认为他不从事生产却十分富裕，又不知道他的来历，更加信奉他，争相事奉他。李少君善于用巧妙的语言而奇迹般地言中一些事情。他曾陪同武安侯田蚡宴饮，坐席中有位九十多岁的老人，李少君就说起他与老人的祖父游玩打猎的地方。这位老人童年时曾跟随祖父闲逛，记得那个地方，满座人都很惊奇。李少君对汉武帝说："祭灶就会招致鬼物，招致鬼物而丹砂就会化成黄金，就能延长寿命，可以看见蓬莱山的神仙，看见他们以后举行祭天告地的封禅大礼，就会长生不死。黄帝就是这样的。臣下我曾经游历海上，见到了仙人安期生，他给我仙枣吃，仙枣大如瓜。安期生这位高仙，能与蓬莱仙山中联络，与人契合就现身见人，不契合就隐形不露。"于是汉武帝开始亲自祭灶，派遣方术之士入海访求蓬莱山上安期生这类高仙，命人熔化丹砂各种药剂试图炼成黄金。过了很长时间，李少君得病死去，汉武帝还认为他仙化而去，实际上没死，由此沿海一带燕地、齐地那些怪诞迂阔的方士纷纷来京面见汉武帝，胡诌登仙成神的事情。

亳人谬忌奏祠太一方，曰："天神贵者太一，太一佐曰五帝。"于是天子立其祠长安东南郊。

元狩四年，齐人少翁，以鬼神方见上。上有所幸王夫人卒，少翁以方夜致鬼，如王夫人之貌，天子自帷中望见焉。于是乃拜少翁为文成将军，赏赐甚多，以客礼礼之。文成又劝上作甘泉宫，中为台室，画天、地、太一诸鬼神而置祭具，以致天神。居岁馀，其方益衰，神不至。乃为帛书以饭牛，佯不知，言曰："此牛腹中有奇。"杀视，得书，书言甚怪，天子识其手书，问其人，果是伪书。于是诛文成将军而隐之。

五年夏四月，天子病鼎湖甚，巫医无所不致，不愈。游水发根言："上郡有巫，病而鬼神下之。"上召置祠之甘泉。及病，使人问神君，神君言曰："天子无忧病。病少愈，强与我会甘泉。"于是病愈，遂起幸甘泉，病良已，置酒寿宫。神君非可得见，闻其言，言与人音等。时去时来，来则风肃然，居室帷中。神君所言，上使人受，书其言，命之曰"画法"。其所语，世俗之所知也，无绝殊者，而天子心独喜。其事秘，世莫知也。

元鼎四年春二月，乐成侯丁义荐方士栾大，云与文成将军同师。上方悔诛文成，得栾大，大说。大先事胶东康

亳县人谬忌奏请祭祀北极星座中至高天神太一，说："天神中最尊贵的是太一，太一的辅佐叫五方神帝。"于是汉武帝在长安东南郊修立了祭祀太一神的祭坛。

元狩四年（前119），齐地人少翁用招请鬼神的方术拜见汉武帝。汉武帝有个宠爱的王夫人去世了，少翁用方术在夜间招请她的鬼影前来，与王夫人生前的相貌很像，汉武帝从帷幕中远远望见了她。于是就封拜少翁为文成将军，赏赐也特别多，用对待宾客的礼节对待他。文成将军又劝汉武帝营建甘泉宫，正中是高台密室，画有天、地、太一众鬼神的图像，又设置祭祀器具来招请天神。过了一年多，少翁的方术越来越不灵验，再未招来过天神。于是他就把写满字的丝帛喂给牛吃，假装不知道，骗汉武帝说："这头牛的肚子里有奇怪的东西。"杀掉牛细看，得到那份帛书，帛书上写的内容特别离奇古怪，可汉武帝认识少翁的笔迹，追问少翁，果然承认是伪造的。于是汉武帝处死文成将军，并把这件事隐瞒住。

五年（前118）夏季四月，汉武帝在鼎湖病重，巫师和医生没有不召来诊治的，但就是痊愈不了。游水发根说："上郡有位巫师，不管什么病，他都能招请鬼神来解救。"汉武帝命人召他前来，妥为安置，在甘泉宫举行祭祀。当病情发作时，让他询问招请神君，神君言说道："天子不要为疾病担心。待病情稍有好转，强打精神与我在甘泉宫会面。"于是病情真有好转，汉武帝就起身去甘泉宫，疾病彻底痊愈了。为此特在寿宫设下酒宴庆贺。人们见不到神君，但听神君说的话，话音同世人一个样。有时离去有时来，来时微风肃然，居于密室的帷帐中，凡是神君说的话，汉武帝都派专人一字一句记录下来，把这称作"画法"。神君所说的话，都是世俗百姓所熟知的那一套，没有什么奇异的，但汉武帝心里却独感喜悦。这件事很玄秘，外人并不知道。

元鼎四年（前113）春季二月，乐成侯丁义向汉武帝推荐方士栾大，说是同文成将军少翁同出一个师门。汉武帝正后悔杀了少翁，这时偏巧得到了栾大，十分高兴。栾大最先事奉胶东康

王，为人长美言，多方略，而敢为大言，处之不疑。大言曰：
"臣常往来海中，见安期、羡门之属，顾以臣为贱，不信臣。
又以为康王诸侯耳，不足与方。臣之师曰：'黄金可成而河
决可塞，不死之药可得，仙人可致也。'然臣恐效文成，则方
士皆掩口，恶敢言方哉！"上曰："文成食马肝死耳。子诚
能修其方，我何爱乎！"大曰："臣师非有求人，人者求之。
陛下必欲致之，则贵其使者，令为亲属，以客礼待之，乃可
使通言于神人。"于是上使验小方，斗棋，自相触击。是时，
上方忧河决而黄金不就，乃拜大为五利将军，又拜为天士
将军、地士将军、大通将军。夏四月乙巳，封大为乐通侯，
食邑二千户，赐甲第，僮千人，乘舆斥车马、帷帐、器物以充
其家。又以卫长公主妻之，赍金十万斤。天子亲如五利之
第，使者存问共给，相属于道。自太主、将、相以下，皆置酒
其家，献遗之。天子又刻玉印曰"天道将军"，使使衣羽衣，
夜立白茅上。五利将军亦衣羽衣，立白茅上，受印，以示不
臣。大见数月，佩六印，贵震天下。于是海上燕、齐之间，
莫不搤腕自言有禁方、能神仙矣。

六月，汾阴巫锦得大鼎于魏脽后土营旁，河东太守以
闻。天子使验问，巫得鼎无奸诈，乃以礼祠，迎鼎至甘泉，

王刘寄，为人擅长甜言蜜语，又足智多谋，更敢说大话，一点儿不显出迟疑。栾大向汉武帝吹嘘说："臣下我经常往来在东海中，亲眼看见过安期生、羡门子高这些神仙，但他们觉得我很低贱，不相信我。又认为康王仅仅是个诸侯王，不值得赐给仙方。我的师父也对我说过：'黄金能炼成，而黄河决口也能堵塞，长生不死的仙药能获得，仙人也会招来。'但臣下我恐怕像少翁那样被杀，那样的话，方士都会闭嘴，哪里还敢谈什么仙方呢！"汉武帝说："少翁是吃毒气大的马肝才死去罢了。你果真能使我得到长生不老之方，我还吝惜什么呢！"栾大说："臣下的仙师不是有求他人，而是他人有求我仙师。陛下您一定要想招请他来到，就必须尊崇他派来的人，让这个人成为亲信，用对待宾客的礼节对待他，这样才能让他把话传给神仙。"于是汉武帝叫栾大耍个小法术来证明一下，栾大就摆下棋盘，能让棋子自相碰击。这时候，汉武帝正忧愁黄河决口而黄金也没炼成，就拜授栾大为五利将军，又加封为天士将军、地士将军、大通将军。夏季四月乙巳（二十一日），又封栾大为乐通侯，享受封邑两千户，赐给第一等的宅第和僮仆一千人，乘坐专车，并把皇室闲置的车马、帷帐、器物赏给他，来充实家用。又把卫长公主嫁给他为妻，陪嫁十万斤黄金。汉武帝还亲自到栾大家中看望，派去省视慰问、供给用项的人，在道路上一个接一个。从武帝的姑母窦太主一直到朝中将领、丞相以下各级官吏，都在自己家中摆设酒宴，款待栾大并向他敬献馈赠礼品。汉武帝又命人雕刻玉印，印文为"天道将军"，派使者身穿用鸟羽缝缀成的衣服，夜间肃立在白茅席垫上侍候。五利将军栾大也身穿羽衣，站在白茅席垫上接受玉印，表示不属于人间帝王的臣僚。栾大拜见汉武帝才几个月，就身佩六枚印章，其尊贵使得天下震动。于是沿海一带燕、齐等地的人，无不扼腕自称身怀秘方，能叫凡人成神仙了。

六月，汾阴巫师锦，在魏脽祭祀后土的场所附近，发现一个大鼎，河东太守把此事奏闻朝廷。汉武帝派人去验核，证明巫师发现大鼎的确属实，于是按照礼仪祭祀，迎取大鼎到甘泉宫，

从上行，荐之宗庙及上帝，藏于甘泉宫，群臣皆上寿贺。

秋，上行幸雍，且郊。或曰：“五帝，泰一之佐也，宜立泰一，而上亲郊。”上疑未定。齐人公孙卿曰：“今年得宝鼎，其冬辛巳朔旦冬至，与黄帝时等。”卿有札书曰：“黄帝得宝鼎，是岁己酉朔旦冬至，凡三百八十年，黄帝仙登于天。”因嬖人奏之。上大悦，召问，卿对曰：“受此书申公，申公曰：‘汉兴复当黄帝之时，汉之圣者在高祖之孙且曾孙也。宝鼎出而与神通，黄帝接万灵明庭。明庭者，甘泉也。黄帝采首山铜，铸鼎于荆山下。鼎既成，有龙垂胡髯下迎黄帝，黄帝上骑龙，与群臣后宫七十馀人俱登天。’”于是天子曰：“嗟乎！诚得如黄帝，吾视去妻子如脱屣耳！”拜卿为郎，使东候神于太室。

五年，五利将军装治行，东入海求其师。既而不敢入海，之太山祠。上使人随验，实无所见。五利妄言见其师。其方尽多不雠，坐诬罔，腰斩。乐成侯亦弃市。

六年冬，公孙卿候神河南，言见仙人迹缑氏城上。春，天子亲幸缑氏城视迹，问卿：“得毋效文成、五利乎？”卿曰：“仙者非有求人主，人主者求之。其道非宽假，神不来。言神事如迂诞，积以岁月，乃可致也。”上信之。于是郡、国各

跟在汉武帝之后，敬献给宗庙里的祖宗和皇天上帝，然后珍藏在甘泉宫，群臣向汉武帝进献贺辞。

秋季，汉武帝巡行抵达雍地，准备举行祭天大礼。有人建议说："五方神帝，是至高天神泰一的辅佐，应该在这里修筑泰一祭坛，由当今皇上亲自祭祀。"汉武帝迟疑，未做出决定。齐地人公孙卿说："今年喜得宝鼎，冬季十一月辛巳初一这天正是冬至，与黄帝时的情况完全一样。"公孙卿还有写在木牍上的章奏说："黄帝获得宝鼎，那年十一月己酉正是初一冬至，一共经过三百八十年，黄帝成仙登上天庭。"通过汉武帝宠幸的内臣奏报上去。汉武帝大喜，召见并询问公孙卿，公孙卿对答说："我奏上的这通札书，受自经学大师申公，申公曾说过：'汉朝兴盛的时间与黄帝时一样，汉朝神圣的君主就是高祖的孙辈和曾孙辈。宝鼎出世而与神仙相通，黄帝在明庭迎拜各种神灵。明庭，就是甘泉宫。黄帝采掘首山的精铜，在荆山下铸造宝鼎。鼎已铸成，有神龙垂着龙须从天上飞下来迎接黄帝，黄帝跃身骑在龙身上，与群臣和后宫妃嫔七十多个人一齐登上天庭。'"于是汉武帝美叹说："哎呀呀！果真能像黄帝那样，离弃妻子儿女就像脱掉鞋那样容易了。"随即拜授公孙卿为郎官，派他去东部，在太室山迎候神仙莅临。

五年(前112)，五利将军栾大整理行装出发，东行入海去寻求他的所谓仙师。到了海边，却不敢入海，跑到泰山祭祷。汉武帝派人尾随察验，实际一无所见。栾大诳言见到了他的仙师，他所吹嘘的法术也大多不灵验，被以欺君罔上的罪名，腰斩处死。最先推荐他的乐成侯丁义也斩首示众。

六年(前111)冬季，公孙卿在河南迎候神仙，奏报在缑氏城上发现了仙人的脚印。次年春季，汉武帝亲自来到缑氏城察看仙人脚印，责问公孙卿说："你是不是也想效仿少翁、栾大骗我呢？"公孙卿说："神仙不是有求君主，而是君主有求神仙。如果道路不宽阔，神仙就不来。说到神仙之事，似乎迂阔荒诞，必须经年累月，才能招请到。"汉武帝相信了。于是郡县、诸侯王国各自

除道,缮治宫观、名山、神祠以望幸焉。

　　初,司马相如病且死,有遗书,颂功德,言符瑞,劝上封泰山。上感其言,会得宝鼎,上乃与公卿诸生议封禅。封禅用希旷绝,莫知其仪。而诸方士又言:"封禅者合不死之名也。黄帝以上,封禅皆致怪物,与神通,秦皇帝不得上封。陛下必欲上,稍上即无风雨,遂上封矣。"上于是乃令诸儒采《尚书》《周官》《王制》之文,草封禅仪,数年不成。上以问左内史兒宽,宽曰:"封泰山,禅梁父,昭姓考瑞,帝王之盛节也。然享荐之义,不著于《经》。臣以为封禅告成,合祛于天地神祇,唯圣王所由,制定其当,非群臣之所能列。今将举大事,优游数年,使群臣得人人自尽,终莫能成。唯天子建中和之极,兼总条贯,金声而玉振之,以顺成天庆,垂万世之基。"上乃自制仪,颇采儒术以文之。上为封禅祠器,以示群儒,或曰"不与古同",于是尽罢诸儒不用。上又以古者先振兵释旅,然后封禅。

　　元封元年冬十月,行自云阳,北历上郡、西河、五原,出长城,北登单于台,至朔方,临北河。还,祭黄帝冢桥山,释兵须如。上曰:"吾闻黄帝不死,今有冢,何也?"公孙卿曰:"黄帝已仙上天,群臣思慕,葬其衣冠。"上叹曰:"吾后升

整修道路,修缮宫观、名山、神庙,盼望汉武帝能驾临本地。

　　当初,文士司马相如患重病,眼看要死去,就写下文章,极力歌颂汉武帝的功德,盛言各种吉祥的兆应,力劝汉武帝封禅泰山。汉武帝深受触动,又赶上近年获得宝鼎,就与公卿以及众位儒生商议封禅事宜。封禅在前代极少举行,谁都不清楚具体的礼节仪式。可各个方士又启奏说:"封禅这种大礼,正符合长生不死的说法。黄帝以前的圣帝明君举行封禅,都招来天地各种怪物,与神灵相通,秦始皇没能登上泰山山顶祭天。陛下您一定要想登上山顶,慢慢往上登就不会遇到风雨,结果就能登到山顶祭天了。"汉武帝于是命令诸位儒生采摘《尚书》《周官》《王制》的有关记载,草拟出封禅的礼节仪式,可几年间也没草拟出来。汉武帝就此事询问左内史儿宽,儿宽说:"在泰山祭天,在梁父山告地,昭示历代先王,考求各种祥瑞,这是帝王盛大隆重的礼节。但祭享进献的仪式,在经典上没有明确的记载。臣下我认为,封禅大礼是敬告成功,对天地神祇一开一合,只有圣王才能制定出合适的礼仪,而不是群臣所能参预的。如今打算实施这桩大事,可一连白耗几年,让群臣个个都独抒己见,到最后也不能告成。只有天子才能确立人间中和的准则,汇总归纳,条理贯串,发出金玉般的声音,随顺成就上天赐予的福庆,垂照万世的基业。"听罢这番话,汉武帝就亲自制定礼节仪式,很多地方用儒家的主张来修饰完善。汉武帝制成封禅用的祭器,拿给众位儒生看,有的儒生说:"形制和古代的不一样。"于是汉武帝干脆罢斥这些儒生,不用他们。汉武帝又认为古代都是显示兵威,再解散军队,然后才举行封禅大礼。

　　元封元年(前110)冬季十月,汉武帝从云阳县出巡,朝北行进,经过上郡、西河、五原,跨出长城,再北登单于台,抵达朔方郡,驾临北河。还京途中,在桥山祭祀黄帝的陵墓,在须如解散军队。汉武帝说:"我听说黄帝长生不死,现今却有陵墓,这是为什么?"公孙卿解释说:"黄帝已成仙,登上天庭,他的群臣都很思念他,就将他的衣冠埋在这里。"汉武帝感叹说:"我日后要是升

天,群臣亦当葬吾衣冠于东陵乎?"乃还甘泉,类祠太一。

春正月,上行幸缑氏,礼祭中岳太室,从官在山下闻若有言"万岁"者三。诏祠官加增太室祠,禁无伐其草木,以山下户三百为之奉邑。

上遂东巡海上,行礼祠八神。齐人之上疏言神怪、奇方者以万数,乃益发船,令言海中神山者数千人求蓬莱神人。公孙卿持节常先行,候名山,至东莱,言:"夜见大人,长数丈,就之则不见。其迹甚大,类禽兽云。"群臣有言:"见一老父牵狗,言'吾欲见巨公',已忽不见。"上既见大迹,未信,及群臣又言老父,则大以为仙人也,宿留海上,与方士传车及间使求神仙,人以千数。

夏四月,还至奉高,礼祠地主于梁父。乙卯,令侍中儒者皮弁、缙绅,射牛行事,封泰山下东方,如郊祠泰一之礼。封广丈二尺,高九尺,其下则有玉牒书,书秘。礼毕,天子独与侍中、奉车都尉霍子侯上泰山,亦有封,其事皆禁。明日,下阴道。丙辰,禅泰山下址东北肃然山,如祭后土礼。天子皆亲拜见,衣上黄,而尽用乐焉。江、淮间茅三脊为神藉,五色土益杂封。其封禅祠,夜若有光,昼有白云出封中。天子从禅还,坐明堂,群臣更上寿颂功德。诏曰:

天，群臣也应在长安东陵埋葬我的衣冠吧！"于是回到甘泉宫，又在太一神坛举行了类似的祭祀活动。

春季正月，汉武帝出行到缑氏城，按礼仪规定祭祀中岳太室山，随从的官员在山下听到了三次好像神呼"万岁"的声音。于是下诏，命令负责祭祀的祠官扩建太室祠庙，禁止砍伐周围的草木，把山下三百民户定为供奉太室祠庙的采邑。

汉武帝顺路向东巡行海上，按礼仪对八个神灵进行祭祀。齐地进呈奏疏专讲神怪和奇方异术的人数以万计，于是增拨船只，命令数千个称说海中有神山的人去访求蓬莱神人。公孙卿持带朝廷旌节，常常在前面开路，在名山等待神仙，到东莱山时，奏报说："夜间看见巨人，身长数丈，近前就不见了。它留下的脚印特别大，大得就像禽兽的蹄印。"群臣也奏称："看见一位老翁牵着狗，口称'我要见天子'，说完忽然不见了。"汉武帝已经看过巨人的脚印，但还不相信，等到群臣又奏称老翁一事，就认定是仙人了，随即留宿海上，赐予方士驿馆专车，让他们抄近路访求神仙，人数多达千人。

夏季四月，汉武帝起驾还朝，来到泰山郡治所奉高，在梁父山按礼节祭祀八神中的地主。乙卯（十九日）这天，命令侍中儒者头戴皮冠，腰扎宽带，插上笏板，参加射牛仪式，开始封禅，在泰山山麓东面祭天，采用京城城郊祭祀至高神泰一的礼仪。祭坛宽一丈二尺，高九尺，坛下有写在玉版上的告神文书，文书的内容秘不示人。祭礼完毕后，汉武帝单独与侍中、奉车都尉霍子侯登上了泰山山顶，也有祭祷，但此事全都保密。第二天，从北面山道下山。丙辰（二十日）这天，在泰山脚下东北侧的肃然山举行告地仪式，采用祭祀后土的礼节。汉武帝都亲自朝拜，服装一律用黄色，并且全都奏乐。长江、淮河一带出产的叶上有三道脊缝的茅草，用作祭品的衬垫，用青赤白黑黄五色土建筑祭坛。在祭天告地的祭坛周围，夜间好像有神光闪动，白天好像有白云从祭坛中飘出来。汉武帝参加完告地大礼，折返奉高，在西南四里的明堂就座，群臣轮流上前祝寿，歌颂功德。汉武帝下诏说：

"朕以眇身承至尊，兢兢焉惟德菲薄，不明于礼乐，故用事八神。遭天地况施，著见景象，屑然如有闻，震于怪物，欲止不敢，遂登封泰山，至于梁父，然后升禅肃然自新，嘉与士大夫更始，其以十月为元封元年。行所巡至，博、奉高、蛇丘、历城、梁父，民田租逋赋，皆贷除之，无出今年算，赐天下民爵一级。"又以五载一巡狩，用事泰山，令诸侯各治邸泰山下。

天子既已封泰山，无风雨，而方士更言蓬莱诸神若将可得，于是上欣然庶几遇之，复东至海上望焉。上欲自浮海求蓬莱，群臣谏，莫能止。东方朔曰："夫仙者，得之自然，不必躁求。若其有道，不忧不得；若其无道，虽至蓬莱见仙人，亦无益也。臣愿陛下第还宫静处以须之，仙人将自至。"上乃止。会奉车霍子侯暴病，一日死。子侯，去病子也，上甚悼之，乃遂去，并海上，北至碣石，巡自辽西，历北边，至九原。五月，乃至甘泉。凡周行万八千里云。

二年春正月，公孙卿言："见神人东莱山，若云欲见天子。"天子于是幸缑氏城，拜卿为中大夫，遂至东莱，宿留之，数日，无所见，见大人迹云。复遣方士求神怪，采芝药，以千数。时岁旱，天子既出无名，乃祷万里沙。夏，四月，还，过祠泰山。

"朕凭借着微不足道的身躯,承继最尊崇的帝位,尽管战战兢兢执掌朝政,只是仁德微薄,对礼乐不明了,所以来敬奉八神,祈求庇护。幸遇天地神灵赐与祥瑞的兆应,鲜明地显现出吉祥的景象,倏忽间好像听到了神音,被奇异的景象震惊,却不敢加以阻止,于是登临泰山祭天,又到梁父山,然后跃升肃然山告地,悔过自新,喜庆地与众位士大夫重新开始建功立业,特把十月改为元封元年。此次出行所巡视而到过的博县、奉高、蛇丘县、历城县、梁父县等地,这些地方居民的田租和拖欠的赋税,全部免除,不交纳今年的人头税。恩赐全国有爵位的居民,都擢升一级。"又把五年一巡视,前来祭祀泰山定为制度,命令诸侯王各自在泰山脚下修建馆舍。

汉武帝已经在泰山祭过天,没遇到风雨,而方士又迭相称说蓬莱仙山的各个神仙似乎将会见得到,于是汉武帝很高兴希望遇见他们,又东进抵达海上眺望。汉武帝想亲身泛舟海上访求蓬莱仙山,群臣都劝谏,但谁都阻止不了。东方朔说:"得见仙人要出于自然,不必急躁访求。如果君主有道,不愁见不着;如果君主无道,即使到了蓬莱山,见到了仙人,也没有什么补益。臣下我期望陛下只管回宫,安静等候,仙人将会自动来到的。"汉武帝于是作罢,不再入海。这时正赶上奉车都尉霍子侯突患重病,一天就死了。霍子侯是大司马霍去病的儿子,汉武帝十分伤悼他,就动身离去,沿海岸往北行进,到达碣石山,再从辽西巡视,历经北部边塞抵达九原。这年五月,回到甘泉宫。这次四处巡视一共走了一万八千里。

二年(前109)春季正月,公孙卿奏报说:"在东莱山看见了神人,神人好像说想见天子。"汉武帝于是驾临缑氏城,拜授公孙卿为中大夫,乘便来到东莱山,留宿在山上,一连好几天,也没见到神人,只是见到了巨人的脚印。又派遣方士访求神仙怪物,采集灵芝等药物,多达千种。当时正逢天气干旱,汉武帝没有恰当的理由外出,就去东莱境内的万里沙祠庙去祭祷。夏季四月,回京,途中又祭祀泰山。

公孙卿言：“仙人好楼居。”于是上令长安作飞廉、桂观，甘泉作益寿、延寿观，使卿持节设具而候神人。又作通天茎台，置祠具其下。更置甘泉前殿，益广诸宫室。

太初元年冬十月，上行幸泰山。十一月甲子朔旦，冬至，祠上帝于明堂。东至海上，考入海及方士求神者，莫验。然益遣，冀遇之。

十二月甲午朔，上亲禅高里，祠后土。临勃海，将以望祀蓬莱之属，冀至殊廷焉。

春，上还，以柏梁灾故，朝诸侯、受计于甘泉。甘泉作诸侯邸。越人勇之曰：“越俗，有火灾复起屋，必以大，用胜服之。”于是作建章宫，度为千门万户。其东则凤阙，高二十馀丈；其西则唐中，数十里虎圈；其北治大池，渐台高二十馀丈，命曰太液池，中有蓬莱、方丈、瀛州、壶梁，象海中神山、龟鱼之属；其南有玉堂、璧门、大鸟之属。立神明台、井幹楼，度五十丈，辇道相属焉。

三年春正月，上东巡海上，考神仙之属皆无验，令祠官礼东泰山。夏四月，还，修封泰山，禅石闾。

天汉三年春三月，上行幸泰山，修封，祀明堂，因受计。还，祠常山，瘗玄玉。方士之候祠神人、入海求蓬莱者终无有验，而公孙卿犹以大人迹为解，天子益怠厌方士之怪迂

公孙卿启奏说:"仙人喜好在楼台中居住。"于是汉武帝命令在长安修建飞廉馆和桂观,在甘泉宫修建益寿馆和延寿观,派公孙卿执持朝廷旌节,设置器具,来迎候神人到来。又修建通天荃台,在台下配置祭祀用具。另筑甘泉前殿,进一步扩建各处宫室。

太初元年(前104)冬季十月,汉武帝又出行驾临泰山。十一月甲子这天是初一冬至,在明堂又祭祀皇天上帝。东行到海上,查问入海以及访求神仙的方士情况,没一个人的话应验。但汉武帝进一步增派人出海,希望遇见神仙。

十二月甲午这天是初一,汉武帝亲自在泰山脚下的高里山告地,祭祀后土。抵临渤海,准备遥望祝祭蓬莱等海上仙山,希图身至迥异人间的仙庭。

春季,汉武帝还京,因柏梁台遭受天火的缘故,在甘泉宫接受诸侯王的朝拜,审理各地年终政绩考核的报表。在甘泉宫营建诸侯王的馆舍。越地人勇之说:"按越地的习俗,遭受天火灾害重新建造屋室,必须建得更大,来克制压服火灾。"于是兴筑建章宫,设计成千门万户。宫的东面是凤阙,高达二十多丈;宫的西面是唐中庭殿,数十里外是虎圈苑囿;宫的北面修凿大水池,筑渐台,高达二十多丈,命名为太液池,池中筑有蓬莱、方丈、瀛州、壶梁等胜景,形状全都仿造海中神山、龟鱼之类;宫的南面建有玉堂、璧门和大鸟塑像等。还修建神明台、井幹楼,高度为五十丈,有空中通道相连结。

三年(前102)春季正月,汉武帝又东巡海上,查问访求神仙的那批人,全都没有效验,命令祠宫按礼节在泰山东侧祭祀。夏季四月回京,在泰山修明祭天大礼,在泰山山南的石间举行告地仪式。

天汉三年(前98)春季三月,汉武帝出行巡游来到泰山,修明祭天大礼,奉祀于明堂,就便在此接受各地年终政绩考核的报表。回京途中,祭祀于常山,埋下黑色玉石。方士迎候祭请神人、入海访求蓬莱仙山的那批人,一直没有效验,而公孙卿还用发现巨人脚印来搪塞。汉武帝越来越厌倦方士怪诞迂阔的那套

语矣,然犹羁縻不绝,冀遇其真。自此之后,方士言神祠者弥众,然其效可睹矣。

征和四年春正月,上行幸东莱,临大海,欲浮海求神山。群臣谏,上弗听。而大风晦冥,海水沸涌。上留十馀日,不得御楼船,乃还。

三月,上耕于钜定,还,幸泰山,修封。庚寅,祀于明堂。癸巳,禅石闾,见群臣。上乃言曰:"朕即位以来,所为狂悖,使天下愁苦,不可追悔。自今事有伤害百姓,糜费天下者,悉罢之!"田千秋曰:"方士言神仙者甚众,而无显功,臣请皆罢斥遣之!"上曰:"大鸿胪言是也。"于是悉罢诸方士候神人者。是后上每对群臣自叹:"向时愚惑,为方士所欺。天下岂有仙人?尽妖妄耳!节食服药,差可少病而已。"夏,六月,还,幸甘泉。

后元二年春正月,上朝诸侯王于甘泉宫。二月,行幸盩厔五柞宫。丁卯,帝崩于五柞宫。

臣光曰:孝武穷奢极欲,繁刑重敛,内侈宫室,外事四夷,信惑神怪,巡游无度,使百姓疲敝,起为盗贼,其所以异于秦始皇者无几矣。然秦以之亡,汉以之兴者,孝武能尊先王之道,知所统守,受忠直之言,恶人欺蔽,好贤不倦,诛赏严明,晚而改过,顾托得人,此其所以有亡秦之失而免亡秦之祸乎!

话,但仍网罗笼络不绝,希图遇见真仙山、真仙人。从此以后,言称祭请神仙的方士越来越多,但效验如何是显而易见的了。

征和四年(前89)春季正月,汉武帝出行到东莱山,抵临大海,准备亲自泛舟海上去访求神山。群臣谏阻,但汉武帝拒不听从。可大风突起,刮得天昏地暗,海水沸腾奔涌。汉武帝停留了十多天,最后也无法登上楼船,于是折回。

三月,汉武帝在齐国境内钜定县举行亲耕仪式,然后回京,途中又到泰山,修明祭天大礼。庚寅(二十六日),在明堂祭祀。癸巳(二十九日),又在石闾告地,会见群臣。汉武帝感慨说:"朕登帝位以来,所做之事狂妄悖逆,使天下愁苦不堪,追悔也没用了。从今以后,凡是伤害百姓、过度耗费天下财力的事,全部废止。"大鸿胪田千秋说:"宣扬登仙成神的方士实在太多了,但却没有明显的功效,臣下我请求将他们全部罢斥遣散。"汉武帝表态说:"大鸿胪说得对。"于是将迎候神人的各类方士全部罢斥。此后汉武帝常对群臣自叹说:"过去愚昧迷惑,被方士所欺骗。天下哪里有仙人?都是一派妖言妄语!节制饮食,服用药物,略能少得疾病而已。"夏季六月,回到京师,住进甘泉宫。

后元二年(前87)春季正月,汉武帝命诸侯王在甘泉宫朝拜。二月,出行到盩厔县境内的五柞宫。丁卯(十四日),汉武帝在五柞宫驾崩。

北宋史臣司马光评论说:汉孝武帝穷奢极欲,刑罚繁多,征敛沉重,对内醉心于大兴宫室,对外致力于征伐四周部族,崇信迷惑神仙怪物,巡行出游没有限度,使百姓疲劳凋散,铤而走险成为盗贼,他与秦始皇没有什么不同。但秦朝由此而灭亡,汉室由此而兴盛,原因在于孝武帝能尊奉先王之道,明了所应统领和护守的东西,接受忠直的言论,憎恶被人欺骗蒙蔽,喜好贤士,赏罚分明,晚年改正过错,临终托付后事确得其人,这正是他犯有使秦灭亡那样的过失,却避免使秦灭亡那样的祸患的原因所在。

巫蛊之祸

汉武帝太始三年,皇子弗陵生。弗陵母曰河间赵倢伃,居钩弋宫,任身十四月而生。上曰:"闻昔尧十四月而生,今钩弋亦然。"乃命其所生门曰尧母门。

> 臣光曰:为人君者,动静举措不可不慎。发于中必形于外,天下无不知之。当是时也,皇后、太子皆无恙,而命钩弋之门曰尧母,非名也。是以奸臣逆探上意,知其奇爱少子,欲以为嗣,遂有危皇后、太子之心,卒成巫蛊之祸,悲夫!

赵人江充为水衡都尉。初,充为赵敬肃王客,得罪于太子丹,亡逃,诣阙告赵太子阴事,太子坐废。上召充入见。充容貌魁岸,被服轻靡,上奇之。与语政事,大悦,由是有宠,拜为直指绣衣使者,使督察贵戚、近臣逾侈者。充举劾无所避,上以为忠直,所言皆中意。尝从上甘泉,逢太子

巫蛊之祸

汉武帝太始三年（前94），皇子刘弗陵降生。刘弗陵的母亲人称河间赵倢伃，身居钩弋宫，怀孕十四个月才分娩。汉武帝说："听说古代的唐尧就是怀孕十四个月才生下的，如今钩弋夫人也是这样。"就把她生下刘弗陵的钩弋宫宫门命名为尧母门。

北宋史臣司马光评论说：身为君主的人，一言一行、一举一动都不能不谨慎。萌发在内心必定会显现在外表，天下人没有不知道的。这个时候，皇后、太子都健在，而命名钩弋夫人所居宫室的宫门为尧母门，显然不只是一个单纯的命名问题。因此奸臣就揣摩探测汉武帝的意向，知道他宠爱幼子，准备把他定为帝位的继承人，于是奸臣产生迫害皇后、太子的恶念，最终造成巫蛊之祸，实在太可悲了。

这一年，赵地人江充担任了水衡都尉。起初，江充是赵敬肃王刘彭祖的门客，冒犯过世子刘丹，逃离出境，来到朝廷，举告赵国世子见不得人的坏事，刘丹被论罪废掉了世子的身份。汉武帝宣召江充入宫朝见。江充生得仪表堂堂，高大魁梧，服装华丽，汉武帝对他暗中称奇。与他谈论政事，感到十分欣喜，由此江充得到宠信，被汉武帝封拜为直指绣衣使者，命他督察皇亲国戚和贴身大臣超越礼制规定、奢侈无度的行为。江充检举劾奏，无所避忌，汉武帝认为他忠诚正直，他所提的意见，也都正中汉武帝的下怀。江充曾有一次随从汉武帝到甘泉宫，碰见太子刘据

家使乘车马行驰道中,充以属吏。太子闻之,使人谢充曰:"非爱车马,诚不欲令上闻之以教敕无素者,唯江君宽之。"充不听,遂白奏。上曰:"人臣当如是矣。"大见信用,威震京师。

征和元年夏,上居建章宫,见一男子带剑入中龙华门,疑其异人,命收之。男子捐剑走,逐之弗获。上怒,斩门候。冬十一月,发三辅骑士大搜上林,闭长安城门索,十一日乃解。巫蛊始起。

丞相公孙贺夫人君孺,卫皇后姊也,贺由是有宠。贺子敬声代父为太仆,骄奢不奉法,擅用北军钱千九百万,发觉,下狱。是时诏捕阳陵大侠朱安世甚急,贺自请逐捕安世以赎敬声罪,上许之。后果得安世。安世笑曰:"丞相祸及宗矣!"遂从狱中上书,告"敬声与阳石公主私通。上且上甘泉,使巫当驰道埋偶人,祝诅上,有恶言"。

二年春正月,下贺狱,案验,父子死狱中,家族。

闰四月,诸邑公主、阳石公主及皇后弟子长平侯伉皆坐巫蛊诛。

初,上年二十九乃生戾太子,甚爱之。及长,性仁恕温

派去请安的家臣所乘坐的车马，竟在天子才有权使用的正中央"驰道"上行进，江充就把这个家臣交付主管部门问罪。太子刘据闻知此事，派人向江充道歉恳求说："我不是吝惜车马，实在是不想让父皇知道后，认为我平素对左右管教戒饬不严，唯请江君您能宽恕这一次。"江充坚决不答应，于是禀告奏报给汉武帝。汉武帝说："做人臣的，就应当这样。"江充由此更得汉武帝的信任，威名震动京师。

征和元年(前92)夏季，汉武帝住在建章宫，发现一名男子，带剑窜入中龙华门，怀疑他是不寻常的人，就喝令卫士抓住他。这名男子丢下手中剑逃走，卫士紧追他，却未能捕获。汉武帝大怒，立刻杀掉了宫门守护官员。冬季十一月，调集京兆、冯翊、扶风三辅地区的骑士，大规模搜索上林范围，并关闭长安城门，严加搜捕，历时十一天才算结束。用巫术谋害武帝、挑起宫廷内讧的事件开始兴起。

丞相公孙贺的夫人卫君孺，是卫皇后的姐姐，公孙贺由此受到汉武帝的宠信。公孙贺的儿子公孙敬声接替父亲充任九卿之一太仆，骄纵奢靡，不奉守国家法令，擅自动用守卫京师的北军军费一千九百万钱，事情败露，被关入监狱。这时朝廷下诏，紧急搜捕阳陵大侠朱安世，公孙贺主动请求追捕朱安世来替儿子敬声赎罪，汉武帝答应了这一请求。不久以后，果真抓住了朱安世。朱安世冷笑说："丞相的祸难就要延及全宗族了。"于是从监狱中上书朝廷，举告"公孙敬声与阳石公主私通。在皇上准备驾临甘泉宫之前，指使巫师在正中央驰道下面埋设木偶人，诅咒皇上，有恶毒的咒语"。

二年(前91)春季正月，把公孙贺关进监狱，经查究属实，他们父子两人都被处死在狱中，全家被满门抄斩。

闰四月，卫皇后所生的诸邑公主、阳石公主以及卫皇后的侄儿、长平侯卫伉都因用巫术谋害武帝之罪被斩杀。

当初，汉武帝年届二十九岁的时候，才生下庶太子刘据，因而十分喜爱他。等到刘据长大后，他的性情仁慈宽厚，温和恭

谨，上嫌其材能少，不类己。而所幸王夫人生子闳，李姬生子旦、胥，李夫人生子髆。皇后、太子宠浸衰，常有不自安之意。上觉之，谓大将军青曰："汉家庶事草创，加四夷侵陵中国，朕不变更制度，后世无法；不出师征伐，天下不安。为此者，不得不劳民。若后世又如朕所为，是袭亡秦之迹也。太子敦重好静，必能安天下，不使朕忧。欲求守文之主，安有贤于太子者乎！闻皇后与太子有不安之意，岂有之邪？可以意晓之。"大将军顿首谢。皇后闻之，脱簪请罪。太子每谏征伐四夷，上笑曰："吾当其劳，以逸遗汝，不亦可乎！"

上每行幸，常以后事付太子，宫内付皇后。有所平决，还，白其最，上亦无异，有时不省也。上用法严，多任深刻吏；太子宽厚，多所平反，虽得百姓心，而用法大臣皆不悦。皇后恐久获罪，每戒太子："宜留取上意，不应擅有所纵舍。"上闻之，是太子而非皇后。群臣宽厚长者皆附太子，而深酷用法者皆毁之。邪臣多党与，故太子誉少而毁多。卫青薨后，臣下无复外家为据，竞欲构太子。

上与诸子疏，皇后希得见。太子尝谒皇后，移日乃出。黄门苏文告上曰："太子与宫人戏。"上益太子宫人满二百

谨,汉武帝嫌他缺少才能,不像自己那样雄才大略。而所宠幸过的王夫人也生有儿子刘闳,李姬生有儿子刘旦和刘胥,李夫人生有儿子刘髆。卫皇后和太子刘据觉得汉武帝对他们母子的宠爱逐渐淡薄,常常产生自身地位难保的心思。汉武帝觉察到这一点,就对卫皇后的弟弟、大将军卫青说:"汉室许多事务还都处在草创阶段,加上四周部族侵扰进犯中原,朕不变革前代制度,后世就会没有成法;不出师征伐,天下就会不安定。为此目的,就不得不烦劳百姓。如果后世子孙还像朕这样做,这就是重蹈秦朝灭亡的覆辙啊。太子敦厚稳重,喜好宁静,一定能够安定天下,不让朕忧虑。要想选求奉守文治的君主,哪里还有比太子更贤能的呢!听说皇后与太子有不安的感觉,怎么会有他们想象的那种事呢?你可以把朕的意思明确告诉他们。"大将军卫青跪拜谢恩。卫皇后听到汉武帝的这种态度,摘掉皇后首饰请罪。太子刘据时常谏阻征伐四周部族,汉武帝总是笑着说:"我承当这份劳苦,把安逸留给你,不也挺好吗?"

汉武帝每次巡行出游,常把政事交付给太子办,宫内事务交付给皇后料理。太子有所裁决处断,待汉武帝回京,就禀报大略情形,汉武帝也没什么不同意见,有时候干脆不过问。汉武帝施用刑法严苛,大多委任深文周纳的酷吏断案;太子宽厚,大多予以从轻处治,这样做尽管赢得了百姓的拥护,而执法大臣却都很不高兴。卫皇后恐怕长此下去会获罪,时常告诫太子:"应当对案件暂缓处理,再按皇帝意旨裁决,不应擅自有所减刑或赦免。"汉武帝闻知此话后,认为太子做得对而皇后做得不对。群臣中宽厚而有蔼然长者之风的人,都心向太子,而苛酷施用刑法的人都诋毁太子。因为奸邪的朝臣大多勾结在一起,所以太子受到的赞誉很少,而受到的诋毁却很多。卫青去世,奸邪的朝臣看到太子不再有卫皇后娘家的势力做靠山,就竞相构陷太子。

汉武帝与众位皇子很少会面,卫皇后也很少能够入见。太子曾经谒见皇后,过了很长时间后才出宫。黄门苏文向汉武帝报告说:"太子与宫女戏耍。"汉武帝就给太子增拨宫女整整二百

人。太子后知之,心衔文。文与小黄门常融、王弼等常微伺太子过,辄增加白之。皇后切齿,使太子白诛文等。太子曰:"第勿为过,何畏文等?上聪明,不信邪佞,不足忧也!"上尝小不平,使常融召太子,融言:"太子有喜色。"上嘿然。及太子至,上察其貌,有涕泣处,而佯语笑,上怪之;更微问,知其情,乃诛融。皇后亦善自防闲,避嫌疑,虽久无宠,尚被礼遇。

是时,方士及诸神巫多聚京师,率皆左道惑众,变幻无所不为。女巫往来宫中,教美人度厄,每屋辄埋木人祭祀之。因妒忌恚詈,更相告讦,以为祝诅上,无道。上怒,所杀后宫延及大臣,死者数百人。上心既以为疑,尝昼寝,梦木人数千持杖欲击上,上惊寤,因是体不平,遂苦忽忽善忘。江充自以与太子及卫氏有隙,见上年老,恐晏驾后为太子所诛,因是为奸,言上疾祟在巫蛊。于是上以充为使者,治巫蛊狱。充将胡巫掘地求偶人,捕蛊及夜祠、视鬼,染污令有处,辄收捕验治,烧铁钳灼,强服之。民转相诬以巫蛊,吏辄劾以大逆无道,自京师、三辅连及郡国,坐而死者前后数万人。

是时,上春秋高,疑左右皆为蛊祝诅。有与无,莫敢讼其冤者。充既知上意,因胡巫檀何言:"宫中有蛊气,不除

人。太子后来得知缘故，心里暗恨苏文。苏文与小黄门常融、王弼等人经常暗中侦伺太子的过失，有小过失就添枝加叶禀告给汉武帝。卫皇后对此切齿痛恨，让太子奏请诛杀苏文等人。太子说："只要不再出过失，何必怕苏文这群太监？皇上耳聪目明，不相信邪佞小人，您不值得忧虑！"汉武帝曾偶感身体不适，派常融去召太子，常融回来说："太子面有喜色。"汉武帝听后默默无语。待至太子到来，汉武帝观察太子的表情神色，脸上还留有泪痕，却强装连说带笑，汉武帝很奇怪，再细问，知道了实情，于是杀掉了常融。卫皇后也多加小心，防备闲言碎语，尽一切可能避开嫌疑，尽管长久以来没有汉武帝的宠爱，但还受到礼遇。

这时候，很多方士和各种神巫聚集在京师长安，大都用邪术迷惑众人，无所不为。女巫出入宫中，教给美人这些妃嫔超度劫厄的方法，每间居室里几乎都埋设木偶人，祭祀祷请。由于相互嫉妒，怨恨责骂，彼此轮番举告揭发，恶毒攻击，都说对方是诅咒当今皇上，罪属大逆不道。汉武帝听后，勃然大怒，所杀的后宫妃嫔及牵连到的朝廷大臣有数百人。汉武帝心中既产生疑窦，曾在午休时梦见数千木偶人手持棍棒要击杀自己，猛然惊醒过来。因此身体顿感不适，于是被健忘症所折磨。江充认为与太子及卫皇后存在嫌隙，又见武帝年纪已老，恐怕武帝死后被太子所诛杀，因此施展奸谋，言称皇上的疾病源于巫术作祟。于是汉武帝派江充充任使者，专门审理巫术谋害一案。江充带着胡人巫师到处挖地搜求木偶人，逮捕从事诅咒、夜间祈请、看鬼附人身体的这些术士，又让巫师在预定的地方洒污血，伪造祷请处，随即就把该处的人逮捕审讯，用烙铁烙他们或夹他们，强迫他们认罪。于是，民间转相诬告他人施用巫蛊，官吏随便就用大逆不道来劾奏政敌，从京师和周围三辅地区扩及郡县、诸侯王国，获罪而被处死的，前后多达数万人。

这时，汉武帝年事已高，怀疑左右都用巫术诅咒自己。被怀疑的人无论有无这种举动，都不敢申诉冤枉。江充既摸透汉武帝的心思，通过胡人巫师檀何启奏说："宫中有巫蛊邪气，不铲除

之,上终不差。"上乃使充入宫,至省中,坏御座,掘地求蛊。又使按道侯韩说、御史章赣、黄门苏文等助充。充先治后宫希幸夫人,以次及皇后、太子宫,掘地纵横,太子、皇后无复施床处。充云:"于太子宫得木人尤多,又有帛书,所言不道,当奏闻。"太子惧,问少傅石德。德惧为师傅并诛,因谓太子曰:"前丞相父子、两公主及卫氏皆坐此。今巫与使者掘地得征验,不知巫置之邪,将实有也,无以自明。可矫以节收捕充等系狱,穷治其奸诈。且上疾在甘泉,皇后及家吏请问皆不报。上存亡未可知,而奸臣如此,太子将不念秦扶苏事邪?"太子曰:"吾人子,安得擅诛!不如归谢,幸得无罪。"太子将往之甘泉,而江充持太子甚急,太子计不知所出,遂从石德计。秋,七月壬午,太子使客诈为使者,收捕充等。按道侯说疑使者有诈,不肯受诏,客格杀说。太子自临斩充,骂曰:"赵虏!前乱乃国王父子不足邪!乃复乱吾父子也!"又炙胡巫上林中。

太子使舍人无且持节夜入未央宫殿长秋门,因长御倚华具白皇后,发中厩车载射士,出武库兵,发长乐宫卫卒。长安扰乱,言太子反。苏文逋走,得亡归甘泉,说太子无状。上曰:"太子必惧,又忿充等,故有此变。"乃使使召太子。

它，皇上的病始终不会好。"汉武帝就派江充进入宫禁，直至中枢重地，毁坏皇上宝座，挖地寻找巫术谋害的本源。汉武帝又派按道侯韩说、御史章赣、黄门苏文等人协助江充。江充首先究查后宫那些很少得到汉武帝宠幸的夫人，按级别究查到皇后、太子的宫室，把地挖得乱七八糟，以至太子、皇后连放床的地方都没有了。江充说："在太子宫中搜到的木偶人特别多，又有帛书，上面写的话大逆不道，应当奏报皇上。"太子十分恐惧，就问少傅石德应该怎么办。石德也害怕身为太子师傅一并被处死，所以对太子说："前丞相公孙父子、两位公主以及卫伉等人全都获此罪名被杀。现今巫师与江充挖地搜到了证据，不知这是巫师事先埋设好的，还是确有其事，太子你没有办法自证清白。我们可以假用旌节，传下诏书，逮捕江充等人，关入监狱，彻底审讯他的奸诈阴谋。况且皇上正有病，住在甘泉宫，皇后和您派去的人员去请安，都没回音，皇上是死是活还不清楚，而奸臣如此猖狂，太子您不想一下秦朝太子扶苏被赐死的事情吗？"太子说："我是做儿子的，怎么能擅自诛杀朝臣！不如回去请罪，侥幸还能免罪。"太子打算前往甘泉宫，可江充极力胁迫太子，太子想不出别的对策，于是采用了石德的计谋。秋季七月壬午（初九），太子派门客假冒成朝廷使者，逮捕江充等人。按道侯韩说怀疑使者是假冒的，不肯领受诏书，太子门客当即就击杀了他。太子亲自到场，斩杀江充，喝骂道："你这赵国的降奴！从前搅乱你那赵国国王父子，还嫌不够吗？竟又来搅乱我们父子！"又在上林苑中烧死了胡人巫师。

太子派名叫无且的舍人，持带旌节在夜晚进入未央宫殿长秋门，通过名叫倚华的女官长御，把情况详尽地禀告给了皇后，并调动皇室马棚的车马运载射手，搬出武器库中的兵器，调动长乐宫的卫兵，准备自卫。于是，长安城内一片惊扰和混乱，纷纷传说太子造反了。黄门苏文逃出长安，得以跑到甘泉宫，向汉武帝言说太子罪大恶极。汉武帝说："太子一定是因为非常害怕，又愤恨江充等人，所以才出现这种变故。"于是派使者宣召太子。

使者不敢进,归报云:"太子反已成,欲斩臣,臣逃归。"上大怒。丞相屈牦闻变,挺身逃,亡其印绶,使长史乘疾置以闻。上问:"丞相何为?"对曰:"丞相秘之,未敢发兵。"上怒曰:"事籍籍如此,何谓秘也!丞相无周公之风矣,周公不诛管、蔡乎?"乃赐丞相玺书曰:"捕斩反者,自有赏罚。以牛车为橹,毋接短兵,多杀伤士众!坚闭城门,毋令反者得出!"太子宣言告令百官云:"帝在甘泉病困,疑有变,奸臣欲作乱。"上于是从甘泉来,幸城西建章宫,诏发三辅近县兵,部中二千石以下,丞相兼将之。太子亦遣使者矫制赦长安中都官囚徒,命少傅石德及宾客张光等分将,使长安囚如侯持节发长水及宣曲胡骑,皆以装会。侍郎马通使长安,因追捕如侯,告胡人曰:"节有诈,勿听也!"遂斩如侯,引骑入长安,又发楫棹士以予大鸿胪商丘成。初,汉节纯赤,以太子持赤节,故更为黄旄加上以相别。

太子立车北军南门外,召护北军使者任安,与节,令发兵。安拜受节,入,闭门不出。太子引兵去,驱四市人凡数万众,至长乐西阙下,逢丞相军,合战五日,死者数万人,血流入沟中。民间皆云"太子反",以故众不附太子,丞相附兵浸多。

庚寅,太子兵败,南奔覆盎城门。司直田仁部闭城门,以为太子父子之亲,不欲急之,太子由是得出亡。丞相欲

使者不敢进入长安，半路就返回来谎报说："太子反逆已成定局，他想斩杀臣下，臣下侥幸逃了回来。"汉武帝听后大怒。丞相刘屈氂闻听事变发生，站起身就逃跑，丢掉了相印和绶带，派长史乘紧急传报的专车奏报汉武帝。汉武帝问长史说："丞相在干什么？"长史回答说："丞相封锁消息，未敢发兵围捕。"汉武帝大怒说："事情已经这样沸沸扬扬，还有什么秘密可言！丞相没有西周周公的风度，难道周公不杀管叔、蔡叔吗？"于是赐给丞相盖有玺印的诏书说："捕捉斩杀反逆分子，自有赏罚。用牛车排成防线，不要短兵相接，尽量多杀伤叛军！坚闭城门，不要让逆军逃出去！"太子也宣布口谕，告令文武百官说："皇帝在甘泉宫被病魔困扰，我怀疑那里发生了变故，奸臣想叛乱。"汉武帝于是从甘泉宫来到长安，住在城西建章宫，下诏调集京师周围三辅地区临近各县的军队，监察区二千石以下官员，全由丞相兼管统领。太子也派使者假传诏旨，赦免长安城各官署监押的囚徒，命令少傅石德与宾客张光等人分别统领。又派长安囚徒如侯携带旌节调发驻守在长水、宣曲的胡人骑兵，都全副武装来汇合。侍郎马通进入长安传令，乘便追捕如侯，并告诫胡人士兵说："旌节是冒充的，不要听信。"于是斩杀如侯，率领这两处骑兵开进长安，又调发船工交给大鸿胪商丘成管辖。起初，汉朝朝廷的旌节都用纯赤色，由于太子也执持纯赤色的旌节，所以改为在旌节上缀加黄色装饰物，以示区别。

太子乘车来到北军驻地南门之外，召见护北军使者任安，授给他旌节，命令他发兵。任安拜受旌节，进入军营，关闭营门不再出来。太子只好领兵离去，驱赶长安四处市场的居民共计数万人，到长乐宫西门外，正碰上丞相刘屈氂的军队，双方混战五天，战死之人高达数万，鲜血像水一样流入沟中。民间都传言太子反叛，因此人们不归附太子，而归附丞相的士兵逐渐增多。

庚寅（十七日），太子兵败，往南逃奔到达覆盎城门。司直田仁负责把守城门，他觉得太子与皇上之间的关系属于父子骨肉至亲，不打算逼迫太急，因此太子得以出城逃亡。丞相刘屈氂要

斩仁，御史大夫暴胜之谓丞相曰："司直，吏二千石，当先请，奈何擅斩之！"丞相释仁。上闻而大怒，下吏责问御史大夫曰："司直纵反者，丞相斩之，法也。大夫何以擅止之？"胜之惶恐，自杀。诏遣宗正刘长、执金吾刘敢奉策收皇后玺绶，后自杀。上以为任安老吏，见兵事起，欲坐观成败，见胜者合从之，有两心，与田仁皆要斩。上以马通获如侯，长安男子景建从通获石德，商丘成力战获张光，封通为重合侯，建为德侯，成为秺侯。诸太子宾客尝出入宫门，皆坐诛；其随太子发兵，以反法族；吏士劫略者皆徙敦煌郡。以太子在外，始置屯兵长安诸城门。

上怒甚，群下忧惧，不知所出。壶关三老茂上书曰："臣闻父者犹天，母者犹地，子犹万物也。故天平地安，物乃茂成；父慈母爱，子乃孝顺。今皇太子为汉適嗣，承万世之业，体祖宗之重，亲则皇帝之宗子也。江充，布衣之人，闾阎之隶臣耳，陛下显而用之，衔至尊之命以迫蹴皇太子，造饰奸诈，群邪错谬，是以亲戚之路隔塞而不通。太子进则不得见上，退则困于乱臣，独冤结而无告，不忍忿忿之心，起而杀充，恐惧逋逃。子盗父兵，以救难自免耳，臣窃以为无邪心。《诗》曰：'营营青蝇，止于藩。恺悌君子，无信谗言。谗言罔极，交乱四国。'往者江充谗杀赵太子，天下莫不闻。陛下不省察，深过太子，发盛怒，举大兵而求

斩杀田仁,御史大夫暴胜之对丞相说:"司直,属于二千石高级官员,应当先请示皇上,怎么能擅自就斩杀他呢"!丞相就释放了田仁。汉武帝听后大怒,命主管部门监禁并责问御史大夫说:"司直放跑反逆分子,丞相斩杀他,这是法律准许的,你为什么用擅杀大臣来阻止呢?"暴胜之惶恐不安,就自杀了。汉武帝下诏,派遣宗正刘长、执金吾刘敢奉持诏书去收缴皇后的玺印绶带,皇后也自杀了。汉武帝认为任安是老官员,看到兵事兴起,想坐观成败,见谁取胜就跟从谁,有二心,与田仁都被腰斩。汉武帝因马通捉住了侯如,长安男子景建随同马通捉住了石德,商丘成拼力奋战捉住了张光,就封马通为重合侯,景建为德侯,商丘成为秺侯。各个太子宾客曾出入宫门的,都定死罪斩首;其中随同太子发兵的,按谋反之罪诛灭宗族;被太子强迫参战的官吏军士,都流放到敦煌郡。因太子逃亡在外,开始在长安各个城门设置屯守部队。

汉武帝恼怒到极点,群臣忧虑害怕,不知该怎么办才好。壶关县三老令狐茂上书说:"臣下我听说做父亲的像天,做母亲的像地,当儿子的像万物。所以只有天清平,地安宁,万物才茂盛成熟;只有父亲仁慈,母亲疼爱,儿子才孝顺。现今皇太子是汉室的嫡系继承人,承接万世的基业,肩负祖宗的重托,论亲属关系属于皇帝的嫡长子。江充不过是一个普通百姓,里巷贱臣,陛下让他尊显而信用他,他挟持天子的命令来逼迫皇太子,制造并掩饰他的奸诈,纠集一批奸邪小人陷害太子,使至亲骨肉间彼此隔塞,难以沟通。太子要进前,却不能得见皇上;要后退,却被乱臣困厄,独自冤结而无处申诉,实在忍耐不住忿恨之心,奋起斩杀江充,恐惧并畏罪逃亡。这属于当儿子的盗取父亲的兵器,来解救危难自求免祸罢了。臣下我私下认为太子并没有什么邪心歹念。《诗经》上说:'嗡嗡往来的苍蝇,落在篱笆上面。和乐平易的君子,切莫听信谗言。谗言没有尽头,四方诸国会大乱。'过去江充进献谗言,结果杀掉了赵国的世子,天下没谁不知道。陛下您不深省明察,过分地责备太子,勃然大怒,调集大军抓捕

之，三公自将。智者不敢言，辩士不敢说，臣窃痛之！唯陛下宽心慰意，少察所亲，毋患太子之非，亟罢甲兵，无令太子久亡！臣不胜惓惓，出一旦之命，待罪建章宫下。"书奏，天子感寤，然尚未显言赦之也。

太子亡，东至湖，藏匿泉鸠里。主人家贫，常卖履以给太子。太子有故人在湖，闻其富赡，使人呼之而发觉。八月辛亥，吏围捕太子。太子自度不得脱，即入室距户自经。山阳男子张富昌为卒，足蹋开户，新安令史李寿趋抱解太子。主人公遂格斗死，皇孙二人皆并遇害。上既伤太子，乃封李寿为邘侯，张富昌为题侯。

初，上为太子立博望苑，使通宾客，从其所好，故宾客多以异端进者。

臣光曰：古之明王教养太子，为之择方正敦良之士以为保傅、师友，使朝夕与之游处，左右前后无非正人，出入起居无非正道。然犹有淫放邪僻而陷于祸败者焉。今乃使太子自通宾客，从其所好。夫正直难亲，谄谀易合，此固中人之常情，宜太子之不终也！

三年九月，吏民以巫蛊相告言者，案验多不实。上颇知太子惶恐无他意，会高寝郎田千秋上急变，讼太子冤曰："子弄父兵，罪当笞。天子之子过误杀人，当何罪哉？臣尝

太子,命三公亲自指挥。对此,明智的人不敢劝谏,雄辩的人不敢辩解,臣下我私下太痛惜这种情况了!唯请陛下您宽舒心胸,平心静气,稍微顾念到自己的至亲骨肉,不要忌恨太子的过错,立即停止戒备森严的状态,不要让太子长久流亡在外!臣下我极尽忠心,随时准备献出生命,待罪在建章宫下。”这道章书奏上后,汉武帝心有感触,明白过来,但仍未明确宣布赦免太子。

太子刘据逃亡,朝东来到湖县,藏匿在泉鸠里。敢冒死收留太子的这户人家很贫寒,时常靠卖草鞋来供养太子。太子有位旧相识也住在湖县,听说此人很富裕,太子就派人联系他而被官府发现。八月辛亥(初八),地方官率人前来包围捕捉太子。太子暗自思量难再脱身了,就进入室内关紧门,自缢而死。山阳男子张富昌正充当兵卒,用脚猛力踹开门,新安县令史李寿随即奔上前去,抱起并力图解救太子。此家主人最终与官兵格斗丧生,两位皇孙也一并遇害。汉武帝既已伤悼太子,就封李寿为邗侯,张富昌为题侯。

当初,汉武帝专替太子建立了博望苑,让他接纳宾客,以便顺从他的兴趣爱好,因而宾客中大多是用邪说进见的人。

北宋史臣司马光评论说:古代圣明的君王教导培养太子,都是替他选择正直、敦厚、贤良的士人作为少保、少傅和师友,让太子与他们朝夕交游相处。左右前后,没有不是正派人的;出入起居,没有不属纯正之道的。即便这样,仍有荒淫放纵、邪恶不正而陷入祸患败亡的事例存在。如今竟让太子刘据自行接纳宾客,顺从他的兴趣爱好。大抵正直之人很难亲近,而阿谀逢迎很容易一拍即合,这本是人之常情,难怪太子刘据没有好结果了!

三年(前90)九月,官吏百姓用巫术谋害来举告揭发的案件,经查大多失实。汉武帝也深知太子是出于惶恐才被迫起兵,并无他意,恰在这时,守护汉高祖刘邦庙宇的郎官田千秋,奏上一道紧急奏章,申诉太子的冤情说:“儿子搬弄父亲的兵器,罪罚应当杖责。天子的儿子失手误杀了人,又有什么罪呢?臣下我曾经

梦见一白头翁教臣言。"上乃大感寤，召见千秋，谓曰："父子之间，人所难言也，公独明其不然。此高庙神灵使公教我，公当遂为吾辅佐。"立拜千秋为大鸿胪，而族灭江充家，焚苏文于横桥上。及泉鸠里加兵刃于太子者，初为北地太守，后族。上怜太子无辜，乃作思子宫，为归来望思之台于湖，天下闻而悲之。

昭帝始元五年春正月，有男子乘黄犊车诣北阙，自谓卫太子，公车以闻。诏使公、卿、将军、中二千石杂识视。长安中吏民聚观者数万人。右将军勒兵阙下以备非常。丞相、御史、中二千石至者并莫敢发言。京兆尹不疑后到，叱从吏收缚。或曰："是非未可知，且安之！"不疑曰："诸君何患于卫太子！昔蒯聩违命出奔，辄距而不纳，《春秋》是之。卫太子得罪先帝，亡不即死，今来自诣，此罪人也。"遂送诏狱。天子与大将军霍光闻而嘉之曰："公卿大臣当用有经术、明于大谊者。"由是不疑名声重于朝廷，在位者皆自以不及也。廷尉验治何人，竟得奸诈，本夏阳人，姓成，名方遂，居湖，以卜筮为事。有故太子舍人尝从方遂卜，谓曰："子状貌甚似卫太子。"方遂心利其言，冀得以富贵。坐诬罔不道，要斩。

梦见一位白头老翁,教我向朝廷说这些话。"于是汉武帝彻底醒悟,召见田千秋对他说:"父子之间的事情,是一般人难说清的,唯独明公你,能够指明其间的不实之处。这是高祖庙宇的神灵叫你来开导我,明公应当成为我的辅佐。"说完立即封拜田千秋为大鸿胪,同时诛灭江充宗族,在横门外渭桥上烧死苏文。当初在泉鸠里对太子下毒手的那个人,起初被任命为北地太守,后来被诛灭全宗族。汉武帝怜悯太子无罪,于是建造思子宫,在湖县又修筑归来望思之台。天下人听说后都很伤感这件事。

汉昭帝始元五年(前82)春季正月,有个男子乘坐诸侯王败落后常坐的黄牛车来到皇宫北门,自称是卫太子,负责接受奏章的公车官把此事奏闻朝廷。朝廷下诏,派三公九卿、将军、中二千石官员共同去辨认。长安城中的官吏和居民也纷纷聚集围观,先后多达数万人。右将军王莽领兵把守在北门之下,防备出现异常情况。来到现场的丞相、御史大夫、中二千石官员,都不敢发话定真假。京兆尹隽不疑最后来到,喝令自己的下属把这个男子捆绑抓起来。有的人说:"真假还不知道,暂且别动手。"隽不疑说:"诸君对卫太子有什么可以感到顾忌的!从前,卫灵公的太子蒯聩违抗父命出奔晋国,继立的新君卫侯辄虽是蒯聩的儿子,但拒绝接纳蒯聩回国,《春秋》都肯定这种做法。卫太子刘据获罪先帝,逃亡在外,如果没死,如今前来主动拜谒宫门,他仍然是个罪人。"于是把这男子押送到奉诏令拘禁犯人的监狱。汉昭帝和大将军霍光闻知后嘉叹说:"公卿大臣,就应当任用胸有经典治国方法,明了经典大义的人。"经由此事,隽不疑的名声在朝廷大振,身居高位的人都自以为赶不上他。廷尉审讯勘问这个男子到底是什么人,最后得出奸诈冒充的实情,他原本是夏阳人,姓成,名叫方遂,住在湖县,靠给人算卦为职业。有个原先当过太子舍人的人,曾向成方遂卜问吉凶,并对他说:"你的身材长相特别像卫太子。"成方遂心里对舍人的话很动心,想借此取得富贵。被定为欺君罔上、大逆不道的罪名,腰斩处死。

燕盖谋逆

汉武帝后元元年,燕王旦自以次第当为太子,上书求入宿卫。上怒,斩其使于北阙。又坐藏匿亡命,削良乡、安次、文安三县。上由是恶旦。旦辩慧博学,其弟广陵王胥,有勇力,而皆动作无法度,多过失,故上皆不立。

二年春正月,上病笃。乙丑,诏立弗陵为皇太子。丁卯,帝崩于五柞宫。

昭帝始元元年。初,武帝崩,赐诸侯王玺书。燕王旦得书不肯哭,曰:"玺书封小,京师疑有变。"遣幸臣寿西长、孙纵之、王孺等之长安,以问礼仪为名,阴刺候朝廷事。及有诏褒赐旦钱三十万,益封万三千户,旦怒曰:"我当为帝,何赐也!"遂与宗室中山哀王子长、齐孝王孙泽等结谋,诈言以武帝时受诏,得职吏事,修武备,备非常。郎中成轸谓

燕盖谋逆

汉武帝后元元年(前88),燕王刘旦自认为按照兄弟排行,自己应被立为太子,就上书请求入京,值宿宫中,守卫皇帝。汉武帝得书大怒,就在皇宫北门斩杀了燕王的使者。又因刘旦犯有私藏逃犯的罪行,削去了原属他封国内的良乡、安次、文安三个县。汉武帝由这两件事开始厌恶刘旦。刘旦雄辩、聪慧、博学,他的弟弟广陵王刘胥也身有勇力,但举动都无视国家法度,多有过失,所以汉武帝没有立他们当中任何一个人来做太子。

二年(前87)春季正月,汉武帝病情严重。乙丑(十二日)这天,颁布诏书,册立刘弗陵为皇太子。丁卯(十四日),汉武帝在五柞宫驾崩。

汉昭帝始元元年(前86)。当初,汉武帝驾崩,朝廷曾赐给各地诸侯王盖有玉玺的通知文书。燕王刘旦得见文书,不肯痛哭致哀,反而说:"玺书封口处的印迹偏小,京师可能发生了重大变故。"于是派遣最宠信的臣僚寿西长、孙纵之、王孺等人到达长安,借询问祭悼的礼节仪式为名,暗中刺探观察朝廷的事态发展。等到有诏书下达,褒奖赏赐刘旦钱币三十万,增加封邑一万三千户,刘旦怒斥道:"我本应该做皇帝,哪里还用得着赏赐什么呢!"于是与皇室成员中山哀王的儿子刘长、齐孝王的孙子刘泽等人勾结谋划,诈称在汉武帝生前曾接到过诏书,有权掌管封国内的官吏任免,修治军备,防备特殊的意外事变。郎中成轸对

旦曰："大王失职,独可起而索,不可坐而得也。大王壹起,国中虽女子皆奋臂随大王。"旦即与泽谋,为奸书,言:"少帝非武帝子,大臣所共立,天下宜共伐之!"使人传行郡国以摇动百姓。泽谋归发兵临菑,杀青州刺史隽不疑。旦招来郡国奸人,赋敛铜铁作甲兵,数阅其车骑、材官卒,发民大猎以讲士马,须期日。郎中韩义等数谏旦,旦杀义等凡十五人。会瓶侯成知泽等谋,以告隽不疑。八月,不疑收捕泽等以闻。天子遣大鸿胪丞治,连引燕王。有诏,以燕王至亲,勿治。而泽等皆伏诛。

二年春正月,封大将军光为博陆侯,左将军桀为安阳侯。

三年。初,霍光与上官桀相亲善,光每休沐出,桀常代光入决事。光女为桀子安妻,生女,年甫五岁,安欲因光内之宫中。光以为尚幼,不听。盖长公主私近子客河间丁外人,安素与外人善,说外人曰:"安子容貌端正,诚因长主时得入为后,以臣父子在朝而有椒房之重,成之在于足下。汉家故事,常以列侯尚主,足下何忧不封侯乎!"外人喜,言于长主,长主以为然,诏召安女入为婕妤,安为骑都尉。

四年春三月甲寅,立皇后上官氏,赦天下。是岁,上官安为车骑将军。

刘旦说:"大王您丧失了帝位继承权,只能起兵去夺回,不能坐着等来啊。大王一旦起兵,燕国中即使是女子也都会奋臂跟随大王您的。"刘旦听后,随即便同刘泽谋划,编造奸伪文书说:"刚登基的小皇帝,不是武帝的亲生子,是大臣所共同拥立的,天下人应当一起讨伐他们!"随后就派人传到各个郡国,来动摇百姓之心。刘泽计划返归齐国,从临菑发兵,杀掉青州刺史隽不疑。刘旦则招揽各个郡国的奸恶之徒,征敛铜铁制造兵器铠甲,屡次检阅自己属下的车骑、材官等部队,征调民众大规模围猎,来演习军事,等待作乱日期的到来。郎中韩义等人多次劝阻刘旦,刘旦接连杀掉韩义等共十五人。这时正赶上瓶侯刘成得知刘泽等人的谋反计划,将其告知隽不疑。八月,隽不疑收押逮捕了刘泽,并奏报给朝廷。昭帝派遣大鸿胪丞审问此事,牵连供出了燕王。昭帝下诏书,因燕王是至亲骨肉,不予惩治。而刘泽等人全被处死。

二年(前85)春季正月,封授大将军霍光为博陆侯,左将军上官桀为安阳侯。

三年(前84)。当初,霍光与上官桀来往亲近密切,霍光每次公休离朝,上官桀就代替霍光入朝决断政事。霍光的女儿是上官桀之子上官安的妻室,婚后生下一女,年纪刚刚五岁,上官安就想通过霍光把她纳入宫中。霍光认为外孙女的年纪还太小,不肯答应。盖长公主同自己儿子的门客河间人丁外人私通,而上官安平常同丁外人很要好,就鼓动丁外人说:"我女儿容貌端正,果真通过长公主得入后宫,成为皇后,我父子在朝为官,又有皇后的重位做依托,那就非同小可了。这件事能不能办成,全都在于您了。依照汉家的惯例,常选列侯娶公主,您何愁不能封侯呢!"丁外人听后大喜,向长公主言明此事,长公主很赞成,就请弟弟汉昭帝下诏,宣召上官安的女儿入宫当倢伃,上官安任骑都尉。

四年(前83)春季三月甲寅(二十五日),册立上官氏为皇后,大赦天下。这一年,上官安升为车骑将军。

五年夏六月,封上官安为桑乐侯。安日以骄淫,受赐殿中,对宾客言:"与我婿饮,大乐!"见其服饰,使人归,欲自烧物。子病死,仰而骂天。其顽悖如此。

元凤元年,上官桀父子既尊,盛德长公主,欲为丁外人求封侯,霍光不许。又为外人求光禄大夫,欲令得召见,又不许。长主大以是怨光,而桀、安数为外人求官爵弗能得,亦惭。又桀妻父所幸充国为太医监,阑入殿中,下狱当死。冬月且尽,盖主为充国入马二十匹赎罪,乃得减死论。于是桀、安父子深怨光而重德盖主。自先帝时,桀已为九卿,位在光右,及父子并为将军,皇后亲安女,光乃其外祖,而顾专制朝事,由是与光争权。燕王旦自以帝兄不得立,常怀怨望。及御史大夫桑弘羊建造酒榷、盐、铁,为国兴利,伐其功,欲为子弟得官,亦怨恨光。于是盖主、桀、安、弘羊皆与旦通谋。

旦遣孙纵之等前后十馀辈,多赍金宝、走马赂遗盖主、桀、弘羊等。桀等又诈令人为燕王上书,言:"光出都肄郎、羽林,道上称跸,太官先置。"又引"苏武使匈奴二十年不降,乃为典属国。大将军长史敞无功,为搜粟都尉,又擅调益莫府校尉。光专权自恣,疑有非常。臣旦愿归符玺,入

五年(前82)夏季六月，封授上官安为桑乐侯。上官安一天比一天骄纵淫乱，有次受赐殿中饮宴，回来对宾客夸口说："与我那皇帝女婿对饮美酒，太高兴了。"看到汉昭帝的至尊服饰，就派人回去，想把自家的物品烧掉。儿子因病亡故，他竟然仰面喝骂老天爷。上官安顽劣狂悖，到了这等地步。

元凤元年(前80)，上官桀父子既已尊贵，非常感激长公主，想替丁外人谋求封侯，霍光不准许。又替丁外人求取光禄大夫一职，想让他获得被皇帝召见的资格，霍光又不应允。长公主因此特别怨恨霍光，而上官桀、上官安屡屡替丁外人请求官职爵位却不能实现，也深感脸上无光。又赶上上官桀的岳父所宠爱的一个名叫充国的人，官任太医监，因擅自闯入宫殿中，被逮捕下狱，按刑法要处斩。冬季快要过去，即将行刑，这时盖长公主又替充国交纳良马二十四来赎罪，这样才得以按死刑减一等论处。于是上官桀、上官安父子深深怨恨霍光，更加感激盖长公主。自从汉武帝的时候起，上官桀已经身列九卿，地位居于霍光之上，待到他们父子同为将军，皇后又是上官安的亲生女儿，而霍光不过是她的外祖父，却一味专断朝廷政事，由此与霍光争权。燕王刘旦总觉得自己是汉昭帝的兄长却未能继立为皇帝，时常心怀怨恨。等到御史大夫桑弘羊创立并实施盐、铁、酒类专卖制度，为国兴利，自夸功劳大，想为其亲属子弟谋取官职，也因碰壁而怨恨霍光。于是盖长公主、上官桀、上官安、桑弘羊都与刘旦串通起来，密谋除掉霍光。

刘旦派遣孙纵之等人前后十馀批，携带大量金银珠宝、快马去贿赂盖长公主、上官桀、桑弘羊等人。上官桀等人又命人编造燕王的上书，说："霍光出城检阅郎官、羽林卫队时，路上如同圣驾降临一般，喝令行人躲开，命令少府官员预先为他安排饮食起居。"又援引"苏武出使匈奴二十年不归降，回来后只给他一个典属国的闲职。大将军长史杨敞，本无功劳，却被任命为搜粟都尉，还擅自调动增补他幕府的校尉。霍光独揽大权，为所欲为，恐怕有非同一般的企图。臣下我刘旦，愿意交还燕王玺印，入宫

宿卫,察奸臣变"。候司光出沐日奏之。桀欲从中下其事,弘羊当与诸大臣共执退光。书奏,帝不肯下。明旦,光闻之,止画室中不入。上问:"大将军安在?"左将军桀对曰:"以燕王告其罪,故不敢入。"有诏:"召大将军。"光入,免冠、顿首谢。上曰:"将军冠!朕知是书诈也,将军无罪。"光曰:"陛下何以知之?"上曰:"将军之广明都郎,近耳;调校尉以来,未能十日,燕王何以得知之?且将军为非,不须校尉。"是时帝年十四,尚书、左右皆惊。而上书者果亡,捕之甚急。桀等惧,白上:"小事不足遂。"上不听。后桀党与有谮光者,上辄怒曰:"大将军忠臣,先帝所属以辅朕身,敢有毁者,坐之!"自是桀等不敢复言。

李德裕论曰:人君之德,莫大于至明。明以照奸,则百邪不能蔽矣,汉昭帝是也。周成王有惭德矣,高祖、文、景俱不如也。成王闻管、蔡流言,遂使周公狼跋而东;汉高闻陈平去魏背楚,欲舍腹心臣。汉文惑季布使酒难近,罢归股肱郡;疑贾生擅权纷乱,复疏贤士。景帝信诛晁错兵解,遂戮三公。所谓"执狐疑之心,来谗贼之口"。使昭帝得伊、吕之佐,则成、康不足侔矣。

值宿,守卫皇帝,监视奸臣的举动。"乘霍光离朝公休的那一天,把这通文书奏报给了汉昭帝。上官桀原打算从禁中直接把此事交付有关部门火速查办,由桑弘羊与众大臣一起逮捕霍光。文书奏上后,汉昭帝不肯下发。次日早晨,霍光听到该消息,停在朝房中不上殿。汉昭帝问:"大将军在哪里?"左将军上官桀回禀说:"因燕王举告他的罪状,所以不敢上殿。"汉昭帝下令:"宣召大将军。"霍光奉诏上殿,摘下官帽,叩头请罪。汉昭帝说:"将军请戴上帽子!我知道这文书是假的,将军没有罪。"霍光说:"陛下您怎么知道的?"汉昭帝说:"将军到广都亭去检阅郎官,是最近的事;增调幕府校尉,到现在没超过十天,燕王怎么会知道这些?况且将军要谋反,也用不着增调校尉。"此时汉昭帝才刚十四岁,尚书官员和左右侍从都很吃惊。而奏呈这道文书的人果然已经逃跑了,朝廷紧急追捕他。这一来,上官桀等人非常恐惧,就启禀汉昭帝说:"这类小事,不值得穷追到底。"汉昭帝拒不听从。后来上官桀的党羽再有诋毁霍光的,汉昭帝就怒责道:"大将军是忠臣,先帝托付他来辅佐我。有谁敢再诋毁,就问他的罪!"从此,上官桀等人不敢再说三道四了。

唐朝大臣李德裕评论说:君主的才德,没有比明察更重要的了。明察秋毫,察照奸伪,那么,各种邪恶都不能将他蒙蔽,汉昭帝就是如此。在这点上,周成王就显出才德逊色来了,汉高祖、汉文帝、汉景帝也都赶不上。周成王听信管叔、蔡叔的流言蜚语,就使得周公进退两难,只好东征。汉高祖听说陈平曾经离弃魏国、背叛西楚,就要舍弃这足可倚为腹心的贤臣。汉文帝误以为季布好耍酒疯,难当近臣,就把他罢斥,权且出任拱卫京师的河东郡太守;又怀疑贾谊专擅权柄,可能造成混乱,又疏远了这位贤士。汉景帝相信诛杀晁错就会化解七国叛乱,竟然做出杀戮三公重臣的荒唐事。这正是常言所说的:"生出狐疑之心,就招来奸贼的谗言。"假如真能让汉昭帝得到伊尹、吕尚那样的辅佐人物,周成王、周康王时的大治都不足以相提并论了。

桀等谋令长公主置酒请光，伏兵格杀之，因废帝，迎立燕王为天子。旦置驿书往来相报，许立桀为王，外连郡国豪桀以千数。旦以语相平，平曰："大王前与刘泽结谋，事未成而发觉者，以刘泽素夸，好侵陵也。平闻左将军素轻易，车骑将军少而骄，臣恐其如刘泽时不能成，又恐既成反大王也。"旦曰："前日一男子诣阙，自谓故太子，长安中民趣乡之，正谨不可止。大将军恐，出兵陈之，以自备耳。我，帝长子，天下所信，何忧见反！"后谓群臣："盖主报言，独患大将军与右将军王莽。今右将军物故，丞相病，幸事必成，征不久。"令群臣皆装。安又谋诱燕王至而诛之，因废帝而立桀。或曰："当如皇后何？"安曰："逐麋之狗，当顾菟邪！且用皇后为尊，一旦人主意有所移，虽欲为家人亦不可得。此百世之一时也！"会盖主舍人父稻田使者燕仓知其谋，以告大司农杨敞。敞素谨，畏事，不敢言，乃移病卧，以告谏大夫杜延年，延年以闻。九月，诏丞相部中二千石逐捕孙纵之及桀、安、弘羊、外人等，并宗族悉诛之。盖主自杀。燕王旦闻之，召相平曰："事败，遂发兵乎？"平曰："左将军已死，百姓皆知之，不可发也！"王忧懑，置酒与群

上官桀等人合谋，让长公主出面摆设酒席，宴请霍光，预先埋伏下武士，击杀他，乘势废掉汉昭帝，迎立燕王做天子。刘旦用驿车快马往返传送文书，表示赞同，并许诺事成之后，封上官桀为王，同时对外联络各郡国的豪杰数千名作为响应。刘旦把这一计划讲给名字叫作平的燕国国相听，听后，平说："大王您上次同刘泽结为同谋，大事未成而走漏风声，被人察觉，是因为刘泽一向浮夸，好侵凌别人。我听说左将军也一向轻率看不起人，车骑将军又年轻骄横，臣下我担心事情会像刘泽时一样，不能成功，又担心事情成功后，他们又会背叛大王。"刘旦说："前些日子，有个男子来到宫门前，自称是原太子刘据，长安城居民都忙去观望，一时间喧哗不绝。大将军霍光他很害怕，就派兵防卫，这是他用来自我戒备罢了。我是先帝的长子，被天下人所相信，还忧虑他们反过来把矛头对准我吗！"后来又对燕国群臣说："盖长公主派人报信说，只担心大将军霍光和右将军王莽而已。如今右将军已经去世，丞相又有病，这是上天相助，大事必成，成功的日期不会太久了。"说完命令群臣全都整装待发。上官安又密谋诱使燕王入京，一到就杀死他，乘势废掉汉昭帝，拥戴上官桀当皇帝。有的人问他："该把皇后怎么办？"上官安回答说："追逐麋鹿的猎狗，还应顾及兔子吗！况且我们依靠皇后才登上尊官显位，有朝一日，皇帝移情别爱的话，即使我们想由贵戚退做一个普通老百姓，那也办不到。现在正是千载难逢的好机会呀！"这时，偏巧盖长公主府中舍人的父亲、官任稻田使者的燕仓，了解到上官安等人的阴谋，就把情况禀告给大司农杨敞。杨敞一向谨慎怕事，不敢奏明朝廷，就上书称病，在家卧床，偷偷把此事告诉给了谏大夫杜延年，杜延年随即将此事奏报朝廷。九月，汉昭帝下诏，命令丞相和监察区二千石官员缉拿逮捕孙纵之以及上官桀、上官安、桑弘羊、丁外人等人，连同他们的宗族全部斩首。盖长公主畏罪自杀。燕王刘旦听到这一消息，速召国相平说："事情已经败露，马上发兵行不行？"平说："左将军已死，百姓都知道是谋反叛逆，不能发兵啊！"燕王忧愤懊恼，摆设酒宴与群

臣、妃妾别。会天子以玺书让旦，旦以绶自绞死，后、夫人随旦自杀者二十馀人。天子加恩，赦王太子建为庶人，赐旦谥曰刺王。皇后以年少，不与谋，亦霍光外孙，故得不废。

臣、妃子姬妾诀别。适逢天子下达玺书责问刘旦，刘旦就用王印绶带自杀了，随同刘旦自杀的王后、夫人，有二十多人。天子格外开恩，赦免燕王太子刘建死罪，废为平民，特赐刘旦谥号叫"刺王"。皇后上官氏因年纪幼小，未参预谋反，又是霍光的外孙女，所以未被废黜。

卷第四

霍光废立

汉武帝后元元年。钩弋夫人之子弗陵,年数岁,形体壮大,多知。上奇爱之,心欲立焉,以其年稚,母少,犹与久之。欲以大臣辅之,察群臣,唯奉车都尉、光禄大夫霍光,忠厚可任大事。上乃使黄门画周公负成王朝诸侯以赐光。后数日,帝谴责钩弋夫人,夫人脱簪珥,叩头。帝曰:"引持去,送掖庭狱!"夫人还顾,帝曰:"趣行,汝不得活!"卒赐死。顷之,帝闲居,问左右曰:"外人言云何?"左右对曰:"人言'且立其子,何去其母乎?'"帝曰:"然,是非儿曹愚人之所知也。往古国家所以乱,由主少母壮也。女主独居骄蹇,淫乱自恣,莫能禁也。汝不闻吕后邪? 故不得不先去之也。"

二年春二月,上病笃。霍光涕泣问曰:"如有不讳,谁当嗣者?"上曰:"君未谕前画意邪? 立少子,君行周公之事。"

霍光废立

汉武帝后元元年（前88）。钩弋夫人李氏所生的皇子刘弗陵，年龄才几岁，身体却很健壮，充满智慧。汉武帝格外疼爱他，心里想立他为太子，因为弗陵幼小，他的母亲年轻，武帝对这个问题犹豫了很久。武帝想让大臣辅佐弗陵，考察群臣之中，只有奉车都尉、光禄大夫霍光，忠实厚道，可以当此大任。武帝于是让黄门画一张"周公背着成王接受诸侯朝见图"，赐给霍光。此事过后数天，武帝寻找借口责备钩弋夫人，钩弋夫人取下头上的首饰，向武帝叩头请罪。武帝对左右说："把她拉出去，关进掖庭狱中！"钩弋夫人回头向武帝请求宽恕，武帝说道："赶快走吧，你不能活下去！"最后将她处死。不久，武帝在闲坐的时候，问左右的人说："外面的人怎样评论这件事情呢？"左右的人回答说："人们说，既然立她的儿子为太子，为什么要杀他的母亲？"武帝说："是啊！这件事情不是你们这些愚蠢的人所能理解的。自古以来，国家所以混乱，都是由于君主年龄太小，而他的母亲正当盛年的缘故。盛年的女主一人独自居住，骄横不驯，荒淫乱伦，恣意放纵，没有人能够制止她。你们没有听过吕后的事情吗？所以我不得不先把她除掉啊。"

后元二年（前87）春季二月，武帝病重。霍光流泪问道："如果陛下不幸离去，谁应继位？"武帝回答说："你还没有理解上次赐你那幅画的意思吗？立我的小儿子弗陵，你像周公一样辅政。"

光顿首让曰："臣不如金日磾！"日磾亦曰："臣,外国人,不如光,且使匈奴轻汉矣。"乙丑,诏立弗陵为皇太子,时年八岁。丙寅,以光为大司马、大将军,日磾为车骑将军,太仆上官桀为左将军,受遗诏辅少主。又以搜粟都尉桑弘羊为御史大夫,皆拜卧内床下。丁卯,帝崩于五柞宫。戊辰,太子即皇帝位。

帝姊鄂邑公主共养省中,霍光、金日磾、上官桀共领尚书事。光辅幼主,政自己出,天下想闻其风采。殿中尝有怪,一夜,群臣相惊,光召尚符玺郎,欲收取玺。郎不肯授,光欲夺之。郎按剑曰："臣头可得,玺不可得也！"光甚谊之。明日,诏增此郎秩二等。众庶莫不多光。

昭帝始元二年春正月,封大将军光为博陆侯。

或说霍光曰："将军不见诸吕之事乎？处伊尹、周公之位,摄政擅权,而背宗室,不与共职,是以天下不信,卒至于灭亡。今将军当盛位,帝春秋富,宜纳宗室,又多与大臣共事,反诸吕道。如是,则可以免患。"光然之。

元凤元年冬十月,大将军光以朝无旧臣,光禄勋张安世自先帝时为尚书令,志行纯笃,乃白用安世为右将军兼光禄勋,以自副焉。安世,故御史大夫汤之子也。光又以杜延年有忠节,擢为太仆、右曹、给事中。

霍光叩头推辞说："我不如金日䃅啊!"金日䃅同样谦让说："我是外国人,不如霍光。如果由我辅政,将使匈奴轻视汉朝。"乙丑(十二日),武帝下诏立弗陵为太子,当时年龄仅仅八岁。丙寅(十三日),武帝任命霍光为大司马、大将军,金日䃅担任车骑将军,太仆上官桀担任左将军。三人接受遗诏,共同辅佐年幼的君主。又任命搜粟都尉桑弘羊担任御史大夫,他们都跪拜于病床之下宣誓就职。丁卯(十四日),汉武帝在五柞宫驾崩。戊辰(十五日),太子刘弗陵即皇帝位。

因为汉昭帝才八岁,所以他的姐姐鄂邑公主与他一起住在宫中,负责照顾年幼的昭帝,霍光、金日䃅、上官桀共同领尚书事。霍光辅佐年幼的君主,国家大政由他自己决定,天下的人都想见到他的风采。寝殿中曾有怪物出现,一天夜里,群臣们都很惊慌,霍光赶紧召见尚符玺郎,想收取御玺。尚符玺郎不肯把御玺交给霍光,霍光想强行夺取御玺。尚符玺郎手按宝剑回答说:"我的头你可以得到,御玺你是得不到的。"霍光极为赞赏尚符玺郎的忠勇行为,第二天,便以昭帝的名义将他的品级提升了两级。众人都更加尊敬霍光。

汉昭帝始元二年(前85)春季正月,封大将军霍光为博陆侯。

有人劝说霍光道:"将军您没有见到汉初诸吕的下场吗?一个人处于伊尹、周公那样的地位,代行大政,专断权力,然而疏远皇帝宗室,不让他们分享权力,因此得不到天下人的信任,最后导致灭亡。现在将军身居高位,君主的年龄逐渐增长,应当接纳皇帝宗室参与执政,并且多与大臣们共同管理国家事务,同汉初吕氏家族的所作所为相反,如果这样就可以免除以后的祸患。"霍光接受了这样的劝告。

元凤元年(前80)冬季十月,大将军霍光认为朝廷中没有元老旧臣,光禄勋张安世自从武帝时担任尚书令,品行纯正敦厚,于是向皇帝建议任用张安世为右将军,兼光禄勋,让他做自己的副手。张安世是前御史大夫张汤的儿子。霍光又因为杜延年忠厚而有志节,提拔他担任太仆、右曹、给事中等职。

三年春正月，泰山有大石自起立。上林有柳树枯僵自起生，有虫食其叶成文，曰“公孙病已立”。符节令鲁国眭弘上书，言：“大石自立，僵柳复起，当有匹庶为天子者。枯树复生，故废之家公孙氏当复兴乎？汉家承尧之后，有传国之运，当求贤人禅帝位，退自封百里，以顺天命。”弘坐设妖言惑众，伏诛。

元平元年夏四月癸未，帝崩于未央宫，无嗣。时武帝子独有广陵王胥，大将军光与群臣议所立，咸持广陵王。王本以行失道，先帝所不用，光内不自安。郎有上书言：“周太王废太伯立王季，文王舍伯邑考立武王，唯在所宜，虽废长立少可也。广陵王不可以承宗庙。”言合光意。光以其书示丞相敞等，擢郎为九江太守。即日承皇后诏，遣行大鸿胪事少府乐成、宗正德、光禄大夫吉、中郎将利汉迎昌邑王贺，乘七乘传诣长安邸。光又白皇后，徙右将军安世为车骑将军。

贺，昌邑哀王之子也，在国素狂纵，动作无节。武帝之丧，贺游猎不止。尝游方与，不半日驰二百里。中尉琅邪王吉上疏谏曰：“大王不好书术而乐逸游，冯式撙衔，驰骋不止，口倦乎叱咤，手苦于棰辔，身劳乎车舆，朝则冒雾露，昼则被尘埃，夏则为大暑之所暴炙，冬则为风寒之所匽薄，数以耎脆之玉体犯勤劳之烦毒，非所以全寿命之宗也，

元凤三年(前78)春季正月,泰山上有块大石头自己站立起来。上林苑中有棵枯死的柳树自行恢复了生机,又有虫子在柳叶上啃出"公孙病已立"五个字。符节令鲁国人眭弘向昭帝上书说:"大石自己站立,僵死的柳树恢复生机,预示着应当有一个平民成为天子。枯树复生,过去的废黜之家公孙氏应当复兴吗?刘汉皇族是尧的后代,先天注定汉家应将国家传给别人,所以应当物色贤能的人,把帝位禅让给他,皇帝退位后,自封一块百里大小的土地,以此顺应天的意志。"眭弘被控制造妖言,惑乱人心,处死。

元平元年(前74)夏季四月癸未(十七日),昭帝在未央宫驾崩,没有继承人。当时武帝的儿子,只有广陵王刘胥,大将军霍光与群臣商议继位的皇帝人选,群臣都主张广陵王刘胥继位。然而,广陵王本来因为背离常规,不为武帝信任,霍光心里非常不安。有郎官上书说:"周太王贬逐他的长子太伯,而立他的弟弟王季,文王舍弃其长子伯邑考,而立伯邑考的弟弟武王,只要适合为君王,即使废长立幼也是可以的。广陵王刘胥不可以继承帝位。"这封奏章所说极为符合霍光的心思。霍光把它拿给丞相杨敞等人传阅,提拔上书的郎官为九江太守。这天,霍光根据上官皇后的诏书,派遣兼任大鸿胪事务的少府乐成、宗正刘德、光禄大夫丙吉、中郎将利汉等人迎接昌邑王刘贺,乘坐七辆驿车到达首都长安的昌邑国官邸。霍光又禀告上官皇后,调遣右将军张安世担任车骑将军。

刘贺是昌邑哀王刘髆的儿子,在封国里一向狂暴放纵,行为没有节制。武帝去世,刘贺照常游玩打猎。曾经出游方与,不到半天时间骑马奔驰二百里。中尉琅邪人王吉上书劝说道:"大王不爱好经书学问而喜欢逸乐游玩,身靠车前横木,手挽骏马笼头,奔驰而不停息,口中不断吆喝赶马而疲倦,手因握缰、持鞭而疼痛,身体因马车颠簸而劳苦,早晨冒着雾气寒露,白天顶着风沙尘土,夏天遭受烈日的烤晒,冬天忍受严寒的煎迫,多次以脆弱的金玉之体,受到痛苦疲劳的折磨,这不是保全寿命的办法,

又非所以进仁义之隆也。夫广厦之下，细旃之上，明师居前，劝诵在后，上论唐、虞之际，下及殷、周之盛，考仁圣之风，习治国之道，欣欣焉发愤忘食，日新厥德，其乐岂衔橛之间哉！休则俯仰屈伸以利形，进退步趋以实下，吸新吐故以练臧，专意积精以适神，于以养生，岂不长哉！大王诚留意如此，则心有尧、舜之志，体有乔、松之寿，美声广誉，登而上闻，则福禄其臻而社稷安矣。皇帝仁圣，至今思慕未怠，于宫馆、囿池、弋猎之乐未有所幸，大王宜夙夜念此以承圣意。诸侯骨肉，莫亲大王，大王于属则子也，于位则臣也，一身而二任之责加焉。恩爱行义，孅介有不具者，于以上闻，非飨国之福也。"王乃下令曰："寡人造行不能无惰，中尉甚忠，数辅吾过。"使谒者千秋赐中尉牛肉五百斤、酒五石、脯五束。其后复放纵自若。

郎中令山阳龚遂，忠厚刚毅，有大节，内谏争于王，外责傅相，引经义，陈祸福，至于涕泣，謇謇无已，面刺王过。王至掩耳起走，曰："郎中令善愧人！"王尝久与驺奴、宰人游戏饮食，赏赐无度，遂入见王，涕泣膝行，左右侍御皆出涕。王曰："郎中令何为哭？"遂曰："臣痛社稷危也！愿赐

也不是培育仁义道德的方法。在那宽广的殿堂之下，细软的地毯之上，博学的老师坐在前面，您坐在后面听老师讲解诵读，向上论评唐尧、虞舜时代的功德，向下谈论殷商、西周时期的盛世，考察圣明君主的风范，学习治理国家的道理，欣然沉醉其中而忘记饮食，每天都能提高自己的品德，这种乐趣难道是骑在马背上奔驰所能得到的吗！休息的时候做些俯仰屈伸的轻松运动以有利于身体，漫步或小跑来锻炼下肢；吸进清新空气，吐出胸中的废气以锻炼自己的内脏；专心专意，积蓄精力以舒适自己的精神，用这样的方法养生，难道不会长寿吗？大王如果留心此道，那么心里就有尧、舜那样的志向，而身体又像伯乔、赤松子那样健康长寿，美好的名声、广泛的赞誉上达朝廷，君主得知，福气和利禄将同时降临，而封国也自然安稳了。现在的孝昭皇帝仁慈明圣，追思仰慕先帝没有懈怠，从未对宫殿馆阁、苑囿园地、巡游射猎之类玩乐感兴趣。大王您应当日夜记住这些，以此仰承圣上意图。诸侯与天子的血缘关系中，最亲的是大王。在亲属关系上，大王如同皇上的儿子，在地位问题上，大王是皇上的臣子，一身而兼有两个方面的责任。如果在恩惠慈爱、德行忠义方面有些细微的瑕疵，被人上报于朝廷，恐怕不会是封国的福气。"昌邑王于是下令说："我的行为确实有懈怠缺失之处，中尉忠心耿耿，多次帮助我指出过失。"于是派遣谒者千秋赏赐中尉王吉牛肉五百斤，酒五石，干肉五束。此后，昌邑王刘贺又像从前一样。

郎中令山阳人龚遂，为人忠实厚道，刚正坚毅，有很好的志节。他在宫内常在昌邑王前进谏规劝，在宫外责备昌邑王的师傅相国没有尽到应有的职责，经常引述经典大义，陈述祸福缘由，以至于痛哭流涕，忠诚正直，当面指出昌邑王的过失。昌邑王每每捂住耳朵起身逃走，说："郎中令专门揭人短处。"昌邑王曾有一次与他的车夫、厨师等长时间游玩嬉戏，大吃大喝，赏赐没有限度。龚遂进去拜见昌邑王，流着眼泪，跪在地上，用双膝走到昌邑王前，左右侍从也都流下了眼泪。昌邑王问道："郎中令你为何而哭？"龚遂说："我痛惜您的封国处在危险之中！请您赐

清闲,竭愚!"王辟左右。遂曰:"大王知胶西王所以为无道亡乎?"王曰:"不知也。"曰:"臣闻胶西王有谀臣侯得,王所为拟于桀、纣也,得以为尧、舜也。王说其谄谀,常与寝处,唯得所言,以至于是。今大王亲近群小,渐渍邪恶所习,存亡之机,不可不慎也!臣请选郎通经有行义者与王起居,坐则诵《诗》《书》,立则习礼容,宜有益。"王许之。遂乃选郎中张安等十人侍王。居数日,王皆逐去安等。

王尝见大白犬,颈以下似人,冠方山冠而无尾。以问龚遂,遂曰:"此天戒,言在侧者尽冠狗也,去之则存,不去则亡矣。"后又闻人声曰"熊"!视而见大熊,左右莫见。以问遂,遂曰:"熊,山野之兽,而来入宫室,王独见之,此天戒大王,恐宫室将空,危亡象也。"王仰天叹曰:"不祥何为数来!"遂叩头曰:"臣不敢隐忠,数言危亡之戒,大王不说。夫国之存亡,岂在臣言哉?愿王内自揆度。大王诵《诗》三百五篇,人事浃,王道备。王之所行,中《诗》一篇何等也?大王位为诸侯王,行污于庶人,以存难,以亡易,宜深察之!"后又血污王坐席,王问遂。遂叫然号曰:"宫空不久,妖祥数至。血者,阴忧象也,宜畏慎自省!"王终不改节。

给我一个单独的机会，让我详尽陈述我的看法！"昌邑王命左右退出。龚遂说："大王知道胶西王刘瑞不守道义而灭亡的原因吗？"昌邑王回答说："不知道。"龚遂说："我听说胶西王有一个喜欢奉承的大臣侯得，胶西王的行为与夏桀、商纣相似，侯得却说他与唐尧、虞舜一样。胶西王喜欢侯得的谄媚阿谀，经常与他住在一起，对他所说的话言听计从，以至落得这样的下场。现在大王亲近奸佞小人，渐渐使您受到一些邪恶行为的影响。平日与何人亲近，是成败存亡的关键，不能不慎重啊！我请求挑选郎官中那些通晓经义、行为端正仁义的人，与大王一起生活，坐的时候，诵读《诗经》《尚书》，站的时候，学习礼节，这样一定对大王有益处。"昌邑王答应了。龚遂于是挑选郎中张安等十人，侍奉昌邑王。可是几天以后，昌邑王把张安等人全部赶走了。

　　昌邑王曾看见一条白色的巨犬，脖子以下像人的身体，头上戴着跳舞之人戴的方山冠，没有尾巴。昌邑王向龚遂请教此事，龚遂说："这是上天的警告，说的是大王您左右的人都是戴着帽子的狗，赶走他们就能保全自己，不赶走他们就会灭亡。"后来，昌邑王忽又听到有人喊道："熊！"定神一看，果然看见一只大熊，左右的人都没有见到。昌邑王又问龚遂，龚遂说："熊是深山野林里的野兽，竟然前来进入王宫，只有大王一人看到它，这是上天警告大王，恐怕宫室将要变成空屋，这是危亡的征兆。"昌邑王仰天慨叹说："这些不祥的预兆为什么接连而来啊！"龚遂叩头说："我的忠心使我不敢隐瞒，多次谈到危亡的警告，大王不高兴。然则国家的存亡成败，又岂是我的话能决定的？希望大王仔细思量。大王诵读《诗经》三百零五篇，上面说得明白，人事恰当，君王之道就完备。大王的行为，符合《诗经》中的哪一篇呢？大王是汉朝的诸侯王，行事比平民都不如，恐怕难保全自己，却很容易招来危难，您应当仔细思考这个问题。"后来，又有一摊血迹污染了昌邑王的坐席，昌邑王以此事问龚遂。龚遂大声号叫道："不祥的征兆接连到来，王宫很快会变成空屋。血是阴暗忧惧的象征，应该畏惧谨慎，好好反省自己！"然而，昌邑王始终不能悔改。

及征书至，夜漏未尽一刻，以火发书。其日中，王发，晡时，至定陶，行百三十五里，侍从者马死相望于道。王吉奏书戒王曰："臣闻高宗谅暗，三年不言。今大王以丧事征，宜日夜哭泣悲哀而已，慎毋有所发。大将军仁爱、勇智、忠信之德，天下莫不闻，事孝武皇帝二十馀年，未尝有过。先帝弃群臣，属以天下，寄幼孤焉。大将军抱持幼君襁褓之中，布政施教，海内晏然，虽周公、伊尹无以加也。今帝崩无嗣，大将军惟思可以奉宗庙者，攀援而立大王，其仁厚岂有量哉！臣愿大王事之，敬之，政事壹听之，大王垂拱南面而已。愿留意，常以为念！"

王至济阳，求长鸣鸡，道买积竹杖。过弘农，使大奴善以衣车载女子。至湖，使者以让相安乐。安乐告龚遂，遂入问王，王曰："无有。"遂曰："即无有，何爱一善以毁行义？请收属吏，以湔洒大王。"即捽善属卫士长行法。

王到霸上，大鸿胪郊迎，驷奉乘舆车。王使寿成御，郎中令遂参乘。且至广明、东都门，遂曰："礼，奔丧望见国都哭。此长安东郭门也。"王曰："我嗌痛，不能哭。"至城门，遂复言，王曰："城门与郭门等耳。"且至未央宫东阙，遂曰："昌邑帐在是阙外驰道北，未至帐所，有南北行道，马足未至数步。大王宜下车，乡阙西面伏哭，尽哀止。"王曰：

征召昌邑王入继大统的诏书送到，正值初夜，昌邑王在火烛下开启诏书。中午，昌邑王出发，下午到达定陶，奔驰一百三十五里，侍从者乘坐的马匹相继累死，沿途可以看到马匹的尸体。王吉上奏告诫昌邑王说："我听说古时商王武丁在居丧期间，三年不说话。现在大王因叔父昭帝去世而接受征召，应该日夜哭泣，深表悲哀，千万谨慎，不要有所兴举。大将军霍光对人仁爱、智勇齐备、忠实诚信的德性，天下无人不知。他奉事孝武皇帝二十餘年，未尝有什么过失。先帝告别群臣，仙逝而去，把天下大事和辅佐幼主的重任，托付给他。大将军辅佐尚在襁褓之中的幼主，发布政令，施行教化，天下平安。纵然是周公、伊尹，也不能超过他。现在昭帝驾崩而无继承人，大将军思考能够奉祀汉家宗庙的人，立大王为君主，他的仁义厚道难道有限度吗！我希望大王依仗他，尊敬他，执政大事听从于他，大王可以端坐皇位，毫不费力地治理天下。请您留心注意，常常想想这个问题！"

昌邑王来到济阳，派人寻找终日啼鸣的鸡，沿途又购买竹子制成的积竹杖。经过弘农时，昌邑王令一个体形高大名叫善的奴仆用载衣物的车子运载女子。到了湖县，朝廷迎驾的使者因为此事责备昌邑国宰相安乐。安乐转告龚遂，龚遂询问昌邑王，昌邑王回答说："没有这么回事。"龚遂说："既然没有这回事，何必为了庇护一个奴仆而损坏道义？请求将善交给有关官吏处置，洗清大王的名声。"当即抓住善交给卫士长处死。

昌邑王一行抵达霸上，大鸿胪亲自到郊外迎接，换乘皇帝的御用车队。昌邑王命令昌邑国太仆寿成驾车，郎中令龚遂相陪。将到广明、东都门，龚遂说："按照礼制，奔丧的人望见国家都城便要哭泣。现在我们已经到了长安城东面的郭门了。"昌邑王说："我喉咙痛，不能够哭。"到城门，龚遂再次提醒他，昌邑王说："城门与郭门还不是一样！"将到未央宫东面楼台，龚遂说："昌邑国的吊丧帷幕在楼台外驰道的北面，还没有到丧帷之所，有一条南北相向的人行道，骑马去几步就到。大王应该下车步行，向着楼台西面，伏地痛哭，极尽悲哀之情，方才停止。"昌邑王说：

“诺。”到，哭如仪。六月丙寅，王受皇帝玺绶，袭尊号，尊皇后曰皇太后。

壬申，葬孝昭皇帝于平陵。

昌邑王既立，淫戏无度。昌邑官属皆征至长安，往往超擢拜官。相安乐迁长乐卫尉，龚遂见安乐，流涕谓曰：“王立为天子，日益骄溢，谏之不复听。今哀痛未尽，日与近臣饮食作乐，斗虎豹，召皮轩车九旒，驱驰东西，所为悖道。古制宽，大臣有隐退，今去不得，阳狂恐知，身死为世戮，奈何？君，陛下故相，宜极谏争！”

王梦青蝇之矢积西阶东，可五六石，以屋版瓦覆之，以问遂。遂曰：“陛下之《诗》不云乎：‘营营青蝇，止于藩。恺悌君子，毋信谗言。’陛下左侧谗人众多，如是青蝇恶矣。宜进先帝大臣子孙、亲近以为左右。如不忍昌邑故人，信用谗谀，必有凶咎。愿诡祸为福，皆放逐之！臣当先逐矣。”王不听。

太仆丞河东张敞上书谏曰：“孝昭皇帝蚤崩无嗣，大臣忧惧，选贤圣承宗庙，东迎之日，唯恐属车之行迟。今天子以盛年初即位，天下莫不拭目倾耳，观化听风。国辅大臣未褒，而昌邑小辇先迁，此过之大者也。”王不听。

大将军光忧懑，独以问所亲故吏大司农田延年。延年

"好吧。"来到丧帷之所，按照礼制哭拜。六月丙寅（初一），昌邑王接受皇帝玉玺，承袭帝位，尊奉上官皇后为皇太后。

壬申（七日），将孝昭皇帝安葬在平陵。

昌邑王被立为皇帝以后，淫乱嬉戏没有限度。昌邑国的官员属吏都被征召到长安，常常越级提拔授予高官。昌邑国相安乐被任命为长乐卫尉，龚遂见到安乐时，流着眼泪说："大王被拥戴为天子，越来越骄傲蛮横，不再听取劝谏。现在仍在守丧期间，大王却每天与他的左右亲信喝酒作乐，观看虎豹搏斗，又出动有虎皮做顶盖、有天子九旒大旗的仪仗车队，东奔西跑，所作所为，违背正道。古代典制宽容，大臣可以辞职隐退。现在无法辞官，假装疯狂又恐怕发现，死后被世人羞辱，怎么办啊？您是陛下原来的国相，应该竭力规劝！"

昌邑王梦见在西边台阶的东侧，有许多青蝇的粪便，达五六石之多，上面覆盖着大片屋瓦，去询问龚遂。龚遂说："陛下所读的《诗经》中，不是这样说：'嗡嗡叫的青蝇，停到篱笆的顶端。坦荡的君子啊，不要听信谗言。'陛下左侧有很多奸佞小人，就同这些青蝇一样可恶，应该提拔先帝大臣的子孙及亲近的人，作为您的左右。如果不忍心舍弃昌邑国的故旧，信任重用那些进谗逢迎的小人，必定会有凶恶不祥的事情发生。愿您反祸为福，把他们都逐出皇宫，我应当做第一个被逐出皇宫的人。"昌邑王没有听取龚遂的劝告。

太仆丞河东人张敞上书劝谏说："孝昭皇帝过早去世而没有儿子，大臣忧虑惶恐，挑选贤能圣明的人，承继汉家宗庙的祭祀。到东方迎接圣驾的时候，唯恐御驾行程迟缓。现在陛下正当盛年，而刚刚登上帝位，天下之人都擦亮眼睛，竖起耳朵，观察您的善政，聆听您的教化。然而国家的辅佐大臣未受到鼓励表彰，而昌邑封国那些推挽辇车的小奴却先获得升迁，这是众多过失中最大的过失啊！"昌邑王不予理会。

大将军霍光对昌邑王继承帝位以后的荒诞行为，震惊失望，痛心忧虑，便私下询问过去的亲信部属大司农田延年。田延年

曰：“将军为国柱石，审此人不可，何不建白太后，更选贤而立之？”光曰：“今欲如是，于古尝有此不？”延年曰：“伊尹相殷，废太甲以安宗庙，后世称其忠。将军若能行此，亦汉之伊尹也。”光乃引延年给事中，阴与车骑将军张安世图计。

王出游，光禄大夫鲁国夏侯胜当乘舆前谏曰：“天久阴而不雨，臣下有谋上者。陛下出，欲何之？”王怒，谓胜为祆言，缚以属吏。吏白霍光，光不举法。光让安世，以为泄语，安世实不言。乃召问胜，胜对言：“在《鸿范传》，曰：‘皇之不极，厥罚常阴，时则有下人伐上者。’恶察察言，故云‘臣下有谋’。”光、安世大惊，以此益重经术士。侍中傅嘉数进谏，王亦缚嘉系狱。

光、安世既定议，乃使田延年报丞相杨敞。敞惊惧，不知所言，汗出洽背，徒唯唯而已。延年起，至更衣，敞夫人遽从东厢谓敞曰：“此国大事，今大将军议已定，使九卿来报君侯，君侯不疾应，与大将军同心，犹与无决，先事诛矣！”延年从更衣还，敞夫人与延年参语许诺，“请奉大将军教令！”

癸巳，光召丞相、御史、将军、列侯、中二千石、大夫、博士会议未央宫。光曰：“昌邑王行昏乱，恐危社稷，如何？”群臣皆惊鄂失色，莫敢发言，但唯唯而已。田延年前，离

说:"将军您是国家的柱石,您认为这个人不能够君临天下,为何不禀告太后,另外挑选贤能的人立为君主呢?"霍光说:"现在想这样做,但是不知道古代曾有过这样的事情吗?"田延年说:"过去伊尹为商朝的宰相时,废黜太甲以安定宗庙,后世的人们称颂伊尹的忠诚。将军如果能这样做,那您也就是汉朝的伊尹了。"霍光于是任田延年兼任给事中,并秘密与车骑将军张安世图谋大计。

昌邑王外出游玩,光禄大夫鲁国人夏侯胜拦阻车驾,上前报告说:"天气久阴而不下雨,预示臣下对皇上有不利的阴谋。陛下出宫,想要去哪里?"昌邑王大怒,说夏侯胜妖言惑众,下令逮捕他送交有关官吏处置。有关官吏报告霍光,霍光命暂缓处理。霍光责备张安世,认为他泄露了计划,张安世其实没有泄露。霍光于是召问夏侯胜,了解缘由,夏侯胜回答说:"我说的依据在《鸿范传》,书中说:'君王在上位而多有过失,上招天罚,就会使天气阴霾,预示臣下要谋害君上。'我不敢明言,只好说'臣下有不利的阴谋'。"霍光、张安世大为震惊,从此更加尊重精通经书的儒生。此后,侍中傅嘉也屡次规劝昌邑王,昌邑王也下令逮捕傅嘉入狱。

霍光、张安世已经定下大计,于是派田延年报告宰相杨敞。杨敞闻言非常震惊恐惧,不知说什么才好,大汗淋漓,浑身湿透,只是唯唯诺诺而已。田延年起身去洗手间,杨敞的夫人立即从东厢出来,对杨敞说:"这是国家大事,大将军计划已经确定,派遣九卿来报告你,你如果不赶紧答应,与大将军同心协力,而犹豫不定,迟疑不决,还没动手,我们就要被诛灭了!"田延年从洗手间回座,杨敞、夫人与田延年共同计议,表示同意,"一切听从大将军的吩咐"。

癸巳(二十八日),霍光召丞相、御史、将军、列侯、中二千石、大夫、博士等人在未央宫集会商议。霍光说:"昌邑王行为昏聩淫乱,恐怕会危害国家,我们应该怎么办呢?"群臣听了此言,大惊失色,没有一个人敢说话,只是支支吾吾。田延年上前,离开

席按剑曰："先帝属将军以幼孤,寄将军以天下,以将军忠贤,能安刘氏也。今群下鼎沸,社稷将倾,且汉之传谥常为'孝'者,以长有天下,令宗庙血食也。如汉家绝祀,将军虽死,何面目见先帝于地下乎！今日之议,不得旋踵,群臣后应者,臣请剑斩之！"光谢曰："九卿责光是也。天下匈匈不安,光当受难。"于是议者皆叩头曰："万姓之命,在于将军,唯大将军令。"

光即与群臣俱见,白太后,具陈昌邑王不可以承宗庙状。皇太后乃车驾幸未央承明殿,诏诸禁门毋内昌邑群臣。王入朝太后还,乘辇欲归温室,中黄门宦者各持门扇,王入,门闭,昌邑群臣不得入。王曰："何为?"大将军跪曰："有皇太后诏,毋内昌邑群臣。"王曰："徐之,何乃惊人如是！"光使尽驱出昌邑群臣,置金马门外。车骑将军安世将羽林骑收缚二百馀人,皆送廷尉诏狱。令故昭帝侍中中臣侍守王。光敕左右："谨宿卫！卒有物故自裁,令我负天下,有杀主名。"王尚未自知当废,谓左右："我故群臣从官安得罪,而大将军尽系之乎?"

顷之,有太后诏召王。王闻召,意恐,乃曰："我安得罪而召我哉?"太后被珠襦,盛服坐武帐中,侍御数百人皆持兵,期门武士陛戟陈列殿下,群臣以次上殿,召昌邑王伏前

席位，手按剑柄，说："孝武皇帝把幼小的孤儿托付给将军，把国家大事交给将军做主，是因为将军忠诚贤明，能安定刘氏社稷。现在一群奸佞小人弄得朝廷乌烟瘴气，国家处于危难险境，况且大汉历代皇帝的谥号，常加上一个'孝'字的原因，为的是江山永存，使汉家宗庙可以长远享受后代祭祀。如果汉家祭祀断绝，将军即使亡故，又有什么面目见先帝于地下啊！今天商议的大事，不能有任何拖延。群臣中最后才回应的，我请求以此剑斩杀！"霍光致歉说："九卿刚才责备我霍光的话是对的。天下骚动不安，我霍光应当受到责罚。"于是在场商议的人一齐叩头说："天下人民的命运，掌握在将军手中，只请大将军下达命令。"

霍光于是率领群臣，一起拜见上官皇太后，细细陈述昌邑王的无道，不能够继承汉家的宗庙。上官皇太后于是乘车驾前往未央宫的承明殿，下令宫廷各门不许放昌邑国的群臣入宫。昌邑王朝见上官太后以后，乘坐辇车，准备返回温室殿。中黄门太监每人手握一扇宫门，昌邑王一进入，立即关闭宫门，昌邑国群臣被隔绝在外无法进入。昌邑王说："这是为什么？"霍光跪下报告说："有皇太后的诏书，不准昌邑群臣进宫。"昌邑王说："慢慢处理就是了，何至于搞得这样吓人呢！"霍光派人把昌邑臣属全部驱逐到金马门之外。车骑将军张安世率领羽林军，将赶出宫门的昌邑群臣二百馀人全部逮捕，送到廷尉诏狱羁押。霍光命令原来昭帝的侍中中臣侍奉守护昌邑王，并告诫左右："认真看护守卫！万一他因什么缘故死亡或者自杀，将使我背弃道义于天下，背上弑君的恶名。"昌邑王这时还没有察觉到自己将被废黜，对左右侍从说："我的那些群臣随员们有什么罪，大将军为什么把他们全部抓起来？"

过了一会，上官太后下诏召见昌邑王。昌邑王听到太后召见，心里恐慌，于是说："我犯了什么错而召见我？"上官太后身披珠宝编织的外衣，盛装打扮，坐在金銮殿特设的武帐之中。左右侍从的数百名卫士都拿着武器，期门武士手持铁戟沿着台阶排列于殿下，文武官员按官品等级上殿，然后召昌邑王到面前，俯伏

听诏。光与群臣连名奏王，尚书令读奏曰："丞相臣敞等昧死言皇太后陛下：孝昭皇帝早弃天下，遣使征昌邑王典丧，服斩衰，无悲哀之心，废礼谊，居道上不素食；使从官略女子载衣车，内所居传舍；始至谒见，立为皇太子，常私买鸡豚以食。受皇帝信玺、行玺大行前，就次，发玺不封；从官更持节引内昌邑从官、驺宰、官奴二百馀人，常与居禁闼内敖戏；为书曰：'皇帝问侍中君卿：使中御府令高昌奉黄金千斤，赐君卿取十妻。'大行在前殿，发乐府乐器，引内昌邑乐人击鼓，歌吹，作俳倡；召内泰壹、宗庙乐人，悉奏众乐；驾法驾驱驰北宫、桂宫，弄彘斗虎；召皇太后御小马车，使官奴骑乘，游戏掖庭中；与孝昭皇帝宫人蒙等淫乱，诏掖庭令：'敢泄言，要斩！'"太后曰："止！为人臣子，当悖乱如是邪！"王离席伏。尚书令复读曰："取诸侯王、列侯、二千石绶及墨绶、黄绶以并佩昌邑郎官者免奴。发御府金钱、刀剑、玉器、采缯，赏赐所与游戏者；与从官、官奴夜饮，湛沔于酒；独夜设九宾温室，延见姊夫昌邑关内侯；祖宗庙祠未举，为玺书，使使者持节以三太牢祠昌邑哀王园庙，称'嗣子皇帝'。受玺以来二十七日，使者旁午，持节诏诸官署征发凡一千一百二十七事。荒淫迷惑，失帝王礼谊，乱汉制度。臣敞等数进谏，不变更，日以益甚。恐危社稷，天下不安。

听候宣读诏书。霍光与群臣联名奏劾昌邑王，尚书令宣读奏章："丞相杨敞等冒着死罪向皇太后陛下进言：孝昭皇帝早早地抛弃天下，朝廷派遣使节征召昌邑王刘贺前来，身穿丧服，主持丧礼。然而昌邑王没有一点悲哀之心，不守礼法，在来长安途中拒不素食；指使他的随从官员，掠夺民间女子，置于装衣物的车中，纳入所居驿站陪宿；初到长安，晋谒皇太后，立为皇太子，常常私下购买鸡、猪肉来吃。在先帝棺柩前接受皇帝玉玺，回到住处，拆封之后，不再封存；派侍从官员另外拿着符节，引来昌邑封国的侍从官员、马夫、厨师、奴仆等二百余人，让他们居住在宫禁之内，嬉戏无度；又曾经写信说：'皇帝问候侍中君卿，让中御府令高昌送你黄金一千斤，赐你娶十个妻子。'先帝的棺柩停在前殿，竟命搬出乐府的乐器，引入昌邑的演奏乐队，击鼓、歌唱、吹奏、演戏取乐；又召来泰壹祭坛和宗庙的艺人，遍奏各种乐曲；出动天子出行的车驾，奔驰北宫、桂宫，玩猪、斗虎；擅自使用皇太后御用的小马车，让官府的奴仆乘坐，在宫中奔驰游戏；与先帝的宫女蒙等人淫乱，诏令掖庭令：'敢泄露消息，腰斩！'"太后说："停一下！作为先帝的臣子，怎么敢悖逆昏乱到这种程度啊！"昌邑王离开座位，俯伏在地上。尚书令继续宣读道："昌邑王取诸侯王、列侯、二千石的印信上的各色绣带，让昌邑国的郎官及那些免掉了奴婢身份的官奴婢佩带；把御府的金钱、刀剑、玉器、绸缎等，赏赐给陪他游玩的同伴们；又与随从官员、宫廷奴仆连夜狂饮，沉醉昏迷；在温室殿设立隆重的'九宾'之礼，单独在夜里接见他的姐夫昌邑关内侯；在为昭帝守丧期间，尚未祭祀列祖的宗庙，却使用正式诏书，派使者拿着符节，用三份太牢的隆重祭礼，去祭祀昌邑哀王刘髆的陵园，并且自称为'嗣子皇帝'。接受皇帝玉玺以来仅仅二十七日，派遣的使者纷繁交错，仅仅持节诏令各官署办理的事务就多达一千一百二十七件。昌邑王荒淫昏乱到了如此程度，失去了帝王的礼仪道德，破坏了汉朝的典制规范。臣下杨敞等多次上言规劝，都不能使他悔过，反而一天比一天严重。这样下去恐怕危害国家安全，致使天下动乱不安。

臣敞等谨与博士议,皆曰:'今陛下嗣孝昭皇帝后,行淫辟不轨。"五辟之属,莫大不孝。"周襄王不能事母,《春秋》曰:"天王出居于郑。"由不孝出之,绝之于天下也。宗庙重于君,陛下不可以承天序,奉祖宗庙,子万姓,当废!'臣请有司以一太牢具告祠高庙。"皇太后诏曰:"可。"光令王起,拜受诏。王曰:"闻'天子有争臣七人,虽无道不失天下。'"光曰:"皇太后诏废,安得称天子!"乃即持其手,解脱其玺组,奉上太后。扶王下殿,出金马门,群臣随送。王西面拜曰:"愚戆,不任汉事。"起,就乘舆副车,大将军光送至昌邑邸。光谢曰:"王行自绝于天,臣宁负王,不敢负社稷!愿王自爱,臣长不复左右。"光涕泣而去。

群臣奏言:"古者废放之人,屏于远方,不及以政。请徙王贺汉中房陵县。"太后诏归贺昌邑,赐汤沐邑二千户,故王家财物皆与贺。及哀王女四人,各赐汤沐邑千户。国除,为山阳郡。

昌邑群臣坐在国时不举奏王罪过,令汉朝不闻知,又不能辅道,陷王大恶,皆下狱,诛杀二百馀人。唯中尉吉、郎中令遂,以忠直数谏正,得减死,髡为城旦。师王式系狱当死,治事使者责问曰:"师何以无谏书?"式对曰:"臣以《诗》三百五篇朝夕授王,至于忠臣、孝子之篇,未尝不为

臣下杨敞等人与博士们商议，一致认为：'现今陛下继承孝昭皇帝帝位以后，行为淫乱，荒僻不轨。'《孝经》上说："五种刑罚，应用最严厉的一种，惩治不孝。"周襄王不能奉侍自己的母亲，所以《春秋》上记载说："天王出京师而居住于郑国。"由于他不孝，才用'出'字记载他离开京师，这是自绝于天下。祖先宗庙比君主重要，现在陛下已经不能够承受天命，侍奉祖宗的宗庙，把天下之人当作子女，应当废黜！'我们请求有关官吏用一具太牢祭礼，祭告高祖的祭庙。"皇太后下诏说："可以。"霍光命昌邑王起身，跪拜接受太后诏书。昌邑王说："我听说'天子有耿直诤谏的大臣七人，即使没有道义也不会失去天下。'"霍光说："皇太后已经下诏把你废黜，怎么还敢自称天子！"于是拉着他的手，将他佩带玉玺的绶带解下，呈送给上官太后。然后扶着昌邑王下殿，走出金马门，群臣在后随送。昌邑王向西叩拜道："我太愚蠢了，不能担任汉家大事！"起身坐上侍从车辆，由大将军霍光送他回到昌邑官邸。霍光谢罪说："大王的行为实属自绝于上天，我宁愿辜负大王，不敢辜负国家。希望大王爱护自己，我不能侍奉在大王的左右了。"霍光哭泣离去。

群臣上奏太后说："古时候，被废黜的君主，要放逐到偏远的地方，使他不能干预政治。请求放逐昌邑王刘贺到汉中郡的房陵县。"上官太后下诏，命刘贺回到昌邑，赏赐给他二千户人家作为汤沐邑，原昌邑王家的财产物品全部发还。他的姐妹四人，每人赏赐一千户作为汤沐邑。撤除昌邑国，改设山阳郡。

过去昌邑国的群臣，被指控在封国时没有向朝廷举奏昌邑王刘贺的罪过，使汉朝廷不知道有关的情况，又不能辅佐昌邑王走上正道，致使他陷于罪恶的深渊，全部逮捕入狱，诛杀二百余人。只有中尉王吉、郎中令龚遂，因为忠心耿直，多次规劝，被免于处死，剃光头发，罚做苦工。昌邑王的老师王式被捕入狱，罪应处死，负责审问的官员责备他说："你是昌邑王的老师，为什么没有规劝昌邑王的谏书呢？"王式回答说："我把《诗经》三百零五篇每天讲授给大王听，每次讲到忠臣、孝子的篇目，总是为

王反复诵之也。至于危亡失道之君,未尝不流涕为王深陈之也。臣以三百五篇谏,是以无谏书。”使者以闻,亦得减死论。

霍光以群臣奏事东宫,太后省政,宜知经术,白令夏侯胜用《尚书》授太后,迁胜长信少府,赐爵关内侯。

初,卫太子纳鲁国史良娣,生子进,号史皇孙。皇孙纳涿郡王夫人,生子病已,号皇曾孙。皇曾孙生数月,遭巫蛊事,太子三男一女及诸妻妾皆遇害,独皇曾孙在,亦坐收系郡邸狱。故廷尉监鲁国丙吉受诏治巫蛊狱,吉心知太子无事实,重哀皇曾孙无辜,择谨厚女徒渭城胡组、淮阳郭徵卿,令乳养曾孙,置闲燥处。吉日再省视。

巫蛊事连岁不决,武帝疾,往来长杨、五柞宫。望气者言“长安狱中有天子气”,于是武帝遣使者分条中都官,诏狱系者无轻重,一切皆杀之。内谒者令郭穰夜到郡邸狱,吉闭门拒使者不纳,曰:“皇曾孙在。他人无辜死者犹不可,况亲曾孙乎!”相守至天明,不得入。穰还,以闻,因劾奏吉。武帝亦寤,曰:“天使之也。”因赦天下。郡邸狱系者,独赖吉得生。

既而吉谓守丞谁如:“皇孙不当在官。”使谁如移书京兆尹,遣与胡组俱送。京兆尹不受,复还。及组日满当去,皇孙思慕,吉以私钱雇组,令留,与郭徵卿并养,数月,乃遣

大王反复讲解吟诵。每次讲到招致危亡、失去道义的君主，都痛哭流涕地为大王详细陈说。我以《诗经》三百零五篇来规劝，所以没有上谏书。"有关官员将此话报告朝廷，王式也得以免除死罪。

霍光认为，群臣向东宫太后奏报国家大事，太后审察全国政务，应该精通儒家经书，于是推荐夏侯胜向太后讲解《尚书》，擢升夏侯胜担任长信少府，赐给他关内侯的爵位。

当初，武帝在位时，卫太子刘据娶鲁国女子史氏，封为良娣，生儿子刘进，被称为史皇孙。刘进娶涿郡女子王翁须为夫人，生儿子刘病已，被称为皇曾孙。皇曾孙生下才几个月，因为巫蛊案发生，太子刘据跟他的三个儿子、一个女儿，以及他的所有妻妾，全部被杀，只剩下出生才几个月的皇曾孙，也被收押在大鸿胪所属的郡邸狱中。当时担任廷尉监的鲁国人丙吉，奉武帝诏命审理巫蛊案件。丙吉心里知道太子涉嫌此案没有事实依据，又哀怜皇曾孙无辜受株连，于是挑选谨慎忠厚的女犯渭城人胡组、淮阳人郭徵卿，命她们哺育曾皇孙，把他们移到一间比较干燥的牢房中。丙吉经常前往探视。

巫蛊案连续多年没有结束，后武帝生病，往来于长杨、五柞两宫。望气的方术之士说："长安监狱里有天子气。"于是武帝派遣使者分别通知京中各官府，诏命长安各监狱，所有的囚犯，无论轻罪重罪，一律处死。内谒者令郭穰于深夜到达郡邸狱执行命令，丙吉关着门拒绝使者进入，说："皇曾孙在这个监狱之中。一般人尚且不应无辜被杀，何况陛下的亲曾孙！"双方僵持到第二天天亮，郭穰也没能进入，回宫把这件事报告武帝，并据此上奏控告丙吉。武帝此时也已醒悟，说："是上天让丙吉这样做的。"因而大赦天下。郡邸狱的囚犯，由于丙吉的缘故得以生存。

不久，丙吉对守丞谁如说："皇曾孙不应当留在官府的监狱。"丙吉令谁如写信给京兆尹，让他把皇曾孙与胡组一道送到京兆尹处。京兆尹不肯接收，只好又回到监狱。到胡组刑期已满应该释放时，皇曾孙非常依恋她，于是丙吉私自出钱雇佣胡组，让她留下来，与郭徵卿一同养育皇曾孙。几个月之后，才让

组去。后少内啬夫白吉曰："食皇孙无诏令。"时吉得食米、肉，月月以给皇曾孙。曾孙病，几不全者数焉，吉数敕保养乳母加致医药，视遇甚有恩惠。吉闻史良娣有母贞君及兄恭，乃载皇曾孙以付之。贞君年老，见孙孤，甚哀之，自养视焉。

后有诏掖庭养视，上属籍宗正。时掖庭令张贺，尝事戾太子，思顾旧恩，哀曾孙，奉养甚谨，以私钱供给，教书。既壮，贺欲以女孙妻之。是时昭帝始冠，长八尺二寸。贺弟安世为右将军，辅政，闻贺称誉皇曾孙，欲妻以女，怒曰："曾孙乃卫太子后也，幸得以庶人衣食县官足矣，勿复言予女事！"于是贺止。时暴室啬夫许广汉有女，贺乃置酒请广汉，酒酣，为言"曾孙体近，下乃关内侯，可妻也"。广汉许诺。明日，妪闻之，怒。广汉重令人为介，遂与曾孙，贺以家财聘之。曾孙因依倚广汉兄弟及祖母家史氏，受《诗》于东海濮中翁，高材好学，然亦喜游侠，斗鸡走马，以是具知闾里奸邪，吏治得失。数上下诸陵，周遍三辅，尝困于莲勺卤中。尤乐杜、鄠之间，率常在下杜。时会朝请，舍长安尚冠里。

及昌邑王废，霍光与张安世诸大臣议所立，未定。丙吉奏记光曰："将军事孝武皇帝，受襁褓之属，任天下之寄。

胡组回家。后来，少内啬夫对丙吉说："没有皇上的诏令，皇曾孙的伙食费用，无法继续供应。"这时，丙吉把自己俸禄中的米和肉按月供应给皇曾孙。皇曾孙曾病重，几次都差点死去。丙吉多次督促乳母为其请医加药，经常看视，恩惠甚深。丙吉听说皇曾孙的祖母史良娣的母亲贞君及其哥哥史恭尚存人世，于是用车载着皇曾孙送到史家抚养。贞君年纪已老，见到这个孤苦伶仃的外曾孙，极为哀怜，亲自抚养看护。

后来皇帝下诏，让掖庭负责养育看护皇曾孙，让宗正登记他的皇族属籍。当时，掖庭令张贺曾经奉侍过戾太子刘据，思念顾及刘据的旧恩、悲哀皇曾孙的不幸身世，对他的侍奉养护非常周到，自己出钱让皇曾孙读书。皇曾孙长大成人，张贺想把孙女嫁给他。这时昭帝刚刚举行加冠礼，身高八尺二寸。张贺的弟弟张安世为昭帝的右将军，参与辅政，听到张贺称赞夸奖皇曾孙，并想把孙女嫁给他为妻，大怒，说："皇曾孙是卫太子刘据的后代，有幸能以平民的身份由朝廷供给衣食，这就足够了，不要再提把孙女嫁给他的事。"张贺只好不提这件事。这时暴室啬夫许广汉有一个女儿，张贺于是办酒席宴请许广汉，酒兴正浓，张贺说："皇曾孙刘病已与皇帝血缘亲近，至少也会封关内侯，可以把女儿嫁给他为妻。"许广汉答应了。第二天，许广汉的夫人听说了这件事，大怒。许广汉重新请人做媒，于是将女儿嫁给皇曾孙。张贺自己出钱备办皇曾孙的聘礼。皇曾孙从此依靠仰仗岳父许广汉兄弟，以及祖母娘家史氏，拜东海人濊中翁为师学习《诗经》。皇曾孙天资聪慧，勤奋好学，然而也喜欢游侠行为，斗鸡、走马，广泛接触社会，因此，对于闾阎里巷中的奸诈邪恶、各地吏治的得失好坏，了解全面。皇曾孙多次凭吊祖先皇帝的陵墓，足迹踏遍三辅，曾于莲勺盐池遭受困辱。他特别喜欢去杜县、鄠县一带，经常住在下杜。有时皇曾孙参加朝会，住在长安的尚冠里。

等到昌邑王被废黜以后，霍光、张安世与大臣们商议皇帝的人选，一时之间未能确定。丙吉上书霍光说："将军侍奉孝武皇帝，孝武皇帝临终前，将辅佐幼主、治理天下的重任托付给将军。

孝昭皇帝早崩无嗣，海内忧惧，欲亟闻嗣主。发丧之日，以大谊立后，所立非其人，复以大谊废之，天下莫不服焉。方今社稷、宗庙、群生之命在将军之壹举，窃伏听于众庶，察其所言诸侯、宗室在列位者，未有所闻于民间也。而遗诏所养武帝曾孙名病已在掖庭、外家者，吉前使居郡邸时，见其幼少，至今十八九矣。通经术，有美材，行安而节和。愿将军详大义，参以蓍龟岂宜，褒显先使入侍，令天下昭然知之，然后决定大策，天下幸甚！"杜延年亦知曾孙德美，劝光、安世立焉。

秋七月，光坐庭中，会丞相以下议定所立，遂复与丞相敞等上奏曰："孝武皇帝曾孙病已，年十八，师受《诗》《论语》《孝经》，躬行节俭，慈仁爱人，可以嗣孝昭皇帝后，奉承祖宗庙，子万姓。臣昧死以闻！"皇太后诏曰："可。"光遣宗正德至曾孙家尚冠里，洗沐，赐御衣。太仆以轺猎车迎曾孙，就斋宗正府。庚申，入未央宫，见皇太后，封为阳武侯。已而群臣奏上玺绶，即皇帝位，谒高庙，尊皇太后为太皇太后。

侍御史严延年劾奏"大将军光擅废立主，无人臣礼，不道。"奏虽寝，然朝廷肃然敬惮之。

初，许广汉女适皇曾孙，一岁，生子奭。数月，曾孙立为帝，许氏为倢伃。是时霍将军有小女与皇太后亲，公卿议更立

孝昭皇帝过早辞世，没有继承人，天下之人担心恐惧，急切盼望早立嗣君。在为孝昭皇帝发布丧事的那天，将军秉承大义，立汉室宗亲为君主。所立的君主人选不适合，将军再以大义把他废黜，天下人无不由衷敬服。现在整个国家、皇室宗庙以及天下人的性命，都系于将军的举手投足之间。我私下听天下众人的议论，审视他们所说的诸侯、身居高位的宗室，没有一个让百姓认可的。然而，奉遗诏由掖廷奉养的孝武皇帝曾孙刘病已，后来被其外曾祖母家奉养，丙吉以前在郡邸狱，看到他很幼小，到现在大概十八九岁了。刘病已通达儒家经术，有才能，行为安稳，性格温和。愿将军考虑大义，再请巫师占卜，看看是否合宜。如果合宜，就褒奖显扬他，先让他进宫中充当侍从，让天下人都知道这件事情，然后再决定大计，这是国家的福气。"杜延年也知道皇曾孙刘病已品德优良，竭力劝说霍光、张安世立他为君。

这年秋天七月，霍光坐在大厅之中，同丞相以下文武臣僚商议所立皇帝人选，于是再与丞相杨敞等联名上奏上官太后说："孝武皇帝曾孙刘病已，年龄十八岁，从师学习《诗经》《论语》《孝经》，节俭朴实，慈爱仁义，待人宽厚，可以作为孝昭皇帝的后嗣，侍奉祖宗祭庙，治理天下万民。我们这些臣子们冒着死罪，将此奏闻太后！"太后下诏说："可以。"霍光派遣宗正刘德到皇曾孙刘病已的家尚冠里，侍奉其洗浴，更换赏赐的御衣。太仆派出轻便车辆迎接刘病已，把他安排住到宗正府进行斋戒。庚申（二十五日），刘病已到未央宫，朝见上官太后，太后封他为阳武侯。接着，群臣奉上皇帝玉玺绶带，刘病已即皇帝位，是为宣帝。拜谒高祖刘邦的祭庙，尊奉上官太后为太皇太后。

侍御史严延年上奏弹劾霍光说："大将军霍光擅自废立君主，没有作为臣子的礼义，大逆不道。"奏章虽然没有结果，但朝廷官员对严延年的勇气肃然敬畏。

最初，许广汉女儿许平君嫁给了皇曾孙，一年后生子刘奭。几个月以后，皇曾孙立为皇帝，许平君封为婕妤。这时，霍光有个小女儿，与上官太后是亲属。朝中公卿商议请皇帝另外早立

皇后,皆心拟霍将军女,亦未有言。上乃诏求微时故剑,大臣知指,白立许倢伃为皇后。十一月壬子,立皇后许氏。霍光以后父广汉刑人,不宜君国,岁馀,乃封为昌成君。

宣帝本始元年春,诏有司论定策安宗庙功。大将军光益封万七千户,与故所食凡二万户。车骑将军富平侯安世以下益封者十人,封侯者五人,赐爵关内侯者八人。

大将军光稽首归政,上谦逊不受,诸事皆先关白光,然后奏御。自昭帝时,光子禹及兄孙云皆为中郎将,云弟山奉车都尉、侍中,领胡、越兵,光两女婿为东、西宫卫尉,昆弟、诸婿、外孙皆奉朝请,为诸曹、大夫、骑都尉、给事中,党亲连体,根据于朝廷。及昌邑王废,光权益重,每朝见,上虚己敛容,礼下之已甚。

三年春正月癸亥,恭哀许皇后崩。时霍光夫人显欲贵其小女成君,道无从。会许后当娠,病,女医淳于衍者,霍氏所爱,尝入宫侍皇后疾。衍夫赏为掖庭户卫,谓衍:"可过辞霍夫人,行为我求安池监。"衍如言报显,显因生心,辟左右,字谓衍曰:"少夫幸报我以事,我亦欲报少夫,可乎?"衍曰:"夫人所言,何等不可者!"显曰:"将军素爱小女成君,欲奇贵之,愿以累少夫。"衍曰:"何谓邪?"显曰:"妇人免乳,大故,

皇后，心里都属意霍光的女儿，但也没有明确提出。宣帝于是下诏寻找他卑贱时用过的宝剑，大臣们知道宣帝下诏所指，于是建议立许婕伃为皇后。十一月壬子（十九日），宣帝正式封许平君为皇后。霍光认为，许后的父亲许广汉是受过宫刑的人，不应该当封国的国君。直到一年以后，才封许广汉为昌成君。

宣帝本始元年（前73）春季，下诏有关当局议定朝廷大臣谋划安定刘氏宗庙的功绩。大将军霍光增加食邑一万七千户，与原来的加在一起，共达二万户。车骑将军富平侯张安世以下，增加封地户数的达十人，封侯的五人，赐爵关内侯的八人。

大将军霍光在朝廷上向宣帝行稽首之礼，请求归还主政大权，宣帝谦让不肯接受。国家大事都先报告霍光，然后再奏明皇帝。自昭帝时起，霍光的儿子霍禹以及霍光的侄孙霍云，都担任朝廷的中郎将，霍云的弟弟霍山任奉车都尉、侍中，指挥由胡人、越人组成的军队。霍光的两个女婿分别为未央卫尉与长乐卫尉。兄弟、女婿、外孙都受邀参加朝会，分别担任朝廷中的诸曹、大夫、骑都尉、给事中等职，亲戚骨肉，结成一体，在朝廷中盘根错节。到昌邑王被废黜以后，霍光的权威更高，每次朝见，宣帝都特别谦恭，态度和气，礼仪卑微。

三年（前71）春季正月癸亥（十三日），恭哀许皇后许平君去世。当时，霍光夫人显想让她的小女儿霍成君当皇后，但没有办法。适逢许后怀有身孕，身体不适，宫廷女医师淳于衍，受到霍家的信任，曾经入宫侍奉许皇后疾病。淳于衍的丈夫赏在朝廷担任掖廷户卫，对他的妻子淳于衍说："你在进宫之前，可以去向霍光夫人辞行，趁机求她帮忙，把我调去当安池监。"淳于衍按照丈夫的话向霍光夫人显求情，显随机一动，打发左右走开，称呼淳于衍的字，说："少夫，你拜托给我的事情，我一定照办。我也想拜托少夫一件事情，可以吗？"淳于衍说："夫人只要说出来，什么事情不能答应的呢！"显说："将军一向喜爱小女儿霍成君，一心想使她成为最尊贵的人，我想把这件事情拜托给少夫。"淳于衍说："您为什么这么说呢？"显说："女人分娩哺乳，是一件大事，

十死一生。今皇后当免身,可因投毒药去也,成君即为皇后矣。如蒙力,事成,富贵与少夫共之。"衍曰:"药杂治,当先尝,安可?"显曰:"在少夫为之耳。将军领天下,谁敢言者!缓急相护,但恐少夫无意耳。"衍良久曰:"愿尽力!"即捣附子,赍入长定宫。皇后免身后,衍取附子并合太医大丸以饮皇后,有顷,曰:"我头岑岑也,药中得无有毒?"对曰:"无有。"遂加烦懑,崩。衍出,过见显,相劳问,亦未敢重谢衍。后人有上书告诸医侍疾无状者,皆收系诏狱,劾不道。显恐急,即以状具语光,因曰:"既失计为之,无令吏急衍!"光大惊,欲自发举,不忍,犹与。会奏上,光署衍勿论。显因劝光内其女入宫。

四年春三月乙卯,立霍光女为皇后。舆驾、侍从益盛,赏赐官属以千万计,与许后时县绝矣。

地节二年春,霍光病笃。车驾自临问,上为之涕泣。光上书谢恩,愿分国邑三千户以封兄孙奉车都尉山为列侯,奉兄去病祀。即日,拜光子禹为右将军。三月庚午,光薨。上及皇太后亲临光丧,中二千石治冢,赐梓宫、葬具皆如乘舆制度,谥曰宣成侯。发三河卒穿复土,置园邑三百家,

九死一生。而现在皇后就要分娩，可以趁机放毒药将她毒死，成君就成为皇后了。如果承蒙你出了力，事情成功之后，同少夫一起享受荣华富贵。"淳于衍说："皇后患病，药物掺杂在一起医治，都应当由宫女先尝，怎么办得到呢？"显说："这就全看少夫了。将军统领天下，谁胆敢说什么呢？如果发生事情，轻重缓急都可加以保护，只是恐怕少夫不愿帮忙。"淳于衍沉思很久，说："愿意尽力。"淳于衍于是把附子捣碎，秘密带进长定宫。许皇后分娩以后，淳于衍取出附子，掺到御医搓合的药丸里，给许皇后服下。过了一会儿，许皇后说："我的头有点儿闷，药中有没有毒？"淳于衍说："没有。"许皇后更加头痛烦闷，不久去世。淳于衍出宫后，回头拜见霍光夫人显，显加以安慰询问，为避免引起别人的注意，也不敢重谢淳于衍。后来有人上书指控各御医没有尽力侍奉诊治，宣帝令将御医全部逮捕下狱，指控他们大逆不道。显非常害怕，于是把具体情况全部告诉霍光，接着说："既然我缺乏考虑已经做了这件事情，唯一的办法是不要让审案官吏逼迫淳于衍。"霍光大为惊恐，想自己去揭发举报这件事情，可心里不忍，犹豫不决。正好有关部门呈上关于皇后去世一案的奏报，霍光在奏章上批示不要追究淳于衍的责任。显趁机劝霍光把女儿霍成君送进皇宫。

四年（前70）春季三月乙卯（十一日），立霍光女霍成君为皇后。霍成君的车马、侍从日益盛大，对官员下属的赏赐以千万来计算，这和许后时的情况有天壤之别。

地节二年（前68）春季，霍光病重。宣帝乘车亲自去霍府慰问，为霍光的病流涕落泪。霍光上书向宣帝谢恩，愿意分他的封地三千户，以封他的兄长霍去病的孙子奉车都尉霍山为列侯，以侍奉霍去病的祭祀。这一天宣帝拜霍光的儿子霍禹为右将军。三月庚午（初八），霍光去世。宣帝及上官太后亲自到霍光灵堂祭悼，安排一位中二千石的官员负责坟墓修筑。宣帝赏赐的棺木葬具，如同皇帝的御棺御器一样，赐霍光谥号宣成侯，征调守卫三河的兵卒，为霍光修建坟墓，设置三百户人家的墓园封地，

长、丞奉守。下诏复其后世，畴其爵邑，世世无有所与。

御史大夫魏相上封事曰："国家新失大将军，宜显明功臣以填藩国，毋空大位，以塞争权。宜以车骑将军安世为大将军，毋令领光禄勋事，以其子延寿为光禄勋。"上亦欲用之。夏四月戊申，以安世为大司马、车骑将军，领尚书事。

上思报大将军德，乃封光兄孙山为乐平侯，使以奉车都尉领尚书事。魏相因昌成君许广汉奏封事，言："《春秋》讥世卿，恶宋三世为大夫及鲁季孙之专权，皆危乱国家。自后元以来，禄去王室，政由冢宰。今光死，子复为右将军，兄子秉枢机，昆弟、诸婿据权势，在兵官，光夫人显及诸女皆通籍长信宫，或夜诏门出入，骄奢放纵，恐浸不制。宜有以损夺其权，破散阴谋，以固万世之基，全功臣之世。"又故事，诸上书者皆为二封，署其一曰"副"，领尚书者先发副封，所言不善，屏去不奏。相复因许伯白去副封以防壅蔽。帝善之，诏相给事中，皆从其议。

三年夏四月戊申，立子奭为皇太子，以丙吉为太傅，太中大夫疏广为少傅。封太子外祖父许广汉为平恩侯，又封霍光兄孙中郎将云为冠阳侯。霍显闻立太子，怒恚不

以其赋税作为管理费用，由长、丞负责守墓和祭祀。宣帝下诏免除霍光后代的赋税徭役，让他们继承霍光的封爵食邑，世世代代永远不变。

御史大夫魏相上密奏说："国家最近失去了大将军，应该尊崇、显扬功绩卓著的大臣，以便镇抚诸侯封国，不要使大将军这一重要位置空缺，以便阻止可能的权力争夺。应让车骑将军张安世接替大将军职务，不要让他兼任光禄勋的职务，让他的儿子张延寿担任光禄勋。"宣帝也想任用张安世。夏季四月戊申（十七日），宣帝任命张安世担任大司马，兼任车骑将军，领尚书事。

宣帝想回报大将军霍光拥立自己为皇帝的大德，于是下诏封霍光兄长霍去病的孙子霍山为乐平侯，任奉车都尉兼领尚书事。魏相通过昌成君许广汉，向宣帝上密奏说："《春秋》讥讽由贵族世代担任卿大夫的世袭制度，痛恨宋国的三代人做大夫，以及鲁国的季孙氏专断国家权力，这都是危害国家的行为。自后元年间以来，皇室已经不能控制官员的俸禄，国家大政由宰相这样的大官主持。现在霍光去世，他的儿子霍禹继续担任右将军，侄孙霍山掌管中枢，兄弟、女婿占据权势地位，掌握国家军权。霍光夫人显以及女儿们在长信宫禁门之中都有名籍，可以随时出入，有时夜里也叫开宫门出入。骄傲奢侈，放纵不羁，恐怕渐渐不能抑制。皇上应该削弱他们的权力，破除他们可能产生的阴谋，以此巩固皇家万世的基业，也可以保全功臣的后代子孙。"又根据惯例，凡上书给皇帝的奏章都要写两份，注明其中的一份为副本，领尚书事官员先打开副本审查，奏章的内容如有不妥，连同正本搁置一边不予上奏。魏相又通过许广汉向宣帝建议去掉奏章的副本，以防止阻塞言路，蒙蔽朝廷。宣帝认为魏相的建议很好，下诏命魏相担任给事中，全部采纳了他的建议。

三年（前67）夏季四月戊申（二十二日），宣帝立儿子刘奭为太子，任命丙吉为太子太傅，太中大夫疏广为太子少傅。封太子外祖父许广汉为平恩侯，又封霍光兄霍去病的孙子中郎将霍云为冠阳侯。霍光夫人显听到刘奭被立为太子，气愤异常，拒绝进

食,欧血,曰:"此乃民间时子,安得立!即后有子,反为王邪?"复教皇后令毒太子。皇后数召太子赐食,保、阿辄先尝之,后挟毒不得行。

霍氏骄侈纵横。太夫人显,广治第室,作乘舆辇,加画,绣绚冯,黄金涂,韦絮荐轮,侍婢以五采丝挽显游戏第中。与监奴冯子都乱。而禹、山亦并缮治第宅,走马驰逐平乐馆。云当朝请,数称病私出,多从宾客,张围猎黄山苑中,使仓头奴上朝谒,莫敢谴者。显及诸女昼夜出入长信宫殿中,无期度。

帝自在民间,闻知霍氏尊盛日久,内不能善。既躬亲朝政,御史大夫魏相给事中。显谓禹、云、山:"女曹不务奉大将军馀业,今大夫给事中,他人壹间女,能复自救邪?"后两家奴争道,霍氏奴入御史府,欲蹋大夫门。御史为叩头谢,乃去。人以谓霍氏,显等始知忧。

会魏大夫为丞相,数燕见言事,平恩侯与侍中金安上等径出入省中。时霍山领尚书,上令吏民得奏封事,不关尚书,群臣进见独往来,于是霍氏甚恶之。上颇闻霍氏毒杀许后而未察,乃徙光女婿度辽将军、未央卫尉、平陵侯范明友为光禄勋,出次婿诸吏、中郎将、羽林监任胜为安定太

食，大口吐血，说："这是皇上为平民的时候所生的儿子，怎么能立为皇太子！以后等我的皇后女儿有了儿子，反而只能做诸侯王吗？"于是指使她的皇后女儿毒杀太子。皇后多次召见太子赐给食物，太子的保姆、奶妈每次都要先尝。皇后虽然拿着毒药，却没有机会下手。

霍氏家族骄傲奢侈，凶暴蛮横。霍光的夫人显大肆扩充修缮自己的宅地，建造像皇室一样的轿舆、辇车，在上面加上图案，褥垫都用锦绣，车身都用黄金缠裹，将皮革棉絮包在车轮外缘。侍从婢女用五彩绸缎，牵引着坐在车上的霍光夫人显，在庭园宅第中游玩。显又与奴仆总管冯子都通奸淫乱。霍禹、霍山也都扩建房屋，修缮馆第，在平乐馆纵马奔驰玩乐。霍云在朝会时，多次声称有病私自离开，带领大批宾客，到黄山苑中张网狩猎，派遣一个随从奴仆顶替他去朝廷报到，没有人敢谴责他的这种行为。显和她的几个女儿不分昼夜地出入上官太后的长信宫，没有什么限度。

宣帝早在民间的时候，就知道霍氏家族尊贵隆盛的时间很久，心里觉得这样不好。宣帝亲自主持朝政以后，御史大夫魏相担任朝廷的给事中。显对霍禹、霍云、霍山说："你们不能继承大将军遗留下来的事业，现在，御史大夫兼任给事中，别人一旦离间你们，你们能够挽救自己吗？"后来，霍、魏两家的奴仆驾车时争夺道路，霍家的奴仆闯入御史府中，想要踢开御史大夫魏相的门。御史向霍家奴仆下跪叩头道歉，霍家奴仆才离开。有人把这些情况报告霍氏，显等才开始担忧起来。

正好这时，御史大夫魏相担任了丞相，多次被宣帝宴请召见，议论国事，平恩侯许广汉、侍中金安上等人也可径直出入宫廷。当时霍山领尚书事，宣帝下令官吏和庶民都可以上秘密奏章，不必通过尚书，群臣也可以直接晋见宣帝，于是霍氏家族非常忌恨。宣帝很多次听到霍氏毒杀许后，但又未察明，于是把霍光的女婿、度辽将军、未央卫尉、平陵侯范明友，调任为光禄勋，把霍光的次女婿诸吏、中郎将、羽林监任胜，调任为安定郡太

守。数月，复出光姊婿给事中、光禄大夫张朔为蜀郡太守，群孙婿中郎将王汉为武威太守。顷之，复徙光长女婿长乐卫尉邓广汉为少府。戊戌，更以张安世为卫将军，两宫卫尉、城门、北军兵属焉。以霍禹为大司马，冠小冠，无印绶，罢其屯兵官属，特使禹官名与光俱大司马者。又收范明友度辽将军印绶，但为光禄勋。及光中女婿赵平为散骑都尉、光禄大夫，将屯兵，又收平骑都尉印绶。诸领胡、越骑、羽林及两宫卫将屯兵，悉易以所亲信许、史子弟代之。

四年，霍显及禹、山、云自见日侵削，数相对啼泣自怨。山曰："今丞相用事，县官信之，尽变易大将军时法令，发扬大将军过失。又，诸儒生多窭人子，远客饥寒，喜妄说狂言，不避忌讳，大将军常仇之。今陛下好与诸儒生语，人人自书对事，多言我家者。尝有上书言我家昆弟骄恣，其言绝痛，山屏不奏。后上书者益黠，尽奏封事，辄下中书令出取之，不关尚书，益不信人。又闻民间谨言'霍氏毒杀许皇后'，宁有是邪？"显恐急，即具以实告禹、山、云。禹、山、云惊曰："如是，何不早告禹等！县官离散、斥逐诸婿，用是故也。此大事，诛罚不小，奈何？"于是始有邪谋矣。

云舅李竟所善张赦，见云家卒卒，谓竟曰："今丞相与平恩侯用事，可令太夫人言太后，先诛此两人。移徙陛下，

守。几个月以后,再调任霍光姐姐的女婿、给事中、光禄大夫张朔,担任蜀郡太守。把孙女婿、中郎将王汉,调任武威太守。过了几天,又把霍光长女婿、长乐卫尉邓广汉,调任少府。八月戊戌(十四日),改由张安世为卫将军,未央和长乐两宫卫尉、城门、北军的军队,都由张安世统一指挥。任命霍禹为大司马,仍令他戴原来的小帽,不发印信、绶带,解除他原来所辖屯戍军队及僚属,仅仅使霍禹的官名与霍光同样为大司马。又免除范明友度辽将军的职务,仅仅让他担任光禄勋。及至霍光的中女婿赵平本为散骑都尉、光禄大夫,带领屯戍军队,现在又将赵平的骑都尉印信、绶带收回。那些统领胡人和越人骑兵、羽林军、未央及长乐两宫的卫队屯兵的将领,全部改由宣帝所亲信的许、史子弟接替。

地节四年(前66),霍光夫人显以及霍禹、霍山、霍云等看见霍家权力不断被剥夺,多次聚集在一起啼泣,自相埋怨。霍山说:"现在丞相把持政权,皇帝信任他,将大将军在世时制定的法令全都改了,宣扬大将军的过失。并且,现在那些儒生们大多是贫寒子弟,远远来到首都长安,又饥又寒,却喜欢胡乱地说一些狂悖的语言,没有什么忌讳,大将军一向痛恨他们。现在陛下却喜欢与那些儒生讲话,每个人都各自书写奏章,纷纷攻击我们霍家。曾经有人上书说我们霍家兄弟骄纵霸道,横行不法,言辞非常激烈,我把它压下没有呈上。后来上书者越来越狡猾,全都上奏秘密奏章,由中书令直接收取进呈,不经过尚书,皇帝越来越不相信人了。又听到民间传言,'霍家毒死许皇后',哪有这回事啊?"霍光夫人显非常恐惧焦急,于是把实情全部告诉霍禹、霍山、霍云。霍禹、霍山、霍云惊慌地说:"既然这样,为什么不早告诉我们!皇上把霍家女婿拆散、贬逐到外郡,就是这个原因。这是大事,惩治是十分严厉的,怎么办啊?"于是开始策划阴谋。

霍云的舅舅李竟,一向与张赦非常要好。张赦看到霍家人惶恐不安,于是对李竟说:"现在是丞相魏相与平恩侯许广汉当权,可以让太夫人显对皇太后说,先杀掉这两个人。让皇帝退位,

在太后耳。"长安男子张章告之,事下廷尉、执金吾,捕张赦等。后有诏,止勿捕。山等愈恐,相谓曰:"此县官重太后,故不竟也。然恶端已见,久之犹发,发即族矣,不如先也。"遂令诸女各归报其夫,皆曰:"安所相避!"

会李竟坐与诸侯王交通,辞语及霍氏,有诏:"云、山不宜宿卫,免就第。"山阳太守张敞上封事曰:"臣闻公子季友有功于鲁,赵衰有功于晋,田完有功于齐,皆畴其庸,延及子孙。终后田氏篡齐,赵氏分晋,季氏颛鲁。故仲尼作《春秋》,迹盛衰,讥世卿最甚。乃者大将军决大计,安宗庙,定天下,功亦不细矣。夫周公七年耳,而大将军二十岁,海内之命断于掌握。方其隆盛时,感动天地,侵迫阴阳。朝臣宜有明言曰:'陛下褒宠故大将军以报功德足矣。间者辅臣颛政,贵戚太盛,君臣之分不明,请罢霍氏三侯皆就第。及卫将军张安世,宜赐几杖归休,时存问召见,以列侯为天子师。'明诏以恩不听,群臣以义固争而后许之。天下必以陛下为不忘功德而朝臣为知礼,霍氏世世无所患苦。今朝廷不闻直声,而令明诏自亲其文,非策之得者也。今两侯已出,人情不相远,以臣心度之,大司马及其枝属必有畏惧之心。夫近臣

关键就在于太后啊。"长安男子张章向朝廷告发这件事情,案件交给廷尉处置,执金吾逮捕了张赦等人。宣帝随后下诏,制止了追捕。霍山等人更加恐惧,相互商量说:"这是宣帝看在太后的面子上,所以不追究此事了。然而猜忌的端倪已经出现,时间久了之后事情还会爆发。爆发就要灭族了,不如抢先下手。"于时让霍家的女儿各自回去告诉自己的丈夫,都答应说:"我们无法逃避!"

　　正好李竟被指控与诸侯王交结勾通,供词中涉及霍氏家族,宣帝下诏说:"霍云、霍山不适合担任宫廷保卫,免除职务,返回府第。"山阳太守张敞密奏说:"我听说春秋时期公子季友有功于鲁国,赵衰有功于晋国,田完有功于齐国,国家赏赐他们土地报酬他们的功劳,延续到他们的子孙也享受富贵。到后来田氏篡夺了齐国政权,赵氏瓜分晋国,季氏在鲁国专权。所以孔子编撰了《春秋》,探讨国家兴衰存亡的轨迹,对世卿制度讽刺最厉害。过去大将军霍光定下大计,安定宗庙,平定国家,功劳也不小了。周公辅政,不过七年,而大将军辅政,达二十年。天下的命运,都在他的掌握之中。当他鼎盛的时候,威严震撼天地,权势侵凌阴阳。在位的大臣们应该明确指出:'陛下褒奖宠信已故大将军,以回报他对国家对皇室的功德,已经足够了。然而近来辅佐的大臣专断政治,显贵的外戚势力太大,君臣之间的名分不能显明。我请求罢免霍家三位侯爵的职务,让他们都各自回到自己府第。及至卫将军张安世,也应赐予几案手杖,让他退休归返家乡,陛下时常慰问召见,让他以列侯的身份做天子的老师。'陛下明确下诏:因他们有大恩于国家,不能听取群臣的建议。群臣依据道义,据理力争,然后陛下同意大臣的建议,天下人一定会认为陛下不忘旧臣的功德,而且也会认为朝廷大臣懂得礼节,霍氏一家也可以世世代代没有忧患苦恼。现在朝廷听不到直言,使陛下不得不亲自下诏,这不是最好的策略。现在霍云、霍山两列侯已被逐出宫廷,人的心情与想法相差不远,以我的想法来揣度,大司马霍禹及其亲属必然有畏惧的心理。天子的近臣人人

自危，非完计也。臣敢愿于广朝白发其端，直守远郡，其路无由。唯陛下省察！"上甚善其计，然不召也。

禹、山等家数有妖怪，举家忧愁。山曰："丞相擅减宗庙羔、菟、蛙，可以此罪也。"谋令太后为博平君置酒，召丞相、平恩侯以下，使范明友、邓广汉承太后制引斩之，因废天子而立禹。约定，未发，云拜为玄菟太守，太中大夫任宣为代郡太守。会事发觉。秋七月，云、山、明友自杀，显、禹、广汉等捕得。禹要斩，显及诸女昆弟皆弃市，与霍氏相连坐诛灭者数十家。太仆杜延年以霍氏旧人，亦坐免官。八月己酉，皇后霍氏废，处昭台宫。乙丑，诏封告霍氏反谋者男子张章、期门董忠、左曹杨恽、侍中金安上、史高皆为列侯。恽，丞相敞子；安上，车骑将军日磾弟子；高，史良娣兄子也。

初，霍氏奢侈，茂陵徐生曰："霍氏必亡。夫奢则不逊，不逊必侮上。侮上者，逆道也。在人之右，众必害之。霍氏秉权日久，害之者多矣。天下害之，而又行以逆道，不亡何待？"乃上疏言："霍氏泰盛，陛下即爱厚之，宜以时抑制，无使至亡。"书三上，辄报闻。其后霍氏诛灭，而告霍氏者皆封，人为徐生上书曰："臣闻客有过主人者，见其灶直突，傍有积薪，客谓主人：'更为曲突，远徙其薪，不者且有火患。'

自危,这不是万全的方法。我张敞愿意在上朝的文武官员面前陈述这一建议,只是由于身在远郡任事,无法办到。请求陛下审视考察我的建议。"宣帝非常欣赏张敞的计策,但是没有召他到长安来。

霍禹、霍山家里多次出现妖异现象,全家都非常忧愁。霍山说:"丞相擅自减少皇室宗庙祭祀用的羊羔、兔子、青蛙,可以用这件事作为借口问罪。"于是密谋让太后为博平君王媪设宴置酒,召丞相魏相、平恩侯许广汉以下作陪,让范明友、邓广汉宣称奉太后之命当场处决他们,趁机把宣帝废黜,拥立霍禹为帝。密谋已经议定,还没有发动,宣帝任命霍云为玄菟太守,太中大夫任宣为代郡太守。正好在这时候,密谋被发现。秋天,七月,霍云、霍山、范明友自杀,霍光夫人显、霍禹、邓广汉被捕。霍禹被腰斩,显以及她的女儿、兄弟都被绑赴街头斩首,与霍氏家族相牵涉因此而被诛灭的达数十家。太仆杜延年因为是霍氏家族的旧友,也因此被免职。八月己酉(初一),皇后霍成君被废黜,囚禁在昭台宫。乙丑(十七日),宣帝下诏分封告发霍氏家族谋反的男子张章、期门董忠、左曹杨恽、侍中金安上、史高等为列侯。杨恽,丞相杨敞的儿子;金安上,原车骑将军金日磾弟弟的儿子;史高,宣帝祖母史良娣兄长的儿子。

当初,霍氏家族骄纵奢侈,茂陵人徐福说:"霍氏家族必定灭亡。奢侈则必然态度傲慢,态度傲慢则必然冒犯皇帝。冒犯皇帝是大逆不道的行为。身处众人之上的高位,众人必然嫉恨他。霍氏家族把持权力的时间很久,嫉恨他们的人很多。天下的人都嫉恨他们,而他们又做出大逆不道的事,怎么会不灭亡?"于是,徐福向皇帝上书说:"霍氏家族已经极其隆盛,陛下如果厚爱他们,应该根据时机进行抑制,不要让他们走向覆灭。"共上书三次,每次都报告了宣帝。再后来霍氏家族被诛灭,而告发霍氏的人都受到封赏,有人为徐福上书说:"我听说,有客人到主人家拜访,看见主人炉灶烟囱是直的,旁边又堆满柴薪。客人对主人说:'把烟囱改弯,把柴薪移开,不这样做的话恐怕会发生火灾。'

主人嘿然不应。俄而家果失火，邻里共救之，幸而得息。于是杀牛置酒，谢其邻人，灼烂者在于上行，馀各以功次坐，而不录言曲突者。人谓主人曰：'乡使听客之言，不费牛酒，终亡火患。今论功而请宾，曲突徙薪无恩泽，焦头烂额为上客邪？'主人乃寤而请之。今茂陵徐福，数上书言霍氏且有变，宜防绝之。乡使福说得行，则国无裂土出爵之费，臣无逆乱诛灭之败。往事既已，而福独不蒙其功，唯陛下察之，贵徙薪曲突之策，使居焦发灼烂之右。"上乃赐福帛十匹，后以为郎。

帝初立，谒见高庙，大将军光骖乘，上内严惮之，若有芒刺在背。后车骑将军张安世代光骖乘，天子从容肆体，甚安近焉。及光身死而宗族竟诛，故俗传霍氏之祸萌于骖乘。后十二岁，霍后复徙云林馆，乃自杀。

班固赞曰：霍光受襁褓之托，任汉室之寄，匡国家，安社稷，拥昭，立宣，虽周公、阿衡何以加此。然光不学无术，暗于大理，阴妻邪谋，立女为后，湛溺盈溢之欲，以增颠覆之祸，死财三年，宗族诛夷，哀哉！

臣光曰：霍光之辅汉室，可谓忠矣，然卒不能庇其宗，何也？夫威福者，人君之器也。人臣执之，久而不

主人沉默而不予理会。不久,主人家果然失火,邻居们共同抢救,幸而扑灭大火。于是主人杀牛置酒,感谢他的邻居们救火。被火烧得焦头烂额的都坐在上座,其馀的人各自按照灭火功劳的大小依次排列,却不理会建议改弯烟囱、移开柴薪的那个客人。有人对主人说:'假如你当初听取了客人的意见,既不必宰牛置酒,又最终没有失火的灾难。现在按照功劳而宴请客人,建议改弯烟囱、移开柴薪的人没有功劳,得不到酬谢,被火烧得焦头烂额的人反而成为上客?'主人于是醒悟过来,请客人入席。现在茂陵人徐福多次上书陛下,指出霍氏家族将会有变乱,应当加以防范。假如徐福的建议得到施行,那么国家就可以省下划分国土分封列侯的费用,臣属就没有因谋反而被诛灭的灾难。这件事情既然已经过去,徐福独独没有因功劳受到奖赏。请陛下明察,嘉许那弯曲烟囱、移开柴薪的谋略,使他的功劳位居于那些焦头烂额的人之上。"宣帝于是赏赐徐福绸缎十四,后来又任命他做了朝廷的郎官。

宣帝刚即位的时候,拜谒高祖刘邦的陵庙。大将军霍光陪同宣帝的乘车一道前往。宣帝内心畏惧霍光,如同背上有芒刺一样。后来车骑将军张安世代替霍光陪同乘车,宣帝才显得轻松从容,甚为安心。到霍光逝世后,他的亲族最终被诛灭,所以民间传说霍氏家族的灾难萌发于霍光陪同宣帝坐车之时。十二年以后,被废黜的皇后霍成君被迁移到云林馆,于是自杀。

东汉史臣班固评论说:霍光接受武帝托付的辅佐幼主的重大责任,担负着汉朝皇室的寄托,匡扶国家,安定天下,保护昭帝,拥立宣帝,即使是周公、伊尹也做不到这些。然而霍光不学无术,不明大理,庇护妻子罪恶的阴谋,立女儿为皇后,沉溺在日益满盈的无穷欲望之中,以此加速了覆亡灾祸的到来,死后才三年,宗族诛灭,多么可悲啊!

北宋史臣司马光评论说:霍光辅佐汉室,可以说忠心耿耿,然后最终不能保护自己的宗族,为什么呢?威严权柄,这是君主的器物。臣僚享有威严,掌握权柄,时间长久而不

归,鲜不及矣。以孝昭之明,十四而知上官桀之诈,固可以亲政矣。况孝宣十九即位,聪明刚毅,知民疾苦。而光久专大柄,不知避去,多置亲党,充塞朝廷,使人主蓄愤于上,吏、民积怨于下,切齿侧目,待时而发。其得免于身,幸矣,况子孙以骄侈趣之哉!虽然,向使孝宣专以禄秩赏赐富其子孙,使之食大县,奉朝请,亦足以报盛德矣。乃复任之以政,授之以兵,及事丛衅积,更加裁夺,遂至怨惧以生邪谋,岂徒霍氏之自祸哉?亦孝宣酝酿以成之也!昔斗椒作乱于楚,庄王灭其族而赦箴尹克黄,以为子文无后,何以劝善?夫以显、禹、云、山之罪,虽应夷灭,而光之忠勋不可不祀。遂使家无噍类,孝宣亦少恩哉!

归还君主,很少能摆脱厄运。以孝昭帝的贤明,十四岁就知道上官桀的欺诈,本来可以亲理朝政了。何况孝宣帝十九岁即位,聪明刚毅,了解民间疾苦。而霍光长久专断大权,不知道回避引退,在朝中广为安置亲近党羽,上使君主逐渐蓄积愤恨,下使官吏、百姓日益积累仇怨,咬牙切齿,侧目怒视,等待时机而爆发。霍光在活着的时候能够得免于灾祸,已经很幸运了,何况他的子孙骄横奢侈,加速了灾祸的到来!虽然如此,假使孝宣帝专门以俸禄、官品、赏赐来让霍光的子孙富足,使他们以大县为食邑,参加朝会,也足够报答霍光的盛德了。然而再任用霍氏参与政务,授予他们以指挥军队的权力,到他们叛乱的活动大量出现,自身的罪过太大的时候再加以剥夺,以致迫使他们惊慌恐惧而产生邪恶的阴谋,这难道仅仅是霍氏家族自寻灾祸吗?这也是孝宣帝故意放纵而造成的啊!过去斗椒在楚国作乱,楚国国王诛灭了他的宗族而赦免了担任箴尹的斗克黄,认为假如使斗縠于菟没有后代,怎么能够劝勉人们行善?以霍光夫人显、霍禹、霍云、霍山的罪过,虽然应该灭族,然而霍光的功勋也不能没有人祭祀。最终杀掉霍氏家族所有的人,孝宣帝也未免太刻薄寡恩了!

赵充国破羌

汉宣帝元康四年。初,武帝开河西四郡,隔绝羌与匈奴相通之路,斥逐诸羌,不使居湟中地。及帝即位,光禄大夫义渠安国使行诸羌,先零豪言:"愿时度湟水北,逐民所不田处畜牧。"安国以闻。后将军赵充国劾安国奉使不敬。是后羌人旁缘前言,抵冒渡湟水,郡县不能禁。

既而先零与诸羌种豪二百馀人解仇、交质、盟诅,上闻之,以问赵充国。对曰:"羌人所以易制者,以其种自有豪,数相攻击,势不壹也。往三十馀岁,西羌反时,亦先解仇、合约攻令居,与汉相距,五六年乃定。匈奴数诱羌人,欲与之共击张掖、酒泉地,使羌居之。间者匈奴困于西方,疑其更遣使至羌中与相结。臣恐羌变未止,此且复结联他种,宜及未然为之备。"后月馀,羌侯狼何果遣使至匈奴藉兵,欲击鄯善、敦煌以绝汉道。充国以为"狼何势不能独造此

赵充国破羌

汉宣帝元康四年(前62)。当初,汉武帝开辟河西四郡,隔断羌族与匈奴相通的道路,驱逐羌族各部,不让他们居住在湟中地区。到汉宣帝即位,派光禄大夫义渠安国到羌族各部,先零部酋长对义渠安国说:"我们希望立即渡过湟水到北面去,到没有耕地的地方放牧。"义渠安国将其报告朝廷。后将军赵充国上书弹劾义渠安国奉使诸羌行为不慎重。此后羌人利用原来对朝廷使节提出的要求,强行渡过湟水,郡县无法制止。

不久,先零部落与其他羌族各部的酋长二百余人,解除过去的怨仇,互相交换人质,共同盟誓。汉宣帝听到这个消息,就此事询问赵充国的意见。赵充国回答说:"诸羌部落之所以容易控制,就是因为每个部落都有自己的酋长,屡次相互攻击,不能统一成一个整体。三十多年前,西羌反叛的时候,也是先解除仇怨,订立盟约,进攻令居,与汉廷相对抗,花了五六年的时间才平定。匈奴多次引诱羌人,想与羌人共同攻击张掖、酒泉,然后让羌人居住在这两个地方。近年来匈奴在西方受到困扰,我怀疑匈奴已经另外派遣使节到羌族部落中与他们相勾结。我担心羌人的变乱还不止这些,而且会再联合其他部落,朝廷应该在他们的密谋还没有成功的时候对此做好准备。"一个多月以后,羌侯狼何果然派遣使者到匈奴借兵,想要攻击鄯善、敦煌,以断绝汉朝通往西域的通道。赵充国认为,"狼何自己想不出这样的

计，疑匈奴使已至羌中，先零、罕、开乃解仇、作约。到秋马肥，变必起矣。宜遣使者行边兵，豫为备救，视诸羌毋令解仇，以发觉其谋。"于是两府复白遣义渠安国行视诸羌，分别善恶。

神爵元年三月，义渠安国至羌中，召先零诸豪三十馀人，以尤桀黠者皆斩之，纵兵击其种人，斩首千馀级。于是诸降羌及归义羌侯杨玉等怨怒，无所信乡，遂劫略小种，背畔犯塞，攻城邑，杀长吏。安国以骑都尉将骑二千屯备羌，至浩亹，为虏所击，失亡车重、兵器甚众。安国引还，至令居，以闻。

时赵充国年七十馀，上老之，使丙吉问谁可将者。充国对曰："无逾于老臣者矣！"上遣问焉，曰："将军度羌虏何如？当用几人？"充国曰："百闻不如一见，兵难遥度，臣愿驰至金城，图上方略。羌戎小夷，逆天背畔，灭亡不久，愿陛下以属老臣，勿以为忧！"上笑曰："诺。"乃大发兵诣金城。夏，四月，遣充国将之，以击西羌。

六月，赵充国至金城，须兵满万骑，欲渡河，恐为虏所遮，即夜遣三校衔枚先渡，渡，辄营陈。会明毕，遂以次尽渡。虏数十百骑来，出入军傍，充国曰："吾士马新倦，不可驰逐。此皆骁骑难制，又恐其为诱兵也。击虏以殄灭为期，小利不足贪。"令军勿击。遣骑候四望峡中无虏。夜，引

策略，估计匈奴使者已到了羌族部落中，先零、罕、开这些部落才解除了仇怨，订立盟约。到秋后战马肥壮，必定会发生变乱。朝廷应派遣使者巡视边境军事防御情况，预先下达戒备的命令，不要让各羌人部落化解怨恨，以便觉察他们的图谋。"于是，丞相和御史大夫再次奏报皇帝，派遣义渠安国巡察了解各羌族部落，区分善恶。

　　宣帝神爵元年（前61）三月，义渠安国到达羌中，召集先零部落各首领三十余人，把其中最骄横狡猾的全部斩杀，发兵攻击先零部落，斩首一千余人。于是各归附朝廷的羌人部落以及被封为归义羌侯的酋长杨玉等既怨恨又愤怒，对朝廷已没有什么信任和向往，就劫持联合其他较小的部落，背叛朝廷，侵犯边塞，攻占城邑，杀死官吏。义渠安国以骑都尉身份，率领骑兵三千人防备羌人，抵达浩亹后遭到羌人袭击，损失很多车马辎重和武器。义渠安国率部后退，抵达令居，奏报朝廷。

　　当时后将军赵充国已七十余岁，宣帝认为他年纪老了，派丙吉问他："谁可以带领军队？"赵充国回答说："没有人比老臣更合适了。"宣帝派人问他，说："将军估计羌人将会怎样？朝廷应当派多少军队？"赵充国说："百闻不如一见，军事行动难以预测，我愿赶到金城，绘出地图，拟出计划，报告朝廷。羌族部落这些小小的夷狄，违背天意，背叛朝廷，很快就能灭掉他们。请陛下把这件事交给老臣，不必担忧。"宣帝笑着说："好。"于是大规模调遣军队到金城。夏季四月，派遣赵充国带领军队攻打西羌。

　　六月，赵充国到金城，集结一万骑兵，准备西渡黄河，担心为羌人所阻，就在晚上派遣三名军校，口中衔枚先行偷渡黄河，然后在黄河西岸扎营列阵。正好天色已明，于是大军按次序全部渡河。羌人派出近百名骑兵，出入于汉军营寨附近，赵充国说："我们的军队与战马正疲惫乏力，不可奔驰追赶。这些羌人都是骁勇精骑，难以制服，而且恐怕他们是要引诱我们进入埋伏。攻击敌人以消灭它为目的，不要贪图小利。"下令军队不许出击。赵充国派骑兵侦察四望峡，发现峡中没有敌人。夜里，赵充国带

兵上至落都,召诸校司马谓曰:"吾知羌虏不能为兵矣。使虏发数千人守杜四望峡中,兵岂得入哉!"

充国常以远斥候为务,行必为战备,止必坚营壁,尤能持重,爱士卒,先计而后战。遂西至西部都尉府,日飨军士,士皆欲为用。虏数挑战,充国坚守。捕得生口,言羌豪相数责曰:"语汝无反,今天子遣赵将军来,年八九十矣,善为兵,今请欲壹斗而死,可得邪!"初,罕、开豪靡当儿使弟雕库来告都尉曰:"先零欲反。"后数日,果反。雕库种人颇在先零中,都尉即留雕库为质。充国以为无罪,乃遣归告种豪:"大兵诛有罪者,明白自别,毋取并灭。天子告诸羌人:犯法者能相捕斩,除罪,仍以功大小赐钱有差;又以其所捕妻子、财物尽与之。"充国计欲以威信招降罕、开及劫略者,解散虏谋,徼其疲剧,乃击之。

时上已发内郡兵屯边者合六万人矣。酒泉太守辛武贤奏言:"郡兵皆屯备南山,北边空虚,势不可久。若至秋冬乃进兵,此虏在境外之册。今虏朝夕为寇,土地寒苦,汉马不耐冬,不如以七月上旬赍三十日粮,分兵出张掖、酒泉,合击罕、开在鲜水上者。虽不能尽诛,但夺其畜产,虏其妻子,

大军穿过四望峡,到达落都,召集各位军校、司马,说:"我就知道羌人不懂得兵法。假如他们派几千人把守住四望峡,我们的军队怎能到这里啊!"

赵充国经常留意派遣远道侦察兵了解敌情,军队向前进发,必定做好战斗准备,军队安营扎寨,必定构筑坚固营垒,谨慎稳重,爱护士卒,确定作战计划后才进行战斗。于是,他率部向西行进,到达西部都尉府,每天都为士卒提供丰富的饮食,士卒们都愿意为他效力。羌人多次挑战,赵充国都坚守不动。赵充国部下抓到一些俘虏,俘虏供称,羌族各部尊长多次相互指责,说:"告诉你不要谋反,现在天子派遣赵将军前来,赵将军八九十岁了,善于指挥军队,现在就是想大战一场而死,还能办到吗!"当初,罕、开部落的首长靡当儿,派遣他的弟弟雕库秘密报告西部都尉说:"先零部落要造反。"几天以后,先零部落果然反叛。雕库同族有很多人在先零部落中,都尉于是扣留雕库作为人质。赵充国认为,雕库没有什么罪,于是遣送他回去转告各部首长,"朝廷大军只杀有罪的人,请你们明白地表示态度,将自己与有罪的人区别开,不要与他们一起自取灭亡。天子让我转告各部羌人:犯法的人如果能捕杀另一犯法的人,就会被赦免,并且根据其立功的大小,赏赐不同的钱财,又把捕杀之人的妻子、财产等全部给他。"赵充国的计策是:想利用自己的威信招降罕、开部落及其他被先零胁迫的部落,瓦解敌人之间的阴谋,等到他们疲惫时,就攻击他们。

这时宣帝已征发国内各郡的军队集结驻扎在边境,合计达六万人。酒泉太守辛武贤上奏说:"集结的军队都驻扎在南山,北边力量空虚,这种形势难以长久。如果到秋冬的时候才开始发兵,那正是敌人远在边境之外时的策略。现在敌人日夜不停地进犯,气候寒冷,土地冻结,汉军的马匹不能经受冬天的严寒,不如趁七月上旬,携带上三十日的粮食,分别从酒泉、张掖等地出动大军,攻击在鲜水一带的罕、开部落。虽然不能将他们全部歼灭,但是可以夺取他们的牲畜、财产,俘虏他们的妻子儿女,

复引兵还,冬复击之。大兵仍出,虏必震坏。"天子下其书充国,令议之。充国以为:"一马自负三十日食,为米二斛四斗,麦八斛,又有衣装、兵器,难以追逐。虏必商军进退,稍引去,逐水草,入山林。随而深入,虏即据前险,守后厄,以绝粮道,必有伤危之忧,为夷狄笑,千载不可复。而武贤以为可夺其畜产,虏其妻子,此殆空言,非至计也。先零首为畔逆,他种劫略。故臣愚册,欲捐罕、开暗昧之过,隐而勿章,先行先零之诛以震动之,宜悔过反善,因赦其罪,选择良吏知其俗者,拊循和辑。此全师保胜安边之册。"

天子下其书,公卿议者咸以为"先零兵盛而负罕、开之助,不先破罕、开,则先零未可图也"。上乃拜侍中许延寿为强弩将军,即拜酒泉太守武贤为破羌将军,赐玺书嘉纳其册。以书敕让充国曰:"今转输并起,百姓烦扰,将军将万馀之众,不早及秋共水草之利,争其畜食,欲至冬,虏皆当畜食,多臧匿山中,依险阻,将军士寒,手足皲瘃,宁有利哉!将军不念中国之费,欲以岁数而胜敌,将军谁不乐此者?今诏破羌将军武贤等将兵,以七月击罕羌。将军其引兵并进,勿复有疑。"

充国上书曰:"陛下前幸赐书,欲使人谕罕,以大军当至,汉不诛罕,以解其谋。臣故遣开豪雕库宣天子至德,

然后率兵返回，冬天又去攻击他们。朝廷大军这样频繁出击，敌人必定会震慑恐惧。"宣帝把辛武贤的奏章给赵充国，询问他的意见。赵充国上奏说："一匹马载负它自己三十日的粮秣，需要米二斛四斗，麦八斛，又要载负衣服、武器，势必难以追击敌人。敌人必然估算我军的进攻和退却时间，暂时撤退离去，追逐水草，深入山林。我们如果尾随深入，敌人就会占据前面的险要之处，把守后面的关口，以断绝我们的粮道，使我军陷入危亡境地，从而被夷狄耻笑，一千年也无法报复。而辛武贤认为可以抢夺羌人的牲畜、财产，俘虏他们的妻子儿女，这恐怕只是空话，不是最好的计策。先零部落首先发动叛乱，其他部落被胁迫利诱。所以，我的策略是：想放过罕、开等部落那昏暗不明的过失，隐忍而不再宣扬，先讨伐先零部落以动摇他们，使他们悔悟过失返回正道，接着赦免他们的罪过，挑选了解羌人习俗的优秀官吏，前去安抚和解。这是保全军队、获取胜利、安定边防的策略。"

宣帝把赵充国的奏章交给公卿讨论，大家都认为："先零部落兵力强大，而又倚仗两个部落的帮助。如果不首先击破罕、开，那么就无法击破先零。"宣帝于是任命侍中许延寿为强弩将军，酒泉郡太守辛武贤为破羌将军，颁发盖有皇帝印玺的文书，嘉勉辛武贤的建议。并且下诏书责备赵充国说："现在各方都在向前方转运粮草，百姓烦劳纷扰，将军率领一万馀人的军队，不早早抓住秋季水草茂盛的有利时机，夺取敌人的牲畜与粮食，想要到冬天进行攻击，那时敌人都已经储备足够的粮食，藏匿在深山之中，依仗险要地形防守。而将军的士卒受严寒摧残，手足冻裂，难道有利于作战吗！将军不考虑国家的庞大费用，想拖延数年而战胜敌人，这样的将军谁不愿做？现在我已下令破羌将军辛武贤等带领军队，在七月份攻击罕部羌人，将军应带领大军同时并进，不要再有什么迟疑。"

赵充国上书说："陛下之前赐给臣下诏书，想让我派人晓谕罕部，告诉他们大军即将到达，但并不会诛伐罕部，是要瓦解他们叛乱的计谋，我因此释放开部酋长雕库，宣扬天子的盛德，

罕、开之属皆闻知明诏。今先零羌杨玉阻石山木,候便为寇。罕羌未有所犯,乃置先零,先击罕,释有罪,诛无辜,起壹难,就两害,诚非陛下本计也。臣闻兵法:'攻不足者守有馀。'又曰:'善战者致人,不致于人。'今罕羌欲为敦煌、酒泉寇,宜饬兵马,练战士,以须其至,坐得致敌之术,以逸击劳,取胜之道也。今恐二郡兵少,不足以守,而发之行攻,释致虏之术而从为虏所致之道,臣愚以为不便。先零羌虏欲为背畔,故与罕、开解仇、结约,然其私心不能无恐汉兵至而罕、开背之也。臣愚以为其计常欲先赴罕、开之急以坚其约。先击罕羌,先零必助之。今虏马肥、粮食方饶,击之恐不能伤害,适使先零得施德于罕羌,坚其约,合其党。虏交坚党,合精兵二万馀人,迫胁诸小种,附著者稍众,莫须之属不轻得离也。如是,虏兵浸多,诛之用力数倍。臣恐国家忧累由十年数,不二三岁而已。于臣之计,先诛先零已,则罕、开之属不烦兵而服矣。先零已诛而罕、开不服,涉正月击之,得计之理,又其时也。以今进兵,诚不见其利。"戊申,充国上奏。秋,七月甲寅,玺书报,从充国计焉。

罕、开的部属都了解到陛下圣明的诏书。现在先零部羌人酋长杨玉,凭借山中岩石树木自保,等待时机,进行掳掠。罕部羌人并没有冒犯行为,现在却把先零部落放在一旁,先攻击罕部,这是放过无罪之人,而诛杀无辜之人,一个部族造成的灾难,却给两族留下伤害,这的确不是陛下原来的计划。我听兵法上说:'力量不足以进攻,如果用来固守却有剩余。'又说:'善于指挥战斗的人,主动引诱进而打击敌人,却不为敌人所引诱。'现在如果罕部羌人想要进犯敦煌、酒泉,应该加强戒备,训练军马,整顿军队,以等待它前来进攻。固守阵地等待敌人前来,以安逸来攻击疲劳,这才是夺取胜利的方法。现在我担心敦煌、酒泉这两个郡的军队少,不足以固守,而指挥他们去进攻,抛弃主动引诱进而战胜敌人的方法,转而被敌人所引诱,我认为这样做不妥当。先零部羌人准备背叛朝廷,所以与罕、开等部解除仇怨,订立盟约,然而其内心也害怕汉朝军队到来后罕、开部落可能背叛盟约,臣下认为,先零部落的策略是,解救罕、开部落的危难,以便巩固他们之间的盟约。现在先去攻击罕部羌人,先零部落必定去帮助它。现在敌人军马肥壮,粮食正多,攻击它恐怕不能够使它受到伤害,正好促使先零部落得以对罕部落施以恩德,坚定他们的盟约,团结他们的党羽。敌人巩固盟约,团结党羽以后,合计精兵二万多人,胁迫引诱其他小部落,依附于他们的人逐渐增多。像莫须那样的小部落,不能够轻易摆脱控制。如果这样,敌人的兵力日益增多,要想诛灭他们,就需要增加数倍的力量。我担心国家的忧患困扰堆叠起来,平息这些忧患,要以十年为单位的时间来计算,不是现在我们所期待的两三年时间了。按照我的计划,先消灭先零部落以后,那么罕、开等部之类的羌人不用军队征讨就会臣服。如果先零部已经平伏,而罕、开等部不臣服,到春季正月再行攻击,这样做不但合乎道理,也合乎时宜。现在进兵攻击,的确看不到有什么好处。"戊申(二十八日),赵充国上奏朝廷。秋季七月甲寅(初五),宣帝颁赐盖有皇帝印玺的文书,采纳赵充国的策略。

充国乃引兵至先零在所。虏久屯聚,懈弛,望见大军,弃车重,欲渡湟水,道厄狭,充国徐行驱之。或曰:"逐利行迟。"充国曰:"此穷寇,不可迫也。缓之则走不顾,急之则还致死。"诸校皆曰:"善。"虏赴水溺死者数百,降及斩首五百馀人,虏马、牛、羊十万馀头,车四千馀两。兵至罕地,令军毋燔聚落、刍牧田中。罕羌闻之,喜曰:"汉果不击我矣!"豪靡忘使人来言:"愿得还复故地。"充国以闻,未报。靡忘来自归,充国赐饮食,遣还谕种人。护军以下皆争之曰:"此反虏,不可擅遣!"充国曰:"诸君但欲便文自营,非为公家忠计也!"语未卒,玺书报,令靡忘以赎论。后罕竟不烦兵而下。

上诏破羌、强弩将军诣屯所,以十二月与充国合,进击先零。时羌降者万馀人矣,充国度其必坏,欲罢骑兵,屯田以待其敝。作奏未上,会得进兵玺书。充国子中郎将印惧,使客谏充国曰:"诚令兵出,破军杀将,以倾国家,将军守之可也。即利与病,又何足争! 一旦不合上意,遣绣衣来责将军,将军之身不能自保,何国家之安!"充国叹曰:"是何言之不忠也! 本用吾言,羌虏得至是邪! 往者举可先行羌者,

赵充国于是率领军队到先零部落住地。敌人驻屯已久，戒备松弛，看见朝廷大军，抛弃辎重，想渡过湟水撤退，道路狭窄，赵充国率大军缓缓进逼。有人说："要收到战果，现在的推进速度太迟缓了。"赵充国说："这是穷寇，不可以逼迫。缓缓地追击他们就会仓皇逃窜而不回头，急切地追击他们就会回过来拼命。"各位军校都说："对。"被挤入湟水中淹死的敌人达数百人，投降与斩首的共五百馀人，夺取敌人马、牛、羊等牲畜十馀万头，车四千馀辆。汉军进抵罕部住地，赵充国下令军队不得焚烧羌人的村落，不得在他们的耕地中放牧。罕部羌人听到这些消息，高兴地说："汉朝果然不攻击我们啊！"酋长靡忘派人前来报告赵充国说："希望能够返回原来居住的地方。"赵充国将此奏报朝廷，朝廷还未答复。靡忘亲自前来归降，赵充国赐给他饮食，派他回去晓谕本部羌人。汉军中护军以下的将领都抗议说："这样的叛逆，不能够擅自释放！"赵充国说："你们只想固守法令方便自己，不是为了国家而忠诚地谋划！"话还没有说完，盖有皇帝印玺的文书已到，准许靡忘以戴罪立功论处。后来罕部落终于没有烦劳汉朝军队而平定下来。

　　宣帝下诏命令破羌、强弩两位将军前往赵充国驻兵所在地，在十二月与赵充国的军队会合，共同进击先零部落。这时羌族归降的人已经有一万馀人，赵充国估计羌人必定会衰败，准备撤退骑兵，让步兵开荒垦屯，以等待羌人自行衰落。他写好了奏章还没有发出，正好得到了朝廷关于十二月进兵合击的盖有皇帝印玺的文书。赵充国的儿子中郎将赵卬害怕他的父亲抗命不遵，于是派遣幕僚劝告赵充国说："假如让你率军出击，面对的是军队破碎、将领丧生，由此倾覆国家的后果，将军坚持自己的立场是可以的。现在面对的不过是利和弊的区别，又有什么值得争辩的呢！一旦不符合皇上的意图，派遣御使前来责备将军，将军的性命都不能自保，又何谈国家的平安呢？"赵充国叹息说："你怎么能说出这种不忠的话！如果最初就采纳我的建议，羌人怎么能发展到现在这种状况啊！从前推荐可以出使羌部的人，

吾举辛武贤，丞相、御史复白遣义渠安国，竟沮败羌。金城、湟中谷斛八钱，吾谓耿中丞：'籴三百万斛谷，羌人不敢动矣。'耿中丞请籴百万斛，乃得四十万斛耳。义渠再使，且费其半。失此二册，羌人致敢为逆。失之豪厘，差以千里，是既然矣。今兵久不决，四夷卒有动摇，相因而起，虽有知者不能善其后，羌独足忧邪！吾固以死守之，明主可为忠言。"

遂上屯田奏曰："臣所将吏士、马牛食所用粮谷、茭藁，调度甚广，难久不解，徭役不息，恐生他变，为明主忧，诚非素定庙胜之册。且羌易以计破，难用兵碎也，故臣愚心以为击之不便。计度临羌东至浩亹，羌虏故田及公田，民所未垦，可二千顷以上，其间邮亭多坏败者。臣前部士入山，伐材木六万馀枚，在水次。臣愿罢骑兵，留步兵万二百八十一人，分屯要害处，冰解漕下，缮乡亭，浚沟渠，治湟峡以西道桥七十所，令可至鲜水左右。田事出，赋人二十亩。至四月草生，发郡骑及属国胡骑各千，就草为田者游兵，以充入金城郡，益积畜，省大费。今大司农所转谷至者，足支万人一岁食，谨上田处及器用簿。"

上报曰："即如将军之计，虏当何时伏诛？兵当何时得决？孰计其便，复奏。"

我推荐辛武贤，丞相、御史又上奏建议派遣义渠安国，竟至失败挫折于羌人手中。金城、湟中这些地区，谷每斛八钱，我对司农中丞耿寿昌说：'买进三百万斛粮食，羌人就不敢制造事端了。'耿寿昌请求买进一百万斛，最后只得四十万斛。义渠安国第二次出使，尚且耗费了它的一半。这两个计划都未能实现，羌人才敢发动叛乱。失之毫厘，谬以千里，这句话说的正是如此。现在战争长久没有结束，如果四方蛮夷突然动摇，借机相继起来造反，即使有智慧的人也不能妥善地处理其后事，难道只有羌人值得忧虑吗！我以誓死的决心坚持我的意见，皇上圣明，让我可以陈述忠言。"

赵充国于是向朝廷呈上请求屯田的奏疏，说："我所带领的将士、马牛甚多，食用的粮食、草料数量庞大，战线拉得很长，如得不到补充，难以长久维持，又连年不断征发徭役，恐怕发生别的变乱，为圣明的主上增加忧愁，这的确不是定计于庙堂之内而能胜敌于千里之外的策略。况且羌人容易用计谋瓦解，难以用军队击破，所以我认为攻击他们不是上策。我计量从临羌以东至浩亹，羌人过去的土地、公田以及没有开垦的荒地，可以达到二千顷以上，在这之间的邮亭驿站，多数颓坏破败。我以前派军队入山，砍伐林木六万馀棵，存放于湟水之滨。我愿撤回骑兵，留下步兵一万零二百八十一人，分别屯驻在要害的地方，到第二年春季冰冻融化之后，让木材从湟水中顺流而下，修缮邮亭驿站，疏浚水沟渠道，在湟峡以西修建桥梁七十座，使至鲜水的道路畅通。春天时将士开荒耕种，每人分田二十亩。到四月草木丛生，可以征发郡属骑兵以及属国胡人骑兵各千人，前来放牧，为屯田者巡视警戒。收获的粮食，可运到金城郡，增加仓库积蓄，节省庞大的军费。现在大司农所运送到前线的粮食，足以支持一万人一年的食用。我谨呈上屯田区的分划及所需器具清册。"

宣帝下诏询问说："如果按照将军你的计划，什么时候可以消灭敌人？什么时候战争可以结束？请仔细计议出最佳方案，再上奏。"

充国上状曰："臣闻帝王之兵,以全取胜,是以贵谋而贱战。'百战而百胜,非善之善者也,故先为不可胜以待敌之可胜。'蛮夷习俗虽殊于礼义之国,然其欲避害就利,爱亲戚,畏死亡,一也。今虏亡其美地荐草,愁于寄托,远遁,骨肉心离,人有畔志。而明主班师罢兵,万人留田,顺天时,因地利,以待可胜之虏,虽未即伏辜,兵决可期月而望。羌虏瓦解,前后降者万七百馀人,及受言去者凡七十辈,此坐支解羌虏之具也。臣谨条不出兵留田便宜十二事:步兵九校、吏士万人留屯,以为武备,因田致谷,威德并行,一也。又因排折羌虏,令不得归肥饶之地,贫破其众,以成羌虏相畔之渐,二也。居民得并田作,不失农业,三也。军马一月之食,度支田士一岁,罢骑兵以省大费,四也。至春,省甲士卒,循河、湟漕谷至临羌,以示羌虏,扬威武,传世折冲之具,五也。以闲暇时,下先所伐材,缮治邮亭,充入金城,六也。兵出,乘危徼幸;不出,令反畔之虏窜于风寒之地,离霜露、疾疫、瘃堕之患,坐得必胜之道,七也。无经阻、远追、死伤之害,八也。内不损威武之重,外不令虏得乘间之势,九也。又无惊动河南大开使生他变之忧,十也。治湟峡中道桥,令可至鲜水以制西域,伸威千里,

赵充国上奏说:"我听说帝王的军队,应当不受损失就能取得胜利,所以重视谋略而轻视拼杀。'百战而百胜,这不是高手中的高手,所以先要使自己立于不败之地,以等待可以战胜敌人的机会。'夷狄的风俗与崇尚礼义的中国虽然不同,但希望逃避灾害,取得利益,爱护亲人,畏惧死亡,与我们是一致的。现在羌人失去了他们肥沃的土地、茂盛的牧草,为栖身之地而忧愁,远逃荒山野地,骨肉之间,离心离德,人人都有背叛的心思。在这个时期,圣明的主上下令班师罢兵,留下万人屯田,顺应天时,利用地利,等待战胜敌人的机会,虽然还没有立即被消灭,但是,战争有望在几个月时间里结束,这是能看到的。羌人已经瓦解,前后投降的达一万零七百余人,接受号召而回去劝说同伴的有七十人,这些人都将成为促使羌人瓦解的工具。我谨向陛下列举不出动军队,留步兵屯田的好处十二项:九位步兵将校和万余士卒,留守屯田,以此作为武力保卫边疆的手段。耕种田地,得到粮食,威力与德义同时具备,此其一;又因为屯田排斥分散羌人,使他们不能够回到肥美富饶的土地,使它的部众贫穷破败,以此促成羌人相互叛离逐渐加快的趋势,此其二;百姓得以一同种田耕作,没有失去农业的收成,此其三;骑兵与马一月的粮草,估计可供种田的士兵维持一年,撤回骑兵能节省巨大的费用,此其四;到了春天,军队轻装上阵,顺着黄河、湟水把粮食运到临羌,以向羌人炫耀武力,作为扩大影响施加压力的资本,此其五;利用农闲之时,从水中运来原先砍倒的木材,修复邮亭驿站,充实金城,此其六;现在如果出动军队,冒着危险,未必能取得胜利,不出动军队,使反叛的羌人奔逃于北风凛冽酷寒贫瘠的荒野,遭受着风霜、露水、疾病、瘟疫、冻疮掉指的痛苦,这是坐等胜利的方法,此其七;我们可以避免攻破险阻、远道追击、死伤相继的损失,此其八;在国内没有损害朝廷的威严,在外部不让羌人得到可乘间隙,此其九;又没有惊动黄河南岸的大开部落,致使产生其他的变乱,增加陛下的忧患,此其十;修建湟峡中道路的桥梁,让到鲜水的道路畅通,以便控制西域,使朝廷的威望传至千里之外,

从枕席上过师,十一也。大费既省,繇役豫息,以戒不虞,十二也。留屯田得十二便,出兵失十二利,唯明诏采择!"

上复赐报曰:"兵决可期月而望者,谓今冬邪,谓何时也? 将军独不计虏闻兵颇罢,且丁壮相聚,攻扰田者及道上屯兵,复杀略人民,将何以止之? 将军熟计复奏。"

充国复奏曰:"臣闻兵以计为本,故多算胜少算。先零羌精兵,今馀不过七八千人,失地远客,分散饥冻,畔还者不绝。臣愚以为虏破坏可日月冀,远在来春,故曰兵决可期月而望。窃见北边自敦煌至辽东万一千五百馀里,乘塞列地有吏卒数千人,虏数以大众攻之而不能害。今骑兵虽罢,虏见屯田之士精兵万人,从今尽三月,虏马羸瘦,必不敢捐其妻子于他种中,远涉河山而来为寇,亦不敢将其累重,还归故地。是臣之愚计所以度虏且必瓦解其处,不战而自破之册也。至于虏小寇盗,时杀人民,其原未可卒禁。臣闻战不必胜,不苟接刃;攻不必取,不苟劳众。诚令兵出,虽不能灭先零,但能令虏绝不为小寇,则出兵可也。即今同是,而释坐胜之道,从乘危之势,往终不见利,空内自罢敝,贬重而自损,非所以示蛮夷也。又大兵一出,还不可

使军队从此通过如同经过自家床铺一样，此其十一；节省巨大的费用，免除徭役，以防止其他变故，此其十二。留步兵屯田得到十二项利益，出兵攻击失去十二项利益，希望陛下采纳我的建议。"

宣帝又下诏答复说："你说，'战争有望在几个月的时间里结束，这是可以看到的'。说的是今年冬季，还是说别的时间？将军没有考虑到，敌人听到我们军队撤退，将会聚集精锐，攻击屯田的战士及道路上的守军，又掳掠百姓，将用什么方法制止他们？将军深入计虑后重新奏明。"

赵充国又上奏说："我听说军事行动以策略为根本，所以谋略精密的必然胜过谋略不精密的。先零部羌人的精兵，现在剩下的不过七八千人，失去原来居住的土地，在荒远的地方流亡，流落分散，饥饿受冻，背叛归还的人络绎不绝。我认为，敌人的衰败崩溃，有望在几个月的时间内看到，最迟也是在来年春天，所以说'战争有望在几个月的时间里结束，这是可以看到的'。我私下观察到，北部边疆，从敦煌郡到辽东郡，长达一万一千五百馀里，守卫边塞的将士只有数千人，敌人多次大举进攻这些地区而不能够取胜。现在虽然撤回骑兵，敌人可以看到我们屯田的军队有精兵万人。从现在起，在三个月时间里，敌人的战马虚弱消瘦，必然不敢在其他部落的围绕之下，留下妻子儿女，爬山过河，远远地前来侵扰，也不敢携带妻子财产，回归到他们过去居住的地方。这正是我估量敌人必将就地瓦解，不进行战斗而让他们自然破灭的策略。至于敌人小规模的进犯劫掠，偶尔杀伤百姓，这种事根本无法完全禁绝。我听说战争如果不能必胜，不轻易短兵相接；进攻如果没有必取的把握，就不轻易劳师动众。如果让我们的军队出动，虽不能够消灭先零部落，但能禁绝羌人而使他们不进行小股侵扰活动，那么出兵攻击是可以的。如今既然出兵与不出兵同样不能禁绝，而放过了坐着就可取得胜利的方法，采取危险的行动，到最后不能得到利益，徒然地使自己疲惫，贬低中国的威严，这不是用来向那些野蛮的夷狄显示自己的方法。况且大军一经出动，退兵的时候人人都有归心，不能够

复留,湟中亦未可空,如是,徭役复更发也。臣愚以为不便。臣窃自惟念:奉诏出塞,引军远击,穷天子之精兵,散车甲于山野,虽无尺寸之功,偷得避嫌之便,而无后咎馀责,此人臣不忠之利,非明主社稷之福也!"

充国奏每上,辄下公卿议臣。初是充国计者什三,中什五,最后什八。有诏诘前言不便者,皆顿首服。魏相曰:"臣愚不习兵事利害。后将军数画军册,其言常是,臣任其计可必用也。"上于是报充国,嘉纳之。亦以破羌、强弩将军数言当击,以是两从其计,诏两将军与中郎将卬出击。强弩出,降四千馀人。破羌斩首二千级。中郎将卬斩首降者亦二千馀级。而充国所降复得五千馀人。诏罢兵,独充国留屯田。

二年夏五月,赵充国奏言:"羌本可五万人军,凡斩首七千六百级,降者三万一千二百人,溺河湟、饥饿死者五六千人,定计遗脱与煎巩、黄羝俱亡者不过四千人。羌靡忘等自诡必得,请罢屯兵。"奏可。充国振旅而还。所善浩星赐迎说充国曰:"众人皆以破羌、强弩出击,多斩首、生降,虏以破坏。然有识者以为虏势穷困,兵虽不出,即自服矣。将军即见,宜归功于二将军出击,非愚臣所及。如此,将军

又留下来,湟中地区又不可无人防守。如果这样,又必须重新征发徭役捐税,我认为这样没有好处。我私下里自己思考,接到陛下的诏书,出边塞征讨,带领军队远远出击,穷尽天子的精兵,将国家的车马甲胄散失于荒山旷野,虽然没有建立尺寸的功劳,苟且可以得到避免嫌疑的好处,之后也不会受到责备。这样做虽然对我个人很有利,却是我对国家的不忠,实非圣明的君主以及整个国家的福气!"

赵充国的奏折每次上呈,宣帝就交给朝廷大臣们商议。最初赞成赵充国计议者约为十分之三,稍后渐渐增多到十分之五,到最后达到十分之八。宣帝下诏询问原来反对赵充国计议的人,都叩头表示佩服。魏相说:"我不懂得军事上的利害关系。后将军赵充国多次规划军事问题的策略,他所说的常常很正确,我保证他的策略必定是可以采用的。"宣帝于是下诏书回复赵充国,嘉勉他,并接受了他的计划。又由于破羌将军辛武贤、强弩将军许延寿多次上书建议应当进兵攻击,宣帝同时又接受了他们的建议,下诏破羌、强弩两位将军与中郎将赵印带兵出击。强弩将军率军出击,招降四千余人。破羌将军率军出击,斩首二千余人。中郎将赵印率军出击,斩首及招降敌人也达二千余人。赵充国招降五千余人。宣帝下诏撤军,只有赵充国率领的步兵留下来屯田。

二年(前60)夏季五月,赵充国上奏说:"羌人本来有五万军队,被斩首的七千六百人,归降的有三万一千二百人,淹死在黄河、湟水和饿死的有五六千人,算起来,随着他们的酋长煎巩、黄羝等一起逃亡的不过四千人。归降的酋长靡忘保证一定可以将其全部捕获,请求撤离屯兵。"宣帝同意了赵充国的奏报。赵充国班师回朝。好友浩星赐迎接赵充国,对他说:"众人都认为破羌将军、强弩将军率军出击,斩杀、招降的羌人很多,羌人由此衰败破灭。然而有见识的人认为敌人处于穷途末路,即使军队不出击,也必然会归服。将军拜见皇帝时,最好归功于破羌、强弩二将军的出击,宣称他们的功劳不是你能相比的。这样的话,将军的

计未失也。"充国曰："吾年老矣，爵位已极，岂嫌伐一时事以欺明主哉！兵势，国之大事，当为后法。老臣不以馀命壹为陛下明言兵之利害，卒死，谁当复言之者？"卒以其意对。上然其计，罢遣辛武贤归酒泉太守，官充国复为后将军。

秋，羌若零、离留、且种、兒库共斩先零大豪犹非、杨玉首，及诸豪弟泽、阳雕、良兒、靡忘皆帅煎巩、黄羝之属四千馀人降。汉封若零、弟泽二人为帅众王，馀皆为侯、为君。初置金城属国以处降羌。诏举可护羌校尉者。时充国病，四府举辛武贤小弟汤。充国遽起，奏："汤使酒，不可典蛮夷，不如汤兄临众。"时汤已拜受节，有诏更用临众。后临众病免，五府复举汤。汤数醉酗羌人，羌人反畔，卒如充国之言。辛武贤深恨充国，上书告中郎将卬泄省中语，下吏，自杀。

谋划并没有损失。"赵充国说:"我的年纪老了,爵位已达顶峰,难道为了避免别人说我夸耀自己功劳的嫌疑,对用兵之事不以实相奏,去欺骗圣明的主上吗!军事措施是国家大事,应当为后代效法。我这个老臣如果不用剩余的时间,为陛下明确地说明用兵的利与害,一旦死了,谁还肯再说这些呢?"最后他把自己的意见报告宣帝。宣帝赞成他的计议,撤销辛武贤破羌将军职务,让他回酒泉任太守,任命赵充国再次担任后将军。

秋天,羌族的若零、离留、且种、儿库等一起斩杀了先零部落的大酋长犹非、杨玉,其他酋长弟泽、阳雕、良儿、靡忘,分别率领煎巩、黄羝所属四千人归降朝廷,汉廷封若零、弟泽二人为帅众王,其馀的酋长都被封为侯或君。开始设立金城属国,以便安置投降的羌人。宣帝下诏推举可以担任护羌校尉的人选。当时赵充国病得很重,丞相、御史、车骑将军、前将军共同推荐辛武贤的小弟辛汤。赵充国急忙从病床上起来,奏报说:"辛汤酗酒任性,不能够主持蛮夷事务,不如辛汤的哥哥辛临众。"这时辛汤已拜受护羌校尉的印信与符节,宣帝下诏改任辛临众。后来辛临众因病免职,丞相、御史、车骑将军、前将军、后将军再次推举辛汤。辛汤多次喝醉之后虐待羌人,羌人再次叛变,最终同赵充国所说的完全符合。辛武贤深恨赵充国,向皇帝上书告发赵充国的儿子中郎将赵卬泄露宫中的谈话,赵卬被交有关官吏审讯,自杀而死。

匈奴归汉

汉昭帝始元二年。初,武帝征伐匈奴,深入穷追,二十餘年。匈奴马畜孕重堕殰,罢极,苦之,常有欲和亲意,未能得。狐鹿孤单于有异母弟为左大都尉,贤,国人乡之。母阏氏恐单于不立子而立左大都尉也,乃私使杀之。左大都尉同母兄怨,遂不肯复会单于庭。是岁,单于病且死,谓诸贵人:"我子少,不能治国,立弟右谷蠡王。"及单于死,卫律等与颛渠阏氏谋,匿其丧,矫单于令,更立子左谷蠡王为壶衍鞮单于。左贤王、右谷蠡王怨望,率其众欲南归汉,恐不能自致,即胁卢屠王,欲与西降乌孙。卢屠王告之单于,使人验问,右谷蠡王不服,反以其罪罪卢屠王,国人皆冤之。于是二王去居其所,不复肯会龙城,匈奴始衰。

六年春二月,壶衍鞮单于立,母阏氏不正,国内乖离,常恐汉兵袭之,于是卫律为单于谋,与汉和亲。汉使至,求

匈奴归汉

汉昭帝始元二年(前85)。当初,汉武帝派兵出征讨伐匈奴,深入其腹地,穷追猛打,历时二十馀年。匈奴的马匹牲畜大量堕胎死亡,不能正常繁衍,受到严重消耗,百姓疲惫贫困,为战争所苦,常常有想要和亲的意愿,但未能实现。狐鹿孤单于有异母弟为匈奴左大都尉,很贤明,匈奴国的民心归附于他。皇太后阏氏恐怕狐鹿孤单于不传位于儿子而传位给左大都尉,于是暗中派人把左大都尉刺死。左大都尉的同母哥哥对此非常怨恨,就不肯再去拜会单于的王庭。这一年,单于病重,临死,对单于王庭各长老说:"我的儿子年纪幼小,不能治理国家,立我的弟弟右谷蠡王为单于。"到狐鹿孤单于去世以后,卫律与正室夫人颛渠阏氏合谋,秘不发丧,假造单于的命令,改立儿子左谷蠡王为壶衍鞮单于。左贤王、右谷蠡王心怀怨恨,率领他们的部众想向南归附汉朝,由于担心不能平安到达,于是胁迫卢屠王想向西投奔乌孙。卢屠王向单于告发了此事,单于派人查验审问,右谷蠡王不承认,反而将叛逆之事推到卢屠王身上。匈奴全国的人都认为冤枉了卢屠王。从此以后,左贤王、右谷蠡王离去,居住在自己的辖地,不再参加每年一次的龙城祭典,匈奴开始衰落。

六年(前81)春季二月,匈奴壶衍鞮单于继位,其母阏氏行为不正,国内分崩离析,常常担心汉朝军队前来进攻。于是卫律为壶衍鞮单于谋划,准备与汉朝和亲。汉朝使节来到匈奴后,查询

苏武等,匈奴诡言武死。后汉使复至匈奴,常惠私见汉使,教使者谓单于,言:"天子射上林中,得雁,足有系帛书,言武等在某泽中。"使者大喜,如惠语以让单于。单于视左右而惊,谢汉使曰:"武等实在。"乃归武及马宏等。马宏者,前副光禄大夫王忠使西国,为匈奴所遮,忠战死,马宏生得,亦不肯降。故匈奴归此二人,欲以通善意。天汉元年苏武使匈奴事,见《武帝伐匈奴》。

元凤元年,匈奴发左、右部二万骑为四队,并入边为寇。汉兵追之,斩首、获虏九千人,生得瓯脱王。汉无所失亡。匈奴见瓯脱王在汉,恐,以为道击之,即西北远去,不敢南逐水草,发人民屯瓯脱。

二年,匈奴复遣九千骑屯受降城以备汉,北桥余吾水,令可度,以备奔走。欲求和亲,而恐汉不听,故不肯先言,常使左右风汉使者。然其侵盗益希,遇汉使愈厚,欲以渐致和亲。汉亦羁縻之。

三年春正月,匈奴单于使犁污王窥边,言"酒泉、张掖兵益弱,出兵试击,冀可复得其地"。时汉先得降者,闻其计,天子诏边警备。后无几,右贤王、犁污王四千骑分三队,入日勒、屋兰、番和。张掖太守、属国都尉发兵击,大破之,得脱者数百人。属国义渠王射杀犁污王,赐黄金二百斤,马二百匹,

苏武的下落，匈奴假称苏武已死。后来，汉朝使者又到匈奴，常惠私下会见汉使，教使者对匈奴单于这样说："天子在上林苑打猎，射得一只飞雁，雁脚上系着一份苏武用丝绸写的书信，上面说苏武在某一湖泽之中。"汉朝使者非常高兴，按照常惠所说的话责问匈奴单于。单于看看左右，感到吃惊，向汉使道歉说："苏武等人确实还活在人间。"于是遣送苏武及马宏等人回国。马宏是前光禄大夫王忠出使西域各国的副手，途中为匈奴所阻，王忠战死，马宏被俘，不肯投降。因此匈奴遣送这二人返回汉朝，欲以此表达谈和的诚意。天汉元年苏武出使匈奴事，见《武帝伐匈奴》。

汉昭帝元凤元年（前80），匈奴派遣左、右两部骑兵两万馀人，分为四队，一道侵入边境劫掠。汉朝军队追击匈奴骑兵，斩首、俘虏匈奴兵九千人，生擒瓯脱王。汉朝军队没有什么伤亡。匈奴看到瓯脱王在汉朝军队手中，担心汉朝军队以瓯脱王为向导来攻击他们，于是向西北方向远远撤退，不敢向南逐水草放牧。汉朝征发人民，屯垦瓯脱地区。

二年（前79），匈奴再派骑兵九千人驻扎在受降城，以防备汉朝军队的攻击。在北边余吾水上面修建桥梁，使得军队可以随时在余吾水上通过，以备兵败时撤退。匈奴单于想请求汉朝和亲，又担心汉朝不答应，所以不愿意首先提出这个问题，经常让他的左右暗示汉朝的使者。不过，匈奴对汉朝的侵扰劫掠日益减少，对汉朝使者的接待更加隆重，想以此渐渐达到和亲的目的，汉朝政府也采取笼络匈奴的政策。

三年（前78）春季正月，匈奴单于派遣犁污王前去侦察边境地区，犁污王报告说："酒泉、张掖一带，汉朝兵力日益衰弱，如果出兵尝试发动攻击，很有希望再次得到这块土地。"这时，汉朝已经先从归降的匈奴人口中得知了这一消息，宣帝下诏边境守卫加强警戒防备。后来没有多久，右贤王、犁污王四千骑兵分为三队，攻入日勒、屋兰、番和等地。张掖太守、属国都尉等调集军队进行反击，大破匈奴军队，得以逃脱的匈奴士兵不过数百人。属国义渠王射杀匈奴犁污王，汉朝赐给他黄金二百斤，马二百匹，

因封为犁污王。自是后，匈奴不敢入张掖。

初，冒顿破东胡，东胡馀众散保乌桓及鲜卑山为二族，世役属匈奴。武帝击破匈奴左地，因徙乌桓于上谷、渔阳、右北平、辽东塞外，为汉侦察匈奴动静。置护乌桓校尉监领之，使不得与匈奴交通。至是，部众渐强，遂反。

先是，匈奴三千馀骑入五原，杀略数千人。后数万骑南旁塞猎，行攻塞外亭障，略取吏民去。是时汉边郡烽火候望精明，匈奴为边寇者少利，希复犯塞。汉复得匈奴降者，言乌桓尝发先单于冢，匈奴怨之，方发二万骑击乌桓。霍光欲发兵邀击之，以问护军都尉赵充国。充国以为："乌桓间数犯塞，今匈奴击之，于汉便。又匈奴希寇盗，北边幸无事。蛮夷自相攻击而发兵要之，招寇生事，非计也。"光更问中郎将范明友，明友言可击，于是拜明友为度辽将军，将二万骑出辽东。匈奴闻汉兵至，引去。初，光诫明友："兵不空出。即后匈奴，遂击乌桓。"乌桓时新中匈奴兵，明友既后匈奴，因乘乌桓敝，击之，斩首六千馀级，获三王首。匈奴由是恐，不能复出兵。

宣帝本始二年。昭帝时乌孙公主上书言："匈奴与车师共侵乌孙，唯天子幸救之。"汉养士马，议击匈奴。会昭帝崩，上遣光禄大夫常惠使乌孙。乌孙公主及昆弥皆遣使

并因此而封他为犁污王。从此以后，匈奴再也不敢进入张掖侵扰劫掠了。

当初，匈奴冒顿单于击破东胡部落，东胡部落的馀众溃散，占据乌桓、鲜卑二山，遂分为两大部落，世世代代臣属于匈奴。汉武帝击破匈奴左翼地区，因而迁徙乌桓于上谷、渔阳、右北平、辽东等郡的塞外地区，让他们为汉朝侦察匈奴的动静。汉朝政府在乌桓部落居住地区设立了护乌桓校尉的官员，监督并统治他们，使他们不能够与匈奴交往沟通。到汉昭帝时，乌桓部众逐渐强大，于是起兵反叛汉朝。

原先，匈奴骑兵三千馀人攻入五原，杀死掳掠数千人。后来匈奴骑兵数万人向南沿着边境移动，进攻汉朝在塞外的堡垒，劫略裹胁边境官吏和人民向北逃去。这时汉朝边郡的烽火报警严密准确，匈奴前来劫掠收获不大，所以很少进犯边塞。汉朝又得到匈奴归降的人，说乌桓部落曾经发掘匈奴单于祖先的坟墓，匈奴怨恨乌桓，将要派遣二万骑兵攻击乌桓。霍光想派军队半路拦击匈奴军队，就此询问护军都尉赵充国。赵充国认为："乌桓过去多次侵犯边塞，现在匈奴攻击它，对于汉朝有利。并且匈奴很少骚扰劫掠，北部边境幸好没有事端。蛮夷之间自相攻击，而汉朝派军队拦击，招引敌人，滋生事端，不是很好的计谋。"霍光改问中郎将范明友，范明友说汉朝军队可以出击。于是任命范明友为度辽将军，率领二万骑兵出征辽东。匈奴听到汉朝军队来到，引兵而去。当初范明友出发时，霍光告诫他："大军不能空手而还。如不能攻击匈奴，就攻击乌桓。"乌桓当时刚受到匈奴军队的攻打，范明友在没有拦击到匈奴以后，趁着乌桓的失败，袭击他们，斩首六千馀人，并取得乌桓三个王的首级。匈奴从此大为恐慌，不敢再出兵攻扰汉朝。

宣帝本始二年（前72）。昭帝在位时，嫁到乌孙的公主刘解忧给朝廷上书说："匈奴与车师共同侵略乌孙，唯请汉朝天子垂幸援救乌孙。"汉朝训练兵马，准备进攻匈奴。正好昭帝驾崩，宣帝派遣光禄大夫常惠出使乌孙。汉朝公主与乌孙昆弥都派使者

上书，言："匈奴复连发大兵，侵击乌孙。使使谓乌孙，'趣持公主来！'欲隔绝汉。昆弥愿发国精兵五万骑，尽力击匈奴，唯天子出兵以救公主、昆弥。"先是匈奴数侵汉边，汉亦欲讨之。秋，大发兵，遣御史大夫田广明为祁连将军，四万馀骑，出西河；度辽将军范明友三万馀骑，出张掖；前将军韩增三万馀骑，出云中；后将军赵充国为蒲类将军，三万馀骑，出酒泉；云中太守田顺为虎牙将军，三万馀骑，出五原；期以出塞各二千馀里。以常惠为校尉，持节护乌孙兵共击匈奴。

三年春正月戊辰，五将军发长安。匈奴闻汉兵大出，老弱奔走，驱畜产远遁逃，是以五将少所得。夏，五月，军罢。度辽将军出塞千二百馀里，至蒲离候水，斩首、捕虏七百馀级；前将军出塞千二百馀里，至乌员，斩首、捕虏百馀级；蒲类将军出塞千八百馀里，西去候山，斩首、捕虏，得单于使者蒲阴王以下三百馀级。闻虏已引去，皆不至期还。天子薄其过，宽而不罪。祁连将军出塞千六百里，至鸡秩山，斩首、捕虏十九级。逢汉使匈奴还者冉弘等，言鸡秩山西有虏众，祁连即戒弘，使言无虏，欲还兵。御史属公孙益寿谏，以为不可。祁连不听，遂引兵还。虎牙将军出塞八百馀里，至丹馀吾水上，即止兵不进，斩首、捕虏千九百馀级，引兵还。上以虎牙将军不至期，诈增卤获，而祁连知虏在前，逗遛不进，皆下吏，自杀。擢公孙益寿为侍御史。

来朝上书,说:"匈奴又连续派遣大军,侵犯攻击乌孙。派遣使者对乌孙说:'快把汉朝的公主交出来!'想断绝乌孙与汉朝的关系。昆弥愿意征发国家精锐骑兵五万,竭尽全力攻击匈奴,请求天子派出军队以援救公主、昆弥。"从前,匈奴多次侵扰汉朝边境,汉朝也想讨伐它。这年秋天,汉朝大规模征发军队,派遣御史大夫田广明担任祁连将军,率领四万馀骑兵,从西河出发;度辽将军范明友,率领三万馀骑兵,从张掖出发;前将军韩增,率领三万馀骑兵,从云中出发;后将军赵充国为蒲类将军,率领三万馀骑兵,从酒泉出发;云中太守田顺为虎牙将军,率领三万馀骑兵,从五原出发。规定他们出边塞深入敌境各二千馀里。又任命常惠为校尉,持天子符督率乌孙军队,一同攻击匈奴。

三年(前71)春季正月戊辰(十八日),征伐匈奴的五位将军从长安出发。匈奴听到汉朝军队大规模出动的消息,老弱都奔走逃跑,驱赶牛羊牲畜向边远地区流亡,所以出征的五位将军收获很少。夏季五月,撤军。度辽将军出边塞一千二百馀里,到达蒲离候水,斩首、俘虏匈奴七百馀人;前将军韩增从云中出边塞一千二百里,到达乌员,斩首、俘虏匈奴一百馀人;蒲类将军赵充国从酒泉出边塞一千八百馀里,向西到达候山,斩首、俘虏匈奴单于使节蒲阴王以下三百馀人。三位将军听到敌人已退避而去,都没有达到预定的二千里而回师。宣帝认为他们的过失不大,宽恕了他们,没有治罪。祁连将军田广明从西河出塞一千六百里,到达鸡秩山,斩首、俘虏十九人。正好遇到出使匈奴的汉朝使者冉弘等人,说:"鸡秩山以西有匈奴军队。"祁连将军田广明随即警告冉弘,让他说没有看到匈奴的军队,打算退兵。御史属公孙益寿劝阻,认为不能回军。祁连将军不听,于是带兵退回。虎牙将军田顺,从五原出边塞八百馀里,到达丹馀吾水附近,即停下军队不再前进,斩首、俘虏一千九百馀人,带兵退回。宣帝认为虎牙将军田顺没有达到预定的地点,虚报斩杀、俘虏的人数,而祁连将军田广明知道敌人在前面,畏缩滞留,不再前进,都交给狱吏惩治,二人自杀。擢升公孙益寿担任侍御史的一职。

　　乌孙昆弥自将五万骑与校尉常惠从西方入,至右谷蠡王庭,获单于父行及嫂、居次、名王、犁污都尉、千长、骑将以下四万级,马、牛、羊、驴、橐驼七十馀万头。乌孙皆自取所虏获。上以五将皆无功,独惠奉使克获,封惠为长罗侯。然匈奴民众伤而去者及畜产远移死亡,不可胜数,于是匈奴遂衰耗,怨乌孙。

　　冬,匈奴单于自将数万骑击乌孙,颇得老弱。欲还,会天大雨雪,一日深丈馀。人民、畜产冻死,还者不能什一。于是丁令乘弱攻其北,乌桓入其东,乌孙击其西,凡三国所杀数万级,马数万匹,牛羊甚众。又重以饿死,人民死者什三,畜产什五。匈奴大虚弱,诸国羁属者皆瓦解,攻盗不能理。其后汉出三千馀骑为三道,并入匈奴,捕虏得数千人还。匈奴终不敢取当,滋欲乡和亲,而边境少事矣。

　　地节二年,匈奴壶衍鞮单于死,弟左贤王立,为虚闾权渠单于,以右大将女为大阏氏,而黜前单于所幸颛渠阏氏,颛渠阏氏父左大且渠怨望。是时汉以匈奴不能为边寇,罢塞外诸城以休百姓。单于闻之,喜,召贵人谋,欲与汉和亲。左大且渠心害其事,曰:"前汉使来,兵随其后。今亦效汉发兵,先使使者入。"乃自请与呼卢訾王各将万骑,南旁塞猎,相逢俱入。行未到,会三骑亡降汉,言匈奴欲为寇。

乌孙昆弥亲自率领五万骑兵，与校尉常惠一起，从西方攻入匈奴，到达匈奴右谷蠡王的王庭，俘虏单于的伯父、叔父等长辈，以及单于的嫂嫂、公主、有封号的王侯、犁污都尉、千长、骑将以下共四万余人，马、牛、羊、驴、骆驼共七十余万头。乌孙把俘虏获得的人、畜都自己留下。宣帝认为五位将领都没有功劳，只有常惠奉命出使取胜而有收获，于是封常惠为长罗侯。然而匈奴部众伤残逃亡，以及牲畜长途移动造成的死亡，多到不可计算。于是匈奴国力就此衰竭损耗，怨恨乌孙。

　　冬天，匈奴单于亲自带领数万骑兵攻击乌孙，俘获乌孙不少老弱百姓。想要退兵，正好天下大雪，一日之间积雪深达一丈有余，匈奴部众、牲畜大批冻死，活着回去的还不到出征时的十分之一。于是，丁令趁匈奴衰弱进攻它的北部，乌桓攻入它的东部，乌孙攻击它的西部。总共三国所杀匈奴部众数万人，马数万匹，牛羊极多。又加上因饥饿而死的人，匈奴人口减少了十分之三，牲畜损失十分之五。匈奴更为虚弱了，原来臣服隶属于匈奴的各国都背叛了它，不断进行攻掠骚扰，匈奴无法对付。此后，汉朝派出三千多骑兵，分三路一同深入匈奴，抓获俘虏数千人，然后退兵。匈奴始终不敢进行报复，更加盼望与汉朝和亲，从而边境一带，很少再有战争了。

　　地节二年(前68)，匈奴壶衍鞮单于逝世，其弟左贤王即位，称为虚闾权渠单于，封右大将军的女儿为大阏氏，废黜前单于壶衍鞮所宠幸的颛渠阏氏。颛渠阏氏的父亲左大且渠非常怨恨。这时，汉朝认为匈奴已经无力骚扰边境了，于是撤除了边境之外的各个据点，以便让百姓休养生息。虚闾权渠单于听到这个消息，非常高兴，召集贵族一起商议，想与汉朝和亲。左大且渠存心破坏这件事情，说："从前汉朝使节来，军队紧随在使节后面。现在我们也效汉朝派兵，首先派使者进入汉地。"于是自己请求与呼卢訾王各自率领一万骑兵，向南沿着边境狩猎，一旦抓住机会，就一同进入汉地侵扰。两路匈奴骑兵尚未到达边境，正好其中三个骑兵逃跑归降汉朝，向汉朝报告说匈奴要来劫掠。

于是天子诏发边骑屯要害处,使大将军军监治众等四人将五千骑,分三队,出塞各数百里,捕得虏各数十人而还。时匈奴亡其三骑,不敢入,即引去。是岁,匈奴饥,人民、畜产死什六七,又发两屯各万骑以备汉。其秋,匈奴前所得西嗕居左地者,其君长以下数千人皆驱畜产行,与瓯脱战,所杀伤甚众,遂南降汉。

三年。昭帝时,匈奴使四千骑田车师。及五将军击匈奴,车师田者惊去,车师复通于汉。匈奴怒,召其太子军宿,欲以为质。军宿,焉耆外孙,不欲质匈奴,亡走焉耆,车师王更立子乌贵为太子。及乌贵立为王,与匈奴结婚姻,教匈奴遮汉道通乌孙者。是岁,侍郎会稽郑吉与校尉司马憙,将免刑罪人田渠犁,积谷,发城郭诸国兵万馀人与所将田士千五百人共击车师,破之。车师王请降。匈奴发兵攻车师,吉、憙引兵北逢之,匈奴不敢前。吉、憙即留一候与卒二十人留守王,吉等引兵归渠犁。车师王恐匈奴兵复至而见杀也,乃轻骑奔乌孙。吉即迎其妻子,传送长安。匈奴更以车师王昆弟兜莫为车师王,收其馀民东徙,不敢居故地,而郑吉始使吏卒三百人往田车师地以实之。

元康二年,匈奴大臣皆以为"车师地肥美,近匈奴,使汉得之,多田积谷,必害人国,不可不争",由是数遣兵击车师田者。郑吉将渠犁田卒七千馀人救之,为匈奴所围。吉上言:

于是天子下诏调遣边境骑兵驻扎在要害地区，派遣大将军监治众等四人，带领五千骑兵，分为三队，出边境各达数百里，俘虏敌人各数十人而回师。当时因匈奴逃亡三个骑兵，不敢进入汉地，随即退兵而去。这一年，匈奴发生大饥荒，人民、牲畜死亡达十分之六七，又征发两地驻守各一万馀骑兵以防备汉朝。这年秋天，匈奴从前所控制的、居住在匈奴左翼的西嚼部落，其酋长以下数千人都驱赶牲畜向南进发，与匈奴边防军发生战斗，被杀伤的人极多，于是向南归降汉朝。

三年（前67）。昭帝在位的时候，匈奴派四千骑兵在车师屯垦。到汉朝五位将军出边塞攻击匈奴，在车师屯垦的匈奴骑兵惊慌离去，车师才重新与汉朝通好。匈奴对此非常恼怒，征召车师太子军宿，想以他为人质。军宿是焉耆国王的外孙，不愿意到匈奴做人质，逃奔到焉耆，车师国王另立儿子乌贵为太子。到乌贵继位成为国王，与匈奴结成婚姻，指使匈奴拦截汉朝派往乌孙的使者。这年，侍郎会稽人郑吉与校尉司马憙，率领被免除刑罚的罪犯在渠犁屯垦，积贮粮食，征发西域城市、国家的军队一万多人，与他们所率领的屯垦士卒一千五百人，共同攻击车师，攻破了它。车师国王请求投降。匈奴调派军队进攻车师，郑吉、司马憙带领军队向北迎击匈奴，匈奴不敢向前。郑吉、司马憙留下一个军候与士卒二十人，待在车师保护乌贵，郑吉等带大军返回渠犁。车师国王乌贵害怕匈奴军队重新来到而被杀，于是单人独马轻装逃奔乌孙。郑吉就迎接乌贵的妻子，用驿马车送到长安。匈奴另以车师国王乌贵的弟弟兜莫为车师国王，收集车师剩下的人民向东迁徙，不敢居住在原来的土地。而郑吉开始派遣将士三百人去车师屯田，以充实其他。

元康二年（前64），匈奴的大臣都认为，"车师土地肥沃，靠近匈奴，如果让汉朝得到这块土地，多辟田地，积蓄粮食，必定危害别的国家，我们不可以不争夺这块土地"。因此多次派遣军队攻击在车师屯垦的汉朝军队。郑吉率领在渠犁屯垦的士卒七千馀人救援在车师屯垦的士卒，被匈奴军队包围。郑吉上书说：

"车师去渠犁千馀里,汉兵在渠犁者少,势不能相救,愿益田卒。"上与后将军赵充国等议,欲因匈奴衰弱,出兵击其右地,使不敢复扰西域。

魏相上书谏曰:"臣闻之:救乱诛暴,谓之义兵,兵义者王;敌加于己,不得已而起者,谓之应兵,兵应者胜。争恨小故,不忍愤怒者,谓之忿兵,兵忿者败;利人土地货宝者,谓之贪兵,兵贪者破;恃国家之大,矜民人之众,欲见威于敌者,谓之骄兵,兵骄者灭。此五者,非但人事,乃天道也。间者匈奴尝有善意,所得汉民,辄奉归之,未有犯于边境,虽争屯田车师,不足致意中。今闻诸将军欲兴兵入其地,臣愚不知此兵何名者也。今边郡困乏,父子共犬羊之裘,食草莱之实,常恐不能自存,难以动兵。'军旅之后,必有凶年',言民以其愁苦之气伤阴阳之和也。出兵虽胜,犹有后忧,恐灾害之变因此以生。今郡国守相多不实选,风俗尤薄,水、旱不时。按今年计,子弟杀父兄、妻杀夫者凡二百二十二人,臣愚以为此非小变也。今左右不忧此,乃欲发兵报纤介之忿于远夷,殆孔子所谓'吾恐季孙之忧不在颛臾而在萧墙之内也'。"上从相言,止遣长罗侯常惠将张掖、酒泉骑往车师,迎郑吉及其吏士还渠犁。召故车师太子军宿在焉耆者,立以为王。尽徙车师国民令居渠犁,遂以车师

"车师距渠犁一千余里,在渠犁的汉朝军队很少,客观形势决定渠犁的军队不能前往援救,建议增加屯田士卒。"宣帝与后将军赵充国等商议,想乘匈奴衰弱的有利时机,出兵攻击它的右翼地区,使它不敢再骚扰西域。

魏相上书劝说道:"我听说:拯救危乱,诛灭暴虐,称为义兵,义兵可以称王于天下;受到敌人的攻击后,不得已而起来反抗,称为应兵,应兵可以取得胜利;为了小小的事情相争相恨,不能忍住愤怒而起兵,称为忿兵,忿兵必定招致失败;贪图别人的土地、财富而兴师动众,称为贪兵,贪兵必定为别人所破;依仗国家的强大,夸耀人口的众多,想要在敌人面前显示自己的威力,称为骄兵,骄兵必然覆灭。这五种情况下进行战争的结果,不是由人决定的,而是天的意志所致。近来匈奴曾经有友好的意愿,将掳掠的汉人遣送回来,没有侵犯边境地区,虽然与我争夺屯田的车师,不足介意。现在听说各位将军想要发动大军,深入其腹地,我愚昧,不知道这样的军队要以上述五种类型的军队中哪一种名称来称呼它。现在边塞的各郡都很困乏,父亲与儿子只能同穿一件狗皮或羊皮的衣服,吃的是野草、蔬菜这样的食物,常常担心自己不能生存下去,难以征召他们去打仗。《老子》说过:'军事行动之后,必定有饥荒的年份',说的是人民的忧愁困苦之气伤害了阴阳之间的和谐。即使出兵取得胜利,仍有随后的忧虑,恐怕天灾、民变从此产生了。现在各郡郡守、各封国的国相多不称职,民间的习俗更为浅薄,水旱灾害不时发生。按照今年的情况来说,儿子杀父亲,弟弟杀哥哥,妻子杀丈夫的,总共有二百二十二人,我认为这不是小事。现在陛下左右的人不担心这些问题,而为了一点小小的怨恨,就想调发军队去远方的蛮夷之地。这恐怕就是孔子所说的,'我担心季孙氏的忧患,不是在颛臾国,而是在萧墙之内'。"汉宣帝听取了魏相的意见,仅仅派遣长罗侯常惠带领张掖、酒泉的骑兵前往车师,迎接郑吉及其将士返回渠犁。征召前车师太子,住在焉耆的军宿,立他为车师王,将车师国的人民全部迁徙至渠犁居住,于是把车师国的

故地与匈奴。以郑吉为卫司马,使护鄯善以西南道。

神爵二年九月,匈奴虚闾权渠单于将十馀万骑旁塞猎,欲入边为寇。未至,会其民题除渠堂亡降汉,言状,汉以为言兵鹿奚卢侯,而遣后将军赵充国将兵四万馀骑屯缘边九郡备虏。月馀,单于病欧血,因不敢入,还去,即罢兵。乃使题王都犁胡次等入汉请和亲,未报,会单于死。虚闾权渠单于始立,而黜颛渠阏氏。颛渠阏氏即与右贤王屠耆堂私通,右贤王会龙城而去,颛渠阏氏语以单于病甚,且勿远。后数日,单于死,用事贵人郝宿王刑未央使人召诸王,未至,颛渠阏氏与其弟左大且渠都隆奇谋,立右贤王为握衍朐鞮单于。握衍朐鞮单于者,乌维单于耳孙也。

握衍朐鞮单于立,凶恶,杀刑未央等,而任用都隆奇,又尽免虚闾权渠子弟近亲而自以其子弟代之。虚闾权渠单于子稽侯狦既不得立,亡归妻父乌禅幕。乌禅幕者,本乌孙、康居间小国,数见侵暴,率其众数千人降匈奴,狐鹿姑单于以其弟子日逐王姊妻之,使长其众,居右地。日逐王先贤掸,其父左贤王当为单于,让狐鹿姑单于,狐鹿姑单于许立之,国人以故颇言日逐王当为单于。日逐王素与握衍朐鞮单于有隙,即率其众欲降汉,使人至渠犁,与骑都尉郑吉相闻。吉发渠犁、龟兹诸国五万人迎日逐王口万二千人、小王将十二人,随吉至河曲。颇有亡者,吉追斩之。遂将诣京师,汉封日逐王为归德侯。

故地让给匈奴。任命郑吉为卫司马，让他负责保护鄯善以西南路的安全。

神爵二年(前60)九月，匈奴虚闾权渠单于率领十馀万骑兵，沿着汉朝边境围猎，想入境掳掠。还没有到达边境，正好他的臣民题除渠堂逃奔归降汉朝，报告有关情况。汉朝封他为言兵鹿奚卢侯，而派遣后将军赵充国率领四万馀骑兵屯驻在靠近边境的九个郡戒备敌人。一个多月以后，单于吐血病重，因而不敢侵入汉地，返回而去，即行撤军。于是派题王都犁胡次等人到汉朝，请求和亲。还没有得到回答，正好虚闾权渠单于去世。当初，虚闾权渠单于刚刚即位，就废黜颛渠阏氏，颛渠阏氏于是与右贤王屠耆堂私通，右贤王参加龙城大会后离去。颛渠阏氏告诉他，单于病重，暂时不要远离。几天以后，单于死去。掌权的贵族郝宿王刑未央派人召集诸王，诸王还没有到达，颛渠阏氏与她的弟弟左大且渠都隆奇合谋，拥立右贤王屠耆堂为握衍朐鞮单于。握衍朐鞮单于是乌维单于的曾孙。

握衍朐鞮单于即位后，凶狠残暴，诛杀刑未央等人，而任用左大且渠都隆奇，又全部罢免了虚闾权渠单于的子弟近亲，而以自己的子弟取代他们。虚闾权渠单于的儿子稽侯狦没能够立为单于，逃亡到岳父乌禅幕那里。乌禅幕本来是乌孙、康居之间的一个小国的国王，多次遭受邻国的侵凌暴虐，带领他的部众数千人归降匈奴。狐鹿姑单于把他弟弟的儿子日逐王先贤掸的姐姐嫁给乌禅幕为妻，让乌禅幕统领他的部众，居住在匈奴的右翼地区。日逐王先贤掸的父亲左贤王本应立为单于，而他却让位于狐鹿姑单于。狐鹿姑单于答应传位于左贤王，因此匈奴人纷纷说日逐王先贤掸应当成为单于。日逐王平常与握衍朐鞮单于有怨恨，于是率领他的部众想要归降汉朝，派人到渠犁，与骑都尉郑吉联系。郑吉征发渠犁、龟兹各国五万人，迎接日逐王先贤掸率领的部众一万二千人、小王将十二人，随郑吉进抵河曲。中途有不少人逃亡，郑吉派人追杀他们。最后，郑吉带领日逐王来到京师，汉朝政府封日逐王为归德侯。

吉既破车师，降日逐，威震西域，遂并护车师以西北道，故号"都护"。都护之置，自吉始焉。上封吉为安远侯。吉于是中西域而立莫府，治乌垒城，去阳关二千七百馀里。匈奴益弱，不敢争西域，僮仆都尉由此罢。都护督察乌孙、康居等三十六国动静，有变以闻，可安辑，安辑之，不可者诛伐之，汉之号令班西域矣。

握衍朐鞮单于更立其从兄薄胥堂为日逐王。

三年，匈奴单于又杀先贤掸两弟，乌禅幕请之，不听，心恚。其后左奥鞬王死，单于自立其小子为奥鞬王，留庭。奥鞬贵人共立故奥鞬王子为王，与俱东徙。单于遣右丞相将万骑往击之，失亡数千人，不胜。

四年五月，匈奴单于遣弟呼留若王胜之来朝。

匈奴握衍朐鞮单于暴虐，好杀伐，国中不附。及太子、左贤王数谗左地贵人，左地贵人皆怨。会乌桓击匈奴东边姑夕王，颇得人民，单于怒。姑夕王恐，即与乌禅幕及左地贵人共立稽侯狦为呼韩邪单于，发左地兵四五万人，西击握衍朐鞮单于，至姑且水北。未战，握衍朐鞮单于兵败走，使人报其弟右贤王曰："匈奴共攻我，若肯发兵助我乎？"右贤王曰："若不爱人，杀昆弟、诸贵人，各自死若处，无来污我！"握衍朐鞮单于恚，自杀。左大且渠都隆奇亡之右贤王所，其民众尽降呼韩邪单于。呼韩邪单于归庭，数月，罢兵，使各归故地，乃收其兄呼屠吾斯在民间者，

郑吉已击破车师，收降匈奴的日逐王，声威震撼西域，于是负责同时保护车师以西北道的安全，所以号称“都护”。都护一职，从郑吉开始设置。宣帝封郑吉为安远侯。郑吉于是选择距离西域各国远近大致相等的地方建立幕府，修筑乌垒城，离阳关二千七百里。从此匈奴更加衰弱，不敢与汉争夺西域，僮仆都尉一职从此撤销。都护负责监督侦察乌孙、康居等三十六个国家的动静，如有变乱即奏告朝廷，可以安抚的就安抚，不能安抚的就讨伐，汉朝政府的号令得以颁布于西域。

握衍朐鞮单于另立他的堂兄弟薄胥堂为日逐王。

三年(前59)，匈奴握衍朐鞮单于又杀死日逐王先贤掸的两个弟弟，乌禅幕请单于宽恕他们，单于拒不听取，乌禅幕心怀怨恨。此后左奥鞬王去世，单于立自己的小儿子为奥鞬王，留在王庭。奥鞬部落贵族共同拥立已故奥鞬王儿子为奥鞬王，与奥鞬部落一道东迁。单于派右丞相率一万骑兵前往追击，损失数千人，未能取胜。

四年(前58)五月，匈奴单于派他的弟弟呼留若王胜之前来朝见汉宣帝。

匈奴握衍朐鞮单于凶残横暴，喜欢杀戮，国中的人们不归附他。并且太子、左贤王多次在单于面前诋毁左翼地区的贵族，左翼地区的贵族们都很怨恨。正在这时，乌桓攻击居于匈奴东部的姑夕王，掳获不少人口，单于很恼怒。姑夕王很害怕，就同乌禅幕以及左翼地区的贵族们一起立稽侯狦为呼韩邪单于，调遣左翼地区的军队四五万人，向西进攻握衍朐鞮单于，军队到达姑且水的北面。战斗还没开始，握衍朐鞮单于的军队就已溃散逃跑，他派人报告他的弟弟右贤王说：“匈奴人一道攻击我，你肯出兵帮助我吗？”右贤王说：“你不爱惜别人，杀害兄弟、贵族，你就死在你那个地方吧，不要来玷污我！”握衍朐鞮单于愤恨自杀。左大且渠都隆奇逃跑到右贤王住地，他统辖的部众已全部归降呼韩邪单于。呼韩邪单于回到王庭，几个月之后，解散军队，让他们各自返回原地。于是在民间找到了他的哥哥呼屠吾斯，

立为左谷蠡王,使人告右贤贵人,欲令杀右贤王。其冬,都隆奇与右贤王共立日逐王薄胥堂为屠耆单于,发兵数万人东袭呼韩邪单于,呼韩邪单于兵败走。屠耆单于还,以其长子都涂吾西为左谷蠡王,少子姑瞀楼头为右谷蠡王,留居单于庭。

五凤元年秋,匈奴屠耆单于使先贤掸兄右奥鞬王与乌藉都尉各二万骑屯东方,以备呼韩邪单于。是时西方呼揭王来与唯犁当户谋,共谗右贤王,言欲自立为单于。屠耆单于杀右贤王父子,后知其冤,复杀唯犁当户。于是呼揭王恐,遂畔去,自立为呼揭单于。右奥鞬王闻之,即自立为车犁单于。乌藉都尉亦自立为乌藉单于,凡五单于。屠耆单于自将兵东击车犁单于,使都隆奇击乌藉。乌藉、车犁皆败,西北走,与呼揭单于兵合为四万人。乌藉、呼揭皆去单于号,共并力尊辅车犁单于。屠耆单于闻之,使左大将、都尉将四万骑分屯东方,以备呼韩邪单于,自将四万骑西击车犁单于。车犁单于败,西北走。屠耆单于即引兵西南留阗敦地。

汉议者多曰:“匈奴为害日久,可因其坏乱,举兵灭之。”诏问御史大夫萧望之,对曰:“《春秋》,晋士匄帅师侵齐,闻齐侯卒,引师而还。君子大其不伐丧,以为恩足以服孝子,谊足以动诸侯。前单于慕化乡善,称弟,遣使请求和亲,海内欣然,夷狄莫不闻。未终奉约,不幸为贼臣所杀。今而伐之,是乘乱而幸灾也,彼必奔走远遁。不以义动兵,恐劳

立他为左谷蠡王,派人告诉右贤王手下的贵族,想要让他们杀死右贤王。这年冬天,都隆奇与右贤王共同拥立日逐王薄胥堂为屠耆单于,调发数万军队,向东袭击呼韩邪单于,呼韩邪单于的军队失败退走。屠耆单于返回本地,将他的长子都涂吾西立为左谷蠡王,少子姑瞀楼头立为右谷蠡王,让他们二人留居单于王庭。

五凤元年(前57)秋季,匈奴屠耆单于派先贤掸的哥哥右奥鞬王与乌藉都尉各率二万骑兵驻扎在东部,以防备呼韩邪单于。这时,匈奴西部的呼揭王前来与唯犁当户合谋,共同诬陷右贤王,说他想自立为单于。屠耆单于杀死右贤王父子,后来了解到他们的冤屈,又杀死唯犁当户。于是呼揭王非常恐惧,就叛逃而去,自立为呼揭单于。右奥鞬王听到消息,随即自立为车犁单于。乌藉都尉也自立为乌藉单于,匈奴境内总共五位单于同时并立。屠耆单于亲自率领军队向东进击车犁单于,派都隆奇进攻乌藉单于。乌藉、车犁两单于都遭失败,向西北退走,与呼揭单于的军队汇合,拥有四万人。乌藉、呼揭都去掉单于称号,共同尊奉辅佐车犁单于。屠耆单于听到消息,派左大将、都尉带领四万骑兵分别驻扎在东部,以防备呼韩邪单于,自己亲自带领四万骑兵向西攻击车犁单于。车犁单于军队失败,向西北退去。屠耆单于随后带兵转向西南,留居阗敦地区。

汉朝公卿大臣议论说:"匈奴为害时间很长了,可以趁其衰败混乱之时,派遣军队去消灭它。"宣帝下诏询问御史大夫萧望之,萧望之回答说:"《春秋》记载说:晋国士匄率领军队侵犯齐国,听到齐国国君去世的消息,即率军返回晋国。君子极力称赞他不乘敌国丧乱之时去讨伐的行为,认为这样,恩德足以使孝子心服,情谊足以使诸侯感动。匈奴前任单于仰慕汉朝的礼俗教化,一心向善,自称为汉的弟弟,派遣使者请求和亲,四海之内同感欣慰,夷狄都听说了这件事情。然而还没有最终缔结良缘,他不幸被贼臣所杀。现在如果我们讨伐它,这就是乘人之危,幸灾乐祸,他们必定向远方退避逃跑。我们兴此不义之师,恐怕徒劳

而无功。宜遣使者吊问,辅其微弱,救其灾患,四夷闻之,咸贵中国之仁义。如遂蒙恩得复其位,必称臣服从,此德之盛也。"上从其议。

二年秋八月,匈奴呼韩邪单于遣其弟右谷蠡王等西袭屠耆单于屯兵,杀略万馀人。屠耆单于闻之,即自将六万骑击呼韩邪单于。屠耆单于兵败,自杀。都隆奇乃与屠耆少子右谷蠡王姑瞀楼头亡归汉,车犁单于东降呼韩邪单于。冬,十一月,呼韩邪单于左大将乌厉屈与父呼遫累乌厉温敦皆见匈奴乱,率其众数万人降汉。封乌厉屈为新城侯,乌厉温敦为义阳侯。是时李陵子复立乌藉都尉为单于,呼韩邪单于捕斩之,遂复都单于庭,然众裁数万人。屠耆单于从弟休旬王自立为闰振单于,在西边;呼韩邪单于兄左贤王呼屠吾斯亦自立为郅支骨都侯单于,在东边。

三年六月,置西河、北地属国以处匈奴降者。

四年春,匈奴单于称臣,遣弟右谷蠡王入侍。以边塞无寇,减戍卒什二。

夏四月,匈奴闰振单于率其众东击郅支单于。郅支与战,杀之,并其兵,遂进攻呼韩邪。呼韩邪兵败走,郅支都单于庭。

甘露元年,匈奴呼韩邪单于之败也,左伊秩訾王为呼韩邪计,劝令称臣入朝事汉,从汉求助,如此,匈奴乃定。呼韩邪问诸大臣,皆曰:"不可。匈奴之俗,本上气力而

无功。我们应该派遣使者吊丧慰问,扶助他们于弱小之时,帮他们解除灾害忧患。四方外夷听到这个消息,都会尊敬中国的仁爱道义。如果能承蒙汉朝的恩典,得以恢复他们的地位,必定会对汉朝称臣归服,这种才是最高的德性啊。"汉宣帝听取了萧望之的建议。

二年(前56)秋季八月,匈奴呼韩邪单于派遣他的弟弟右谷蠡王等向西进攻屠耆单于的军队,杀死掳掠一万馀人。屠耆单于听到消息,旋即亲自率领六万骑兵攻击呼韩邪单于,军队溃败,自杀。都隆奇与屠耆单于小儿子右谷蠡王姑瞀楼头逃亡归降汉朝,车犁单于向东归降呼韩邪单于。冬季十一月,呼韩邪单于左大将乌厉屈与他的父亲呼邀累乌厉温敦看到匈奴的内乱不止,率领其部众数万人归降汉朝。汉朝封乌厉屈为新城侯,乌厉温敦为义阳侯。这时李陵的儿子再次拥立乌藉都尉为单于,呼韩邪单于捕杀了他,于是重新定都于单于王庭,然而其部众只有数万人。屠耆单于堂弟休旬王自立为闰振单于,据有匈奴西部;呼韩邪单于的哥哥左贤王呼屠吾斯自立为郅支骨都侯单于,据有匈奴的东部。

三年(前55)六月,汉朝设立西河、北地属国,以收容安置归降的匈奴人。

四年(前54)春季,匈奴单于向汉称臣,派其弟右谷蠡王入长安侍奉汉宣帝。因边境地区没有入侵者,汉朝裁减边境卫戍士卒的十分之二。

夏季四月,匈奴闰振单于率领他的部众向东进攻郅支单于。郅支单于的军队与之激战,杀死闰振单于,并吞了闰振单于的军队,于是乘胜向前攻击呼韩邪单于。呼韩邪单于的军队战败退走,郅支单于建都单于王庭。

甘露元年(前53),匈奴呼韩邪单于战败以后,左伊秩訾王为呼韩邪单于谋划,劝他向汉称臣,入长安朝见,奉事汉朝,服从汉朝,求取帮助,只有这样,匈奴才能平定内乱。呼韩邪单于问各位大臣,都说:"不可以。匈奴的风俗,历来崇尚气概勇力而

下服役,以马上战斗为国,故有威名于百蛮。战死,壮士所有也。今兄弟争国,不在兄则在弟,虽死犹有威名,子孙常长诸国。汉虽强,犹不能兼并匈奴,奈何乱先古之制,臣事于汉,卑辱先单于,为诸国所笑!虽如是而安,何以复长百蛮!"左伊秩訾曰:"不然,强弱有时。今汉方盛,乌孙城郭诸国皆为臣妾。自且鞮侯单于以来,匈奴日削,不能取复,虽屈强于此,未尝一日安也。今事汉则安存,不事则危亡,计何以过此?"诸大人相难久之,呼韩邪从其计,引众南近塞,遣子右贤王铢娄渠堂入侍。郅支单于亦遣子右大将驹于利受入侍。

二年冬十二月,匈奴呼韩邪单于款五原塞,愿奉国珍,朝三年正月。诏有司议其仪。丞相、御史曰:"圣王之制,先京师而后诸夏,先诸夏而后夷狄。匈奴单于朝贺,其礼仪宜如诸侯王,位次在下。"太子太傅萧望之以为:"单于非正朔所加,故称敌国,宜待以不臣之礼,位在诸侯王上。外夷稽首称藩,中国让而不臣,此则羁縻之谊,谦亨之福也。《书》曰:'戎狄荒服。'言其来服荒忽无常。如使匈奴后嗣卒有鸟窜鼠伏,阙于朝享,不为畔臣,万世之长策也。"天子采之,下诏曰:"匈奴单于称北蕃,朝正朔。朕之不德,不能弘覆。其以客礼待之,令单于位在诸侯王上,赞谒称臣而不名。"

耻于服从役使，从马上征战建立国家，所以在蛮夷各国享有威名。战死沙场，是壮士的本分。现在兄弟争夺国家，不是哥哥得到，就是弟弟得到；即使战死，仍然有威名存在，子孙永远为各国的君主将帅。汉朝虽然强大，仍然不能吞并匈奴，为什么要败坏祖先的制度，称臣奉事于汉朝，让历代的单于受辱，而为各国所耻笑呢？即使因此而安定，又凭什么再统辖蛮夷各国呢！"左伊秩訾王说："不对，国家的强大衰弱，随着时间推移而改变。现在汉朝正当盛世，乌孙等各城市国家都成为汉朝的藩属。自从且鞮侯单于以来，匈奴一天天削弱，不能恢复；尽管倔强不屈，却未曾一日安宁。现在奉事汉朝，则能平定生存；不奉事汉朝，则将陷于危险覆亡，还有更好的计策吗？"各位大臣对左伊秩訾王诘难了很久，呼韩邪单于听取了左伊秩訾王的建议，带领部众南下靠近边塞，派遣他的儿子右贤王铢娄渠堂入长安侍奉宣帝。郅支单于听到消息，也派遣儿子右大将驹于利受到长安入侍。

二年(前52)冬季十二月，匈奴呼韩邪单于抵达五原边塞，表示愿意奉献国家珍宝，于甘露三年正月来长安朝见。宣帝下诏有关官吏议定朝见礼仪。丞相、御史都说："圣明君王的制度，京师在先而诸侯在后，诸侯在先而夷狄在后。匈奴单于前来朝贺，其礼仪应当同诸侯王一样，座位排列在诸侯王之下。"太子太傅萧望之认为："单于不是汉朝的臣属，所以称为对等之国，不应该用臣属的礼仪接待他，座位应排列在诸侯王之上。外夷向我国低头自称藩属，中国礼让而以不同于臣属的礼仪接待他，这就是笼络他的合理措施，体现了我国的谦让大气。《尚书》说：'戎狄属于荒服之地。'说的是他们的归附变化无常。如果匈奴的后代子孙像飞鸟远窜，老鼠潜伏，疏于前来朝见，也不应该视为背叛之臣，这是万代的长远策略。"汉宣帝采纳了萧望之的建议，下诏说："匈奴单于自称我国北方藩属，将于明年正月初一前来朝见。我自知德性不够，不能当此隆重大礼。应当以国宾之礼接待他，使单于位次排在诸侯王之上，拜谒时只称臣，不称名字。"

荀悦论曰:《春秋》之义,王者无外,欲一于天下也。戎狄道里辽远,人迹介绝,故正朔不及,礼教不加,非尊之也,其势然也。《诗》云:"自彼氐、羌,莫敢不来王。"故要荒之君必奉王贡,若不供职,则有辞让号令加焉,非敌国之谓也。望之欲待以不臣之礼,加之王公之上,僭度失序,以乱天常,非礼也。若以权时之宜,则异论矣。

诏遣车骑都尉韩昌迎单于,发所过七郡二千骑为陈道上。

三年春正月,匈奴呼韩邪单于来朝,赞谒称藩臣而不名。赐以冠带、衣裳,黄金玺、盭绶,玉具剑、佩刀,弓一张,矢四发,棨戟十,安车一乘,鞍勒一具,马十五匹,黄金二十斤,钱二十万,衣被七十七袭,锦绣、绮縠、杂帛八千匹,絮六千斤。礼毕,使使者道单于先行宿长平。上自甘泉宿池阳宫。上登长平阪,诏单于毋谒,其左右当户、群臣皆得列观,及诸蛮夷君长、王、侯数万,咸迎于渭桥下,夹道陈。上登渭桥,咸称万岁。单于就邸长安。置酒建章宫,飨赐单于,观以珍宝。二月,遣单于归国。单于自请:"愿留居幕南光禄塞下,有急,保汉受降城。"汉遣长乐卫尉高昌侯董忠、车骑都尉韩昌将骑万六千,又发边郡士马以千数,送单于出朔方鸡鹿塞。诏忠等留卫单于,助诛不服,又转边谷米糒,前后三万四千斛,给赡其食。先是,自乌孙以西至安

东汉史臣荀悦评论说:按《春秋》的大义,君王应不分内外,以表示天下统一。戎狄到中国路途遥远,人事隔绝,所以中国的年号制度不能及至,礼义教化不能施加,这不是尊重他们,这是形势所致,不得不这样。《诗经》上说:"自有那氐,还有那羌,不敢不来朝见大王。"所以相距遥远的外族君主,必须前来朝贡,如果不履行朝贡的职责,那么就有文辞责备的号令加之于他们身上,不应称之为对等之国。萧望之想要以不同于臣属的礼仪接待他,使其位居王公之上,僭越了制度,丧失了等级,以至扰乱了纲常,这不合礼制。如果只是以此作为因应当时的变通办法,那将另当别论。

宣帝下诏,派遣车骑都尉韩昌去迎接呼韩邪单于,调发单于将经过的七郡骑兵二千名夹道欢迎。

三年(前51)春季正月,匈奴呼韩邪单于前来朝见,拜见汉宣帝时赞礼谒者称他为藩臣而不称名字,以示尊重。汉宣帝赐给他朝冠、朝服、腰带,黄金印玺、绿色绣带,玉石装饰的宝剑、佩刀,一张弓,四十八支箭,十支仪仗用的戟,一辆安车,一副马鞍,十五匹马,二十斤黄金,二十万钱,衣衫被褥七十七套,锦绣、绸缎、布帛八千匹,丝絮六千斤。朝见典礼后,汉宣帝派使者带单于先到长平阪住宿。汉宣帝自己从甘泉出发,住宿池阳宫。宣帝登上长平阪,下诏命单于不必拜谒。随同单于前来朝见的左右当户、群臣都得以列队而观,以及蛮夷各国的君主、各诸侯王、列侯等数万人,全来到渭桥下面,夹道迎接。宣帝登上渭桥,众人齐呼万岁。单于来到长安居住,宣帝在建章宫设酒宴,招待单于,请他观赏奇珍异宝。二月,护送单于回国。单于自己请求:"愿意留在大漠以南光禄塞之下,遇有紧急情况,到汉受降城自保。"汉朝派遣长乐卫尉高昌侯董忠、车骑都尉韩昌,率领骑兵一万六千名,又调发边境各郡数以千计的士卒、马匹,护送单于出朔方郡鸡鹿塞。宣帝下诏命董忠等留在当地保卫单于,帮助单于诛灭那些不服从的人。又转运边境的谷、米、干粮,前后共达三万四千斛,供给单于及其部属食用。从前,自乌孙以西直到安

息诸国近匈奴者,皆畏匈奴而轻汉,及呼韩邪单于朝汉后,咸尊汉矣。

上以戎狄宾服,思股肱之美,乃图画其人于麒麟阁,法其容貌,署其官爵、姓名;唯霍光不名,曰"大司马、大将军、博陆侯,姓霍氏"。其次张安世、韩增、赵充国、魏相、丙吉、杜延年、刘德、梁丘贺、萧望之、苏武,凡十一人,皆有功德,知名当世,是以表而扬之,明著中兴辅佐,列于方叔、召虎、仲山甫焉。

四年冬十月,匈奴呼韩邪、郅支两单于俱遣使朝献,汉待呼韩邪使有加焉。

黄龙元年春正月,匈奴呼韩邪单于来朝。二月,归国。始,郅支单于以为呼韩邪兵弱,降汉,不能复自还,即引其众西,欲攻定右地。又屠耆单于小弟本侍呼韩邪,亦亡之右地,收两兄馀兵,得数千人,自立为伊利目单于。道逢郅支,合战,郅支杀之,并其兵五万馀人。郅支闻汉出兵谷助呼韩邪,即遂留居右地。自度力不能定匈奴,乃益西,近乌孙,欲与并力,遣使见小昆弥乌就屠。乌就屠杀其使,发八千骑迎郅支。郅支觉其谋,勒兵逢击乌孙,破之,因北击乌揭、坚昆、丁令,并三国。数遣兵击乌孙,常胜之。坚昆东去单于庭七千里,南去车师五千里,郅支留都之。

元帝初元元年秋九月,匈奴呼韩邪单于复上书,言民众困乏。诏云中、五原郡转谷二万斛以给之。

息接近匈奴的各国，都畏惧匈奴而轻视汉朝，到呼韩邪单于朝拜汉朝皇帝后，都尊重汉朝了。

宣帝由于四方戎狄相继臣服，想到辅佐大臣的功绩，于是命人在麒麟阁上，为那些辅佐大臣画出图像，描绘出他们的形体外貌，写上他们的官爵、姓名；只有霍光不署名字，只写上"大司马、大将军、博陆侯，姓霍氏"。其次则是张安世、韩增、赵充国、魏相、丙吉、杜延年、刘德、梁丘贺、萧望之、苏武，总共十一人，他们都有功劳德行，在当世享有盛誉，所以表彰颂扬他们，明确地记下他们对汉室中兴的辅佐之功，表示他们可以媲美于古代的方叔、召虎、仲山甫。

四年（前50）冬季十月，匈奴呼韩邪、郅支两单于都派使者前来进贡朝拜，汉朝接待呼韩邪单于的使者礼敬有加。

黄龙元年（前49）春季正月，匈奴呼韩邪单于前来朝见。二月，回国。起初，郅支单于认为呼韩邪单于兵力衰弱，归降汉朝，不会再回来，于是带领他的部众向西推进，准备攻占平定匈奴右翼地区。又有屠耆单于的小弟弟本来侍奉呼韩邪单于，也逃到右翼地区，收集他的两位兄长屠耆单于和闰振单于的残余军队，共得数千人，自立为伊利目单于。行军途中遇到郅支单于的军队，双方交战，郅支单于杀死伊利目单于，兼并其军队五万多人。郅支单于听到汉朝出兵出粮援助呼韩邪单于，随即就留居在右翼地区。他自己估计力量不能够平定整个匈奴，于是日益西进靠近乌孙，想与乌孙的力量联合起来，派遣使者去见乌孙小昆弥乌就屠。乌就屠杀死使者，派出八千骑兵假装迎接郅支单于。郅支单于觉察到了他的图谋，率兵迎击，大败乌孙军队，遂乘胜向北进攻乌揭、坚昆、丁令，吞并了这三个国家。郅支单于多次派兵进攻乌孙，经常战胜乌孙军队。坚昆国东部离单于王庭七千里，南部距车师五千里，郅支单于在此居住并建都。

元帝初元元年（前48）秋季九月，匈奴呼韩邪单于再次上书汉朝廷，陈述匈奴民众生活困难匮乏。元帝下诏云中、五原两郡运送粮食二万斛接济他们。

五年,匈奴郅支单于自以道远,又怨汉拥护呼韩邪而不助己,困辱汉使者江乃始等,遣使奉献,因求侍子。汉议遣卫司马谷吉送之。御史大夫贡禹、博士东海匡衡以为:"郅支单于乡化未醇,所在绝远,宜令使者送其子,至塞而还。"吉上书言:"中国与夷狄有羁縻不绝之义,今既养全其子十年,德泽甚厚,空绝而不送,近从塞还,示弃捐不畜,使无乡从之心。弃前恩,立后怨,不便。议者见前江乃始无应敌之数,智勇俱困,以致耻辱,即豫为臣忧。臣幸得建强汉之节,承明圣之诏,宣谕厚恩,不宜敢桀。若怀禽兽心,加无道于臣,则单于长婴大罪,必遁逃远舍,不敢近边。没一使以安百姓,国之计,臣之愿也。愿送至庭。"上许焉。既至,郅支单于怒,竟杀吉等。自知负汉,又闻呼韩邪益强,恐见袭击,欲远去。会康居王数为乌孙所困,与诸翕侯计,以为:"匈奴大国,乌孙素服属之。今郅支单于困厄在外,可迎置东边,使合兵取乌孙以立之,长无匈奴忧矣。"即使使至坚昆,通语郅支。郅支素恐,又怨乌孙,闻康居计,大说,遂与相结,引兵而西。郅支人众中寒道死,馀才三千人。到康居,康居王以女妻郅支,郅支亦以女予康居王。

五年(前44),匈奴郅支单于自认为距离汉朝遥远,又怨恨汉朝帮助并扶持呼韩邪单于而不帮助自己,于是困辱汉朝的使者江乃始等人,同时派使者到汉朝进贡,趁机要求送还在汉朝宫中侍奉的儿子。汉朝商议,派卫司马谷吉护送郅支单于的儿子回国。御史大夫贡禹、博士东海人匡衡认为:"郅支单于对汉朝的向往归服不是诚心实意,所居又在遥远的绝域,应当令朝廷使者护送他的儿子,到边塞而返回。"谷吉上书说:"中国和四周的夷狄之间,有着长期笼络而没断绝过的情义。现在已经供养保全郅支单于的儿子十年,恩德极为深厚。如果让他空空地回去而不护送他到家,只送到边塞就回来,那就是显示跟他永远断绝关系,使他再也没有向往归服汉朝的心思。抛弃从前的恩德,结下以后的仇怨,没有好处。议论的人看到以前江乃始缺乏应对敌人的才能,智慧、勇敢都无法施展,以致受到耻辱,于是预先为我担忧。我有幸手执强大汉朝的旌节,承奉圣明皇帝的诏书,传布汉朝对匈奴的深恩厚德,预料郅支单于不敢凶暴无礼。如果他怀着狼子野心,对我暴虐无礼,那么单于就犯下了滔天大罪,必然逃到很远的地方,不敢靠近边塞。牺牲一个使节,以使百姓安宁,这是国家的大事,也是我这个臣子的愿望。我愿意把郅支单于的儿子送到王庭。"汉元帝同意了。谷吉把郅支单于的儿子送到王庭以后,郅支单于无端发怒,竟然杀死谷吉等人。他自己知道有负汉恩,又听到呼韩邪单于日益强大,担心遭到袭击,想要远逃西方。正好康居国王因为多次被乌孙所困扰,与他的各位翁侯计议,认为:"匈奴是大国,乌孙一向归服臣属于它。现在郅支单于困处在国境之外,可以迎请他驻守在东部边界,然后与他合军攻取乌孙,以便拥立他为乌孙国王,这样就永远没有来自匈奴的忧患了。"随后康居就派使者来到坚昆,报告郅支单于。郅支单于一向恐惧,又怨恨乌孙,听到康居国的计划,大喜,于是就与康居国结成联盟,带领军队向西进发。郅支的部众中很多人由于风寒袭击在路途死去,只剩三千人。到康居后,康居国王把女儿嫁给郅支单于,郅支单于也把女儿嫁给康居国王。

康居甚尊敬郅支，欲倚其威以胁诸国。郅支数借兵击乌孙，深入至赤谷城，杀略民人，驱畜产去。乌孙不敢追，西边空虚不居者五千里。

永光元年，匈奴呼韩邪单于民众益盛，塞下禽兽尽。单于足以自卫，不畏郅支，其大臣多劝单于北归者。久之，单于竟北归庭，民众稍稍归之，其国遂定。

建昭三年冬，使西域都护、骑都尉北地甘延寿、副校尉山阳陈汤共诛斩匈奴郅支单于于康居。始，郅支单于自以大国，威名尊重，又乘胜骄，不为康居王礼，怒杀康居王女及贵人、人民数百，或支解投都赖水中。发民作城，日作五百人，二岁乃已。又遣使责阖苏、大宛诸国岁遗，不敢不予。汉遣使三辈至康居，求谷吉等死。郅支困辱使者，不肯奉诏，而因都护上书，言："居困厄，愿归计强汉，遣子入侍。"其骄嫚如此。

汤为人沉勇，有大虑，多策谋，喜奇功，与延寿谋曰："夷狄畏服大种，其天性也。西域本属匈奴，今郅支单于威名远闻，侵陵乌孙、大宛，常为康居画计，欲降服之。如得此二国，数年之间，城郭诸国危矣。且其人剽悍，好战伐，数取胜；久畜之，必为西域患。虽所在绝远，蛮夷无金城、强弩

康居国王极为尊敬郅支单于，想依仗他的威力，以便胁迫邻近各国。郅支单于多次带康居的军队攻击乌孙，深入乌孙境内到达其京城赤谷城，屠杀、掳掠乌孙的人民，驱赶他们的牲畜而离去。乌孙不敢追击，西部空虚而没有人居住的土地达五千里。

永光元年(前43)，匈奴呼韩邪单于的部属日益壮大，边塞之下的飞禽走兽几乎绝迹。单于的力量足以保卫自己，不再害怕郅支单于的攻击，很多大臣劝说呼韩邪单于北返旧地。过了很久一段时间，呼韩邪单于终于北返王庭，匈奴各地民众渐渐归附他，国家于是安定。

建昭三年(前36)冬季，西域都护、骑都尉、北地人甘延寿，和副校尉、山阳人陈汤，率军进攻，在康居杀死郅支单于。起初，郅支单于自认为匈奴是大国，享有威名，受到尊重，又因乘胜取得一系列胜利而骄横跋扈。因为不受康居王礼敬，所以发怒杀死康居王的女儿，以及贵族、人民达数百人，有的肢解躯体扔入都赖水中。郅支单于还征发康居民工修筑城垣，每天有五百人劳作，二年才完工。又派遣使者责成阖苏、大宛各国每年进贡，他们不敢不给。汉朝先后派遣三批使者到达康居，查问谷吉等人遗体的下落。郅支单于侮辱汉朝使者，不肯接受汉朝皇帝的诏书，而只是通过汉朝政府的西域都护上书，说："居住在窘迫困苦的地方，愿意归附强大的汉朝，派遣我的儿子入汉侍奉。"其骄横傲慢到了这样的地步。

陈汤为人沉着勇敢，深思熟虑，富于谋略，渴望建树奇特的功绩，他与甘延寿谋划说："夷狄畏惧服从势力强大的民族，这是他们的天性。西域各国本来臣属于匈奴，现在郅支单于的威名传播很远，侵略欺凌乌孙、大宛，经常为康居出谋划策，想要使乌孙、大宛归降臣服于匈奴。如果匈奴得到这两个国家，那么在几年的时间里，西域各个城市国家都将处于危难之中。况且郅支单于这个人性情剽悍，喜好战斗攻伐，多次取得胜利，让他长久地居住在那里，必然成为西域的祸患。虽然他所居住的地方距我们路途遥远，幸而这些蛮夷没有坚固的城堡与强劲的弓弩

之守。如发屯田吏士，驱从乌孙众兵，直指其城下，彼亡则无所之，守则不足自保，千载之功可一朝而成也！"延寿亦以为然，欲奏请之。汤曰："国家与公卿议，大策非凡所见，事必不从。"延寿犹与不听。会其久病，汤独矫制发城郭诸国兵、车师戊己校尉屯田吏士。延寿闻之，惊起，欲止焉。汤怒，按剑叱延寿曰："大众已集会，竖子欲沮众邪！"延寿遂从之。部勒行陈，汉兵、胡兵合四万馀人。延寿、汤上疏自劾奏矫制，陈言兵状。即日引军分行，别为六校：其三校从南道逾葱岭，径大宛；其三校都护自将，发温宿国，从北道入赤谷，过乌孙，涉康居界，至阗池西。而康居副王抱阗将数千骑寇赤谷城东，杀略大昆弥千馀人，驱畜产甚多，从后与汉军相及，颇寇盗后重。汤纵胡兵击之，杀四百六十人，得其所略民四百七十人，还付大昆弥，其马、牛、羊以给军食。又捕得抱阗贵人伊奴毒。入康居东界，令军不得为寇。间呼其贵人屠墨见之，谕以威信，与饮、盟，遣去。径引行，未至单于城可六十里，止营。复捕得康居贵人贝色子男开牟以为导。贝色子，即屠墨母之弟，皆怨单于，由是具知郅支情。明日，引行，未至城三十里，止营。

用于防卫。如果我们征发屯田的将士，驱使乌孙的军队随同我们，一起挺进到他新筑的城堡之下，他要逃则没有地方可逃，要守则不足以自保，千秋万代的功业，可以在一天早上成就啊！"甘延寿也认为很有道理，想要奏请朝廷批准。陈汤说："如果上奏，天子与公卿商议，如此远大的谋略不是平庸的官僚所能了解的，必定不会同意。"甘延寿迟疑，没有接受。正好甘延寿病了很久，陈汤独自假传圣旨，调遣各城市国家的军队、车师戊己校尉屯田将士。甘延寿听到这件事情，大惊而起，想要加以阻止。陈汤大怒，手按剑柄叱责甘延寿说："各路大军已集中汇合，你小子是不是想阻止大军！"甘延寿于是顺从了陈汤。他们部署统领各路军队，汉朝军队、西域各国的军队集合起来共四万多人。甘延寿、陈汤上奏章自我弹劾假传圣旨之罪，陈述西域的军事形势。发出奏章的当天，率领军队，分别行动，分为六路纵队：其中三路纵队从南道越葱岭，穿过大宛；另三路纵队由都护甘延寿亲自率领，从温宿国出发，由北道进入乌孙国首府赤谷城，横穿乌孙，过康居国边界，到达阗池西岸。而这时康居国的副王抱阗带领数千骑兵掳掠赤谷城以东的地区，杀死及劫掠乌孙大昆弥手下千馀人，抢走马、牛、羊等牲畜极多，从后面追上汉朝军队的殿后队伍，夺取汉军大批辎重。陈汤指挥西域各国的军队迎击抱阗的骑兵，杀死四百六十人，夺回抱阗军队所掳掠的乌孙人四百七十人，交还给乌孙大昆弥，而他们夺回的马、牛、羊等牲畜则留下来以供给军队食用。又俘获抱阗手下贵族伊奴毒。进入康居东部地区后，陈汤下令军队不得掳掠。秘密地通报康居贵族屠墨前来见他，向他晓谕汉朝政府的威力与信义，与他畅饮、盟誓，然后护送他回去。陈汤等人率大军继续向前挺进，大军距离单于新筑城堡大约六十里处，停下来宿营。又俘虏到康居国的贵族贝色子男开牟，让他做向导。贝色子男开牟是屠墨的舅父，也怨恨郅支单于，因此，汉军全部了解到郅支单于内部的情况。第二天，带军继续前进，在距离单于城堡三十里的地方，停下来宿营。

单于遣使问:"汉兵何以来?"应曰:"单于上书言:'居困厄,愿归计强汉,身入朝见。'天子哀闵单于,弃大国,屈意康居,故使都护将军来迎单于妻子。恐左右惊动,故未敢至城下。"使数往来相答报,延寿、汤因让之:"我为单于远来,而至今无名王、大人见将军受事者,何单于忽大计,失客主之礼也!兵来道远,人畜罢极,食度且尽,恐无以自还,愿单于与大臣审计策!"

明日,前至郅支城都赖水上,离城三里,止营傅陈。望见单于城上立五采幡帜,数百人被甲乘城。又出百馀骑往来驰城下,步兵百馀人夹门鱼鳞陈,讲习用兵。城上人更招汉军曰:"斗来!"百馀骑驰赴营,营皆张弩持满指之,骑引却。颇遣吏士射城门骑、步兵,骑、步兵皆入。延寿、汤令军:"闻鼓音,皆薄城下,四面围城,各有所守,穿堑,塞门户,卤楯为前,戟弩为后,仰射城楼上人。"楼上人下走。土城外有重木城,从木城中射,颇杀伤外人,外人发薪烧木城。夜,数百骑欲出,外迎射,杀之。

初,单于闻汉兵至,欲去,疑康居怨己,为汉内应,又闻乌孙诸国兵皆发,自以无所之。郅支已出,复还,曰:"不如坚守。汉兵远来,不能久攻。"单于乃被甲在楼上,诸阏氏、夫人数十皆以弓射外人。外人射中单于鼻,诸夫人

单于派遣使节前来问道:"汉朝军队为何到这里来?"汉军有关官员回答说:"你们单于曾经上书,说:'居住在困苦窘迫的地方,愿意归附强大的汉朝,亲自到长安朝见。'皇帝怜悯单于放弃广阔的领土,委屈地住在康居,所以派遣西域都护率领军队前来迎接单于的妻子儿女。担心单于的左右受惊,所以没有敢到达单于的门下。"双方使节来往几次相互回答之后,甘延寿、陈汤责备单于使节说:"我们为了单于远道而来,而直到现在没有一位有名望的王侯、贵族,前来拜见都护的幕僚,为什么单于忘记了他当初的重大计议,竟然失去了主人接待客人的礼貌!我们的军队来自遥远的地方,人员牲畜疲惫已极,粮草即将用完,恐怕没有用以返程的粮草了,希望单于与大臣慎重考虑!"

第二天,军队向前进抵郅支单于城堡附近的都赖水畔,在距离单于城三里处,停下驻扎,构筑阵地。看到单于城堡上竖着五色旗帜,数百名战士披着盔甲登上城楼。又从城中冲出一百馀骑兵往来奔驰于城下,一百馀步兵在城门两侧结成鱼鳞阵,做战斗演习。城上守军还向汉军挑战,喊道:"来打吧!"一百多骑兵冲进汉军营垒,汉军营垒强弓全部拉满,箭矢外指,骑兵引军退避。汉军派大批将士射击城门外的匈奴骑兵、步兵,这些匈奴骑兵、步兵都退进城内。甘延寿、陈汤下令汉军:"听到鼓声,都迫近城下,从四面围城,各自记住应守护的位置,开凿洞穴,堵塞射击孔,盾牌在前,戟弩在后,向上射杀城楼上的守军。"城楼上的守军向下溃散。土城之外,有两层木墙构成的重木城,匈奴军队从木城中射击,大量杀伤外面的汉军,外面的汉军运来树木焚烧木城。夜里,数百匈奴骑兵想冲出城外,汉军迎面痛射,杀了他们。

当初,郅支单于听到汉朝军队到达,想要离去,怀疑康居人怨恨自己,为汉军进攻做内应,又听到乌孙各国军队都被征发前来进攻,自认为无处可去。所以郅支单于已经逃出单于城,却又返回,说:"不如在此坚守,汉军远道而来,不能持久地进攻。"单于于是身披盔甲站在城楼上指挥,那些阏氏、夫人共数十人都以弓箭射击外面的汉军。外面的汉军射中单于的鼻子,他的夫人

颇死，单于乃下。夜过半，木城穿，中人却入土城，乘城呼。时康居兵万馀骑，分为十馀处，四面环城，亦与相应和。夜，数奔营，不利，辄却。平明，四面火起，吏士喜，大呼乘之，钲、鼓声动地。康居兵引却。汉兵四面推卤楯，并入土城中。单于男女百馀人走入大内，汉兵纵火，吏士争入，单于被创死。军候假丞杜勋斩单于首。得汉使节二及谷吉等所赍帛书，诸卤获以畀得者。凡斩阏氏、太子、名王以下千五百一十八级，生虏百四十五人，降虏千馀人，赋予城郭诸国所发十五王。

四年春正月，郅支首至京师。延寿、汤上疏曰："臣闻天下之大义当混为一，昔有唐、虞，今有强汉。匈奴呼韩邪单于已称北藩，唯郅支单于叛逆，未伏其辜。大夏之西，以为强汉不能臣也。郅支单于惨毒行于民，大恶通于天。臣延寿，臣汤，将义兵，行天诛，赖陛下神灵，阴阳并应，天气精明，陷陈克敌，斩郅支首及名王以下。宜县头槁街蛮夷邸间，以示万里，明犯强汉者，虽远必诛！"丞相匡衡等以为："方春掩骼、埋胔之时，宜勿县。"诏县十日，乃埋之。仍告祠郊庙，赦天下。群臣上寿，置酒。

五年，匈奴呼韩邪单于闻郅支既诛，且喜且惧，上书，愿入朝见。

也死了好多个，单于于是从城楼下来。午夜之后，木城被攻破，木城中的守军退入土城，登上城楼呼号呐喊。这时，康居军队一万馀骑兵，分为十馀队，东西南北四面环城部署，也与城楼上的匈奴军互相呼应。乘着夜幕，多次冲向汉军营地，没有得手，只得都向后退却。天将亮时，单于城的四面火起，汉军官兵振奋，乘火势大喊，钲鼓之声，震天动地。康居军队向后再退。汉军推举盾牌，从四面一道进入土城中。单于同匈奴男女一百馀人逃进他的内室。汉朝军队纵火焚烧，将士争相冲入，单于身负重伤而死。军候假丞杜勋砍下单于的头。在内室中搜到汉朝使臣的符节两只，以及谷吉等人所携带的帛书。那些掳掠到的财物，都归抢掠者所有。共斩杀阏氏、太子、名王以下一千五百一十八人，生擒一百四十五人，投降的一千馀人，分配给西域城市国家领兵共围单于的十五个国王。

四年(前35)春季正月，郅支单于的首级送到京师。甘延寿、陈汤上书元帝说："我们听说天下的大义，应当是合四海之内而统归于一。过去有唐尧、虞舜，现在有强大的汉朝。匈奴呼韩邪单于已成为汉朝的北方藩属，只有郅支单于背叛汉朝，没有伏罪。他逃亡到大夏以西的地方，认为强大的汉朝不能使他称臣归服。郅支单于对人民残忍暴虐，巨大的罪恶上通于天。臣甘延寿、陈汤，带领仁义的军队，实行上天的诛伐，仰赖陛下的神灵威名，阴阳配合，天气晴明，攻陷敌人的堡垒，制服敌人的抵抗，砍下郅支单于的头，并诛杀名王以下。应悬挂郅支单于的头于长安槁街蛮夷馆舍之间，以便昭示天下万里，使之明白，胆敢冒犯强大的汉朝的人，即使遥远也必须诛杀！"丞相匡衡等人认为："正当春天掩埋骨骼、安葬尸体的时候，不应悬挂人头。"元帝下诏悬挂郅支单于的头示众十日，然后掩埋了他。仍旧奉告并祭祀位于郊外的祖先祭庙，大赦天下。群臣向元帝祝寿，举行宴会。

五年(前34)，匈奴呼韩邪单于听到郅支单于被诛杀的消息，既高兴又恐惧，向元帝上书，愿意入朝觐见。

竟宁元年春正月，匈奴呼韩邪单于来朝，自言愿婿汉氏以自亲。帝以后宫良家子王嫱字昭君赐单于。单于欢喜，上书："愿保塞上谷以西至敦煌，传之无穷。请罢边备塞吏卒，以休天子人民。"天子下有司议，议者皆以为便。郎中侯应习边事，以为不可许。上问状，应曰："周、秦以来，匈奴暴桀，寇侵边境，汉兴，尤被其害。臣闻北边塞至辽东，外有阴山，东西千馀里，草木茂盛，多禽兽，本冒顿单于依阻其中，治作弓矢，来出为寇，是其苑囿也。至孝武世，出师征伐，斥夺此地，攘之于幕北，建塞徼，起亭隧，筑外城，设屯戍以守之，然后边境得用少安。幕北地平，少草木，多大沙，匈奴来寇，少所蔽隐。从塞以南，径深山谷，往来差难。边长老言：'匈奴失阴山之后，过之未尝不哭也。'如罢备塞戍卒，示夷狄之大利，不可一也。今圣德广被，天覆匈奴，匈奴得蒙全活之恩，稽首来臣。夫夷狄之情，困则卑顺，强则骄逆，天性然也。前已罢外城，省亭隧，令裁足以候望，通烽火而已。古者安不忘危，不可复罢，二也。中国有礼义之教，刑罚之诛，愚民犹尚犯禁，又况单于，能必其众不犯约哉？三也。自中国尚建关梁以制诸侯，所以绝臣下之觊欲也。设塞徼，置屯戍，非独为匈奴而已，亦为诸属国降民本故匈奴之人，恐其思旧逃亡，四也。

竟宁元年(前33)春季正月,匈奴呼韩邪单于入朝,自称愿成为汉家女婿,以便亲近汉朝。汉元帝把后宫良家女子王嫱,别名王昭君,赐给呼韩邪单于。单于非常欢喜,上书说:"愿意保护东起上谷、西至敦煌的汉朝边境,永远相传。谨请撤除边境戒备要塞的将士,以便休养天子的人民。"汉元帝把这份上书交给有关官吏讨论,讨论的官吏都认为这样很好。郎中侯应了解边境事务,认为不可答应。元帝询问原因,侯应回答说:"周朝、秦朝以来,匈奴暴虐凶悍,掳掠侵扰边境,汉朝建立之后,尤其遭受它的伤害。我听说北方边境东起辽东,西到阴山,东西一千馀里,草木生长茂盛,禽兽众多,本来冒顿单于依仗这里地势险要,制作弓箭,进来出去进行掳掠,这里成为畜养打猎的园地。到孝武皇帝时,出动军队前往征伐、开拓,夺取了这块土地,将匈奴赶到大漠以北,建立新的边境地界,筑起城堡,开通道路,兴建外城,设置屯田戍卫的军队,以防卫这块土地,此后边境地区得以因此稍稍安宁。漠北地形平坦,缺少草木,沙漠众多,匈奴前来掳掠,没有遮蔽隐藏之地。靠近边塞以南,路途山高谷深,来往十分困难。边境长老说:'匈奴丧失阴山之后,经过那里都会伤心痛哭。'如果撤除戒备边境的戍卫部队,正给了夷狄重来的大好时机,这是不能答应的理由之一。现在君主的圣德宽阔广大,如天一样覆盖匈奴,匈奴得以全存,承蒙恩惠,前来叩头臣服。然而夷狄的性情,困窘则谦卑服从,强悍则骄横叛逆,天性就是这样。前些时已撤除了外城,减少了城堡、通道,使得边境驻军现在只能担负瞭望、互通烽火罢了。古人居安思危,因此不能再撤除军队,这是不可答应的理由之二。中国有礼义的教化,刑罚的惩处,愚昧的小民尚且还违犯禁令,又何况匈奴单于能保证他的部众不违犯订立的盟约吗? 这是不可答应的理由之三。即使在中国境内,尚且在水陆要地建立关卡,以便制衡诸侯,这是用来断绝臣属非分之念的方法。设置边境地界,兴办屯田戍守,不仅仅为了防备匈奴,也是因为各属国的降民,本来是匈奴的人,恐怕他们思念故旧而逃亡,这是不可答应的理由之四。

近西羌保塞，与汉人交通，吏民贪利，侵盗其畜产、妻子，以此怨恨，起而背畔。今罢乘塞，则生嫚易分争之渐，五也。往者从军多没不还者，子孙贫困，一旦亡出，从其亲戚，六也。又边人奴婢愁苦，欲亡者多，曰：'闻匈奴中乐，无奈候望急何！'然时有亡出塞者，七也。盗贼桀黠，群辈犯法，如其窘急，亡走北出，则不可制，八也。起塞以来百有馀年，非皆以土垣也，或因山岩、石、木、溪谷、水门，稍稍平之，卒徒筑治，功费久远，不可胜计。臣恐议者不深虑其终始，欲以壹切省徭戍，十年之外，百岁之内，卒有他变，障塞破坏，亭隧灭绝，当更发屯缮治，累世之功不可卒复，九也。如罢戍卒，省候望，单于自以保塞守御，必深德汉，请求无已，小失其意，则不可测。开夷狄之隙，亏中国之固，十也。非所以永持至安，威制百蛮之长策也。"对奏，天子有诏："勿议罢边塞事。"使车骑将军嘉口谕单于曰："单于上书愿罢北塞吏士屯戍，子孙世世保塞。单于乡慕礼义，所以为民计者甚厚，此长久之策也。朕甚嘉之！中国四方皆有关梁障塞，非独以备塞外也，亦以防中国奸邪放纵，出为

靠近西羌城堡边塞的部落，与汉人交往相通，汉朝的官吏边民贪图财利，侵占盗窃他们的牲畜、妻子，由于这些怨恨，他们背叛朝廷。现在撤除边防守军，则可能出现欺骗侮辱、纠缠不清的纷争，这是不可答应的理由之五。过去从军的士卒中有很多留在匈奴没有回来的人，他们的子孙贫穷困苦，一旦逃亡出走，必定去边塞追随其亲戚，这是不可答应的理由之六。又有边境一带人的奴婢，忧愁痛苦，想逃亡的很多，说："听说匈奴那里快乐，无奈何边军监视太紧！"然而仍经常有逃亡出塞的人，这是不能答应的理由之七。强盗窃贼凶暴狡诈，结成团伙共同犯法，如果他们窘迫着急，必然逃奔北方匈奴而去，则不可以制服，这是不可答应的理由之八。建立要塞以来，已有一百多年，并不都是以土墙建成，有的利用山上的悬崖，有的利用石块木材，有的利用溪流沟谷，有的利用水峡渡口，稍加连接增补，征发士卒刑徒筑建而成，事功耗费历时久远，无法计算。我担心那些主张撤除边境军务的人，不去深刻考虑边境防务设施的来龙去脉，想以一刀切断的方法，免除徭役、防卫，十年之后，百年之内，如果突然出现其他变故，屏障要塞已经破坏，边亭道路已经废弃湮没，必当重新征发屯田士卒修缮重建，历代积累下来的功业不可能立即恢复，这是不可答应的理由之九。如果撤除戍卫的士卒，减省边境地区的侦察监视，匈奴单于自己认为保护边塞，戍守防卫，必在汉朝面前称大有恩德，请求赏赐没有止境。一旦使他失望，后果就不可预测。提供夷狄侵扰的机会，损坏中国自己的防卫，这是不可答应的理由之十。撤除边境防卫军队，不是永远保持和平安定、威慑制服百蛮的长远策略。"奏章上呈后，元帝下诏："不再讨论撤除边境防务的事情。"派遣车骑将军许嘉，向单于当面晓告说："单于上书，请求汉朝撤除北部边境屯田守卫的将士，愿意子孙世世代代保卫边塞。单于向往仰慕礼节仁义，因此为人民的幸福安乐考虑得很周到，这是长期久远的策略，皇上极为赞许这一计划！中国的四方都有关卡、亭障、要塞，除了用来防备边塞之外，也是为了防止中国内部奸邪之徒肆无忌惮，到边境之外

寇害,故明法度以专众心也。敬谕单于之意,朕无疑焉。为单于怪其不罢,故使嘉晓单于。"单于谢曰:"愚不知大计,天子幸使大臣告语,甚厚!"

初,左伊秩訾为呼韩邪画计归汉,竟以安定。其后或谗伊秩訾自伐其功,常鞅鞅,呼韩邪疑之。伊秩訾惧诛,将其众千馀人降汉,汉以为关内侯,食邑三百户,令佩其王印绶。及呼韩邪来朝,与伊秩訾相见,谢曰:"王为我计甚厚,令匈奴至今安宁,王之力也,德岂可忘!我失王意,使王去,不复顾留,皆我过也。今欲白天子,请王归庭。"伊秩訾曰:"单于赖天命,自归于汉,得以安宁。单于神灵,天子之祐也,我安得力!既已降汉,又复归匈奴,是两心也。愿为单于侍使于汉,不敢听命!"单于固请,不能得而归。

单于号王昭君为宁胡阏氏,生一男伊屠智牙师,为右日逐王。

初,中书令石显尝欲以姊妻甘延寿,延寿不取。及破郅支还,丞相、御史亦恶其矫制,皆不与延寿等。陈汤素贪,所卤获财物入塞,多不法。司隶校尉移书道上,系吏士,按验之。汤上疏言:"臣与吏士共诛郅支单于,幸得禽灭,万里振旅,宜有使者迎劳道路。今司隶反逆收系按验,是为郅支

进行掳掠，造成危害，因此明确法度，以便统一众人之心。单于的心意已经晓知，皇上决不怀疑。恐怕单于误会汉朝不撤除边境军队的原因，所以派遣我许嘉来告诉单于。"单于道歉说："我愚昧，不知道这些重大的考虑。有幸天子遣派大臣告诉我，待我非常优厚。"

当初，左伊秩訾为呼韩邪单于谋划归附汉朝，匈奴终于因此安定。其后有的人诬告说左伊秩訾自认为安定匈奴有功，却没有什么封赏，心里常有不满，呼韩邪单于怀疑左伊秩訾。左伊秩訾担心被杀，带领他的部众一千馀人归降汉朝，汉朝封他为关内侯，封给三百户人家的一块土地供其收取赋税，让他佩戴他的匈奴王侯的官印和系印的绶带。等到呼韩邪单于前来朝见，与左伊秩訾会面，呼韩邪单于道歉说："大王为我谋划极为深远，使得匈奴至今安定，这是大王的力量啊，大王的恩德岂能忘记！我却使大王失意，使大王离我而去，不再顾念而留在匈奴，都是我的过错啊。现在我想报告天子，请大王返回王庭。"左伊秩訾说："单于仰赖上天的旨意，自己归附于汉朝，匈奴得以安定太平。这是单于的神圣威灵，天子的扶佐救助，我怎么会有这种力量！既然已经归降汉朝，又再回匈奴，这是有二心。我愿意作为单于的使者留在汉朝，不敢听从您的命令！"呼韩邪单于坚决请求，没有得到左伊秩訾的应允而自行返回。

呼韩邪单于封王昭君为宁胡阏氏，生下一个男孩为伊屠智牙师，被封为右日逐王。

当初，中书令石显曾经想把他的姐姐嫁给甘延寿为妻，甘延寿没有答应。到甘延寿攻破郅支单于返回长安，丞相、御史也厌恶他假传圣旨，并不赞许甘延寿的功勋。陈汤一向贪财，将掳掠获取的财物带入境内，多私自取之而不依军法。司隶校尉通知沿途郡县，逮捕陈汤手下将士，审问查办他们。陈汤上书元帝说："我和手下将士共同诛杀郅支单于，幸而得以擒获歼灭，自万里之外，凯旋回师，应当有朝廷的使者在道路上迎接慰劳。现在司隶校尉反而大批逮捕我手下将士，拷问口供，这是替郅支单于

报仇也。"上立出吏士，令县、道具酒食以过军。既至，论功，石显、匡衡以为："延寿、汤擅兴师矫制，幸得不诛。如复加爵土，则后奉使者争欲乘危徼幸，生事于蛮夷，为国招难。"帝内嘉延寿、汤功而重违衡、显之议，久之不决。

　　故宗正刘向上疏曰："郅支单于囚杀使者、吏士以百数，事暴扬外国，伤威毁重，群臣皆闵焉。陛下赫然欲诛之，意未尝有忘。西域都护延寿，副校尉汤，承圣指，倚神灵，总百蛮之君，揽城郭之兵，出百死，入绝域，遂蹈康居，屠三重城，搴歙侯之旗，斩郅支之首，县旌万里之外，扬威昆山之西，扫谷吉之耻，立昭明之功，万夷慑伏，莫不惧震。呼韩邪单于见郅支已诛，且喜且惧，乡风驰义，稽首来宾，愿守北藩，累世称臣。立千载之功，建万世之安，群臣之勋莫大焉。昔周大夫方叔、吉甫为宣王诛猃狁而百蛮从，其诗曰：'啴啴焞焞，如霆如雷。显允方叔，征伐猃狁，蛮荆来威。'《易》曰：'有嘉折首，获匪其丑。'言美诛首恶之人，而诸不顺者皆来从也。今延寿、汤所诛震，虽《易》之'折首'，《诗》之'雷霆'，不能及也。论大功者不录小过，举大美者不疵细瑕。《司马法》曰：'军赏不逾月。'欲民速得为善之利也。

报仇啊！"元帝下令，立即释放被逮捕审问的将士，下令沿途各地准备酒食以慰劳通过的军队。甘延寿、陈汤即返长安，论评功绩，石显、匡衡认为："甘延寿、陈汤擅自假传圣旨，调动军队，不诛杀他们，已是幸运。如果再赐给爵号，封给土地，那么以后奉命出使的人争相想要采取危险行动以求侥幸成功，在蛮夷之间制造事端，为国家招来大难。"元帝内心嘉许甘延寿、陈汤的功劳，而又难以违反匡衡、石显的意见，很久不能决定。

前任宗正刘向上书元帝说："郅支单于囚禁杀害汉朝使者、官员近百人，这类事情在外国广为传播，严重损伤汉朝的威严，破坏人们对朝廷的敬重，朝廷群臣都为此而伤心难过。陛下勃然大怒，想要诛灭他，这种意念未曾有忘记的时候。西域都护甘延寿、副校尉陈汤，秉承圣上的旨意，依仗陛下的神圣威灵，统领百蛮的君主，集结各城市国家的军队，经历种种危难，深入遥远地域，于是踏平康居王国，屠灭郅支单于的三重王城，拔掉了歙侯的大旗，斩下郅支单于的头颅，悬挂旌旗于万里之外，奋扬国威于昆仑山之西，洗刷谷吉被杀的羞辱，建立与日月争辉的功绩，所有夷狄都被慑服，没有不恐惧震惊的。呼韩邪单于看到郅支单于已被诛灭，既高兴又害怕，归化慕义，驱驰而来，低头朝见，愿为中国守卫北部边疆，世世代代做中国的臣属。甘延寿与陈汤建立了千年不朽的功绩，构筑了国家万世的平安，群臣的功勋没有比这更大的了。过去周朝的大夫方叔、尹吉甫为周宣王姬靖诛杀猃狁酋长，而后四方蛮夷全部归附。所以《诗经》有关诗篇赞扬说：'战车阵阵，军容壮盛，如同霹雳，如同雷鸣。明信方叔，率师出征，讨伐猃狁，荆蛮服从。'《易经》上说：'应该嘉奖的是，斩敌酋，获匪徒。'说的是赞美诛灭首恶的人，而那些不服从的人都会前来归服。现在甘延寿、陈汤所诛杀引起的震动，即使《易经》上的'折首'、《诗经》上的'雷霆'，都不能与之相比。评价一项重大的功绩，不要计较那细小的过失，推举伟大的美好行为，不要计较那一点点瑕疵。《司马法》说：'军事上的赏赐不要超过一个月。'目的是要使人民迅速得到他们所做善事的利益。

盖急武功,重用人也。吉甫之归,周厚赐之,其《诗》曰:'吉甫宴喜,既多受祉。来归自镐,我行永久。'千里之镐犹以为远,况万里之外,其勤至矣。延寿、汤既未获受祉之报,反屈捐命之功,久挫于刀笔之前,非所以劝有功、厉戎士也。昔齐桓前有尊周之功,后有灭项之罪,君子以功覆过而为之讳。贰师将军李广利,捐五万之师,靡亿万之费,经四年之劳,而仅获骏马三十匹,虽斩宛王毋寡之首,犹不足以复费,其私罪恶甚多。孝武以为万里征伐,不录其过,遂封拜两侯、三卿、二千石百有馀人。今康居之国,强于大宛,郅支之号,重于宛王,杀使者罪,甚于留马。而延寿、汤不烦汉士,不费斗粮,比于贰师,功德百之。且常惠随欲击之乌孙,郑吉迎自来之日逐,犹皆裂土受爵。故言威武勤劳,则大于方叔、吉甫;列功覆过,则优于齐桓、贰师;近事之功,则高于安远、长罗。而大功未著,小恶数布,臣窃痛之! 宜以时解县,通籍,除过勿治,尊宠爵位,以劝有功。"于是天子下诏,赦延寿、汤罪勿治,令公卿议封焉。议者以为"宜如军法捕斩单于令",匡衡、石显以为"郅支本亡逃失国,窃号绝域,非真单于"。帝取安远侯郑吉故事,封千户,

迅速地赏赐军事上的功勋,这是重用人才。尹吉甫班师,周朝重重地赏赐他。《诗经》中有关诗篇这样说:'周朝盛宴,吉甫欣喜,周王赐福,吉甫受取。自镐班师,路途辛苦,行役征伐,功绩卓著。'千里之外的镐城,当时还认为很远,何况万里之外,其辛勤劳苦已到极限。甘延寿、陈汤既没有得到祝福的报赏,反而抹杀他们舍身奋战的功劳,在舞文弄墨的刀笔吏面前长久地受到挑剔,这不是奖励有功、劝勉战士的办法。过去齐桓公前有尊崇周王室的功劳,后来又有消灭项国的罪过,君子因为他的功劳超过他的过失,而为他隐讳。贰师将军李广利,丧失了五万人的性命,耗费了亿万钱的费用,经历四年之久的辛劳,而仅仅获得三十匹骏马。虽然斩下大宛国王毋寡的首级,还不足以抵销耗费,而他自身的罪恶极多。武帝因为他万里征讨攻伐,所以不追究他的过失,于是赐封两位侯、三位卿,提拔二千石爵位的达一百馀人。现在康居国比当时的大宛国更强大,郅支单于的称号比大宛国王更尊贵,诛杀汉朝使者的罪过远远超出不向汉朝献出汗血宝马。而甘延寿、陈汤没有烦劳汉朝的军队,也没有耗费汉朝供应的一斗粮食,与贰师将军李广利比起来,他们的功劳与德行超出百倍。况且常惠随个人的意愿攻击乌孙,郑吉迎接自己前来投降的匈奴日逐王,他们也都被分赐食邑,受封侯爵。所以谈到甘延寿、陈汤,威武功绩,勤苦辛劳,则大于方叔、尹吉甫;列举功勋,弥补过失,则优于齐桓公、贰师将军;近世国事的功绩,则高于常惠、郑吉。然而巨大的功绩没有得到彰明,微小的过失却不断传播,我私下非常痛惜这件事情!应当立即解除对甘延寿、陈汤的惩处,恢复他们的人身自由,免除他们的过失而不予惩治,尊贵他们,荣耀他们,赐给他们爵位,以奖励有功之臣。"于是汉元帝下诏,赦免甘延寿、陈汤的罪过,不予惩治,下令公卿商议怎样赐封他们。参与商议的公卿认为,应当按照军法捕斩单于令进行赐封。然而匡衡、右显认为,"郅支本来就已经逃亡,失去了自己的国土,在遥远的土地之上窃取单于名号,不是真正的单于"。元帝援用安远侯郑吉的前例,要封甘延寿、陈汤各一千户食邑,

衡、显复争。夏四月戊辰，封延寿为义成侯，赐汤爵关内
侯，食邑各三百户，加赐黄金百斤。拜延寿为长水校尉，汤
为射声校尉。

成帝建始二年。匈奴呼韩邪单于嬖左伊秩訾兄女二
人。长女颛渠阏氏，生二子，长曰且莫车，次曰囊知牙斯；
少女为大阏氏，生四子，长曰雕陶莫皋，次曰且麋胥，皆长
于且莫车，少子咸、乐二人，皆小于囊知牙斯。又他阏氏子
十馀人。颛渠阏氏贵，且莫车爱。呼韩邪病且死，欲立且
莫车。颛渠阏氏曰："匈奴乱十馀年，不绝如发，赖蒙汉力，
故得复安。今平定未久，人民创艾战斗。且莫车年少，百
姓未附，恐复危国。我与大阏氏一家共子，不如立雕陶莫
皋。"大阏氏曰："且莫车虽少，大臣共持国事，今舍贵立贱，
后世必乱。"单于卒从颛渠阏氏计，立雕陶莫皋，约令传国
与弟。呼韩邪死，雕陶莫皋立，为复株累若鞮单于。复株
累若鞮单于以且麋胥为左贤王，且莫车为左谷蠡王，囊知
牙斯为右贤王。复株累单于复妻王昭君，生二女，长女云
为须卜居次，小女为当于居次。

四年。上即位之初，丞相匡衡复奏："射声校尉陈汤以
吏二千石奉使，颛命蛮夷中，不正身以先下，而盗所收康居
财物，戒官属曰：'绝域事不覆校。'虽在赦前，不宜处位。"
汤坐免。后汤上言："康居王侍子，非王子。"按验，实王子
也。汤下狱当死。太中大夫谷永上疏讼汤曰："臣闻楚有
子玉得臣，文公为之仄席而坐；赵有廉颇、马服，强秦不敢

匡衡、石显再次提出争议。夏季四月戊辰（三十日），赐封甘延寿为义成侯，赐封陈汤为关内侯，食邑各三百户，加赐黄金各一百斤。任命甘延寿为长水校尉，陈汤为射声校尉。

　　成帝建始二年（前31）。匈奴呼韩邪单于宠爱左伊秩訾的两位侄女。长侄女颛渠阏氏生两个儿子，长子且莫车，次子囊知牙斯；幼侄女为大阏氏，生四个儿子，长子雕陶莫皋，次子且麋胥，二人都比且莫车大，三子咸，四子乐，都比囊知牙斯年幼。又有其他阏氏的儿子十馀人。颛渠阏氏地位最高，其长子且莫车深受单于喜爱。呼韩邪单于病危将死，想要立且莫车为继承人。颛渠阏氏说："匈奴内乱十馀年，国家命脉像发丝一样勉强维系，仰赖承蒙汉朝的力量，所以得以再次恢复平安。现在平定时间没有多久，人民畏惧战乱争斗。且莫车年少，百姓没有诚心归附，恐怕再次危及国家。我与大阏氏是亲姊妹，我们的儿子是一家共同的儿子，不如立雕陶莫皋。"大阏氏说："且莫车虽然年少，但大臣共同扶持国事，现在舍弃高贵的嫡子而立低贱的庶子，后代必定发生内乱。"单于最后听取了颛渠阏氏的建议，立雕陶莫皋，约定令他将来传位给弟弟且莫车。呼韩邪单于死，雕陶莫皋继位，称复株累若鞮单于。复株累若鞮单于以且麋胥为左贤王，且莫车为左谷蠡王，囊知牙斯为右贤王。复株累若鞮单于按匈奴风俗再娶王昭君为妻，生下二女，长女云嫁给匈奴须卜居次，小女嫁给匈奴贵族当于居次。

　　四年（前29）。成帝即位初期，丞相匡衡又上奏说："射声校尉陈汤，以二千石官员的身份奉命出使，专权独行于西域蛮夷事务，不能端正自身以为下属表率，反而盗取所没收的康居国财物，告诫下属官员说：'遥远外域发生的事，不会核查追究。'此事虽发生在大赦之前，但他不宜再居官位。"陈汤由此被免职。后来陈汤上书说："康居王送来当人质的王子并不是真王子。"经过查验，实际是真王子。陈汤被捕入狱，依罪应当被处死。太中大夫谷永上书为陈汤辩护说："我听说楚国有子玉得臣，晋文公重耳因此坐不安席；赵国有廉颇和马服君赵奢，强大的秦国便不敢

窥兵井陉；近汉有郅都、魏尚，匈奴不敢南乡沙幕。由是言之，战克之将，国之爪牙，不可不重也。盖君子闻鼓鼙之声，则思将帅之臣。窃见关内侯陈汤，前斩郅支，威震百蛮，武畅西海。汉元以来，征伐方外之将，未尝有也。今汤坐言事非是，幽囚久系，历时不决，执宪之吏欲致之大辟。昔白起为秦将，南拔郢都，北坑赵括，以纤介之过，赐死杜邮，秦民怜之，莫不陨涕。今汤亲秉钺，席卷、喋血万里之外，荐功祖庙，告类上帝，介胄之士靡不慕义。以言事为罪，无赫赫之恶。《周书》曰：'记人之功，忘人之过，宜为君者也。'夫犬马有劳于人，尚加帷盖之报，况国之功臣者哉！窃恐陛下忽于鼙鼓之声，不察《周书》之意，而忘帷盖之施，庸臣遇汤，卒从吏议，使百姓介然有秦民之恨，非所以厉死难之臣也。"书奏，天子出汤，夺爵为士伍。

河平元年，匈奴单于遣右皋林王伊邪莫演等奉献，朝正月。

二年春，伊邪莫演罢归，自言"欲降，即不受我，我自杀，终不敢还归。"使者以闻，下公卿议。议者或言："宜如故事，受其降。"光禄大夫谷永、议郎杜钦以为："汉兴，匈奴数为边害，故设金爵之赏以待降者。今单于屈体称臣，列为北藩，

进犯井陉；近代汉朝有郅都、魏尚，匈奴不敢南下侵扰沙漠以南的土地。因此说来，能征善战、克敌制胜的将领，是国家的爪牙，不可以不重视他们。这就是《礼记·乐记》中所说的，'君子听到战鼓的声音，就想到国家的将帅之臣'。我看关内侯陈汤，从前斩杀郅支单于，声威震撼各地蛮夷，武功传播于西域各国。自从汉朝初年以来，在疆域之外征讨攻伐的将领中，还未曾有过这样的战功。现在陈汤因向陛下报告失实而获罪，长期囚禁监狱，经历这些时日还没有结果，执掌刑法的官吏意欲致他于死罪。过去白起担任秦国的大将，向南征伐，攻拔楚国的郢都；向北进攻，坑杀赵括降卒四十万；却因为一点小小的过失，在杜邮被赐死。秦国的人民怜惜他，无不落泪。现在陈汤持斧钺，席卷西域，喋血于万里之外，将战功呈献汉家祖庙，将征战之事禀告上帝，身披盔甲的赳赳武夫，无不仰慕他的忠义。因为上书言事而获罪，没有什么严重的罪恶。《周书》上说：'记下别人的功劳，忘记别人的过失，这样的人才适合为君主。'犬马对于他的主人有劳苦，死后尚且要用幕布车盖加以埋葬作为报答，何况是对待国家的功臣啊！我担心陛下忽略战鼓之声，不审察《周书》的深意，因而忘记即使对有劳于人的犬马也要给予帷幕车盖的施舍，像对待平庸的臣子那样对待陈汤，最终听取掌刑官吏的建议，使得百姓心中耿耿，而有像秦国人民那样的遗恨，这不是用来激励效死赴难的大臣的做法。"奏章呈上后，元帝下令释放陈汤，剥夺爵位，贬为士伍。

河平元年（前28），匈奴单于派遣右皋林王伊邪莫演等前来进贡朝见，参加第二年元旦的朝贺大典。

二年（前27）春季，伊邪莫演将要归国，自称："我想归降汉朝。如果不接受我投降，我就自杀，我至死不敢返回匈奴。"使者将此事报告朝廷，成帝交给公卿讨论。有议论的人说："应该依据前例，接受他投降。"光禄大夫谷永、议郎杜钦等认为："汉朝建立以后，匈奴多次危害边境，所以设立黄金、爵位的赏赐以优待归降的匈奴人。现在单于委屈自己，拱手称臣，成为北方的藩属，

遣使朝贺，无有二心。汉家接之，宜异于往时。今既享单于聘贡之质，而更受其逋逃之臣，是贪一夫之得而失一国之心，拥有罪之臣而绝慕义之君也。假令单于初立，欲委身中国，未知利害，私使伊邪莫演诈降以卜吉凶。受之，亏德沮善，令单于自疏，不亲边吏；或者设为反间，欲因而生隙，受之，适合其策，使得归曲而责直。此诚边境安危之原，师旅动静之首，不可不详也。不如勿受，以昭日月之信，抑诈谖之谋，怀附亲之心，便！"对奏，天子从之。遣中郎将王舜往问降状，伊邪莫演曰："我病狂，妄言耳。"遣去。归到，官位如故，不肯令见汉使。

四年春正月，匈奴单于来朝。

元延元年，匈奴搜谐单于将入朝，未入塞，病死。弟且莫车立，为车牙若鞮单于，以囊知牙斯为左贤王。

绥和元年秋八月，匈奴车牙单于死，弟囊知牙斯立，为乌珠留若鞮单于。乌珠留单于立，以弟乐为左贤王，舆为右贤王。汉遣中郎将夏侯藩、副校尉韩容使匈奴。或说王根曰："匈奴有斗入汉地，直张掖郡，生奇材木，箭竿，鹫羽。如得之，于边甚饶，国家有广地之实，将军显功垂于无穷。"根为上言其利，上直欲从单于求之，为有不得，伤命

派遣使者进贡朝贺,没有二心。汉朝接待匈奴归降的人,应该与过去有所不同。现在既接受单于报聘朝贺的诚心,又收纳他的反叛逃亡的臣属。这样的行为是贪图一个人归降所获得的利益而失去了一个国家的诚心,护卫一个有罪的臣僚而断绝一个倾慕大义的君主。或者还可以这样设想,复株累若鞮单于雕陶莫皋刚刚继位,想依靠中国,不知道这样做的利益与害处,暗中指使伊邪莫演假装投降以预测吉凶。中国如果接受,就损伤了德行,败坏了和善,使单于与汉朝自行疏远,不再亲善汉朝边境官吏;或者还是有些人有意设置的反间计,想因此而产生间隙,接受他的归降,正好迎合了他们的计策,使得匈奴可以把过错归到中国身上,从而理直气壮地责备我们。这确实是边境安危的本源,是战争还是和平的关键,不可不审慎对待。不如不接受,以便昭明我们如同日月一样的信义,抑制那些虚假欺诈的阴谋,安抚单于归附亲善之心,这样才有利!"他们将这些建议上奏,成帝采纳了他们的建议。派遣中郎将王舜前往询问伊邪莫演归降的情况,伊邪莫演说:"我病了精神失常,只是胡说罢了。"汉朝遣送他回去。返回匈奴以后,伊邪莫演的官职仍如以前一样,但不肯让他会见汉朝的使者。

四年(前25)春季正月,匈奴复株累若鞮单于前来朝见。

元延元年(前12),匈奴搜谐若鞮单于将前来长安朝见,还没有进入边塞,病重而死。弟弟且莫车继位,为车牙若鞮单于,任命囊知牙斯为左贤王。

绥和元年(前8)秋季八月,匈奴车牙若鞮单于逝世,弟弟囊知牙斯继位,为乌珠留若鞮单于。乌珠留单于继位后,任命弟弟乐为左贤王,舆为右贤王。汉朝派遣中郎将夏侯藩、副校尉韩容出使匈奴。有人劝王根说:"匈奴有块楔入汉朝边境的土地,正面对着张掖郡,出产奇特的木材、箭竿和鹜这种大雕的羽毛。如果得到它,可使边境极为富饶,国家得到开疆拓土的实惠,将军成就功名永垂千古。"王根对成帝陈说取得这块土地的利益,成帝想直接从单于那里求取,担心假如得不到,有伤诏命的尊严,

损威。根即但以上指晓藩,令从藩所说而求之。藩至匈奴,以语次说单于曰:"窃见匈奴斗入汉地,直张掖郡,汉三都尉居塞上,士卒数百人,寒苦,候望久劳。单于宜上书献此地,直断割之,省两都尉士卒数百人,以复天子厚恩,其报必大。"单于曰:"此天子诏语邪,将从使者所求也?"藩曰:"诏指也,然藩亦为单于画善计耳。"单于曰:"此温偶䩅王所居地也,未晓其形状、所生,请遣使问之。"

藩、容归汉,后复使匈奴,至则求地。单于曰:"父兄传五世,汉不求此地,至知独求,何也?已问温偶䩅王,匈奴西边诸侯作穹庐及车,皆仰此山材木,且先父地,不敢失也。"藩还,迁为太原太守。单于遣使上书,以藩求地状闻。诏报单于曰:"藩擅称诏,从单于求地,法当死。更大赦二,今徙藩为济南太守,不令当匈奴。"

哀帝建平四年秋八月,匈奴单于上书愿朝五年。时帝被疾,或言:"匈奴从上游来厌人,自黄龙、竟宁时,单于朝中国,辄有大故。"上由是难之,以问公卿,亦以为虚费府帑,可且勿许。单于使辞去,未发,黄门郎扬雄上书谏曰:

"臣闻'六经'之治,贵于未乱;兵家之胜,贵于未战。

损害中国的威信。王根于是把成帝求取土地的意图告诉夏侯藩，让他以个人的意见告诉单于求取土地。夏侯藩到匈奴，逐渐谈到了此事，说："我看到匈奴有块土地楔入汉朝边境之内，正对着张掖郡，汉朝三都尉驻守在这一带边塞之上，戍守士卒数百人，在这寒冷艰苦的土地上，巡行守候，久经辛劳。单于最好上书汉朝皇帝，呈献这块土地，截断割让楔入汉朝边境的部分，可让汉朝裁撤两都尉以及士卒数百人，以便报答天子的厚恩，天子的回报必定更大。"单于说："这是天子给你的诏书上所说的话呢，还是你作为使者所要求的呢？"夏侯藩说："这是诏书的旨意，然而也是我夏侯藩为单于谋划的一个很好的计策。"单于说："这是温偶駼王所居住的土地，不知道它的地形、物产等情况，请让我派遣使者询问一下情况。"

夏侯藩、韩容返回汉朝，后来再次出使匈奴，到匈奴后，就提出求地的要求。单于说："我们匈奴父子兄弟已传位五世，汉朝没有要这块土地，独独到我囊知牙斯在位时提出要求，这是为什么？我已经问过温偶駼王，匈奴西边的诸侯们制作帐幕、车辆，都依赖此地山上的木材，况且先父留下的土地，不敢失去。"夏侯藩回来以后，转任太原太守。单于派遣使者到长安上书，将夏侯藩求取土地的情况奏闻。成帝下诏回复单于说："夏侯藩擅自假称诏旨，向单于求取土地，按法律应当处死。因经过两次大赦，现在调任夏侯藩为济南太守，不让他掌管关于匈奴的事务。"

哀帝建平四年（前3）秋季八月，匈奴单于上书朝廷，请求明年到长安行五年一朝见天子之礼。这时哀帝患病在身，有的人说："匈奴从汉朝西北的上游地区前来，气势压人。自从黄龙、竟宁年间起，单于每到中国朝见，中国就会发生大丧。"哀帝因此难以决定这件事情，以此问公卿，公卿们也认为单于朝见徒然地耗费国家钱财，可以暂且不答应。单于使者告辞离去，还没有出发。黄门郎扬雄上书劝谏说：

"我听说'六经'的治国之道，推崇变乱未形成时就使它消弭于无形；兵家的取胜之术，推崇没有经过战争就使敌人被制服。

二者皆微，然而大事之本，不可不察也。今单于上书求朝，国家不许而辞之，臣愚以为汉与匈奴从此隙矣。匈奴本五帝所不能臣，三王所不能制，其不可使隙明甚。臣不敢远称，请引秦以来明之：

"以秦始皇之强，蒙恬之威，然不敢窥西河，乃筑长城以界之。会汉初兴，以高祖之威灵，三十万众困于平城，时奇谲之士、石画之臣甚众，卒其所以脱者，世莫得而言也。又高皇后时，匈奴悖慢，大臣权书遗之，然后得解。及孝文时，匈奴侵暴北边，候骑至雍甘泉，京师大骇，发三将军屯细柳、棘门、霸上以备之，数月乃罢。孝武即位，设马邑之权，欲诱匈奴，徒费财劳师，一虏不可得见，况单于之面乎！其后深惟社稷之计，规恢万载之策，乃大兴师数十万，使卫青、霍去病操兵，前后十馀年，于是浮西河，绝大幕，破寘颜，袭王庭，穷极其地，追奔逐北，封狼居胥山，禅于姑衍，以临瀚海，虏名王、贵人以百数。自是之后，匈奴震怖，益求和亲，然而未肯称臣也。

"且夫前世岂乐倾无量之费，役无罪之人，快心于狼望之北哉？以为不壹劳者不久佚，不暂费者不永宁，是以忍百万之师以摧饿虎之喙，运府库之财填卢山之壑而不悔也。至本始之初，匈奴有桀心，欲掠乌孙，侵公主。乃发五

这两者都是精妙的策略，然而重大事件的本源，不可以不明察。现在单于上书请求朝见，汉朝不答应而推辞这件事情，我愚昧地认为，汉朝与匈奴从此就会开始产生嫌隙。匈奴本来是五帝所不能臣服、三王所不能制衡的国家，这种不能使得汉朝与匈奴之间产生嫌隙的道理极为明显。我不敢很远地称引古代的事例，谨让我援引秦以来的史实来说明这一道理。

　　"以秦始皇的强大，蒙恬的雄威，然而不敢窥伺西河，于是修筑长城，以作为界线斥逐匈奴。正逢汉王朝兴起之初，以高祖的威力与英明，三十万汉军被匈奴围困于平城，当时善出奇计、好诈诡谲的谋士，运筹帷幄、筹划决策的大臣极多，最终所以能够脱身的原因，世人无法知道，因而也没有留传下来。又如在高后吕雉统治时，匈奴悖逆傲慢，幸赖大臣们的灵活处置，将卑谦书信递给单于，然后才得以化解危险。到孝文帝时，匈奴大举侵略北方边境，侦察骑兵抵达雍城、甘泉等地，京师震动，民心惊恐，朝廷派三位将军率军驻扎细柳、棘门、霸上以便防备匈奴，几个月以后才撤退。孝武帝继位，设下马邑之谋，想引诱单于主力深入，徒然耗费钱财，烦劳军队，一个匈奴人也未能看到，更何况单于本人呢！此后，武帝深深思考国家的长远大计，规划了扩展疆域使后代万世安定的策略，大规模调遣数十万军队，派卫青、霍去病指挥军队，前后奋战十馀年，于是渡过了西河，横越了浩瀚的大漠，攻破了寘颜山，袭击了单于王庭，踏遍了匈奴的土地，追击奔逃的单于，斥逐败退的残兵，在狼居胥山祭天，在姑衍山祭地，以大军远临瀚海，俘虏名王、贵族数百人。从此以后，匈奴震慑恐惧，日益要求和亲，然而仍不肯向汉朝称臣。

　　"前代之人难道乐意耗费无法估量的钱财，役使无罪的人民，在狼烟遍地的北方征战求取一时痛快吗？因为没有一次的辛劳，就没有长久的安逸，不暂时耗费钱财，就没有永远的安宁，所以忍心投入百万大军，摧毁饿虎之口，运输国库的钱财，填平匈奴卢山的沟壑而不后悔。到本始初年，匈奴有凶暴不驯之心，企图劫掠乌孙，侵夺汉朝嫁到乌孙的公主。于是朝廷派遣五位

将之师十五万骑以击之，时鲜有所获，徒奋扬威武，明汉兵若雷风耳。虽空行空反，尚诛两将军。故北狄不服，中国未得高枕安寝也。逮至元康、神爵之间，大化神明，鸿恩溥洽，而匈奴内乱，五单于争立，日逐、呼韩邪携国归死，扶伏称臣，然尚羁縻之，计不颛制。自此之后，欲朝者不距，不欲者不强。何者？外国天性忿鸷，形容魁健，负力怙气，难化以善，易肆以恶，其强难诎，其和难得。故未服之时，劳师远攻，倾国殚货，伏尸流血，破坚拔敌，如彼之难也。既服之后，慰荐抚循，交接赂遗，威仪俯仰，如此之备也。往时尝屠大宛之城，蹈乌桓之垒，探姑缯之壁，藉荡姐之场，艾朝鲜之旃，拔两越之旗。近不过旬月之役，远不离二时之劳，固已犁其庭，扫其闾，郡县而置之，云彻席卷，后无馀灾。唯北狄为不然，真中国之坚敌也，三垂比之县矣。前世重之兹甚，未易可轻也。

"今单于归义，怀款诚之心，欲离其庭，陈见于前。此乃上世之遗策，神灵之所想望，国家虽费，不得已者也。奈何距以来厌之辞，疏以无日之期，消往昔之恩，开将来之隙？

将军的军队，共十五万骑兵以攻击匈奴。当时很少有所斩获，徒然地奋扬显示朝廷的军威武力，表明汉军行动如同迅雷疾风那样快速。虽然汉军空去空返没有损失，朝廷还是诛杀了两位将军。从这可知，北方的夷狄不归服，中国就不能得以高枕安寝。及至汉宣帝元康、神爵年间，君主神智圣明，化育万物。君主恩德远被，广施万里，而匈奴发生内乱，五个单于争夺汗位，日逐王、呼韩邪单于率领他们的国家死心塌地归附朝廷，匍匐称臣，然而朝廷笼络他们，不能把他们置于朝廷的完全控制之下。从那以后，匈奴想要朝见的，朝廷从不拒绝，不想来朝见的，也不强迫。这是为什么呢？因为外国之人天性好怒凶猛，躯体外貌魁伟健壮，凭借勇气，依仗蛮气，很难以善良的品性化育他们，却很容易恣肆一些为恶的行为。他们的性格倔强难以使其屈服，他们的和平友善难以得到。所以他们没有归服时，朝廷劳师远攻，倾国家之力，尽国家之财，伏尸沙场，流血遍地，攻破坚城，拔掉敌阵，如同过去所做的那么艰难。在已经归服之后，朝廷安抚慰藉，来往赠送礼物，威望礼仪隆重，如同这样完备。过去汉军曾屠灭大宛的都城，踏平乌桓的堡垒，击破姑缯的大营，扫荡荡姐的疆场，砍倒朝鲜的旌旗，拔除两越的旗帜。时间短的战役，不超过十天或一月，时间长的也不超过半年的辛劳，就已经在夷狄王庭耕田种植，扫清他们的地方组织，在他们的土地上设立郡县。这就如同乌云被扫净，席子被卷起，以后没有什么遗留的灾祸。只有北方的匈奴不是这样，他们真是中国的劲敌，东西南三方边境的夷狄与他们相比相差太远了。前世对匈奴极为重视，现在也不能轻视他们。

"现在单于归向仁义，怀着恳切诚挚之心，想要离开他的王庭，前来朝贺拜见陛下。这是前代遗留下来的和平之策，是祖先神灵所盼望出现的景象。国家虽然要为此耗费一些钱财，也是不得不如此。怎么能用匈奴人从上游来、气势压人的虚妄之辞来加以拒绝，推说以后再来而不约定具体的日期，使匈奴与朝廷疏远，消弭往昔朝廷对匈奴的恩德，开启将要出现的间隙呢？

夫疑而隙之，使有恨心，负前言，缘往辞，归怨于汉，因以自绝，终无北面之心。威之不可，谕之不能，焉得不为大忧乎！夫明者视于无形，聪者听于无声，诚先于未然，即兵革不用而忧患不生。不然，壹有隙之后，虽智者劳心于内，辩者毂击于外，犹不若未然之时也。且往者图西域，制车师，置城郭都护三十六国，费岁以大万计者，岂为康居、乌孙能逾白龙堆而寇西边哉？乃以制匈奴也。夫百年劳之，一日失之，费十而爱一，臣窃为国不安也。唯陛下少留意于未乱、未战，以遏边萌之祸！"

书奏，天子寤焉，召还匈奴使者，更报单于书而许之。赐缯帛五十匹，黄金十斤。单于未发，会病，复遣使愿朝明年，上许之。

元寿二年春正月，匈奴单于来朝。自黄龙以来，单于每入朝，其赏赐锦绣、缯絮辄加厚于前，以慰接之。

由于怀疑而与它产生嫌隙，使它怀有怨恨之心，依仗从前有和好之言，援引往昔和好之辞，把结怨的过错归于大汉，据此为由以自行断绝与朝廷的关系，最终失去臣服的心思。那时，威胁震慑不可使它吓倒，好言晓谕不能使它信服，怎能不成为巨大的忧患啊！眼明的人能看到无形的东西，耳聪的人能听到无声的音响，如果的确在事情出现以前先行觉察，那么兵革不会使用而忧患也不会产生。如果不是这样，一旦产生嫌隙之后，虽然聪明智慧的人在朝廷苦心策划，能言善辩的人出使在外奔走劝解，仍然不如嫌隙没有发生的时候。况且从前开拓西域，制服车师，设立西域都护，管理西域三十六个城市国家，每年耗费数万钱财的原因，难道是为了防备康居、乌孙等国能够越过白龙堆而侵扰中国西部边疆吗？乃是以此扼制匈奴。一百馀年辛勤劳苦取得的成果，却在一天之内丧失掉；当初开支十分费用以制服匈奴，而今却为爱惜一分费用而激起仇怨，我私下为国家前途不安。请陛下在尚未发生变乱、尚未发生战争的时候稍加留意，以便遏止边境人民的灾祸。"

奏章呈上以后，哀帝醒悟，立即召回即将返回的匈奴使者，更换了致单于的信，应允他明年前来朝见。赏赐扬雄帛五十匹、黄金十斤。单于尚未出发，正好生病，再派遣使者到朝廷，希望朝见推迟一年，哀帝答应了他。

元寿二年（前1）春季正月，匈奴单于前来朝见。自从黄龙年间以来，单于每次到长安朝见，天子赏赐绸缎锦绣，都比前次更多，以安抚、接待他们。

恭显用事

汉宣帝黄龙元年三月,帝寝疾,选大臣可属者,引外属侍中乐陵侯史高、太子太傅萧望之、少傅周堪至禁中,拜高为大司马、车骑将军,望之为前将军、光禄勋,堪为光禄大夫,皆受遗诏辅政,领尚书事。冬十二月甲戌,帝崩于未央宫。癸巳,太子即皇帝位。

元帝初元元年三月,封外祖父平恩戴侯同产弟子中常侍许嘉为平恩侯。

二年春正月,乐陵侯史高以外属领尚书事,前将军萧望之、光禄大夫周堪为之副。望之名儒,与堪皆以师傅旧恩,天子任之,数宴见,言治乱,陈王事。望之选白宗室明经有行散骑、谏大夫刘更生给事中,与侍中金敞并拾遗左右。四人同心谋议,劝导上以古制,多所欲匡正,上甚乡纳之。史高充位而已,由此与望之有隙。

中书令弘恭、仆射石显,自宣帝时久典枢机,明习文法。帝即位多疾,以显久典事,中人无外党,精专可信任,

恭显用事

汉宣帝黄龙元年(前49)三月,宣帝卧病在床,挑选可以托付后事的大臣,召外戚侍中乐陵侯史高、太子太傅萧望之、少傅周堪来到宫中,任命史高为大司马、车骑将军,萧望之为前将军、光禄勋,周堪为光禄大夫,一道接受遗诏,共同辅佐朝政,兼领尚书事。冬季十二月甲戌(初七),宣帝在未央宫逝世。癸巳(二十六日),太子刘奭即皇帝位。

元帝初元元年(前48)三月,元帝封外祖父平恩戴侯许广汉同胞弟弟的儿子中常侍许嘉为平恩侯。

二年(前47)春季正月,乐陵侯史高因为外戚的身份而任领尚书事,前将军萧望之、光禄大夫周堪做他的副手。萧望之是当时著名的大儒,与周堪都担任过元帝的师傅而有旧情。元帝信任他们,多次宴请召见,谈论历代的治乱兴衰,陈述国家的治理大计。萧望之推荐皇室宗族、精通儒家经典、品行端正的散骑、谏大夫刘向担任给事中的职务,同侍中金敞一道在元帝左右辅佐。四人同心协力,筹划商议,规劝引导元帝效法古代制度施政,想多方补救纠正政治上的过失。元帝对此很向往,采纳了他们的建议。史高只不过徒居高位而已,因此与萧望之有了嫌隙。

中书令弘恭、仆射石显,自宣帝时长期执掌中枢机要,熟悉法令条文。元帝即位后,身体多病,因为石显长期执掌大事,又是宦官,无婚姻之家,少骨肉之亲,没有党羽,精明干练,可以信任,

遂委以政。事无大小，因显白决，贵幸倾朝，百僚皆敬事显。显为人巧慧习事，能深得人主微指，内深贼，持诡辩，以中伤人，忤恨睚眦，辄被以危法。亦与车骑将军高为表里，议论常独持故事，不从望之等。

望之等患苦许、史放纵，又疾恭、显擅权，建白以为："中书政本，国家枢机，宜以通明公正处之。武帝游宴后庭，故用宦者，非古制也。宜罢中书宦官，应古不近刑人之义。"由是大与高、恭、显忤。上初即位，谦让，重改作，议久不定，出刘更生为宗正。

望之、堪数荐名儒、茂材以备谏官，会稽郑朋阴欲附望之，上疏言车骑将军高遣客为奸利郡国，及言许、史子弟罪过。章视周堪，堪白："令朋待诏金马门。"朋奏记望之曰："今将军规模，云若管、晏而休，遂行日昃，至周、召乃留乎？若管、晏而休，则下走将归延陵之皋，没齿而已矣。如将军兴周、召之遗业，亲日昃之兼听，则下走其庶几愿竭区区奉万分之一。"望之始见朋，接待以意。后知其倾邪，绝不与通。

于是把政事托付给他。政事无论大小，都由石显报告，再由元帝裁决。石显显贵宠幸，倾盖朝臣，文武百官都恭敬地奉事石显。石显为人灵巧聪慧，精通事理，很能领会君主内心的想法。他内心阴险狠毒，用欺诈狡辩的方式，中伤别人，任何一点小小的怨恨，都会被他以严酷的法律加害。他又与车骑将军史高内外勾结，彼此配合。商讨国家大事时独自坚持汉家旧制，不依从萧望之等人的主张。

萧望之等人厌恶许嘉、史高的骄奢放纵，又痛恨弘恭、石显的专权跋扈，于是向元帝提出建议，认为："中书是朝政的根本，是国家的中枢机要之地，应该由通达明智公正的人担任那里的工作。武帝因为常在后宫游玩饮宴，所以改用宦官担任，这不是古代的制度。应该罢免担任中书官职的宦官，因应古代君主不接近因受刑罚致残之人的礼制。"因此，萧望之与史高、弘恭、石显之间的矛盾更加激化。此时元帝即位不久，谦让谨慎，不想轻易改变祖先的旧制，对于到底能不能让宦官担任中书官职的问题，议论了很久也不能决定，最后把刘向从中朝官调出改任外朝官宗正。

萧望之、周堪多次推荐著名的儒家学者及有杰出才能的人作为谏官的人选。会稽人郑朋暗中想投靠萧望之，上书元帝，陈述车骑将军史高派遣门客到各郡国图谋非法利益，并且揭露史、许两大家族子弟的罪过。元帝把郑朋的奏章交给周堪，周堪向元帝建议说："命令郑朋在金马门等待诏问。"郑朋遂上一笺给萧望之说："现在将军是天下的规范楷模，您是当个管仲、晏婴就心满意足，还是忙得过了中午才吃饭，直追周公、召公的勋业才停止呢？如果您做到管仲、晏婴那样就心满意足的话，那么我这个低下的仆人将回到延陵的皋泽之中隐居耕种，以终天年。如果将军想复兴周公、召公遗留下来的事业，每天亲自忙到了中午才吃饭，兼听各方面的意见，那么我这个低下的仆人也许将愿意奉献竭尽小小的力量。"萧望之开始召见郑朋，推心置腹相待。后来察觉到他的倾诈奸邪，于是断绝了关系而不与他来往。

朋,楚士,怨恨,更求入许、史,推所言许、史事,曰:"皆周堪、刘更生教我。我关东人,何以知此?"于是侍中许章白见朋。朋出,扬言曰:"我见言前将军小过五,大罪一。"待诏华龙行污秽,欲入堪等,堪等不纳,亦与朋相结。

恭、显令二人告望之等谋欲罢车骑将军,疏退许、史状,候望之出休日,令朋、龙上之。事下弘恭问状,望之对曰:"外戚在位多奢淫,欲以匡正国家,非为邪也。"恭、显奏:"望之、堪、更生朋党相称举,数谮诉大臣,毁离亲戚,欲以专擅权势。为臣不忠,诬上不道,请谒者召致廷尉。"时上初即位,不省召致廷尉为下狱也,可其奏。后上召堪、更生,曰:"系狱。"上大惊曰:"非但廷尉问邪?"以责恭、显,皆叩头谢。上曰:"令出视事。"恭、显因使史高言:"上新即位,未以德化闻于天下,而先验师傅。既下九卿、大夫狱,宜因决免。"于是制诏丞相、御史:"前将军望之,傅朕八年,无他罪过,今事久远,识忘难明,其赦望之罪,收前将军、光禄勋印绶,及堪、更生皆免为庶人。"

夏四月,诏赐萧望之爵关内侯,给事中,朝朔望。

上复征周堪、刘更生,欲以为谏大夫。弘恭、石显白,

郑朋是楚人，对萧望之与他断绝往来心怀怨恨，转而谋求投入许、史两大家族的怀抱，对他上奏朝廷所陈述的许、史两家族有关过失的事推托说："这都是周堪、刘向教我干的。我是函谷关以东的人，怎么知道这些事？"于是侍中许章建议元帝召见郑朋。郑朋出皇宫后，宣称说："我拜见陛下，揭发了萧望之五项小过，一条大罪。"待诏华龙品行恶劣，想要加入周堪等人的小集团，周堪等人不予接纳，华龙也与郑朋相互勾结。

弘恭、石显令郑朋、华龙二人控告萧望之等人阴谋罢黜车骑将军史高，使圣上疏远同外戚许、史两大家族的关系。等到萧望之离开朝廷休息那天，令郑朋、华龙呈上奏折。元帝把这件事交给弘恭，让他询问郑朋、华龙上告的情况。在询问萧望之时，萧望之回答说："外戚身居高位，大多骄奢荒淫，我期望圣上疏远他们，想以此扶正国家，不是为了邪恶的意图。"在取得萧望之承认有这种意图的口供之后，弘恭、石显上奏说："萧望之、周堪、刘向等人结成私党，互相称许推荐，多次诋毁朝廷的大臣，离间陛下的骨肉至亲，想以此专擅朝廷大权。作为人臣对圣上不忠，欺骗圣上，不循正道，请派谒者把全案移送至廷尉。"当时元帝即位不久，不了解移送廷尉就是关进监狱，批准了他们的奏请。后来元帝召见周堪、刘向，左右回答说："他们已被逮捕收押了。"元帝大惊说："不是仅仅由廷尉询问吗？"元帝以此事责备弘恭、石显，二人都叩头请罪。元帝说："让他们出来办公。"弘恭、石显趁机唆使史高对元帝说："陛下刚刚即位，没有以德行化育而闻名于天下，而先用法律处理师傅。既然已经把九卿、大夫下狱，应当就此将他们免职。"于是元帝下诏给丞相、御史："前将军萧望之辅导我八年，没有其他的罪过，现在因奉事时间久远，记忆力衰退，赦免萧望之的罪过，收取他的前将军、光禄勋的印绶，周堪、刘向一道都免为庶人。"

夏季四月，元帝下诏赐封萧望之关内侯的爵位，兼给事中，每月初一、十五日朝见。

元帝又征召周堪、刘向，想任为谏大夫。弘恭、石显进言，

皆以为中郎。上器重萧望之不已，欲倚以为相。恭、显及许、史子弟、侍中、诸曹皆侧目于望之等。更生乃使其外亲上变事，言："地震殆为恭等，不为三独夫动。臣愚以为宜退恭、显以章蔽善之罚，进望之等以通贤者之路。如此，太平之门开，灾异之原塞矣。"书奏，恭、显疑其更生所为，白请考奸诈，辞果服，遂逮更生系狱，免为庶人。

会望之子散骑、中郎伋亦上书讼望之前事，事下有司，复奏："望之前所坐明白，无谮诉者，而教子上书，称引亡辜之诗，失大臣体，不敬，请逮捕。"弘恭、石显等知望之素高节，不诎辱，建白："望之前幸得不坐，复赐爵邑，不悔过服罪，深怀怨望，教子上书，归非于上，自以托师傅，终必不坐。非颇屈望之于牢狱，塞其怏怏心，则圣朝无以施恩厚。"上曰："萧太傅素刚，安肯就吏？"显等曰："人命至重，望之所坐，语言薄罪，必无所忧。"上乃可其奏。

冬十二月，显等封诏以付谒者，敕令召望之手付。因令太常急发执金吾车骑驰围其第。使者至，召望之。望之以问门下生鲁国朱云。云者，好节士，劝望之自裁。于是望之仰天叹曰："吾尝备位将相，年逾六十矣。老入牢狱，苟求生活，

元帝于是把二人都改命为中郎。元帝一向非常尊重萧望之，想倚重他以担任丞相。弘恭、石显与许、史两大家族的子弟，以及侍中、诸曹都对萧望之等人侧目而视。刘向于是指使他母亲娘家的亲属就地震灾害上书说："地震恐怕是因为弘恭等人而发生，不是因为萧望之、周堪、刘向三个老匹夫而震动。我愚昧地认为应该罢黜弘恭、石显，以彰明对压制善良的行为的处罚，进升萧望之等人，以通达贤能上进的道路。如果这样，则天下太平之门洞开，灾害变异的源泉堵塞。"奏章上呈后，弘恭、石显怀疑这件事是刘向干的，报告元帝请求考察其中的奸诈真相。供词果然说明此事受刘向指使，于是逮捕刘向，投入监狱，免官，贬为平民。

恰好萧望之的儿子、散骑中郎萧伋也上书为其父亲原来移送廷尉的事辩冤，此事交付有关机构处理。有关机构查验后复奏说："萧望之以前所被指控的罪证，明白确凿，没有诬告陷害的成分，而他教唆儿子向圣上上书，称引《诗经》中关于无罪的诗篇，失去了大臣的体统，对圣上大大地不敬，请逮捕审讯。"弘恭、石显等人知道萧望之平素志节高尚，不可能屈膝接受下狱的耻辱，向元帝建议说："萧望之前次幸运地没被加罪，又赐给爵位封邑，不悔过认罪，反而深怀怨恨，教唆儿子上书陛下，把过错归到陛下身上，自以为依靠陛下师傅的地位，最终必定不会被指控有罪。如果不稍稍委屈萧望之在监狱中拘禁一段时间，抑制他的骄傲自信之心，那么圣上的朝廷再也无法施厚恩于臣子了。"元帝说："萧太傅素来性格刚烈，怎么肯去坐牢？"石显等人说："人们最看重性命。萧望之被指控的，不过是言语上的小罪，必定没有什么值得担忧的。"元帝于是同意奏请。

冬季十二月，石显等人封好诏书，交付谒者，命令交给萧望之让他亲自拆封。同时又命令太常紧急调发执金吾所属的车骑，迅速出动包围萧望之的府第。使者来到以后，召唤萧望之。萧望之就此询问自己的学生鲁国人朱云。朱云是崇尚气节之士，劝萧望之自杀。于是萧望之仰天长叹说："我曾经立于将相之列，年纪已经超过六十了。这么老了关进监狱，去苟且贪图活命，

不亦鄙乎!"字谓云曰:"游,趣和药来,无久留我死!"遂饮鸩自杀。天子闻之,惊,拊手曰:"曩固疑其不就牢狱,果然杀吾贤傅!"是时,太官方上昼食,上乃却食,为之涕泣,哀动左右。于是召显等责问,以议不详,皆免冠谢,良久然后已。上追念望之不忘,每岁时遣使者祠祭望之冢,终帝之世。

臣光曰:甚矣孝元之为君,易欺而难寤也!夫恭、显之谮诉望之,其邪说诡计,诚有所不能辨也。至于始疑望之不肯就狱,恭、显以为必无忧,已而果自杀,则恭、显之欺亦明矣。在中智之君,孰不感动奋发以底邪臣之罚!孝元则不然,虽涕泣不食以伤望之,而终不能诛恭、显,才得其免冠谢而已。如此,则奸臣安所惩乎!是使恭、显得肆其邪心而无复忌惮者也。

是岁,弘恭病死,石显为中书令。

三年,上复擢周堪为光禄勋,堪弟子张猛为光禄大夫、给事中,大见信任。

永光元年,石显惮周堪、张猛等,数谮毁之。刘更生惧其倾危,上书曰:"臣闻舜命九官,济济相让,和之至也。众臣和于朝则万物和于野,故箫《韶》九成,而凤凰来仪。至周幽、厉之际,朝廷不和,转相非怨,则日月薄食,水泉沸腾,山谷易处,霜降失节。由此观之,和气致祥,乖气致异。

不是很卑贱吗!"于是呼唤朱云的字说:"游,快把药和好拿来,不要延长我等死的时间!"于是饮下鸩酒自杀。元帝听到这一消息,大惊,拍案说:"我本来就怀疑他不会去坐牢,果然杀了我贤明的师傅!"这时太官正送上午餐,元帝于是拒不进食,为师傅痛哭流涕,悲哀感动了左右。于是召唤石显等人责问,石显等人用当时议论考虑不审慎来搪塞,都摘下官帽,叩头谢罪,过了很久事情才结束。元帝追思怀念萧望之,不忘旧情,每年四季派遣使者祭祀萧望之的坟墓,直到他去世。

　　北宋史臣司马光评论说:孝元帝作为君主,竟然这么容易被欺骗而又难以醒悟!弘恭、石显诬陷萧望之,他们的阴谋诡计,确实有不能明辨的地方。然而,元帝已经开始怀疑萧望之不会愿意入狱,弘恭、石显认为必无忧患,不久果然自杀,则弘恭、石显的欺诈,也已经非常明显。即使是中等智慧的君主,也会情绪激动,勃然大怒,给奸邪的臣子以应得的惩罚!孝元帝则不是这样,虽然流涕痛哭,不进食物,以哀悼师傅萧望之,然而最终没有诛杀弘恭、石显,只让他们脱下官帽、叩头请罪而已。如此,奸臣怎么能得到惩治呢!这就是让弘恭、石显肆意妄为而毫无忌惮的原因所在。这一年,弘恭病死,石显担任中书令。

三年(前46),元帝又提拔周堪担任光禄勋,周堪的弟子张猛为光禄大夫、给事中,大受信任。

永光元年(前43),石显忌惮光禄勋周堪、光禄大夫张猛等人,多次在元帝面前诬告诽谤他们。刘向惧怕他们的倾轧、谋害,于是上书说:"我听说舜任命九官,大家济济一堂,相互礼让,感情非常和睦。众大臣们在朝廷中彼此和睦,那么万物在原野里互相和谐,所以洞箫吹出名叫《韶》的乐章,只要吹奏九章,凤凰就会飞来朝拜。到周厉王、周幽王的时候,朝廷的大臣们不再和睦,转而相互排斥怨恨,则日食、月食相继发生,冷冽的泉水沸腾翻涌,高山深谷改变位置,霜降失去了正常的时节。从这些事例看来,和睦之气可以导致祥瑞,背戾抵触之气则将导致灾异。

祥多者其国安，异众者其国危，天地之常经，古今之通义也。今陛下开三代之业，招文学之士，优游宽容，使得并进。今贤不肖浑殽，白黑不分，邪正杂揉，忠谗并进。章交公车，人满北军，朝臣舛午，胶戾乖剌，更相谗诉，转相是非，所以营惑耳目，感移心意，不可胜载。分曹为党，往往群朋将同心以陷正臣。正臣进者，治之表也；正臣陷者，乱之机也。乘治乱之机，未知孰任，而灾异数见，此臣所以寒心者也。初元以来六年矣，按《春秋》六年之中，灾异未有稠如今者也。原其所以然者，由谗邪并进也。谗邪之所以并进者，由上多疑心，既已用贤人而行善政，如或谮之，则贤人退而善政还矣。夫执狐疑之心者，来谗贼之口；持不断之意者，开群枉之门。谗邪进则众贤退，群枉盛则正士消。故《易》有《否》《泰》，小人道长，君子道消，则政日乱；君子道长，小人道消，则政日治。昔者鲧、共工、驩兜与舜、禹杂处尧朝，周公与管、蔡并居周位，当是时，迭进相毁，流言相谤，岂可胜道哉？帝尧、成王能贤舜、禹、周公而消共工、管、蔡，故以大治，荣华至今；孔子与季、孟

祥瑞多则国家平安,灾异多则国家危险,这是天地运转的常规,古今共同的道理。现在陛下开创如同三代那种盛世的大业,招揽通达文化学术的士人,给他们优厚的待遇,宽容他们的过失,使大家一同上进。现在贤能的人与坏人混杂在一起,白与黑不加辨别,正与邪互相掺杂,忠与奸一同进升。臣民奏章都交到未央宫北阙的公车,因上书不妥而被逮捕下狱的人,塞满了北军监狱。朝廷臣僚意见不合,各相违背,甚至互相谗害,惹出不少是非。以不实之词及各种假象蛊惑圣上耳目,影响主上判断,这类事情太多,不可一一陈述。他们纠合同伙,构成徒党,常常结成派别,同心合力陷害正直的大臣。正直的大臣得到进升,是国家治的表现;正直的大臣遭到陷害,是国家乱的契机。面对国家治乱的契机,却不知道任用谁,而灾害变异多次出现,这就是我寒心的原因。陛下登基改号初元以来已有六年,查考《春秋》的记载,六年之中,灾害变异没有密集到如同现在这样。追溯原因,是那些喜欢谗毁诬陷别人的人和心术邪恶的人,一道进入朝廷。那些谗毁诬陷别人的人及心术邪恶的人之所以一道进入朝廷,是由于圣上心怀猜疑,既然任用贤人推行良好的政令措施,如果有人诬陷他,那么贤人就被斥逐,而良好的政令措施则被收回。由于陛下怀有猜忌之心,所以招来奸臣谗害之口;由于陛下不能当机立断,所以给成群的邪恶小人打开了大门。谗害诬陷别人的人与心术不正的邪恶之人得到进升,那么众多的贤人则被斥逐,成群的小人气势旺盛,那么正直的人们就会消沉。所以《易经》上有《否》卦,有《泰》卦,小人的行为方式得到欣赏,君子的主张无法实现,那么政治日益混乱;君子的主张得到欣赏,小人的行为方式逐步消退,那么政治日益稳定。过去鲧、共工、驩兜与舜、禹混杂在尧的朝廷中做官,周公与管叔、蔡叔一同居于周朝的高位。在那个时候,他们之间互相攻击,流言诽谤,难道可以全部叙说出来吗?帝尧、成王把舜、禹、周公作为贤良的人加以任用,而抑制斥逐心术不正的共工、管叔、蔡叔,所以国家非常安定,荣耀美德为人们称颂直到今天;孔子与季孙氏、孟孙氏

偕仕于鲁，李斯与叔孙俱宦于秦，定公、始皇贤季、孟、李斯而消孔子、叔孙，故以大乱，污辱至今。故治乱荣辱之端，在所信任。信任既贤，在于坚固而不移。《诗》云：'我心匪石，不可转也。'言守善笃也。《易》曰：'涣汗其大号。'言号令如汗，汗出而不反者也。今出善令未能逾时而反，是反汗也；用贤未能三旬而退，是转石也。《论语》曰：'见不善如探汤。'今二府奏佞谄不当在位，历年而不去。故出令则如反汗，用贤则如转石，去佞则如拔山，如此，望阴阳之调，不亦难乎！是以群小窥见间隙，缘饰文字，巧言丑诋，流言、飞文哗于民间。故《诗》云：'忧心悄悄，愠于群小。'小人成群，诚足愠也。昔孔子与颜渊、子贡更相称誉，不为朋党；禹、稷与皋陶传相汲引，不为比周。何则？忠于为国，无邪心也。今佞邪与贤臣并交戟之内，合党共谋，违善依恶，歙歙訿訿，数设危险之言，欲以倾移主上。如忽然用之，此天地之所以先戒，灾异之所以重至者也。自古明圣未有无诛而治者也，故舜有四放之罚，孔子有两观之诛，然后圣化可得而行也。今以陛下明知，诚深思天地之心，览《否》《泰》之卦，历周、唐之所进以为法，原秦、鲁之所消以为戒，

一道在鲁国做官，李斯与叔孙通同时在秦朝做官，鲁定公、秦始皇把季孙氏、孟孙氏、李斯作为贤良的人加以任用，而抑制斥逐孔子、叔孙通，所以国家大乱，耻辱一直流传到今天。所以治乱、荣辱，首先在于所信任的人。信任的人既然是贤人，就要坚持而不动摇。《诗经》说：'我心虽然不是石头，但是不可以使它移转。'这说的是坚守善行的忠诚态度。《易经》说：'出令如出汗。'这说的是发布号令，犹如出汗，汗既流出，不能再返回体内。现在颁布有关善政的命令未能超过三个月就取消，这就是一种'返汗'现象；任用贤能的人不到三十天而斥逐他们，这就是一种'转石'现象。《论语》说：'看到邪恶就像用手探试沸腾的水。'现在二府弹劾的谄佞之辈，不应当继续留在官位，可是历经数年，并没有离开。所以，颁布命令则如同返汗，任用贤人则如同转石，去除奸佞则如同拔起一座大山。在这种情形下，希望阴阳协调，不是很困难吗！所以一群小人观察时机，看见间隙就舞文弄墨，花言巧语，丑化、诋毁别人，散布流言，写匿名信，在民间广为流传。所以《诗经》说：'我心乱如麻忧伤如焚，只因为触怒一群小人。'小人成群，的确足以使人愤慨。过去孔子与他的学生颜渊、子贡互相称赞夸奖，没有人认为他们结成朋党；禹、稷、皋陶互相推荐援引，没有人攻击他们勾结同类。为什么呢？因为他们忠心为国，没有邪念。现在奸佞邪恶的小人与贤明的大臣一同宿卫在宫廷之内，奸佞小人结成朋党，共设阴谋，违背善良，依随邪恶，不干自己职分内的事情，多次制造传播危险的言论，想以此动摇倾覆陛下的地位。如果有一天君主忽然相信他们的忠诚，这正是天地用变异先行提出警告，而灾难变异之所以不断到来的原因。自古以来，圣明的帝王没有不经过诛杀而使国家治理好了的，所以舜对四凶施以四种刑罚，而孔子也曾在两观门之下诛杀少正卯。然后圣贤的教化，才可得以推行。现在以陛下的贤明智慧，诚能深思天地大公无私之心，审视《易经》中《否》《泰》二卦卦辞的大义，参考周成王、唐尧之所以兴盛的原因，将其作为榜样，推究秦王朝、鲁国之所以衰亡的原因，将其作为鉴戒。

考祥应之福,灾异之祸,以揆当世之变,放远佞邪之党,坏散险诐之聚,杜闭群枉之门,广开众正之路,决断狐疑,分别犹豫,使是非炳然可知,则百异消灭而众祥并至,太平之基,万世之利也。"显见其书,愈与许、史比而怨更生等。

是岁,夏寒,日青无光,显及许、史皆言堪、猛用事之咎。上内重堪,又患众口之浸润,无所取信。时长安令杨兴以材能幸,常称誉堪。上欲以为助,乃见问兴:"朝臣断断不可光禄勋,何邪?"兴者,倾巧士,谓上疑堪,因顺指曰:"堪非独不可于朝廷,自州里亦不可也。臣见众人闻堪前与刘更生等谋毁骨肉,以为当诛。故臣前书言堪不可诛伤,为国养恩也。"上曰:"然此何罪而诛?今宜奈何?"兴曰:"臣愚以为可赐爵关内侯,食邑三百户,勿令典事。明主不失师傅之恩,此最策之得也。"上于是疑之。

司隶校尉琅邪诸葛丰始以特立刚直著名于朝,数侵犯贵戚,在位多言其短。后坐春夏系治人,徙城门校尉。丰于是上书告堪、猛罪。上不直丰,乃制诏御史:"城门校尉丰,前与光禄勋堪、光禄大夫猛在朝之时,数称言堪、猛之美。丰前为司隶校尉,不顺四时,修法度,专作苛暴以获虚威。朕不忍

考察祥瑞带给国家的幸福,考察灾难变异带给国家的祸患,用以度量当今社会的变化,放逐疏远奸佞邪恶的徒党,击破拆散专门从事阴险构陷的集团,关闭群小幸进之门,广开众多正直贤明之士的晋升之路,坚决果断,不再犹豫,使是非明白彰显,那么成百种的灾异都会消失灭绝,而众多的祥瑞都会一同来临。这是太平的基础,万代的利益。"石显看到刘向的这份奏章,更加与许、史两大家族纠合而怨恨刘向等人。

　　这年夏季,天气寒冷,太阳呈青色,黯淡无光,石显与许、史两大家族都说这是周堪、张猛当权引起的灾祸。元帝内心尊重周堪,而又忧虑大家众口一辞攻击周堪,无法说服他们。当时,长安令杨兴以才干能力受到宠幸,常常称赞夸奖周堪。元帝想得到他的帮助,于是召见杨兴,询问说:"有些大臣忿恨、反对光禄勋周堪,这是为什么呢?"杨兴是一个投机取巧的人,认为元帝疑心周堪,于是顺势指责说:"周堪不但不可在朝廷供职,即使当一个乡下的里长邻长也不合适。我听到说,人们认为周堪以前与刘向等人合谋,挑拨陛下的骨肉亲情,认为应当诛杀。我所以前次上书说不可诛杀周堪,只是为国家培养恩德。"元帝说:"那么,这以什么罪名来诛杀他呢? 现在应该怎么办呢?"杨兴说:"我愚昧地认为,可以赐给周堪关内侯的爵位,封给他三百户人家的食邑,不要让他执掌朝廷大事。这样的话,英明的君主没有断绝师傅的旧恩,这应该是最上等的策略。"元帝于是开始怀疑周堪、张猛。

　　司隶校尉琅邪人诸葛丰,起初以特立独行、刚强正直而闻名朝野,多次冒犯皇亲国戚,所以在位权贵大多说他的坏话。后来因为被控在春季和夏季逮捕人犯,不顺天时,被贬谪为城门校尉。诸葛丰于是上书控告周堪、张猛有罪。元帝认为诸葛丰不正直,于是下诏御史,说:"城门校尉诸葛丰从前与光禄勋周堪、光禄大夫张猛同在朝廷的时候,多次称赞叙说周堪、张猛的美德。诸葛丰从前担任司隶校尉,不顺从四时天意的要求,不遵守法令制度,专门采用苛刻凶暴的行为以获取虚妄的尊严。我不忍心

下吏，以为城门校尉。不内省诸己，而反怨堪、猛以求报举，告按无证之辞，暴扬难验之罪，毁誉恣意，不顾前言，不信之大也。朕怜丰之耆老，不忍加刑，其免为庶人。"又曰："丰言堪、猛贞信不立，朕闵而不治，又惜其材能未有所效，其左迁堪为河东太守，猛槐里令。"

臣光曰：诸葛丰之于堪、猛，前誉而后毁，其志非为朝廷进善而去奸也，欲比周求进而已矣，斯亦郑朋、杨兴之流，乌在其为刚直哉！人君者，察美恶，辨是非，赏以劝善，罚以惩奸，所以为治也。使丰言得实，则丰不当黜；若其诬罔，则堪、猛何辜焉？今两责而俱弃之，则美恶、是非果何在哉！

贾捐之与杨兴善。捐之数短石显，以故不得官，稀复进见。兴新以材能得幸，捐之谓兴曰："京兆尹缺，使我得见，言君兰，京兆尹可立得。"兴曰："君房下笔，言语妙天下。使君房为尚书令，胜五鹿充宗远甚。"捐之曰："令我得代充宗，君兰为京兆，京兆，郡国首，尚书，百官本，天下真大治，士则不隔矣。"捐之复短石显，兴曰："显方贵，上信用之。今欲进，第从我计，且与合意，即得入矣。"捐之即与兴共为荐显奏，称誉其美，以为宜赐爵关内侯，引其兄弟以为诸曹。又共为荐兴奏，以为可试守京兆尹。石显闻知，

法办,让他改任城门校尉。他不在内心反省自己,反而怨恨周堪、张猛,以求报复,控告的全是没有证据的话,揭发的是难以验明的罪,毁谤赞誉随心所欲,不顾以前说过的话,极其不讲信义。我怜悯诸葛丰年纪衰老,不忍施加刑罚,着即免官贬为平民。"又下诏说:"诸葛丰指控周堪、张猛不正直诚实,我怜悯他们而不予追究,又惋惜他们的才干未能报效国家,特贬周堪为河东太守,张猛为槐里县令。"

北宋史臣司马光评论说:诸葛丰对于周堪、张猛,从前赞誉而后来诋毁,其心意不是为朝廷引进贤良而去除奸佞,不过是要勾结同类求取进升而已。他也属于郑朋、杨兴一类人物,哪有一点刚强正直!作为君主,应该察明善恶,明辨是非,奖赏用以鼓励善行,刑罚用以惩治奸邪,这就是用来治理国家的原则。如果诸葛丰说的话符合实际,那么诸葛丰不应当被罢黜;如果他是以不实之辞诬陷别人,那么周堪、张猛有什么罪过呢?而今两者都受责罚而一同废弃,那么美与恶、是与非,究竟在什么地方呢!

贾捐之与杨兴交好。贾捐之多次指责石显的短处,因此没能做官,更很少有机会见到皇上。杨兴新近因才能受到皇上宠幸,贾捐之对杨兴说:"京兆尹这一职务空缺,假如我得以见到陛下,推荐你杨君兰,京兆尹这个职位马上可以得到。"杨兴说:"你贾君房下笔成文,言语在天下都是最精妙的。假如你做了尚书令,可比五鹿充宗高明得多。"贾捐之说:"我如果能取代五鹿充宗,你当京兆尹,京师是郡县封国的首要所在,尚书是全国官员的根本所在,天下一定太平安定,士人与皇上就不会有隔阂。"贾捐之又攻击石显,杨兴说:"石显正当隆盛,皇上信任他。现在谋求晋升,只能听从我的计划,暂且靠拢他,迎合他的心意,就可得以进入朝廷。"贾捐之与杨兴共同拟定推荐石显的上书,称赞夸耀他的美德,认为应该赐给石显关内侯爵,让他的兄弟入宫担任中书或尚书的下属官员。又共同拟定推荐杨兴的上书,由贾捐之单独署名,认为可以考虑让杨兴担任京兆尹。石显听到消息,

白之上,乃下兴、捐之狱。令显治之,奏"兴、捐之怀诈伪,更相荐誉,欲得大位,罔上,不道。"捐之竟坐弃市,兴髡钳为城旦。

　　臣光曰:君子以正攻邪,犹惧不克,况捐之以邪攻邪,其能免乎!

四年夏六月戊寅晦,日有食之。上于是召诸前言日变在周堪、张猛者责问,皆稽首谢。因下诏称堪、猛之美,征诣行在所,拜为光禄大夫,秩中二千石,领尚书事,猛复为太中大夫、给事中。中书令石显管尚书,尚书五人皆其党也。堪希得见,常因显白事,事决显口。会堪疾喑,不能言而卒。显诬谮猛,令自杀于公车。

建昭二年六月,东郡京房学《易》于梁人焦延寿。延寿常曰:"得我道以亡身者,京生也。"其说长于灾变,分六十卦,更直日用事,以风雨寒温为候,各有占验。房用之尤精,以孝廉为郎,上疏屡言灾异,有验。天子说之,数召见问。房对曰:"古帝王以功举贤,则万化成,瑞应著;末世以毁誉取人,故功业废而致灾异。宜令百官各试其功,灾异可息。"诏使房作其事,房奏考功课吏法。上令公卿朝臣与房会议温室,皆以"房言烦碎,令上下相司,不可许"。上意乡之。时部刺史奏事京师,上召见诸刺史,令房晓以课事,刺史复以为

告诉元帝，于是把杨兴、贾捐之逮捕下狱。元帝令石显审理这一案件，石显上奏说："杨兴、贾捐之心怀奸诈巧伪，互相推荐称誉，企图获取高官职位，欺骗圣上，大逆不道。"贾捐之终被街头斩首，杨兴被剃光头发，罚作苦工。

北宋史臣司马光评论说：君子用正道攻击邪道，还担心不能取胜。何况贾捐之用邪道攻击邪道，怎能避免灾祸！

四年（前40）夏季六月戊寅晦（三十日），这天发生日食。元帝于是召集那些以前说天变灾异是因周堪、张猛掌权而出现的人，责问他们，这些人都跪拜于地请罪。元帝因而下诏称赞周堪张猛的美德，征召他们回到长安。任命周堪为光禄大夫，秩中二千石俸禄，主管尚书事宜，任命张猛再次担任太中大夫、给事中。中书令石显兼管尚书，尚书五人都是石显的党羽。周堪很难见到元帝，常常通过石显向元帝报告事宜，朝政大事决断于石显之口。正巧周堪得了失音病，不能说话而去世。石显诬陷张猛，迫使张猛在公车官署自杀。

建昭二年（前37）六月，东郡人京房跟从梁人焦延寿学习《易经》。焦延寿常说："得到我的学问而丧失生命的人，就是京房。"他的学说长于占卜天灾人祸，共分六十卦，轮流交替地指定日期占卜善恶，用风雨冷热作为验证，各自都有占卜的应验。京房很擅长运用这种学说，他以孝廉的身份担任朝廷的郎，多次上书元帝谈论灾害变异，十分应验。元帝喜欢他，多次召见询问。京房回答说："古代的帝王按功劳推举贤能之人，万事都有成就，祥瑞显现；衰亡的时期，按照遭到诋毁还是受到称赞来重用官吏，因此功业废弃而招致灾害变异。应当下令文武百官，各自考察他们的事功，灾害变异才可以止息。"元帝下诏让京房主持这件事，京房上奏他拟定的《考功课吏法》。元帝下令公卿朝臣与京房在未央宫前殿温室殿会面商议，大家都认为："京房说的方法烦杂琐碎，使上下之间相互监督侦察，不可施行。"元帝对京房的办法颇为赞同。当时各州刺史正在长安向朝廷奏报事宜，元帝召见他们，命京房将考课官吏的方法告诉他们，刺史们也认为

不可行。唯御史大夫郑弘、光禄大夫周堪初言不可,后善之。

　　是时,中书令石显颛权,显友人五鹿充宗为尚书令,二人用事。房尝宴见,问上曰:"幽、厉之君何以危?所任者何人也?"上曰:"君不明而所任者巧佞。"房曰:"知其巧佞而用之邪?将以为贤也?"上曰:"贤之。"房曰:"然则今何以知其不贤也?"上曰:"以其时乱而君危知之。"房曰:"若是,任贤必治,任不肖必乱,必然之道也。幽、厉何不觉悟而更求贤?曷为卒任不肖以至于是?"上曰:"临乱之君,各贤其臣,令皆觉寤,天下安得危亡之君?"房曰:"齐桓公、秦二世亦尝闻此君而非笑之。然则任竖刁、赵高,政治日乱,盗贼满山,何不以幽、厉卜之而觉寤乎?"上曰:"唯有道者能以往知来耳。"房因免冠顿首曰:"《春秋》纪二百四十二年灾异,以示万世之君。今陛下即位已来,日月失明,星辰逆行,山崩,泉涌,地震,石陨,夏霜,冬雷,春凋,秋荣,陨霜不杀,水、旱、螟虫,民人饥、疫,盗贼不禁,刑人满市,《春秋》所记灾异尽备。陛下视今为治邪?乱邪?"上曰:"亦极乱耳,尚何道!"房曰:"今所任用者谁与?"上曰:"然,幸其愈于彼,又以为不在此人也。"房曰:"夫前世之君,亦皆然矣。臣恐后之视今,

不可施行。只有御史大夫郑弘、光禄大夫周堪开始说不可施行，后来才转为支持。

这时，中书令石显独揽大权，石显的好友五鹿充宗担任尚书令，二人把持朝政。京房在一次宴饮闲暇时得见元帝，问元帝："周幽王、周厉王这两位君主为什么陷于倾危的境地？他们所任用的是些什么人？"元帝说："君主昏暗不明，所任用的是些巧伪奸佞。"京房说："君主是明知他们巧伪奸佞而任用他们呢，还是认为他们贤能才任用他们？"元帝说："当然是认为他们贤能才加以任用。"京房说："可是现在我们为什么知道他们不是贤能呢？"元帝说："根据当时国家混乱、君主身处倾危的境地便可知道。"京房说："如果是这样，任用贤能时国家必然治理得好，任用奸佞时国家必定混乱，这是必然的趋势。周幽王、周厉王为什么不觉悟而另外求取贤能，为什么始终任用奸佞以致陷于那样困窘的境地？"元帝说："乱世的君主，都认为自己任用的大臣全是贤能，假如都能觉悟到自己的错误，天下怎么还会有亡国的君主？"京房说："齐桓公、秦二世，也曾经听到这些君主的故事而讥笑过他们。可是，齐桓公任用竖刁，秦二世任用赵高，以致政治日益混乱，盗贼漫山遍野，为什么不以周幽王、周厉王的故事而预测自己，从而觉悟到用人的不当呢？"元帝说："只有治国有方的君主才能根据往事预测未来。"京房脱下官帽，叩头说："《春秋》记载二百四十二年的灾难变异，用以昭示万世的君主。现在陛下即位以来，日食月食，星辰逆转，山体崩塌，泉水上涌，大地震动，天落陨石，夏季降霜，冬季响雷，春季百花凋谢，秋季树叶茂盛，霜降不能肃杀害虫，水灾、旱灾、蝗灾时有发生，百姓饥馑，瘟疫流行，盗贼不能禁止，受到刑罚的人遍于街市。《春秋》所记载的灾害变异，现在应有尽有。陛下认为现在是治世，还是乱世？"元帝说："已经乱到极点了，这还用问！"京房说："现在所任用的人是些什么人？"元帝说："这样，今天的灾难变异和为政之道，幸而胜过前代，但我认为责任不在为政之人身上。"京房说："前世的那些君主，也都是陛下这种看法。我担心后代的人看待现在，

犹今之视前也!"上良久乃曰:"今为乱者谁哉?"房曰:"明主宜自知之。"上曰:"不知也;如知,何故用之?"房曰:"上最所信任,与图事帷幄之中,进退天下之士者是矣。"房指谓石显,上亦知之,谓房曰:"已喻。"房罢出,后上亦不能退显也。

　　臣光曰:人君之德不明,则臣下虽欲竭忠,何自而入乎?观京房之所以晓孝元,可谓明白切至矣,而终不能寤,悲夫!《诗》曰:"匪面命之,言提其耳。匪手携之,言示之事。"又曰:"诲尔谆谆,听我藐藐。"孝元之谓矣!

　　上令房上弟子晓知考功、课吏事者,欲试用之。房上"中郎任良、姚平,愿以为刺史,试考功法。臣得通籍殿中,为奏事,以防壅塞。"石显、五鹿充宗皆疾房,欲远之,建言,宜试以房为郡守。帝于是以房为魏郡太守,得以考功法治郡。房自请"岁竟,乘传奏事",天子许焉。房自知数以论议为大臣所非,与石显等有隙,不欲远离左右,乃上封事曰:"臣出之后,恐为用事所蔽,身死而功不成,故愿岁尽乘传奏事,蒙哀见许。乃辛巳,蒙气复乘卦,太阳侵色,此上大夫覆阳而上意疑也。己卯、庚辰之间,必有欲隔绝臣,令不得乘传奏事者。"

犹如现在的人看待前代一样!"元帝过了很久才说:"现在扰乱国家的人是谁呢?"京房说:"圣明的陛下应该自己知道。"元帝说:"我不知道,如果知道,怎么会任用他?"京房说:"陛下最信任、跟他一道在宫廷帐幕之中图谋国事、掌握着进升与斥逐全国官吏大权的那个人,就是他。"京房指控的是石显,元帝也知道他的意思,对京房说:"我已经知道了。"京房告退。后来,元帝还是不能罢退石显。

北宋史臣司马光评论说:君主的德行不昌明,那么做臣子的即使想要竭尽忠心,又能从何着手呢?观察京房对孝元帝说的这些话,可以说明确、清楚、恳切到了极点,然而最终仍不能使孝元帝醒悟过来,可悲啊!《诗经》上说:"不但当面教导他,还要提着他的耳朵告诉他。不但亲手携着他,还以事实晓谕他。"又说:"我教导你的时候是多么恳切而不知疲倦,你听我教导却是那么心不在焉。"这些话说的就是汉元帝啊!

元帝命京房把他的弟子中那些知道考察政绩、考察官吏的方法的人奏上,准备试用他们。京房上奏:"中郎任良、姚平,希望陛下能用为刺史,试用《考功课吏法》。请让我留在朝中,转报他们的奏章,以防止阻塞言路。"石显、五鹿充宗都痛恨京房,想使京房远离元帝,向元帝建议说应该试任京房为郡守。元帝于是任命京房担任魏郡太守,以便使他得以用《考功课吏法》治理该郡。京房请求在年终时候乘坐朝廷的驿车向陛下面奏有关事宜,元帝许可。京房自知因为多次论议朝政,受到大臣的非议,与石显等人有嫌隙,不想远离元帝,于是上密奏说:"我离开京师之后,恐怕被当权者所障蔽,身死而事败,所以希望在年终时乘坐朝廷的驿车向陛下面奏有关事宜,承蒙陛下哀怜而允许。然而,六月辛巳(二十日),阴云乱风又起,太阳光芒黯淡,这显示朝中高官蒙蔽天子,而天子心存怀疑。六月己卯(十八日)、庚辰(十九日)之间,定有想隔绝陛下与我的关系,使我不得乘坐朝廷驿车奏事的权贵。"

房未发，上令阳平侯王凤承制诏房止无乘传奏事。房意愈恐。秋，房去至新丰，因邮上封事曰："臣前以六月中言《遁卦》不效，法曰：'道人始去，寒涌水为灾。'至其七月，涌水出。臣弟子姚平谓臣曰：'房可谓知道，未可谓信道也。房言灾异，未尝不中。涌水已出，道人当逐死，尚复何言！'臣曰：'陛下至仁，于臣尤厚，虽言而死，臣犹言也。'平又曰：'房可谓小忠，未可谓大忠也。昔秦时赵高用事，有正先者，非刺高而死，高威自此成，故秦之乱，正先趣之。'今臣得出守郡，自诡效功，恐未效而死，惟陛下毋使臣塞涌水之异，当正先之死，为姚平所笑。"

房至陕，复上封事曰："臣前白愿出任良试考功，臣得居内。议者知如此于身不利，臣不可蔽，故云：'使弟子不若试师。'臣为刺史，又当奏事，故复云：'为刺史，恐太守不与同心，不若以为太守。'此其所以隔绝臣也。陛下不违其言而遂听之，此乃蒙气所以不解、太阳无色者也。臣去稍远，太阳侵色益甚，愿陛下毋难还臣而易逆天意。邪说虽安于人，天气必变，故人可欺，天不可欺也，愿陛下察焉！"

房去月馀，竟征下狱。初，淮阳宪王舅张博，倾巧无行，多从王求金钱，欲为王求入朝。博从京房学，以女

京房还没有出发，元帝让阳平侯王凤承接诏令，通知京房，取消原来的承诺，不要年终乘驿车回京师奏事。京房心中更加恐慌。秋季，京房去到新丰，托朝廷递送文书的信差再上密奏说："我前次在六月间上书陛下，所说《遯卦》虽未应验，但占候之法说：'有道术的人开始离去，天气寒冷，大水涌出成灾。'到了七月，大水果然涌出。我的学生姚平对我说：'你可以说通晓道术，却不能说笃信道术。你所说的灾害变异，未曾有过不应验的。大水已经涌出，有道术的人就要被放逐而死在外边，还有什么话可说！'我说：'陛下最仁慈，对我尤其宽厚，虽然因进言而死，我还是要进言。'姚平又说：'你可以称为小忠，不可称为大忠。过去秦朝时赵高执政，有一个叫正先的人因讥讽赵高而被处死，赵高的淫威由此形成。所以秦朝的衰乱，是正先促使它加快的。'现在我得以离长安出外地任郡守，愿意报效国家建立功业。只担心还没有报效自己就已被杀。只求陛下不要让我应验大水上涌的预言，充当正先那样的角色，而为姚平所笑话。"

京房到陕县，再上密奏说："我以前建议，愿意让任良尝试按考功法考察官吏的事功，我自己得以留在朝廷之内。朝廷中的高官显贵们知道这样对他们没有好处，而且不可能把我和陛下隔绝开来，所以说：'与其让学生出面，不如老师亲自主持。'可是我要是担任刺史，又应当面见陛下当面奏事，所以又说：'当刺史，恐怕太守不能与他同心协力，不如以他为太守。'这就是他们用来隔绝我与陛下的方法。陛下没有违背他们的建议，而最终听取他们的意见，这就是阴云乱风之所以不散，太阳失去光芒的原因。我离开长安越远，太阳的暗灰颜色越重。盼望陛下不要以征我回京师为难，而轻易违反天意。人们虽然安于邪说阴谋而不能察觉，天气必定为之变化而失去其常态，所以说人可以欺骗，天则不可以欺骗，请陛下详察。"

京房赴任一个多月，终被逮捕入狱。当初，淮阳宪王的舅父张博，奸诈巧伪，没有德行，向淮阳宪王要了很多钱财，想以此为淮阳宪王求得征召入朝。张博曾跟随京房学习《易经》，把女儿

妻房。房每朝见,退辄为博道其语。博因记房所说密语,令房为王作求朝奏草,皆持东与王,以为信验。石显知之,告"房与张博通谋,非谤政治,归恶天子,诖误诸侯王"。皆下狱,弃市,妻子徙边。郑弘坐与房善,免为庶人。

御史中丞陈咸数毁石显。久之,坐与槐里令朱云善,漏泄省中语,石显微伺知之。与云皆下狱,髡为城旦。

石显威权日盛,公卿以下畏显,重足一迹。显与中书仆射牢梁、少府五鹿充宗结为党友,诸附倚者皆得宠位。民歌之曰:"牢邪,石邪!五鹿客邪!印何累累,绶若若邪!"

显内自知擅权,事柄在掌握,恐天子一旦纳用左右耳目以间己,乃时归诚,取一信以为验。显尝使至诸官,有所征发,显先自白:"恐后漏尽宫门闭,请使诏吏开门。"上许之。显故投夜还,称诏开门入。后果有上书告"显颛命,矫诏开宫门",天子闻之,笑以其书示显。显因泣曰:"陛下过私小臣,属任以事,群下无不嫉妒,欲陷害臣者,事类如此非一,唯独明主知之。愚臣微贱,诚不能以一躯称快万众,任天下之怨。

嫁给京房为妻。京房每次朝见，回家之后，都把跟元帝之间问答的话告诉张博。张博于是记下京房所说的机密语言，让京房为淮阳宪王起草请求入朝的奏章。他把记下的密语和起草的奏章交给淮阳宪王过目，作为他为淮南宪王工作的可靠验证。石显知道这些情况以后，控告："京房与张博勾通结谋，指责诽谤朝廷大政，把罪恶推到皇帝身上，贻误连累诸侯王。"于是京房和张博都被捕入狱，处以在街市上斩首之刑，妻子放逐到边疆。御史大夫郑弘被控与京房是朋友，免职，贬为平民。

御史中丞陈咸多次指责石显。过了一段时间，陈咸被指控与槐里令朱云是朋友，泄露宫禁之中的机密话语，这是石显暗暗侦察得知的。陈咸与朱云都被逮捕入狱，判处髡刑，罚做四年城旦的苦役。

石显的淫威和权势日益增长，公卿以下的官员都畏惧他，人们行事如同两只脚叠在一起站立，不敢稍有宽纵。石显与中书仆射牢梁、少府五鹿充宗结为死党密友，那些归附依托他们的人都得到显耀的官位。民间有歌谣讽刺他们说："牢梁啊、石显，还有那五鹿充宗，官印为何那么多，绶带为何那么长！"

石显内心深知自己专断权力，掌握了国家大事，担心元帝一旦采纳左右亲信耳目的话以疏远自己，于是时时在元帝面前表现自己的忠心，借用一件可信的事实做忠诚的凭据以为验证。石显曾被派遣到宫中各官府，征用调发人力与财物，他先向元帝自己报告说："恐怕有时回来得太晚，漏壶滴尽，宫门关闭，请求让我说奉陛下诏令，叫有关官吏开门。"元帝应允了他。一次石显故意在接近深夜时回来，宣称元帝下诏，唤开宫门，进入宫中。后来果然有人上书控告石显："专擅皇命，假传圣旨，私开宫门。"元帝听到这件事，笑着把奏章拿给石显看。石显顺势流泪说："陛下过度宠爱我这个小臣，把朝廷大事委任给我办，很多人都嫉妒我，想要陷害我。类似这样的事情不止一次，仅仅只有圣明的主上才知道我的忠心。我这个愚昧之臣卑微低贱，的确不能够凭我一个人去使万人称心快意，担负起天下所有的怨恨。

臣愿归枢机职,受后宫扫除之役,死无所恨。唯陛下哀怜裁幸,以此全活小臣!"天子以为然而怜之,数劳勉显,加厚赏赐,赏赐及赂遗訾一万万。初,显闻众人匈匈,言己杀前将军萧望之,恐天下学士讪己。以谏大夫贡禹明经著节,乃使人致意,深自结纳,因荐禹天子,历位九卿,礼事之甚备。议者于是或称显,以为不妒譖望之矣。显之设变诈以自解免,取信人主者,皆此类也。

　　荀悦曰:夫佞臣之惑君主也甚矣!故孔子曰:"远佞人。"非但不用而已,乃远而绝之,隔塞其源,戒之极也。孔子曰:"政者,正也。"夫要道之本,正己而已矣。平直真实者,正之主也。故德必核其真,然后授其位;能必核其真,然后授其事;功必核其真,然后授其赏;罪必核其真,然后授其刑;行必核其真,然后贵之;言必核其真,然后信之;物必核其真,然后用之;事必核其真,然后修之。故众正积于上,万事实于下,先王之道,如斯而已矣!

　　竟宁元年。初,石显见冯奉世父子为公卿著名,女又为昭仪在内,显心欲附之。荐言:"昭仪兄谒者逡修敕,宜

我请求辞去中枢机要的职务,只承担后宫清洁洒扫的劳动,我死了以后也没有什么遗憾,唯求陛下哀怜裁择,再给我一次宠幸,以此保全我这个小臣的性命!"元帝认为他说得对,非常同情他,多次慰劳、劝勉石显,又重重赏赐,这样的赏赐及百官赠送的钱财估计达一万万。当初,石显听到人们议论愤激,都说是他自己逼杀前将军萧望之,担心天下的儒生们抨击指责自己。由于谏大夫贡禹深明儒家经典,又以高风亮节著称,石显派人向贡禹致以问候之意,用力结交,趁机把贡禹推荐给元帝,使贡禹擢升到九卿的职位。石显对他以礼奉事,很是周详。这样,议论的人们于是也有称赞石显的,认为他不至于忌妒陷害萧望之。石显善于谋略权变,机巧诈伪,为自己解脱避免灾祸,从而取得君主的信任,用的都是这样的方法。

　　东汉史臣荀悦评论说:奸佞之臣迷惑君主多么严重啊! 所以孔子说:"让奸佞小人离你远点。"不仅仅不用小人而已,还要将其驱逐到很远的地方,与他隔绝。堵塞奸佞惑君的本源,这是戒备奸佞最好的方法。孔子说:"政治的含义,就是公正。"治理国家的根本,就是端正自己而已。公平、正直、真切、诚实,是公正的主干。所以,一个人的品德必须核实是真实的,然后才给他以官位;一个人的能力必须核实是真实的,然后才给他以任事;一个人的功劳必须核实是真实的,然后才给他以赏赐;一个人的罪行必须核实是真实的,然后才给他以刑罚;一个人的品行必须核实是真实的,然后才尊贵他;一个人的言论必须核实是真实的,然后才相信他;一个物体必须核实是真实的,然后才使用它;一件事情必须核实是真实的,然后才去干这个事情。所以,各种公正的行为汇集于朝廷,则全国的各种事都是真实的。先王治理国家的方法,不过如此而已。

　　竟宁元年(前33)。当初,石显看到冯奉世父子都为公卿,声名卓著,女儿又是元帝的昭仪,想亲附这家权贵。于是向元帝推荐说:"昭仪的哥哥谒者冯逡,品行美好,行为端正,应该让

侍幄帷。"天子召见，欲以为侍中。逡请间言事。上闻逡言
显专权，大怒，罢逡归郎官。及御史大夫缺，在位多举逡兄
大鸿胪野王。上使尚书选第中二千石，而野王行能第一。
上以问显，显曰："九卿无出野王者。然野王，亲昭仪兄，
臣恐后世必以陛下度越众贤，私后宫亲以为三公。"上曰：
"善，吾不见是。"因谓群臣曰："吾用野王为三公，后世必谓
我私后宫亲属，以野王为比。"三月丙寅，诏曰："刚强坚固，
确然无欲，大鸿胪野王是也。心辨善辞，可使四方，少府五
鹿充宗是也。廉洁节俭，太子少傅张谭是也。其以少傅为
御史大夫。"

夏五月壬辰，帝崩于未央宫。六月己未，太子即皇帝位。

成帝建始元年春正月，石显迁长信中太仆，秩中二千
石。显既失倚，离权，于是丞相、御史条奏显旧恶。及其党
牢梁、陈顺皆免官，显与妻子徙归故郡，忧懑不食，道死。
诸所交结以显为官者，皆废罢。少府五鹿充宗左迁玄菟太
守，御史中丞伊嘉为雁门都尉。

司隶校尉涿郡王尊劾奏："丞相衡，御史大夫谭，知显
等颛权擅势，大作威福，为海内患害，不以时白奏行罚，而
阿谀曲从，附下罔上，怀邪迷国，无大臣辅政之义，皆不道！
在赦令前。赦后，衡、谭举奏显，不自陈不忠之罪，而反扬著

他在陛下帐幕之内侍奉。"元帝召见冯逡，想让他担任侍中。冯逡请求单独向元帝陈述有关事宜。元帝听到冯逡说石显专擅权力，大怒，立即打消擢升冯逡的想法，让他仍回到郎官的职位。到御史大夫出缺，在位的官员们大多推荐冯逡的哥哥大鸿胪冯野王。元帝派尚书在中二千石官员中挑选，而冯野王的品行能力列为第一。元帝以此事询问石显，石显说："九卿中，品行能力没有超出冯野王的人了。然而冯野王是冯昭仪的亲哥哥，我担心后代的人们必定认为陛下越过众多的贤人，偏私后宫的亲属而以他们担任三公。"元帝说："好，我没有看到这一点。"于是对群臣说："我如果任用冯野王为三公，后世的人们必定说我偏私后宫亲属，而会以冯野王为例。"三月丙寅这一天下诏说："刚强正直，宁静淡泊，大鸿胪冯野王就是这样的人。心辨是非，又善于辞令，可以出使四方，少府五鹿充宗就是这样的人。廉洁而节俭，太子少傅张谭就是这样的人。现在，以太子少傅张谭担任御史大夫的职务。"

夏季五月壬辰（二十四日），元帝在未央宫驾崩。六月己未（二十二日），太子刘骜即皇帝位。

成帝建始元年（前32）春季正月，石显调任长信中太仆，官秩为中二千石。石显已经失去了靠山，又被调离了中枢要职，于是丞相、御史上奏成帝，分条列举石显过去的罪恶。他的党羽牢梁、陈顺都被免官，石显与他的妻子被逐归原郡。石显忧郁愤懑，不进饮食，死于途中。那些因结交石显而得到官位的人，都被废黜罢免。少府五鹿充宗贬降为玄菟太守，御史中丞伊嘉贬降为雁门都尉。

司隶校尉涿郡人王尊上书弹劾说："丞相匡衡、御史大夫张谭，知道石显等人专权弄势，大肆作威作福，是天下的祸患灾难，却没有及时报告上奏皇上，予以惩罚，而是百般谄媚，曲意奉承，攀附臣下，欺骗主上，心怀邪恶，迷乱国家，没有大臣辅政的道义，都是大逆不道的行为！这些罪恶都是在赦令之前。赦令之后，匡衡、张谭上奏弹劾石显，不自责不忠之罪，反而故意宣扬突出

先帝任用倾覆之徒，妄言'百官畏之，甚于主上'。卑君尊臣，非所宜称，失大臣体！"于是衡惭惧，免冠谢罪，上丞相、侯印绶。天子以新即位，重伤大臣，乃左迁尊为高陵令。然群下多是尊者。衡嘿嘿不自安，每有水旱，连乞骸骨让位。上辄以诏书慰抚，不许。

先帝信任重用倾覆小人的失误，荒谬地宣称：'文武百官畏惧石显，超过畏惧主上。'这种卑君尊臣的言论，不是应该说的，有失大臣的体统。"于是匡衡惭愧恐惧，脱下官帽谢罪，缴还丞相、侯爵的印信、绶带。成帝因为刚刚即位，不愿意伤害大臣，就下令贬谪王尊为高陵县令。然而文武百官中多有肯定王尊言论的人。匡衡沉默而心不自安，每逢水旱灾害，接连请求退休让位。成帝都以诏书安抚慰留，不批准他辞职。

成帝淫荒

元帝竟宁元年六月己未，成帝即皇帝位。

秋七月，丞相衡上疏曰："臣闻之师曰：'妃匹之际，生民之始，万福之原。婚姻之礼正，然后品物遂而天命全。'孔子论《诗》以《关雎》为始，此纲纪之首，王教之端也。自上世已来，三代兴废，未有不由此也。愿陛下详览得失盛衰之效，以定大基，采有德，戒声色，近严敬，远技能。臣闻'六经'者，圣人所以统天地之心，著善恶之归，明吉凶之分，通人道之正，使不悖于本性者也。及《论语》《孝经》，圣人言行之要，宜究其意。"

成帝建始二年，上自为太子时，以好色闻，及即位，皇太后诏采良家女以备后宫。大将军武库令杜钦说王凤曰："礼，一娶九女，所以广嗣重祖也。娣侄虽缺不复补，所以养寿塞争也。故后妃有贞淑之行，则胤嗣有贤圣之君；制度有威仪之节，则人君有寿考之福。废而不由，则女德不厌；女德不厌，

成帝淫荒

元帝竟宁元年（前33）六月己未（二十二日），成帝即皇帝位。

秋季七月，丞相匡衡上疏说："我听我的老师说：'夫妻婚配的时候，是人生的开始，各种幸福的源头。婚姻的礼仪端正，然后各类物品通畅，而天命全备。'孔子研究《诗经》，以《关雎》作为起始，这是建立国家法度的起首，是君王推行礼教的开始。自从上古以来，三代的兴起衰落，没有不由此决定的。谨望陛下详细考察历代得失盛衰的效验，以稳定伟大的基业。选择有德行的人，警戒靡靡之音和女色，接近严肃庄敬的人，远离花言巧语、诡计多端的人。我听说儒家的'六经'，是圣人用来统御天地之间人们的心思，区分善恶的归类，显明吉凶的区别，指示做人的大道正路，使人们不背离于人的本性的著作。还有《论语》《孝经》，都是圣人言行的精要记录，应该探求它的大义。"

成帝建始二年（前31），成帝从当太子的时候，就以好色出名，到即位以后，皇太后下诏挑选良家美女以充实后宫。大将军、武库令杜钦对王凤说："按照古代的礼制，天子大婚，一次就娶九个女子，这是为了繁衍后嗣，敬重祖宗。随嫁的女子，即使有空缺也不再补充，这是为了保养天子寿命，避免后宫争宠。因此皇后嫔妃有贞洁贤淑的德行，而子孙后裔有圣贤的君主；只要嫔妃制度有严格适宜的节制，那么君主就会有高寿的福气。废弃而不采用这些古礼，那么君王就会沉湎女色；君王沉湎女色，

则寿命不究于高年。男子五十,好色未衰;妇人四十,容貌改前。以改前之容侍于未衰之年,而不以礼为制,则其原不可救而后徕异态;后徕异态,则正后自疑而支庶有间适之心。是以晋献被纳谗之谤,申生蒙无罪之辜。今圣主富于春秋,未有适嗣,方乡术入学,未亲后妃之议。将军辅政,宜因始初之隆,建九女之制,详择有行义之家,求淑女之质,毋必有声色技能,为万世大法。夫少戒之在色,《小弁》之作,可为寒心。唯将军常以为忧!"凤白之太后,太后以为故事无有。凤不能自立法度,循故事而已。凤素重钦,故置之莫府,国家政谋常与钦虑之,数称达名士,裨正阙失。当世善政多出于钦者。

三年十二月戊申朔,日有食之。其夜,地震未央宫殿中。诏举贤良方正能直言极谏之士。杜钦及太常丞谷永上对,皆以为:"后宫女宠太盛,嫉妒专上,将害继嗣之咎。"

河平元年夏四月已亥晦,日有食之。诏公卿百僚陈过失,无有所讳,大赦天下。光禄大夫刘向对曰:"四月交于五月,月同孝惠,日同孝昭,其占恐害继嗣。"是时许皇后专宠,

那么寿命就不会很长。男子五十岁的时候，好色的欲望仍未衰退；女人四十岁的时候，容貌改变而不如从前。以改变了的不如从前的容貌，侍奉处在好色之心尚未衰退年龄的君王，而不以古礼作为节制，那么君王好色的本性不可挽救，而后还要发生不正常变化；后来发生不正常变化的结果，则是正宫皇后自我猜疑，而庶妻宠妃产生离间正宫皇后、夺取帝位的野心。所以晋献公遭到采纳谗言的指责，申生蒙受无罪的冤死。现在圣明的主上正当青春鼎盛，还没有嫡子，正当心向治国之术深入学习的时候，还没有亲近后妃的议论。将军辅佐朝政，应该趁着开始的时候处于隆盛的地位，建立九妻的制度，仔细选择有德行道义的家庭，物色具有端庄温静的淑女资质的女子，不必非要有声色技能，从而建立万世不变的重大法则。君子年少时要戒的是女色，《诗经·小弁》这首诗就是讽刺周幽王废申后立褒姒，哀伤太子被放逐而作，读后使人们感到寒心。请将军经常以此作为忧虑的事情！"王凤将杜钦之言报告太后，太后认为，汉朝没有九妻之制的前例。王凤不能够自立法则制度，只好因循前例罢了。王凤一向尊重杜钦，所以把他安置在幕府，经常与杜钦共同考虑谋划国家大政。杜钦多次称赞推荐社会上学识渊博的有名之士，补救匡正政治上的欠缺与过失。当时的善政，多出自杜钦的建议筹划。

三年（前30）十二月戊申这天是初一，发生日食。夜里，未央宫殿发生地震。成帝颁布诏书，要求推荐贤良、方正以及能够直言规谏的人才。杜钦以及太常丞谷永上书，都认为，发生日食地震，是因为："皇上过于宠爱后宫美女。受宠之人心怀嫉妒，想让皇帝专宠自己，这样将会有危害皇位继承人的灾祸。"

河平元年（前28）夏季四月己亥晦（三十日），发生日食。成帝下诏公卿百官陈述朝政过失，不得有所隐讳，又大赦天下。光禄大夫刘向上书说："四月衔接五月，出现日食的月份与孝惠帝时相同，出现日食的日子与孝昭帝时相同，孝惠、孝昭二帝无嗣，日食的时间恐怕预示着不利于继嗣。"这时，成帝专宠许皇后，

后宫希得进见，中外皆忧上无继嗣，故杜钦、谷永及向所对皆及之。上于是减省椒房、掖庭用度，服御、舆驾所发诸官署及所造作，遗赐外家、群臣妾，皆如竟宁以前故事。

皇后上疏自陈，以为："时世异制，长短相补，不出汉制而已，纤微之间未必可同。若竟宁前与黄龙前，岂相放哉！家吏不晓，今壹受诏如此，且使妾摇手不得。设妾欲作某屏风张于某所，曰：'故事无有。'或不能得，则必绳妾以诏书矣。此诚不可行，唯陛下省察。故事，以特牛祠大父母，戴侯、敬侯皆得蒙恩以太牢祠，今当率如故事，唯陛下哀之！今吏甫受诏读记，直豫言使后知之，非可复若私府有所取也。其萌芽所以约制妾者，恐失人理。唯陛下深察焉！"

上于是采谷永、刘向所言灾异咎验皆在后宫之意以报之，且曰："吏拘于法，亦安足过？盖矫枉者过直，古今同之。且财币之省，特牛之祠，其于皇后，所以扶助德美，为华宠也。咎根不除，灾变相袭，祖宗且不血食，何戴侯也！传不云乎：'以约失之者鲜。'审皇后欲从其奢与？朕亦当法孝武皇帝也，如此，则甘泉、建章可复兴矣。孝文皇帝，朕之师也。皇太后，皇后成法也。假使太后在彼时不如职，今见亲厚，又恶可以逾乎！皇后其刻心秉德，

后宫其他美女很少见到成帝,朝廷内外都忧虑成帝没有继位的后嗣,所以杜钦、谷永及刘向所上的奏疏中都提到这个问题。成帝于是减少、节省皇后椒房殿及整个后宫的经费,由各官署征调及制作的衣服用具、轿舆车马,赠送赏赐给皇后亲属和众妃嫔的财物,都和竟宁元年以前的先例相同。

许皇后上书为自己辩解说:"时代不同,制度各异,有长有短,相互补充,不超出汉家旧制罢了。细小微末之间,未必完全一致。如元帝竟宁年间以前与宣帝黄龙年间以前,难道是一样的吗!主管皇后宫的官吏不懂得这个道理,现在一旦接受这样的诏书,将使我摇手也不可能了。假如我想做某一个屏风摆放在某个地方,他们就会说'没有这样的先例'。有的事情不能办,那么必定会以你的诏书约束我了。这些规定的确不可实行,请陛下详察。按照过去的旧例,我的祖父母是用一只牛祭祀的。后来,过继祖父戴侯许广汉,生身祖父敬侯许延寿都得以承蒙恩准以一牛一猪一羊祭祀。现在必须一律按照以一只牛祭祀的旧例,请陛下哀怜!现在宫廷官吏刚刚接受诏书,读完诏书记载的规定,径直来预先告诫我,让我知道,不可再像对私人财物一样随意索取宫廷财物。这些规定的初始用意,就是制约限制我。恐怕会失去人之常理,请陛下深切审察。"

成帝于是采集谷永、刘向上书中所说灾害、变异、过失的应验全在后宫的意思转告皇后,并且说:"官吏按照法令行事,又怎么能怪罪呢?矫枉就必须过正,古今同理。况且节省钱财,改用一只牛祭祀祖父,对于皇后而言,正是用来发扬美德,为你博得更多赞誉的途径。祸害的根源不铲除,灾难变异相继出现,祖宗的祭祀尚且不保,何况戴侯呢!古书上不是说,'节俭之人,犯过失的很少'。皇后果真想要追求奢侈吗?那我也应当效法孝武皇帝了,如果这样,那么甘泉宫、建章宫就可重新修建了。孝文皇帝是我的老师。皇太后是皇后现成的楷模。假如太后在她当皇后时不能达到规定的标准,如今你受到特别宠爱,又怎么可以超过太后当皇后的旧制呢!皇后应该铭记在心,秉持美德,

谦约为右,垂则列妾,使有法焉!"

鸿嘉元年二月,上始为微行,从期门郎或私奴十馀人,或乘小车,或皆骑,出入市里郊野,远至旁县甘泉、长杨、五柞,斗鸡、走马,常自称富平侯家人。富平侯者,张安世四世孙放也。放父临,尚敬武公主,生放。放为侍中、中郎将,娶许皇后女弟。当时宠幸无比,故假称之。

二年春三月,博士行大射礼。有飞雉集于庭,历阶登堂而雊。后雉又集太常、宗正、丞相、御史大夫、车骑将军之府,又集未央宫承明殿屋上。车骑将军王音、待诏宠等上言:"天地之气,以类相应,谴告人君,甚微而著。雉者听察,先闻雷声,故《月令》以纪气。《经》载高宗雊雉之异,以明转祸为福之验。今雉以博士行礼之日大众聚会,飞集于庭,历阶登堂,万众睢睢,惊怪连日,径历三公之府,太常、宗正典宗庙骨肉之官,然后入宫。其宿留告晓人,具备深切。虽人道相戒,何以过是!"后帝使中常侍晁闳诏音曰:"闻捕得雉,毛羽颇摧折,类拘执者,得无人为之?"音复对曰:"陛下安得亡国之语! 不知谁主为佞谄之计,诬乱圣德如此者! 左右阿谀甚众,不待臣音复谄而足。公卿以下,保位自守,莫有正言。如令陛下觉寤,惧大祸且至身,深责臣下,绳以圣法,臣音当先诛,岂有以自解哉! 今即位十五

谦和节俭为上,在众妃嫔中树立榜样,使她们有效法的典范。"

鸿嘉元年(前20)二月,成帝开始微服出行,跟随的期门郎或私奴有十馀人,有时乘小车,有时全部骑马,出入于市里与郊野,远到长安邻县的甘泉、长杨、五柞,斗鸡、走马,成帝常自称是富平侯家人。富平侯是张安世的四世孙张放。张放的父亲张临娶敬武公主,生下张放。张放为侍中、中郎将,娶许皇后的妹妹。当时所受宠幸,没有谁比得上,所以成帝假称自己是富平侯家人。

二年(前19)春季三月,朝廷的博士举行大射礼。有一群野鸡飞来,集于庭院,沿台阶登上大堂鸣叫。后来这群野鸡又飞集于太常、宗正、丞相、御史大夫、车骑将军府邸,又飞集于未央宫承明殿的屋顶上。车骑将军王音、待诏孙宠等上书说:"天地的精气,以类别互相应验。警戒忠告君王的预兆,虽然极其微小,却又很显著。野鸡听觉敏锐,能够最先听到雷声,所以《礼记·月令》以野鸡的鸣叫来记载节气。《书经》上记载,高宗武丁祭成汤时,虽出现野鸡飞到鼎耳上鸣叫的不祥异象,高宗坚守王道而消除了灾祸,以此昭明转祸为福的应验。现在野鸡在博士举行射礼的日子,大众聚会之际,成群飞集在庭院,沿台阶登上大堂,在万人瞩目之下,引起连日的惊怪,一直飞过三公的府邸,飞过太常、宗正主持宗庙祭典和皇族事务的官署,然后飞入宫廷。野鸡飞临停留对人们的告诫晓谕,全面而深刻。虽然人们之间互相告诫,怎么能超过这个呢!"后来成帝派中常侍晁闳下诏王音询问说:"听说捕到的野鸡,很多羽毛都折断了,好像被抓住关过,难道有人故意制造变异?"王音回答说:"陛下怎能说这种亡国的话!不知道谁敢筹划这种奸伪巧诈的计策,诬蔑扰乱圣德到如此地步!陛下左右阿谀之徒甚多,不必待我王音再逢迎也已经足够了。公卿以下的官员,为保住官位,人人自守,没有谁敢说一句正直的话。假如能使陛下觉悟,惧怕大祸将要降到身上,从而深切谴责臣下,以圣明的法律进行制裁,我王音理当首先伏诛,难道还有用以自我解脱的道理!现在陛下即位已十五

年，继嗣不立，日日驾车而出，失行流闻，海内传之，甚于京师。外有微行之害，内有疾病之忧，皇天数见灾异，欲人变更，终已不改。天尚不能感动陛下，臣子何望！独有极言待死，命在朝暮而已。如有不然，老母安得处所，尚何皇太后之有！高祖天下当以谁属乎？宜谋于贤智，克己复礼，以求天意，继嗣可立，灾变尚可销也。"

三年。初，许皇后与班倢伃皆有宠于上。上尝游后庭，欲与倢伃同辇载，倢伃辞曰："观古图画，贤圣之君皆有名臣在侧，三代末主乃有嬖妾。今欲同辇，得无近似之乎！"上善其言而止。太后闻之，喜曰："古有樊姬，今有班倢伃！"班倢伃进侍者李平得幸，亦为倢伃，赐姓曰卫。

其后，上微行过阳阿主家，悦歌舞者赵飞燕，召入宫，大幸。有女弟，复召入，姿性尤酼粹，左右见之，皆啧啧嗟赏。有宣帝时披香博士淖方成在帝后，唾曰："此祸水也，灭火必矣！"姊、弟俱为倢伃，贵倾后宫。许皇后、班倢伃皆失宠。于是赵飞燕谮告许皇后、班倢伃挟媚道，祝诅后宫，詈及主上。冬十一月甲寅，许后废处昭台宫，后姊谒等皆诛死，亲属归故郡。考问班倢伃，倢伃对曰："妾闻'死生有命，富贵在天'，修正尚未蒙福，为邪欲以何望？使鬼神有知，

年，没有继承皇位的嗣子，却天天驾车而出外游玩，有关丧失德行的不道之举的流言，到处可以听到。各地的传闻，比京师更为严重。陛下外有微服出游的过失，内有疾病缠身的忧愁，皇天屡次显现灾异，想要人们改弦更张，然而终至没有改变。上天尚且不能感化震动陛下，臣子又有什么指望！只有直言极谏，等待处死，性命就在旦夕之间而已。如有不测，我的老母怎么能得到安生的地方？更何况皇太后，更难有安生的地方了！高祖创立的天下该托付给谁呢？陛下应当与贤能智慧之人谋划，克制自己，恢复礼制，以便求得天意怜悯，继位的嗣子可以降生，灾害变异还可以消弭。"

三年（前18）。当初，许皇后与班倢伃都受到成帝宠爱。成帝曾经在后宫庭院游玩，想与班倢伃同乘一辆车，班倢伃推辞说："我看古代的图画，圣明贤良的君主都有著名的大臣在他们身旁，而三代末世的君主身旁才有宠妾。现在陛下想和我同车而坐，难道不是与三代末世之君有些相似吗！"成帝赞赏班倢伃的话而不再要与她同乘一车。太后听到消息，高兴地说："古代有樊姬，今天有班倢伃！"班倢伃把侍者李平进献给成帝，得到宠幸，也被封为倢伃，赐姓"卫"。

此后，成帝微服出行，经过阳阿主的家，喜欢他家的歌舞女赵飞燕，召入宫中，大加宠幸。赵飞燕有个妹妹，也被召入宫中，姿色仪容极为美艳，毫无瑕疵。左右的人看到她，都啧啧惊叹，赞赏不已。有个宣帝时的披香博士淖方成，站在成帝身后，唾口水说："这是祸水呀，定会把刘家的火扑灭！"赵飞燕姐妹俩都被封为倢伃，显贵荣宠，压倒后宫。许皇后、班倢伃都失去了成帝宠爱。于是赵飞燕向成帝诬告许皇后、班倢伃用"挟媚道"的妖术，诅咒后宫得到宠幸的妃嫔，甚至骂及皇上本人。冬季十一月甲寅（十六日），许后被废黜，迁居昭台宫。许后的姐姐许谒等人都被诛杀，亲属被逐归原郡。审讯班倢伃时，班倢伃回答说："我听说'死生有命，富贵在天'。我修行正道，尚且没有蒙受福气，从事邪恶的妖术诅咒想以此得到福气有何希望？假如鬼神有知，

不受不臣之诉；如其无知，诉之何益？故不为也。"上善其对，赦之，赐黄金百斤。赵氏姊、弟骄妒，健伃恐久见危，乃求共养太后于长信宫。上许焉。

永始元年春正月，上欲立赵健伃为皇后，皇太后嫌其所出微甚，难之。太后姊子淳于长为侍中，数往来通语东宫。岁馀，乃得太后指，许之。夏四月乙亥，上先封健伃父临为成阳侯。谏大夫河间刘辅上书，言："昔武王、周公，承顺天地以飨鱼、乌之瑞，然犹君臣祗惧，动色相戒。况于季世，不蒙继嗣之福，屡受威怒之异者乎？虽夙夜自责，改过易行，畏天命，念祖业，妙选有德之世，考卜窈窕之女，以承宗庙，顺神祗心，塞天下望，子孙之祥犹恐晚暮！今乃触情纵欲，倾于卑贱之女，欲以母天下，不畏于天，不愧于人，惑莫大焉！里语曰：'腐木不可以为柱，人婢不可以为主。'天人之所不予，必有祸而无福，市道皆共知之，朝廷莫肯壹言。臣窃伤心，不敢不尽死！"书奏，上使侍御史收缚辅，系掖庭秘狱，群臣莫知其故。于是左将军辛庆忌、右将军廉褒、光禄勋琅邪师丹、太中大夫谷永俱上书曰："窃见刘辅前以县令求见，擢为谏大夫，此其言必有卓诡切至当圣心者，故得拔至于此。旬月之间，收下秘狱。臣等愚以为辅幸得托公族之亲，在谏臣之列，新从下土来，未知朝廷体，

不会听取诅咒主上的恶诉;假如鬼神无知,向鬼神诉说又有什么益处?所以我不会做用妖术诅咒之事。"成帝认为她回答得很有道理,赦免了她,赏赐黄金百斤。赵氏姐妹骄纵嫉妒,班倢伃担心时间长了被其所害,于是请求到长信宫供奉侍养太后。成帝答应了。

永始元年(前16)春季正月,成帝想立赵倢伃为皇后。皇太后嫌她出身太微贱,阻拦这件事情。太后姐姐的儿子淳于长为侍中,多次往来于东宫,为成帝传话。经过一年多的时间,才得到太后的旨意,同意成帝立赵倢伃为皇后。夏季四月乙亥(十五日),成帝先封赵倢伃的父亲赵临为成阳侯。谏大夫、河间人刘辅上书说:"过去武王、周公,仰承顺应天地,因而享有白鱼入于王舟、火焰变为乌鸦的祥瑞。然而君臣仍然对天地心怀恭敬和恐惧,脸为变色,互相戒勉。何况现在正处于末世,没有蒙受继位嗣子降生的福气,却屡次遭受皇天降威震怒的变异呢?即使日夜责备自己,改变过失,改易行为,敬畏天命,思念祖宗大业,精选具有德行的家族,从中考察挑选窈窕淑女,以承奉宗庙,顺应天地神灵的心愿,满足天下人的企望,然而想要有生子生孙的福气,恐怕仍然拖延得太晚了。现在陛下却放纵情欲,倾心迷恋卑贱的女子,想以这样的女子为后母仪天下,对上天不畏惧,对人民不惭愧,陛下的迷惑没有比这更大的了!俚语说:"腐朽的木材不可以当梁柱,卑贱的婢女不可以做主人。'上天和人民所不赞成的事情,必然有灾祸而没有福气。这是街市小民和路人都知道的道理,而朝廷官员没有人敢说一句话。我私自为此痛心,不敢不冒死直言!"奏章呈上,成帝派侍御史逮捕刘辅,囚禁在掖庭秘狱之中,群臣不知道他被逮捕囚禁的原因。于是左将军辛庆忌、右将军廉褒、光禄勋琅邪人师丹、太中大夫谷永,都上书成帝说:"我们看到刘辅从前以县令的身份求见陛下,被擢升为谏大夫。这说明他的话必具卓异的见解,正好深合圣心,所以才被提拔到这样的地位。不到一个月的时间,却被逮捕囚禁于秘狱。我们愚昧地认为,刘辅有幸得以托皇室宗亲的地位,居于谏臣的行列,新近从下面的县邑来到京师,不知道朝廷的规矩,

独触忌讳，不足深过。小罪宜隐忍而已，如有大恶，宜暴治理官，与众共之。今天心未豫，灾异屡降，水旱迭臻，方当隆宽广问，褒直尽下之时也，而行惨急之诛于谏争之臣，震惊群下，失忠直心。假令辅不坐直言，所坐不著，天下不可户晓。同姓近臣，本以言显，其于治亲养忠之义，诚不宜幽囚于掖庭狱。公卿以下，见陛下进用辅亟而折伤之暴，人有惧心，精锐销耎，莫敢尽节正言，非所以昭有虞之听，广德美之风。臣等窃深伤之，唯陛下留神省察！"上乃徙系辅共工狱，减死罪一等，论为鬼薪。

夏六月丙寅，立皇后赵氏，大赦天下。皇后既立，宠少衰，而其女弟绝幸，为昭仪，居昭阳舍。其中庭彤朱而殿上髹漆，切皆铜沓，黄金涂，白玉阶，壁带往往为黄金釭，函蓝田璧、明珠、翠羽饰之，自后宫未尝有焉。赵后居别馆，多通侍郎、宫奴多子者。昭仪尝谓帝曰："姊姊性刚，有如为人构陷，则赵氏无种矣！"因泣下凄恻，帝信之。有白后奸状者，帝辄杀之。由是后公为淫恣，无敢言者，然卒无子。

光禄大夫刘向以为王教由内及外，自近者始，于是采取《诗》《书》所载贤妃、贞妇兴国显家及孽、嬖乱亡者，序次为《列女传》，凡八篇；及采传记行事，著《新序》《说苑》，

独自触犯了忌讳，不值得深加追究。如果是小罪，陛下应该隐忍一下；如果有大罪，应该揭露罪状，由刑官处治，使大家都知道他的罪恶。现在上天不悦，灾害变异多次降临，水灾旱灾接连而至。正当陛下应该施恩宽容，广求建议，褒奖直言，使臣下尽言的时候，而却对谏诤的大臣施以惨烈急切的诛杀，使群臣震动惊骇，丧失了尽忠直言之心。假如刘辅不是因为直言获罪，所犯罪行不予彰明，不能使天下家喻户晓。刘辅是陛下的同姓亲近之臣，本因直言而显达，从管理宗族、培养忠良的意义来说，也的确不应该把他囚禁在掖庭秘狱。公卿以下的官员看到陛下很快擢升任用刘辅，而又粗暴激烈地摧折伤害他，人人都怀有恐惧之心，精锐之气消退减弱，不敢为国尽节直言。这不是显示陛下具备有虞氏倾听直谏的贤德，也不是推广德行美好的风范的方法，我们为此深感悲伤，请陛下留意考察！"成帝于是把刘辅转押到共工狱，减免死罪，判处服役三年的"鬼薪"徒刑。

夏季六月丙寅（初七），成帝立赵飞燕为皇后，大赦天下。赵飞燕立为皇后以后，成帝对她的宠爱开始衰退，而她的妹妹却受到空前的宠爱，封为昭仪，赐居昭阳舍。她居处的中庭全用朱红色，殿上漆成黑色，铜做的门限再涂上黄金，台阶用白玉砌成，室内墙壁上带状的横木，处处嵌有黄金环，环内镶有蓝田玉、明珠、翠羽来装饰，宫中未曾有过这样的奢华。赵皇后另住一宫殿，多次与多子的侍郎及宫奴私通。赵昭仪曾对成帝说："我姐姐性格刚烈，如果被人栽赃诬陷，那么我们赵氏就要绝种了！"随之泪如雨下，凄惨悲痛，成帝相信了她的话。有报告皇后淫乱情况的人，成帝就杀死他。从此以后，赵皇后公开恣意淫乱，也没有敢说一句话的，然而始终没有生孩子。

光禄大夫刘向认为，君王的教化，应该由朝廷内到朝廷外，先从皇帝身边的人开始，于是摘录《诗经》《尚书》中所记载的贤良后妃、忠贞妇女使国家兴旺、家族显达的事迹，以及那些君王因宠爱嫔妃致使国家衰乱灭亡的故事，按顺序排列编成《列女传》，共八篇；他又采录传、记、行事之书，著成《新序》《说苑》

凡五十篇，奏之。数上疏言得失，陈法戒。书数十上，以助观览，补遗阙。上虽不能尽用，然内嘉其言，常嗟叹之。

二年，谷永为凉州刺史，奏事京师，讫，当之部，上使尚书问永，受所欲言。永对曰："臣闻王天下、有国家者，患在上有危亡之事而危亡之言不得上闻。如使危亡之言辄上闻，则商、周不易姓而迭兴，三正不变改而更用。夏、商之将亡也，行道之人皆知之，晏然自以若天有日，莫能危，是故恶日广而不自知，大命倾而不寤。《易》曰：'危者有其安者也，亡者保其存者也。'陛下诚垂宽明之听，无忌讳之诛，使刍荛之臣得尽所闻于前，群臣之上愿，社稷之长福也！元年，九月，黑龙见。其晦，日有食之。今年二月己未夜，星陨。乙酉，日有食之。六月之间，大异四发，二二而同月。三代之末，春秋之乱，未尝有也。臣闻三代所以陨社稷，丧宗庙者，皆由妇人与群恶沉湎于酒；秦所以二世、十六年而亡者，养生泰奢，奉终泰厚也。二者，陛下兼而有之。臣请略陈其效：建始、河平之际，许、班之贵，倾动前朝，熏灼四方，女宠至极，不可上矣。今之后起，什倍于前。废先帝法度，听用其言，官秩不当，纵释王诛，骄其亲属，假之威权，从横乱政，

共五十篇，刘向把这些书上奏成帝。又屡次上书议论政治得失，陈述应当效法与鉴戒的史迹。他的奏疏数十次上呈成帝，以便帮助成帝观察审视政事，补救遗漏与阙失。成帝虽然不能全部采用，但内心里却赞赏他的话，常常感叹他说的道理。

二年（前15），谷永担任凉州刺史，在京师奏事完毕，正准备返回凉州，成帝派尚书询问谷永，让他听取并转达谷永想说的话。谷永回答说："我听说君临天下享有国家的人，他的忧患在于，有导致国家危亡的事情，而挽救危亡的言论却不能上达君王。如果使得挽救危亡的言论立即让君王听到，那么商、周就不会改姓而轮流兴起，历法也不会多次改变而更换使用。夏、商行将灭亡，行路之人都知道这一点。而在上的君王却很安然，自以为如同天上有太阳，没有谁能危害他，所以罪恶日益增加而自己不知道，政权倾覆而自己不醒悟。《易经》上说：'危险的时候，有使其转危为安的办法，国家将灭亡的时候，有使其保全长存的措施。'陛下果真能够宽广明智地听取有关建议，没有因言论触犯忌讳的诛杀，使地位低如草芥的臣僚在陛下面前把听到的事情陈述出来，这就是群臣最大的愿望，也是国家长远的福气！去年九月，出现黑龙。这一月最后一天，发生日食。今年二月己未（初四）夜晚，陨星下坠。乙酉（三十日），又发生日食。在六个月的时间里，发生四次重大变异，而四次分布在两个月份之中。三代的末世、春秋时期天下大乱的时候，也未曾有过这种现象。我听说三代之所以国家灭亡、宗庙丧失，都是由于女人与一群恶人沉湎于酒；秦朝之所以仅传二世，历十六年而灭亡，是由于奉养活着的皇帝太奢侈，埋葬死去的皇帝太丰厚。上述两个方面的原因，陛下兼而有之。我请求简略地陈述这两个方面的效验：建始、河平年间，许氏、班氏显贵，权倾朝野，势焰熏灼四方，对女人的宠爱达到极致，不能更高了。现在对后来美女的宠爱，更是十倍于前。废弃先帝的法令制度，听信采用她们的话，不适当地授予官爵与秩位，纵容释放触犯王法应处死的人，骄纵她们的亲属，使她们假借天子的威权，横行霸道，扰乱国政。

刺举之吏，莫敢奉宪。又以掖庭狱大为乱阱，榜棰瘼于炮烙，绝灭人命，主为赵、李报德复怨。反除白罪，逮治正吏，多系无辜，掠立迫恐。至为人起责，分利受谢，生入死出者，不可胜数。是以日食再既，以昭其辜。王者必先自绝，然后天绝之。陛下弃万乘之至贵，乐家人之贱事，厌高美之尊号，好匹夫之卑字，崇聚儇轻无义小人以为私客，数离深宫之固，挺身晨夜，与群小相随，乌集杂会，醉饱吏民之家，乱服共坐，沉湎媟嫚，溷淆无别，亀勉遁乐，昼夜在路，典门户、奉宿卫之臣执干戈而守空宫，公卿百僚不知陛下所在，积数年矣。王者以民为基，民以财为本，财竭则下畔，下畔则上亡。是以明王爱养基本，不敢穷极，使民如承大祭。今陛下轻夺民财，不爱民力，听邪臣之计，去高敞初陵，改作昌陵，役百乾溪，费拟骊山，靡敝天下，五年不成而后反故。百姓愁恨感天，饥馑仍臻，流散冗食，馁死于道，以百万数。公家无一年之畜，百姓无旬日之储，上下俱匮，无以相救。《诗》云：'殷监不远，在夏后之世。'愿陛下追观夏、商、周、秦所以失之，以镜考己行，有不合者，臣当伏

监察、举荐的官员，不敢执行法令。又以宫廷监狱，大肆乱设陷阱捕人，用棍棒捶击拷打，痛苦胜于炮烙之刑，甚至打人致死，国家的法律成为赵飞燕姐妹、李平报恩复仇的工具。罪证确凿的，反被免除罪罚；为官正直的，反被逮捕惩治。狱中关押的多是无辜之人，严刑拷打，罗织罪名，逼迫恐吓。甚至代替有钱人放债，分取利息和谢礼。活着入狱，死后才出牢的人，不可胜数。因此日食接连发生，以昭明他们的冤屈。君王必定先自我毁灭，然后上天才毁灭他。陛下放弃拥有万乘兵车的君主的至尊身份，却乐于做家人女子所做的下贱之事，厌弃崇高美好的尊贵名号，却喜好用匹夫的卑贱名字称呼自己，推崇和聚集轻佻无行、毫无道义的小人，作为自己的伙伴，多次离开森严的皇宫，独自一人或早或晚，和恶棍无赖混在一起，像乌鸦聚集，杂乱会合，在官吏小民的家里大吃大喝，穿着混乱的服装共同坐在一起，沉湎于轻狂嬉闹，与小人混作一团而没有区别，经常不停地追逐跑闹取乐，不分日夜地在路上奔波，掌管门户、奉命宿卫的大臣，手持武器而守卫空宫，公卿百官不知道陛下在什么地方，这种状况已经持续数年了。君王以人民作为基础，人民以财产作为根本；财用枯竭则人民反叛，人民反叛则国家灭亡。所以圣明的君王爱护培养人民，使他们财用充实，不敢无穷地压榨，役使人民如同举行祭祀大典那样谨慎。现在陛下轻易地夺取人民财物，不爱惜民力，听信奸邪之臣的谋划，放弃地势高亢开阔的初陵，改为修建昌陵，役使人民百倍于楚灵王在乾溪修建宫殿，耗费钱财可与秦始皇修建骊山墓相比，使天下陷于穷困疲惫。五年没有修成，而后又重新修筑原来的初陵。百姓的愁苦怨恨感动苍天，饥饿灾荒频繁降临，人民四散逃亡寻找一点点食物，饿死在道路上的人，要以百万的数字来计算。公家没有一年的积蓄，百姓没有十天半月的储备。上下都很匮乏，没有什么东西用来互相救济。《诗经》上说：'殷王朝所需的鉴戒不远，只看夏王朝如何灭亡就可得知。'希望陛下追溯并观察夏、商、周、秦丧失天下的原因，以它做镜子考察自己的行为。如果有不合乎他们的地方，我甘愿接受

妄言之诛！汉兴九世，百九十馀载，继体之主七，皆承天顺道，遵先祖法度，或以中兴，或以治安。至于陛下，独违道纵欲，轻身妄行，当盛壮之隆，无继嗣之福，有危亡之忧，积失君道，不合天意，亦以多矣。为人后嗣，守人功业如此，岂不负哉！方今社稷、宗庙祸福安危之机在于陛下，陛下诚肯昭然远寤，专心反道，旧愆毕改，新德既章，则赫赫大异庶几可销，天命去就庶几可复，社稷、宗庙庶几可保！唯陛下留神反覆，熟省臣言！"

帝性宽，好文辞，而溺于燕乐，皆皇太后与诸舅夙夜所常忧。至亲难数言，故推永等使因天变而切谏，劝上纳用之。永自知有内应，展意无所依违，每言事辄见答礼。至上此对，上大怒。卫将军商密擿永令发去，上使侍御史收永，敕过交道厩者勿追。御史不及永，还。上意亦解，自悔。

上尝与张放及赵、李诸侍中共宴饮禁中，皆引满举白，谈笑大噱。时乘舆幄坐张画屏风，画纣醉踞妲己，作长夜之乐。侍中、光禄大夫班伯久疾新起，上顾指画而问伯曰："纣为无道，至于是乎？"对曰："《书》云'乃用妇人之言'，何有踞肆于朝！所谓众恶归之，不如是之甚者也。"上曰："苟不若此，此图何戒？"对曰："'沉湎于酒'，微子所以告去也。

妄言的死罪！汉朝建立后已传九世，一百九十余年，直接继承大位的君主有七人，都是承天命顺正道，遵奉先祖法令制度，或以此使国家中兴，或以此使天下平安。到了陛下这一代，独独违背正道，放纵淫欲，轻视自身，胡作非为。陛下正当旺盛健壮的隆盛年岁，却没有得到嗣子的福气，反而有日益加深的覆亡的忧虑，积累的失去君王之道、不合天意的地方，也太多了。作为刘汉皇室的后嗣，守卫祖先功业竟这样糟糕，岂不辜负了祖先吗！现在，国家、宗庙的祸福安危的关键掌握在陛下手中，陛下确实能够明白而深切地悔悟，一心返归正道，彻底改正原来的过失，彰明新的德行，那么巨大的灾异也许可以消除，准备抛弃陛下的天命也许可以复回，国家、宗庙也许可以保全。请陛下留神注意，好好想想我的话。"

　　成帝性情宽厚，喜好文章词句，沉湎于欢宴娱乐之中，这些都是皇太后与各位舅父日夜忧虑的原因。作为至亲，难以再三劝说，因此推举谷永等人，让他们趁着天象变异而恳切劝谏，劝成帝采纳实行他们的建议。谷永自知宫内有人支持，阐述自己看法而没有什么忌讳，每次言事都能得到成帝有礼的回答。直到呈上这份奏疏，成帝大发怒火。卫将军王商秘密指使谷永，让他迅速离开。成帝派遣侍御史逮捕谷永，并敕令如谷永过了交道厩就不要再追。御史没有追上谷永，返回。成帝的怒气也已平息，暗自懊悔。

　　成帝曾经与张放以及赵、李各位侍中一道在宫中欢宴娱乐，都举起满杯一饮而尽，谈笑风生。当时成帝车子帐座张挂一幅带画屏风，上面画着商纣王酒醉之后依偎妲己，作长夜之乐。侍中、光禄大夫班伯久病刚刚瘥愈，成帝回头指着画问班伯说："商纣王昏淫无道，到这样的程度吗？"班伯回答说："《尚书》上说纣王'听信采用妇人的话'，哪里有在大堂上依偎放肆的事！正如人们所说，众多的罪恶都归到他一人身上，事实上纣王的罪过没有这么严重。"成帝说："如果不是像这样的话，这幅图有什么鉴戒？"班伯回答说："纣王'沉湎于酒'，这是微子告辞离去的原因。

'式号式呼'，《大雅》所以流连也。《诗》《书》淫乱之戒，其原皆在于酒。"上乃喟然叹曰："吾久不见班生，今日复闻谠言。"放等不怿，稍自引起，更衣，因罢出。

时长信庭林表适使来，闻见之。后上朝东宫，太后泣曰："帝间颜色瘦黑。班侍中本大将军所举，宜宠异之，益求其比，以辅圣德。宜遣富平侯且就国。"上曰："诺。"上诸舅闻之，以风丞相、御史，求放过失。于是丞相宣、御史大夫方进奏："放骄蹇纵恣，奢淫不制，拒闭使者，贼伤无辜，从者支属并乘权势，为暴虐。请免放就国。"上不得已，左迁放为北地都尉。其后比年数有灾变，故放久不得还，玺书劳问不绝。敬武公主有疾，诏征放归第视母疾。数月，主有瘳，后复出放为河东都尉。上虽爱放，然上迫太后，下用大臣，故常涕泣而遣之。

元延元年秋七月，有星字于东井。上以灾变，博谋群臣。北地太守谷永对曰："王者躬行道德，承顺天地，则五征时序，百姓寿考，符瑞并降；失道妄行，逆天暴物，则咎征著邮，妖孽并见，饥馑荐臻；终不改寤，恶洽变备，不复谴告，更命有德。此天地之常经，百王之所同也。加以功

纣王'喝醉了大呼大叫',这是《大雅》的诗篇中嗟叹而涕泣不止的原因。《诗经》《尚书》对于淫乱的劝戒,认为其本源都在于酒。"成帝于是喟然叹息着说:"我很久没有见到班先生了,今日才又听到善言。"张放等人很不高兴,逐渐各自起身离座,上厕所,趁机罢席离去。

当时长信宫的庭林表女官正好被太后派遣前来,看到了此事。后来成帝到东宫朝见太后,太后流着眼泪说:"皇上近来脸色又瘦又黑。班侍中本来是大将军所推荐的,应该特别宠任他,还要多找他那样的人,以便辅佐圣德。应该遣送富平侯张放暂且回到封国去。"成帝说:"好。"成帝的各位舅父听到这个消息,以此暗示丞相、御史,去搜集张放的过失。于是丞相薛宣、御史大夫翟方进上奏说:"张放骄横顽劣,恣意放纵,奢侈淫荡,不加节制,藏匿盗贼,闭门拒绝捕盗使者,指使奴仆伤害无辜,随从与亲属都凭借他的权势,横暴肆虐。请免除张放的官职,遣送回封国。"成帝不得已,贬谪张放为北地都尉。此后连年多次出现灾害变异,因此张放长时间不能返回京师。成帝用盖着玺印的诏书慰劳询问张放,没有间断过。敬武公主有病,成帝下诏征召张放回到府第探视母亲疾病。几个月以后,公主病愈,然后成帝再次把张放派出京师,担任河东都尉。成帝虽然喜欢张放,但在上迫于太后的反对,在下因为大臣的劝谏,所以常常痛哭流涕而送走他。

元延元年(前12)秋季七月,有异星出现在东井。成帝因为灾害变异,广泛地征求群臣的意见。北地太守谷永上书说:"作为君王,如果亲自实行道义德行,承受顺应天地旨意,那么自然的五种征候会按时间顺序运行,百姓享有长寿,符命祥瑞一同降临;离开正道,胡作非为,违背上天的旨意,浪费上天赐予的物品,那么罪责征兆就会尤其显著,妖孽同时出现,饥馑频频降临;最终不改过悔悟,恶行遍施,灾异齐备,上天就不再发出谴责与警告,而重新将天命归于另一位有德行的人。这是天地之间不变的法则,它对所有的君王都是相同的。此外,还要加上:君王功

德有厚薄，期质有修短，时世有中季，天道有盛衰。陛下承八世之功业，当阳数之标季，涉三七之节纪，遭《无妄》之卦运，直百六之灾厄，三难异科，杂焉同会。建始元年以来，二十载间，群灾大异，交错锋起，多于《春秋》所书。内则为深宫后庭，将有骄臣悍妾、醉酒狂悖卒起之败。北宫苑囿街巷之中、臣妾之家幽闲之处徵舒、崔杼之乱；外则为诸夏下土，将有樊并、苏令、陈胜、项梁奋臂之祸。安危之分界，宗庙之至忧，臣永所以破胆寒心，豫言之累年。下有其萌，然后变见于上，可不致慎！祸起细微，奸生所易。愿陛下正君臣之义，无复与群小媟黩燕饮；勤三纲之严，修后宫之政，抑远骄妒之宠，崇近婉顺之行；朝觐法驾而后出，陈兵清道而后行，无复轻身独出，饮食臣妾之家。三者既除，内乱之路塞矣。诸夏举兵，萌在民饥馑而吏不恤，兴于百姓困而赋敛重，发于下怨离而上不知。《传》曰：'饥而不损，兹谓泰，厥咎亡。'比年郡国伤于水灾，禾麦不收，宜损常税之时，而有司奏请加赋。甚缪经义，逆于民心，市怨趋祸之道也。臣愿陛下勿许加赋之奏，益减奢泰之费，流恩广施，振赡困乏，救劝耕桑，以慰绥元元之心，诸夏之乱庶几可息！"

德有厚薄,在位期限有长短,个人资质有高低,所处时代有中期有末世,天道有兴盛有衰落。陛下承继汉朝八位皇帝的功业,正当阳数中的末季,接近二百一十年的劫数,遭受《易经》上《无妄》卦的命运,正当'百六'的灾难困境,三种灾难类别不同,但掺杂会合在一起。建始元年以来,二十年时间里,众多的灾害和重大的变异,彼此交错,蜂拥而起,比《春秋》所记载的还要多。这表示:对内来说,在深宫后庭之中,将会有骄横的大臣和凶悍的姬妾,醉酒狂乱悖行,猝起败坏国家。北宫花园、街巷之中、侍臣姬妾家里的幽暗闲静之处,将会发生夏徵舒、崔杼那样的变乱;对外来说,在中国广大的土地上,将会有樊并、苏令、陈胜、项梁之辈奋臂造反的灾祸。现在正当安稳与危险的分界,祖先宗庙能否保存的忧心时刻,这正是我谷永甘冒破胆寒心的杀头之祸,连年向陛下发出这种预言的原因。下面有变乱的萌芽,然后变乱出现在上面,怎能不谨慎呢!祸患从细微渐渐发展而来,奸恶因轻视忽略而产生。谨请陛下端正君臣大义,不要再与那群小人混在一起宴会豪饮;经常遵守三纲的严格约束,整顿建立后宫的管理秩序,抑制疏远那些骄横妒忌的宠妃,尊崇亲近那些性情温和、端庄顺服的行为;朝见太后仪仗先行,然后出宫,排好军队,清理街道而后通行,不要再带几个随从独自出宫,在近臣和姬妾的家里吃饭饮酒。这三个方面一旦消除,内乱的道路就被堵死了。天下各地举兵造反,萌发在人民遭受饥饿而官吏不加体恤,兴起于百姓困苦而赋税沉重,发端于下层人民怨恨背离而居于上位的官吏懵然不知。《洪范传》说:'人民饥馑而不减少赋税,却反而宣称天下太平,一定蒙祸而死。'各地郡国连年受到水灾危害,禾麦没有收成,这正是应该减少常税的时候,而有关官吏却奏请增加赋税。这种举措,极严重地违反儒家经典的大义,背离民心,是一种招致怨恨、引起灾祸的做法。我请求陛下不要同意增加赋税的上奏,多减少一些奢华的费用,广泛地布恩施德,赈济供养生活困乏之人,告诫鼓励人民耕田种桑,以此来抚慰安定小民的心愿,天下各地的叛乱也许可以平息。”

中垒校尉刘向上书曰："臣闻帝舜戒伯禹'毋若丹朱傲',周公戒成王'毋若殷王纣'。圣帝明王当以败乱自戒,不讳废兴,故臣敢极陈其愚,唯陛下留神察焉！谨按《春秋》二百四十二年,日食三十六。今连三年比食,自建始以来,二十岁间而八食,率二岁六月而一发,古今罕有。异有小大希稠,占有舒疾缓急。观秦、汉之易世,览惠、昭之无后,察昌邑之不终,视孝宣之绍起,皆有变异著于汉纪。天之去就,岂不昭昭然哉！臣幸得托末属,诚见陛下宽明之德,冀销大异而兴高宗、成王之声,以崇刘氏,故恳恳数奸死亡之诛！天文难以相晓,臣虽图上,犹须口说,然后可知。愿赐清燕之间,指图陈状！"上辄入之,然终不能用也。

十二月,北地都尉张放到官数月,复征入侍中。太后与上书曰："前所道尚未效,富平侯反复来,其能默乎？"上谢曰："请今奉诏！"上于是出放为天水属国都尉,引少府许商、光禄勋师丹为光禄大夫,班伯为水衡都尉,并侍中,皆秩中二千石。每朝东宫,常从。及大政,俱使谕指于公卿。上亦稍厌游宴,复修经书之业。太后甚悦。

绥和二年三月丙戌,帝崩于未央宫。帝素强,无疾病。是时,楚思王衍、梁王立来朝,明旦,当辞去。上宿供张白

中垒校尉刘向上书说:"我听说帝舜警告伯禹,'不要像丹朱那样骄傲',周公告诚成王,'不要学商纣王'。圣明的帝王,应当以败亡变乱的事例自我警戒,不要忌讳谈论衰落兴盛的事情。所以我才敢极力陈述这种愚昧的见解,请陛下留神考察!查考《春秋》记载的二百四十二年,日食三十六次。现在接连三年屡屡发生日食,自建始年间以来,二十年间发生八次日食,大致二年六个月就发生一次,这种情况,古今极少出现。灾异有小与大、稀疏与稠密的区别,占验结果有迟缓与迅速、缓慢与紧急的区别。观察秦、汉之间的朝代嬗递,注意汉惠帝、昭帝都没有后嗣,审视昌邑王不能居天子之位以善终,看到汉宣帝继承大位而崛起,都有灾变异象记载在汉朝史书之上。上天的舍弃与俯就,岂不是非常明显吗!我有幸得以属于皇族疏远支脉的后代,的确见到了陛下宽厚贤明的圣德,希望消除巨大的灾异,建立起商高宗、周成王那样的声誉,提高刘氏皇族的地位。所以我才忠诚地多次冒着犯死罪而被杀的恐惧,上书陛下。天象复杂难以向陛下述说清楚,我虽将天文图表呈上,仍然须用言语解释,然后才能使陛下明白。请陛下抽点饮宴之馀的闲暇,让我指着图表向陛下陈述具体情形。"成帝立即召刘向入宫,但最终还是不能采纳他的建议。

十二月,北地都尉张放到任几个月,又被征召入宫当侍中。太后给成帝致书说:"前次交代你的事,你尚未办。富平侯张放返回,再次来京师,我还能再沉默吗?"成帝道歉说:"请让我现在就奉诏去办!"成帝于是让张放离开京师担任天水属国都尉,援引少府许商、光禄勋师丹为光禄大夫,任命班伯为水衡都尉,兼任侍中,官秩都是中二千石。成帝每次到东宫朝见太后,常常让他们随从。遇到国家大事,都派他们向公卿传达谕旨。成帝对游玩饮宴也有些厌倦,重新从事研究经书的旧业。太后非常高兴。

绥和二年(前7)三月丙戌(十八日),成帝在未央宫驾崩。成帝平时身体强壮,没有疾病。当时,楚思王刘衍、梁王刘立来京师朝见,第二天就要告辞离去。成帝命铺设帷帐让其住宿于白

虎殿。又欲拜左将军孔光为丞相,已刻侯印,书赞。昏夜,平善。乡晨,傅绔袜欲起,因失衣,不能言,昼漏上十刻而崩。民间谨哗,咸归罪赵昭仪。皇太后诏大司马莽杂与御史、丞相、廷尉治,问皇帝起居发病状,赵昭仪自杀。

　　班彪赞曰:臣姑充后宫为婕妤,父子、昆弟侍帷幄,数为臣言:"成帝善修容仪,升车正立,不内顾,不疾言,不亲指。临朝渊嘿,尊严若神,可谓穆穆天子之容者矣。博览古今,容受直辞,公卿奏议可述。遭世承平,上下和睦。然湛乎酒色,赵氏乱内,外家擅权,言之可为於邑!"建始以来,王氏始执国命,哀、平短祚,莽遂篡位,盖其威福所由来者渐矣!

虎殿。成帝又想任命左将军孔光为丞相,已命刻好侯爵的印信,准备了封拜诏书。黄昏和夜间,平静如常。清晨,成帝穿裤袜要起床,忽然衣服滑落,不能言语。计时的昼漏走到十刻时,成帝驾崩。民间谣言哗然,都归罪于赵昭仪。皇太后诏令大司马王莽,再加上御史、丞相、廷尉一道追查,查问皇帝起居和发病的情形。赵昭仪自杀。

东汉史臣班彪评论说:我的姑母在后宫充当婕妤,她的父亲、兄弟在宫廷帐幕中侍奉,他们多次对我说:"成帝喜欢修饰,注重容貌仪表,坐车或站立,不向内回顾,不急促说话,不指指划划。临朝时深沉、平静,像一尊神灵般尊严,可以说具有严肃温和的天子的仪容。成帝广博阅读古今典籍,能宽容接受臣下直率的言辞,公卿的奏议也可以依照去做。正逢承平之世,上下相处和睦。然而他沉湎于酒色,赵氏扰乱宫廷,外戚专擅大权,说起这些真可为他叹息!"建始元年以来,王氏开始执掌国家权力,哀帝、平帝都很短命,王莽于是篡夺了皇位。王氏威福的由来,是从此开始,逐渐形成的。

河决之患

汉元帝永光五年。初，武帝既塞宣房，后河复北决于馆陶，分为屯氏河，东北入海。广深与大河等，故因其自然，不堤塞也。是岁，河决清河灵鸣犊口，而屯氏河绝。

武帝元封二年，上使汲仁、郭昌发卒数万人塞瓠子河决，筑宫其上，名曰宣房宫。

成帝建始四年夏四月，大雨水十馀日，河决东郡金堤。先是，清河都尉冯逡奏言："郡承河下流，土壤轻脆易伤，顷所以阔无大害者，以屯氏河通，两川分流也。今屯氏河塞，灵鸣犊口又益不利，独一川兼受数河之任，虽高增堤防，终不能泄。如有霖雨，旬日不霁，必盈溢。九河故迹，今既灭难明，屯氏河新绝未久，其处易浚；又其口所居高，于以分杀水力，道里便宜。可复浚以助大河，泄暴水，备非常。不豫修治，北决病四五郡，南决病十馀郡，然后忧之，晚矣！"

河决之患

汉元帝永光五年（前39）。当初，武帝曾经堵塞黄河决口，筑宣房宫。后来，黄河又在其北岸馆陶决口，形成屯氏河，沿东北方向流入渤海。屯氏河广度深度跟黄河相同，所以听任它自然存在，不再堵塞馆陶决口。这一年，黄河在清河郡所属灵县的鸣犊堤再度决口，因而屯氏河淤塞。

武帝元封二年（前109），武帝派汲仁、郭昌征发夫役数万人，堵塞瓠子堤黄河决口，在原决口处上面修筑宫室，命名叫宣房宫。

成帝建始四年（前29）夏季四月，大雨接连下了十多天，黄河在东郡金堤决口。之前，清河都尉冯逡上奏说："清河郡承接黄河下游，土壤松脆，容易崩塌，以往之所以一直没有发生重大灾害的原因，是由于屯氏河畅通，两条河分流。现在屯氏河淤塞，灵县鸣犊口又越来越不畅通，仅仅一条黄河同时兼容好几条河的水量，虽然加高了堤防，最终也不能使它顺畅宣泄。如果有接连不断的大雨，十天不停，河水必定满盈泛滥。夏禹时代的九河故道，现在已经湮没，难以找到，屯氏河刚刚淤塞不久，其水道容易疏浚；再者，黄河与屯氏河分流的叉口所处地势较高，在这里施工以减轻黄河水流的冲击力，引导河水流出，方便适宜。可以重新疏浚屯氏河，以辅助黄河，宣泄洪水，防备非常情况。如果不预先整修治理，黄河一旦在北岸决口，将危害四五个郡，在南岸决口，将危害十多个郡，到时再忧患这件事情，就已经太晚了！"

事下丞相、御史，白遣博士许商行视，以为："方用度不足，可且勿浚。"后三岁，河果决于馆陶及东郡金堤，泛滥兖、豫，入平原、千乘、济南，凡灌四郡、三十二县，水居地十五万馀顷，深者三丈。坏败官亭、室庐且四万所。

冬十一月，御史大夫尹忠以对方略疏阔，上切责其不忧职，自杀。遣大司农非调调均钱谷河决所灌之郡，谒者二人发河南以东船五百艘，徙民避水，居丘陵九万七千馀口。

河平元年春，杜钦荐犍为王延世于王凤，使塞决河。凤以延世为河堤使者。延世以竹落长四丈，大九围，盛以小石，两船夹载而下之。三十六日，河堤成。三月，诏以延世为光禄大夫，秩中二千石，赐爵关内侯，黄金百斤。

三年秋八月，河复决平原，流入济南、千乘，所坏败者半建始时。复遣王延世与丞相史杨焉及将作大匠许商、谏大夫乘马延年同作治，六月乃成。复赐延世黄金百斤。治河卒非受平贾者，为著外繇六月。

鸿嘉四年秋，勃海、清河、信都河水溢溢，灌县邑三十一，败官亭、民舍四万馀所。平陵李寻等奏言："议者常欲求索九河故迹而穿之。今因其自决，可且勿塞，以观水势。河欲居之，当稍自成川，跳出沙土，然后顺天心而图之，必

成帝把这件事情交给丞相、御史处理,他们奏请派遣博士许商前往巡视。根据许商视察的结果,他们认为"正值国家经费不足,可暂且不疏浚"。三年后,黄河果然在馆陶及东郡金堤决口,洪水泛滥兖州、豫州,进入平原郡、千乘郡、济南郡,总共淹没四个郡三十二个县,十五万馀顷土地变为泽国,深的地方达三丈。毁坏官府屋宇、民间房舍四万所。

　　冬季十一月,御史大夫尹忠因上奏的救灾方案简略粗疏而不合实际,成帝严厉斥责他不尽职责,尹忠自杀。成帝派大司农非调,调发均平钱谷,救济黄河决口以后洪水淹没的各郡,派谒者二人征发河南以东地区船舶五百艘,迁徙灾民躲避水患,让他们居住在丘陵高地,总共达九万七千馀人。

　　河平元年(前28年)春季,杜钦向王凤推荐犍为人王延世,让他负责堵塞黄河决口。王凤任命王延世担任河堤使者。王延世以长达四丈、大到九人合抱的竹笼,里面装上小石,两条船夹着载运,沉入黄河决口处。三十六天以后,河堤修好。三月,成帝下诏任命王延世为光禄大夫,官秩为中二千石,赐爵关内侯,赏黄金百斤。

　　三年(前26)秋季八月,黄河再次在平原郡决口,洪水流入济南郡、千乘郡,所造成的破坏损失达到建始年间黄河决口那次洪灾造成的损失的一半。朝廷再次派遣王延世与丞相史杨焉,以及将作大匠许商、谏大夫乘马延年,共同负责进行治理,六个月后,工程才得以完工。成帝再次赏赐王延世黄金百斤。此次治河的差役没有发给工钱的,都登记姓名在册,折合抵销戍边六个月的徭役。

　　鸿嘉四年(前17)秋季,黄河决口,渤海、清河、信都泛滥成灾,淹没县、邑三十一个,毁坏官府屋宇、民间房舍四万多所。平陵人李寻等上奏说:"讨论治河之策的人,常常想要寻找九河的故道,从而按故道挖掘治理。现在趁黄河自己决口,可以暂且不堵塞,以观察水的流势。黄河水流到哪里,必当逐渐地自然形成水道,从沙土中流出来。然后顺应上天的意愿来规划治理,必定

有成功,而用财力寡。"于是遂止不塞。朝臣数言百姓可哀,上遣使者处业振赡之。

绥和二年九月,骑都尉平当使领河堤,奏:"九河今皆寘灭。按经义,治水有决河深川而无堤防壅塞之文。河从魏郡以东北多溢决,水迹难以分明,四海之众不可诬。宜博求能浚川疏河者。"上从之。

待诏贾让奏言:"治河有上、中、下策。古者立国居民,疆理土地,必遗川泽之分,度水势所不及。大川无防,小水得入。陂障卑下,以为污泽,使秋水多得其所休息,左右游波宽缓而不迫。夫土之有川,犹人之有口也,治土而防其川,犹止儿啼而塞其口,岂不遽止?然其死可立而待也。故曰:'善为川者决之使道,善为民者宣之使言。'盖堤防之作,近起战国。雍防百川,各以自利。齐与赵、魏以河为竟,赵、魏濒山,齐地卑下,作堤去河二十五里,河水东抵齐堤则西泛赵、魏。赵、魏亦为堤去河二十五里,虽非其正,水尚有所游荡。时至而去,则填淤肥美,民耕田之。或久无害,稍筑宫宅,遂成聚落。大水时至,漂没,则更起堤防以自救,稍去其城郭,排水泽而居之,湛溺自其宜也。

能取得成功,而所用的财力人力很少。"于是就停止下来,不堵塞黄河决口。朝中大臣多次上言受灾百姓处境悲惨,成帝派遣使者安置赈济灾民百姓。

绥和二年(前7)九月,骑都尉平当被任命主管治理河堤事务。他上奏说:"古代的九河,现在全部填塞湮灭。查考经典的大义,治水有决开堵塞的河道、深挖河床等方法,而没有兴筑堤防、约束水流的记载。黄河从魏郡以东的地区多次泛滥决口,从洪水流动的走向难以分明古代九河的遗迹,四海之内众多的人民不可以欺骗。应该广泛征求有浚川疏河能力的人。"哀帝听从了这一建议。

待诏贾让上奏说:"治理黄河有上、中、下三种策略。古代的时候建立都城,使民安居,划分治理土地,必定留下川泽之水汇聚之处,而要选择水势不能到达的地方。大河没有堤防,小河小溪的水得以流入。在地势低下的地方,利用山坡修筑围坝,成为湖泊池泽,使秋天的水流大多得以在湖泊池泽中蓄积起来,左右水面宽阔,水流波浪缓慢而不急迫。土地上有河流,就像人有口一样;用土石修筑堤防来阻止河水泛滥,就像塞住小孩的嘴制止他哭啼一样,难道不是很快就止住了吗?然而他的死亡也就可以立即看到了。所以说:'善于治理河流的人,决开堤防,使水得到疏导;善于治理人民的人,宣泄他们的怨愤,使人民畅所欲言。'大概堤防的修筑,在距今很近的战国时期兴起。各国修筑堤防,堵塞百川,各自以此谋取自己的利益。齐国与赵国、魏国以黄河为界,赵、魏这边是山,而齐国地势低下,在离黄河二十五里的地方修筑河堤,河水向东抵达齐国堤防,则向西岸泛滥,使赵、魏受灾。赵、魏也在距河二十五里的地方修筑河堤,虽然不是正确的方法,但黄河的洪水尚且因河床宽而有流动的地方。洪水不断地来又不断地去,于是填塞淤积,形成肥美土地,人民在上面耕种。有时很久没有灾害,逐渐修建住宅,于是形成村落。洪水有时到来,淹没田宅,人们重修堤防以自救,把城镇稍作迁移,排干积水而居住在那里,洪水冲没淹死沿岸居民自是必然。

今堤防，狭者去水数百步，远者数里，于故大堤之内复有数
重，民居其间，此皆前世所排也。河从河内黎阳至魏郡昭
阳，东西互有石堤，激水使还，百馀里间，河再西三东，迫
厄如此，不得安息。今行上策，徙冀州之民当水冲者，决黎
阳遮害亭，放河使北入海。河西薄大山，东薄金堤，势不
能远，泛滥期月自定。难者将曰：'若如此，败坏城郭、田
庐、冢墓以万数，百姓怨恨。'昔大禹治水，山陵当路者毁
之，故凿龙门，辟伊阙，析底柱，破碣石，堕断天地之性，此
乃人功所造，何足言也？今濒河十郡，治堤岁费且万万，及
其大决，所残无数。如出数年治河之费以业所徙之民，遵
古圣之法，定山川之位，使神人各处其所而不相奸。且以
大汉方制万里，岂其与水争咫尺之地哉？此功一立，河定
民安，千载无患，故谓之上策。若乃多穿漕渠于冀州地，使
民得以溉田，分杀水怒，虽非圣人法，然亦救败术也。可从
淇口以东为石堤，多张水门。恐议者疑河大川难禁制，荥
阳漕渠足以卜之。冀州渠首尽，当仰此水门，诸渠皆往往
股引取之：旱则开东方下水门，溉冀州；水则开西方高门，
分河流。民田适治，河堤亦成。此诚富国安民、兴利除害，
支数百岁，故谓之中策。若乃缮完故堤，增卑倍薄，劳费

现在黄河的堤防，狭窄的地方距河水数百步，远的有数里，在旧有的大堤之内又有数重堤防，人们居住在它们之间，这些都是前世所安排的。黄河从河内、黎阳到魏郡、昭阳，东西两岸各有石筑的堤防，奔腾的洪峰受到石堤抵挡而急剧回转。在百馀里的距离里，黄河两次向西猛拐，三次向东弯折，挤迫困厄到这种程度，必然不得安宁。现在实行上策，迁徙冀州受洪水威胁的人民，决开黎阳遮害亭的堤坝，放黄河水向北溃决，流入渤海。黄河西面邻近大山，东面紧靠金堤，故道的残水不会流得太远，洪水泛滥一个月自然就会稳定下来。非难这一建议的人将会说：'如果这样，势必毁坏数以万计的城市、田地、房屋、坟墓，百姓会怨愤仇恨。'过去大禹治水，山陵挡路的地方就摧毁山陵，所以凿通龙门，洞穿伊阙，劈开底柱，击破碣石，损坏断绝天地的本来面貌。城市、田地、房舍、坟墓不过是人工所造，何值一谈呢？现在靠近黄河的十个郡，整修堤防每年的费用尚且达到万万之巨，一旦发生大的决口，所毁坏的生命财产无以计数。如果拿出数年治理黄河的费用，以安置所迁徙的人民，按照古代圣贤的方法，确定山川的位置，使神与人各得其所，互不相扰。况且凭大汉四方控制万里的土地，何必与黄河去争那一点点土地呢？这项工程一旦完成，黄河稳定，人民平安，千载没有水患，所以称之为上策。如果在冀州土地上多修运河沟渠，使人民得以灌溉田地，分减洪水的冲击。虽然不是圣人的方法，然而也不失为挽救洪水危害的方法。可从淇口开始，以东修筑石堤，多设闸门。恐怕探讨治河之策的人会怀疑，黄河这样的大河，渠道闸门难以控制，荥阳的粮道运河足够用来预测和说明这个问题。冀州水渠从头至尾应当仰赖这样的闸门，各个水渠往往都从这里取水分流：天旱则打开东方的下闸门，使冀州土地得以灌溉；涨水则打开西方高处的闸门，分散黄河的洪流，使民田得到恰当管理，河堤也能成功地发挥作用。这确实可富裕国家安定人民，发挥利益，去除灾害，能维持数百年没有水患，所以称之为中策。如果只是修缮完善原来的堤防，把低的地方增高，把薄的地方加厚，徒劳耗费

无已,数逢其害,此最下策也。”

平帝元始四年,王莽奏征能治河者以百数,其大略异者。长水校尉平陵关并言:“河决率常于平原、东郡左右,其地形下而土疏恶。闻禹治河时,本空此地,以为水猥盛则放溢,少稍自索。虽时易处,犹不能离此。上古难识,近察秦、汉以来,河决曹、卫之域,其南北不过百八十里。可空此地,勿以为官亭、民室而已。”御史临淮韩牧以为:“可略于《禹贡》九河处穿之,纵不能为九,但为四、五,宜有益。”大司空掾王横言:“河入勃海地,高于韩牧所欲穿处。往者天尝连雨,东北风,海水溢,西南出,浸数百里,九河之地已为海所渐矣。禹之行河水,本随西山下东北去。《周谱》云:‘定王五年,河徙。’则今所行非禹之所穿也。又秦攻魏,决河灌其都,决处遂大,不可复补。宜却徙完平处,更开空,使缘西山足,乘高地而东北入海,乃无水灾。”司空掾沛国桓谭典其议,为甄丰言:“凡此数者,必有一是。宜详考验,皆可豫见。计定然后举事,费不过数亿万,亦可以事诸浮食无产业民。空居与行役,同当衣食,衣食县官而为之作,乃两便。可以上继禹功,下除民疾。”时莽但崇空语,无施行者。

人力和物力，永无止境，必定屡次遭逢黄河决口的危害，这是最下策。”

平帝元始四年(4)，王莽奏请征召能够治理黄河的人才一百多人，各人的主张并不相同。长水校尉平陵人关并认为：“黄河溃决大致经常在平原郡、东郡附近的地方。这一带地势低下，土质疏松恶劣。听说当初夏禹治河的时候，本来空出了这一块土地，认为水多就会流到那里聚集成为湖泊，水少就会逐渐自然干涸。虽然时代已经改变，仍然不能够背离这一规律。上古时代的情况难以知道，往近考察秦、汉以来的情况，黄河在古曹国、古卫国这一带土地上决口，南北相距不过一百八十里。可以空出这块土地，不再在此修建官府屋宇、民间房舍。”御史临淮人韩牧认为：“可以大略地在《禹贡》九河的故道上进行挖掘，即使不能凿出九条河流，但能开凿四五条应该也有裨益。”大司空掾王横进言说：“黄河注入渤海的地方，比韩牧所想要挖掘的地方高。过去曾经接连降雨，东北风起，海水倒灌，黄河向西南倒流，淹没浸溃数百里，九河的故地已经被海水所浸渍了。大禹当时疏导河水，本来是顺着西山流向东北而去。《周谱》说：‘周定王五年(前602)，黄河改道。’则现在黄河所流经的河道，并不是禹当年所挖掘的故河道。还有秦国进攻魏国的时候，决开河堤，让河水灌入魏国都城大梁，决口于是扩大，无法再次堵塞。应该全部迁移平地的居民，用人工重新开通河道，使河水顺着西山脚下，凭依高地，从东北注入渤海，这样一来就能避免水灾的发生。”司空掾沛国人桓谭主持这次讨论，向甄丰说：“总共这几种建议，必定有一个是对的。应该详细考察验证，都可以预先看到效果。计划确定，然后行动，费用不过数亿万，又可以役使那些不事耕作而食以及没有财产职业的人民。让他们闲居不事生产与役使他们，同样需要那么多衣服粮食，衣服食物由朝廷供给，而让他们为朝廷修治河道，这是公私两便的事。这样上可以继承夏禹的功业，下可以去除人民的疾苦。”当时王莽仅仅崇尚空话，并没有具体施行。

　　王莽始建国三年，河决魏郡，泛清河以东数郡。先是，莽恐河决为元城冢墓害，及决东去，元城不忧水，故遂不堤塞。

　　明帝永平十二年。初，平帝时河、汴决坏，久而不修。建武十年，光武欲修之。浚仪令乐俊上言："民新被兵革，未宜兴役。"乃止。其后汴渠东侵，日月弥广，兖、豫百姓怨叹，以为县官恒兴他役，不先民急。会有荐乐浪王景能治水者，夏，四月，诏发卒数十万，遣景与将作谒者王吴修汴渠堤。自荥阳东至千乘海口千馀里，十里立一水门，令更相洄注，无复溃漏之患。景虽简省役费，然犹以百亿计焉。

　　十三年夏四月，汴渠成，河、汴分流，复其旧迹。

王莽始建国三年(11),黄河在魏郡决口,在清河以东数郡泛滥成灾。最初,王莽担心黄河决口对元城王氏皇族祖宗的坟墓造成伤害。到黄河决口后河水向东泛滥,元城不忧水患,所以就不去堵塞溃决的河堤。

明帝永平十二年(69)。当初,西汉平帝时,黄河、汴河决口曾经损坏,历时很久而没有修复。建武十年(34),光武帝准备修复它。浚仪县令乐俊上书说:"人民新近经历了战争,不适宜征发徭役。"于是修复之事停止下来。此后,汴河泛滥区向东扩展,随着时间推移,范围越来越大,兖州、豫州人民哀怨叹息,认为朝廷经常征发别的劳役,不优先解救人民的急难。正好有人推荐乐浪人王景能够治水,这年夏季四月,明帝下诏征发役夫数十万人,派遣王景与将作谒者王吴主持修筑汴渠堤防。从荥阳以东直到千乘的入海口,共一千馀里,每十里修建一个闸门,使水闸之间的水相互调节,不再有溃决、漏水的祸患。王景虽然简省役费开支,然而耗费的钱财仍以百亿计算。

十三年(70)夏季四月,汴渠治理工程完成,黄河、汴河的水流分离,重新恢复了各自原来的河道。